理想

以太坊的区块链创世录

〔加〕维塔利克·布特林 著

科学出版社

北 京

内 容 简 介

本书梳理了以太坊创始人维塔利克·布特林（Vitalik Buterin）创立区块链平台以太坊6年以来的技术思想，对以太坊技术实现、共识机制、可扩展性、隐私保护等热门话题的探讨和思考，以及区块链技术在经济博弈、去中心化方面的见解。

全书分为5卷，共收录了51篇技术文章，内容涉及权益证明、去中心化自治、客户端、最终化、有限理性、可扩展性、超理性、$P+\varepsilon$攻击、分叉、Casper、ZK-SNARK、ZK-STARK、Plasma、区块链治理、容错等关键理论和技术。

本书适合区块链技术领域智能合约、分布式计算、数字货币相关的从业人员和管理者阅读。

图书在版编目（CIP）数据

理·想：以太坊的区块链创世录/（加）维塔利克·布特林（Vitalik Buterin）著. —北京：科学出版社，2019.5

ISBN 978-7-03-060981-6

Ⅰ.理… Ⅱ.维… Ⅲ.电子商务–支付方式–研究 Ⅳ.F713.361.3

中国版本图书馆CIP数据核字（2019）第066998号

责任编辑: 喻永光 杨 凯 / 责任制作: 魏 谨
责任印制: 张克忠
北京东方科龙图文有限公司 制作
http://www.okbook.com.cn

科 学 出 版 社 出版
北京东黄城根北街16号
邮政编码：100717
http://www.sciencep.com

天津文林印务有限公司 印刷
科学出版社发行 各地新华书店经销

*

2019年5月第 一 版　　　开本: 16　787×1092
2019年5月第一次印刷　　印张: 27 1/2
字数: 650 000

定价: 128.00元

推荐序

区块链、比特币、加密货币、以太坊、密码学……除非你不问世事多年，否则在这些年里，你耳边一定无数次萦绕过这些话语。在你拿到这本书的此刻，虽然我并不了解你是谁、你从何而来，但我敢打赌你一定对这一切已有所听闻。

你是一位研究计算机科学的学生？

还是一位经济学家？

一位商人？

或者是一位职业投资人？

你也许是一位热切期盼改变世界的理想主义者？

你可能是一位高校学者？

一位IT领域的专业人士？

一位淘金热的追寻者？

或许，仅仅是因为你那聪慧又好奇的灵魂一直在催促你前进。

我无法知道你获知这一切的来源。你可能从报纸和杂志第一次听说这些陌生的名词；也可能是博客和YouTube？嗯……可能还有Twitter？Reddit？微信？众多大大小小的博客和论坛？又或者是书中的黄金屋指引你到达这里？或许这些方式你都有所涉及吧。

我想做出一个大胆的猜测，这几年你也一定听说过各种各样的想法和意见：

"这玩意儿毫无用处，都是骗人的！"

"这玩意儿压根就是泡沫！"

"加密货币是通向财务自由的捷径！"

"这项技术将改变整个世界！"

"区块链将颠覆银行系统和传统企业！"

"这是无政府主义者妄图打破世界经济格局的狼子野心！"

"比特币统领一切！"

"比特币现金才是真正的比特币！"

"滚蛋，比特币现金SV才是地球的唯一希望！"

"以太坊才是未来！"

"幼稚，看我波场吊打以太坊！"

"数风流人物，还看XXXX！"

"以太经典才是原汁原味的以太坊！"

你越是充满好奇和激情地深入探究，你越不知道你该相信谁。但我希望你能够通过本书找到一个答案。

本书收录了以太坊创始人维塔利克·布特林（Vitalik Buterin）从2013年到2018年的优秀作品。维塔利克出生于俄罗斯，在加拿大的多伦多长大。2011年，他开始研究比特币，并为比特币底层的数学原理、理念以及技术深深着迷，从此不可自拔。此后，维塔利克联合有志之士创办了《比特币杂志》，并充当该杂志的主要编辑和作者。2013年秋，他提出了"以太坊"概念。

在众多聪慧的头脑以及志同道合者的帮助下，以太坊得以面世，并掀起一股巨大的创新浪潮，同时也带动了一波模仿、投机与投资交杂的热潮。从那以后，维塔利克成了各大媒体的常客。

除了作为以太坊基金会的首席科学家，维塔利克还是一位高产的演说家和作家。他撰写了许多很重要同时也十分复杂的文章，话题涉及密码学、经济学、区块链可扩展性等。他尽最大的努力试图让这些内容变得简单易懂，让更多人能够理解其中的含义。

阅读本书不会使你一夜暴富，更不可能让你一夜之间成为密码学和区块链大师。但它能够帮助你在这个日益重要且人类认知仍在快速增长的领域拥有立足之地。

我还想借着这个机会告诉那些四处造谣的人：

维塔利克不是外星人，他是百分之百纯正的地球人。

他不是一个骗子。

他没有用三个月速成一口流利的普通话，那是长年累月的坚持和辛勤努力的结晶。

他也不是什么亿万富豪，更没有什么贴身侍从或者保镖。

你问我怎么知道这么多？因为我是他的父亲，我们共同走过25载岁月。

当我写这段话时，维塔利克在旁边和我聊起本书。我很好奇这些年是什么一直激励着他孜孜不倦地撰写这些文章。但对维塔利克来说，这些都只不过是自然而然的结果——他花了大量的时间去思考，然后分享，仅此而已。

过去，维塔利克会在全球各地分享很多早期的新想法。而现在，这些新想法大多会发表在EthResearch论坛（http://ethresear.ch），以供社区的小伙伴们共同讨论。维塔利克更倾向于在个人博客中发表经过自己细致思考及验证的思路和看法。当然，也正如你所见，许多文章在发表前会先行得到小伙伴们（如卡尔·弗洛尔斯、贾斯汀·德雷克等）热情的评论与审阅。每一次发表文章过后，维塔利克都很重视文章底下的每一句评论。他乐于与读者展开讨论，这种来自于社区的头脑风暴不亚于又一次深刻的思考。

我尝试着刺探后续的文章主题，维塔利克是这样回答我的："可能会有很多重复的主题，如权益证明、可扩展性、Plasma、零知识证明、擦除码等。我也可能会从哲学和经济学的角度撰写更多文章。过去我在一些媒体访问时会进行一些关于人际交互、社会和组织架构的评论，但现在很少这么做了。毕竟，在这些领域，我的想法和观点很难进行逻辑论证。"

问起维塔利克对本书的期望，他说："我希望这本书能够给更多人带来启发，同时吸引更多有志之士加入以太坊社区，甚至是更广泛的加密经济学领域。与此同时，我也希望读者不仅能通过本书了解当下的以太坊，还能更深入地了解我们所追求的更广阔的未来"。

他还提到"……我会一直在我的个人博客（vitalik.ca）、Twitter@VitalikButerin以及Reddit（user vbuterin）进行写作。欢迎大家随时向我抛出问题"。

那就这样吧！请开始你的阅读之旅：去思考，去参与，为这片奇妙的新大陆贡献你的一份力量！

Dima Buterin

目　录

第五卷（2018 年）

2013年

11月，维塔利克·布特林（Vitalik Buterin）撰写了以太坊白皮书的第一版初稿。事实上，初稿并非严格的白皮书，只是一份针对万事达币（Mastercoin）的提案——在万事达币的基础上增加智能合约。

两周后，维塔利克通过电子邮件在其朋友圈内传播这份初稿，并招募开发人员，以太坊的创始团队就此诞生。

2014年

1月23日，维塔利克在其创办的《比特币杂志》（*Bitcoin Magazine*）上正式发布以太坊白皮书《以太坊：下一代智能合约和去中心化应用平台》。

1月25日，维塔利克在比特币迈阿密会议上正式公布以太坊。

2月，以太坊社区建设、代码、Wiki（多人协作写作系统）以及法律趋于完善。为了创建合适的基础结构并取得法律支持，团队决定将原定于2014年2月举行的以太币预售延期。此后，以太坊团队开始全身心投入项目研发，备战主网上线。

3月，以太坊发布第三版测试网络（PoC 3），并将总部搬到了瑞士楚格州。

4月，以太坊联合创始人加文·伍德（Gavin Wood）发布了被誉为"以太坊技术圣经"的黄皮书，明确以太坊虚拟机（EVM）的技术规范。根据说明，以太坊客户端至少支持C++、Go、Python、Java、JavaScript和Haskell编程语言。

6月，以太坊基金Stiftung Ethereum在瑞士楚格州设立。该基金旨在合规化管理众筹募集的资金，服务于以太坊以及去中心化技术生态。

同月，以太坊发布第4版测试网（PoC 4）。

7月，以太坊发布第5版测试网络（PoC 5），并正式开启为期42天的众筹，最终募得3.1万比特币（时值1840万美元）。

10月，以太坊发布第6版测试网络（PoC 6）。在这一版本的测试网络中，区块速度从60秒缩减到了12秒，并且使用了新的基于GHOST的协议。

11月，第一届以太坊开发者会议DEVCON 0在德国柏林举行。在这次会议中，很多项目成员第一次见面，通过Skype发言。

第一卷
（2013-2014年）

以太坊：下一代智能合约和去中心化应用平台

（2013 年 11 月）

编者按

2014年1月23日，维塔利克在其创办的《比特币杂志》上正式发布以太坊白皮书。以太坊白皮书从比特币系统结构切入，引出了以太坊的全新设计、应用场景，并对费用、中心化等经济学、哲学问题进行了解答。

2009 年 1 月，中本聪（Satoshi Nakamoto）首先将比特币区块链带上现实舞台，同时引入两个未经测试的颠覆性的概念。第一个是"比特币"，一种去中心化的点对点在线货币，它能够在没有任何资产担保、内在价值或者中心发行者的前提下维持价值。到今天，比特币聚焦了越来越多的公众视线——不管是作为一种没有中央银行背书的货币所造成的政治影响，还是其剧烈的价格波动。然而，中本聪这一伟大试验还有另一个重要部分——通过工作量证明使人们可以就交易顺序达成共识的"区块链"概念。作为一项应用，比特币可以被认为是一个先申请系统（first-to-file）：如果某个实体拥有 50 BTC（Bitcoin，比特币），并且同时把这 50 BTC 发送给 A 和 B，此时，只有最先确认的交易才会生效。但想要从两笔交易中分辨出先后，并没有内在的方案。这个问题多年来一直阻碍着去中心化数字货币的发展。中本聪的区块链是第一个可靠的去中心化解决方案。如今，开发者们开始将注意力转向区块链，以及怎样将区块链应用于货币以外的领域。

人们常提及的应用包括使用链上数字资产代表定制性货币和金融工具（如彩色币）、基础物理设备的所有权（如智能财产）、诸如域名等的不可替代性资产（域名币），以及诸如去中心化交易所、金融衍生品、点对点赌博、链上身份与声誉系统等更为高级的应用。另一个重要领域是智能合约，即可依据任意预先制定的规则自动转移数字资产的系统。例如，某人有一个资金合约，该合约形式表述为"A 每天最多可提现 X 个货币单位，B 每天最多可提现 Y 个货币单位，而 A 和 B 一起可提取任意数量的货币单位，并且 A 可冻结 B 的提现权"。如果把这种合约的逻辑进一步扩展，就是去中心化自治组织（Decentralized Autonomous Organization, DAO），即一系列长期包含某个组织的资产并对组织章程进行编码的智能合约。以太坊的目标就是提供一条内置成熟的图灵完备编程语言的区块链。这种编程语言可用来创建合约，以编码任意状态转换的功能。用户只需要使用代码编写逻辑，就能构建出上述系统，以及更多有待发掘的新功能。

历　史

去中心化数字货币的概念，就像其他应用，比如财产登记，早在几十年前就被提出来了。20 世纪八九十年代的匿名 E-Cash 协议是以大卫·乔姆（David Chaum）的盲签名技术为基础的。此协议提供具有高度隐私性的货币, 但并没有流行起来, 因为它们依赖于中心化的中介。1998年, 戴伟 (Wei Dai) 的B-Money首次引入了通过解决计算难题和去中心化共识来创造货币的想法, 但该提议并未给出实现去中心化共识的具体方法。2005年, 哈尔·芬尼 (Hal Finney) 引入了 "可重复使用的工作量证明机制" 的概念, 该机制同时结合了B-money的想法和亚当·拜克 (Adam Back) 提出的计算困难的哈希现金难题以创造加密货币。但是, 这种概念再次迷失于理想化, 依赖于可信任的计算作为后端。

因为货币是一个先申请应用, 交易的顺序至关重要, 所以去中心化的货币需要找到实现去中心化共识的解决方法。在比特币之前的所有货币的协议遭遇的主要障碍是, 尽管关于创建安全的拜占庭容错多方共识系统的研究已历时多年, 但上述协议只解决了一半问题。这些协议假设系统内的所有参与者是已知的, 从而获得诸如 "如果有N个参与方加入到系统中, 那么系统可以容忍$N/4$个恶意参与者" 这类形式的安全边际。而这个假设的问题在于, 在匿名的情况下, 这些所谓的安全边际很容易就会受到 "女巫" 攻击。因为一个攻击者可以在一台服务器或者僵尸网络上创建成千上万个节点, 并利用这些节点单方面获取多数份额。

中本聪的创新在于引入了一个理念: 将一个非常简单的基于节点的去中心化共识协议与工作量证明机制结合。节点通过工作量证明机制获得参与到系统中的权利, 每10分钟将交易打包到区块中, 从而创建出不断增长的区块链。尽管拥有大量算力的节点有更大的影响力, 但获得比整个网络更多的算力比创建100万个节点要困难得多。尽管比特币区块链的模型非常简陋, 但实践证明它确实非常好用。在未来5年, 它将成为全世界两百多种货币和协议的基石。

■ 作为状态转换系统的比特币

从技术角度来讲, 比特币账本可以被认为是一个状态转换系统 (图1), 该系统包含所有现存的比特币的所有权状态和一个状态转换函数。其中, 状态转换函数以当前状态和交易为输入, 从而输出新的状态。例如, 在标准的银行系统中, 状态就是一张资产负债表。一个从A账户向B账户转账X美元的请求是一笔交易。状态转换函数将从A账户中减去X美元, 并向B账户增加X美元。如果A账户的余额小于X美元, 那么状态转换函数就会返回一个错误提示。因此, 可以定义状态转换函数为APPLY(S,TX)->S′或ERROR。

在上述银行系统中, 状态转换函数如下:
APPLY({Alice:$50,Bob:$50},"send $20 from Alice to Bob")={Alice:$30,Bob:$70}

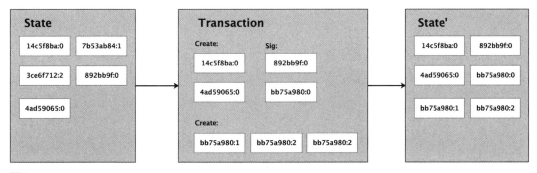

图1

但是，

```
APPLY({Alice:$50,Bob:$50},"send $70 from Alice to Bob")=ERROR
```

比特币系统的状态（State）是所有已经被铸造并且没有被花费［技术上称为"未花费的交易输出"（Unspent Transaction Outputs）或 UTXO］的比特币集合。每个 UTXO 都有一个面值和一位所有者（由大小为 20 Byte 的本质上为密码学公钥的地址定义[①]）。一笔交易包含一个或多个输入以及一个或多个输出。其中，每个输入包含一个对现有 UTXO 的引用和由与所有者地址相对应的私钥所创建的密码学签名，而每个输出包含一个新的将要加入到状态中的 UTXO。

在比特币系统中，状态转换函数 `APPLY(S,TX)->S'` 大体上定义如下：

1. 对交易中的每个输入：

· 如果引用的 UTXO 不存在于状态 S 中，则返回错误提示；

· 如果提供的签名与 UTXO 所有者的签名不一致，则返回错误提示。

2. 如果所有的输入 UTXO 的面值总额小于所有的输出 UTXO 的面值总额，则返回错误提示。

3. 返回 S（新状态 S'），S 中移除了所有的输入 UTXO，同时增加了所有的输出 UTXO。

步骤 1 的第一部分是为了防止交易的发送者花费不存在的比特币，第二部分是为了防止交易的发送者花费其他人的比特币，同时确保价值守恒。为了将其应用于实际支付，假设 A 想给 B 发送 11.7 BTC。首先，A 会查看自身拥有的有效的 UTXO 集合，并确保其加起来至少有 11.7 BTC。事实上，A 不可能正好有 11.7 BTC。假设他能得到的最小数额的比特币为 6 + 4 + 2=12。那么，他可以创建一笔有 3 个输入和 2 个输出的交易。第一个输出为 11.7 BTC，并附带 B 的比特币地址（表示所有者为 B）；第二个输出为 0.3 BTC 的"零钱"，所有者为 A。

■ 挖 矿

如果存在可信任的中心化服务，那么这一系统很容易实现。将上述功能进行准确编码非常简单。然而，想把比特币系统搭建成去中心化的货币系统，为了确保每个人都同意交易的顺序，需要将状态转换系统与共识系统结合。比特币的去中心化共识进程要求网络中的节点不断地尝试创建包含众多交易的区块（Block）。网络被设计为大约每 10 分钟产生一个区块，其中每个区块均包含一个时间戳、一个随机数、一个对上一个区块的引用（即哈希），以及前一个区块生成以来发生的所有交易的列表。随着时间推移，这样就创建出了一条持续且不断增长的区块链。这条链不断地更新，从而表示比特币账本的最新状态。

依照这一范式，检查一个区块是否有效的算法如下：

[①] 聪明的读者会注意到，事实上，比特币地址是椭圆曲线公钥的哈希，而非公钥本身。然而，从密码学术语的角度来说，把公钥哈希称为公钥完全合理。这是因为比特币密码学可以被认为是一个定制的数字签名算法，公钥由椭圆曲线公钥的哈希组成，签名由与椭圆曲线签名连接的椭圆曲线公钥组成，而验证算法包含用作为公钥的椭圆曲线公钥哈希来检查签名内的椭圆曲线公钥，以及用椭圆曲线公钥来验证椭圆曲线签名两个步骤。

1. 检查区块引用的上一个区块是否存在且有效。

2. 检查区块的时间戳是否晚于先前区块的时间戳[①]，而且比未来早2小时。

3. 检查区块的工作量证明是否有效。

4. 将上一个区块的最终状态赋予 S[0]。

5. 假设 TX 是包含 n 笔交易的区块交易列表。对于满足 $i=0, 1, \cdots, n-1$ 的所有 i，令 S[i+1]=APPLY(S[i],TX[i])。如果任何一笔交易 i 在状态转换中出现错误提示，退出并返回 false。

6. 返回 true，并将状态 S[n] 作为这一区块的最终状态。

本质上，区块中的每一笔交易必须提供一个有效的状态转换。需要注意的是，状态并不是编码到区块中的，它纯粹是一个被验证节点记住的抽象概念。任意区块都可以从创世状态开始，按序添加每一个区块内的每一笔交易，计算出当前的状态。此外，请注意矿工将交易打包进区块的顺序。假设一个区块中有 A、B 两笔交易，且 B 花费的是 A 创建的 UTXO：如果 A 在 B 之前，那么这个区块是有效的；否则，这个区块是无效的。

在区块验证算法中，最有意思的部分是"工作量证明"概念，即对每个区块进行 SHA256 哈希处理，并将得到的哈希值看作长度为 256 bit 的数值。该数值必须小于不断动态调整的目标数值，本白皮书写作时的目标数值大约是 2^{190}。工作量证明的目的是使区块的创建变得困难，从而阻止"女巫"攻击者恶意重新生成区块链。因为 SHA256 是完全不可预测的伪随机函数，创建有效区块的唯一方法就是简单地不断试错，不断地增加随机数的数值，查看新的哈希数值是否小于目标数值。

当前的目标数值是 2^{192}，意味着平均需要尝试 2^{64} 次。一般而言，比特币网络每隔 2016 个区块重新设定目标数值，从而保证平均每 10 分钟就会有一个网络中的节点生成区块。为了对矿工的计算工作进行奖励，每一个成功生成区块的矿工都有权在区块中包含一笔凭空发送给自己 25 BTC 的交易。另外，如果交易的输入的总面值大于输出，差额部分就作为"交易费用"付给矿工。顺带提一下，奖励矿工是比特币唯一的发行机制，创世状态中并没有包含比特币。

为了更好地理解挖矿的目的，不妨分析一下比特币网络出现恶意攻击者时会发生什么。因为比特币的底层密码学是非常安全的，所以攻击者会选择攻击没有被密码学直接保护的部分——交易顺序。攻击者的策略如下，非常简单。

1. 向卖家发送 100 BTC 以购买商品（尤其是可以快速送达的数字商品）。

2. 等待商品送达。

3. 创建另一笔交易，将相同的 100 BTC 发送给自己。

4. 尝试让比特币网络相信：发送给自己的交易是最先发出的。

一旦步骤1发生，几分钟后矿工就会把这笔交易打包到区块。假定这是第 270000 个区块，大约 1 小时后，此区块后面将会有 5 个区块，其中每个区块都间接地指向这笔交易，从而"确认"这笔交易。这时，卖家收到货款，并向买家发货。因为假设这是数字商品，攻击者可以即时收货。现在，攻击者创建另一笔交易，将相同的 100 BTC 发送给自己。如果

[①] 在技术实现中，是前 11 个区块的中值。

攻击者只是向全网广播这一消息，那么这一笔交易不会被处理。因为矿工会运行状态转换函数APPLY(S,TX)，然后发现这笔交易要花费的是已经不在状态中的UTXO。所以，攻击者会对区块链进行"分叉"，将第269999个区块作为父区块重新生成另一版本的第270000个区块，并在此区块中用新的交易取代旧的交易。因为区块数据是不同的，这一做法需要重新进行工作量证明。此外，因为攻击者生成的新的第270000个区块有不同的哈希，所以原来的第270001~270005个区块都不指向它。由此，原有的区块链和攻击者的新区块是完全分离的。依照比特币区块链的规则，发生区块链分叉时，链条最长（即有最多算力支撑）的分支将被认为是诚实的区块链。因此，合法的矿工将会沿着原有的第270005个区块后进行挖矿，只有攻击者一人在新的第270000个区块后挖矿。为了使得自身的区块链成为最长链，攻击者需要拥有比除自身以外的全网更多的算力来追赶（即"51%攻击"）。

■ 默克尔树

比特币的一个很重要的可扩展特性是，它的区块存储在多层次的数据结构中。一个区块的哈希实际上只是区块头的哈希。区块头是一段长度约为200 Byte的数据，里面包含时间戳、随机数、上个区块哈希和存储了所有的区块交易的默克尔树的根哈希。

默克尔树是一种二叉树，由一组叶节点、一组中间节点和一个根节点构成（图2）。其中，最底下的叶节点数量众多，节点内包含底层数据；而每个中间节点是它的2个子节点的哈希；根节点也由它的2个子节点的哈希生成，代表默克尔树的顶部。默克尔树的用途是使区块数据可以零散地传送：节点可以从一个来源下载区块头，然后从另一个来源下载与其有关的树的其他部分，但依然能够确认所有的数据都是正确的。这个方法之所以奏效是因为哈希是向上扩散的。如果一个恶意的用户尝试在树的底部替换一笔伪造的交易，其

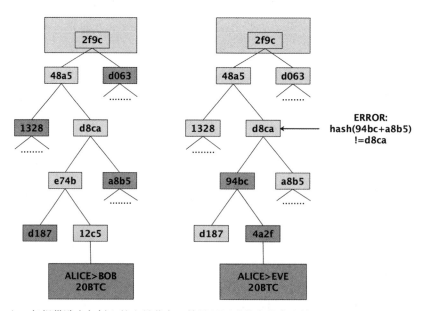

左：仅提供默克尔树上的少量节点，就足以证明分支的合法性
右：对于默克尔树的任何部分进行改变的尝试，最终都会导致链上某处的不一致

图2

所引起的改动将导致树的上层及更上层节点的变动，最终导致根节点以及区块哈希的变动。这样，协议就会将其登记为一个完全不同的区块（几乎可以肯定是带有不正确的工作量证明的）。

默克尔树协议对比特币的长期持续性而言至关重要。截至2014年4月，比特币网络中的一个"全节点"——存储和处理所有区块数据的节点——需要占用15 GB的内存空间，并且还在以每个月超过1 GB的速度增长。目前，这一存储空间对台式计算机来说尚可接受，但是手机已经负载不了如此庞大的数据量了。不难想象，未来只有商业机构和爱好者才会充当完整节点。简化支付验证（SPV）协议允许另一种节点的存在，这种节点被称为"轻节点"。轻节点下载区块头，通过区块头来确认工作量证明，然后只下载与自身交易相关的默克尔树分支。这使得轻节点只要下载整条区块链的一小部分，就可以安全地确认任何一笔比特币交易的状态和账户的当前余额。

■ 其他区块链应用

将区块链思想应用到其他领域的想法早已有之。2005年，尼克·萨博（Nick Szabo）提出"用所有权为财产冠名"的概念，并描述了复制型数据库技术的发展如何将基于区块链的系统应用于土地所有权名录存储，以及创建包含诸如房产权、违法侵占和乔治亚州土地税等概念的详细框架。不幸的是，那时还没有实用的复制型数据库系统，所以这一协议并没有被付诸实践。不过，在2009年，即比特币的去中心化共识诞生以后，许多区块链应用开始快速出现。

1. 域名币（Namecoin）。域名币创建于2010年，是一个去中心化的域名注册数据库。在诸如Tor、BitMessage和比特币这样的去中心化协议中，都需要辨别账户的方法，才能够与用户进行交互。但是，在所有的现存的解决方案中，仅有的可用身份标识是类似于`1LW79wp5ZBqaHW1jL5TciBCrhQYtHagUWy`这样的伪随机哈希。理想情况下，用户会希望拥有一个带有类似于"george"这样的名称的账户。问题是，如果有人可以创建"george"账户，那么其他人同样也可以创建"george"账户来假扮他人。唯一的解决方案是使用先申请原则，只有第一个用户可以成功注册，后面的用户不能再次注册同一个账户。这一问题通过比特币共识协议就可以轻松解决。域名币是利用区块链来实现域名注册系统的最早且最成功的案例。

2. 彩色币（Colored Coins）。彩色币主要发挥类似于协议的功能，为用户在比特币区块链上创建属于自己的数字货币；或者，从更重要的单一单元的货币角度出发，为各类数字代币提供服务。依照彩色币协议，人们可以通过为某一特定的比特币UTXO指定颜色，从而发行新的货币。该协议递归地将其他UTXO的颜色定义为与交易输入UTXO相同的颜色，从而允许用户保持只包含某一特定颜色的UTXO。并且，发送这些UTXO就像发送普通的比特币一样，用户可以通过回溯区块链来决定他们所收到的UTXO的颜色。

3. 衍生币（Metacoins）。衍生币的理念是基于比特币区块链来创建新的协议，利用比特币的交易来保存衍生币的交易，但是采用了不同的状态转换函数`APPLY'`。因为衍生币协议不能阻止无效的衍生币交易出现在比特币区块链上，所以增加了一个规则：如果

APPLY′(S,TX)返回错误提示，那么这一协议将默认APPLY′(S,TX)=S。这为创建那些可能因为过于先进而不能在比特币系统中实现的加密货币协议提供了一个简单的解决方法，而且开发成本极低，因为挖矿和网络的问题已经由比特币协议处理好了。

因此，大体来说，构建共识协议有两种方法：第一，建立一个独立的网络；第二，在比特币网络上搭建协议。虽然像域名币这样的应用使用第一种方法已经获得了成功，但是该方法的实施非常困难：每一个应用都需要创建独立的区块链，同时建立并测试所有的状态转换功能和网络代码。此外，我们预测去中心化共识技术的应用将会服从幂律分布，即大多数的应用规模实在太小，以至于根本没有必要搭建专有区块链。我们还注意到大量的去中心化应用，尤其是去中心化自治组织，需要进行应用间交互。

另一方面，基于比特币的方法存在一些缺点：这些方法没有继承比特币可以进行简化支付验证的特性。比特币可以实现简化支付验证，是因为比特币可以将区块链深度作为有效性代理。在某一时刻，一旦某一笔交易的祖先们距离现在足够远，就可以认为这些祖先交易是合法状态的一部分。与之相反，基于比特币区块链的衍生币协议不能强迫区块链拒绝包括不符合衍生币协议场景的交易。因此，一个安全的衍生币协议的简化支付验证需要后向扫描所有区块直至区块链的初始点，以确认某一交易是否有效。目前，所有基于比特币的衍生币协议的"轻"实施都依赖于可信任的服务器提供数据，这对旨在消除信任需要的加密货币而言，并不是最理想的结果。

■ 脚 本

即使不对比特币协议进行扩展，也能在一定程度上实现智能合约。比特币的UTXO不仅可以被多把公钥拥有，还可以被更加复杂的用基于栈的编程语言所编写的脚本拥有。在这一范式下，花费UTXO的交易必须提供满足脚本的数据。事实上，甚至基本的公钥所有权机制也是通过脚本实现的：脚本将椭圆曲线签名作为输入，然后验证交易和拥有这一UTXO的地址。如果验证成功，则返回1；否则返回0。在更加复杂的场景中，脚本还可以依不同的应用而定。例如，人们可以创建要求集齐指定的3把私钥中的2把才能进行交易验证的脚本（多重签名）。对公司账户、储蓄账户和某些第三方托管商业服务来说，这种脚本是非常有用的。脚本也能用来对解决计算难题的用户发送奖励。人们甚至可以创建诸如"如果你能够提供你已经发送一定数额的狗狗币给我的简化支付验证证明，那么这一比特币的UTXO就是你的"的脚本。从本质上来说，这一脚本就是在不同的加密货币间进行去中心化兑换。

然而，比特币的脚本语言存在一些严重的限制。

1. 缺少图灵完备性。尽管比特币脚本语言可以支持多种计算，但它并不能支持所有的计算。其最主要的缺陷就是缺少循环语句。比特币脚本语言不支持循环语句的目的是，避免交易验证时出现无限循环。理论上，对脚本程序员来说，这是可以克服的障碍，因为任何循环都可以用多次重复的if语句的方式来模拟，但是这样做对脚本空间是一种浪费。例如，实施一个可替代的椭圆曲线签名算法可能需要256轮重复的乘法，并且每一轮乘法都需要单独包含在代码内。

2. 价值盲视。UTXO脚本不能为账户的提现额度提供精细的控制。例如，预言机合约的一个强大应用是对冲合约。在该场景中，A和B各自向对冲合约发送价值1000美元的比特币。30天以后，脚本向A发送价值1000美元的比特币，向B发送剩余的比特币。虽然实现对冲合约需要一个预言机来决定一个比特币对应的美元价值，但是与现有的完全中心化的解决方案相比，这一机制已经在减少信任和基础设施方面有了巨大的进步。然而，因为UTXO是不可分割的，实现此合约唯一的方法就是非常低效地采用众多拥有不同面值的UTXO（如一个包含2^k个输入的UTXO，其中每个k的上限是30），并使预言机挑选出正确的UTXO发送给A和B。

3. 缺少状态。UTXO只有已花费和未花费两种状态。为此，在UTXO模型中，那些需要保存其他内部状态的多阶段合约或者脚本刚没法实现。这也使得多阶段期权合约、去中心化交易要约或者两阶段密码学提交协议（对确保计算奖励非常必要）的实现非常困难。这同样意味着，UTXO只能用于建立简单且一次性的合约，而无法建立诸如去中心化组织这样有着更加复杂的状态的合约，也难以实现衍生币协议。二元状态与价值盲视结合在一起意味着另一个重要的应用——提现限额——是不可能实现的。

4. 区块链盲视。UTXO看不到诸如随机数和上一个区块的哈希这样的区块链数据。这一缺陷剥夺了利用脚本语言实现极具价值的随机源的可能，进而严重限制了其在博彩等其他领域的应用。

至此，我们了解了3种在加密货币上建立高级应用的方法：建立一条新的区块链，在比特币区块链上使用脚本，以及在比特币区块链上建立衍生币协议。可以通过构建新的区块链来实现我们想要的任意特性，但这不仅需要时间，还要投入不少精力。脚本的使用方法非常容易实现以及标准化，但它的能力有限。衍生币协议尽管非常容易实现，但错误地牺牲了可扩展性。在以太坊中，我们希望建立一个同时兼具这3种范式优势的通用框架。

以太坊

以太坊旨在将脚本、竞争币以及链上衍生币协议的概念进行整合及改进，从而使得开发者能够创建任意基于共识的应用。这些应用兼具上述范式所提供的可扩展性、标准化、特性完备、易于开发和互操作性等优点。以太坊通过建立终极的抽象基础层——一条内置有图灵完备的编程语言的区块链——使得任何人都能够编写智能合约和去中心化应用，并在合约或应用中创建他们自由定义的所有权规则、交易方式和状态转换函数。域名币的主体框架只需要2行代码就可以实现，而诸如货币和声誉系统等其他协议只需要不到20行代码就可以实现。至于智能合约，这一包含价值并且只有满足特定条件时才能打开的加密箱子，也能在我们的平台上创建；此外，考虑到以太坊的图灵完备性、价值知晓、区块链知晓和状态存在所加成的优势，使得以太坊上的智能合约比比特币脚本所提供的智能合约要强大得多。

■ 以太坊账户

在以太坊中，状态是由被称为"账户"（每个账户有一个20 Byte的地址）的对象、在

2个账户之间转移价值和信息的状态转换构成的。以太坊的账户包含4个部分：

·随机数，用于保证每一笔交易只能被处理一次的计数器；

·账户目前的以太币余额；

·账户的合约代码（如果有的话）；

·账户的存储（默认为空）。

以太币是以太坊内部的主要加密燃料，用于支付交易费用。一般来说，以太坊有2种类型的账户：由外部所拥有的账户（由私钥控制）和合约账户（由合约代码控制）。外部所拥有的账户没有代码，人们可以通过创建和签署交易的形式从外部账户发送消息。每当合约账户收到一条消息，合约内部的代码就会被激活，从而允许其对内部存储进行读写操作，并发送其他消息或创建合约。

■ 消息和交易

以太坊的消息在某种程度上类似于比特币的交易，但两者之间存在三点重要的差异。首先，以太坊的消息可以由外部实体或者合约创建，而比特币的交易只能从外部创建。其次，以太坊的消息可以明确选择是否包含数据。再者，如果以太坊消息的接收者是合约账户，那么其可以选择进行回应。这意味着以太坊消息也包含函数的概念。

以太坊中的交易是指存储从由外部所拥有的账户发出的消息的已签名数据包。交易包含消息的接收者、用于确认发送者的签名、以太币账户的余额、将要发送的数据以及被称为STARTGAS和GASPRICE的值。为了防止代码出现指数型爆炸和无限循环，每一笔交易都需要对执行代码所引发的计算步骤——包括初始消息和任意在执行中衍生的附加消息——做出限制。STARTGAS就是这一限制，而GASPRICE是每一计算步骤所需要支付给矿工的费用。如果执行交易的过程中燃料（gas）耗尽，那么所有的状态改变将恢复为原状态，但是已经支出的交易费用不会被返还。如果执行交易中止时还有剩余燃料，那么这些燃料将退还给发送者。创建合约有单独的交易类型和相应的消息类型。合约的地址是基于账号随机数和交易数据的哈希计算出来的。

消息机制的一个重要结果是以太坊的"头等公民"属性——合约与外部账户拥有同样权利，包括发送消息和创建其他合约的权利。这使得合约可以同时充当多个不同的角色：例如，用户可以使去中心化组织（一个合约）的一个成员成为一个托管账户（另一个合约），为一个多疑的使用定制的基于量子证明的Lamport签名的个人（第3个合约）和一个使用由5把私钥保证安全的账户的共同签名实体（第4个合约）提供居间服务。以太坊平台的强大之处在于，去中心化组织和托管合约不需要关心合约的参与方是什么类型的账户。

■ 以太坊的状态转换函数

如图3所示，以太坊的状态转换函数APPLY(S,TX)->S'，可以定义如下：

1. 检查交易的格式是否正确（即有正确数值），签名是否有效以及随机数是否与发送者账户的随机数匹配。否则，返回错误提示。

2. 计算交易费用为STARTGAS*GASPRICE，并从签名中确定发送者的地址。从发送者

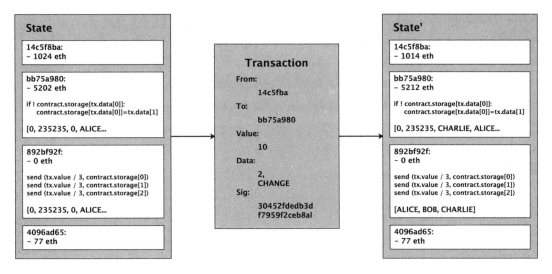

图3

的账户中减去交易费用并增加发送者的随机数。如果账户余额不足，则返回错误提示。

3. 初始化GAS=STARTGAS，并根据交易中的字节数扣减一定量的燃料值。

4. 从发送者的账户转移价值到接收者的账户。如果接收账户不存在，则创建此账户。如果接收账户是一个合约，则运行合约的代码，直到代码运行结束或者燃料耗尽。

5. 如果发送者的账户没有足够的资金或者代码执行耗尽燃料导致价值转移失败，则恢复原来的状态。但依然需要支付交易费用，并将交易费用加至矿工账户。

6. 否则，将所有剩余的燃料归还给发送者，消耗掉的燃料作为交易费用发送给矿工。

例如，假设合约的代码如下：

```
if !contract.storage[msg.data[0]]:contract.storage[msg.data[0]]=
    msg.data[1]
```

需要注意的是，现实中的合约代码是用底层以太坊虚拟机（EVM）代码写成的。上述合约是用高级语言Serpent写成的，它可以被编译成EVM代码。假设合约存储开始时是空的，如果有一笔价值为10ether，燃料设置为2000gas，燃料价格设置为0.001ether，并带有 [2,'CHARLIE'][1] 两个数据字段的交易被发送出去，那么状态转换函数的处理过程如下：

1. 检查交易是否有效、格式是否正确。

2. 检查交易发送者是否至少有 $2000 \times 0.001=2$ether。如果有，则从发送者的账户中减去2ether。

3. 初始化GAS=2000，假设交易长度为170 Byte，每字节的费用是5 gas，那么减去850 gas后还剩1150 gas。

4. 从发送者的账户减去10ether，为合约账户增加10ether。

5. 运行代码。在这个合约中，运行代码很简单：检查合约存储中索引为2的地方是否已被使用。如果它未被使用，则将其值置为CHARLIE。假设这一过程消耗了187 gas，于是剩余的燃料为 $1150 - 187 = 963$（gas）。

---

① 从内部来看，2 和 CHARLIE 都是数字，后者以大端 base 256 编码格式展现。数字的范围为 $0 \sim 2^{256}-1$。

6. 向发送者的账户返回 $963 \times 0.001 = 0.963$ ether，并返回最终状态。

如果交易的接收者不是合约，那么所有的交易费用就等于 GASPRICE 乘以交易的字节长度，并且交易的数据就与交易费用无关了。另外，需要注意的是，合约发起的消息可以对它们产生的计算分配燃料限额，如果子计算的燃料用完了，那么它只恢复到消息调用时的状态。因此，跟交易一样，合约也可以通过对它产生的子计算设置严格的限制，从而保护自身的计算资源。

■ 代码执行

以太坊合约代码使用低级的基于栈的字节码语言进行编写，这种语言称为"以太坊虚拟机代码"或者"EVM代码"。这种代码由一系列字节构成，其中每个字节分别代表一种操作。一般而言，代码的执行是一个无限的循环：程序计数器（初始值为零）每增加1就执行一次操作，直到代码执行完毕或者遇到错误提示、STOP 或者 RETURN 指令。这种操作可以访问3种存储数据的空间。

1. 栈，一种后进先出的数据存储，32 Byte 的数值可以入栈、出栈。

2. 内存，即可无限扩展的字节队列。

3. 合约的长期存储，一种键/值的存储，其中关键字和数值都是 32 Byte 大小。与计算结束即重置的栈和内存不同，存储内容将长期存在。

代码可以访问即将到来的消息的值、发送者和数据以及区块头数据。代码还可以返回数据的字节队列作为输出。

EVM代码的正式执行模型简单得令人难以置信。当以太坊虚拟机运行时，它的完整的计算状态可以由元组（block_state,transaction,message,code,memory,stack,pc,gas）来定义，其中，block_state 是包含所有账户余额和存储的全局状态。每轮执行时，通过调出代码的第 pc 个字节来找到当前指令。此外，每个指令都有定义自己该如何影响元组。例如，ADD 将2个元素出栈并将它们的和入栈，然后将 gas 减1，将 pc 加1；SSTORE 将顶部的2个元素出栈并将第2个元素插入到由第1个元素指定的合约存储位置，然后最多减少 200 gas 并将 pc 加1。虽然有很多通过即时编译去优化以太坊的方法，但以太坊的基础实施仅需几百行代码就能实现。

■ 区块链和挖矿

尽管存在差异，但以太坊区块链在很多方面都类似于比特币区块链。两者在区块链架构的不同之处在于，以太坊区块不仅包含交易列表和最新的状态，还包含区块号和难度值。以太坊中的区块验证算法如下：

1. 检查区块引用的上一个区块是否存在且有效。

2. 检查区块的时间戳是否比引用的上一个区块大，并且小于15分钟。

3. 检查区块号、难度值、交易根、叔根和燃料限额（各种以太坊特有的底层概念）是否有效。

4. 检查区块的工作量证明是否有效。

5. 将 S[0] 赋值为上一个区块的 STATE_ROOT。

6. 将 TX 赋值为区块包含 n 笔交易的交易列表。对于属于 0, …, n-1 的 i，进行状态转换 S[i+1]=APPLY(S[i],TX[i])。如果任何一个转换发生错误，或者程序执行到此处所花费的 gas 超过了 GASLIMIT，返回错误。

7. 用 S[n] 给 S_FINAL 赋值，向矿工支付区块奖励。

8. 检查 S_FINAL 是否与 STATE_ROOT 相同。如果是，则区块是有效的；否则，区块是无效的。

这一方法看起来似乎效率很低，因为它需要存储每个区块的所有状态。但事实上，以太坊的确认效率可以与比特币媲美。原因是以太坊的状态存储在树结构中，每增加一个区块只需要改变树结构的一小部分。因此，总体而言，2 个相邻的区块的树结构的大部分应该是相同的。由此，数据只需存储 1 次，就可以被指针（即子树的哈希）引用 2 次。我们使用一种被称为"帕特里夏树"（Patricia Tree）的树结构来实现这一点。其中包括对默克尔树概念的修改，从而使得该树结构不仅允许改变节点，还可以高效地插入和删除节点。此外，因为所有的状态信息是最后一个区块的一部分，因此没有必要存储全部的区块历史——这一策略如果能够应用到比特币中，将节省 5～20 倍的存储空间。

应 用

一般而言，基于以太坊可以搭建三类应用。第一类是金融应用。这类应用为用户提供更强大的途径，使他们可以用自己的资金进行合约的管理与参与，包括子货币、金融衍生品、对冲合约、储蓄钱包、遗嘱甚至某种与现实一模一样的雇佣合约。第二类是半金融应用。这类应用主要与钱有关，但在非金钱的方面也有很大的占比。一个完美的例子是，为解决计算问题而设计的自发强制型奖赏。最后，还有一类应用，即在线投票和去中心化治理这类完全非金融应用。

■ 代币系统

链上代币系统有很多应用——从代表诸如美元或黄金资产的子货币到公司股票，到代表智能资产、安全且不可伪造的优惠券的独立代币，再到与传统价值完全没有联系的用于积分奖励的代币系统。在以太坊中实现代币系统简单得让人吃惊。最关键的一点是，我们需要理解：所有的货币或者代币系统，从根本上来说就是一个执行以下操作的数据库——在（a）A 在交易之前拥有至少 X 个单位以及（b）交易被 A 批准的前提下，从 A 中减去 X 个单位，并把这 X 个单位加到 B 上。实现代币系统就是要把这样一个逻辑实施到合约中去。

用 Serpent 语言实施一个代币系统的基本代码如下：

```
from=msg.sender
to=msg.data[0]
value=msg.data[1]
if contract.storage[from]=value:
contract.storage[from]=contract.storage[from]value
```

```
contract.storage[to]=contract.storage[to]+value
```

从本质上而言，这是本文将要进一步描述的"银行系统"状态转换功能的一个最小化实施形式。我们需要增加一些额外的代码，以提供在初始和其他边缘情况下分发货币的功能。在理想情况下，还会增加一个功能，以方便其他合约来查询某个地址的余额，这就足够了。理论上，这些基于以太坊且发挥子货币作用的代币系统可能包括一个基于比特币区块链的衍生币所没有的重要功能，那就是直接使用这种货币来支付交易费用。实现这种功能的方法是在合约里维护一个以太币账户余额，并通过这一机制来为发送者退还其用以支付交易费用的以太币。此外，通过收集被用来充当交易费用的内部货币，并把它们在一个不断运行的拍卖机制中出售，合约不断为该以太币账户注资。因此，用户需要用以太币来激活自身的账户。而一旦账户中有以太币，它将会被重复使用，因为合约每一次都会将资金退还。

■ 金融衍生品和价值稳定的货币

金融衍生品是智能合约最普遍的应用，也是最容易用代码实现的场景之一。实现金融合约的主要挑战在于，大部分合约都需要参照外部的价格行情。比如某类需求非常大的应用：用来对冲以太币（或其他加密货币）相对美元价格波动的智能合约，需要知道以太币对应的美元价格。一个最简单的实现方法是依赖于由某个特定机构（如纳斯达克）所维护的数据反馈合约进行。如此一来，机构就能够根据需要来更新合约，并提供一个接口使得其他合约能够通过发送一条消息给该合约，以获取包含价格信息的回复。

当这些关键要素都具备了，对冲合约将如下述所示。

1. 等待 A 输入 1000 以太币。

2. 等待 B 输入 1000 以太币。

3. 通过查询数据反馈合约，将 1000 以太币对应的美元价值（如 x 美元）记录至存储空间。

4. 30 天后，允许 A 或 B ping 该合约，以发送价值 x 美元的以太币（通过重新查询数据反馈合约，以获取最新价格并进行计算）给 A，并将剩余的以太币发送给 B。

这样的合约在加密商业中有非同寻常的潜力。加密货币经常被诟病其价格波动太大。尽管有众多用户和商家青睐于加密资产所带来的安全性和便利性，但他们不乐意面对资产一天跌去 23% 价值的情形。到目前为止，最为常见的推荐方案是发行者背书资产，其思想是发行者创建一种子货币，这种子货币他们有权发行和赎回，并给予那些（在线下）为他们提供一个单位特定相关资产（如黄金或美元）的人一个单位子货币。发行者承诺任何时候，即当任何人送还一个单位加密资产时，返还一个单位的相关资产。如果发行者值得信任，这种机制能够使任何非加密资产"升级"为加密资产。

然而，在具体实践中，发行者并非总是值得信任的。并且在某些情形下，这种服务可能会因为银行体系过于脆弱或者不够诚信导致无法实现。金融衍生品提供了一种替代方案。这一方案不再有提供储备以支撑某种资产的单独的发行者，取而代之的是一个由打赌某种加密资产的价格会上涨的投机者所构成的去中心化市场。与发行者不同，投机者没有讨价还价的余地，因为对冲合约把他们的资金冻结在了托管契约中。需要注意的是，这种方法并不是完全去中心化的，因为它依然需要一个可信任的提供价格信息的数据源。尽管有争议，但这依然是在降低基础设施需求（与作为发行者不同，这里所谓的发布价格行情不需要牌照，并且更接近自由言论）和降低潜在欺诈风险方面的一个巨大进步。

■ 身份和声誉系统

最早的可替代加密货币，如域名币，尝试通过一条类比特币区块链来提供域名注册系统。在这个系统中，用户可以将他们的域名和其他数据一起在一个公共数据库内进行注册。最常见的应用就是把诸如"bitcoin.org"（或者域名币中的"bitcoin.bit"）这样的域名与某个IP地址进行映射的DNS系统。其他应用包括电子邮件验证系统和可能更先进的声誉系统。以下是基于以太坊提供与域名币类似的域名注册系统的基础合约：

```
if!self.storage[name]:self.storage[name]=value
```

这个合约非常简单，其本质是一个在以太坊网络中可以被添加但不能被修改或移除的数据库。任何人都可以把一个域名注册为一个值，且永远不变。一个更精妙的域名注册合约将包含允许其他合约查询的功能语句以及一个让某个域名的拥有者（即第一个注册者）修改数据或者转让所有权的机制。开发者甚至可以在其上添加声誉和信任网络功能。

■ 去中心化文件存储

在过去几年里，诞生了一批流行的在线文件存储初创公司，其中最突出的是Dropbox。这家公司希望用户上传其硬盘备份内容，并通过提供允许用户访问的备份存储服务，按月向这些用户收取费用。然而，在这一点上，这一文件存储市场有时相对低效。对现存解决方案的粗略观察发现，尤其是在"恐怖谷"，即20～200 GB这一既没有免费空间也没有企业级用户折扣的水平上，主流文件存储成本每月的价格实际意味着用户所支付的费用要高于整个硬盘的成本。以太坊合约允许人们进行去中心化文件存储生态的开发，如此一来，用户可以通过将自有的硬盘或未使用的网络空间出租以获得少量收益，从而降低文件存储的成本。

这类设施的基础构件就是所谓的"去中心化Dropbox合约"。这一合约的工作原理如下。首先，用户将需要上传的数据切分成块，并对每一块数据加密，进行隐私保护。然后，以此构建一棵默克尔树。紧接着，创建一个包含特定规则的合约——每隔N个区块，合约将从默克尔树中抽取一个随机索引（使用能够被合约代码访问的上一个区块的哈希来提供随机性）。再之后，给第一个实体X ether，以提供一笔带有类似于在树中特定索引处区块的所有权证明的简化支付验证的交易。当用户想重新下载自己的文件时，他可以使用微支付通道协议（如每32 KB支付1 szabo）来恢复文件。从费用方面考虑，最高效的方法是支付者直到最后再发布交易，并用一笔更划算的即每隔32 Byte附一个相同随机数的交易来代替原交易。

这个协议的一个重要特征是，尽管它看起来像是要用户去信任众多并不打算丢失文件的随机节点，但是用户可以通过秘密分享的形式把文件切分成许多小块，然后通过监视合约得知每个小块是否仍被某个节点保存着。如果合约依然在付款，那就证明了某人依然在存储文件。

■ 去中心化自治组织

通常意义上"去中心化自治组织"（Decentralized Autonomous Organization, DAO）这一概念指的是一个拥有一定数量成员或股东的虚拟实体，并且该实体依靠多数派（如占据67%的大多数）决策来决定资金花费以及修改代码的行为。实体内的成员会集体决定该组织应当如何分配资金。分配资金的方法可以是赏金、工资或者诸如用内部货币作为工作回报等更有吸引力的机制。由此看出，仅仅使用密码学区块链技术就可以从根本上复制出传统公司或者非营利组织的法律套路。迄今为止，许多围绕DAO的讨论都是围绕一个拥有享受分红的股东和可交易的股份的"去中心化自治公司"（Decentralized Autonomous Corporation, DAC）的"资本家"模式。另一替代模式是称之为"去中心化自治社区"（Decentralized Autonomous Community）的实体，其所有成员在决策上拥有同等的权利，并且在增减成员时需要获得占67%的大多数成员的同意。另外，每个人都只能拥有一个会员资格，这一规则需要被群体强制实施。

下面是一个如何用代码实现去中心化组织（Decentralized Organization, DO）的纲要。最简单的设计就是一段得到2/3成员同意就可以自我修改的代码。尽管理论上代码是不可更改的，但是通过把代码主干放在一个单独的合约内，并且把合约调用的地址指向一个可更改的存储的方式，依然可以轻松地绕开这一难题，而使代码具备可修改性。在这样的DAO合约的简单实现中，有3种可以由交易提供的数据区分的交易类型：

· [0,i,K,V] 注册索引值为i的提案，以将存储地址索引为K的内容更改为值V；

· [0,i] 登记赞成提案i的投票；

· [2,i] 如有足够赞成票，则最终化提案i。

然后，合约对上述每一项都会有具体的条款。它将维护一个包含所有公开的存储更改的记录以及一个成员投票表决的列表。当然，还有一个包含所有成员的列表。当任何存储内容的更改得到占2/3的大多数成员的同意时，一笔最终化交易便执行这一更改。一个更加精妙的框架还会增加内置的选举功能，以实现诸如发送交易、增减成员甚至提供流动民主方式的投票授权机制（即任何人都可以委托另一个人来代表自己投票，而且这种委托关系是可以传递的：如果A委托了B，然后B委托了C，那么C将决定A的投票）。这种设计将使DAO作为一个去中心化社区有机地成长，并使人们最终能够把挑选合适人选的任务交给专家。然而，与当前制度不同的是，随着成员不断地改变站队，这些专家随时都会倒台或被取代。

另一个可替代的模式是去中心化公司，在这一模型中，任何账户可以拥有零或更多的股份，并且公司决策需要占2/3的多数股东同意。一个完整的框架将包含资产管理功能，即可以提交买卖股份的要约以及接受这种要约的功能（最好是合约内有订单匹配机制）。代表团依然以流动民主的方式存在，由此将产生"董事会"概念。

更先进的组织治理机制可能会在未来实现。因此，可以开始把去中心化组织（DO）描述为去中心化自治组织（DAO）。DO和DAO的区别是模糊的，一条大致的分割线是治理是否可以通过一个"自动"的过程实现。一个有用的直觉测试是"无通用语言"标准：如果组织内的成员都说不同的语言，那么这个组织还能正常运行吗？显然，对于简单的传统股份制公司，将会失败。而对于像比特币协议这样的模式，却很可能成功。罗宾·汉森（Robin Hanson）的Futarchy（一个通过预测市场实现组织化治理的机制）很好地展示了什么是真正的自治式治理。请注意，我们不该认为所有的DAO都比DO优越。自治只是一个在某些特定场景下有很大优势，但在其他地方未必可行的范式。这中间可能还会存在介于两者之间的半DAO模式。

■ 进一步的应用

1. 储蓄钱包。爱丽丝想确保她的资金安全，但同时又担心私钥丢失或者被黑客盗走。于是，她把以太币放到她和鲍伯签订的一个合约里，这合约相当于是一个银行，内容如下：

·爱丽丝每天最多可提现1%的资金；

·鲍伯每天最多可提现1%的资金，但爱丽丝可以用她的私钥创建一笔交易取消鲍伯的提现权限；

·爱丽丝和鲍伯两个人可以共同提现任意资金。

一般而言，每天1%的额度对爱丽丝来说已经足够了。如果爱丽丝想提现更多资金，她可以联系鲍伯寻求帮助。如果爱丽丝的私钥被盗，那么她可以立即找到鲍伯并把她的资金转移到一个新的合约里。如果她丢失了私钥，那么鲍伯可以慢慢地把资金提出。如果鲍伯是个坏人，那么她可以撤销他的提现权限。

2. 农作物保险。任何人都可以轻易地创建一个金融衍生品合约，同时使用天气状况而非价格指数作为数据输入。如果一个爱荷华州的农民购买了一个基于爱荷华州降雨情况进行反向赔付的金融衍生品，并且此后遭遇了干旱，那么该农民将自动收到赔付资金。当然，如果有足量的降雨，他会很开心，因为他的作物收成会很好。

3. 去中心化的数据反馈。对于基于差异的金融合约，实际情况下，通过谢林点协议将数据反馈去中心化是有可能的。谢林点的工作原理：N个参与方将某个指定的数据（如ETH/USD价格）的值输入系统，系统对这些值进行排序，并且每个提供的值落在25%~75%区间内的节点都会获得奖励。每个人都受到经济激励去提供他人可能将要提供的答案，而大量参与者真正同意的答案显然就是默认答案（即事实）。这种方式构造了一个可以在理论上提供很多数值——包括ETH/USD价格、柏林的温度，甚至某个特别困难的计算结果——的去中心化协议。

4. 多重签名智能托管。比特币允许使用基于多重签名的交易合约：例如，只要拥有5把私钥里的其中3把就可以使用资金。以太坊可以做得更细化：例如，只要拥有5把私钥里的4把就可以花费全部资金；如果只有3把，则每天最多只能花10%的资金；如果只有2把，则每天只能花费0.5%的资金。另外，以太坊里的多重签名是异步的，即双方可以在不同时间在区块链上注册签名，最后一个签名到位后就会自动发送交易。

5. 云计算。EVM技术还可以用于创建可验证的计算环境。也就是说，用户可以邀请他人进行计算，然后选择性地要求受邀者提供证据证明在特定的随机选择的检查点上的计算已经正确完成。这将使得创建一个任何用户都可以用台式机、笔记本或者专用服务器参与的云计算市场成为可能。此外，还可以结合抽查机制和缴纳安全性保证金的形式来确保系统是值得信任的（即没有节点可以因欺骗而获利）。尽管这样的系统可能并不适用于所有任务（如需要高级进程间通信的任务很难在一个由众多节点构成的云上完成），但是其他任务将更容易并行实现。诸如SETI@home, folding@home和基因算法这样的项目，将很容易在这样的平台上进行。

6. 点对点赌博。所有点对点赌博协议——比如弗兰克·斯坦亚诺（Frank Stajano）和理查德·克莱顿（Richard Clayton）的Cyberdice，都可以搬到以太坊区块链上实现。最简单的赌博协议实际上就是打赌下一个区块的哈希与猜测值之间的差额。据此，还可以创建更高级的赌博协议，以实现近乎零手续费且无欺骗的赌博服务。

7. 预测市场。一旦实现了预言机或谢林币，预测市场的实现就变得十分简单。使用谢林币的预测市场可能会被证明是第一个主流的（作为去中心化组织管理协议的）Futarchy应用。

8. 链上去中心化市场。该市场基于身份和声誉系统搭建。

其他事项

■ 改进版GHOST协议的实施

GHOST（Greedy Heaviest Observed Subtree，贪婪的最重观察子树）协议是由尤纳坦·索博里斯基（Yonatan Sompolinsky）和雅维夫·索哈尔（Aviv Zohar）于2013年12月引入的创新机制。GHOST协议提出的动机是，当前快速确认的区块链会因为区块的高作废率而受到安全性降低的困扰。由于区块需要花费一定时间（假设为t）广播至全网，如果矿工A挖出一个区块后，矿工B碰巧在A的区块广播到B之前挖出另外一个区块，那么矿工B的区块就会作废且对网络安全没有任何贡献。此外，这里还存在中心化的问题：如果A是一个拥有全网30%算力的矿池，而B只拥有10%的算力，那么A将面临70%的时间都在产生作废区块的风险，而B在90%的时间里都在产生作废区块。因此，如果作废率太高，那么A将仅仅因为拥有更大的算力份额而获得更高的效率。综合这两个因素，区块产生速度快的区块链很可能会导致一个矿池拥有能够控制整个挖矿过程的算力份额的结果。

正如索博里斯基和索哈尔所描述，GHOST协议通过在计算哪条链"最长"的时候把作废区块也包含进来的方式，解决了导致网络安全性降低的第一个问题。也就是说，不仅仅是区块的父代和更早的祖辈，就连基于祖先区块的作废的后代区块（在以太坊术语中，称之为"叔区块"）也被加来，以计算哪一个区块拥有支持其自身的最大工作量证明。我们在索博里斯基和索哈尔所描述的协议的基础上更进一步，以解决第二个问题，即中心化倾向。与此同时，将作废区块纳入主链也将获得区块奖励——叔区块获得93.75%的基础奖励，而把它纳入计算的侄区块将获得奖励的6.25%，不过，交易费用不奖励给叔区块。

以太坊实施了一个只下探到第5层的简化版本的GHOST协议。具体而言，作废区块只能以叔区块的身份被其父代的第2~5代后辈区块而非关系更远的后辈区块（如父区块的第6代后辈区块，或祖父区块的第3代后辈区块）纳入计算。这样做有几个原因。首先，无限制的GHOST协议将给计算特定区块的哪一个叔区块合法这一过程带来过大的复杂度。其次，加入了以太坊所用的补偿机制的无限制的GHOST协议，使得矿工在经济激励下更愿意基于主链而不是某位公开的攻击者的链进行挖矿。最后，计算表明：带有激励机制的5层GHOST协议即使在出块时间为15s的情况下也能够实现95%以上的效率，并且拥有25%算力的矿工依靠中心化所得到的收益小于3%。

■ 费 用

因为每一笔发布到区块链上的交易都会产生下载和验证的成本，因此，需要有一个包含交易费用的规范机制来防范用户滥发交易。比特币使用的默认方法是用户自愿定义交易费用，并依靠矿工担当守门员和设定动态的最低费用。因为这种方法是基于市场的，矿工和交易发送者能够按供需来决定价格，所以这种方法在比特币社区很顺利地被接受了。然而，这个逻辑的问题在于，交易处理并非一个市场。虽然直观上而言，把交易处理解释成矿工为发送者提供服务很有吸引力。但事实上，一个矿工打包的交易是需要经过网络中每个节点进行处理的，所以在实际交易处理中，最大部分的成本是由第三方而不是决定是否打包交易的矿工承担的。在这种情况下，很有可能会发生公地悲剧。

然而，当我们给出一个特殊的不够精确的简化假设时，这个基于市场的机制的漏洞就很神奇地消除了自身的影响。假设如下：

1. 一笔交易带来k步操作，提供奖励kR给任何打包该交易的矿工。这里，R由交易发布者设定，k和R对于矿工（大致上）都是事先可见的。

2. 每个节点处理每步操作的成本都是C（即所有节点的效率一致）。

3. 有N个挖矿节点，其算力一致（即全网算力的$1/N$）。

4. 网络中不存在不挖矿的全节点。

当预期奖励大于成本时，矿工愿意处理交易。由于矿工有$1/N$的机会处理下一个区块，因此其预期收益是kR/N。此外，矿工的处理成本为kC。如此一来，当$kR/N > kC$，即$R > NC$时，矿工愿意打包交易。需要注意的是，R是由交易发送者提供的每步操作的费用，也是矿工从处理交易中获益的下限。NC是全网处理一个操作的成本。所以，矿工仅有动力去打包那些收益大于成本的交易。

然而，上述假设与实际情况有几点重要的偏离。

1. 由于额外的验证时间延迟了区块广播的时间，因而增加了区块作废的概率，处理交易的矿工比其他验证节点付出的成本更高。

2. 不挖矿的全节点是存在的。

3. 实践中，算力分布最终可能是极端不均匀的。

4. 一心只为破坏网络的投机者、政敌和疯子确实存在，并且他们能够巧妙地设置合约使得自己的成本要比其他验证节点低得多。

上述第1点驱使矿工打包更少的交易，而第2点则增加了NC。因此，这两处影响至少部分地互相抵消了。第3点和第4点是主要问题。为了解决这些问题，我们简单地建立了一个浮动的上限：没有区块能够打包比 BLK_LIMIT_FACTOR 倍长期指数移动平均值更多的操作数。具体如下：

```
blk.oplimit=floor((blk.parent.oplimit*(EMAFACTOR-1)+floor
    (parent.opcount*BLK_LIMIT_FACTOR))/EMA_FACTOR)
```

BLK_LIMIT_FACTOR 和 EMA_FACTOR 暂且被设定成值为65536和1.5的常数，可能会在更深入的分析后进行调整。

■ 计算和图灵完备

需要强调的是，以太坊虚拟机是图灵完备的。这意味着，EVM代码可以实现你所能想象的任何计算，包括无限循环。EVM代码有2种实现循环的方式。首先，JUMP 指令可以让程序跳回代码的前面某处，并允许运行诸如 while x<27:x=x*2 这样的条件语句的 JUMPI 指令来实现条件跳转。其次，合约可以调用其他合约，这意味着能够通过递归来实现循环。当然，这也会产生一个问题，即恶意用户能够通过迫使矿工和全节点进入无限循环来逼其关机吗？这一问题可以参考计算机科学中的停机问题：一般情况下，我们没有办法知道一个给定的程序是否能在有限的时间内结束运行。

正如在"以太坊的状态转换函数"中所述，我们的方案是通过为每一笔交易设定执行过程的最大计算步数来解决问题。如果超过最大步数，那么计算将恢复原状，但（交易发起方）依然要支付费用。消息以同样的方式工作。为展示这一方案背后的动机，不妨考虑以下例子。

1. 一个攻击者创建了一个运行无限循环的合约，然后发送了一笔激活循环的交易给矿工。矿工处理交易，并运行无限循环直到燃料耗尽。即使燃料耗尽，交易半途停止，该交易仍然有效，并且矿工依然可以从攻击者处获得每步计算的费用。

2. 一个攻击者创建了一个非常长的无限循环，意图迫使矿工长时间一直计算。如果在计算结束前，若干区块已经产生，那么矿工将无法打包交易以赚取费用。然而，攻击者需要发布一个 STARTGAS 值以限制可执行步数，因而矿工提前获知该计算将耗费过多的步数。

3. 一个攻击者看到一个包含诸如 send(A,contract.storage[A]);contract.storage[A]=0 格式的合约，并发送一笔费用只够执行第1步而不够执行第2步的交易（即提现的同时不会减少账户余额）。此时，合约作者无需担心该如何防卫类似的攻击。因为如果执行中途停止，那么所有变更都将被恢复。

4. 假设某个金融合约靠提取9个专用的反馈数据的中值来工作以最小化风险，并且如果某个攻击者接管了其中1个数据提供源——由此前在"去中心化自治组织"中介绍的可变地址调用机制可知，数据提供源是可更改的——并把该数据提供源改为运行一个无限循环，将迫使所有从该金融合约索要资金的请求都会因燃料耗尽而中止。然而，该金融合约可以在消息里设置燃料限制，以防范此类问题。

图灵完备的另一面是非图灵完备。在非图灵完备的情形下，JUMP 和 JUMPI 指令不复存在。并且，在某个给定时间内，每个合约只允许有一个拷贝存在于调用栈内。在这样的系统里，上述费用机制和围绕方案的效率的不确定性可能都是不需要的，因为执行一个合约的成本将由它的大小决定。此外，非图灵完备甚至不是一个多严重的限制。在我们内部设想的所有合约例子中，至今只有一个需要循环，而且这个循环也可以被26个单行代码段的重复所替代。考虑到图灵完备所带来的严重的麻烦和有限的益处，为什么不简单地使用一种非图灵完备的语言呢？事实上，非图灵完备远非一个简洁的解决方案。为什么？请考虑下面的合约：

```
C0:call(C1);call(C1);C1:call(C2);call(C2);C2:call(C3);call(C3);…
C49:call(C50);call(C50);
C50:(run one step of a program and record the change in storage)
```

现在，给A发送一笔交易。因此，在51笔交易中，有了一个需要花费2^{50}步计算的合约。矿工可以尝试通过为每个合约维护一个最大可执行步数，并且计算递归调用其他合约的合约可能需要的执行步数，从而预先检测这样的逻辑炸弹。但是，这会使矿工禁止用户创建能够调用其他合约的合约（因为上面这26个合约的创建和执行可以轻易地包裹在一个单独的合约内）。另一个问题是，一个消息的地址字段是一个变量，所以通常来讲，甚至无法预先知道一个合约将要调用的另一个合约是哪一个。于是，最终有了一个惊人的结论：对图灵完备进行管理反而更加简单，而对非图灵完备进行管理则困难得多——除非采取相同的控制机制，那为什么不让协议图灵完备呢？

■ 货币与发行

以太坊网络包含自身的内置货币，即以太币。以太币主要有两重角色：第一，为各种数字资产交易提供主要的流动性；第二，更重要的是提供一种支付交易费用的机制。出于便利及避免将来的争议（看看人们关于mBTC/uBTC/聪的争论），不同面值的名称将被提前设置：

- ·1：wei（伟）
- ·10^{12}：szabo（萨博）
- ·10^{15}：finney（芬尼）
- ·10^{18}：ether（以太）

这些应该被当作"元"和"分"或者"比特币"和"聪"概念的扩展版。在不久的将来，我们期望ether用于普通交易，finney用于微交易，而szabo和wei用于费用和协议实施相关的讨论。

发行模式如下：

1. 通过发售活动，以太币将以每比特币兑换1337～2000 ether的价格发售。这一机制旨在为以太坊组织筹资，并为开发者支付报酬。其他加密货币平台上已经有成功的案例。早期购买者会享受较大的折扣，发售所得的BTC将完全用来支付开发者和研究者的工资、赏金以及投入加密货币生态系统的项目。

2. 0.099倍的发售总量将被分配给在进行BTC融资或其他的确定性融资成功之前参与开发的早期贡献者，另外的0.099倍将被分配作为长期研究项目的资金。

3. 自上线之日起，0.26倍的发售总量将作为矿工奖励。

■ 发行分解

永久线性增长模型降低了比特币中出现的财富过于集中的风险，并且让当下和未来的参与者都有获取货币的公平机会，同时降低了以太币贬值的风险。因为长期来看，货币供应增长率是趋于零的。我们还推断，随着时间流逝，总会发生由于粗心和死亡等原因所导致的以太币遗失。假设以太币遗失的数额占每年货币供应量的一个固定比例，那么最终总的流通货币供应量会稳定在一个等于年货币发行量除以遗失率的值上（例如，当遗失率为1%时，如果供应量达到26倍，那么每年有0.26倍以太币被挖出的同时，还会有0.26倍以太币丢失，从而达到一个均衡）（图4）。

除了线性的发行方式外，和比特币一样，以太币的供应量增长率长期来看也趋于零（图5）。

项 目	发行时	1年后	5年后
货币单元	1.198倍	1.458倍	2.498倍
购买者	83.5%	68.6%	40.0%
早期贡献者分配	8.26%	6.79%	3.96%
长期资助	8.26%	6.79%	3.96%
矿 工	0%	17.8%	52.0%

图4

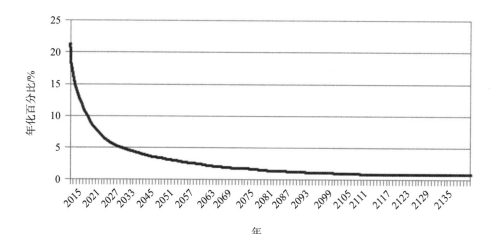

图5 预期以太币供应增长

■ 挖矿中心化的问题

比特币挖矿算法基本上是让矿工不断地轻微改动区块头，直到最终某个节点的改动版本的哈希小于目标值[①]。然而，这种挖矿算法容易遭受两类中心化攻击。第一类，挖矿生态系统

[①] 本文写作时（2013年11月）大约为 2^{190}。

被专门设计的旨在高效提升比特币挖矿这一特殊任务效率的ASIC（专用集成电路）和计算机芯片控制。这意味着比特币挖矿不再是高度去中心化和追求平等主义的，而是需要巨额资本才能有效参与的游戏。第二类，大部分比特币矿工事实上不再在本地完成区块验证，而是依赖中心化的矿池提供区块头。这个问题可以说十分严重——截至本文写作时，最大的两个矿池已经间接控制大约全网50%的算力——尽管当一个矿池，或联合体尝试进行51%攻击时，矿工可以切换到其他矿池，这一事实减轻了问题的严重性。

以太坊打算使用一个基于为每1000个随机数随机产生唯一哈希的函数的挖矿算法，并用足够宽的计算域来消除专用硬件的优势。这样的策略当然不会使中心化的收益减少为零，也不需要这么做。请注意，个人用户使用自有的私人笔记本或台式机就可以几乎免费地完成一定量的挖矿活动，但在CPU使用率到达100%之后，进行挖矿就需要他们支付电力和硬件成本。ASIC挖矿公司需要从第一个哈希开始就为电力和硬件支付成本。所以，如果中心化收益能够保持在$(E+H)/E$以下，那么即使ASIC被制造出来，普通矿工依然有生存空间。

此外，将挖矿算法设计成挖矿需要访问整条区块链，从而迫使矿工存储完整的区块链或者至少能够验证每笔交易，去除了对中心化矿池的需要。虽然矿池依然可以扮演平滑收益分配随机性的角色，但该功能可以由没有中心控制的点对点（P2P）矿池来完成。如此一来，即使大部分普通用户依然倾向于选择轻客户端，通过增加网络中的全节点数量也有助于抵御中心化。

■ 可扩展性

可扩展性问题是以太坊常被提及的地方。与比特币一样，以太坊也遭受着每笔交易都需要网络中的每个节点处理这一困境的折磨。比特币当前的区块链大小约为20 GB，并以每小时1MB的速度增长。如果要比特币网络处理Visa级的2000 TPS（Transaction Per Second，每秒交易处理量）的交易，其将以1MB/3s的速度增长（每小时1 GB，每年8 TB）。以太坊可能也会经历相似的甚至更糟的增长模式，因为在以太坊区块链之上还有很多应用，而不是像比特币那样只是简单的货币。好在以太坊全节点只需存储状态而不是完整的区块链历史，这让情况得到了改善。

大区块尺寸的问题在于，其将面临中心化风险。如果区块链大小增加至100 TB，那么可能只有非常少数的大商家会选择运行全节点，而常规用户会选择使用更轻巧的SPV节点。这将会增加全节点合伙欺诈牟利（如更改区块奖励，给自己发送比特币）的风险。轻节点将没有办法立刻检测到这种欺诈。当然，网络中可能至少也会存在一个诚实的全节点，并且几小时之后，有关的欺诈信息会通过Reddit这样的渠道泄露。但此时也为时已晚，任凭普通用户做出怎样的努力去废除已经产生的区块，他们都会遇到与发动一次成功的51%攻击同等规模的巨大且不可行的协调问题。对于比特币，现在这是一个问题，但彼得·托德（Peter Todd）建议的一个改动可以缓解这个问题。

近期，以太坊会使用两个额外的策略来应对此问题。首先，基于区块链的挖矿算法，至少每个矿工会被迫成为一个全节点，这保证了一定数量的全节点。其次，更重要的是，处理完每笔交易后，把一个中间状态树的根包含进区块链。即使区块验证是中心化的，只要有一个诚实的验证节点存在，中心化的问题就可以通过一个验证协议避免。如果一个矿工发布了一个不正确的区块，那么该区块要么格式是错误的，要么状态 S[n] 是错误的。因为 S[0] 是正确的，由此必然存在状态 S[i] 错误但 S[i-1] 正确的情况。因此，验证节点将提供索引 i 以及处理 APPLY(S[i-1],TX[i])->S[i] 所需的帕特里夏树节点的子集。这些节点将受命进行这部分计算，并查看产生的 S[i] 与先前提供的值是否一致。

另外，在更复杂的情形中，恶意矿工发布不完整区块进行攻击，会造成矿工没有足够的信息去确定区块是否正确。解决办法是质疑–响应协议：验证节点对目标交易索引发起质疑，接收到质疑信息的轻节点会对相应的区块取消信任，直到另外一个矿工或者验证者提供一个帕特里夏节点的子集作为有效性证明。

综述：去中心化应用

上述合约机制使得任何人都能够基于虚拟机构建立一个通过全网共识来运行的命令行应用，它能够将一个全网可访问的状态更改为自己的"硬盘"。然而，对多数人来说，用作交易发送机制的命令行界面并未友好到让去中心化成为有吸引力的替代方案。最后，一个完整的去中心化应用应该包括底层的商业逻辑组件——无论是否完全在以太坊上实施，或者使用以太坊和其他系统组合（如一个P2P消息发送层，其中一个计划植入以太坊客户端），或者仅有其他系统的方式——和高级的图形用户界面组件。以太坊客户端被设计成一个网络浏览器，但其包括对"eth"Javascript API对象的支持，客户端内可见的特定网页会用来与以太坊区块链交互。从传统网页的角度看来，这些网页是完全静态的内容，因为区块链和其他去中心化协议将完全代替服务器来处理用户发起的请求。最后，去中心化协议可能会自主通过某种方式使用以太坊，并被用以存储网页。

结　论

以太坊协议最初被构思为一个通过高度通用的语言来提供链上托管、提现限制、金融合约和赌博市场等高级功能的升级版加密货币。以太坊协议不会直接支持任何应用，但图灵完备编程语言的存在意味着理论上我们可以为任何交易类型和应用创建任意合约。更有趣的一点是，以太坊协议将比纯粹的货币走得更远。围绕去中心化存储、去中心化计算和去中心化预测市场，以及数十个类似概念建立的协议和去中心化应用极有可能从根本上提升计算行业的效率，并通过首次添加经济层来为其他P2P协议提供提升的基础。最终，还将出现一大批与金钱毫无瓜葛的应用。

以太坊协议所实现的任意状态转换概念提供了一个独特且潜力无限的平台。与封闭式的为诸如数据存储、赌博或金融等单一目的所设计的协议不同，以太坊的设计是开放的，并且相信它极其适合作为基础层服务于未来蓬勃发展的金融和非金融协议。

进阶阅读

[1] 内在价值：https://tinyurl.com/BitcoinMag-IntrinsicValue.

[2] 智能财产：https://en.bitcoin.it/wiki/Smart_Property.

[3] 智能合约：https://en.bitcoin.it/wiki/Contracts.

[4] B-Money: http://www.weidai.com/bmoney.txt.

[5] 可重复使用的工作量证明机制：http://www.finney.org/~hal/rpow.

[6] 用所有权为财产冠名：http:// szabo.best.vwh.net/securetitle.html.

[7] 比特币白皮书：http://bitcoin.org/bitcoin.pdf.

[8] 域名币：https://namecoin.org.

[9] 祖库（Zooko）三角理论：http://en.wikipedia.org/wiki/Zooko's_triangle.

[10] 彩色币白皮书：https://tinyurl.com/coloredcoin-whitepaper.

[11] 万事达币白皮书：https://github.com/mastercoin-MSC/spec.

[12] 去中心化自治公司，选自《比特币杂志》：https://tinyurl.com/Bootstrapping-DACs.

[13] 简化支付验证：https://en.bitcoin.it/wiki/Scalability#Simplifiedpaymentverification.

[14] 默克尔树：http://en.wikipedia.org/wiki/Merkle_tree.

[15] 帕特里夏树：http://en.wikipedia.org/wiki/Patricia_tree.

[16] GHOST: http://www.cs.huji.ac.il/~avivz/pubs/13/btc_scalability_full.pdf.

[17] StorJ 和自治代理，杰夫·加齐克（Jeff Garzik）：https://tinyurl.com/storj-agents.

[18] 麦克·侯恩（Mike Hearn）在图灵节上关于智能财产的演讲：http:// www.youtube.com/watch?v= Pu4PAMFPo5Y.

[19] 以太坊 RLP: https://github.com/ethereum/wiki/wiki/%5BEnglish%5D-RLP.

[20] 以太坊的默克尔帕特里夏树：https://github.com/ethereum/wiki/wiki/%5BEnglish%5D-Patricia-Tree.

[21] 彼得·托德关于默克尔总和树（SumTree）的介绍：http://sourceforge.net/p/bitcoin/mailman/message/ 31709140.

创建去中心化自治公司（Ⅰ）

（2013 年 12 月 31 日）

编者按

> 本文是维塔利克关于去中心化自治公司思考的第一部分。工业革命以后，社会产业开始大规模地使用机器来取代人力劳动。然而，在这场大型的机械化产业进化过程中，公司的管理模式并没有发生本质的改变。管理人员的地位真的不可颠覆吗？是否存在某种去中心化的决策计算能够行使管理功能，从而驱动去中心化公司的自治？

"公司的本质"，美国总统候选人米特·罗姆尼（Mitt Romney）提醒我们，"是人"。不管你同不同意他的结论，这几乎就是事实。除了一群在一套具体的规则下共同工作的人以外，公司到底是什么？当一家公司拥有财产，其真正的含义就是会有一份法律合约，用以声明这些财产只能在公司当前的董事会（即在特定的股东团体中进行选举和更换的代表人员）的控制下用于指定用途。公司做任何事情都必须经过董事会的同意。公司雇佣员工，意味着这些员工同意遵循某套特定（尤其是涉及报酬）的规则并为公司的顾客提供服务。如果某家公司以有限责任的形式存在，则意味着与公司有关的特定人员得到政府的批准，其拥有额外的优先权经营商业活动，同时无须过于担心法律诉讼的问题。这群人虽然比单独行动的普通人拥有更多的权利，但归根结底还是人。任何时候，公司都不过是人与合约组合的形式罢了。

然而，这里出现了一个很有意思的问题：公司真的需要这些人吗？一方面，公司确实需要这些人。尽管在某个后奇点时代，未来的机器将能够独自生存。但在可预见的将来，公司还是需要某种形式的人类操作，以协助机器与物理世界的交互。另一方面，在过去的200年里，公司对人的需求却是在不断地降低。工业革命开启了人类大规模地使用机器生产取代人类劳动的先河，而今，还拥有高级数字化工厂和机械臂来自动生产诸如汽车的复杂商品。但这仅仅实现了公司底层的自动化：公司不必再去管理手工劳动者，取而代之的是少数自动机械维护人员，但公司的管理方式仍然没有改变。我想问，能不能从另一个角度来看待问题？即使公司仍然需要人类来完成某些专业化的任务，但能把管理人员从这个架构中剔除吗？

大部分公司都有某种类型的使命宣言。这些使命宣言无非就是回报股东，或者有时候包含与他们制造的具体产品有关的某种道义责任，或者提一提（至少在理论上）促进行业融合的愿景。目前而言，只有当董事会或者（从根本上而言）股东阐明使命宣言时，它才存在。但是，在现代信息技术的帮助下，如果能把使命宣言写进代码里，那么效果会怎么样？也就是说，如果能够创造一种不可违背的合约，这种合约不仅能够为公司创造利润，给行使某些职责的人支付报酬，还能寻找有助于其自身运作的硬件，并且这一切都不需要依赖于人类的上下级结构，会怎么样？

正如 Let's Talk Bitcoin 的丹尼尔·拉米尔（Daniel Larmier）在他自己对这个理念的探索中所言[①]，从某种意义上讲，比特币本身可以看作这种事物的一个很原始的雏形。比特币

---

① https://letstalkbitcoin.com/is-bitcoin-overpaying-for-false-security/#.UjtiUt9xy0w

有2100万份股票，并且这些股票由可以被视为比特币股东的实体所拥有。比特币有雇员，因为它有给员工发工资的协议：大约每10分钟所有雇员中就有一位能得到25 BTC。它甚至有自己的市场部门，这个部门在很大程度上由股东构成。但是，比特币的功能也很有限。它几乎对除了当前时间以外的外部世界一无所知，并且没有办法改变除了自身挖矿难度以外的其他功能。它本身不做任何事情，只是存在着，等待这个世界来承认自己。问题是，我们可以做得更好吗？

计　算

　　显然，第一个挑战：在实践中，这样的公司如何做出决策？最起码在给定可预测的环境后，很容易就能编写出接收给定输入并计算出应采取的行动的代码。但是，谁来运行这个代码？如果代码仅仅以计算机程序的形式存在于某个特定的机器上，谁来阻止这台机器的主人关闭这个计算机程序，甚至修改整个程序让它把所有的钱都转给自己？这个问题只有一个有效的答案，那就是分布式计算。

　　然而，这里提到的这种分布式计算并不是SETI@home和Folding@home之类的项目中的分布式计算，因为那类项目仍然依赖于一台从分布式节点处收集数据并对外发送请求的中央服务器。在本文案例中，需要的是在比特币上看到的分布式计算，即一套能够对自身计算进行去中心化自我验证的规则。在比特币中，这种分布式计算的实现方式是简单的大多数投票：如果你不帮忙计算多数网络算力所支持的区块链，那么你的区块将被丢弃，并且你将无法得到区块奖励。这一方案的理论依据是：任何一个攻击者都不会拥有足够的算力来破坏简单的大多数投票机制，所以从根本上而言，唯一可行的策略就是随波逐流，老老实实地为网络提供算力，然后接受属于自己的区块奖励。那么，可以把这种机制简单地应用到去中心化计算中去吗？或者说，能简单地要求网络中的每一台计算机去评估一个项目，然后只奖励与大部分计算机答案相同的计算机吗？很不幸，不能。比特币之所以是特例，是因为比特币太简单了——它仅仅是一种货币，并不携带属于自己的财产或私有数据。但另一方面，虚拟公司很可能需要储存它的比特币钱包的私钥。私钥是一条数据，其作为一个整体应该不能被任何人获取。这与比特币截然不同。当然，私钥必须具有可用性。因此，我们需要的是一个不仅能够签署交易，甚至还能够产生比特币地址的系统。此外，这一系统还必须能用去中心化的方式进行计算。所幸的是，我们能够通过比特币来搭建这一系统。

　　可能大家立马想到的第一个解决方案是多重签名地址。假设有1000台可被信赖于持续支持公司运作的计算机，令每一台计算机都生成一把私钥，并在它们当中生成一个满足1000取501（501-of-1000）的多重签名地址。为了使用这些资金，只需使用其中任意501个节点的签名构造一笔交易，然后把这笔交易广播到区块链中。但这里有个很明显的问题：这笔交易将过于庞大。每个签名大约有70 Byte，因此501个签名将有35 KB。由于比特币默认拒绝脚本超过10 KB的交易[①]，因此这笔交易很难被比特币网络所接受。其次，这个解

---

① https://en.bitcoin.it/wiki/Weaknesses

决方案是针对比特币的。如果公司出于非财政目的而储存私有数据，那么多重签名脚本就没用了。多重签名地址之所以有效，是因为有比特币网络对它们进行评估，并且交易能否被存入区块链取决于该评估是否通过。从本质上讲，在私有数据的场景中，一个类似的解决办法是要求某些去中心化的机构来储存数据，并且只在某个请求拥有1000个签名中的501个时才把数据释放。这又回到了原点。

然而，还可以使用另一个解决方案——密码学家们称之为"安全多方计算"。在安全多方计算中，程序的输入（更准确地说，是模拟"电路"的输入，因为安全多方计算不能处理if声明和条件循环）通过Shamir（沙米尔）秘密共享[1]算法被分成若干份信息，并且每一份信息分别分发给一位参与者。Shamir秘密共享算法可用来把任意数据切分成N份，并且只需其中任意K份就能恢复出原始数据，但任意$K{-}1$份都无法恢复出原始数据。在运行算法时，你可以选择K和N的值，比如3取2（2-of-3）、10取5（5-of-10）和1000取501（501-of-1000）。然后，你可以根据切分出来的信息以去中心化的形式来评估"电路"，从而使得在计算完成时每个人都有一份计算结果。但在计算过程中的任何时刻，所有人都对计算状况一无所知。最后，所有的信息都被整合在一起来揭示结果。这个算法的运行时间是$O(n^3)$，也就是说，它用来评估一个计算的计算步数与参与者数量的三次方大致成正比。比如，在10个节点的情况下，对应1000步计算；而在1000个节点的情况下，对应10亿步计算。C++中的一个简单的10亿步循环在我的笔记本电脑上运行完大约需要20秒，而服务器可以在零点几秒的时间内运行完。因此，在满足计算可行性的前提下，当前节点数量的极限值大约为1000。

结果表明，安全多方计算可以被用来生成比特币地址和签署交易。地址的生成协议很简单：

· 每个人生成一个随机数作为私钥；

· 每个人计算对应于私钥的公钥；

· 每个人展示自己的公钥，并使用Shamir秘密共享算法来计算一把可以由这1000把已被展示的公钥中的501把密钥重构的公钥；

· 地址依据那把公钥生成。

由于公钥可以被整数进行加减[2]乘除运算，这种算法的有效性与你的预期惊人地完全一致。如果每个人都以相同的方式用1000把密钥中的501把合成一把私钥，则这把密钥将能够花费被发送到通过将1000取501（501-of-1000）算法应用到对应的公钥上而产生的地址里面的资金。这个方法之所以有效，是因为Shamir秘密共享算法其实只是一个代数公式。也就是说，它仅需要进行加减乘除运算，并且人们在公钥上计算这个公式就像用这个公式计算地址一样简单。因此，无论在私钥转换成公钥的过程之前还是之后使用这一代数都没有关系。签署交易可以用类似的方式完成，但是过程会复杂一些。

安全多方计算的美妙之处在于，它的应用范围超越了比特币。它可以同样方便地用于运行公司运营所依赖的人工智能算法。所谓的"机器学习"，不过是一系列检测现实世界数

---

[1] https://en.wikipedia.org/wiki/Shamir's_Secret_Sharing

[2] https://en.wikipedia.org/wiki/Elliptic_curve#The_group_law

据的模式，并允许计算机在没有人类干预的条件下对其进行建模的算法的统称。机器学习在诸如垃圾邮件过滤和汽车自动驾驶的领域中有着广泛的应用。机器学习也是"纯代数"，同样可以在安全多方计算中使用。确实，只要一个计算能够被分解为基于输入的各个比特的"电路"，那么其就可以在安全多方计算中使用。当然，这里面肯定会对计算的复杂度做些限制，毕竟把复杂的算法转化进"电路"时还会经常引进额外的复杂度。再者，上文提及过，Shamir秘密共享算法本身开销也可能很大。因而，它在实际中应该只用来执行算法的核心部分，而更复杂的高阶思考任务最好交给外部的承包商来解决。

如果你对这个话题很感兴趣，敬请关注第Ⅱ部分和第Ⅲ部分。接下来，我将阐述去中心化公司如何与外界交互，并讲解一些简单的安全多方计算电路的数学原理，还有这些去中心化公司改变现实世界的例子。

进阶阅读

[1] http://letstalkbitcoin.com/is-bitcoin-overpaying-for-false-security.

[2] http://bitcoinmagazine.com/7119/bootstrapping-an-autonomous-decentralized-corporation-part-2-interacting-with-the-world.

[3] http://bitcoinmagazine.com/7235/bootstrapping-a-decentralized-autonomous-corporation-part-3-identity-corp.

创建去中心化自治公司（Ⅱ）：与外界交互

（2013 年 12 月 31 日）

编者按

> 在解决去中心化自治公司的内部计算问题以后，我们面临的挑战是如何获取并验证外界的真实信息。为此，本文提出以民主投票形式来实现与外界信息交互的解决方案，并对交互过程中可能发生的意外状况进行剖析。

第 Ⅰ 部分[①]，探讨了如何通过互联网来创建去中心化自治公司。这种自治在互联网完全以去中心化网络的形式存在，并且依赖成千上万的服务器来执行使其"存活"的计算。事实证明，这些网络甚至可以维护比特币的余额，并发送和接收交易。如果经济主体的思想和资本使其创造可销售的价值的速度能够追赶上其本身产生的对资源需求的速度，那么理论上，这一经济主体要在市场生存就必须同时具备思考和保持资产这两项能力。然而，实践中的主要挑战：如何真正地与周边世界进行交互？

获取信息

这一方面主要有两个挑战。第一个是关于输入的：一家去中心化公司如何了解现实世界的真实状况？当然，至少从理论上讲，去中心化公司可以在脱离现实的情况下生存下去。一个计算网络可能从一开始就嵌入了策梅洛 – 弗兰克尔集合论（Zermelo-Fraenkel Set Theory Axioms）[②]，然后无限循环地证明所有可能存在的数学定理——尽管实际中这种系统也需要从某种程度上了解外界感兴趣的定理类型。否则，我们可能只能知道 $a + b = b + a$、$a + b + c = c + b + a$、$a + b + c + d = d + c + b + a$ 等。另一方面，对世界整体而言，一家公司如果掌握了某些关于人们需求以及满足这种需求所需的可用资源的数据，那么其效用将极大地提高。

在这里，必须区分两种数据：自我验证数据和非自我验证数据。自我验证数据一旦按照某种方式计算，就会在一定意义上证明其自身的有效性。举个例子，如果某家特定的去中心化公司正在查找包含序列"123456789"的素数，那么人们仅需输入"12345678909631"，这家公司就可以从计算上验证该数字确实为素数。另一方面，当前柏林的温度并不是自我验证的数据。因此温度可以为 11℃，但也可以同样轻易地被定义为 17℃，甚至 231℃。脱离了外部数据，这三个温度值似乎都是有效的。

比特币是一个有趣的参考例子。在比特币系统中，交易是部分自我验证的，而被正确

---

① https://bitcoinmagazine.com/7050/bootstrapping-a-decentralized-autonomous-corporation-part-i/

② https://en.wikipedia.org/wiki/Zermelo-Fraenkel-set-theory

签署的交易是完全自我验证的。如果交易的签名通过了椭圆曲线数字签名验证算法[①]，那么这笔交易就是有效的。理论上，你可以宣称这笔交易的签名的正确性依赖于前一笔交易的公钥。然而，这实际上并不会减损其自我验证的特性。交易提交者总是可以被要求同时提交前一笔交易。但是，有一样东西不是自我验证的，那就是时间。如果资金没有到账，那么交易并不能花费这一笔钱。更重要的是，交易不能花费已经被花费的资金。对于两笔花费同一笔资金的交易，理论上其中任何一笔交易都有可能最先发生，但没有办法自我验证一笔交易比另一笔交易更早的有效性。

比特币利用计算上的民主从本质上解决了时间难题。如果其网络内的大多数人同意这些事件是依照某一特定的时间顺序发生的，那么这个时间顺序就会被认定为事实。比特币的经济激励是为了鼓励这个过程中的所有参与者都诚实地参与。如果有参与者不诚实，除非这名参与者拥有的算力比网络中其他人的算力之和都要多，否则他自己认可的历史版本将永远只是少数人的意见，并且将遭到拒绝，同时被剥夺区块奖励。

在更一般的场景里，可以从区块链概念中发现的基本思想如下。我们可以使用某种资源民主的机制来对特定事实的正确性进行投票，并确保通过剥夺报告与主流意见不符的参与者的货币奖励来激励人们提供准确的看法。问题是，同样的概念也可以应用到其他地方吗？例如，许多人都希望看到比特币的价格能趋于稳定。如果比特币可以追踪其自身作为其他货币或商品度量时所表示的价格。当价格高时，算法会发行更多的比特币；而价格低时，发行更少的比特币。这自然而然就能稳定价格并减缓当前比特币系统所经受的大幅波动。然而，迄今为止，都没有人提出完成这一目标的实用方案。为什么会这样？

答案和精确度有关。毫无疑问，理论上人们可以设计一种协议：在该协议中，矿工能够把他们对比特币价格的看法放到每一个区块中，并且算法可以通过取最近1000个区块中数据的中值来获取比特币的价格。如果矿工的报价与这一中值的差距超过一定范围，其将受到惩罚。然而，问题在于，矿工有足够的动力和充足的余地来造假。假设真实的比特币价格为114美元，而你作为一名拥有可观比例的网络算力（如5%）的矿工，知道有99.99%的概率113~115美元都会在安全边际内。因此，如果你提交一个在这个范围内的数字，你的区块将不会遭到拒绝。那么，你应该提供什么样的比特币价格呢？答案是，约为115美元的价格。原因是，如果你把自己的估值抬高，那么网络提供的中值或许会是114.05，不是114，并且比特币网络会根据这条信息来发行更多的比特币。在这个过程中，你通过牺牲现有储户来增加自己未来的收益。一旦所有人都这么做，那么连最诚实的矿工都会把估值调高，以保护自己的区块不会因为报价太低而遭到拒绝。此时将产生恶性循环：如果当前比特币的价格为114美元，而你有99.99%的把握认为114~116美元这个区间将在安全边际内，那么你会提交116美元的估值。紧接着的下一轮，你会提交117美元；然后是118美元。最终，整个网络在恶性通货膨胀中轰然坍塌。

上述问题产生的原因，具体而言分为两种情况：首先，需要存在一个可接受的价格范围；其次，投票者要有动力把答案朝着一个方向推动。如果使用权益证明而非工作量证明（比如，一个比特币等于一张选票，而不是一个时钟周期等于一张选票），那么相反的问题将

[①] https://en.wikipedia.org/wiki/Elliptic_Curve_DSA

会出现——每个人都会把价格调低，因为比特币持有者不希望铸造出新的比特币。工作量证明和权益证明可以组合起来在一定程度上解决这个问题吗？也许可以，也许不可以。

还有另一个可行的方法（至少对比底层货币更高级别的应用而言）可以解决这个问题：不依赖矿工的报价，而依靠真实的市场价格。比如，假设已经存在一个诸如瑞波币（或者某种基于彩色币的东西）这样的系统，这个系统包含一个去中心化交易，可以交易各类加密资产。这些加密资产可以是表示黄金、美元、公司股票以及智能财产的合约。显然，也会有合约表示类似于比特币这样的无需信任的加密货币。因此，为了欺骗系统，恶意参与者不仅需要提交有轻微错误但对自己有利的报价，还要把这些商品的真实价格拉高。本质上来说，这是一种伦敦银行间同业拆借利率风格的定价阴谋。正如过去几年的经验所示，这类定价阴谋甚至连人为控制的体系都不一定能够避免。

进一步而言，这种让脱离加密市场来捕捉精确价格的方案变得困难的根本性弱点并不常见。在价格的案例中，确实存在很大的贪腐空间，上述提到的问题只不过是冰山一角。比如，期望比特币比法币存在的时间更长，那么也许希望这种货币生成算法与比特币基于商品而不是基于像美元一样的法币所表示的价格相关联。至于使用哪种商品，则见仁见智。然而，在绝大多数情况下，这类问题并不存在。举个例子，如果希望运行一个去中心化的柏林天气数据库，那么基本不存在明显的动机把数据朝某个方向推动。从技术上讲，如果去中心化公司开始进军农作物保险，那么或多或少还是会有所改变。但即使那样，风险依旧很小，因为这种情况下将会有对手盘把数据往相反的方面推动（即农民希望数据显示有干旱，而保险公司希望数据表明没有发生干旱）。因而，即使利用今天的技术，去中心化的天气网络也是完全可以搭建的。

作用于外界

前面论证过，有了某种民主投票机制，去中心化公司就可以获知外界信息。然而，去中心化公司可以对外界施加作用吗？比起仅仅被动地等待人们向其数据库提交数据的比特币，这种公司可以真正地以更显著的形式影响其外界环境吗？答案是肯定的，并且实现这个目标有很多种方法。第一种，也是最明显的方法——使用API。API，或者应用程序编程接口，是专门设计以允许计算机程序与特定网站或其他软件程序交互的接口。比如，发送HTTP GET请求到以下网址：

http://blockchain.info/address/1AEZyM6pXy1gxiqVsRLFENJLhDjbCj4FJz?format=json, blockchain.info

服务器就会给你发送一个包含比特币地址1AEZyM6pXy1gxiqVsRLFENJLhDjbCj4FJz的最新交易，并且可在计算机上查看的文件。在过去10年里，随着商业越来越多地转移到互联网上，API可访问的服务器的数量快速地增长。已经有互联网搜索引擎、天气预报、在线论坛和股票交易平台，并且每年还会出现更多API。有了比特币，就有了最关键的部分——货币API。

尽管如此，依然存在一个关键且稀松平常的问题：当前人们无法以去中心化的方式发送HTTP请求。这种请求必须最终完整地发送到服务器，因而意味着它必须在某处被聚集完整。对于只想更新公共数据的请求，如上述的区块查询，这个问题并不严重，可以通过投票协议解决。但是，如果 API 需要私有 API 密钥才能访问——如所有与类似于购买资源那样的自动操作活动相关的 API 都必须满足类似要求——那么把私钥以明文的形式完整呈现在非终端接收者的地方会立即损害私钥的隐私性。对请求进行签名可以缓解这个问题。正如上面所看到的，签名可以去中心化的方式完成，并且已签名的请求不可篡改。可是，这需要 API 开发人员额外的努力才能实现。到目前为止，离采用被签名的 API 请求作为标准这一目标还很远。

即使这个问题解决了，还有另外一个问题。与 API 交互对计算机程序而言不是什么难题，但是，这个程序如何在一开始获取 API 的信息？它如何处理 API 不断变化的问题？如果公司运营的某个 API 开始走下坡路了，并且其他 API 正在蚕食它的份额，那么这家公司该怎么办？如果 API 被移除了，但现有的 API 都无法取代它，又该怎么办？最后，如果去中心化公司需要更改自己的源码，它会怎么办？对计算机而言，这些都是更加难以解决的问题。对此，只有一个解决办法：依靠人类的支持。比特币要生存下去，离不开人类的参与。我们在 2013 年 3 月见识过修复区块链分叉对比特币社区的积极干预的依赖程度，而比特币是我们可以设计出来的最稳定的去中心化计算协议之一。即使出现 51% 攻击，区块链分叉把比特币网络一分为三，并且 DDoS 同时攻陷五大矿池，一旦危机过去，某个区块一定会脱颖而出，矿工将围绕它进行构建，比特币网络将从这个区块开始继续发展。越复杂的公司越脆弱。如果持有资金的网络以某种形式泄漏了私钥，其必将崩溃。

但是，如何在依靠人类的同时，又不需要给予太多信任？如果问题的参与者仅被给予非常具体且容易估量的任务，比如最快地构建区块，则不存在任何问题。然而，如果参与者需要完成的任务恰好无法轻易估量，那么你该如何确定奖励发现新 API 的人的标准？比特币通过增加一个抽象层移除大量的复杂性，从而解决了这个问题：如果比特币的价格上涨，那么比特币的持有者将从中受益，他们会受到驱使去做有助于比特币价格上涨的事情。事实上，就比特币而言，已经出现类似于宗教的团体来支持比特币协议，并帮助它发展和获得更广泛的使用。很难想象每一家公司都能拥有这么热忱的追随者。

恶意接管

除了未来验证问题，还有另一个问题需要处理，那就是恶意接管。在比特币的场景中，这相当于 51% 攻击，只不过它的代价更高。对一家处理货币的公司进行恶意接管，意味着攻击者获得了挪用这家公司资金的能力。对去中心化 Dropbox 公司的恶意接管[①]，意味着攻击者可以阅读每个人的文件（即使这些文件都是加密的，攻击者也可以拒绝人们接触到自己的文件）。对去中心化的网站托管商的恶意接管，可以对托管网站的所有者及其用户造成巨大损失。因为攻击者可以修改网页，只要用户一登录，其私人信息就会发送到攻击者的服务器上。那么，如何实现恶意接管？在从 1000 把私钥中取 501 把私钥（501-of-1000）的情形中，答案很简单：同时假装是几千台不同的服务器，并全部连接到这家公司。通过成

---

① https://garzikrants.blogspot.ch/2013/01/storj-and-bitcoin-autonomous-agents.html

百上千万台僵尸网络中的计算机来保持通信，从而悄无声息地实现恶意接管。然后，一旦你掌握了网络中超过半数的服务器，你就可以立即提现。

幸运的是，比特币的出现带来了许多解决方案。比特币自己使用的工作量证明仅是其中之一。由于比特币是完美的货币API，因此，任何涉及货币短缺和经济激励的协议如今都可以被计算机网络所使用。权益证明机制可能是其中一种解决方法。在该机制中，它可以要求每个参与节点证明自己控制着100 BTC。一旦这一机制实现，那么实施恶意接管将需要拥有比所有合法节点的资源之和还要多的资源。这100 BTC甚至可以转移到由网络部分控制的多重签名地址上作为保证金，从而阻止节点作弊，并极大地驱使保证金的所有者去行动，甚至团结起来，以维持去中心化公司的存活。

另一个替代方案是，可以简单地允许去中心化公司拥有股东，并通过允诺股东某种特殊的投票特权以及分红权以吸引投资。这个方案也会鼓励股东保护他们自己的投资。我们无法针对人类雇员的行为制定更精细的评估方法。最佳的解决办法很可能是使用金钱奖励来大体上引导人类的行为，然后让社区进一步做精细的自我调整。去中心化公司旨在面向一个社区而非具体的个人，其吸引社区投资和参与的程度是由公司最初的开发者决定的。一方面，面向社区可以促使更多人通力合作解决问题。另一方面，将人群分离能有效地避免勾结串谋，从而降低恶意接管的可能性。

因此，可以看到，任何去中心化公司想要达到切实可行，必须克服一些非常重大的挑战。这些问题很有可能会通过不同的层进行解决。首先，随着比特币的出现，自我支持的加密货币层就诞生了。其次，向加密公司提供准确的价格数据的加密市场也会随着瑞波币和彩色币的诞生而兴起。与此同时，将看到越来越多的API出现以便满足去中心化体系的需求。不管去中心化公司会不会出现，这些API都将是必需的。今天我们已经可以看到保证加密密钥的安全有多么困难，所以，兼容多方签名的基础设施将很有可能成为必需品。举个例子，假如大型机构所持有的私钥落入不法分子的手里，那么将会造成数亿美元的损失。因此，这些机构通常使用某种形式的多方签名。

最后，人们开发出这些去中心化公司仍有待时日。尽管计算机软件正逐渐成为现代社会最重要的基础，但以往的研究却只关注两个领域：完全独立工作的人工智能软件和需要人类操控的软件工具。问题在于，是否存在一个介于二者之间的结果？如果有，它就是指引人类工作的去中心化公司。不必担心它会成为没心没肺压榨人类的邪恶机器人。事实上，去中心化公司外包的任务恰恰最需要人类的自由和创造力。我们拭目以待。

进阶阅读

[1] http://bitcoinmagazine.com/7050/bootstrapping-a-decentralized-autonomous-corporation-part-i.

[2] http://bitcoinmagazine.com/7235/bootstrapping-a-decentralized-autonomous-corporation-part-3-identity-corp.

[3] Jeff Garzik: https://garzikrants.blogspot.ch/2013/01/storj-and-bitcoin-autonomous-agents.html.

创建去中心化自治公司（Ⅲ）：
身份公司

（2013 年 12 月 31 日）

编者按

本文是维塔利克关于去中心化自治公司思考的第 Ⅲ 部分，即去中心化自治公司的用途及地位到底是什么？维塔利克认为，其最重要也最基础的用途即作为去中心化的身份底层来打通物理身份与数字身份的隔阂。基于去中心化实名系统，过去中心化世界难以实现的愿景，如社会货币及统一的"世界政府"，在未来都有可能成为现实。

本系列的前两部分，探讨了去中心化自治公司的基本工作方式可能会是什么，以及为了正常运行，这些公司可能需要应对的挑战。然而，仍然有一个问题尚未解答：这类公司的用途可能会有哪些？比特币开发者杰夫·加齐克（Jeff Garzik）曾经提过[1]，其中一类应用可能类似于去中心化的 Dropbox——在该应用场景中，用户能够把自己的文件上传到一个可复原的点对点网络上，这个网络将会受到经济激励而把这些文件安全地备份。但除此以外，还可能会有什么样的应用？在哪些产业中，去中心化公司不仅只是一个噱头，还可以凭借其优点立足并向社会提供真正的价值？

总的来说，这些产业可以分为三大类。第一类是自然垄断产业。对于某类服务，同时拥有成百上千个竞争的供应商毫无意义，如软件协议、语言以及一定程度上的社交网络和货币。然而，如果这些服务的提供者不受竞争性市场的约束，那么谁来约束它们？谁来保证它们会为服务设置合理的市场价格而不漫天要价？去中心化公司理论上可以被设计得所有参与设置价格的人都没有哄抬价格的动机。更一般地讲，去中心化公司可以使用在人类控制的系统中无法想象的手段来避免腐败的侵害，尽管需要格外地注意不要引入其他漏洞。比特币本身就是一个这方面的完美例子。

第二类是违反政府法律法规的服务，比如侵权的去中心化文件分享网络的使用、"丝绸之路"（SilkRoad）[2]等网站上比特币的使用。正如中本聪指出的，"政府善于摧毁像 Napster 那样受中心节点控制的网络，却对 Gnutella 和 Tor 这种纯粹的点对点网络无从下手"。最终，相对于任何中心化网络，去中心化网络可以更好地自力更生并提供更优质的服务。暴雪公司用来对其大型多人在线游戏《魔兽世界》进行更新的点对点网络就是最好的例子。

本文其余的部分将概述一个关于去中心化公司的特定想法。这类公司可能将为加密货币带来更多新的可能性，其设计与我们今天所看到的加密货币具有截然不同的属性，但仍旧接近加密货币的理想模式。这一基本概念就是身份公司。这类公司唯一的用途就是为个人创造密码学上安全可靠的身份文件。这种身份文件不仅可以用来签署消息，还与个人的物理身份相联系。

---

① https://garzikrants.blogspot.ch/2013/01/storj-and-bitcoin-autonomous-agents.html

② https://www.silkroad.com/

有何意义？

首先，创造另一种追踪人类身份的方案这一想法看起来很愚蠢。就当下而言，在摆脱国家背书的法币及法定的反洗钱身份认证要求的桎梏，并进入半匿名的比特币世界以后，难道我是在提议恢复身份认证吗？当然，实名还是匿名并非一个简单的选择。就连诸如"丝绸之路"创始人恐怖海盗罗伯茨（Dread Pirate Roberts）这样可能面临终身监禁的人都要保留某种身份——在前面提到的案例中，这个身份就是"恐怖海盗罗伯茨"。但是为什么他（或许是她，我们可能永远都无法知晓）需要这个身份呢？答案很简单：他也在经营一项数百万美元的生意（即在线匿名市场"丝绸之路"），并且需要使客户认为他值得信任。合法以及半合法的生意通常公开出现，以便接受来自政府司法机构和顾客的共同监督。为何要这么做？为了向外界表明他们现在有额外的动力来诚信经营。密码学（cryptography）中的"crypto"来源于希腊单词，意为"隐藏"。但在现实中，密码学不仅经常用于隐藏身份，也经常用于认证身份。

然而，恐怖海盗罗伯茨所用的那种身份不同于我们这里讨论的身份。标准公钥加密身份的功能是有限制的，它只能证明两条信息由同一身份所创造（或者至少由同一身份所签名）。这项定义也许乍看上去很奇怪。我们通常认为身份决定某人是谁。实际上，就像物理学中的相对性原理一样，在身份和声誉理论的背景下，并不存在一个最优框架来确定哪一组关于某个人的观察能构成这个人的本质。或者说，如果某个人有多个姓名，也不存在一个最优框架来确定哪个名字才是他或她的真实姓名。如果我写文章时用"Vitalik Buterin"来署名，但是在网上发帖子时用"djargon135"署名，那么"djargon135其实是Vitalik Buterin"与"Vitalik Buterin其实是djargon135"是同一回事。在这两种情况中，最重要的是，据称由"djargon135"所写的消息和据称由"Vitalik Buterin"所写的消息实际上拥有同一个作者。依照这一框架，真实姓名与假名只有一点不同，那就是每个实体仅能拥有一个真实姓名。也就是说，假名只可以用来证明两条信息为同一个实体所创造，而真实姓名还可以用来证明两条信息为两个不同的实体所创造。

但是，目前我们仍然没有回答那个问题：为什么人有真实姓名？事实上，几乎所有的与某个真实姓名相关联的应用都可以归结为一个根本概念——赠品。我们都知道赠品是什么。某家公司可能希望赠送某款产品的免费样品来吸引潜在顾客，或者资源有限的收容所打算向困苦人群提供足够的食物活命，因而不允许一人领3份；也有可能是负责福利项目的政府部门希望避免人们重复领取福利。赠品的思想很简单：每人分 X 单位的某种产品、服务或商品。如果你想得到更多，就必须通过其他渠道获得。前面提到的一个使用真实姓名的例子是，公司老板把个人资料公之于众，以便使用户相信他一旦犯法就会遭到执法机关逮捕，但这不像是一个关于赠品的例子。然而，这位公司老板其实收到了一种特殊的社会赠品——声誉。在公钥声誉环境下，因为身份可以免费创造，因此所有人一开始的声誉都为零，从而使得生意起步维艰。然而，在实名制体系中，每个人一开始的身份都是预定好的，并且无法获得更多。这使得身份更加昂贵，并且每个人的起始声誉都是数量固定的。虽然每人一份免费的声誉与每人一份免费的赠品的表述有所不同，但它们的原理是一致的。

如何实现？

在实践中，实现一个系统确实是一项挑战。通过单纯的基于互联网的机制来实现系统实在是困难重重，因为每个人都可以创建多个身份，并使这些身份看起来像是截然不同的人。通过对每个人签名的信息进行统计分析（如果两个不同身份都始终使用"actualy"而不是"actually"，则这两个身份很有可能是相关的），可以筛选出一些"马甲"。然而，如果把拼写检查和故意插入拼写错误和调整语法结构的程序组合在一起，这种筛选措施就可以被轻易地破解。这些检测方法或许可以自我修正，但完全甚至主要依赖于这类机制的身份系统绝非稳定的身份系统。

如此一来，还有什么机制可以使用？离线机制。虽然面部、虹膜和指纹扫描也算是离线机制，但基于DNA的身份是最显著的离线机制。当前，基于政府的身份系统并不太多地使用这类信息，因为政府身份记录遵循中心化的父子模式：如果你想要获取一个社保号，就要提供自己的护照；如果你丢失了护照，就要提供出生证明甚至姓名来更改证明。最终，对管理身份系统的政府机构而言，身份一般取决于出生证明和脸部识别。完成这一目标的去中心化系统可以使用以上两种机制，但可能会有很多争议，最好的情况是进行注册时可以不提供任何政府身份记录中的真实姓名。如果不能实现，并且每个人只能依照一个身份创建另一个身份的模式，那么可以使用某种混合服务来将这些身份匿名化。然而，欺诈很有可能更加频繁地发生。最起码，一开始政府不会像保护依照政府文件所创建的法定身份那样使用法律手段打击欺诈。

根据上述信息，不难想象如何创建一个足以完成这一目标的中心化组织。这个组织有办公室，人们可以访问、检查自己的生物学特征（脸部、指纹、虹膜、DNA）并获得崭新的加密护照。为什么不止步于此呢？原因是这样将会造成自然垄断。在这一例子中，即使这一身份系统拥有多家提供商，这些提供商都需要相互交叉检查信息以便杜绝重复注册身份，这个系统也必然是唯一的。

如果这个身份系统由一家公司管理，那么一旦其产品成为普遍使用的必需品，这家公司将有可能收取高额费用。如果这个身份系统由政府管理，那么政府会有充足的动机将这些身份与其对应的真实姓名绑定在一起，不留一点隐私（或者最起码为自己留下后门）。进一步来说，政府或许会把注销身份作为一种惩罚手段。如果大部分互联网（以及社会）活动都依赖于这些机制，那么逃犯和异议分子将难以生存。此外，还有另一个问题：到底该由哪个政府来管理这个身份系统？即使是联合国这样的世界性组织也无法获得普遍的信任，因为总有某些人为了追求对世界某种形式的控制而拉帮结派，而联合国是最好的温床。因此，为了避免公司出于商业利润以及政府出于政治利益的考量而破坏该系统的情况发生，如有可能，把管理权交给去中心化网络是最佳的选择。

但是，这该如何实现呢？由于身份公司只需负责提供相关信息，因此可以避开与外界积极交互这一重大挑战。然而，接收诸如用户的生物特征信息等外部数据仍然充满挑战。没有任何公共的API可用于调取这类信息。唯一的办法就是由特定的代理人或群体来进行收集。鉴于人类与网络之间的沟通渠道是数字代码，所以很容易看到这些收集者可以如何造假：他们可以使用虚假数据来创造多个虚假的个人身份。

唯一的解决办法似乎只有使用去中心化和冗余模式，即让不同的代理来采集相同的信息，并让每个人通过这些不同的代理来确认自己的身份，并且这些人最好是由身份系统随机挑选的。信息采集者各自把包含生物特征的数据及其对应的身份信息发送到网络上。这些信息可以通过某种密码学机制进行加密，并且该机制只允许两组信息间相互对比以查看它们是否完全匹配，不会泄漏多余的信息。如果两个不同的代理对相同的信息提交不同的身份，那么第二个身份将被拒绝。如果有人试图用虚假的生物特征数据来注册身份，那么他将需要说服众多组织。最后，该系统也应当包含检查和纠正虚假信息的机制，比如通过某种专门的去中心化"法庭"来实现。

第二项挑战就是确定谁将成为"代理人"。这一系统应该能够预防女巫攻击[①]（即攻击者伪装成100万个实体以控制依赖于共识的网络），并清除恶意代理。工作量证明和权益证明都不足以实现这一目标，因为我们不希望采集者去周游世界，同时让他们采集的生物特征信息达到网络总信息量的51%。具体实践中，也许只需10%甚至5%就可以在很大程度上抑制造假。因此，通过创建一个完全去中心化的机构来完成这项任务，似乎是不太可能的。我们所能期望的最好的结果是，创造一个借助大量人力支持来保持网络平衡，并利用网络的加密特性来迫使系统坚守最初使命的混合系统。这种系统将介于法律合约或宪法和真正的去中心化网络之间，但这种区别并不是一成不变的。正如劳伦斯·莱斯格（Lawrence Lessig）敏锐地指出，"代码即法律"[②]。

社会货币和统一的"世界政府"

去中心化实名系统的存在使得一大批迄今为止在加密货币世界中尚未被探索的事物成为可能。其中一个令人遐想的结果是社会货币。这种加密货币每个月向世界上每个人发放1000货币单位的"世界公民分红"。此外，它还可以把这个身份系统嵌入到类似Devcoin[③]的系统中。如此一来，人们就可以一起对要投资的项目进行投票，由此创造出一个本质上是（自愿的）"世界政府"的组织。这个组织通过生产新的货币单位所获得的收入进行自我资助。如果维持低通货膨胀率，这样的"政府"可以得到多少钱？对此，有两个因素需要考虑：第一，人类去世以后，其货币可能将永久丢失；第二，实际的通货膨胀怎么样？

当前，如果某人去世了，他们的财产会自动归到子女或者配偶的名下。然而，在加密货币的世界中，如果逝者的密码无人知晓，那么其储蓄将无人可以得到。这种货币损失会带来通货紧缩的压力。假设目前每年的死亡率为0.8%，考虑到人们去世时所揭露的财富会比平时生活更加富裕，我们把这个比率乘以2。考虑到许多人会提前制定计划以确保死后其遗产有所归属，再除以3（现在大约有一半的人会立遗嘱，并且越富有的人越可能立遗嘱，因此除数可以为3），最后可以估算出每年的加密货币损失率为0.5%。

---

① https://en.wikipedia.org/wiki/Sybil_attack

② https://en.wikipedia.org/wiki/Lawrence_Lessig#.22Code_is_law.22

③ https://devcoin.org/

这一货币损失率加上1.5%的目标通货膨胀率，意味着每年可以"印刷"出当前货币供应量的2%。由于加密货币会大幅减少世界上部分准备金的数量（因为加密货币存在于网上，所以人们不再需要把钱存到银行里以便维持储蓄账户和进行远程转账），可以预见全世界的M2和M3（即包含银行存款的货币供应量计算方法）货币供应将有相当一部分转换为加密货币基础供应的一部分。如果"世界政府"每年的预算为8000亿美元，那么全世界的M2货币供应量估计为40万亿美元。或者，从社会货币的角度来看，每人每年可以得到114美元的分红。

理论上，"世界政府"每年可以利用8000亿美元做很多事情。事实上，尽管这种"世界政府"将以直接民主的模式被控制，并且没有征税的权利，滥用职权的行为也将受到强有力的限制，但其遏制腐败的效果仍有待观察。从作为负责维护社会基础设施的机构的角度来看，这类"世界政府"本质上仍是政府，只是缺乏可能会使其变得特别危险的强制和胁迫的权力。或者，我们可以仅仅保留社会货币，并且让人们自行决定该如何用这114美元来改善生活。尽管对大部分阅读这篇文章的人来说，这点钱不痛不痒，但在许多欠发达国家中，这却是一笔可观的收入。如果这个体系可以摆脱中心化机构并且不再征税，那么它将能够保证一定程度的政治中立性，并获得全世界信任。这会发生吗？嗯……你可以选择袖手旁观，也可以选择现在开始实现它。

进阶阅读

[1] http://bitcoinmagazine.com/7050/bootstrapping-a-decentralized-autonomous-corporation-part-i.

[2] http://bitcoinmagazine.com/7119/bootstrapping-an-autonomous-decentralized-corporation-part-2-interacting-with-the-world.

刀手：一种惩罚性的权益证明算法

(2014 年 1 月 15 日)

编者按

> 本文是维塔利克最早关于以太坊权益证明方案的探讨文章，旨在通过刀手惩罚算法来解决无利害关系的挑战。需要注意的是，文中所提到的PoS并不是完全的权益证明算法，而是包含PoW来保证时间间隔的混合型权益证明。

　　本文的目的并不是说以太坊会用刀手（Slasher）算法代替匕首（Dagger）算法来作为它的主要挖矿功能。当然，如果权益证明挖矿变得越来越流行，或者确实存在某种令人难以抗拒的理由促使我们转换到权益证明当中去，那么在专用款项中使用刀手将会是一个有用的构思。刀手也可能有益于其他希望独立于以太坊之外的加密货币。特别感谢 Taco Time 的一些启发，也感谢杰克·沃克（Jack Walker）提出的改进意见。

　　长期以来，加密货币社区对权益证明抱有极大的兴趣。第一个基于权益证明的加密货币——点点币由桑尼·金（Sunny King）提出，并于2012年发行。此后，其一直保持在货币基础[①]的前五大可替代货币之列。我们有充足的理由相信，比起工作量证明，权益证明作为挖矿方式拥有大量的优点。首先，权益证明更加环保。相比之下，工作量证明要求矿工有效地耗费算力来进行无用计算以保护网络，而权益证明则是在有效地模拟这个消耗过程，因此实际上并没有造成真正的能源或资源浪费。其次，工作量证明还存在中心化的担忧。在工作量证明中，挖矿已经基本上由专用硬件（专用集成电路／ASIC）主宰，而且还有可能存在像英特尔或者大型银行这样的单一大型厂商接管并在事实上垄断市场的风险。像 Scrypt 和现在的 Dagger[②]这种内存依赖型挖矿算法，在很大程度上缓解了这一点。即便如此，这种方式也并不完美。不得不说，如果权益证明能够最终实现，那么其本质上就是一个完美的解决方案。

　　然而，到目前为止，几乎所有货币实施的权益证明都存在一个根本性缺陷：正如某位知名的比特币开发人员所言，（当中）存在无利害关系（nothing at stake）。当我们尝试分析某个预谋发生的51%攻击这一任何形式的工作量证明都要预防的事件的过程时，这种说法的含义就变得很清楚了。在51%攻击中，攻击者A将交易从A发送到B，并等待交易在区块K1（其父区块为K）中确认，然后从B中获得产品，同时立即接着父区块K创建另一个区块K2——这个交易所发送的比特币是相同的，但这次是从A发送到A。此时，网络中出现了两条区块链，一条来自区块K1，而另一条来自区块K2。如果B在K2之上添加区块的速度超过整个合法网络在K1之上所创建的区块，那么K2区块链将会胜出。从结果上看，这就好像从A到B的付款从未发生过一样。工作量证明的重点在于创建一个区块需要一定的算力：为了使K2超越K1，B必须具有比整个合法网络更多的算力。

　　在权益证明的情景中，不需要算力来创建工作。相反，它需要资金。在点点币中，每

[①] https://coinmarketcap.com/

[②] https://wiki.ethereum.org/index.php/Dagger

个币每秒都有机会成为创建一个新的有效区块的幸运币。因此，从长远来看，你拥有的币越多，你创建新区块的速度就越快。因此，从理论上说，一个成功的51%攻击不需要比合法网络拥有更多的算力，只需要比合法网络拥有更多的资金。但在这里，我们看到工作量证明和权益证明两者间的区别：在工作量证明中，矿工一次只能在一个分支上挖矿，所以合法网络将支持合法的区块链而不是攻击者的区块链。而在权益证明中，一旦有分叉事件发生，矿工可以同时在两条分叉链上押注，由此矿工可以同时在两条分叉链上进行挖矿。事实上，哪怕仅有细微的机会使得类似的攻击事件成功，那么矿工就会有动机左右开弓。如果一个矿工拥有大量的币，那么这名矿工会想要反对这种攻击，以保卫自身的币的价值。然而，在一个只拥有小型矿工的生态系统中，网络安全可能会在经典的公共物品问题上分崩离析。因为没有一个矿工能对结果产生实质性的影响，所以每个矿工都会纯粹自私地行事。

解决方案

已经有人从理论上证明，上述论点对于所有权益证明机制都是致命的，至少当中缺乏诸如工作量证明的要素帮助解决这一问题。在每条链只聚焦于自身的情况下，这确实可以证明是对的。然而，实际上有一个巧妙的方法可以解决这个问题，但这个方法迄今还没有被开发出来：那就是让链条关注其他链条。在这一前提下，如果某个矿工被发现同时在两条链上挖矿，那么该矿工可能会受到惩罚。然而，在类似点点币的设计中，似乎没有看到这种方法的应用，原因是：挖矿是一个随机过程。也就是说，拥有0.1%权益的矿工有0.1%的机会接着区块K1挖到有效区块，0.1%的机会接着区块K2挖到有效区块，但只有0.0001%的机会同时基于两者挖到有效的区块。在这种情况下，矿工可以简单地隐瞒第二个区块——因为挖矿是概率性的，矿工仍然可以获得99.9%的在第二条链上挖矿的收益。

但是，下述提案概述了一种算法——我们称之为"刀手"，以表达该算法苛刻的惩罚性质。为了清晰起见，这里给出的设计描述使用了地址余额，但使用未花费交易输出或者其他货币可能使用的类似的抽象概念也是可行的。

1. 区块由工作量证明挖出。但是，我们做了一个修改。当创建区块 K 时，矿工必须包含由自身生成的基于随机数 n 的值 $H(n)$。此外，矿工必须通过发布在区块 K+100 和 K+900 之间发现 n 的交易来获取奖励。工作量证明的奖励非常低，理想情况下，我们鼓励的能源消耗约为比特币的1%。目标出块时间是30秒。

2. 假设总货币供应量是 M，n[i] 是第 i 个区块的 n 值。在区块 K+1000 处，如果 sha256(n[K]+n[K+1]+…+n[K+99]+…)<2^256*64*B/M，那么余额为 B 的地址 A 将获得签名特权。从本质上讲，地址有机会获得与其拥有的金额成比例的签名特权，并且每个区块平均将分配64个签名特权。

3. 在区块 K+2000 中，具有来自区块 K 的签名特权的矿工有机会对该区块签名。签名的数量决定了一条区块链相对于另一条区块链的总长度。每个签名都会给予签名者一份远远大于工作量证明所得的奖励，并且该奖励将在区块 K+3000 进行解锁。

4. 假设用户在高度同为 K+2000 的两个不同的区块上检测到地址 A 做了两个签名，那么该节点可以发布包含这两个签名的交易。如果该交易在区块K+3000之前被包含，那么其将销毁该签名的奖励，并将33%的奖励发送给揭露骗子的用户。

此设计的关键在于如何分配签名特权：比起基于前一个区块随机选择签名特权，我们选择参照2000个区块高度之前的区块。因此，在分叉事件中，矿工在两条链中拥有同样的运气。这一方式完全消除了点点币可能发生的概率性的双重挖矿攻击。另一种看待这一方案的方式是，因为刀手现在使用的是2000个区块以前的权益证明而不是当下的权益证明，并且分叉的支链几乎肯定不会持续2000个区块之久，所以实际挖矿的过程中只存在唯一的货币供应，所以这是"有利害的关系"（something at stake）。此外，区块奖励损失的惩罚可确保每个节点在同一区块高度内只专注一个区块。

使用100个预先提交的随机数字是从可证明的公平赌博协议里面提取的一个想法。意思是说，再厉害的矿工也无法创建大量区块，并且只发布那些为自身权益分配签名特权的区块——因为当他们创建区块的时候，他们不知道用于确定权益所有者的随机数据到底是什么。

这个系统不是纯粹的权益证明，它需要最小工作量证明来维持区块之间的时间间隔。不过，无需担心针对工作量证明的51%攻击，因为权益证明签名是区块链胜出的唯一决定性因素。此外，工作量证明的能源消耗将降低95%～99%，解决了工作量证明对环境的影响的问题。

论交易费用与市场化解决方案的谬误

（2014 年 2 月 1 日）

编者按

> 交易费用市场化并不算是一种良性的解决方案，其不仅有可能成为一场随机性的猜测游戏，甚至会威胁整个网络的可扩展性。为了寻找更优的方案，维塔利克探讨了基于"庇古税"理念的非市场解决方案。本文撰写于2014年，然而在今天看来，仍具有借鉴意义。

在以太坊协议的所有模块中，除了挖矿功能，费用结构也许是最善变的。当前的数值——比如一个加密操作需要花费20单位的基本费用，一项新的交易需要花费100单位——只不过是半受教育的猜测。更坚实的数据——比如数据库读取、算术操作和哈希运算实际消耗的算力计量——才能更好地估计不同计算费用之间的比例。要解决这一问题，还需要考虑问题的另一部分，即基本费用应该是多少？这个答案恐怕不太好计算。还没有决定是要以某个区块大小、某个美元指定的价位，还是这些因素的某种组合为目标。我们很难下定论说，基本费用为0.00001美元和0.001美元到底哪个更合适。最终，我们越发清楚地认为，某种灵活、允许在事后进行基于共识的人为干预的制度，对项目来说是最好的。

然而，当很多来自比特币社区的人看到这个问题时，他们很好奇我们为什么会遇到这种困难。毕竟比特币已经有一个现成的解决方案，那就是让参与者自愿付费并让费率市场化。在比特币协议中，没有强制交易费用。即使是一项规模非常庞大且计算繁重的交易，也可能以零费用获得打包。这取决矿工的心理价位。交易费用越低，交易寻找矿工所需的时间就越长，并且希望更快确认的人可以支付更多费用。在某个时候，网络就应该达到平衡。那问题不就解决了吗？为什么还要纠结？

事实是，在比特币中，交易费用问题远远没有得到解决。上述系统已经存在一个严重的漏洞：用户必须要给矿工支付费用，但因此矿工可能会创建一个非常大的区块从而导致整个网络阻塞。事实上，这个问题非常严重，以至于中本聪几近用最丑陋的可行方案来处理：将最大的区块尺寸设置为1MB，或者每秒7笔交易。现在，如果要发起任何硬分叉协议的更改，必然会导致激烈的掐架和政治争论。但除此以外，比特币根本不能有机地适应并处理所有超过中本聪最初设定的每秒7笔交易的限制。

这就是比特币。在以太坊中，其图灵完备性使问题变得更加棘手。在比特币中，我们可以构造一个数学证明，证明对于常量 k，长为 N 字节的交易不会花费超过 kN 的时间来验证。在以太坊，人们可以构建一笔不超过150 Byte的交易。如果没有费用，那么这笔交易将一直运行（而没人搭理）：

```
[TO,VALUE,[PUSH,0,JMP],v,r,s]
```

为了更清晰地表示，这个过程就等同于10:DO_NOTHING,20:GOTO 10;这么一个无限循环。一旦矿工发布包含该交易的区块，整个网络就会冻结。事实上，由于众所周知的停机问题[①]的不可能性，人们甚至不可能通过构建过滤器来清除无限循环脚本。

---

① https://en.wikipedia.org/wiki/Halting_problem

因此，针对以太坊的计算攻击非常琐碎。为了确保以太坊仍然是一个可用的平台，必须设置更多的限制。你可能会说，为什么不采用1 MB的限制措施，并把它转换为100万倍基本费用的限制？人们甚至可以通过使用最近10000个区块的移动平均值的100倍作为浮动上限来替换硬顶，使系统变得更具前瞻性。关于这一点，需要更深入地研究经济学，并试图理解市场化费用到底是什么。

加密市场与庇古 [①]

一般而言，一个理想化市场或者至少一个市场的特定子集可以定义如下：存在一组卖家S[1]，…，S[n]，他们有兴趣售卖特定的资源，并且当成本为c[i]时，卖主S[i]就会放弃该资源。为简单起见，不妨假设c[1]<c[2]<…<c[n]。同样，存在一组买家B[1]，…，B[n]，他们有兴趣获得特定资源并产生收益g[i]，其中g[1]>g[2]>…>g[n]。然后，订单匹配的过程如下：首先，找到最近的k，其中g[k]>c[k]；其次，在这两个值之间选择一个价格，比如在p=(g[k]+c[k])/2；接着，S[i]和B[i]进行交易，S[i]把资源给B[i]，B[i]把钱支付给S[i]。在这场交易中，各方都受益，并且收益可能是最大化的。如果S[k+1]和B[k+1]也进行了交易，c[k+1]>v[k+1]，那么交易实际上对社会会产生负净值。所幸的是，出于个人利益考虑，我们能够确保交易各方不参与对自身不利的交易。

问题是，这种市场是比特币交易的正确模式吗？为了回答这个问题，不妨让上述指代都参与以下角色：上述的资源就是交易处理的服务；从资源获益的人员，以及交易发送方都是支付交易费用的买家。到目前为止，一切都还好。卖家显然是矿工。但谁将承担费用？在这里，事情变得棘手。矿工打包的每一笔交易，其成本不仅由矿工承担，同时也分担给了整体网络中的每一个节点。每笔交易的成本非常小，矿工只需不到0.00001美元的电力和数据存储成本就可以处理一笔交易，并将其纳入区块。而交易费用居高不下的原因恰恰是因为全球数千个节点正在同时支付这0.00001美元。

这种情况还会更糟。假设处理交易的网络的净成本接近0.05美元。从理论上讲，即使成本不是完全由设定价格的人来承担的，只要交易费用接近0.05美元，那么系统仍然是均衡的。但是，系统均衡的交易费用会是多少？目前，该费用仅为0.09美元。但这仅仅是因为矿工们懒得切换。但是，在未来，一旦费用在矿工收入当中占据较大的份额，那么矿工就会有强烈的动机试图最大化他们的收入，那时将会发生什么？显而易见的答案是，对于独立矿工，均衡交易费用为0.00001美元。如果这时一笔费用为0.00002美元的交易出现，并且矿工把这笔交易添加到区块中，那么矿工将获得0.00001美元的利润，剩余的0.04999美元的成本将由网络的其他成员共同承担——这是加密界的公地悲剧。

现在，假设挖矿生态系统寡头状况更严重，比如一个矿池控制着所有挖矿算力的25%。那么，这时的动机是什么？在这里，这个问题变得更加棘手。矿池实际上可以选择将其最低费用设定得更高，比如0.001美元。这也许看起来就像是矿池正在放弃0.00001～0.00099美

[①] 庇古（Arthur Cecil Pigou，1877—1959），英国著名经济学家，剑桥学派的主要代表之一。

元之间的获利机会，但与此同时，许多在提价之前已经发送的交易费用在0.00001～0.00099美元之间的交易发送者会有动力增加他们的费用，以确保该矿池能够确认他们交易。否则，他们平均需要等待3.3分钟。因此，矿工人数越少，收费会越高——哪怕矿工数量减少实际上意味着处理所有交易的网络成本更低。

从上述讨论中，我们更加痛苦地明白，交易处理不能简单地按照市场看待。因此，将类似市场的机制应用于其中，其最好的结果就是成为一场随机猜测的练习，而最糟糕的情况就是成为一场可扩展性灾难。那么还有什么选择呢？经济学中的理想解决方案往往是在全球变暖的背景下提出来的，其也许是当代世界最大的地缘政治公地悲剧——庇古税[①]。

不考虑市场的价格设定

庇古税的作用方式很简单，就是通过某种机制来计算消耗一定数量的公共资源（如网络算力、空气纯度）的总净成本，然后每个消费资源的人都需要为他们消耗的每个单位的资源（或者他们排放的每个污染单位）来支付这些成本。然而，庇古税的挑战有两重。首先，谁来获得这些收益？其次，更重要的是，人们无法选择逃离污染。由此，市场无法提取人们的偏好——他们需要获得多少收益才愿意忍受特定程度的污染。这样的话，该如何设定价格？

一般来说，解决这个问题有以下3种方法：

1. 由哲学王来设定价格，当价格不再发生变化时，他再消失。
2. 哲学王对价格保持主动控制。
3. 使用某种民主机制。

还有第4种方法，就是使用某种市场机制。这种机制随机向特定群体排放额外的污染，并试图测量人们（或者在上述加密货币背景下的网络节点）愿意去避免这种污染的程度。这种方法很有趣，但很少被仔细研究。我不会试图在这个时候来检查它。

我们最初的策略是1，瑞波币的策略是2。现在，我们越来越期待3。但3该如何实施呢？幸运的是，加密货币都是关于民主共识的，并且每种加密货币都至少有两种形式的共识：工作量证明和权益证明。现在，我将展示两个非常简单的协议来完成这种构想。

■ 工作量证明协议

1. 如果你挖出了一个区块，你有权在额外的数据区域中设置一个值，该值可以在第0～32 Byte的任意位置（这在协议中已经存在）。

2. 如果这个数据的第一个字节是0，无需做出任何响应。

3. 如果这个数据的第一个字节是1，设置 `block.basefee=block.basefee+floor(block.basefee/65536)`。

4. 如果这个数据的第一个字节是255，设置 `block.basefee=block.basefee-floor(block.basefee/65536)`。

---

① https://en.wikipedia.org/wiki/Arthur_Cecil_Pigou

■ 权益证明协议

1. 每生成一个区块，就对每个地址计算 h=sha256(block.parenthash+address)* block.address_balance(address)。

2. 如果 h>2^256/difficulty（难度值）——难度值是一个常量——则该地址可以标记1、0或者255，并创建形式为 [val,v,r,s] 的带符号对象。

3. 然后，矿工可以将该对象包含在区块头中，其和权益相关者将获得细小的奖励。

4. 如果数据为1，设置 block.basefee=block.basefee+floor(block.basefee/65536)。

5. 如果数据是255，设置 block.basefee=block.basefee-floor(block.basefee/65536)。

这两个协议在功能上接近相同，唯一的区别是，在工作量证明协议中，基础费用是由矿工决定的；而在权益证明中，则是由以太币所有者决定的。问题是，矿工和以太币持有者是否有动机来公平地设定费用？如果交易费用交由矿工设定，那么显然矿工不会这么做。但是，如果交易费用被销毁，并且它们的价值因此以降低通货膨胀的形式按比例流向以太币所有者，那么他们也许会这样做。矿工和以太币所有者都希望看到他们所拥有的以太币的价值增加，所以他们希望设定让网络变得更加有用的费用。比如，费用不能太高昂，以便交易能顺畅进行；同时，也不能设置过高的计算负载。因此，理论上，在基于理性行为者的前提下，费用至少是相对合理的。

对于矿工和以太币所有者，是否有理由采取这种或其他方式？也许有。在短期内，矿工有动机去目睹以太币的价值尽可能高。但长期而言，这种增长有限，因为长期上涨最终会带来竞争，从而抵消矿工增加的利润。因此，矿工最终可能会采取宽松的政策，对未来的矿工施加更高的成本（如数据存储）。另一方面，以太币所有者似乎拥有更长久的利益。此外，矿工——尤其是涉及半专业或专业硬件的前提下——在某种程度上已经被锁住，只能挖以太币。而以太币所有者却可以轻松地从一个市场跳到另一个市场。进一步来说，矿工的匿名程度也不如以太币所有者。因此，这个问题尚不明确。如果交易费用被销毁，我们可以采取任何一种方式。

谢林币：只需最小信任的通用数据反馈

（2014 年 3 月 28 日）

编者按

> 去中心化网络的核心困境之一是，如何保证现实世界中的数据可靠性，并使信任依赖度最小化？维塔利克认为，引入谢林博弈也许能提供一种全新的数据反馈思路，并为去中心化网络与现实世界交互提供更高的安全性。

一直以来，以太坊最吸引人们的主要应用之一就是金融合约及其衍生工具。也许金融衍生工具的唯一功能就是给投机者带来财富——这一功能使其已经成为一种高风险和破坏稳定的手段。但实际上，金融衍生工具也有相应的合法用途，比如帮助人们保护自己免受金融市场波动的影响。

这里面的主要思想被称为"对冲"。这一概念在比特币的背景下解释再合适不过了：普通企业和个人不想承担大量风险，因此最终需要处理大量的风险资产（比特币）。对冲的原理如下：假设简是一位接受比特币支付并用它来支付员工薪金的雇主，她预计她平均需要保留 100 BTC 在手以便应急。有时候，这个数量可能会有所变动，比如它有可能是 20 BTC 或者 160 BTC。然而，她并不想看到她的比特币在一天内贬值 23%，由此亏损几个月的薪水。目前，"标准的"解决方案是让简将自己的业务设置为通过 BitPay 或 Coinbase 来接受付款，并支付 1% 的费用让比特币立即兑换为银行账户中的法币。当她想要支付比特币时，她需要重新购回比特币并发送交易，同时再次支付 1%（除非费用极其高昂）的费用。

对冲提供了一种迥异的途径。比起来回交易比特币，简只需要在金融衍生工具市场中创建账户，并签订差价合约（CFD）。在这个差价合约中，简同意投入价值 2 万美元的比特币。如此，当比特币价格下跌时，简将获得价值 2 万美元的比特币。与此同时，比特币价格每下跌 1 美元，简也将获得价值 100 美元的比特币。当然，如果比特币价格上涨了，那么她将以相同的 1∶100 的比例损失。因此，如果一个比特币的价值下跌了 45 美元，那么简的比特币价值将损失 4500 美元，但她将在差价合约中赢回这 4500 美元。当然，这些钱并不是凭空而来的：合约的另一边是押注比特币价格会上涨的投机者。一旦比特币的价格上涨，简将会赚取比特币增加的价值，同时损失在差价合约中的头寸，而投机者会在差价合约中获利。

鉴于这一基本因素，简有 3 种策略进行风险管理。

1. 她可以将差价合约永远保持在 1∶100 的比例。即使她的风险敞口达到了一定数量，但由于风险足够小，也是可接受的。

2. 简可以使用一个机器人不断地根据手中的比特币供应量来调整差价合约。这个过程可能会花费一些成本，但几乎没有 Bitpay 和 Coinbase 那么多。

3. 感谢神奇的以太坊合约，她可以构建一个自动监听她的账户余额，并根据数据进行自我重新调整的差价合约，从而迫使投机者来承担她所需的任意（有限的）风险敞口。投机者将参与大量类似的合约，哪怕这些合约的风险敞口已经超出了他们的承受范围。

那么，该如何构建差价合约？在以太坊，这很容易——只要写一个合约就可以做你想做的事。在这里，先提供一个CFD的专业版本，我称之为"对冲合约"。该合约会行使纯粹自给自足的价值存储功能：你转入1000 ETH，你获得相同美元价值的以太币（除非以太币价值下跌过多，导致整个合约没有足够的资金支付给你，这时你有权立即撤回所有资金并签订新的对冲合约）：

```
if contract.storage[1000]==0:
if tx.value<1000*10^18:
stop
contract.storage[1000]=1
contract.storage[1001]=998*block.contract_storage(D)[I]contract.
    storage[1002]=block.timestamp+30*86400
contract.storage[1003]=tx.sender
else:
ethervalue=contract.storage[1001]/block.contract_storage(D)[I]if
    ethervalue>=5000:
mktx(contract.storage[1003],5000*10^18,0,0)
else if block.timestamp>contract.storage[1002]:
mktx(contract.storage[1003],ethervalue*10^18,0,0)
mktx(A,(5000—ethervalue)*10^18,0,0)
```

如果你理解ETH-HLL，那么这个例子也就容易理解了。上述代码其实就是上述描述的实现（投机者构建合约并转入4000 ETH，同时它的对手方转入1000 ETH。这里面有一个为期30天的截止日期。即在此之后，任何人都可以"ping"合约，并将价值 X 美元的ETH返还给对手方，其余的给投机者）。

然而，上述方案都有一个问题：它需要可信的来源来获取ETH/USD的价格。与其他方法相比，这个问题要小得多，因为它需要的基础设施要少得多。同时，欺骗的动机也比较小，只是涉及创建由美元支撑的加密资产。但从加密纯化主义者的角度来看，这并不完美。最根本的问题是，单纯使用密码学技术无法探询那么多关于外部世界的信息。你可以通过工作量证明了解算力的相关知识；你可以通过链上市场获取某个加密资产与另一个加密资产之间的市场数据，但最终数学算法中并没有代表诸如柏林气温的术语。当下并不存在内在的方式可以让密码学告诉你正确的答案是11℃、17℃还是2725℃。在这个过程里，你需要依靠人为判断（或者温度计，但此后你同样需要人为判断哪些温度计是可信的）。

谢林时间

这里，我提供一种允许你创建去中心化数据反馈的机制。这一机制的经济学理论并不完美，如果出现大规模串谋事件，那么它可能会崩溃。但它也许是我们所能设计出的最好的方案。在这一前提下，以ETH/USD的价格为例。当然，柏林气温、全球GDP甚至不适用于有效验证的计算结果也同样适用。

该机制依赖于一个我们称为"谢林点"的概念[1]。假设你和另一个囚犯被关在不同的房间里，警卫给你两张相同的纸条，并且这些纸条上面有几个数字。如果你们两个选择相同

---

[1] https://lesswrong.com/lw/dc7/nash_equilibria_and_schelling_points/

的号码，那么你将被释放；否则，因为在博弈论的世界里不考虑人权问题，你的余生将在被单独囚禁中度过。数字如下：

14237 59049 76241 81259 90215 100000 132156 157604

你会选哪个号码？从理论上讲，这些都是随意的数字，并且你会选择一个随机的数字，然后有 1/8 的概率和另一个囚犯选择相同的数字，从而走出监狱。然而，在实践中，这个概率要高得多，因为大多数人会选择 100000。为什么是 100000 ？因为每个囚犯都认为数字 100000 有点特殊，并且每个囚犯都认为另一个囚犯也会认为 100000 是特殊的，以此类推——这是一个常识[①]。因此，出于对对方更有可能选择 100000 的判断，每个囚犯都会选择 100000。显然，这是一条无限递归的逻辑链条，除了它自身最终不会被任何东西所支撑。但阅读这篇文章的加密货币用户现在应该非常愿意依靠这些概念[②]。

这个机制就是谢林币（Schelling Coin）的工作方式。基本协议如下：

1. 在偶数区块中，所有用户都可以将 ETH/USD 价格的哈希值以及他们的以太坊地址一并提交。

2. 在下一个区块中，用户可以提交他们在前一个区块所提供的哈希对应的价格数值。

3. 不妨将所有正确提交的值定义为 N，其中 H(N+ADDR) 在第一个区块中提交，N 在第二个区块中提交。这两条信息都由地址为 ADDR 的账户签名/发送，并且 ADDR 为系统同意的参与者之一。

4. 对正确提交的值进行排序（如果很多值都相同，则按 H(N+PREVHASH+ADDR) 进行第二次排序，其中 PREVHASH 是上一个区块的哈希值）。

5. 每一位其所提交的正确提交的值在第 25 和第 75 百分位之间的用户都会获得 N 个代币（我们称之为"schell"）的奖励。

该协议不包括防止女巫攻击的具体机制。与此同时，假定工作量证明、权益证明或者其他类似的解决方案将被使用。

为什么这个协议会奏效？本质上，其原因与上述囚犯的例子是相同的：那就是都存在最强大的谢林点。在这些案例中，每个人都希望提供正确的答案，因为他们认为其他人也会提供正确的答案，因此协议实质上是鼓励每个人都提供其他人所提供的答案。刑事调查人员在过去数个世纪以来一直在使用谢林币——将囚犯放入单独的房间，并要求他们交代他们对特定事件发生过程的全部了解。这种做法正是依靠这样一个事实：如果你说出真相，那么比起协调某个具体的谎言，与其他人的口供保持一致要容易得多。

问题和限制

这种方法的弱点在哪里？一般而言，应该是串谋攻击。如果任何实体控制了所有选票的 50% 以上，他们基本上可以单方面将中值设置成他们所需的任意值。另一方面，如果离

---

① https://en.wikipedia.org/wiki/Common_knowledge_(logic)

② https://bitcoinmagazine.com/8640/an-exploration-of-intrinsic-value-what-it-is-why-bitcoin-doesnt-have-it-and-why-bitcoin-does-have-it/

散的非通信实体的数量接近无限，那么每个实体对结果的影响基本上都为零。实际上，很多实体都会提供完全相同的价值，所以作恶者甚至没有机会通过虚假投票来稍微调整结果。

然而，如果情况居于两者之间，那就不好说了。如果一个实体控制49%的选票，他们可能会预先宣布他们将投票支持的虚假值，并且其他人会因为担心其余的人将支持这些虚假的值而选择跟随作恶实体——这些人害怕如果他们不选择支持，他们将被淘汰。此外，还有一个非常有趣的局面：即使某个实体只控制了1%的选票，如果该实体预先宣布了他们将投票支持的虚假值，并宣布他们将给那些投票支持该值的人给予0.00001schell的奖励，那么现在就有两个谢林点：真实的值和该实体支持的值。然而，由于该实体所支持的值包含促使其他人投票支持的激励，因此从理论上讲，其谢林点更优，即每个人都会选择它。

在实践中，这显然是荒谬的。这一结果与著名的囚徒困境结果相同：当在囚徒困境中预设有限数量的轮次时，其最佳策略是不断撒谎。这个论据很简单：在上一轮中，撒谎没有遭到惩罚，所以这里面的激励就是撒谎。而在第二轮中，囚徒双方都知道对方会因为这个原因而在下一轮继续撒谎，所以激励依然是撒谎，并依次递归至第一轮。实际上，人们无法处理任意深度的递归。在这种情况下，在实践中要取代主导性的谢林点将会存在一个巨大的协调问题。这种做法只会让情况变得更糟，因为从谢林币中受益的每个人都有动机来审查任何试图破坏它的沟通。因此，控制49%投票的联盟可能会打破谢林币规则，但1%的联盟不会。那么中间地带到底在哪里？也许只能留待时间解释。

另一个可能存在的问题是微型作弊。假设底层数据是一个经常发生微小变化的值，比如价格。如果谢林币中的大多数参与者同时是使用该谢林币的系统的参与者，那么他们可能会朝着同一方向稍微调整他们的答案，以使其保持在25/75的范围以内。与此同时，他们也可能会将中值向上（或向下）推向有利于自身的数值。在这种情况下，其他用户也会感知到这种微型干扰的存在，并因此调整自己的答案以保持在中值内。因此，如果人们认为微型作弊有可能发生，那么微型作弊确实是有可能发生的。但如果他们不这么认为，那么它将不会发生。这种结果在谢林点方案中很常见。

处理这个问题的方法有两种。首先，可以尝试非常明确地定义这个值。例如，"在时间HH：MM：00时，XYZ交易所ETH/USD的最后一个卖价为……"。这样，很大一部分的答案将完全相同，并且根本不可能以微型作弊的形式来改变中值。但是，这种方式在定义中引入了中心化，因此需要谨慎处理。当然，可以选择与粗粒度相关的替代方式，比如定义"ETH/USD的价格四舍五入到两位有效数字"。其次，可以努力让挑选用户的底层系统在对去中心化友好（让权益证明取代工作量证明）的同时，也包含有动机选择相反的方向的用户，从而避免偏见。

因此，如果我们将谢林币与差价合约结合起来，那么得到的是一种我先前认为是加密货币圣杯的加密资产：一种保持价值稳定且去信任化的资产。当然，去信任化是一个相对术语。鉴于目前矿池的分布[①]，比特币的去信任化投票远非完全无须任何信任。但在使协议尽可能去中心化以及符合未来发展的路上还面临众多挑战。很多类似的圣杯并没有被完美地实现。即使我们认为已经实现了目标，但大多数时候，事实并非如此（比如抵抗去中心

---

① https://blockchain.info/pools

化的女巫攻击）。然而，不管怎么说，朝着最终目标迈出的每一步都很重要。

代币挖矿

关于谢林币比较有趣的一点是：除了价格反馈，它还可以有更多用途。谢林币可以告诉你柏林气温、全球GDP，最有意思的是计算结果。有些计算是可以被有效验证的。如果我想得到一个数字N，使得3N的后12位数字是737543007707，这很难计算。但是如果你提交这个值，并让合约或者挖矿算法来验证它以及自动提供奖励是非常容易的。然而，其他计算并不能被有效验证，并且大多数有用的计算都属于后者。谢林币提供了一种将网络用作实际的分布式云计算系统的方法，其通过在N方而不是网络中的每台计算机之间复制这个工作，然后奖励那些结果占多数的人。

为了提高效率，一个更复杂的多步骤协议可以让一个节点进行计算，并且使用谢林币仅对其任意1%的工作进行抽查。这种方式的密码学开销将小于2倍。此外，索取保证金以及对未通过审查的答案采取苛刻的惩罚措施的手段可以用来限制欺诈行为。另一种选择是，如果有人发现错误，那就让其他人重做这个工作，并向网络推荐验证指数作为谢林币应用的参考基准。

上述协议并不是什么新想法。正如前面提到的那样，它仅仅是一个具有数百年历史的刑事调查实践的概括。事实上，比特币的挖矿算法本质上就是交易顺序上的谢林币。但是，如果这种方法的缺陷被证明是可以克服的，那么这个想法可能会更加深入。比如，ETH/USD的谢林币可用于提供去中心化美元；用于计算的谢林币可用于提供分布式AWS（尽管这里没有解决隐私的问题，但可以等待高效的混淆技术的诞生[1]）。

最后，感谢尼尔·科布利茨（Neal Koblitz）提出了使用重复的计算方法来提供"有用的工作量证明"的想法；感谢大卫·费德曼（David Friedman）在他的《关于财产权的实证解释》[2]中向我介绍谢林点；感谢托马斯·谢林（Thomas Schelling）首先提出了这个概念。感谢某位朋友——两个月前我俩曾经交流过，但很遗憾我忘记了他的身份——提供了将谢林方案纳入以太坊的想法。

---

[1] https://bitcoinmagazine.com/10055/cryptographic-code-obfuscation-decentralized-autonomous-organizations-huge-leap-forward/

[2] https://www.daviddfriedman.com/Academic/Property/Property.html

DAO、DAC、DA 及其他：
一个不完整的术语指南

（2014 年 6 月 6 日）

编者按

　　智能合约的诞生，为去中心化自治（DA）实体的实现提供了可能。在这些 DA× 诞生的早期，许多概念的定义与界限十分模糊。本文为科普指南，旨在理清 DA× 之间的概念与类别。

　　数字共识领域（这是一个我正在进行测试的关于加密货币 2.0 的新术语）中最热门的话题之一就是去中心化自治实体的概念。现在有许多团体正在快速进军这个领域，包括比特股[①]（也被称为"不可战胜的创新"）开发的去中心化自治公司，BitAngels 的大卫·约翰斯顿（David Johnston）的去中心化应用程序[②]。我们自己的去中心化自治公司[③]的概念已经转变为更为通用的思想，而不一定是金融性质的去中心化自治组织（DAO）。总而言之，可以说 DAO 主义正在发展成为一种准网络信仰的路上。然而，在这个领域潜藏的问题也相当明显：没有人知道这些术语到底意味着什么。什么是去中心化组织？一个组织和一个应用程序之间的区别是什么？甚至，最基本的，是什么使得某些东西得以自治？我们当中的很多人因缺乏连贯清晰的术语而感到沮丧。正如比特股的丹尼尔·拉米尔（Daniel Larimer）所言[④]，"每个人都认为 DAC 只是一种帮助中心化公司上市的途径"。本文旨在深入研究其中的一些概念，并尝试带来某些启发，以便大家更连贯清楚地了解这些术语的含义。

智能合约

　　智能合约是最简单的去中心化自动化形式，它可以简单且准确地定义如下：智能合约是涉及数字资产和两方或者多方的机制。在这个机制中，部分或者全体参与者将资产转入智能合约，其资产会自动根据基于某种数据（这些数据在合约创建时并不公布）的特定公式在各参与方之间重新进行分配。

　　一个关于智能合约的例子是就业协议：A 想要向 B 支付 500 美元来建立一个网站。合约的工作方式如下。A 将 500 美元转入合约，然后其资金被锁定。当 B 完成网站时，B 可以向合约发送消息要求解锁资金。如果 A 同意，则资金被释放；如果 B 决定不完成网站，B 可以通过发送信息放弃资金，并实现退出。如果 B 声称他完成了网站，但 A 不同意，那么在为期 7 天的等待期之后，由 J 来做出有利于 A 或 B 的裁决。

---

① https://bitshares.org/

② https://github.com/DavidJohnstonCEO/DecentralizedApplications

③ https://bitcoinmagazine.com/7050/bootstrapping-a-decentralized-autonomous-corporation-part-i/

④ https://bitsharestalk.org/index.php?PHPSESSID=45307737804b2a1403def563cdb5ba15&topic=4340.msg54700#msg54700

智能合约的关键属性很简单：当中只有固定数量的参与方。在合约初始化时，参与各方不需要相互认识。比如卖单交易，A 向任意能够提供 10 个单位资产 B 的参与方出售 50 单位的资产 A，也是一个智能合约。智能合约可以永久运行——对冲合约和托管合约就是很好的例子。然而，永久运行的智能合约仍然应该拥有固定数量的参与方（例如，去中心化交易所的整体就不是智能合约）。当然，不打算永久存在的合约也是智能合约，因为既然时间有限，必然意味着参与方的数量有限。

请注意，这里有一个灰色区域：合约一边是有限的，而另一边是无限的。例如，如果我想要对冲我的数字资产的价值，我可能希望创建一个任何人都可以自由进入和离开的合约。如此，在合约的一边，是无数的参与方以 2 倍杠杆在撬动资产投机；而在另一边，只有我一个人。在此，我提出了以下分界：如果有限数量的参与方是希望获得特定服务（即消费者）的一方，那么这是一个智能合约。但是，如果数量有限的一方只是为了获利（即生产者），那么就不是智能合约。

自治代理

自治代理处于自动化频谱的另一端。自治代理完全无需特定人员的参与。也就是说，尽管可能需要一定程度的人力来构建代理运行的硬件，但这个过程并不需要任何人意识到代理的存在。现存的关于自治代理的一个例子是计算机病毒：病毒通过在机器之间复制而存活，这个过程没有刻意的人类行为参与；病毒几乎作为生物有机体般的存在。更和善的实体（例子）是一个去中心化自我复制的云计算服务。这样的系统一开始在一台虚拟私有服务器上运行自动化业务，一旦利润增加，它就会租用其他服务器并在其上安装自己的软件，并将这些服务器添加到其网络中。

一个完全的自治代理，或者完全的人工智能是科幻小说的梦想。这样的实体将能够适应环境中的任意变化，甚至在理论上，可以扩展到能够制造维持其自身可持续性所需的硬件。相对于诸如计算机病毒这样的单一目的的代理，介于两者之间的状态在一个我们称之为智能或多功能性的范围内，有着很大的可能性。例如，自我复制的云服务，其最简单的形式就是只能从一组特定的提供商（如 Amazon、Microtronix 和 Namecheap）中租用服务器。然而，更复杂的版本应该能够弄清楚如何从任意供应商处租用服务器：比如只给出其网站链接，然后利用任意搜索引擎来定位新网站（当然，以防万一，如果谷歌搜索宕机了，还要会使用其他新的搜索引擎）。紧接着，下一个更高的级别将涉及升级自身的软件，比如使用进化算法，或者能够适应新的服务器租赁范例（如向普通用户提供安装软件的报价，并通过用户的计算机来获取资金）。此后，倒数第二步包括能够发现和进入新的行业（当然，最终一步就是成为完整的 AI）。

自主代理非常难以创造，因为为了取得成功，它们需要能够在一个复杂、快速变化且带有敌意的环境中通行。如果网络主机提供商不择手段，他们可能会专门定位该服务的所有实例，然后将其替换为以某种方式欺骗的节点。一个自主代理必须能够检测到这种欺骗行为，并从系统中删除或者至少抵消欺骗节点的影响。

去中心化应用程序

去中心化应用程序类似于智能合约，但在两个关键方面有所不同。首先，去中心化应用程序在市场的各个方面都有无数的参与者。其次，去中心化应用程序并非只局限于金融领域。由于后者需要，去中心化应用程序的构建实际上是最简单的实现（或者，至少在通用的数字共识平台出现之前最简单）。例如，BitTorrent可以像Popcorn Time、BitMessage、Tor和Maidsafe一样成为去中心化应用程序（注意，Maidsafe本身也是支撑其他去中心化应用程序的平台）。

一般来说，去中心化应用程序分为两类，两者之间可能存在大量的灰色区域。第一类是完全匿名的去中心化应用程序。在这里，节点是谁并不重要，每个参与者本质上都是匿名的，系统由一系列即时原子交互组成。BitTorrent和BitMessage都是这方面的例子。第二类是基于信誉的去中心化应用程序。在这类应用程序中，系统（或者，至少系统中的节点）会对节点进行跟踪，并且节点通过特定的机制来维持应用程序内部的状态——该机制的存在纯粹只为确保可信度。此外，状态不可转移，同时也不具有现实中的货币价值。关于这一方面，Maidsafe就是其中一个例子。当然，两者之间划分并非如此绝对。即使是类似BitTorrent的系统也需要客户端来维护一套关于同行客户端的信誉统计数据，以用于抵抗DDoS。但是，这些统计数据仅在后台发挥作用，并且其范围非常有限。

在去中心化应用程序和其他应用程序之间的一个有趣的灰色区域，就是像比特币和域名币一样的应用程序。这些应用程序与传统的应用程序不同。因为它们不仅会创建生态系统，而且存在虚拟财产的概念。在该生态系统的背景下，这些虚拟财产——比如比特币系统中的比特币以及域名币系统中的域名币及域名——都具有相当的价值。接下来大家会看到，我对去中心化自治组织的分类将会涉及这些概念，但是它们所处的位置并不十分清晰。

去中心化组织

一般来说，人类组织可以被定义为两种事物的组合：一个财产集合和一个针对由个人组成的集合的协议。这类协议有的可以依据不同的进入或离开集合的条件被划分成几种类别以彼此交互，包括在何种情况下个人可以使用某部分财产的规则。例如，考虑一家经营连锁店的公司。该公司有三种成员：投资者、员工和客户。投资者的会员规则是固定规模（或者经由法定人数许可以后可调整的规模）的虚拟财产。你购买一些虚拟财产，然后进入这个集合，并成为投资者，直到你出清你的份额。员工需要由投资者或者其他经投资者授权的员工（或者其他经投资者授权的员工再授权的员工，以此类推）雇用，并且也可以以同样的方式解雇。此外，客户遵循开放的会员制度，任何人都可以随时以明显的官方认可的方式与商店自由交互。在这种模式下，供应商等同于员工。当然，非营利性慈善机构的结构有所不同，其中涉及捐赠方和成员：捐赠接受者不一定会被当作成员；另一种看法认为，接受者福利中的正增量属于慈善机构的"产品"。

去中心化组织（DO）采用了与组织相同的概念，只是进行了去中心化。比起人与人亲自交互，并以法律制度控制财产来进行管理的等级结构，去中心化组织中的人员依据代码中指定的协议进行交互，并在区块链上强制执行。DO可能会利用法律制度对其有形财产进行某种保护，但即便如此，这种使用也是次要的。例如，我们可以采用上述股东制公司的形式，并将其完全移植到区块链上。一个长期运行的基于区块链的合约记录着每个人所持有的股份，而区块链上投票则允许股东选择董事会和员工的职位。智能财产系统也可以直接集成到区块链中。未来可能允许各种DO控制车辆、保险箱和建筑物。

去中心化自治组织

这里，我们将对这个圣杯般的概念进行探讨。它的定义十分模糊，那就是去中心化自治组织，以及它们的公司子类、去中心化自治公司。去中心化自治组织的理想很容易描述：它是一个生活在互联网上并自主存在的实体，但也很大程度上依赖于通过雇用他人来执行自动化本身无法完成的某些任务。

鉴于上述情况，本文定义的重要部分实际上是关注DAO不是什么，什么本质是DO、DA或者自动代理（AA）/人工智能（AI）而不是DAO。首先，考虑一下DA。DA和DAO之间的主要区别在于DAO内部有资本。也就是说，DAO包含某种内部财产。这种财产在某种程度上是有价值的，并且它有能力将这些财产作为奖励某些活动的机制。BitTorrent没有内部财产，类似于Bitcloud / Maidsafe的系统有声誉，但声誉并不是一种可销售的资产。另一方面，比特币和域名币也是如此。然而，某些普通的传统DO和自主代理也会有内部资本。

其次，看看DO。DO和DAO之间的明显区别，包括语言中已有的内在区别，就是"自主"这个词。也就是说，在DO中，人类是做出决定的人，而DAO是以某种方式为自身做出决定的东西。这是一个令人惊讶的难以区分的定义，因为某些独裁者总是热衷于指出：直接做出决定的行动者与控制做出决策所依据的所有信息的行动者之间没有任何区别。在比特币中，由少数矿池串谋发起的51%攻击可能造成区块链交易回滚。而在假设的去中心化自治公司中，数据输入的提供者可以全部相互勾结，并使DAC认为其发送至地址 1Fxk fJQLJTXpW6QmxGT6oF43ZH959ns8Cq 的全部资金是用来购买100万个节点在未来10年的算力。然而，两者之间显然存在有意义的区别，所以需要对其进行定义。

我个人定义两者区别的思路如下。DO和DAO都容易受到串谋攻击，其中（在最好的情况下）大多数或（在更糟的情况下）某类成员中相当一部分人员串通以专门指导DxO的活动。然而，区别在于，在DAO中，串谋攻击被视为一个漏洞；而在DO中，这是一个特征。例如，在一个民主国家中，其核心就是众多成员选择他们最喜欢的东西，并让解决方案得到执行。另一方面，在比特币的情景里，只要每个人的意图是根据个人利益来做出行动，而非期待任何特定的结果，并且支持特定区块链的51%攻击被认作是一种差错时，这种默认的行为就会发生。这种吸引社会共识的方式与政府的定义类似：如果一个当地的帮派向所有店主收取财产税——在世界的某些地方，这种做法可能不受政府管制——但是不管怎么样，也不会有多少人认为这是合法的。而如果政府这么做，公众的反应将会朝另一个方向倾斜。

比特币在这里是个有趣的案例。一般来说，它似乎更接近DAO而不是DO。但是，2013年发生了一起事件[①]，事实证明情况有所不同：当时有一个特殊的区块意外（至少我们是这么希望的）产生，根据Bitcoin Qt 0.8版本的客户端规则，该区块是有效的；然而，根据Bitcoin Qt 0.7版本的规则，该区块是无效的。为此，区块链发生了分叉。有一些节点接在这个异常区块后面继续挖矿（称之为B1链），而其他认为该区块无效的节点则在另一条独立的链（称之为B2链）上挖矿。由于当时大多数矿池已升级到Bitcoin Qt 0.8版本，因此他们选择支持B1链。但大多数用户仍然停留在0.7版本，所以他们选择了B2链。矿池运营商在IRC聊天室中聚在一起，并同意将矿池切换到B2链上进行挖矿，因为对用户来说，这样做的结果会更加简单——不需要他们升级。这次人为行动的结果是，6小时后，B2链超过B1链，B1链被抛弃。因此，在这一案例中，社区认为该人为的51%攻击是合法的。这也使得比特币成为DO，而不是DAO。然而，在大多数情况下，这种情况不会发生。因此，如果要给比特币分类，最佳的方法就是将它认为是自治实施情况不完善的DAO。

但是，其他人并不满意比特币被归类为DAO，因为它不够智能。其实不然，因为除了挖矿协议外，比特币不会出去"雇"人。它遵循简单的规则，其升级过程更像DO，而不是DAO。有这种观点的人会将DAO看作是拥有很大程度自治智能的东西。但是，这个观点的问题在于DAO和AA/AI之间必须有区别。这个区别可以这么描述：AI是完全自治的，而DAO需要人类根据DAO定义的协议来进行具体的交互，以便进行操作。可以用古典实用的象限图模式对DAO、DO（以及传统的"O"），AI以及普通的老式机器人进行分类。此外，可以用另外一个象限图（图1）对没有内部资本的实体进行分类。

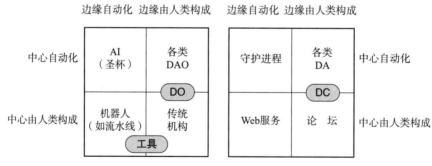

图1

DAO等同于中心自动化、边缘由人类构成的实体。因此，总体而言，将比特币和域名币视为DAO是最有意义的——尽管两者几乎没有超过DA标记的阈值。另一个重要的区别是内部资本。没有内部资本的DAO是DA，而没有内部资本的组织是一个论坛。例如，G8就是一个论坛。上图中的DC代表去中心化社区，比如去中心化的Reddit或者类似的东西——这里面有一个去中心化的平台，但在平台周围也有一个社区。但是社区或者协议是否真正拥有掌管的权力就不好确定了。

---

① https://bitcoinmagazine.com/3668/bitcoin-network-shaken-by-blockchain-fork/

去中心化自治公司

去中心化自治公司（corporations/companies）是一个比较小的话题，它们基本上是 DAO 的一个子类，但也值得一提。鉴于丹尼尔·拉米尔是 DAC 这个术语的主要倡导者，可以借鉴他一贯倡导的观点：DAC 应该支付分红。也就是说，DAC 中也有股份的概念，这些股份可以通过某种方式购买和交易，并且股份所有者有权基于 DAC 的成功享受持续的收入。DAO 是非营利性的。尽管你可以在 DAO 中赚钱，但赚钱的唯一途径就是加入其生态系统，而不是向 DAO 本身追加投资。显然，这个区别十分模糊。因为所有 DAO 都包含可以被实体所拥有的内部资本，并且随着 DAO 变得更加强大／流行，内部资本的价值也将随之上升，因此 DAO 很大一部分将不可避免地在某种程度上变成 DAC。

因此，两者间的区别应该从流动性入手，并且取决于以下侧重点：分红是否占据主导的重要地位，参与生态赚取资金这一方式是否为主导。此外，相对于简单的虚拟财产，"股份" 的概念有多重要？例如，非营利组织的董事会成员资格并不是真正的股份，因为成员资格经常会被随意授予和没收，这对于某些被归类为可投资财产的东西是不可接受的。比特币也不是股份，因为即使你持有比特币也没有权力对系统内部的利润进行分成或者影响其决策能力。而公司中的股份肯定是股份。最终，也许这种区分可能会形成利润机制和共识机制是不是同一事物这一令人惊讶的晦涩观点。

上述定义远不完整。当中可能会出现各种灰色区域和漏洞，并且 DO 在成为 DAO 之前必须具备怎样的自动化程度，实在是一个非常难以回答的问题。此外，这里面还有一个问题，那就是这些东西应该如何构建。例如，人工智能可能会以私有服务器网络的形式存在，每一台私有服务器通常独立运行其专有的本地代码，而 DO 应该完全基于开放的源码和区块链。在这两个极端之间，有许多不同的范例可供追求。核心代码中应该包含多少智能呢？应该使用遗传算法来更新代码，还是使用 Futarchy 或者其他基于个体的投票或审查机制呢？会员资格应该采用公司形式，拥有可销售和可转让的股份，还是应该是非营利式的，会员间可以投票决定其他成员去留？区块链到底应该是工作量证明，还是权益证明或者基于声誉的证明机制？ DAO 是否应该维护其他货币的余额？还是应该通过发行自己内部的代币来奖励参与者的行为？这些都是将要面临的难题。我们只不过刚开始接触它的皮毛。

向 12 秒区块时间发展

（2017 年 7 月 11 日）

编者按

区块链网络的最终化时间的缩减一直是开发者们孜孜不倦的追求目标。本文探讨了在缩短区块链最终化时间的过程中可能导致不稳定因素产生，并提出包含作废区块的GHOST协议优化方案。在这种情况下，考虑到网络本身的延迟，12秒的最终化时间似乎是一个可行的目标。

区块链作为一个去中心化平台，最令人烦恼的一点是交易最终化之前的延迟。在比特币网络中，一个确认平均需要10分钟。但实际上，由于统计效应，当一个人发送交易时，其在10分钟内得到确认的概率只有63.2%；这个确认有36.8%的概率会超过10分钟，13.5%的概率超过20分钟；0.25%的概率超过1小时。由于涉及芬尼攻击（Finney Attack）[1]的精细技术要点和低于50%的双花问题[2]，在很多案例中，即便只有一次确认也是不够的。赌博网站和交易所通常需要等待3～6个区块——通常是一个多小时——以后，才确认存款已经到账。在交易进入区块之前的时间里，其安全性接近零。尽管许多矿工拒绝转发与先前已经发送的交易相冲突的交易，但从经济上而言，他们完全没有必要这么做（实际上正好相反）。确实也有矿工选择了转发。因此，调换未经确认的交易是有可能的，其成功率为10%～20%。

在很多情况下，这种方式没有问题。如果你在网上购买了一台笔记本电脑，然后设法在5分钟后收回资金，那么商家只需要取消发货就可以了。在线订阅服务也可以以同样的方式进行工作。但是，考虑到现场购买和购买数字商品的场景，这是非常不方便的。在以太坊中，这种不便利性更甚。我们希望以太币不仅仅是一种货币。更重要的是，以太坊是一个去中心化应用程序的通用平台，特别是在非金融应用程序环境下，人们往往期望得到更快的响应时间。因此，就目的而言，打造一条最终化时间小于10分钟的区块链至关重要。然而，问题是这个时间的下限是多少？如果速度太快，会不会导致一些不稳定的因素产生？

挖矿原理概述

首先，快速回顾挖矿的工作原理。比特币区块链是一系列区块，其中每个区块均指向前一个区块（即包含前一个区块的哈希值）。网络中的每个矿工通过获取必要的数据（前一个区块、交易、时间等）、构建区块头，然后不断地更改名为nonce的随机数直到nonce满足我们称为"工作量证明条件（或挖矿算法）"的函数来尝试生成区块。这个算法是随机的，其失败的可能性极高。平均而言，比特币网络需要在发现有效区块之前共同进行

---

[1] https://bitcointalk.org/index.php?topic=3441.msg48384#msg48384

[2] https://bitcoil.co.il/Doublespend.pdf

1020次尝试。一旦任意矿工找到一个有效的区块（即该区块指向前一个有效的区块，它的交易和元数据是有效的，并且它的nonce值满足PoW条件），那么该区块将被广播到网络中，并且开始新的一轮挖矿周期。作为奖励，发现该区块的矿工会获得一定数量的币（在比特币中，该回报为25 BTC）作为奖励。

在一个简化的模型中，区块的得分被定义为从该区块开始，沿着链条一直回溯到创世区块的区块总数（正式来说，就是总的挖矿难度。所以如果工作量证明条件的难度上升了，那么在这个新的更严格的条件下所创建的区块的得分会更高）。得分最高的区块会被认为是真实区块。比较微妙且重要的一点是，这个模型激励着矿工总是在得分最高的区块后挖矿，因为得分最高的区块才是用户最终关心的区块，而且从来没有任何因素可以使得一个得分更低区块更具吸引力。如果我们在得分模型作乱，可能一不小心就会导致某种变化。关于这个问题，稍后还会探讨。

可以将这种网络建模，如图1所示。

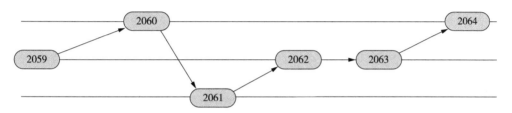

图1

但是，考虑到网络传播不是即时的，那么这里就有一个问题。根据2013年来自苏黎世的戴克（Decker）和瓦唐霍费尔（Wattenhofer）的一篇论文[1]，矿工一旦产生一个区块，这个区块平均需要6.5秒才能到达50%的节点，并且在40秒后才能到达95%的节点，平均延迟为12.6秒。因此，更准确的模型可能如图2所示。

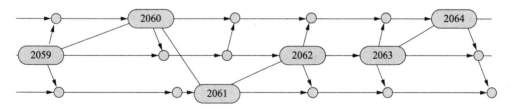

图2

这种方式导致了以下问题：当时间 T = 500 时，矿工 M 在区块 B 上挖出区块 B′（其中，"在……上"表示"指向链条的前一个区块"），并且矿工 N 在时间 T = 510 之后才能监听到区块 B′。这意味着，直到 T = 510 之前，矿工 N 仍在区块 B 上挖矿。如果矿工 N 在该时间间隔内找到了一个区块，那么网络中的其余节点将会拒绝接受矿工 N 的区块，因为先前他们已经看到矿工 M 的区块了，并且该区块具有相同的分数（图3）。

---

[1] https://www.tik.ee.ethz.ch/file/49318d3f56c1d525aabf7fda78b23fc0/P2P2013_041.pdf

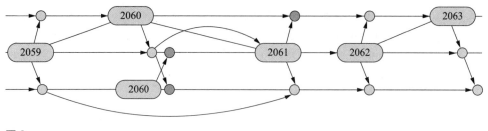

图3

作废、效率和中心化

所以这样到底有何不妥呢？事实上，有两个方面。首先，它削弱了网络对抗攻击的绝对能力。当区块时间为600秒时（比如比特币），这不算什么问题。但12秒是一段非常短的时间，并且戴克和瓦唐霍费尔估计总作废率约为1.7%。因此，攻击者实际上并不需要依靠全网50.001%的算力来发起51%攻击。如果攻击者是单个节点，他们只需要0.983/1+0.983 = 49.5%的算力就足够了。可以通过一条数学公式来进行估计：如果传输时间是12秒，那么一旦有区块产生，在该区块传播的12秒内，网络会产生作废区块。因此可以认为每个有效区块将产生12/600 = 0.02个作废区块，即区块的作废率为1.97%。然而，如果每个区块的生成只需60秒时，每个有效区块将产生12/60 = 0.2个作废区块，即其作废率为16.67%。如果区块的生成时间进一步缩短为12秒，那么每个有效区块将对应12/12 = 1个作废区块，作废率为50%。因此，可以看到网络对抗攻击的能力大大减弱。

然而，这里面还有另外一个负面的结果，那就是作废率。挖矿生态系统中一个比较紧迫的问题是矿池中心化[1]。目前，大部分比特币网络已经被少数矿池瓜分。这些矿池实际上是一系列中心化的结构，在这里面，矿工可以共享资源以获得更均衡的奖励。而这些矿池中最大的一个其算力已经在33%～51%徘徊。未来，即使是个别矿工，其自身利益也可能会受到威胁。当前，市面上25%的新产比特币挖矿设备都来自于深圳的一家工厂。如果我的经济分析的悲观版本[2]是对的，那么最终25%的比特币矿工都将来自这家深圳的工厂。

那么，作废率对中心化程度有何影响呢？这个答案很巧妙。假设你的网络包含7000个具有0.01%哈希算力的矿池，以及一个具有30%哈希算力的矿池。在70%的时间里，最新的区块都由这7000个矿池中的矿工进行生产，然后网络在12秒内监听到这个区块——尽管这种方式有些低效，但仍然是公平的。然而，还有30%的时间里，最新的区块是由拥有30%哈希算力的矿池来产生的。此时，这个矿池会立即监听到该区块，并且作废率为0，但此时其他矿工的作废率没有发生改变。

因为我们的模型还是非常简单的，所以仍然可以对这种封闭的形式近似地做一些数学计算。假设传输时间为12秒且区块产生时间为60秒，那么如上所述，其作废率为16.67%。拥有30%哈希算力的矿池有30%的时间里可以拥有0%的作废率，所以其效率乘数为$0.833 \times 0.7 + 1 \times 0.3 = 0.8831$，而其他矿工的效率乘数为0.833。这是5.7%的效率增益，尤

---

[1] https://blog.ethereum.org/2014/06/19/mining/

[2] https://blog.ethereum.org/2014/06/19/mining/

其是对于费用差异只有几个百分点的矿池来说，这个增益尤其重要。因此，如果想要把区块时间设置为 60 秒，需要更好的策略。

GHOST 协议

2013 年 12 月，雅维夫·索哈尔和尤纳坦·索博里斯基发表的一篇题为《以树状而不是链状来快速包含交易》[1]的论文提出了一个更好的方法。这个方法是，尽管作废区块目前不计入链条的总比特币，但它们也可以构成链条比特币的一部分。因此，他们提出了一种区块链评分系统，即使作废区块不是主链的一部分，也会将其考虑在内。因此，即使主链只有 50% 的效率，甚至只有 5% 的效率，如果攻击者试图进行 51% 攻击仍然需要解决整个网络的比特币问题。理论上讲，这个方法不仅能够解决效率问题，甚至能够将区块时间缩减到 1 秒左右。但是，这里存在一个问题：如上所述，协议仅将作废区块包含进区块链的得分中，它没有为作废区块分配区块奖励。因此，它并不能解决中心化问题。事实上，如果区块时间控制在 1 秒以内，最有可能发生的情况就是控制 30% 哈希算力的矿池只需一路产生区块。当然，只要控制 30% 哈希算力的矿池沿着主链一直生产区块，这也没什么问题。但只有当主链以外的区块也得到公平回报时，才能保证控制 30% 哈希算力的矿池的收益不会大于 30%。因此，为了实现这样一个奖励机制，需要用到作废区块。

我们不可能一直奖励所有的作废区块。这会是一个记账噩梦（算法需要非常努力地检查某个最新包含的叔区块此前是否从未被包括在内，所以除了交易树和状态树，还需要在每个区块中添加一棵叔区块树）。更重要的是，这一机制将导致双花问题的成本为零。因此，先构建第一个单层 GHOST 协议。这个协议只完成最小的目标，并且只完成单层次的叔区块功能（这是目前以太坊中使用的算法）。

1. 每个区块都必须指向一个父区块（即前一个区块），并且可以包含零个或多个叔区块。叔区块被定义为具有有效区块头（区块本身不需要有效，因为我们只关心它的工作量证明），它是区块的父代的父代的子区块（也就是我们从 4 岁开始学习的家谱里"叔叔"的标准定义）。

2. 主链上的区块得到的奖励为 1。当一个区块包括叔区块时，叔区块将得到 7/8 的奖励，而包含叔区块的区块将得到 1/16 的奖励。

3. 对于创世块，区块的得分为 0。否则，区块得分等于其父区块的得分加上区块难度乘以 1 再加上其所包含的叔区块的数量。

因此，基于上面给出的区块链图形示例，我们修改为图 4。

在这里，数学问题变得越来越复杂，所以会做一些直观的论证，然后用比较懒的方法来模拟整个过程。比较基本的直观论点是：在基本的挖矿协议中，由于上述原因，作废率大致为 $t/(T + t)$，其中 t 是传输时间，T 是区块间隔，因为在 t/T 的时间里，矿工都在挖旧数据。在单层 GHOST 协议中，失败条件从挖出一个作废区块转变为连续挖到两个作废区块（可以包含叔区块，但是具有二代及以上的亲属不能被包含）。因此，作

---

[1] https://eprint.iacr.org/2013/881.pdf

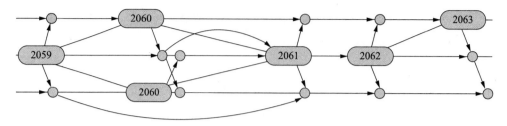

图4

废率应该是 $(t/T)^2$，即大约2.7%而不是16.7%。现在，用一个Python脚本[①]来测试这个理论：

```
###打印结果###
1 1.0
10 10.2268527074
25 25.3904084273
5 4.93500893242
15 14.5675475882
已产出的区块总数：16687
链上区块总数：16350
效率：0.979804638341
叔区块均值：0.1584242596
区块链长度：14114
区块时间：70.8516366728
```

运行结果可以解析如下：前5位数字是中心化指标。在这里，我们看到拥有25%哈希算力的矿工的回报是拥有1%哈希算力的矿工的25.39倍。效率为0.9798，意味着2.02%的区块被抛弃了，并且平均每个区块对应产出0.158个叔区块。因此，我们的直觉得到了证实：不包含叔区块时，作废率约为16%；包含叔区块时，作废率为2.7%。需要注意的是，实际的区块时间是70.85秒，因为即使每60秒产生一个有效的工作量证明解决方案，还是会有2%的丢失，以及14%只能作为叔区块进入下一个区块，而不是进入主链。

现在，这里有一个问题。GHOST论文的原始作者并没有考虑包含叔区块／作废区块的奖励。尽管根据上述原因，我认为稍做改进确实是一个好主意，但他们不包含叔区块／作废区块也是有原因的：这种做法会使得经济分析变得令人不安。具体而言，当只有主链才能得到奖励时，表达了一个明确的观点：为什么只有头上的区块值得挖矿，而不是其他先前的区块，即唯一可以区分任意两个区块的事实依据是它们的得分以及"高分明显优于低分"的判断。但是一旦引入叔区块奖励，那么难免存在其他因素使事情变得更加棘手。

具体来说，假定主链的最新区块M（得分为502）的父区块为L（得分为501）、祖父区块为K（得分为500）。假设K有两个作废的子区块，这两个子区块都是在M之后产生的，因此它们没有机会作为叔区块被包含在M中。如果你在M上进行挖矿，你会得到一个分数为502 + 1 = 503和奖励为1的区块；但是如果你在L上进行挖矿，你将能够包含K的子区块并得到一个分数为501 + 1 + 2 = 504且奖励为1 + 0.0625 × 2 = 1.125的区块。

---

① https://github.com/ethereum/economic-modeling/blob/master/ghost.py

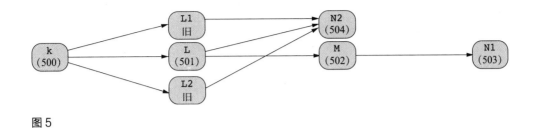

图5

此外，还必须考虑针对单层GHOST协议的自私挖矿[1]式攻击，论点如下：如果一个拥有25%哈希算力的矿池不包括任何其他区块，那么短期内这种做法将会损害到其自身的利益，因为它将无法获得1/16倍的侄区块奖励，但是这种做法对他人的伤害更大。因为区块时间需要重新平衡以保持生成速率不变，因此长期挖矿实则是一场零和游戏，这意味着不包括叔区块实际上可能是一种主导性的策略。因此，中心化的问题并没有完全解决（具体而言，它们有30%的时间）。再者，如果决定进一步提高速度，比如12秒的目标区块时间，那么单层协议也许并不是一个好的选择。以下是这些统计数据的结果：

```
###打印结果###
1 1.0
10 10.4567533177
15 16.3077390517
5 5.0859101624
25 29.6409432377
已产出的区块总数：83315
链上区块总数：66866
效率：0.802568565084
叔区块均值：0.491246459555
区块链长度：44839
区块时间：22.3020138719
```

这里依然有18%的中心化收益。因此，需要一个新的策略。

新策略

我在一周前尝试的第一个想法是，要求每个区块都有5个叔区块。这种做法在某种意义上可以使每个区块的生产过程更加去中心化，以确保没有矿工能在生产下一个区块时有明显的优势。这种方法的数学问题十分棘手（也许捣鼓几个月，你能够想到一些关于嵌套泊松过程和组合生成函数的方法，但我宁愿不这么干），这里给出这个方案的sim脚本[2]。需要注意的是，实际上有两种方式可以实现这个算法：比如要求父区块成为祖父区块的哈希值最低的子区块，或者要求父区块成为祖父区块的得分最高的子区块。第一种方法（自己动手做一遍，将第56行修改为if newblock["id"]>self.blocks[self.head]["id"]:），得到如下结果：

```
###打印结果###
```

---

① https://bitcoinmagazine.com/7953/selfish-mining-a-25-attack-against-the-bitcoin-network/

② https://github.com/ethereum/economic-modeling/blob/master/multi_uncle_ghost.py

```
1 1.0
10 9.59485744106
25 24.366668248
5 4.82484937616
15 14.0160823568
```
已产出的区块总数：8033
链上区块总数：2312
效率：0.287812772314
叔区块均值：385.333333333
区块链长度：6
区块时间：13333.3333333

哇哦！那么，让我们试试得分最高的模型：

打印结果
```
1 1.0
10 9.76531271652
15 14.1038046954
5 5.00654546181
25 23.9234131003
```
已产出的区块总数：7989
链上区块总数：6543
效率：0.819001126549
叔区块均值：9.06232686981
区块链长度：722
区块时间：110.8033241

因此，在这里我们得到一个非常直观的结果：拥有25%哈希算力的矿池的奖励只有拥有1%哈希算力的矿池的24倍。经济亚线性是加密经济的圣杯，但不幸的是，它也是一种"永动机"。除非你依赖人们拥有一定数量的东西（如家庭供暖需求、未使用的CPU功率）。一个无法避免的事实是，即使你能想出某些巧妙的亚线性混合方案，一个拥有25倍算力的实体至少也会伪装25个独立的实体，并且每个实体分别获得1倍的奖励。因此，得到一个明确的（放心好了，我有99%以上的信心）经验证明，那就是拥有25倍算力的矿工会刻意隐藏实力。这意味着，在这种环境下，最佳的策略并不总是在得分最高的区块上挖矿。

论证过程是这样的：如果你在一个得分最高的区块上挖矿，那么总有机会让其他人在上一个层级发现一个新的叔区块，然后在这个区块后面进行挖矿。这时，在这个区块上创建的那个新的区块与你的区块保持在同一层级，但得分比你的更高，相当于你的区块被抛弃了。但是，如果你试图成为那些叔区块中的一员，那么下一层级的得分最高的区块肯定会想要包含你，由此你将获得叔区块的奖励。一个非标准策略的存在强烈暗示了还有其他或者更多的剥削性非标准策略的存在，所以不会采用这种路线。但是，我选择将其纳入博客文章，作为案例来展示其中的危险性。

那么最佳的方式到底是什么？事实证明，这非常简单。回到单层GHOST协议，但规定往后退5个区块以内的区块都算是叔区块。因此，父区块的父区块的子区块（-2,+1-祖先区块）是有效的叔区块，-3,+1-祖先区块也是有效的叔区块。以此类推，-4,+1-祖先区块和-5,+1-祖先区块也都是有效的叔区块，但-6,+1-祖先区块或者-4,+2-祖先区块（即 c(c(P(P(P(P(head)))))) ，这种形式不可简化）不是。此外，将叔区块奖励提高到 15/16，并将侄区块的奖励减至 1/32。首先，确保它能够在标准策略下运行。在 GHOST sim 脚本中，将 UNCLE_DEPTH 设置为 4，将 POW_SOLUTION_TIME 设置为 12，将 TRANSIT_TIME 设置为 12，将 UNCLE_REWARD_COEFF 设置为 15/16，将 NEPHEW_REWARD_COEFF 设置为 1/32，然后看看会发生什么情况：

```
### 打印结果 ###
10 10.1329810896
25 25.6107014231
5 4.96386947539
15 15.0251826297
已产出的区块总数：83426
链上区块总数：77306
效率：0.926641574569
叔区块均值：0.693116362601
区块链长度：45659
区块时间：21.901487111
```

由于效率不足以及叔区块的原因，实际区块时间是 21 秒，而不是目标中的 12 秒。尽管如此，这个结果还算十分合理。现在，尝试做一些带有启发性的有趣试验。

1. UNCLE_REWARD_COEFF=0.998，NEPHEW_REWARD_COEFF=0.001 将导致拥有 25% 哈希算力的矿池获得约 25.3 倍的奖励。并且，设置 UNCLE_REWARD_COEFF=7/8，NEPHEW_REWARD_COEFF=1/16 将导致拥有 25% 哈希算力的矿池获得 26.26% 的奖励。显然，UNCLE_REWARD_COEFF 一直趋于零会带来消极的作用，因此最好让其尽可能接近 1。但如果它太接近 1，那么矿工就没有动机去包含叔区块了。UNCLE_REWARD_COEFF=15/16 似乎是一个比较公平的中间值，在这种情况下，拥有 25% 哈希算力的矿工将获得 2.5% 的中心化优势。

2. 令人惊讶的是，让叔区块的定义往后退 50 个区块，其效率增益相当有限。原因是 $-5,+1$ GHOST 的主要弱点是其中的 $+1$，而不是 -5。也就是说，作废的 c(c(P(P(..P(head)…))))) 区块是一个大问题。就中心化而言，0.998/0.001 的奖励机制将拥有 25% 哈希算力的矿池的奖励降到 25.0 倍，而 15/16 和 1/32 的奖励组合与 $-4,+1$ 的方法相比，并没有产生显著的收益。

3. 假设奖励机制为 0.998/0.001，那么 $-4,+3$ 的子区块将能够有效地把效率提升至 100%，并将中心化程度降低到接近零。而在 15/16 和 1/32 的奖励机制中，其作用可以忽略不计。

4. 如果将目标区块时间缩短至 3 秒，那么效率将下降到 66%，拥有 25% 哈希算力的矿工将获得 31.5 倍的奖励（即 26% 的中心化增益）。如果将它与 $-50,+1$ 规则结合起来，其效果可以忽略不计（25% 增益对应的是 31.3 倍）。但是如果使用 $-4,+3$ 规则，那么效率将会上升到 83%，而拥有 25% 哈希算力的矿工只能得到 27.5 倍的回报。另外，在这三种情况下，实际的区块时间都在 10 秒左右。

5. 如果将目标区块时间缩短到 6 秒，那么得到的实际区块时间为 15 秒，其效率为 82%，拥有 25% 哈希算力的矿工在没有改进的前提下也能获得 26.8 倍的奖励。

现在，让我们看看以上讨论的有限的 GHOST 协议的另外两个风险：非头部主导策略和自私挖矿攻击。请注意，非头部策略实际上有两种：尝试采用更多的叔区块和尝试成为叔区块。在 -2,+1 的例子中，试图采用更多的叔区块这一方法是有用的；而在我已经失败的强制每个区块必须有5个叔区块的想法中，成为叔区块这一做法也是有用的。在不需要多个叔区块的前提下，试图成为叔区块的方法并不是很有用；而它的替代性策略之所以在强制每个区块必须有5个叔区块的场景奏效，是因为基于一个没有兄弟姐妹的新区块挖矿是没有意义的。因此，唯一可能存在问题的策略是试图包含叔区块。在只有一个区块的情况下，这是一个问题，但这并不是因为大多数能够在 n 个区块以后被包含的叔区块同样在 n + 1 个区块之后被包含。因此其实际的影响程度是有限的。

由于类似的原因，自私挖矿攻击也不再有效。即使你没有包含叔区块，你之后的那个人也会包含它。叔区块总共有4次机会被包含进去，所以不包含叔区块的问题是一个匿名玩家之间的四方囚徒困境——对于每一位参与者（当然，除了叔区块自身），这场博弈的结局注定不理想。这个策略还存在最后一个问题：我们看到，对所有的叔区块进行奖励实际上将51%攻击成本降低为零，所以51%攻击真的是零成本吗？除只有一个区块的情况以外，答案是"不是"。尽管故意分叉中的第一个区块会以叔区块的身份被包含，并获得15/16倍的奖励，但紧接着的第二、第三以及其后的所有区块都不会被包含。因此，如果要进行两次确认攻击，恶意矿工的成本几乎与以前一样高。

12 秒，真的假的？

在戴克（Bob Dykes）和瓦唐霍费尔（Roger Wattenhofer）的发现中，最令人惊讶的一点是区块广播所需的时间长度，居然需要12秒——这么慢。在戴克和瓦唐霍费尔的分析中，这12秒的延迟主要是出于下载和验证区块本身的需要。也就是说，比特币客户端所遵循的算法是：

```
def on_receive_block(b):
  if not verify_pow_and_header(b):
    return
  if not verify_transactions(b):
    return
  accept(b)
  start_broadcasting(b)
```

然而，戴克和瓦唐霍费尔提出了一条更优的策略。该策略看起来是这样的：

```
def on_receive_header(h):
  if not verify_pow_and_header(h):
    return
  ask_for_full_block(h,callback)
  start_broadcasting(h)
  def callback(b):
    start_broadcasting(b)
    if not verify_transactions(b):
      stop_broadcasting(b)
      return
    accept(b)
```

上述的所有步骤允许并行发生。区块头可以率先广播，然后广播区块，并且验证过程不需要串行完成。虽然戴克和瓦唐霍费尔没有阐述他们自身的估计,但直觉上这似乎有可能使传播速度加快25%~50%。但这种算法仍然不具备可用性,因为要产生一个能够通过第一次检查的无效区块,矿工仍然需要产生有效的工作量证明,所以矿工并没有什么好处。该论文提出的另一个观点是,在超出某一阈值以后,传输时间与区块尺寸成正比。因此,将区块尺寸减小50%也能将传输时间缩短到25%~40%。传输时间不依比例的部分约为2秒。因此,把目标区块时间定为3秒(以及5秒的实际区块时间)似乎是相当可行的。像往常一样,一开始会比较保守,不会把步子迈得特别大,但12秒的区块时间似乎是非常可行的。

软件和有限理性

（2014 年 9 月 2 日）

编者按

　　有限理性是介于完全理性和非完全理性之间的现实状况，这也意味着依照纯粹经济驱动的激励模型是有缺陷的。本文围绕软件与用户两方论证了纯粹经济激励模型的困境，并提出某种简要的模型设想：比如以软件和用户为代理并同时具备简单性偏好特征的双层系统。

　　我们通常在加密经济算法——无论是区块链共识算法（如工作量证明或者权益证明）、声誉系统，还是诸如数据传输或文件存储等交易过程——中寻找的一个关键属性就是拥有激励兼容性的理想状况。所谓激励兼容性，即指诚实遵守协议是符合每个人的经济利益的。这个目标的一个关键的基本假设是人（在这一案例中，更确切地说是节点）是理性的。也就是说，人们有一套相对简单、明确的目标，并遵循最优的策略，以尽最大的可能来实现目标。在博弈论协议设计中，这通常会被简化为"人人爱钱"。因为在大多数情况下，金钱都可以用来帮助推动人们尽可能实现目标。然而，事实并非如此。

　　人类，甚至是实际中的人机混合体（它们作为比特币和以太坊这样的协议的参与者）都不是完全理性的。而且用户群体中普遍存在着特定的理性偏差，因此，不能简单地把这些偏差归类为噪声。在社会科学领域，经济学对这个属于行为经济学[①]分支的问题做出了回应，其通过将实验研究与一系列崭新理论概念——包括前景理论[②]、有限理性[③]、默认效应和启发法[④]——结合起来，并成功构建了一种在某些情况下，更精确建模人类行为的模型。

　　在密码学协议的背景下，基于理性的分析同样不是最理想的，并且某些概念之间有特别的相似之处。例如，稍后会看到，"软件"和"启发法"本质上是同义词。另一个值得关注的事实是，我们甚至连一个解释"代理"构造元素的准确模型都没有。所谓"代理"，实则是一种顿悟，其对于实现"免信任"或"没有单点故障"功能的协议特别重要。

传统模型

　　在传统的容错理论中，有3种模型被用于确定去中心化系统面临自身某些部分偏离协议——无论是恶意攻击，还是简单故障——时的存活度。第一种是简单容错。在一个简单容错系统中，其思想是假设系统内的所有部分只会做以下两件事情中的一件：要么严格遵循协议，要么直接宕机。这种系统被设计有检测故障并以某种方式恢复或者绕过故障的功能。简单容错是评估某类架构去中心化，但政治中心化的系统的最佳模型。这一方面的代表有亚马逊、谷歌的云主机。系统需要应对某台服务器离线的状况，但设计人员无需考虑

[①] https://en.wikipedia.org/wiki/Behavioral_economics

[②] https://en.wikipedia.org/wiki/Prospect_theory

[③] https://en.wikipedia.org/wiki/Bounded_rationality

[④] https://en.wikipedia.org/wiki/Heuristic

其中某台服务器作恶的问题（如果这种情况确实发生了，那么亚马逊或谷歌团队会中断服务，直到手动找出问题点并关闭作恶的服务器）。

然而，简单容错并不适用于在架构和政治上均去中心化的系统。如果有一个系统，并且希望对该系统的某些问题点进行容错，但系统的各个部分可能由不同的组织或个人进行管理，并且你认为当中肯定有某些部分是恶意的（虽然你相信至少，如其中2/3是诚实的），那该怎么办？在这种情况下，需要的模型是拜占庭容错（这个命名源自拜占庭将军问题[1]）。在这个模型中，大多数节点会诚实地遵守协议，但有部分节点的行为产生偏离，并且可能以任何方式偏离。假设所有偏离的节点都串通在一起，那么拜占庭容错协议应该能够抵抗有限数量的偏离。

关于简单的拜占庭容错实例，去中心化文件存储就是很好的应用场景[2]。

除了这两种情况，还有另一种更复杂的模式：拜占庭利他理性（Byzantine Altruistic Rational, BAR）模型[3]。BAR模型通过添加一个简单的实现来对拜占庭模型进行改进：在现实生活中，诚实的人和不诚实的人之间没有明显的区别。每个人都会受到经济激励的驱使。只要激励足够高——特别是，如果讨论的协议就像区块链领域现有的协议所做的那样，以经济实力来衡量人们的影响力——那么大多数参与者也可能撒谎。因此，BAR模型假定有以下3种类型的角色。

1. 利他主义者：始终遵守协议。

2. 理性参与者：如果协议合适，则遵循；反之，则不遵循。

3. 拜占庭行为人：都在密谋破坏系统。

在实践中，协议开发者往往会对存在利他主义者的假设感到不习惯。因此，很多协议的判断模型是更加严苛的BR模型。所有能够在BR模型下生存的协议都被认为是符合激励兼容性的（所有能够在BR模型下生存下来的东西都能够在BAR模型下生存，因为至少利他主义者的存在对于协议的正常运行有益——他们的目标就是让协议变得更好）。

请注意，这些是系统必须容忍的最坏情况，而非现实就是这样。

为了了解这个模型的运作原理，首先检查一个论证：为什么比特币符合激励兼容性？我们最关心的比特币部分是它的挖矿协议，在这个协议中，矿工即用户。此外，协议中定义的正确的策略是，始终在得分最高的区块上挖矿。其中，得分的大致定义如下：

· 如果某个区块是创世区块，得分 score(B)=0；

· 如果某个区块是无效区块，得分 score(B)=-infinity（负无穷）；

· 否则，得分 score(B)=score(B.parent)+1（在父区块的得分上加1）。

在实践中，每个区块对总分的贡献因难度而异，但在简单的分析中，可以忽略这些微妙的做法。如果一个区块被成功挖出，那么矿工会收到50 BTC的奖励。在这种情况下，可以看到有3种拜占庭策略：

· 不挖矿；

· 在得分最高的区块以外的其他区块上挖矿；

---

[1] https://en.wikipedia.org/wiki/Byzantine_fault_tolerance

[2] https://blog.ethereum.org/2014/08/16/secret-sharing-erasure-coding-guide-aspiring-dropbox-decentralizer/

[3] https://www.cs.utexas.edu/~dahlin/projects/bft/#BAR

·试图产生一个无效的区块。

反驳第1种策略的论证很简单：如果你不挖矿，那么你就得不到奖励。现在，我们来探讨一下第2种和第3种策略。如果你遵循正确的策略，那么你产生一个有效区块的概率为 p。在总分为 s 的前提下，你的得分为 $s+1$。如果你遵循拜占庭策略，那么你产生一个有效区块的概率为 p，得分为 $q+1$。其中，$q<s$（如果你试图产生一个无效的区块，那么你有可能会产生得分为负无穷的区块）。因此，你的区块不会成为得分最高的区块，所以其他矿工也不会跟在其后挖矿，所以你的挖矿奖励不会成为最终的最长链条的一部分。请注意，这一论证并不取决于是否有利他主义的存在，它只取决于一个想法：当其他人都做出同样的行为时，你会有与他人保持一致的动机——这是一个典型的谢林点[1]论据。

要想最大限度地提高你的区块被包含在最终的获胜区块链中的最佳策略是，沿着得分最高的区块挖矿（图1）。

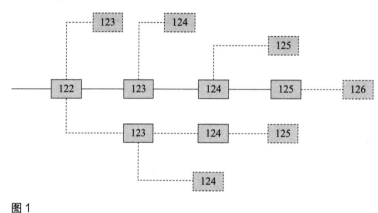

图1

免信任系统

关于加密经济协议的另一个重要类别是，所谓的"免信任"中心化协议。其中，可分成几个主要类别。

■ 公平性可证的赌博

在线赌博网站最大的一个问题是运营商可能行使欺诈。比如，网站的运营商会神不知鬼不觉地"把骰子往有利于他们的方向投掷"。加密货币的一个主要好处是，它能够通过构建一个可审计的赌博协议来消除这个问题。因而，任何类似的偏差都能被快速检测到。公平性可证的赌博协议的概要如下：

1. 在每天开始时，网站生成一个种子 s 并发布 $H(s)$。其中，H 代表某种标准的哈希函数（如 SHA3）。

2. 当用户发送交易进行投注时，使用 $H(s+TX)\%n$[2] 来模拟"掷骰子"的过程。其中，

---

[1] https://lesswrong.com/lw/dc7/nash_equilibria_and_schelling_points/

[2] 此类公式中的"%"为计算机语言中的模运算符，a％b 等同于 a mod b。为尽量与计算机语言保持一致，本书采用"%"。

TX是用于支付投注的交易，n是可能出现的结果数（如果是一个六面骰子，那么$n=6$；如果是1/928中奖率的彩票，那么$n=927$。并且，胜出规则为$H(s+TX)\%\ 927=0$）。

3. 当天结束后，网站公布s。

此后，用户可以验证第1项在当天开始时，网站提供的哈希是否确实是$H(s)$，并且第2项投注的结果实际上是否与公式匹配。因此，一旦发生作弊行为，遵循此协议的赌博网站无法确保24小时内都不被识破。只要它产生了s，并且需要发布值$H(s)$，那就基本上必须正确地遵循协议的细则。

■ 偿付能力证明

密码学的另一个应用是创造可审计金融服务的概念（从技术上说，赌博是一种金融服务。但在这里，我们感兴趣的是保管你个人资金的服务，而不是其他与操纵相关的业务）。某些有力的理论论据和经验证据[①]表明，这类金融服务更有可能试图欺骗用户。最特别的例子也许就是MtGox事件[②]，这家比特币交易所在丢失价值超过60万比特币的客户资金以后，以倒闭收场。

偿付能力证明的思路如下：假设某家交易所有用户$U[1],\cdots,U[n]$，用户$U[i]$具有的余额为$b[i]$，所有余额的总和是B。交易所想要证明它实际上拥有足够比特币来涵盖所有人的余额。这是一个由两部分组成的问题，交易所必须同时证明，在余额总和为B时，下述情况为真：用户余额总和为B，并且交易所至少拥有B个比特币。第二点很容易证明，交易所只需用当时持有比特币的私钥签名一条信息即可。而要证明第一点为真，最简单的方法是公布每个人的余额，并让人们检查他们的余额与公开的价值是否吻合。但这种方式会影响到用户的隐私，因此，需要一个更好的策略。

像往常一样[③]，解决方案都会涉及一棵默克尔树。但本例有所不同，因为它是一棵时髦的增强型默克尔树，我们称之为"默克尔总和树"。相比每个节点只是其子节点的哈希值，在这里，每个节点都包含其子节点的哈希值及其子节点的值的总和，如图2所示。

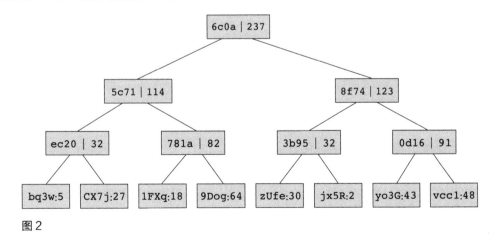

图2

---

① https://bitcoinmagazine.com/5285/torbroker-anonymous-finance-and-trust/

② https://cdn.knightlab.com/libs/timeline/latest/embed/index.html?source=0AtTCgM8sLx3UdHNCeWdlZHBhNjVX-Q1dtSWhUQm04LVE&font=Bevan-PotanoSans&maptype=toner&lang=en&start_at_slide=57&height=650

③ https://blog.ethereum.org/2014/08/16/secret-sharing-erasure-coding-guide-aspiring-dropbox-decentralizer/

底部的值是从账户ID到余额的映射。该服务把树根发布，如果用户想要证明他们的账户被正确地包含在树中，那么服务可以简单地为他们提供与其账户对应的树的分支（图3）。

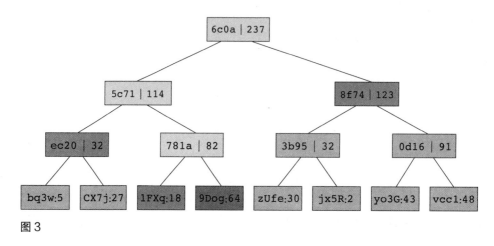

图3

网站可以有两种方法可以作弊，并使其在仅保留少数存款的前提下不被发现。首先，它可以尝试让默克尔树中的一个节点错误地计算其子节点的值的总和。在这种情况下，只要用户请求包含该节点的分支，他们就会知道出现了问题。其次，它可以尝试将负值插入树的叶子节点中。但是，如果它这样做，那么除非该网站能够提供可以相互抵消的正负节点（从而使整个点作废），否则至少会有一个合法的用户的默克尔分支将包含这个负值。一般来说，想要实际储备金额比所需的储备金额低 X 个百分点，就要求参与审计程序的用户比所需的用户低 X 个百分点。这个结果已经是所有协议可以做到的最好的结果了，因为如果交易所知道某些用户永远不会发现这种欺诈行为，那么他们可以从其账户余额中抽出特定百分比的金额。

■ 多重签名

第3个应用，也是一个非常重要的应用，那就是多重签名[1]。或者更一般地说，是多重密钥授权的概念。如果你的账户只由一把私钥控制，那么其极有可能被黑客攻击。相比之下，多重签名可以有3把密钥，其中两把用于访问账户（或者其他配置，可能涉及提款限制或者时间锁定相关的提款。比特币不支持此类功能，但更先进的系统可以）。多重签名目前通常采用的方式是3取2（2-of-3）：即你有一把密钥，服务器有一把密钥，并且你有放置在安全的地方的第3把备份密钥。在通常的活动过程中，如果要签署交易，你通常会在本地使用密钥对其进行签名，然后将其发送到服务器。服务器会执行二次验证过程，比如向你的手机发送验证码。如果它确认你打算发送交易，那么它也会跟着签名。

这个想法很简单：这样的系统能够容忍任意单点故障，包括单个拜占庭故障。如果你丢失了密码，但是你有备份，那么它与服务器一起签名可以恢复你的资金。即使你的密码被黑了，那么攻击者也只有一个密码。同理，即使备份丢失或者被盗，情况也是相当的。

---

① https://bitcoinmagazine.com/11108/multisig-future-bitcoin/

如果服务器不见了，你也还有两个密钥。如果服务器被黑客攻击或者作恶了，它也只有一个密钥。同时丢失两把密钥的可能性非常小。可以说，其概率比天降横祸的概率还要小。

■ 基本单元

上述所有论点都提出了一个看似微不足道的关键假设，即系统的基本单元是计算机。事实上，这一假设的论证更具挑战性。每个节点都有经济动力在得分最高的区块上挖矿，而非追随某些异常的策略。在多重签名的情况下，如果服务器被黑客攻击，那么你的计算机和你的备份仍然拥有剩余的两把密钥，所以你的财产仍然是安全的。这种方法的问题在于它隐含地假定用户完全控制他们的计算机，以及用户完全理解密码学，并且会手动验证默克尔树的分支。实际上，情况并非如此。事实上，以多种身份进行多重签名的必要性证明了这一点，因为它承认用户的计算机可能会被黑客攻击。这是一个行为经济学概念的副本，我们认为个人并不能完全控制自己。

更精确的模型是将节点视为两类代理——即用户和一个或多个软件提供商——的组合。几乎在所有情况下，用户都不会验证他们的软件。哪怕是我自己，即使我使用自己从头开始编写的Pybitcointools[①]工具包（有人提供了补丁程序，我甚至会亲自审查这些补丁）验证了以太坊Exodus地址中出现的每一笔交易，但我仍然相信（a）我下载的Python和Ubuntu的实现是合法的，（b）我的硬件没有被动过手脚。因此，这些软件提供商应该被视为独立的实体，并且他们的目标和动机应该作为基于其自身的行为因素进行分析。同时，用户也应该被视为代理。但是作为技术能力有限的代理，他们的选择往往只包括该安装哪些软件包，而不是精确地遵循哪些协议规则。

第一个，也是最重要的观察是，应该根据这种区别来看待拜占庭容错和单点故障。理论上，多重签名有助于解决加密代币管理过程中的所有单点故障问题。而在实践中，这并不是多重签名体现的主要作用。目前，大多数主流多重签名钱包都是Web应用程序，提供Web应用程序的实体也是管理备份签名密钥的实体。这意味着，如果钱包提供商遭到黑客入侵或者作恶，那么他们实际上可以控制两把密钥。因为他们已经拥有第一把密钥，他们只需在你每一次加载网页时发送给你的客户端浏览器应用程序上做轻微改动，就可以轻易地获得第二把密钥。

在多重签名钱包提供商的防御体系中，像BitGo和GreenAddress这样的服务会提供一个API来允许开发人员在没有他们的接口的情况下使用他们的密钥管理功能，以便将两方提供商区分为独立的实体。但是，这种分离方式的重要性目前有点被过分强调。

这种见解同样适用于公平性可证的赌博和偿付能力证明。特别是，这种公平性可证的协议应该有标准的实现，比如可以验证以标准格式呈现的证明的开源应用程序，并且应该易于使用。诸如交易所这样的服务应该遵循这些协议，并提供可以通过这些外部工具进行验证的证明。如果一项服务发布的证明只能通过其自身的内部工具进行验证，那么这其实跟没有证明差不了多少——也许稍微好一些，因为有可能仍然会检测到作弊行为，但不会太多。

---

① https://github.com/vbuterin/pybitcointools

软件、用户和协议

如果实际上我们确实有两类实体，那么至少提供一个粗略的激励模型将会很有帮助。这样，也许可以更好地理解它们的行为。一般来说，对软件提供商，可以粗略地预期以下目标。

1. 利润最大化。在专有软件许可的鼎盛时期，这个目标实际上很容易理解：软件公司通过招揽尽可能多的用户来实现利润最大化。近些年来，开源和免费使用的软件的风行具有很多优点，但缺点是其使得利润最大化分析变得更加困难。现在，软件公司通常通过商业增值来赚钱。这一盈利体系的护城河通常涉及创建专有的封闭式的生态系统。即便如此，尽可能让软件变得更加有用通常——至少在不影响其专有附加值的情况下——也是有所帮助的。

2. 利他主义。利他主义者编写软件来帮助人们，或者帮助实现对应于某些世界观的愿景。

3. 最大限度地提高声誉。现在，编写开源软件经常被作为创建个人简历的手段，这种方式（a）使自己对雇主显得更具吸引力，（b）获得更多的社交联系以接触到更多潜在的未来机遇。公司也可以这样做，通过编写免费工具来推动人们去访问他们的网站，以推广其他工具。

4. 懒惰。如果软件提供商能够克制，那么它们不会去编写代码。这样做的主要后果是，那些对用户用处不大但却有益于生态系统的功能——比如响应数据请求——将无法获得足够的投资，除非软件生态系统处于寡头垄断状态。

5. 不要坐牢。这需要遵守法律，有时候也涉及反向功能——如身份验证，但这种动机的主要影响是防止供应商过分欺骗客户（如窃取他们的资金）。

从用户层面来说，我们不会做目标分析，而是根据行为模型进行分析：用户从可用集合中选择软件包，下载软件并从该软件中选择选项。其中，软件选择的指导因素如下：

1. 功能。他们可以从软件提供的选项中获得怎样的"功用"（这是经济学中的行话）？

2. 易用性。最重要的是，这些软件启动和完成所需任务的速度有多快。

3. 用户感知的合法性。用户更倾向于从值得信赖或者至少看起来值得信赖的实体下载软件。

4. 是否突出。如果软件包被提及的频率足够高，用户更有可能使用这款软件。突出优势最直接的后果是，官方版本的软件包会比任何分支版本都有更大的优势。

5. 道德和意识形态方面的考虑。从自身角度考虑，用户可能更喜欢开源软件，而拒绝寄生性的分支软件等。

一旦用户下载了一款软件，可以期望的主要偏见是，即使默认设置对他们无益，他们也会坚持使用默认设置。此外，还有很多传统偏见，如损失厌恶等，这些我们将在后续简要讨论。

现在，举一个有关该过程运作流程的例子——BitTorrent。在BitTorrent协议中，用户可以以去中心化的方式，一次从对等节点中下载一个数据包。但为了让某位用户能够下载文件，必须有人上传这个文件（上传种子），并且这种活动不包含经济激励。事实上，这种方式带来了不可忽视的成本：带宽消耗、CPU 资源消耗以及与版权有关的法律风险（包括被互联网服务提供商关闭互联网连接的风险，甚至可能引发诉讼）。然而，人们仍然在上传种子——尽管这种方式有着很大的不足——但人们确实在这么做。

为什么？这种情况可以通过一个两层模型进行完美解释：软件提供商希望他们的软件更加有用，所以他们默认包含上传种子的功能，而用户也懒得关掉它（从人们做种分享受版权保护的内容的意愿和他们向艺术家捐赠的意愿所差的数量级来看，大多数参与者并不关心这个问题，但确实有一部分用户是故意开着以方便他人进行下载的）。比特币中的消息发送（即像 `getblockheader` 和 `getrawtransaction` 这样的数据请求）也是利他主义的，其原因可从同样的角度进行解释。你可以将当前交易费用和经济学所建议的交易费用的矛盾与上述例子进行对照。

另一个例子是权益证明算法。权益证明算法的常见漏洞就是无利害关系。也就是说，一旦区块链发生分叉，那么节点会默认对所有的链进行投票，因此攻击者只需要想办法获得只会对一条链进行投票的利他主义者的支持就行了，而无须像在工作量证明的场景中一样，同时争取利他主义者和理性行为者的同意。这里，再次强调，这并不意味着权益证明的效用完全被打破了。如果大部分权益由少数老练的利益方所控制，那么这些利益方出于对货币所有权的控制，其将不参与分叉行为。如果权益由更多的普通民众控制，那就需要某些故意作恶的软件提供商来提供多重投票功能，甚至通过广告宣传使潜在的用户知晓这一功能。

然而，如果这些权益是寄存在第三方托管钱包（如 Coinbase、Xapo 等）内的——尽管这些钱包只是专门的专业实体，而非合法地持有这些代币，但此时这个论点也将失效：这些钱包服务提供商拥有进行多重投票的技术和能力，并且他们似乎没有不这么干的理由——尤其是当他们的业务不以比特币为本（或者以以太坊为本、以瑞波币为本），并且支持多种协议的时候。这类托管实体甚至可以使用一种概率性的多重投票策略神不知鬼不觉地获得多重投票 99% 的收益。因此，在一定程度上，权益证明的有效性取决于该技术是否允许用户安全地控制自身的代币。

更黑暗的后果

上述默认行为造成的影响本质上是一定程度的中心化——通过将用户的默认行为设置为对社会有益的行为，并由此纠正可能导致的市场崩溃，最终将产生一个受益的主体。现在，如果软件引入了中心化的好处，将看到某些中心化的负面影响，其中一个特别的例子就是脆弱性。从理论上讲，比特币挖矿实际是一种 N 取 M（M-of-N）协议，其中的 N 代表成千上万的矿工。做一下组合数学运算，你就会发现哪怕只有 5% 的节点偏离协议，这种可能性也微乎其微，所以比特币应该具有非常完美的可靠性。当然，实际上这是不正确的。比特币在过去的 6 年里发生过不下两次停机。

对于已经不记得这两件事的人，事件始末如下。

一位 43 岁的汽车驾驶员利用整数上溢的漏洞，将冒充的新比特币以原价的 91% 进行出售。

1. 2010年，一位不明身份的用户创建了一笔带有两个输出的交易，其中每个输出包含略多于263 satoshi的比特币。这两个输出结合起来略微超过了264 satoshi，但整数溢出使总体数额接近零，导致比特币客户端认为该交易实际释放的比特币数额只是输入的一小部分，因此该交易是合法的。这个漏洞后来被修复了。9小时后，区块链恢复正常工作。

2. 2013年，比特币客户端的一个新版本在不知不觉中修复了一个漏洞。在这个漏洞中，访问特定数据库资源超过5000次的区块会导致BerkeleyDB错误，从而导致客户端拒绝该区块。这样的区块很快就出现了，新客户端接受了它，而旧客户端拒绝了它，其结果就是比特币区块链分叉。这个分叉在6小时内就被解决了。但与此同时，某支付服务提供商在双花攻击中被盗取了价值10000美元的比特币。

在这两种情况下，网络除了崩溃别无他法。即使有成千上万个节点，但运行它们的只有一款软件——也许这就是以抗脆弱性为卖点的网络的最终脆弱性。现在，其他像BTCD这样的实现方式被越来越多人使用，但这距离打破比特币核心（Bitcoin Core）团队的垄断地位还为时尚早。即便真到那个时候，比特币的脆弱性仍然会很高。

禀赋效应和默认效应

用户方面，需要记住的一组重要偏差是禀赋效应、损失厌恶和默认效应。三者通常并行发生，但彼此略有区别。默认效应通常被用于准确地模拟人们继续遵循当前策略的趋势，除非有实质性好处促使他们改变——本质上说，每个人都有一个人为的心理转换成本值 ε[1]。禀赋效应是指如果一个人拥有某种东西，就会认为这些东西更有价值的倾向。而损失厌恶则倾向于更多地关注避免损失，而不是追求收益——实验证明，其缩放因子似乎一直在2倍左右。

这些效应的结果在多种货币的环境中体现得最为强烈。举一个例子，比如用比特币支付员工薪水的情况。可以看到，当人们的薪金以比特币形式进行支付时，比起薪酬以美元支付并且需要自己购买比特币的情况，他们更有可能持有这些比特币。之所以会这样，一部分原因是默认效应——如果某人的薪金是以比特币的形式支付的，那么他们会以比特币本位进行思考。所以，如果他们把比特币兑换成美元，假如比特币的价值上涨了，他们就会遭受损失比特币的风险。相反，如果人们的薪酬以美元支付，那么他们更关心的将是比特币的美元价值。这也同样适用于规模更小的代币系统。如果你用泽塔币（Zetacoin）来支付某人的薪金，那么他们可能会把它兑现成比特币或其他币，但这个概率远远低于100%。

与丹尼尔·克莱维茨（Daniel Krawisz）认为比特币将成为唯一的统治所有货币系统的观点[2]相反，损失厌恶和默认效应恰恰是高度多中心货币体系将继续存活这一论点的最强有力的支持论据。显然，即使协议可以在现有的货币基础上运行，软件开发人员也有动力去创建自己的代币——因为你可以进行代币销售。StorJ就是这方面的最新例子。然而，正如

---

[1] https://en.wikipedia.org/wiki/Epsilon-equilibrium

[2] https://themisescircle.org/blog/2014/03/14/the-coming-demise-of-the-altcoins/

丹尼尔·克莱维茨所说[1]，人们可以简单地分叉出类似的应用币，同时基于比特币发布一个版本。这在理论上会更好，因为比特币流动性更好，更适合存储资金。而这样的结果之所以大概率不会发生，只是因为用户大多选择遵循默认行为。在默认情况下，用户将在 StorJ 中使用 StorJcoin 币，因为客户端推荐他们这么做，并且用户只会关注原生的 StorJ 客户端、网站和生态系统。

现在，有一种情况会使这个论点失效，那就是分叉背后有强大的实体支持。最新的例子是关于瑞波币和恒星币的案例。虽然恒星币是瑞波币的一个分支，但它背后有大公司 Stripe 提供支持。因此，原始版本的软件包具有更大突出优势的事实似乎用处不大。在这种情况下，我们并不知道会发生什么。也许，就像社会科学中常出现的情况一样，只能等待经验证据来说明。

未来之路

依赖于人类特定的心理特征进行密码学协议设计是一种危险的游戏。在经济学中，要使模型尽可能简单，在加密经济学中更应该这样。其原因是，希望获得更多货币单位的欲望也不能准确地描述整个人类的动机，这些愿望只是描述了一个非常有力的元素。当然，有些人可能会争论，这是我们唯一可以依赖的强大元素。在未来，教育可能会反驳我们所知道的心理不正当行为（事实上，它已经开始这么做了）。文化的改变可能会导致道德和理想的变化。特别是，当和我们打交道的代理是 Fyborg ——一种功能性的机器人——或者是所有的动作都由机器介导的人类，就像人类和互联网之间的中间体。

然而，这个模型有一些基本的特征。我们或许可以依靠以软件和用户为代理并同时具备对简单性偏好特征的双层系统这一加密经济系统的概念。至少，应该关注某种特殊的情况——比如协议在 BAR 模型下是安全的，但在某些中心化群体作为用户接入系统的媒介的模型下是不安全的。该模型还强调了"软件政治"的重要性——了解推动软件开发的压力，并尝试提出最佳的激励方法，以激励软件开发人员从事开发工作（或者，编写一款最有利于协议成功执行的软件）。这些都是比特币和以太坊尚未解决的问题，但愿会有某些未来的系统能稍微做得好一些。

---

[1] https://themisescircle.org/blog/2013/08/22/the-problem-with-altcoins/

论可扩展性（Ⅰ）：顶层构建

（2014 年 9 月 17 日）

编者按

本文是维塔利克于2014年探讨以太坊可扩展性的文章，文中提出了协议优化、概率微支付等概念，并探讨了这些可扩展性方案在现实实现中的问题与困境。

在接下来的几周内，我将发布一系列文章。这些文章将对以太坊的可扩展性的可能性进行大量概述，同时希望帮助更多人准确理解实现可扩展的加密货币基础架构的困境，以及解决这些问题需要做出的最优权衡与牺牲。作为本系列将要采用的形式的纲要，我打算首先讨论一下现有的以太坊1.0的基本问题，以及现有的其他加密货币平台，并针对特定的效率问题引入有限的解决方案——比如在某些情况引入常量因子来提高效率，或者额外提出更复杂的理论改进。但这些方法都仅限于在具体的用例内使用。在后续文章中，我将进一步讨论和推导这些机制的普遍原则，并得出最终的结论：通过应用我所描述的策略，在以太坊内部运行的程序以及以太坊本身将得到更好的实现——至少能够为以太坊2.0提供一条参考路线。

从根本上说，提高像比特币和以太坊这样的系统的扩展性是一件非常困难的事情，其共识架构严重依赖于让每个节点来处理每笔交易。此外，这个处理过程要求它们以非常深入的方式完成。现实中确实存在基于以太坊的轻客户端协议。在轻客户端场景中，客户端只需存储区块链的一小部分，并使用默克尔树安全地访问其余部分。但即便如此，网络仍然依赖于相对大量的全节点来实现高度的安全性。我们可以把上述网络扩展到Visa或者SWIFT级别的交易效率，但这只能以牺牲去中心化为代价。因为在这种情况下，只有极少数的全节点才能够生存。要想达到这样的水平，并且在微支付方面实现更高的效率，需要重新建立一个共识架构，这个共识架构要基于"每个节点都能处理每一笔交易"的根本改进。然而，事实证明，着眼当下，需要做的还很多。

协议优化

提高空间效率的第一步是对协议进行结构性改变——以太坊从成立的第一天起，就已经包含了这种改变（图1）。首先是从基于UTXO的架构转变为基于账户的架构。比特币区块链依赖于"未花费的交易输出"概念，即每笔交易包含一个或多个输入和一个或多个输出，条件是每个输入必须引用先前的有效且未被花费的输出，并且输出的总和必须不大于输入的总和。因此，比特币的交易非常大，其通常包含来自同一用户的多个签名，并且节点每接收一笔交易，就需要将大约50 Byte的数据存储在数据库中。当你有一个充满多笔小额收款的账户时，这是非常不方便的。在ethereum.org中，需要处理成百上千笔交易才能梳理清楚exodus地址的记录[①]。

[①] https://blockchain.info/address/36PrZ1KHYMpqSyAQXSG8VwbUiq2EogxLo2

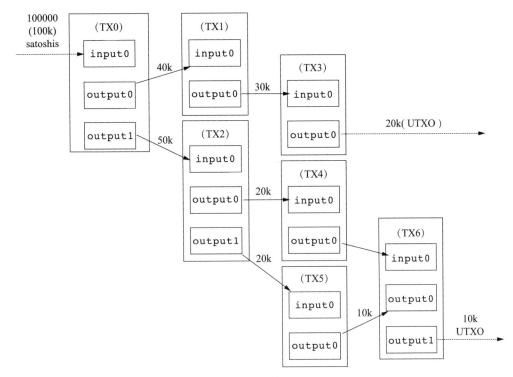

图1 比特币所使用的三重条目账簿（交易对交易支付）

瑞波币和以太坊使用更常规的交易系统来实现账户间的储蓄和提现功能，这一方式确保无论账户的使用状况如何，每个账户在区块链上只占用大约 100 Byte。瑞波币和以太坊使用的第二个协议调整是，将完整的区块链状态存储在每个区块的帕特里夏树①中。帕特里夏树结构可以实现最大重复数据删除功能。如此一来，当你需要为连续的区块存储大量几近相同的帕特里夏树时，只需将大部分数据存储一次。这将使得节点更容易从中间开始并安全地下载当前状态，而无需处理完整的历史记录。

当然，这些方案已经被以下事实所抵消：以太坊将自身开放给一系列更广泛的应用程序，由此创造了更活跃的使用率——到头来，这些优化也只能到此为止。因此，为了实现更深入的优化，需要对协议进行更大的调整，并在此基础上重构。

批处理

在比特币中，一笔花费10个先前未花费的输出的交易需要10个签名。在以太坊中，一笔交易总是需要一个签名（尽管在多重签名账户的结构中，可能需要多笔交易来提现）。然而，可以进一步创建一个10笔提现只需要一笔交易和一个签名的系统。这是另一个基于常量因子的改进方案，但也可能是相当强大的一个解决途径，那就是批处理（图2）。

批处理背后的想法很简单：将多个发送请求放入数据字段中的单笔交易中，然后让转发合约来实现分开支付。以下是此类合约的简单实现：

---

① https://easythereentropy.wordpress.com/2014/06/04/understanding-the-ethereum-trie/

图2

```
i=0
while i<msg.datasize:
  send(msg.data[i],msg.data[i+1])
  i+=2
```

还可以将它扩展，以支持转发消息。只需利用Serpent语言中的低级EVM命令来执行逐字节的打包：

```
init:
  contract.storage[0]=msg.sender
code:
  if msg.sender!=contract.storage[0]:
    stop
  i=0
  while i<~calldatasize():
    to=~calldataload(i)
    value=~calldataload(i+20)/256^12
    datasize=~calldataload(i+32)/256^30
    data=alloc(datasize)
    ~calldatacopy(data,i+34,datasize)
    ~call(tx.gas-25,to,value,data,datasize,0,0)
    i+=34+datasize
```

你只需使用你的普通账户来存储资金并维护其与合约的关系，而不用将其与合约进行交互。然后，你就可以使用一个账户通过一笔交易完成所需的操作。

请注意，该方案确实有其局限性。虽然它可以任意放大一个签名就可完成的工作量，但是有关接收方、代币价值、消息数据这类必须占用的数据量，以及处理交易所必须花费的计算资源量仍然不变。签名的重要性不容小觑，签名验证可能是区块链验证中开销最大的部分。但使用这种机制的效率增益仍然仅局限于旧有的发送机制的4倍——甚至更低，如果网络中涉及需要大量计算的交易的话。

微支付通道

人们经常期待的一个加密货币应用是微支付，它可用于小型的计算或物理资源交易，比如支付电费、互联网带宽费、文件存储费、路桥费或者其他每次只需花费几美分的可计量货物。相比起以前，现有的加密货币确实有益于数额更小的支付。比如，Paypal的每笔交易需要收取0.30美元的固定费用，而比特币目前的费用约为0.05美元，这使得金额低至50美分的付款方式不再是问题。但是，如果我们想一次支付0.01美元，那么就需要一个更好的方案。事实上，如今没有简单的通用方案可以实施。如果有，那将会是以太坊2.0。当然，也会存在有不同方法的组合，其中每种方法分别适合于特定的用例。其中一个常见的用例是微支付通道。所谓微支付通道，是指一方在使用计量服务（如文件下载）时随时间来给另一方支付费用，并且交易仅需要在最终进行处理。比特币支持微支付渠道；以太坊不但会支持，并且实现方式更加优雅。

该通道的工作方式大致如下。发送方通过发送一笔交易来初始化一条通道，并指定一位接收方。合约初始化一条值为零的通道，并为该通道提供一个ID。为了提高通道的支付值，发送方会签署一个[id,value]形式的数据包，其中value为要传输的新值。当通道进程完成以后，并且接收者想要兑现时，他必须取出已被签名的[id,value,v,r,s]数据包（变量v、r、s是椭圆曲线的签名）并将它作为交易数据加载到区块链上，然后合约验证签名是否有效。如果签名有效，则合约将等待1000个区块时间，以获得将要发送的交易ID对应的值更大的数据包，然后再次执行ping操作以发送资金。注意，如果发送方试图通过提交先前的值较小的数据包来作弊，那么接收方拥有1000个区块的时间间隔来提交值更大的数据包。验证代码如下：

```
#建立通道:[0,to]
if msg.data[0]==0:
  new_id=contract.storage[-1]
  #将[from,to,value,maxvalue,timeout]放入合约存储中
  contract.storage[new_id]=msg.sender
  contract.storage[new_id+1]=msg.data[1]
  contract.storage[new_id+2]=0
  contract.storage[new_id+3]=msg.value
  contract.storage[new_id+4]=2^254
  #下一个id递增
  contract.storage[-1]=new_id+10
  #返回本通道的id
  return(new_id)
#提高本通道的支付值:[1,id,value,v,r,s]
elif msg.data[0]==1:
  #Ecrecover的原生扩展;在测试网和主网中会是不同地址ecrecover=0x46a8d0b
      21b1336d83b06829f568d7450df36883f
  #消息数据参数
  id=msg.data[1] % 2^160
  value=msg.data[2]
  #根据签名来确定发送方
  h=sha3([id,value],2)
  sender=call(ecrecover,[h,msg.data[3],msg.data[4],msg.data[5]],4)
  #检查发送方是否匹配，且新值大于旧值
  if sender==contract.storage[id]:
      if value>contract.storage[id+2]and value<=contract.storage
          [id+3]:
          #更新频道，增加值并设置timeout参数
          contract.storage[id+2]=value
          contract.storage[id+4]=block.number+1000
#提现:[2,id]
elif msg.data[0]==2:
  id=msg.data[1] % 2^160
  #检查当前区块数是否大于timeout的值
  if block.number>=contract.storage[id+3]:
      #发送资金
```

```
send(contract.storage[id+1],contract.storage[id+2])
#发送退款
send(contract.storage[id],contract.storage[id+3]-contract.
    storage[id+2])
#清除存储内容
contract.storage[id]=0
contract.storage[id+1]=0
contract.storage[id+2]=0
contract.storage[id+3]=0
contract.storage[id+4]=0
```

大功告成了，现在需要的只是一个体面的链下用户界面，用于处理消费者以及商家侧的交易。

概率微支付

即使如此，微支付通道也不是万能的。如果你只需要支付0.007美元从某人那里下载大小为32MB的文件，那该怎么办？整个交易下来，其花费还不如最终的手续费高。为此，我们做了一些更聪明的改进：概率微支付。基本上，当发送方做出某种行动证明其在未来会有特定概率进行支付时，就可以使用概率微支付。比如，可能有0.7%的概率支付1美元。长期来看，费用和收入都与非概率模型大致相同，但可以节省99%的交易费用。

那么，怎样进行概率微支付呢？一般的方法是把支付处理成[nonce,timeout,to,value,prob]形式的签名数据包，其中nonce是随机数，timeout是不久以后的区块数，to是接收方，value是要发送的以太币的数量，prob是发送的概率乘以232。然后，当区块数超过设定的timeout参数以后，数据包将被允许加载到区块链。当且仅当以nonce为种子启动的随机数生成器生成一个对232进行取模运算后小于prob的值时，才能提现。

假设有一个随机数生成器，其基本接收函数的代码片段：

```
#提现:[0,nonce,timeout,to,value,prob,v,r,s]
if msg.data[0]==0:
    #帮助合约(在测试网或主网中显然不会用到的地址)
    ecrecover=0x46a8d0b21b1336d83b06829f568d7450df36883f
    random=0xb7d0a063fafca596de6af7b5062926c0f793c7db
    #变量
    timeout=msg.data[2]
    to=msg.data[3]
    value=msg.data[4]
    prob=msg.data[5]
    #是时候提现了吗？
    if block.number>=timeout:
        #随机过程
        if call(random,[0,nonce,timeout],3) % 2^32 < msg.data[5]:
            #确定发送方
            h=sha3(slice(msg.data,1),5)
            sender=call(ecrecover,[h,msg.data[6],msg.data[7],msg.
            data[8]],4)
            #提现
```

```
if contract.storage[sender]>=value:
    contract.storage[sender]-=value
    send(to,value)
```

这种方法的实现有两个难点：一是双花攻击；二是如何构建随机数生成器。抵抗双花攻击的策略很简单：合约账户不仅需要足以发送交易的以太币，还需要非常高的保证金。如果可发送的余额低于零，则销毁所有保证金。

第二个难点，当然是如何构建随机数生成器。通常，以太坊中使用的主要随机源是区块哈希。因为微支付是低金额的应用，并且由于每笔交易上的不同随机值确保了区块哈希极不可能以任何特定方式来支持特定的用户，所以区块哈希可以用来实现这个目标。但是，需要确保我们能够获取有用的特定区块哈希，而不仅仅是请求发送时的区块哈希（使用发送请求时的区块哈希不是不行，但不太好，因为当区块对自身不利时，发送方和接收方会有动机尝试破坏彼此发送取款交易的意图）。其中一种选择是让一个中心化合约来维护每个区块的区块哈希列表，并通过经济激励来鼓励矿工每个区块都执行一次 ping 操作。合约可以为其 API 收取微支付款项，以支付其服务费用。为了提高效率，可以将合约限制为每 10 个区块提供一次奖励。如果中途合约跳过了一个区块，那么就以下一个区块哈希为准。

每 10 个区块提供一次奖励的版本的代码如下：

```
#如果在新的周期内，第一次被ping，那么设定prehash参数
if !contract.storage[block.number/10]:
  send(msg.sender,10^17)
  contract.storage[block.number/10]=block.prevhash
#否则，提供区块哈希:[0,block number]
if msg.data==0 and msg.value>10^16:
  return(contract.storage[msg.data[1]/10])
```

为了便于随机合约的实现，我们作出以下改动：

```
#如果在新的周期内，第一次被ping，那么设定prehash参数
if !contract.storage[block.number/10]:
  send(msg.sender,10^17)
  contract.storage[block.number/10]=block.prevhash
#否则，提供区块哈希和某个随机数组合以后生成的新哈希值:[0,block number,nonce]
if msg.data==0 and msg.value>10^16:
  return(sha3([contract.storage[msg.data[1]/10],msg.data[2]],2))
```

请注意，为了使其能够有效地工作，网络中需要存在一个更高级别的基础设施，那就是某种包含激励的 ping 操作。这项工作可以与发布/订阅合约合作完成：可以构建一个可供其他合约订阅的合约，其他合约只需支付极少的费用。当合约第一次被 ping 以后，经过 N 个区块时间，其会提供奖励并立即对所有订阅它的合约进行 ping 操作。这种策略仍然容易受到矿工的滥用，但微支付的低额性质和每次支付的独立性能极大地限制这个问题。

链下预言机

遵循签名批处理的精神，更进一步的方法是将完整的计算转移到区块链下完成。为了安全地执行此项操作，使用一个聪明的经济学黑客方案：代码仍然在区块链上运行，并在

链上记录。但默认情况下，计算由预言机来决定，预言机在私有EVM中以链下方式运行代码并提供答案以及安全性保证金。预言机在提供答案以后，需要等待100个区块时间才能够提交答案。如果一切顺利，那么答案将在100个区块以后被提交到区块链上，并且预言机将取回保证金外加一小笔奖金。但是，在这100个区块的时间间隔内，任何节点都可以检查计算。如果它们发现预言机所提供的答案是错误的，那么它们可以付款要求审计交易——即在区块链上运行代码，查看最终结果是否一样。如果不是，那么审计员获得90%的区块奖励，另外10%被摧毁。

从本质上讲，这种方法为每一个运行代码的节点都提供了几乎相同的保证，而不只是少数节点的游戏。特别是，如果有金融合约，金融合约的各方都会有强烈的动机进行审计，因为一旦出现无效区块，他们就是受害者。这个方案很优雅，但有点不方便，毕竟它要求用户在使用其代码结果之前等待100个区块的时间。

为了解决这个问题，可以进一步来扩展协议。现在的想法是创建一条完整的影子链（图3）。也就是说，计算虽然发生在链下，但状态转换将在100个区块之后被提交回主链。预言机可以将新的区块添加到链的尾部。其中，该区块包含交易列表以及由这些交易引起的状态转换列表 [[k1,v1],[k2,v2],…]。如果一个区块在100个区块时间内未被质疑，那么状态转换将自动应用于主链上。相反，如果该区块在提交之前被成功质疑，那么该区块及其所有子区块都将被回滚，并且该区块及其子区块的保证金将被没收——其中一部分将用于奖励审计者，另一部分将被销毁（请注意，这将产生额外的激励，鼓励大家进行审计，因为现在影子区块的子区块的作者更愿意去审核影子区块的有效性，以免自己陷入作者潜在的渎职行为中）。这个代码比其他例子要复杂得多。你可找到完整但未经测试的版本[①]。

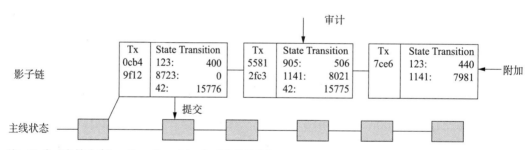

注：Tx为"交易哈希"，State Transition为"状态转换"

图3

请注意，这个协议仍然是有限的：它解决了签名验证问题，也解决了状态转换的计算问题，但仍然无法解决数据问题。每个节点仍必须下载此模型中的每笔交易。该怎样做得更好？事实证明，可能做得更好。然而，要更进一步，必须解决一个更大的问题，那就是数据问题。

---

① https://github.com/ethereum/serpent/blob/master/examples/eth15/shadowchain.se

论可扩展性（Ⅱ）：超立方体

（2014 年 10 月 21 日）

编者按

　　本文基于以太坊可扩展性问题进行了更大胆的设想：如果旧的轮子不好用，那为什么不重新发明轮子呢？这个新轮子就是超立方体结构的区块链。

　　特别感谢弗拉德·赞菲尔（Vlad Zamfir）、克里斯·巴内特（Chris Barnett）和多米尼克·威廉姆斯（Dominic Williams）提供的创意和灵感。

　　在最近的一篇博客文章[①]中，我对几个可部分解决可扩展性问题的方案进行了概述。这些方案目前都适用于以太坊 1.0。诸如通道技术和概率支付系统之类的专用微支付协议可被用来进行小额支付，而区块链只被用于最终结算或者概率支付。对于某些计算量庞大的应用，默认情况下可以由一方进行计算。但是，如果有人怀疑其中有渎职行为，那么他可以对计算结果提出反驳并由整条链进行审计。然而，这些方法都只适用于具体的应用场景，远非理想的方案。本文将描述一种更全面的方法。这种方法虽然以一部分的脆弱性问题为代价，但确实提供了一种更接近通用的解决方案。

理解对象

　　首先，在深入了解细节之前，需要更深入地理解我们到底想要什么。什么是可扩展性，尤其在以太坊的场景中？在类似比特币的货币场景下，答案相对简单。我们希望能够：

- 每秒处理成千上万笔交易；
- 提供低于 0.001 美元的交易费用；
- 在保持安全性的同时能够抵抗至少 25% 的攻击，同时不存在高度中心化的全节点。

　　单纯实现第一个目标很容易——只需要移除区块大小的限制，让区块链自然增长，想多大有多大。出于经济状况考虑，较小的全节点将被迫不断退出，直到网络中只剩下 GHash.io、Coinbase 和 Circle 这三个全节点在运行。这时候，网络的费用和区块规模之间会出现某种平衡，因为过大的区块会导致更严重的中心化，从而导致垄断定价和更高昂的费用。为了实现第二个目标，可以简单地使用山寨币。然而，要实现这三者的结合，需要突破比特币和所有其他现有的加密货币所构成的基本障碍，并创建一个系统——这个系统无需存在任何需要处理每笔交易的全节点。

　　在以太坊的场景中，可扩展性的定义变得更加复杂。从根本上说，以太坊是各类 DAPP（去中心化应用）的平台。从这一角度来说，将有两种相关的可扩展性：

- 允许大量的开发者建立 DAPP，并保持较低的交易费用；
- 允许每个 DAPP 根据类似比特币可扩展性的定义进行扩展。

[①] https://blog.ethereum.org/2014/09/17/scalability-part-1-building-top/

第一点本身就比第二点容易。构建大量Alt-Etherea这一方法唯一缺少的属性是每个Alt-Ethereum的安全性都相对较弱。从系统整体的角度来看，在区块大小为1000的Alt-Etherea中，每个人都很容易受到0.1%攻击（该0.1%主要是源于外部攻击。而内部攻击，如GHash.io和Discus Fish，只需0.05%）。如果能找到一些方法让所有Alt-Etherea共享共识强度，如通过某种合并挖矿方式使得每条链都能获得整体的强度，而不需要同时了解每条链具体情况的矿工的存在，那么我们就大功告成了。

第二个目标非常棘手，因为它会导致与比特币扩容所引起的脆弱性相同的问题。如果每个节点只看到状态的一小部分，并且任意数量的比特币都可以合法地出现在该状态的任意一部分（这种可替代性是货币定义的一部分）。这样，可以直观地看到伪造攻击将会如何通过区块链不知不觉地传播，直到最后人们不得不通过全局恢复，并以全系统范围中断的形式来恢复所有内容。

重新发明轮子

首先描述一个相对简单的可提供两种可扩展性的模型（图1），但第二种可扩展性非常弱且成本高昂。实质上，有足够的内生DAPP可扩展性来确保资产的可替代性，但也仅此而已。该模型的工作原理如下。

假设全局以太坊状态（即所有账户、合约和余额）被分成N个部分（子状态），并假设$10 \leqslant N \leqslant 200$。任何人都可以在任何子状态上设置一个账户，并且可以通过向任意子状态添加一个子状态编号标志来向其发送交易，但普通交易只能向与发送方相同的子状态中的账户发送信息。但是，为了确保安全性和交叉传输性，添加了更多功能。首先，有一个特殊的中心子状态（hub substate），它只包含 [dest_substate,address,value,data] 形式的信息列表。其次，有一个操作码CROSS_SEND，它将上述4个参数作为依据，并将类似的单向信息发送给目标子状态。

矿工在子状态s[j]上挖掘区块，并且s[j]上的每个区块同时是中心链中的区块。s[j]上的每个区块依赖于s[j]以及中心链上的前一个区块。例如，当$N=2$时，这条链看起来如图2所示。

如果在子状态s[j]上进行挖矿，那么区块层面的状态转换函数做以下3件事。

1. 处理s[j]内的状态转换。

2. 如果这些状态转换中的任何一个创建了CROSS_SEND，则将该信息添加到中心链上。

3. 如果中心链上存在任何带有dest_substate=j的信息，则从中心链中移除该信息，并将该信息发送到s[j]上的目标

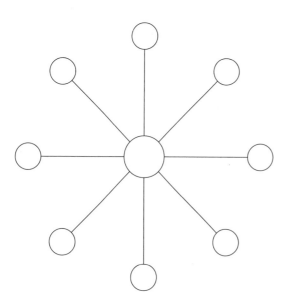

图1

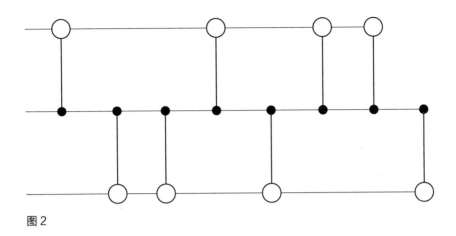

图2

地址，并处理所有随后发生的状态转换。

从可扩展性的角度来看，这种方法带来了实质性的改进。所有矿工只需要了解 $N+1$ 个子状态中的两个：他们自己的子状态和中心子状态。小型独立的DAPP将存在于一个子状态中，而想要存在于多个子状态中的DAPP将需要通过中心子状态来发送信息。例如，跨子状态的货币DAPP将维护所有子状态上的合约，并且每个合约将提供API以允许用户通过销毁子状态内的货币单位来调用合约，发送一条为处于另一个子状态上的用户转入相同金额的信息。

由于每个节点都需要看到通过中心子状态的信息，因此成本会非常高。但是，在以太币或者其他子货币的情况下，只需要偶尔使用转账机制进行结算，即对大多数转账进行链下的子状态间交换。

攻击、质疑和响应

现在，让我们采用这个简单的方案，并分析一下其安全属性（为了便于说明，不妨令 $N=100$ ）。首先，该方案可以抵抗高达50%哈希算力的双花攻击。原因是每条子链本质上是与其他子链合并挖矿，即每个区块同时加强所有子链的安全性。

但是，还有更危险的攻击类别。假设具有4%哈希算力的恶意攻击者跳到其中一个子状态，从而占据其中80%的挖矿算力。现在，该攻击者开始挖矿无效的区块。例如，攻击者包含一个状态转换，该状态转换创建大量信息将无中生有的1000000 ETH发送给其他子状态。同一子状态下的其他矿工会认为恶意矿工的区块无效，但这无关紧要。他们只是整个网络的一小部分，只占该子状态的20%。其他子状态的矿工不知道攻击者的区块是无效的，因为他们不知道被捕获的子状态的状态，所以乍一看，他们似乎有可能会盲目地接受它们。

幸运的是，虽然这里的解决方案更复杂，但仍然在目前所知的工作范围内：只要被捕获的子状态中的少数合法矿工当中有人处理无效区块，他们就会看到它是无效的，因此该区块在某个特定地方是无效的。这样，一旦发生类似情况，他们将能够创建一个轻客户端的默克尔树证明，表明该状态转换的特定部分是无效的。为了具体解释其工作原理，轻客户端证明包含以下3个要素。

·状态转换开始的中间状态根；
·状态转换结束的中间状态根；
·在执行状态转换过程中访问或修改过的帕特里夏树节点的子集。

前两个中间状态根是执行交易之前和之后的以太坊帕特里夏状态树[①]的根。以太坊协议要求这两个根都包含在每个区块中。帕特里夏状态树节点将被提供，以便验证者自己跟随计算，并且查看最终能否得到相同的结果。如果交易最终修改了3个账户的状态，那么所需提供的树节点集合可能如图3所示。

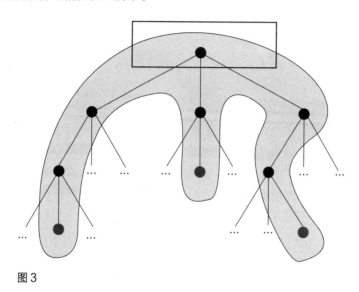

图3

从技术上讲，该证明应该包含访问中间状态根和交易所需的帕特里夏树节点集合，但这是一个相对较小的细节。总而言之，人们可以认为该证明由处理该特定交易所需的区块链中的最小数量信息所组成。当然，还会有额外的节点来证明区块链相应的部分确实处于当前状态。一旦揭发者构建了这个证明，它们就会被广播到网络中，其他矿工都将看到这个证明并丢弃有缺陷的区块。

然而，最棘手的攻击类别是所谓的"数据不可用攻击"。也就是说，假设矿工仅向网络发送区块头，以及要添加到中心子状态的信息列表，但不提供任何交易、中间状态根或其他内容。现在，问题来了。从理论上讲，该区块完全有可能是合法的。该区块可能确实是根据从几位极度慷慨的百万富翁那里收集的一堆交易来正确构建的。当然，实际上，情况并非如此。这个区块就是个骗局，但事实上数据根本不可用，因此无法构建针对这个诈骗的确切证明。被捕获的子状态中那20%的诚实矿工可能会痛心疾首，但他们根本就没有证据，任何听从他们声音的协议都必然会受到0.2%拒绝服务攻击，即该矿工捕获了20%的子状态，并假装该子状态其余80%的矿工正在密谋反对他。

为了解决这个问题，需要一种被称为"质疑–响应协议"的东西。从本质上讲，该机制的工作原理如下：

1. 在被捕获的子状态中，诚实的矿工看到只有区块头的区块。

[①] https://easythereentropy.wordpress.com/2014/06/04/understanding-the-ethereum-trie/

2. 一个诚实的矿工以索引（即一个数字）的形式发出质疑。

3. 如果区块的生产者能够提交对该挑战的响应，并且该响应包含在给定索引处的交易执行是合法的轻客户端证明（或给定索引值大于区块中的交易数的证明），那么就认为该质疑被答复了。

4. 如果一个质疑在几秒钟内没有得到答复，那么其他子状态的矿工就会认为该区块是可疑的，并且拒绝在它上面进行挖矿（这里面的博弈论论据和以往是一样的：因为他们怀疑其他人会使用相同的策略，因此对很快将会被孤立的子状态进行挖矿是没有意义的）。

请注意，该机制需要一些额外的复杂性才能工作。如果一个区块与其内的所有交易一起发布——除了个别少数——那么质疑-响应协议可以快速检查这些交易并丢弃该区块。但是，如果一个区块真的只发布了区块头，那么当该区块包含数百笔交易时，将需要数百个质疑。要解决这个问题，有一个启发式的方法：接收区块的矿工应私下挑选一些随机数，并向可能已经被捕获的子状态中的已知的矿工发送关于这些随机数的质疑。如果所有的质疑都没有立即得到响应，则认为该区块是可疑的。需要注意的是，矿工不公开广播质疑，因为这将会为攻击者提供快速填写缺失数据的机会。

第二个问题是该协议容易受到拒绝服务攻击。也就是说，攻击者向合法区块发布大量的质疑。要解决这个问题，质疑应该花费一些成本。但是，如果成本太高，那么质疑的行为将需要一个非常高的利他主义因子——成本太高可能会导致攻击最终到来时没有人愿意挑战它。虽然有些人可能倾向于通过基于市场的方法来解决这个问题，这种方法将责任依托在最终因无效状态转换遭受损失的各方身上，但值得注意的是，这种方法可能会导致不利的状态转换，比如凭空产生新资金，以通货膨胀的方式偷窃每个人的财富；或者让富者更富——他们盗窃了财富，但是别人却没有足够的激励去质疑。

对货币而言，一个简单的解决方案就是限制交易的总值。这样，整个问题的结果将变得非常有限。对于图灵完备的协议，这种解决方案更复杂。最好的方法可能是让质疑的成本变得高昂，同时增加挖矿奖励。这样，就会产生一个专门的质疑矿工小组。这个小组并不关心其所发出的质疑，因此即使是在由软件默认设置来强制执行——即利他主义因子最小——的情况下，他们也会提出正确的质疑。人们甚至可以尝试测算质疑需要多长时间才能得到响应，并且为响应时间更长的质疑提供更高的奖励。

十二维超立方体

请注意，这个立方体与擦除编码博格立方体不一样。有关详细信息，请参阅以下网址：
https://blog.ethereum.org/2014/08/16/secret-sharing-erasure-coding-guide-aspiring-dropbox-decentralizer/

可以看到上述方案中的两个缺陷。首先，质疑-响应协议发挥作用的理由相当不充分，并且有不良的退化情况行为：一个与拒绝服务攻击（为了阻止质疑）相结合的子状态接管攻击可能会强制将无效区块包含进链中，当（或者，如果？）这场攻击被化解后，整个链条最终要进行一天的恢复。这里面还有一个脆弱性成分：任何子状态中的无效区块将使所有子状态中的一切后续区块无效。其次，所有节点仍必须看到跨子状态的信息。从解决第二个缺陷开始，然后继续讨论能稍微缓解第一个问题的防御方案，并在最终完全解决这个问题的同时摆脱工作量证明。

第二个缺陷，即跨子状态信息的高昂成本，通过将图4所示区块链模型转换为图5所示模型。

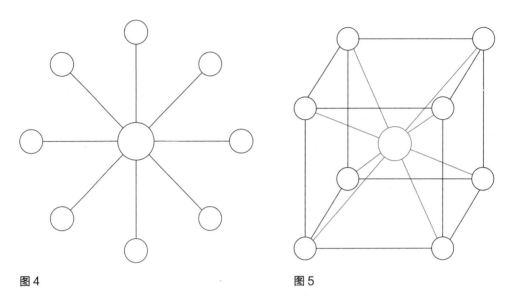

图4   图5

请注意，这个立方体有12个维度，而不是3个维度。现在，协议实现如下：

1. 存在2N个子状态，每个子状态由长度为N的二进制字符串（如0010111111101）标识。将汉明距离H(S1,S2)定义为子状态S1和S2的ID之间不同的位数（如HD(00110,00111)=1、HD(00110,10010)=2等）。

2. 每个子状态的状态像之前一样存储普通的状态树，但同时它们也是一个发件箱。

3. 存在一个操作码CROSS_SEND，其将[dest_substate,to_address,value,data]4个参数作为依据，并在S_from的发件箱中注册带有这些参数的信息。其中，S_from是调用操作码的子状态。

4. 所有矿工都必须在边缘挖矿。也就是说，有效区块是修改两个相邻子状态S_a和S_b的区块，并且可以包括任一子状态的交易。区块层面的状态转换函数：

·按顺序处理所有交易，根据需要将状态转换应用于S_a或S_b；

·按顺序处理S_a和S_b的发件箱中的所有信息（如果信息在S_a的发件箱中，并且其最终目的地为S_b，则处理状态转换。对于从S_b到S_a的信息也是一样。否则，如果信息在S_a和HD(S_b,msg.dest)<HD(S_a,msg.dest)中，那么将信息从S_a的发件箱移动到S_b的发件箱，反之亦然）。

5. 存在一条用于跟踪所有区块头的区块头链，并允许对所有这些区块进行合并挖矿，同时保存存储每个状态的根的一个中心化位置。

本质上，信息不是通过中心而是绕过子状态沿着边缘传递，并且不断减少的汉明距离确保每条信息总能最终到达目的地。

这里的关键设计决策是将所有子状态安排到超立方体中。为什么选择立方体？这源于两个极端选项之间的折中：一方面是圆形，另一方面是单形（基本上是四面体的2N维版本）。在某个圆内，信息在到达目的地之前需要穿过圆圈，走过1/4的路程。这意味着使用传统的中心辐射模型，效率并没有得到提高。

在单形中，每对子状态都有一个边缘，因此只要在这两个子状态之间产生了区块，那么跨子状态信息就会被接受。然而，随着矿工挑选随机边缘，右边缘的区块的出现会需要很长的时间。更重要的是，观察特定子状态的用户至少是其他子状态的轻客户端才能验证与他们相关的区块。超立方体是一个完美的平衡。每个子状态的邻居数量都呈对数增长，并且最长路径的长度也以对数方式增长。与此同时，任何特定边缘的区块时间同样以对数方式增长。

请注意，这个算法与中心辐射方法具有基本相同的缺陷，即它具有不良的退化情况行为，并且质疑－响应协议的经济原理非常不清晰。为了增加稳定性，其中一种方法是对区块头链进行修改。

现在，区块头链的有效性要求非常严格——如果区块头链中任意位置中的某一区块被证明是无效的，那么基于该区块的所有子状态中的所有区块都是无效的，必须重做。为了缓解这种情况，可以要求区块头链只对区块头进行跟踪，因此它可以包含无效的区块头，甚至包含同一子状态链的多个分叉。为了添加合并挖矿协议，我们实现了指数主观评分[①]，但使用区块头链作为唯一的公共计时器。使用低基数（如0.75，而不是0.99）并且大小为1/2 N的最大惩罚因子来抵消分叉区块头链的收益。对那些不精通ESS机制的人来说，这基本上意味着"允许区块头链包含所有区块头，但依据区块头链的顺序来惩罚后来出现的区块，而不会使这种惩罚过于严格"。然后，在跨子状态信息上添加延迟。因此，如果起源区块至少有几十个区块的深度，那么发件箱中的信息会变为"符合条件的"。

权益证明

现在，将协议移植到几乎纯粹的权益证明机制中。暂且不理会无利害关系的问题，因为类似刀手的协议再加上指数主观评分可以解决这些问题，稍后会讨论这个问题。一开始的目标是说明如何在无需挖矿的情况下使超立方体发挥作用，同时解决一部分脆弱性问题。从针对多链的活跃度证明[②]的实现开始，协议的工作原理如下：

1. 如前所述，存在由二进制字符串标识的2N个子状态，以及区块头链（该链还跟踪每个子状态的最新状态根）。

2. 任何人都可以像以前一样在边缘挖矿，但难度较低。但是，当区块被挖出时，它必须与完整的默克尔树证明集合一起发布，以便没有先验信息的节点可以完全验证区块中的所有状态转换。

3. 存在一种担保协议。在这个协议中，地址可以通过提交大小为B的担保品来指定自己作为潜在的签名方（更富裕的地址需要创建多个子账户）。潜在的签名方被存储在每个子

---

① https://blog.ethereum.org/2014/10/03/slasher-ghost-developments-proof-stake/

② https://eprint.iacr.org/2014/452.pdf

状态 s 的专用合约 C[s] 中。

4. 基于区块哈希，选择随机 200 个子状态 s[i]，并且为每个子状态选择搜索索引 0<=ind[i]<2^160。在索引 ind[i] 后，将 signer[i] 定义为 C[s[i]] 中的第一个地址的所有者。如果想让区块生效，则该区块必须至少拥有签名者 [0] ~ 签名者 [199] 集合中的 133 个签名。

为了检查区块的有效性，共识组成员将做两件事。首先，他们将检查区块中提供的初始状态根是否与区块头链中的相应的状态根匹配。其次，他们将处理交易，并确保最终状态根与区块头链中提供的最终状态根相匹配，以及计算更新状态所需的所有树节点都能够发挥作用。如果两项检查都通过，那么他们将对区块进行签名。如果区块得到足够多的共识组成员的签名，那么其将会被添加到区块头链中，并更新区块头链中两个受到影响的区块的状态根。

这就是全部过程。这里的关键性质是每个区块都有一个随机选择的共识组，并且该组是从所有账户持有者的全局状态中选择的。因此，除非攻击者至少拥有整个系统 33% 的权益，否则攻击者几乎不可能得到被签名的区块。如果没有 33% 的权益，攻击者将无法阻止合法的矿工创建并签名区块。

这种方法的好处是具有良好的退化情况行为；如果发生拒绝服务攻击，则很可能几乎不会产生任何阻塞，或者至少会产生非常缓慢的阻挡，但不会造成任何损害。

现在面临的挑战是，该如何进一步减少对工作量证明的依赖，并添加基于区块制作者和基于刀手的协议呢？比较简单的方法是，为每一条边缘提供单独的区块制作者协议——就像在单链的方法中那样。为了激励区块制作者诚实行事，不要双重签名，刀手也可以在这里使用：如果签名者签署一个最终不在主链中的区块，他们将受到惩罚。谢林点确保每个人都有动力去遵守协议，因为他们猜测其他人也同样会遵守协议（通过使用软件默认[1]设置的额外少量伪激励来强化均衡状态）。

一个完整的 EVM

这些协议允许从一个子状态向另一个子状态发送单向信息。但是，单向信息的功能有限（或者更确切地说，它们具有我们希望它们拥有的功能，因为所有东西都是图灵完备的。但它们并不总是最佳的解决手段）。如果使超立方体模拟完整的跨子状态 EVM，从而使你可以调用其他子状态的函数呢？

事实证明，确实可以。关键是要向信息添加我们称为"延续"[2]的数据结构。例如，假设正处于计算的中间过程。在这个过程中，合约调用一个可以创建合约的合约，并且当前正在执行创建内部合约的代码。因此，在计算中的位置看起来如图 6 所示。

---

① https://blog.ethereum.org/2014/09/02/software-bounded-rationality/

② https://en.wikipedia.org/wiki/Continuation

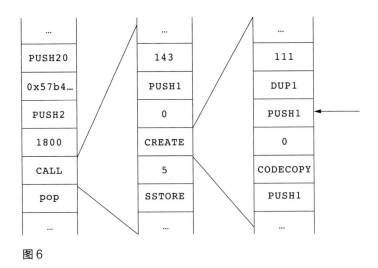

图6

现在，这个计算的当前状态是什么？也就是说，我们所需的能够暂停计算并且随后能够用以恢复计算的数据集合是什么？在EVM的单个实例中，这只是程序计数器（即我们在代码中的位置）、内存和栈。在合约相互调用的情况下，需要包括当前域、父域、祖父域等一直到原始交易位置的数据在内的整棵"计算树"的数据（图7）。

PC	45
STACK	32
	1664
	0
	0
	0
	0X57B4…
	1800
MEM	ac09810740600c 31fa69f9db79ed 6fc3e3281f758a 950fe1fb254a3a 3e571b66793a…

PC	208
STACK	111
	143
	0
MEM	631897788617bc 63fb0292c44f57 a6c3824e4264bc 88fb4e3c08b910 f3f417fc12641…

PC	4
STACK	111
	111
MEM	

图7

这被称为"延续"。要从此延续中恢复执行，只需恢复每个计算并以相反的顺序运行它（即完成最里面的第一个，然后将其输出放入其父级的适当位置，然后是祖父级，依此类推）。现在，为了制作完全可扩展的EVM，只需用延续替换单向信息的概念，然后就完成了。

当然，问题是我们真的要走这么远吗？首先，这样的虚拟机在子状态之间是非常低效的。如果交易执行需要访问10个合约，并且每个合约都在一些随机的子状态中，那么贯穿整个执行的过程，每次传输平均需要6个区块，每个子调用需要2次传输，再乘以10个子调用——总共120个区块。另外，我们将失去同步性。如果A一次又一次地调用B，但是在两次调用之间，C又调用B，那么C将发现B处于部分处理状态，这时候可能会出现安全隐患。最后，如果交易耗尽了燃料，那么很难将这种机制与恢复交易执行的概念结合起来。因此，为了使处理过程更容易，使用延续可能不是一个好方法，我更倾向于选择简单的单向信息。当然，由于语言是图灵完备的，延续这一功能可以在顶部构建。

由于跨链信息的低效率和不稳定性，无论它们如何完成，大多数DAPP都希望完全生活在一个单独的子状态中，而经常交互的DAPP或者合约也会希望生活在相同的子状态中。为了防止每个人都生活在同一个子状态中，可以针对每一个子状态溢出到其他子状态中，或者在子状态间保持相似的行为设定燃料限制。随后，市场力量会确保热门的子状态变得更加昂贵，从而鼓励不喜欢边缘的用户和DAPP去迁移至新的土地。

别那么快

那么，还有什么问题呢？首先，还有数据可用性问题：当特定子状态上的所有全节点都消失时会发生什么？如果发生这种情况，子状态数据将永远消失，并且区块链基本上需要从最后一个其上的所有子状态数据都已知的区块中进行分叉。这将导致双重花费，以及某些DAPP因为重复信息而崩溃等。因此，需要从根本上确保这样的事情永远不会发生。这是一个N取1（1-of-N）信任模型——只要有一个诚实的节点存储数据就可以了。单链结构也有这种信任模型，但是当预期会存储数据的节点数量减少时，问题将变得严重。这个问题会因为包括区块链探索者在内的利他节点的存在而缓和。但即便如此，如果网络规模扩大到没有单一的数据中心能够存储整体状态的情况，那么也会是一个大问题。

其次，这当中也存在一个脆弱性问题：如果系统中任意位置的某一区块被错误处理，那么这可能会在整个系统内产生连锁反应。比如跨子状态信息可能不会被发送，也有可能重发；代币可能会被双重花费，等等。当然，一旦检测到问题——它一定会被检测到——可以通过从异常点开始恢复整条链来解决问题，但是我们完全不清楚这种情况有多大的频率会出现。一个解决脆弱性的方案是在每个子状态中拥有一个独立的以太币版本，并允许不同子状态中的以太币相互浮动，然后向更高层面的语言添加信息冗余功能。由此，接受信息将会是概率性的。这也将允许将负责验证每个区块头的节点数量缩减到20左右，从而实现更高的可扩展性——尽管当中的大部分扩展性将被更多数量的进行纠错的跨子状态信息吸收。

再次，可扩展性是有限的。每笔交易都需要在子状态中，并且每个子状态都需要在每个节点跟踪的区块头中。因此，如果节点的最大处理能力是N笔交易，则网络可以处理多达N^2笔交易。此外，要进一步提高可扩展性，还可以使超立方体结构以某种方式分层——想象区块头链中的区块头是交易，并且区块头链本身从单链模型升级到与上述完全相同的超立方体模型。这将提供N^3可扩展性，并且递归地使用它将带来非常类似于树链[①]的效果，同时具有指数式的可扩展性。当然，这些实现都以提高复杂性为代价，并且使得跨状态空间的交易变得更加低效。

最后，将子状态的数量固定在4096的效果并不理想。理想情况下，随着状态不断增

[①] https://github.com/petertodd/tree-chains-paper

加，这个数字也会逐渐增大。有一种选择是跟踪每个子状态的交易数量，一旦每个子状态的交易数量超过子状态数量，就可以简单地向立方体添加一个维度（即令子状态的数量加倍）。更高级的方法涉及使用最小割算法[①]。比如相对简单的Karger算法[②]，在添加维度时尝试将每个子状态分成两半。然而，这样的方法是有问题的，因为它们很复杂，并且它们有可能使DAPP的成本和延迟意外地增大，从而导致DAPP中途被切断。

其他方法

当然，将区块链改造成超立方体形态并不是扩展区块链的唯一方法。一个非常有前景的替代方案是拥有一个包含多条区块链的生态系统，拥有特定于应用程序和类似于以太坊的通用脚本环境，并让它们以某种方式进行交互。在实践中，这通常意味着让所有（或者至少部分）区块链在它们自己的状态内成为彼此的轻客户端。这一方案的挑战在于弄清楚如何让所有链条共享共识，特别是在权益证明的场景下。理想情况下，这种系统中涉及的所有链条都会相互加强。但是，当大家无法确定代币的价值时，这一点该如何实现呢？如果攻击者拥有A币总量的5%，B币总量的3%和C币总量的80%，那么A币该如何得知B币或者C币应该拥有更大的得分呢？

其中一个方法是在链条之间使用瑞波共识，即让每条链条决定——无论是最初在发布时，还是随时间通过权益所有者的共识所形成的认知——其他链的共识输入的价值，然后通过传递效应以确保每条链随着时间的推移都会保护其他链。这样的系统非常有效，因为它对创新持开放的态度——任何人都可以在任何时候以任意规则来创建新的链条，并且所有链条仍然可以相互配合，以彼此强化。未来，我们很可能会看到类似的链间机制应用于大多数链中，也可能包括一些仅仅因为历史原因而独立存在的大型链条，比如像比特币或者基于超立方体的以太坊2.0等架构。这个想法是一个真正的去中心化设计方案：每条链都在相互强化，而不是简单地追随最强的链条并祈祷它不会成为黑天鹅攻击的牺牲品。

---

① https://en.wikipedia.org/wiki/Minimum_cut

② https://en.wikipedia.org/wiki/Karger's_algorithm

探索稳定的加密货币

（2014 年 11 月 11 日）

编者按

> 本文主要探讨稳定加密货币的价值衡量及发行方式。文中对当前加密货币的价格稳定性进行了讨论，并提出2种加密货币价格的衡量方式。此外，对于加密货币的发行方式，文中总结了5类模式，并分别就这些模式进行阐述。

特别感谢罗伯特·萨姆斯（Robert Sams）提出控制货币供给量的稳定货币这一想法，以及对如何正确评估多币种体系中的不稳定货币的见解（注：我们不打算增强以太币的价格稳定性；我们的理念一直都是保持以太币简单化以减少"黑天鹅"的风险）。

对普通用户来说，比特币的一个主要问题是，虽然其网络可能是很好的支付方式，比如交易成本较低、范围更广、高度抗审查性，但比特币是非常不稳定的储值手段。尽管过去6年以来，比特币总体上有了突飞猛进的增长——尤其是在金融市场上——但过去的表现并不能保证（并且有效市场假说甚至不是一种指标）其在未来能达到预期的效果。而且，比特币也被公认为是极具波动性的货币。在过去的11个月里，比特币持有者损失了约67%的财富，其价格在一周内上下波动幅度达25%。看到这种现象，人们越来越好奇：能否达到两全其美的效果？能否在拥有加密支付网络所提供的完全去中心化的同时，还拥有更高的价格稳定性，而不会出现这种极端的上下波动现象？

上周，日本的研究团队提出"改良版比特币"[①]的提案[②]，试图达到这样的效果：比特币供应量固定且价格不稳定，而改良版比特币会改变其供应量，从而减轻价格冲击。然而，研究人员发现，制造价格稳定的加密货币与简单地为中央银行设定通胀目标所面临的问题大不相同。前者潜在的问题更加难应对，即我们应该如何以去中心化和足以抵御攻击的健壮的方式来稳定价格。

为了妥善解决这一问题，我们将其分成两个问题来讨论。

1. 如何以去中心化的方式衡量货币的价格？

2. 按照预期的供应量调整方案确定目标价格，应该向谁发行货币以及如何吸收货币单位？

去中心化的衡量方式

针对去中心化的衡量方式问题，主要有两种解决方案。首先是外生解决方案，即试图从外部对某些精确指标进行价格衡量的机制。其次是内生解决方案，即尝试利用网络的内部变量来衡量价格的机制。就外生解决方案而言，到目前为止，（可能）用于确定外生变量

---

① https://www.scribd.com/doc/245827939/SSRN-id2519367-Japan-Improved-Bitcoin-IBC

② https://blog.ethereum.org/2014/11/11/search-stable-cryptocurrency/www.coindesk.com/japanese-scholars-draft-proposal-better-bitcoin/

价值的唯一已知的可靠机制是谢林币[①]的不同变种——实质上，每个人都会对结果进行投票（基于挖矿算力使用随机选择的一些集合，或押注某种货币来抵御女巫攻击），并奖励接近大多数人投票的结果（图1）。如果你认为每个人都会提供准确的信息以使其自身更接近大多数人投票的结果，这就是一种自我加强机制，就像加密货币共识本身一样。

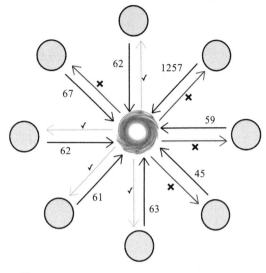

图1

谢林币的主要问题在于，不清楚这种共识究竟有多稳定。特别是，如果一些中等规模的参与者预先宣布了一些对大多数参与者都有好处的可替代价值，并且这些参与者还设法在其他参与者间协调，使其支持自己的

提议，那结果将会怎么样？如果有很强的激励机制，并且用户群相对中心化，那么这种协调转换可能不会很困难。

有3个主要因素会影响该机制的脆弱程度。

1. 谢林币的参与者是否有共同的动机将结果偏向某个方向？

2. 参与者是否会在这个系统中做出相同的押注，一旦系统不具备真实性，那么其价值将会被削减？

3. 对特定方案的"可信的承诺"是否有可能实现（即以一种明显无法改变的方式来承诺答案）？

1对单一货币体系来说是存在问题的，就像参与者是根据对货币的押注来选择的一样，这样他们就有强烈的动机认为货币价格更低，补偿机制就会推动价格增长。如果通过挖矿算力来选择参与者，那么他们就有强烈的动机假装货币的价格太高，从而增加发行量。现在，如果有两种挖矿方式，一种用于选择谢林币的参与者，另一种用于获得变动奖励，那么便不会出现这样的异议，也可以解决多币种体系所面临的问题。如果基于押注（理想情况下为长期绑定的押注）或者ASIC挖矿，2是正确的，但其对于CPU挖矿是错误的。不应该单纯指望这种激励措施会超过1。

3也许是最难的，这个方案取决于谢林币精确的技术实现。一个涉及将值提交到区块链上的简单实现会有很大的问题，因为过早提交某人的值是一个可信的承诺。最初的谢林币采用了一种机制，即让每个人在第一轮中提交一个哈希值，并在第二轮中提交实际值，这种加密方式相当于要求每个人先将卡片正面朝下，然后将其迅速翻转。然而，这种方法同样是通过提前揭示（即使不提交）各自的值使"可信的承诺"得以实现，因为我们可以用该值来核对哈希值。

第三种方案是要求所有的参与者直接提交值，但仅限于某一特定的区块。如果参与者

① https://blog.ethereum.org/2014/03/28/schellingcoin-a-minimal-trust-universal-data-feed/

确实提前提交了，那么他们一直都可以进行双重花费。12秒的区块时间意味着几乎没有时间进行协调。该区块的创建者有强烈的动力（如果谢林币是独立区块链，甚至需要）囊括所有参与活动以阻止或防止区块制造者挑选答案。

第四种方案涉及密钥共享[①]或安全多方计算机制[②]，可以通过押注（甚至参与者自己）来选择一系列节点，并将其作为一种中心化服务器解决方案的去中心化替代方案，同时解决中心化方案所引出的一系列隐私问题。

最后，第五种方案是采用谢林币的区块链方式：在每个周期随机选择一些权益所有者，并告知他们将投票以 [id,value] 对的形式投出。其中，value 是实际有效的值，而 id 是前一次看起来是对的投票的标识符。参与者正确投票的动机是，只有在一定数量的区块之后留在主链中的测试结果才会得到奖励。因此，后续的投票者会格外注意不要投错票：如果他们投错了，那么后面的投票者会拒绝他们的投票。

谢林币是一个未经测试的试验，有理由怀疑它的有效性。然而，如果想要找一个接近完美的方案来衡量价格，那它就是目前唯一的机制。如果谢林币最终被证明是不可行的，那么我们将不得不采取内生方案。

内生方案

为了内生地衡量货币的价格，本质上，需要在网络内部找到一些已知且具有大致稳定的实值价格的服务，并用网络自身的代币来衡量该服务的价格。这类服务的例子如下：

· 计算（根据挖矿难度衡量）；

· 交易费用；

· 数据存储；

· 带宽提供。

另一种略有不同但与此相关的策略是，衡量一些与价格间接相关的统计数据。这些统计数据通常是关于使用状况的参数，如交易量。

然而，所有这些服务的问题是，它们都不够健壮，不足以应对技术创新所带来的快速变化。到目前为止，摩尔定律已经保证了大多数形式的计算服务的价格每2年降低50%，甚至很容易地增长到每18个月2倍或者每5年2倍。因此，试图将货币与任一变量挂钩都可能会导致一个恶性通货膨胀体系的产生。所以，需要一些更高级的策略通过使用这些变量来确定一个更稳定的价格衡量标准。首先，先把这一问题理清。将估计量定义为一个函数，该函数接收输入变量（如挖矿难度、货币单位的交易成本等）$D[1]$、$D[2]$、$D[3]$等的数据反馈，然后需要输出货币价格的估计量 $P[1]$、$P[2]$、$P[3]$ 等。显然，估计量无法预测未来。价格 $P[i]$ 的输出依赖于 $D[1]$, $D[2]$, $\cdots$, $D[i]$，但不依赖 $D[i+1]$。现在，把比特币最简单的可能估计量绘入图表（图2）。我们称之为简单估计量，即难度等于价格。

① https://blog.ethereum.org/2014/08/16/secret-sharing-erasure-coding-guide-aspiring-dropbox- decentralizer/

② https://en.wikipedia.org/wiki/Secure_multi_party_computation

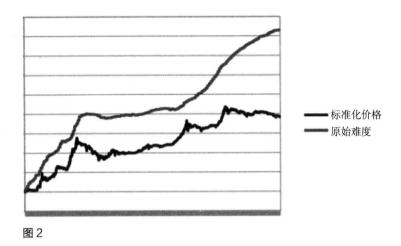

图2

　　不幸的是，从图2中很容易就能看出这种方法存在的问题，而且上文也已提到，即难度是价格和摩尔定律的函数，所以随着时间的推移，其结果会呈指数形式偏离价格的精确度量。解决这一问题的第一种策略就是补偿摩尔定律——通过利用难度系数，但人为地每天降低价格，以抵消技术发展的预期速度，称为补偿简单估计量。请注意，此估计量有无数个版本，其中每个折旧率分别对应一个，而在此显示的其他估计量也有相应的参数。

　　为版本选择参数的方法是，利用模拟退火算法[①]的变种来找到最优值，即将前780天的比特币价格作为训练数据，然后让估计量显示后780天的数值，以此来观察它们对参数优化后未知条件的反应（这种技术称为"交叉验证"，是机器学习和最优化理论的标准）。补偿估计量的最优值每天减小0.48%，从而有图3。

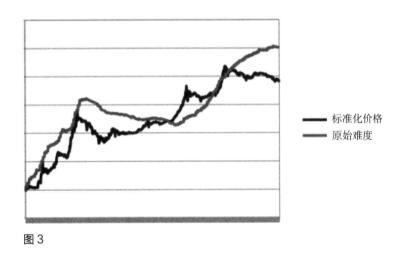

图3

　　要探索的下一个估计量是有界估计量（图4）。该估计量的工作原理稍微复杂一些。默认情况下，它假定所有的难度增加都是由摩尔定律引起的。然而，它假设摩尔定律不能倒退（即技术越来越差），并且摩尔定律不能超过特定速率——就以太坊的版本而言，每两周为5.88%，或每年大约翻两番。任何超出该界限的增长都是价格上涨/下跌所致。因此，如

[①] https://en.wikipedia.org/wiki/Simulated_annealing

果在一个周期内难度增加了20%，假设其中的5.88%是技术进步所致，而剩下的14.12%是价格上涨导致的，那么基于该估计量的稳定货币可能会增加14.12%的供应量作为补偿。该理论认为，加密货币的价格增长在很大程度上是在快速泡沫中发生的，所以有界估计量应该能够在此类事件中捕捉到大部分的价格增长情况。

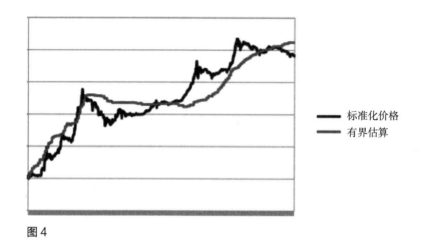

图4

发行问题

即使现在拥有一个相当好的、甚至是完美的货币价格估计量，但仍然需要面对另一个问题：应该如何发行或吸收货币单位。最简单的方式是按照之前日本研究员提议的那样，将其作为挖矿奖励进行发行。但是，这里还有两个问题。

1. 这种机制只能在价格过高时发行新的货币单位，但当价格过低时，并不能吸收货币单位。

2. 如果在内生估计量中以挖矿难度为标准，那么估计量需要考虑到一个事实，那就是挖矿难度的增加是估计量本身触发的发行率增加所致。

如果第2个问题未能被认真处理，那么其有可能会在任一方向产生相当危险的反馈循环。然而，如果使用不同的市场作为估计量和发行模型，那么这将不是问题。第一个问题似乎很严重。事实上，可以将其理解为使用该模型的任何货币比比特币的问题更多，因为比特币最终的发行率为零，而使用该机制的货币的发行率始终大于零。因此，这类货币更具通胀性，吸引力不强。然而，这种说法并不完全正确。因为当用户购买稳定货币单位时，他们更有信心认为自己在购买时货币单位的价值还未被高估，因此价格不会因高估而快速下跌。另外，人们可能注意到，通过改变对货币变得更加昂贵的可能性的估计，货币价格的剧烈波动是有道理的；去除这种可能性将会减少价格波动的上下行幅度。对于那些关心稳定性的用户，这种风险的降低很可能会超过一般性长期供应通胀的增加。

比特资产

第二种方案是比特股所使用的比特资产策略（的最初实现）。这种方案的具体介绍如下：

1. 网络中存在两种货币：波动币和稳定币。

2. 稳定币的价值为1美元。

3. 波动币是一种实际货币。用户的波动币可以为零或正余额。稳定币仅以差价合约[①]的形式存在（每一个负稳定币实际上是一笔债务，至少以2倍的波动币作为抵押，而每一个正稳定币则代表拥有债务）。

4. 如果某人的稳定币债务的价值超过了波动币抵押价值的90%，那么其债务将被取消，并且所有抵押的波动币将被转移到交易的对手方手中（即追加保证金）。

5. 用户之间可以自由交易波动币和稳定币。

就这么简单。使机制（假设）奏效的关键一点是"市场挂钩"概念。因为每个人都知道稳定币的价值应该是1美元。如果其价值降到了1美元以下，那么每个人都会意识到最终稳定币的价值会回到1美元，这样人们就会购买，所以说实际上稳定币的价值最后还是1美元——这是一个自我实现预言理论。同样的道理，如果价格上涨到了1美元以上，它将会回落。由于稳定币是零总供量货币（即每个正单位与相应的负单位匹配），该机制本质上并不是不可行的。不管用户数为10还是100亿，稳定币的价格都会稳定在1美元（请记住，冰箱[②]也算用户）。

然而，该机制还存在某些相当严重的脆弱性。如果一个稳定币的价格为0.95美元，这种下降幅度很小，很容易就能纠正过来，然后该机制将起作用，价格很快会回升至1美元。但是，如果价格骤降到0.90美元或更低，那么用户可能会把这种下跌理解为一种迹象，表明挂钩实际上正在破裂，并开始争先恐后退出——从而导致价格进一步下跌。最后，稳定币很可能就变得一文不值。实际上，市场经常表现出积极的反馈循环，体系没有崩溃的唯一原因是每个人都知道某个大型的中心化公司（比特股公司）的存在。如果有必要，该公司愿意作为最后的买家来维持市场挂钩，这是很有可能发生的。

现在，比特股正朝着一种不同的模式发展。该模式包含由系统的授权者（共识算法的参与者）提供的价格反馈，因此其脆弱性风险可能就大大降低了。

谢林美元

一种类似于比特资产而且更奏效的方案是使用谢林美元[③]（之所以这么称呼，是因为它最初是采用谢林币价格检测机制进行运作的，不过也可以利用估计量来使用它），其定义

---

① https://en.wikipedia.org/wiki/Contract_for_difference

② https://thoughtinfection.com/2014/02/09/on-the-blockchain-nobody-knows-youre-a-fridge-and-9-other-amazing-things-about-bitcoin/

③ https://github.com/ethereum/serpent/blob/master/examples/schellingdollar.se

如下：

1. 存在两种货币，即波动币和稳定币。波动币最初是按照某种方式分配的（如预售），但一开始并不存在稳定币。

2. 用户的波动币可能只能为零或正余额。用户的稳定币可能会出现负余额，但是如果用户拥有的波动币的价值是新稳定币余额的2倍，那么他们只能获得或增加其稳定币的负余额。例如，一个稳定币的价值为1美元，一个波动币的价格为5美元，如果用户有10个波动币（价值50美元），那么他们最多可以将其稳定币的余额数减少到 – 25。

3. 如果用户的负稳定币的价值超过了其波动币价值的90%，那么该用户的稳定币和波动币余额都将被减为零（追加保证金）。这就避免了账户出现负余额的情况，当用户逃债时，系统就会破产。

4. 用户可以按照每个稳定币兑换价值1美元的波动币将他们的稳定币转换为波动币或把波动币转换为稳定币，可能会再加0.1%的兑换费用。当然，这种机制会受到第2项中所提到的限制的约束。

5. 该系统追踪流通中的稳定币的总数量。如果数量超过零，系统将实施负利率使用户所持有的正稳定币不具有太大吸引力，同时提高负稳定币的吸引力。如果数量低于零，系统将实施正利率。可以通过类似于PID控制器[①]的东西来调整利率，或者只是按照"根据数量的正负每天增加或减少0.2%"的规则来调整。

我们没有简单地认为市场会把价格维持在1美元。相反，我们会使用央行式目标利率机制：如果供应量太高（即大于零），就人为阻止持有稳定币单位；反之，就鼓励持有稳定币单位。请注意，这里仍然存在一些脆弱性风险。首先，如果波动币的价格跌幅很快超过50%，那会触发大量追加保证金的条件，并将稳定币的供应极大地转向正供应，从而促成稳定币的高负利率。其次，如果波动币市场太薄弱，那么市场会很容易被操控，从而允许攻击者触发追加保证金的连锁反应。

另一个问题是，为什么波动币会有价值。仅仅由于稀缺并不会带来许多价值，因为从交易目的方面来说波动币不及稳定币。可以通过将系统建模，并将其作为一种去中心化公司来解决这一问题。在该公司里，盈利相当于吸收波动币，亏损相当于发行波动币。该系统的损益情况如下：

1. 利润：用稳定币兑换波动币的交易费用。

2. 利润：在追加保证金情况下，额外10%的收益。

3. 损失：总稳定币供应量为正，波动币价格下降或者总稳定币供应量为负，而波动币价格上升（由于追加保证金情况，所以前者更容易发生）。

4. 利润：总稳定币供应量为正，波动币价格上升或者总稳定币供应量为负，而波动币价格下降。

请注意，第2类利润从某种程度上来说是一种虚幻利润。当用户持有波动币时，他们将需要考虑接受额外10%的抵押物所承担的风险，这抵消了从现有利润中获得的利益。然

---

① https://en.wikipedia.org/wiki/PID_controller

而，有人可能会说，由于邓宁–克鲁格效应[1]，用户可能低估了他们对损失的敏感性，从而补偿会少于100%。

现在，考虑一个策略：用户试图保持所有波动币的固定百分比。当$x\%$的波动币被吸收时，用户卖掉$x\%$的波动币从而获得利润。当等同于$x\%$现有供应量的新波动币被发行时，用户增加了同样比例的持有量，从而遭受损失。因此，该用户的净利润与整个系统的总利润成正比。

控制货币供给量的稳定货币
（Seignorage Shares）

第四种方案是由罗伯特·萨姆斯[2][3]提出的Seignorage Shares（为便于阐述，此处沿用英文）。Seignorage Shares这种方案相当巧妙，其原理如下：

1. 存在有两种货币，波动币和稳定币（萨姆斯分别称其为"股"和"币"）。

2. 任何人都可以从系统中用稳定币购买波动币或者用波动币购买稳定币，每个稳定币兑换价值1美元的波动币。当然，可能会再加0.1%的兑换费。

请注意，萨姆斯认为，如果价格太高，新创建的稳定币会被拍卖销售；而如果价格过低，其就会被购买。这种机制只是使用固定价格代替拍卖，达到的效果基本是一样的。然而，由于这种做法简单，所以就避免不了会有某种程度的脆弱性。究其原因，先来对波动币做一个类似的估值分析。利润和亏损的情况很简单。

1. 利润：吸收波动币，发行新的稳定币。

2. 亏损：发行波动币，吸收稳定币。

同样的估值策略也适用于另一种情况，所以可以看到波动币的价值与预期的未来稳定币总供应量的增长是成正比的，并且会根据折旧因素进行调整。因此，问题在于：如果各方认为该系统江河日下（例如，用户因为更加优秀的竞争对手而放弃该系统），从而稳定币的总供应量将会下降且不会再上升，那么稳定币的价值就会降到零以下，然后波动币就会高度膨胀，稳定币也随之高度通胀。然而，为了避免这种脆弱性风险，波动币可以获得更高的估值。所以，该方案对于那些通过销售代币获得收入的加密平台的开发者来说更具有吸引力。

请注意，如果是在独立的网络上，那么谢林美元和Seignorage Shares也需要考虑交易费用和共识成本。幸运的是，有了权益证明，就有可能使共识成本比交易费用低。在这种情况下，差额可以添加到利润中。这可能会为谢林美元的波动币提供更大的市值，也使Seignorage Shares波动币的市值保持在零以上，即使在稳定币永久减少的情况下也是如此。然而，最终，一定程度的脆弱性还是不可避免的——最起码，如果一个系统的利息降到接近零，那么该系统可以被双重花费，并且估计量和谢林币也会走向衰亡。即使是侧链，

---

[1] https://en.wikipedia.org/wiki/Dunning–Kruger_effect

[2] https://cryptonomics.org/

[3] https://github.com/rmsams/stablecoins

作为一个在多种网络上保持一种货币的方案，也会受到该问题的影响。这个问题很简单：（a）应该如何使风险最小化；（b）考虑到风险的存在性，应该如何向用户展示这一系统，以使他们不会过度依赖可能会崩溃的东西。

结　论

具有稳定价值的资产是必需品吗？考虑到在主流世界里看到的火热的"区块链技术"和冷清的"比特币"，或许建立稳定币或多币体系的时机已经成熟了，这将会带来多样化、单独分类的加密资产——比如用于交易的稳定资产、用于投资的投机性资产。比特币本身很可能作为一种独特的谢林点用于广泛适用的退路资产，类似于当前和历史上的黄金的功能。

如果这种情况真的发生，特别是如果基于谢林币策略的价格稳定性的增强版能够启用，那么加密货币的发展局势最终会是这样一种有趣的情形：有数千种加密货币，其中很多是波动币，另一些是稳定币，所有的价格的调整几乎是同步的。因此，这种情形甚至可能最终以单一的超级货币的形式出现，但是不同的区块链随机给出正负利率——正如费迪南多·雅米塔诺（Ferdinando Ametrano）的哈耶克货币[①]一样。未来真正的加密货币可能还未露出雏形。

---

① https://papers.ssrn.com/sol3/papers.cfm?abstract_id=2425270

论比特币的最高纲领主义以及货币和平台的网络效应

（2014 年 11 月 20 日）

编者按

比特币最高纲领主义认为，比特币将在加密货币领域取得垄断地位是众望所归、不可避免的。尽管比特币在其作为货币及平台的网络效应是巨大的，但获取这种效应的代价本身也是值得商榷的。本文对货币及平台网络效应的实质进行剖析，并探讨如何在最大化效应价值的前提下，弱化其可能带来的各种限制。

近来比特币社区流行一种观念，我[1]和其他人[2]一致认为这是一种"比特币统领一切的最高纲领主义"，或者简称"比特币最高纲领主义"。这种观念本质上就是不希望存在这么多竞争加密货币。同时，发行另外一种币也是错误的。这种观念还认为：比特币将在加密货币领域取得垄断地位是众望所归、不可避免的。需要注意的是，这种观念不同于只是简单地支持比特币或者让比特币更好的愿望——毫无疑问，这类动机是好的，我个人也通过我的 Python 库 pybitcointools[3]继续为比特币做贡献。相反，比特币最高纲领主义认为，所有东西都应该基于比特币构建，而做其他任何事情都是不道德的[4]。比特币最高纲领主义者往往使用网络效应作为论据，并声称和他们对抗是没用的。然而，这种意识形态对于加密货币社区来说真的是一件好事吗？它的核心主张，即网络效应是一种偏好已有货币的统治地位的强大力量——真的正确吗？即使它是正确的，那些论据能领导我们实现期望的目标吗？

关于技术

首先，先介绍一下现有的技术策略。一般来说，建立一个新的加密货币协议，有 3 种方法：

·基于比特币区块链来进行搭建，但是不使用比特币（即衍生币，如合约币的大部分功能）；

·基于比特币这一货币进行搭建，但是不使用比特币区块链（即侧链）；

·构建一个完全独立的平台。

相对而言，衍生币协议更容易描述：它们是为某种特定类型的比特币交易指定第二种含义的协议。并且，当前衍生币协议的状态可以通过浏览有效的衍生币交易区块链，并处

---

① https://www.reddit.com/r/Bitcoin/comments/2is4us/whats_wrong_with_counterparty/

② https://blog.pebble.io/post/100702644738/on-sidechains-bitcoin-maximalism-and-freedom

③ https://github.com/vbuterin/pybitcointools

④ https://www.reddit.com/r/Bitcoin/comments/2m30j6/counterparty_recreates_ethereum_on_bitcoin/cm1bton

理有效的衍生币交易来确定。最早的衍生币协议是万事达币[①]。合约币的诞生稍晚一些。衍生币协议使得开发一个新的协议更加快速，并且协议直接受益于比特币区块链的安全性，虽然个中代价很高：衍生币协议与轻客户端协议不兼容，所以使用衍生币协议的唯一有效方式是通过一个值得信任的中介。

侧链[②]更复杂一些。它的核心理念是双向锚定机制（图1）。在这个机制中，父链（通常是比特币区块链）和侧链通过将一种货币单位转换成另一种货币单位来共享同一种货币，其原理如下。首先，为了得到一个单位的侧链币，用户必须将父链的币发送到一个特殊的锁箱脚本中，然后向侧链提交一份说明该交易发生过的密码学证明。一旦这笔交易被确认，用户就拥有了侧链币，并且可以随意转账。当任何持有侧链币的用户想将其转换成父链币时，他们只需销毁侧链币，然后向主链的锁箱脚本提交一份该交易发生过的证明。此后，锁箱脚本将验证这一证明，如果这些证明通过检查，那么它将向侧链币销毁交易的提交者解锁父链币。

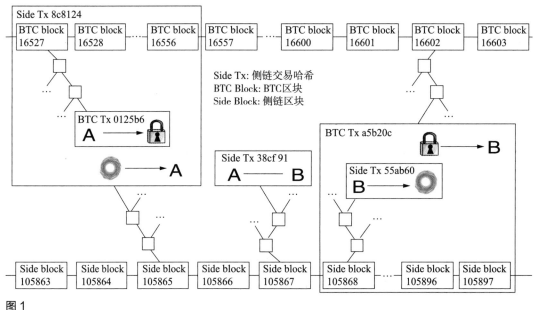

图1

不幸的是，同时使用比特币区块链和比特币作为货币是不可行的。基本的技术原因是，几乎所有有意思的衍生币都需要在比比特币协议的支持范围更加复杂的条件下进行货币流动，所以我们必须拥有一个独立的"币"，如万事达币的MSC、合约币的XCP。正如我们将会看到的，每种方法都有自身的优势，但也有自己的缺陷，这一点非常重要。尤其是，最近很多比特币最高纲领主义者庆幸合约币分叉的是以太坊[③]，我觉得这是对事实的颠倒，因为基于合约币的以太坊智能合约并不能操纵比特币货币。他们宣传的可能（事实上已经[④]）是合约币。

① http://bitcoinmagazine.com/7961/mastercoin-a-second-generation-protocol-on-the-bitcoin-blockchain/

② https://blockstream.com/sidechains.pdf

③ https://counterparty.io/news/counterparty-recreates-ethereums-smart-contract-platform-on-bitcoin/

④ https://www.cryptocoincharts.info/pair/xcp/btc/poloniex/1-month

网络效应

现在，开始讨论主要的争论点：网络效应。一般而言，网络效应可以简单地定义为一种系统属性，当有更多的人使用该系统时，这个系统将更加有价值。例如，语言就具有很强的网络效应——即使世界语（Esperanto）在技术层面优于英语，但是世界语在现实中的用处很小，因为语言是用来与他人交流的，而说世界语的人少之又少。另一方面，一条单一的道路会出现消极的网络效应：越多人使用它，它会变得越拥堵。

为了更准确地理解，在加密经济背景下，网络效应究竟扮演什么角色，需要精确地理解这些网络效应到底是什么，每一个效应依附于什么因素。不妨先来列出几个主要的效应[1][2]。

1. 安全效应：被更广泛采用的系统的共识来自更大的共识群，这使得它们被攻击的难度更高。

2. 支付系统网络效应：被越多商家接受的支付系统，对消费者越有吸引力；被越多消费者使用的支付系统，对商家越有吸引力。

3. 开发者网络效应：被广泛采用的平台能吸引更多的开发者为其开发工具，而更多的工具将使得平台更加容易使用。

4. 集成网络效应：第三方平台更愿意整合被广泛使用的平台，并且更多的工具将使得平台更加容易使用。

5. 规模稳定性效应：具有更大市值的货币往往更稳定，建立时间更久的加密货币被认为未来归零的可能性更低。

6. 记账单位效应：拥有足够知名度且稳定的货币会被用做商品和服务的记账单位，而用相同的记账单位标价，能够更加容易地记录某人的资金。

7. 市场深度效应：市值更高的货币在交易所中拥有更好的市场深度，使得用户能够在不对市场价格造成冲击的情况下将大量资金转换成货币，反之亦然。

8. 市场价差效应：市值更高的货币在交易所中拥有更好的流动性（即更低的价差），使得用户可更加有效地来回转换货币。

9. 自我单一货币偏好效应：出于某一用途使用某一货币的用户，还会将此货币用于其他用途。这不仅出于更低的认知成本，还因为在所有的加密货币之中，他们无需支付兑换费用，能够维持一个更低的总流动余额。

10. 人际单一货币偏好效应：用户更倾向于使用他人也在使用的同一种货币，从而减少进行日常交易时的交换成本。

11. 营销网络效应：被更多人使用的东西更加知名，从而更加可能被新的用户看到。此外，用户对于更知名的系统的了解更多，从而无需担心会因为购买自己不了解的东西而上当受骗。

---

[1] https://themisescircle.org/wp-content/uploads/2013/02/bitcoinfeedbackloops.jpg

[2] https://ledracapital.com/blog/2014/4/28/bitcoin-series-27-bitcoin-a-6-sided-market-and-network-effect

12. 合规性网络效应：一个东西越知名，监管者攻击它的可能性更低，因为他们这么做会引起众怒。

首先，可以看到这些网络效应实际上可以被归类到不同的范畴：区块链专有的网络效应（1），平台网络效应（2~4），货币网络效应（5~10）和通用网络效应（11~12）。很大程度上，这些效应适用于整个加密货币产业。因为比特币既是一条区块链，也是一种货币，同时还是一个平台，所以很容易产生混淆。因此，在三者之间做出明确的区分是非常重要的。刻画这三者不同点的最好方法如下：

· 货币是用于充当交易媒介或者价值储藏的东西，如美元、比特币和狗狗币。

· 平台是被用于执行某些任务的互操作工具和基础设施的集合。对货币而言，基本的平台类型是支付网络和在网络中发送/接收交易所需工具的集合，但其他种类的平台也可能会出现。

· 区块链是一个由共识驱动的分布式数据库，它根据事先制定的规则，并基于合理交易的内容来不断自我修改，如比特币区块链、莱特币区块链等。

理清货币和平台是怎样完全分离的，最好的例子就是法币世界。例如，信用卡是一个典型的多币种平台。持有使用加拿大元开户的信用卡的用户可以在接受瑞士法郎的瑞士商家那里进行支付，而交易双方并不会察觉到两者的区别。与此同时，即使交易双方都使用美元交易，但由于现金和PayPal是两个完全不同的平台，一位只接受现金的商家在遇到只有PayPal账户的顾客时会变得不知所措。

关于平台和区块链相互分离的最好的例子，就是比特币支付协议和存在性证明[①]。虽然它们都使用了相同的区块链，但是它们完全是不同的应用，一方的用户不知道该如何理解另一方的交易。相对而言，我们能更加容易地看到它们如何从完全不同的网络效应中受益，由此一方可以在没有另一方的情况下流行起来。需要注意的是，诸如存在性证明和公证通这样的协议不在讨论范围之中——它们的目的是将哈希嵌入到最安全的账本中，但当一个更好的账本还没有出现时，它们使用的仍然是比特币——尤其是，在单笔交易中，它们可以使用默克尔树将大量证明压缩为单个哈希。

网络效应和衍生币

现在，在这一模型中，分别对衍生币和侧链进行检查。衍生币的情况非常简单：衍生币是建立在比特币区块链而不是比特币平台，也不是作为货币的比特币之上的。先说前者，为了能够处理比特币交易，用户需要下载一个全新的软件包。虽然仍然使用相同的老式比特币架构（私钥/公钥和地址）所产生的认知效应非常微弱，但这是一种ECDSA，SHA256 + RIPEMD160和base58以及加密货币概念所拥有的网络效应，而不是比特币平台的网络效应。狗狗币继承了相同的优势。关于后者，需要注意的是，合约币有自己的内部货币，即合约币。因此，衍生币从比特币区块链的安全性网络效应中获得益处，但是并没有自动地继承所有的基于平台和基于货币的网络效应。

---

① https://www.proofofexistence.com/

当然，衍生币与比特币平台以及比特币的分离不是绝对的。首先，即使合约币不基于比特币平台，但在某种意义上，它仍会被认为类似于比特币平台——人们可以低成本且高效地来回兑换比特币和合约币。跨链的中心化或者去中心化兑换所需的速度会更加慢，且成本更高。其次，合约币的某些功能，特别是代币销售功能，并不依赖于在比特币协议不支持的情况下转移代币。因此，用户可以不购买合约币，而是直接利用比特币来使用这个功能。最后，所有的衍生币的交易费用都可以用比特币支付。所以在纯粹非金融应用的情况下，衍生币实际上能够从比特币的货币效应中受益。但是在大多数非金融情况下，开发者习惯于免费发送消息，所以说服人们以每笔交易支付 0.05 美元费用的方式来使用一个非金融的区块链分布式应用将会非常困难。

在一些应用中，尤其是可能非常让比特币最高纲领主义者气愤的，是合约币的代币销售。低成本和高效地来回兑换比特币和合约币，以及直接使用比特币的可能性可能将创建出足以弥补其缺乏轻客户端、区块链速度慢以及扩展性改进能力弱缺陷的平台网络效应。这样，衍生币可能将发现适合自己的新市场。然而，衍生币肯定不是一个通用的解决方案。我们不能指望全节点能够拥有处理每一笔交易的算力，所以最终还是要考虑可高度扩展的架构[1]或者多链环境[2]。

网络效应和侧链

侧链拥有与衍生币相反的属性。它们以比特币这种货币为基础，从而从比特币的货币网络效应中获得好处。此外，它们与完全独立的链没有区别，两者拥有相同的属性。侧链也有其优劣性。从积极的一面来看，虽然侧链自身并不是一个可扩展性解决方案——因为它们没有解决安全性问题——但是在多链、分片或者可扩展性策略方面的发展，未来都能被侧链所采用。

然而，从消极的一面看，它们并没有受益于比特币平台的网络效应。用户为了能够与侧链进行交互，必须下载特殊的软件。而且，为了能够使用侧链，用户必须将比特币转移到侧链——这一过程的困难度无异于通过一个去中心化交易所将它们转换成一个新的网络中的新货币。事实上，Blockstream 的员工也承认，将侧链币转回到比特币的过程十分低效，以至于大多数人实际上会寻求通过中心化或去中心化来将货币兑换成某条独立的区块链上的不同货币。

另外，需要注意的是，有一种独立网络可以使用但侧链用不了的安全性方案，即权益证明。原因有两个。

第一，攻击者即使成功地攻击了权益证明，自己也会付出巨大代价，因为攻击者需要抵押自己的货币作为担保。当市场意识到货币被攻击后，攻击者只能看着货币的价值剧烈下跌。因为如果网络中唯一的货币与外部资产——其价值与网络的成功没有密切关系——锚定，那么这一激励效应在侧链中就不复存在。

---

① https://blog.ethereum.org/2014/10/21/scalability-part-2-hypercubes/

② https://blog.ethereum.org/2014/11/13/scalability-part-3-metacoin-history-multichain/

第二，权益证明的安全性能更优：为了实施攻击而购买高达50%的货币的过程，会拉升货币的价格，从而使攻击的成本变得更加昂贵。然而，在侧链的权益证明中，攻击者可以非常容易地将大量的币从父链转移到一条链中，这一攻击的实施过程不会引起价格变动。需要注意的是，即使比特币出于安全性考虑升级成权益证明，这两条理由仍然适用。如果你相信权益证明是未来的方向，那么衍生币和侧链（或者至少纯粹的侧链）就变得高度不可信。从而，单纯从技术角度而言，比特币最高纲领主义将成为水中亡灵。

再次探讨货币的网络效应

从上述两点得出两重结论：第一，不存在某个通用且可扩展的方法能够允许用户从比特币平台网络效应中获得好处。任何让比特币用户能够容易地将资金转移到侧链的软件解决方案，也能够很容易地转变为一个新的解决方案，该方案使得用户能够容易地将资金兑换成某条独立链内的独立货币。然而，在另一方面，货币效应是另一回事，它可能是基于比特币的侧链相对于完全独立的网络所具有的真正优势。所以，在这一场景下，这些效应到底是什么？并且每一个效应到底能发挥多大的作用？我们不妨再次仔细讨论。

1. 规模稳定网络效应（规模更大的货币更加稳定）。这一网络效应是合理的，比特币已经表现出比规模更小的货币具有更小的波动的优势。

2. 记账单位网络效应（规模更大的货币成为记账单位，并通过价格黏性以及较高的知名度形成更稳定的购买力）。不幸的是，比特币永远不可能到达足以触发这一效应的稳定程度。能够看到的最好的经验案例，可能是黄金的估值历史[①]。

3. 市场深度效应（规模更大的货币能够支持更大的交易，而无需担心发生价格严重偏移，即具有更小的买卖价差）。在一定范围内，这一效应是合理的。但当超过某一阈值（比如1000万～1亿美元的市值）以后，对于几乎所有类型的交易，只要市场深度足够好，买卖差价足够小，未来货币进一步上涨的收益就会变小。

4. 单一货币偏好效应（人们更倾向于使用更少种类的货币以及使用其他人也在使用的货币）。这一效应的自我和人际部分是合理的，但需要注意的是（a）自我效应只能应用于个体，而不能在两个人之间应用，所以它并不能阻止一个生态系统中存在多种被偏好的全球货币；（b）人际效应的影响非常小，尤其是当兑换费用——特别是加密货币的费用——非常小，小到0.3%以内时，在去中心化的交易所中，这笔费用可能会降为零。

因此，一旦某个加密货币成长到了可观的规模，单一货币偏好效应似乎是最大问题。其次是规模稳定效应，市场深度效应相对而言影响很小。然而，上述几点还需要额外说明。

首先，如果1和2占支配地位，那么就知道该如何创建一个比比特币更加稳定的新币的策略[②]——哪怕新币规模较小。这对比特币是不利的。

其次，相同的策略可以被用于创建一种稳定币，其将锚定比比特币网络效应更强大的货币（即美元）。美元的规模是比特币的几千倍，人们已经习惯于用它进行思考，最

---

① https://www.kitco.com/LFgif/au75-pres.gif

② https://blog.ethereum.org/2014/11/11/search-stable-cryptocurrency/

重要的是，在中短期内，它可以将购买力维持在一个合理的利率，同时没有巨大的波动性。

Blockstream，这一家侧链背后的开发公司，其员工经常使用"只要创新，不要投机"的口号来推广侧链。然而，这句口号忽视了比特币本身就是投机性的——正如从黄金的经验看到的。所以将比特币设定为唯一的加密资产，本质上是强迫所有的加密经济协议的用户加入到投机之中。不要投机，只要真正的创新？那么应该效力于美元稳定币最高纲领主义。

最后，在交易费用的案例里面，自我单一货币偏好效应完全消失了。原因是，交易费用太小（每笔交易只收取 0.01～0.05 美元），以至于在需要时，分布式应用可以非常容易地从用户的比特币钱包中抽取 1 美元，甚至不用告知用户其他货币存在，由此将管理数千种货币的认知成本降为零。货币兑换完全是非紧急的，这意味着客户在将币从一条链转移到另一条链的同时可以充当做市商，甚至从货币交易差价中赚得利润。另外，由于用户看不到收益和损失，并且用户的平均余额是如此低以至于中心极限定理[1]保证了大概率情况下峰值和低谷将会相互抵消，因此，稳定性简直无关紧要。所以，可以证明一个论点：充当加密燃料的竞争币将不会遭受货币网络效应不足的困境。让我们共同期待加密燃料百花齐放的盛景。

激励和心理论据

关于为什么使用比特币货币的服务将会更好的问题，这其中可能还有另外一种论据——可以称之为一种网络效应，但也不完全是，那就是比特币社区的激励式营销。这一论据如下。基于作为货币的比特币的服务和平台提高了比特币的价值。因此，如果这些服务被采用，比特币持有者将从比特币的增值中受益，从而使他们更有动力支持比特币。

这一效应发生在两个层面：个体和公司。公司效应是简单的激励问题。大企业将支持甚至创建基于比特币的分布式应用——因为这些企业规模足够大，以至于他们的成本可以足够轻易地覆盖掉——从而提高比特币的价值。这就是丹尼尔·克莱维茨（Daniel Krawisz）所描述的投机慈善[2]策略。

个体效应并非直接基于激励。每个个体影响比特币价值的能力是非常小的。相反，它更多的是一种对心理偏见的巧妙利用。众所周知，人们倾向于改变他们的道德价值观[3]，使之与个人利益一致，所以问题变得更加复杂：持有比特币的人会将比特币的成功看作共同利益，所以他们会真诚且兴奋地支持这些应用。事实证明，即使只有少量的激励也足以转变个人的道德观，并创建出不仅能够克服协调问题，同时在较低程度上，也能克服公共物品问题的心理机制。

---

① https://en.wikipedia.org/wiki/Central_limit_theorem

② https://nakamotoinstitute.org/mempool/the-correct-strategy-of-bitcoin-entrepreneurship/

③ https://www.sciencedaily.com/releases/2014/10/141030163046.htm

此处对上述论证有几个关键的反驳。首先，没有明确的证据表明，当货币规模变大后，其激励和心理机制效应会增加。虽然更大的货币规模将使得更多的人受到激励的影响，但是，规模更小的货币将形成更加集中的激励，因为人们有机会对项目的成功做出实质性的影响。小部落中由激励驱使的道德调整背后的部落心理可能强于大部落，因为在小部落中，个体之间拥有较强的社会联系，在大部落中这种社会联系会更加弱。在某种程度上，这类似于社会学中的礼俗社会与法理社会[①]。为了培育一个社区，一个新的协议需要拥有一组集中的利益相关者，而比特币的最高纲领主义者错误地想推倒这把梯子，试图否认其他人有权利沿着他们的脚步爬到梯子顶端。在任何情况下，所有关于最优货币领域的研究[②]在更新的不稳定的加密货币场景下将不得不重做，其结果也可能不同。

其次，网络发行新货币的能力已经被证明是解决协议开发的公共物品难题最有效和成功的机制。任何不利用从创建新币中得来的铸币税的平台都将处于劣势之中。到目前为止，唯一没有通过预挖或者预售筹集资金的加密货币2.0公司是Blockstream，它最近从硅谷投资者手里获得了2100万美元的资金。考虑到Blockstream不能通过发行新币来盈利，那么对于投资者的投资，只有3个解释。

1. 这种资金支持本质上是一种投机慈善行为。硅谷风险投资家希望增加他们持有的比特币的价值，增加他们所持有的其他与比特币相关的投资的价值。

2. Blockstream打算以从区块链收取提成费的方式来获得收益（这是不可行的，因为公众肯定会拒绝这种公然的并且中心化的抽取资源行为。当然，也可能会有更加恶毒的抽取手段，最终公众会拒绝这种新的货币）。

3. Blockstream打算卖服务，如采用"红帽"模式（这对于他们来说是可行的，但对别人几乎不可行。需要注意的是，市场为类似于"红帽"的公司预留的空间十分小）。

1和3都有问题。3的问题在于，其意味着没有其他公司能够采用与之相同的模式。与此同时，3给予这些公司足够的动机来削弱自身的协议，从而使自己能够提供中心化的覆盖层。1的问题在于，它意味着加密货币2.0公司必须采用这种迎合中心化的硅谷财富贵族的方式，这对为自身的高度政治独立和颠覆天性感到自豪的、去中心化生态系统来说，并不是一个健康的动力。

足够讽刺的是，唯一独立的侧链项目Truthcoin[③]成功地获得了两个世界的好感：这个项目通过声明它将成为一条侧链，获得了比特币最高纲领主义者的好感。但是事实上，开发团队打算向平台引入两种币——一种将成为比特币侧链币，另一种将成为独立的货币——没错，就是众筹。

一种全新的策略

因此，可以看到，货币的网络效应有时候适度地变强，并使得人们在一定程度上偏好

[①] https://en.wikipedia.org/wiki/Gemeinschaft_and_Gesellschaft

[②] https://en.wikipedia.org/wiki/Optimum_currency_area

[③] https://truthcoin.info/

比特币，而不是现有的其他加密货币。只使用比特币创建一个生态系统是一种高度可疑的行为，这会导致资金支持总量的下降和中心化（只有超级富豪才有足够的激励进行投机性的慈善），安全性封闭（不能使用权益证明），甚至会偏离比特币的初衷。所以，还能采取其他策略吗？有办法能够做到两者（货币网络效应和保护新协议发行自己的货币的益处）兼得吗？

事实证明，有一种方法，即双重货币模型。双重货币模型是罗伯特·萨姆斯（Robert Sams）[①]首次提出的，不过比特股[②]、Truthcoin和我[③]都曾独立发现了这个模型。模型的核心理念很简单：每个网络将包含两种（或者甚至更多种）货币，将交易媒介的角色与投机、赌注载体分开（后两者的角色最好合并，正如上文所述，当参与者因为支持分叉而遭遇严重惩罚时，权益证明机制的效用最佳）。用于交易的货币将会是比特币侧链，就像Truthcoin模型，或者是内生的稳定币[④]，或者从美元（或欧元或人民币等）强势的货币网络效应中获益的外生稳定币。哈耶克式的货币竞争将决定用户到底更偏好比特币、竞争币和稳定币中的哪种。侧链技术可能被用于建立能够在多个网络中转移的稳定币。

波动币将成为共识度量的单位，当稳定币被用于支付交易费用时，波动币有时会被吸收以发行新的稳定币。因此，正如我在稳定币一文所解释的那样，波动币的估值可以用未来交易费用的百分比来衡量。波动币可以用于众筹，保持众筹作为一种资金支持方式的机制的优势。如果认为预挖或者预售是不公平的，或者它们包含不良的激励——开发者过早地获得收益——那么可以使用投票（像在DPoS中一样）或者预测市场[⑤]，从而以一种去中心化的方式向开发者分发货币。

需要记住的另一点是，波动币自身会发生什么呢？技术创新非常迅速，如果每个网络只能流行几年，那么波动币可能永远达不到可观的市值。对此问题的一个解决方案是：将中本聪的思想和来自线下世界的递归惩罚系统[⑥]结合起来，建立一个社会规范，每种新币需要将总量的50%~75%预先分配给之前给新币设计带来灵感的现有的货币——如果你的币不尊重它的祖先，那么它的后代将拒绝尊重它。反之，如果它的后代和最初被欺骗的祖先分享额外的收益，那么没有人会为此责备它。这将使得波动币在世代间维持连续性。比特币自身也可以被包含到任何新币的祖先之列。这种行业协议可能正是推广这种竞争所需要的，而友好合作的进化竞争也是多链加密经济取得真正成功不可或缺的一环。

如果6个月以前就知道了这个策略，我们会在以太坊上使用波动币/稳定币模型吗？很有可能。不幸的是，在现有的协议级别上做决策已经太晚了，因为以太币创世区块的分配和供给模型已经定型。幸运的是，以太坊允许用户在合约内部创建自己的币，所以这样一个系统可以被很容易地嫁接——虽然有点不太自然，但这是完全可能的。即使没有发生这一改变，以太币作为加密燃料和基于以太坊安全性保证金的价值贮藏手段，也将保持强大

---

① https://github.com/rmsams/stablecoins

② https://wiki.bitshares.org/index.php/BitShares/Market_Pegc

③ https://blog.ethereum.org/2014/03/28/schellingcoin-a-minimal-trust-universal-data-feed/

④ https://blog.ethereum.org/2014/11/11/search-stable-cryptocurrency/

⑤ https://blog.ethereum.org/2014/08/21/introduction-futarchy/

⑥ https://www.youtube.com/watch?v=K2FbhyU6cMI

和稳定的价值——即以太坊区块链的网络效应（实际上是平台网络效应，因为以太坊区块链上所有的合约拥有一个共同的界面，合约之间可以交互）和虚弱的货币网络效应的结合。然而，对于多链交互和像Truthcoin这样的未来平台，采用哪种新币模型的决定实在太重要了。

权益证明的可行性：
如何学会热爱弱主观性？

（2014 年 11 月 25 日）

编者按

> 本文对权益证明可行性进行了更加深入的探讨，包括对长、短程分叉的解决方案。文中为权益证明引入了"弱主观性"概念，并论述在此前提下，权益证明的可行性如何获得提高。

权益证明（PoS）一直是加密货币领域最具争议性的话题。尽管这个模式有诸多不可否认的好处，如高效、更大的安全边际以及对未来硬件算力中心化的免疫功能。但是，权益证明算法往往比基于工作量证明的方案更复杂。关于权益证明的可行性也一直受到广泛的质疑，尤其是关于所谓的根本无利害关系问题。事实证明，这些问题是可以解决的。我们可以提供一个严密的论证：在适当的成本中，权益证明及其相关的一切是可以成功的。这篇文章旨在解释这个成本到底是什么，以及如何将其影响最小化。

经济集合和无利害关系

先来介绍下共识算法。一般来说，共识算法的目的是在某些特殊状态转换规则的范围内进行状态的安全升级，其中，执行状态转换的权利分布于某些经济集合内。经济集合是一组被授予通过算法共同地执行转换权利的人，用于共识的经济集合所需的重要特性是，它必须是安全去中心化的。这意味着，不存在单一角色（或者串谋）控制集合内的大多数的情况——哪怕这个角色具有庞大的资本，同时给予他人优厚的金融激励。到目前为止，已知的安全去中心化的经济集合有 3 种，其中，每个经济集合对应一组共识算法。

1. 算力的持有者：标准的工作量证明（PoW），或者 TaPoW[1]。请注意，这是专用硬件和（但愿是）通用硬件的变种。

2. 权益持有者：所有权益证明的变种。

3. 用户的社交网络：瑞波/恒星类型的共识。

值得注意的是，最近有一些人尝试开发基于传统拜占庭容错[2]理论的共识算法。然而，所有这些方法都基于 N 取 M（M-of-N）安全模型，"拜占庭容错"概念本身仍然存在一个问题：N 应该从哪里取样。在大多数情况下，其使用的集合是权益所有者，所以我们会把这种新的 BFT 范式作为权益证明的一个巧妙的子类别对待。

工作量证明具有很好的特性，这一特性使得为它设计有效的算法更加简单：经济集合的参与实则要求对系统外部资源的消耗。这意味着，当把某人的工作量贡献给区块链时，

---

[1] https://www.reddit.com/r/Bitcoin/comments/2m8sh9/am_i_missing_something_blockchain_without_bitcoin/cm272vv

[2] https://en.wikipedia.org/wiki/Byzantine_fault_tolerance

矿工必须从所有可能的分叉中做出选择（或决定是否要启动一个新分叉），不同的选项是相互排斥的。双重投票——包括第二次投票在第一次投票许多年后发生的情况——是无利可图的，因为它需要你将算力分散在不同的选票上（图1）。而主导的战略通常是将你的算力只放在你认为最可能会胜出的分叉上。

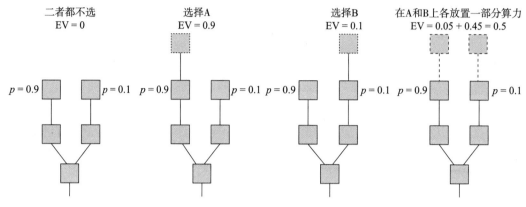

图1

然而，对权益证明来说，情况就有所不同了。虽然纳入经济集合的成本可能极其昂贵（尽管事实并不总是这样），但是投票是免费的。这意味着这是一个原生的权益证明算法，它只是试图为每个币分配一套模拟挖矿装置，使得拥有这类币的账户每秒有一定概率来对某个区块进行签名，以此仿制工作量证明。但这里有一个致命的缺陷：如果网络中存在多个分叉，那么最佳的策略是在所有的分叉上进行投票（图2）。这是无利害关系的核心。

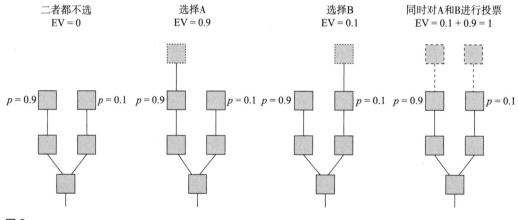

图2

有人可能会有疑问：为什么在权益证明环境下，一个用户在一个分叉上投票可能是没有实际意义的。关于这点，此处有一个论据，那就是基本利他主义。基本利他主义本质上是实际利他主义的组合（一部分用户或软件开发者[1]），其表现形式包括对他人和网络的福

---

[1] https://blog.ethereum.org/2014/09/02/software-bounded-rationality/

利的关心、反对作恶行为（如双重投票），以及防止持币人都不想看到他们的币的价值下降所导致的假利他行为的发生。

不幸的是，基本利他主义不是可以完全信赖的，因为基于协议完整性所产生的代币价值属于公共物品①，所以会出现供不应求的状况（例如，有1000个权益所有者，他们每人都有1%的机会被选为可以促成一个成功的攻击的关键因素，这个攻击会导致币值为零。那么，每个权益所有者会接受仅相当于他们权益价值1%的贿赂）。在一个分配等于以太坊创世块的情况下，所需贿赂数额——这取决于你估计每个用户成为关键因素的概率的方法——将等于总权益的0.3%～8.6%不等（或更少，如果攻击是非致命性的）。尽管如此，基本利他主义仍然是算法设计者应该记住的一个重要概念，以便在适用的条件下使其发挥最大优势。

短程分叉和长程分叉

如果把注意力放在短程分叉，即少于一定数量区块的分叉，如3000个区块，那么使用保证金会是一个解决无利害问题的办法。为了拥有获得区块投票奖励的资格，用户必须交付保证金。如果用户被发现在多个分叉上投票，那么关于该交易的证明将被放在原来的链上，用户的奖励将被没收。因此，只在唯一的分叉上投票将成为主导策略（图3）。

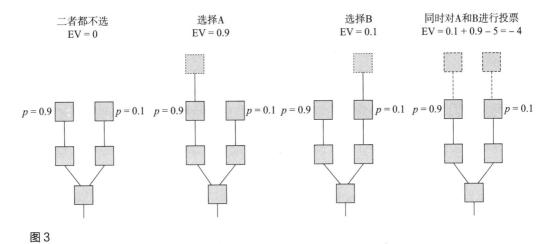

图3

另一套策略（图4），称为"刀手2.0"（2.0实际是相对于刀手1.0②而言的，即最原始的基于保证金来保障安全性的权益证明算法），则惩罚在错误的分叉上投票的选民，而不是进行双重投票的选民。这种方法使分析变得相当简单，因为它不需要在多个区块以前预先选择选民进行投票以防发生双重投票。当然，这一方法的成本是，一旦在同一高度的区块上出现两种选择，那么用户可能会选择什么都不签署。在这种情况下，如果我们想让用户进

① https://en.wikipedia.org/wiki/Public_good

② https://blog.ethereum.org/2014/01/15/slasher-a-punitive-proof-of-stake-algorithm/

行签名，可以使用对数评分规则[①]的一个变种[②]。为便于讨论，认为刀手1.0和2.0具有相同的性质。

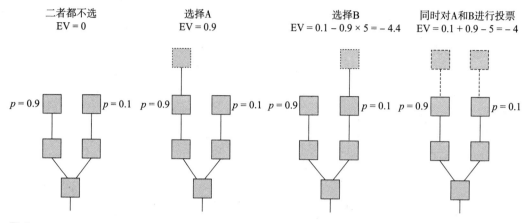

图4

为什么这一方法只能用于短程分叉，原因很简单：用户最终有权收回保证金，一旦保证金被取回，那么其不再有任何动机使用这些币在时间久远的长程分叉上投票。处理这个问题的一种途径是使保证金永久化，但是这些方法都有各自的问题：除非一个币的价值不断增长，不断接纳具有共识的新成员，否则最终会僵化成为一种永恒的贵族。鉴于让加密货币普及的其中一个因素是民众对贵族拥有永恒权力的不满，所以这种复制是不可能被大多数用户接受的。贵族模型可能意味着它很快就会死亡（人们会想象成这是一个基于区块链的游戏）。

解决此类问题的一个方法是将关于短程分叉的刀手机制与备份机制结合起来，以交易即权益证明的方式来应对长程分叉。TaPoS依靠统计交易费作为每个区块的得分来运行（即要求每一次交易都包括最近的一个区块的哈希的某些字节以使交易不至于过于琐细），其理论即一个成功的攻击必须花费大量成本才能实现。然而，这种混合方法有个根本的缺陷：假设攻击成功的概率近乎为零，然后每个签名者都会有动机来重新签署他们的交易并发布到一条新的区块链以获取一小笔费用。因此，零成功率的博弈理论是不稳定的。每一个用户建立自己的node.js WEBAPP是为了收受贿赂，这一说法听起来很不现实？如果这样，还有一个更为简单的做法：在黑市上出售老旧的、不再使用的私钥。即使没有黑市，权益证明系统的币也将永远处于这种威胁之下：那些在预售阶段买了币的大户最终会见面并互相串通，合伙搞个分叉来谋取私利。

基于上述观点，可以得出结论：很不幸，这种发起任意长程分叉的威胁是根本性的，并且在所有的非退化实现中，这种存在于工作量证明安全模型中的问题对于权益证明算法而言同样是致命的。然而，可以通过对这个安全模型进行一些轻微但根本性的改变来绕过这一基本障碍。

[①] https://en.wikipedia.org/wiki/Scoring_rule#Logarithmic_scoring_rule

[②] https://docs.google.com/a/buterin.com/document/d/13_FSQ1Koq8uLvqTaSvZdb6OT2SpUZZq53vFiiDQj4qM/edit#

弱主观性

将共识算法分类的方式有很多，接下来的部分将重点讨论如下内容。首先，提供最常见的两种范式。

1. 客观的：进入网络的新节点一无所知，除了（a）协议的定义和（b）所有区块的集合以及其他已经公布的重要的消息，但它可以独立达成与当前状态下的其余网络完全相同的结论。

2. 主观的：系统具有稳定的状态。其中，不同的节点得出不同的结论，但加入网络需要通过提供大量的社交信息（如声誉值）来参与。

使用社交网络作为它们的共识集合的系统（如瑞波币）都必然是主观的。一个只知道协议和数据的新节点可能会被攻击者说服，从而认为攻击者的100000个节点是可信的。在这种情况下，如果不采用声誉机制就没有办法应对此类攻击。而另一方面，工作量证明则是客观的：当前状态总是包含最高工作量预期的状态。

现在要给权益证明添加第三种范式。

3. 弱主观性：进入网络的新节点一无所知，除了（a）协议的定义，（b）所有区块的集合以及其他已经公布的重要消息和（c）来自小于N个区块以前且被认为有效的状态，但它可以独立达成与当前状态下的其余网络完全相同的结论，除非有一个攻击者永久控制超过X%的共识集合。

在这种模型下，可以清楚地看到权益证明的效果非常好。只是禁止节点回滚超过N个区块，并设置N为安全性保证金的期限。也就是说，如果状态S有效，且已成为至少N个有效状态的祖先，那么从这一点起，不是S后代的状态S'不可能有效。至此，此前所说的协议中定义了长程分叉是无效的这一微不足道的原因，长程分叉攻击不再是一个问题。这条规则显然是弱主观的，其增加的奖励X=100%（即任何攻击能够造成永久性的中断，除非它能够持续超过N个区块）。

另一个弱主观评分方法是指数的主观评分，其定义如下：

1. 每个状态S保持一个得分和一个比重。

2. `score(genesis)=0,gravity(genesis)=1`。

3. `score(block)=score(block.parent)+weight(block)*gravity(block.parent)`。这里，`weight(block)`通常是1，当然也可以使用更先进的权重函数（在比特币中，`weight(block)=block.difficulty`的效果也很好）。

4. 如果一个节点发现一个新的区块B'，并且区块B是该区块的父区块，如果n是当时从B的后裔那里得到的最长链的长度，那么`gravity(B')=gravity(B)*0.99^n`（请注意，也可用其他值代替0.99）。

基本上，明确地惩罚后来的分叉（图5）。ESS不像其他更天真地强调主观性的方法，它的特性主要是避免永久性网络分裂。如果第一个节点和最后一个节点收到区块B的时间间隔是k个区块（图6），那么分叉是不可持续的，除非两分叉彼此间的长度永远保持在k%左右（如果是这样，那么分叉的不同比重将确保一半网络将永远选择某个分叉，并认为该分叉的得分最高，而另一半将支持另一个分叉）。因此，ESS是弱主观的，其X大致对应于攻击者可能造成的50/50网络分裂的程度（如果攻击者可以造成70/30的分裂，那么$X=0.29$）。

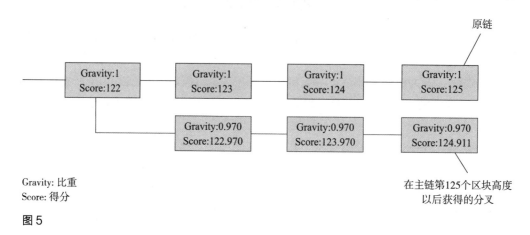

图5

一般来说"最大回滚N个区块"的规则相对优越和简单。在用户处于高度主观性（即N很小）以换取快速上升至极高安全性（即免受N个区块后的99%攻击）的情况下，ESS可能会更有意义。

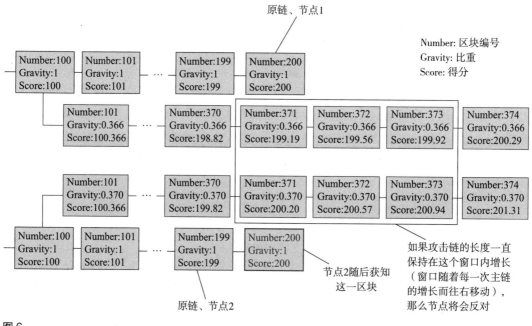

图6

结 论

那么，由弱主观性共识驱动的世界看起来将是什么样子的？首先，保持一直在线的节点将受益匪浅。在这些情况下，弱主观性的定义等价于客观性。偶尔在线一次或至少每隔

N个区块在线的节点也会受益，因为它们能够不断地得到网络的更新状态。然而，加入网络的新节点或者很长一段时间才出现一次的节点就无法得到共识算法可靠的保护。幸运的是，对它们来说，解决方法很简单：它们第一次注册的时候，以及每当有很长的时间保持脱机状态时，它们只需要从朋友、区块链浏览器或者软件提供商处得到最新的区块的哈希值，并粘贴到自己的区块链客户端作为一个检查点即可。然后，它们就能够安全地从那里更新自己的当前状态。

这一安全性设想，即从一个朋友处得到区块哈希的想法，对许多人来说似乎不太严谨。比特币开发者往往指出，如果长程分叉攻击的解决方案是某种替代性的决策机制X，并且区块链的安全性最终取决于X，那么在实践中这个算法并没有比直接利用X这一做法更安全。这意味着大多数X，包括我们的由社会共识驱动的方法，都是不安全的。

然而，这种逻辑忽略了共识算法从一开始就是存在的。共识是一个社会过程，而人类相当擅长专注于自己的共识，并不需要来自算法的帮助。也许最好的例子是赖石头[1]——雅浦岛的一个部落本质上就是用维护区块链的方法来记录石头所有权的转移（作为类似于比特币但内在价值为零[2]的资产使用），并以此作为集体记忆的收集记录方式。为什么共识算法是必要的？很简单，因为人类没有无限的计算能力[3]，因此宁愿依靠软件代理来为我们保存共识。软件代理非常聪明，因为它们可以在极其复杂的规则集合上以极其复杂的精度保持对极大状态的共识，但是它们也非常无知，因为它们的社交信息非常少。如今我们所面临的挑战是如何构建共识算法，并且这类共识算法只需要尽可能少的社交信息作为输入。

弱主观性恰恰是正确的解决方案。它通过依赖人类驱动的社交信息解决了权益证明的长程问题，但是也要求共识算法能够满足把共识速度从几周提升到12秒，并允许使用高度复杂的规则集合和庞大状态的需求。人为驱动的共识的作用降级为在很长一段时间内保持对区块哈希的共识，这是人类非常擅长的事情。一个假想的"暴政政府"，其强大到足以对1年前的区块哈希的真实值造成混淆，也足以压倒任何工作量证明算法或者导致对区块链协议规则的混淆。

请注意，我们不需要固定N。理论上，可以想出一种算法，该算法允许用户将他们的保证金锁定至N个区块时间以后，并且用户可以利用这些保证金取得更高的安全级别。如果用户在T个区块以前未登录，并且其23%的保证金期限的长度大于T，那么用户可以提出自己的主观评分功能。该功能可以忽略更新的保证金的签名，从而成功防御来自占权益总额11.5%的攻击。也可以使用一种逐渐上升的利率额度来作为长期保证金的激励。或者为简单起见，就可以仅依靠基本利他主义。

① https://en.wikipedia.org/wiki/Rai_stones

② https://bitcoinmagazine.com/8640/an-exploration-of-intrinsic-value-what-it-is-why-bitcoin-doesnt-have-it-and-why-bit-coin-does-have-it/

③ https://blog.ethereum.org/2014/09/02/software-bounded-rationality/

边际成本：其他异议

对长期保证金的一个反对意见是，这一方案鼓励用户把自己的资金锁定，这是很低效的。这一问题与工作量证明的问题相同。但是，关于这个问题，有4个对应点。

1. 边际成本不是总成本，并且权益证明边际成本占总成本的比例比工作量证明要小得多（图7）。用户可能把他们的资金的50%锁上几个月也感觉不到什么，70%会有点小痛。而如果没有丰厚的奖励，锁定85%以上将是无法忍受的。此外，不同的用户在锁定资产方面会有各自不同的偏好。由于这两个因素叠加在一起，不管最终是什么样的均衡利率，绝大部分资金都将被锁定在远低于边际成本线以下。

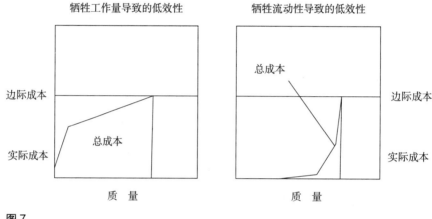

图7

2. 锁定资本是一种私人成本，但同时也是一种公共利益。锁定资金意味着只有更少的币可供交易，所以货币的价值将增加，同时这也意味着资金的重新分配，并创造社会效益。

3. 安全性保证金是非常安全的价值储藏，所以（a）它们把货币的使用替代为一个个人危机保险工具，并且（b）通过安全性保证金，许多用户将能够以同样的货币作为抵押以获得贷款。

4. 因为权益证明实际上可以通过没收保证金的方式以防止行为不端，而不仅仅只有奖励机制，所以它能够达到远高于奖励级别的安全水平。而在工作量证明的情况下，安全级别只能等同于奖励级别。与此同时，工作量证明协议也没有办法摧毁行为不端的矿工的ASIC（专用集成电路）。

幸运的是，有一种方法可以用来测试这些假设，即发布一款权益证明代币，并将其股息奖励设置成每年1%、2%、3%或者其他百分比，看看在每种情况下代币作为保证金的百分比有多大。用户不会违背他们自己的利益，因此我们可以简单地依据在共识上花费的资金数量作为共识算法所引入的低效性指标。如果权益证明在比工作量证明低得多的奖励级别上具有合理的安全水平，那么我们就知道权益证明是一种更有效的共识机制，并且可以依据不同奖励级别的参与水平来准确了解总成本与边际成本之间的比率。最终，要准确了解资金锁定成本的大小可能需要数年。

　　总之，现在确定了两点。（a）权益证明算法的安全性是可以保证的。为了实现这个目标，我们必须引入弱主观性这一在安全模型上的根本变革，以解决无利害关系问题。（b）我们有大量的经济学理由去相信权益证明比工作量证明更具经济效率。权益证明不是不可知的——过去6个月的形式化及研究已经确定了其优缺点所在——至少在很大程度上与工作量证明不相上下，工作量证明的挖矿中心化的不确定性可能永远都存在。现在，我们需要做的就是对算法进行标准化，同时给予区块链开发者这个选项。

秘密共享 DAO：加密 2.0

（2014 年 12 月 26 日）

编者按

> 为了更好地解决区块链的隐私问题，需要这样一个协议：它类似于区块链系统，不仅提供去中心化的控制权，同时还提供更新状态甚至可以访问信息的权利，我们称之为"秘密共享DAO"。

在过去一年中，加密 2.0 行业在开发区块链技术方面取得了很大进展，包括形式化、在某些情况下实现刀手[1]和 DPoS[2]等权益设计证明、各种形式的可扩展区块链算法、使用源自传统拜占庭容错理论[3]的无领导者共识机制的区块链以及谢林[4]共识方案[5]和稳定币[6]等经济要素。所有这些技术都弥补了区块链设计在中心化服务器方面的关键缺陷：可扩展性降低了规模限制和交易成本、无领导者共识降低了多种可利用性、更强的 PoS 共识算法降低了共识成本并提高了安全性，以及谢林共识允许区块链了解真实世界的数据。然而，到目前为止，还存在一个所有方法尚未破解的难题，那就是隐私保护。

货币、DAPP 和隐私

比特币为用户带来了一套相当独特的与金融隐私相关的权衡。比特币在保护其账户背后的物理身份方面做得比此前的任何系统——如法币和银行基础设施——更好，因为它不需要身份注册；也比现金做得更好，因为它可以与 Tor 结合使用完全隐藏物理位置。比特币区块链的存在，意味着账户的实际交易比以往任何时候都更公开——不管是美国政府，还是路边的 13 岁黑客，都不需要如此多的许可证——仅仅为了确定哪个账户在特定时间发送了多少比特币到哪个目的地。总的来说，这两种力量将比特币往两个相反的方向拉动，并且难以确定哪一种力量占主导。

对于以太坊，情况在理论上是相似的，但在实践中是相当不同的。比特币是一种货币用途的区块链，而货币本质上是一种可替代性特别高的东西。目前存在诸如合并回避[7]之类的技术，使用户得以假装其是 100 个独立的账户，并在后台管理这些分离的钱包。混币（Coinjoin）原理[8]可以用来以去中心化的方式混合资金，并且去中心化混合器也是一个很

---

[1] https://blog.ethereum.org/2014/01/15/slasher-a-punitive-proof-of-stake-algorithm/

[2] https://blog.ethereum.org/2014/01/15/slasher-a-punitive-proof-of-stake-algorithm/

[3] https://pebble.io/docs/

[4] https://blog.ethereum.org/2014/03/28/schellingcoin-a-minimal-trust-universal-data-feed/

[5] https://github.com/psztorc/Truthcoin/blob/master/docs/Truthcoin_Whitepaper.pdf?raw=true

[6] https://blog.ethereum.org/2014/11/11/search-stable-cryptocurrency/

[7] https://medium.com/@octskyward/merge-avoidance-7f95a386692f

[8] https://bitcointalk.org/index.php?topic=279249.0

好的选择——如果单个混合器还能将其他混合器接在一起。另一方面,以太坊旨在存储任何类型的过程或关系的中间状态。不幸的是,许多比货币更复杂的过程或关系本质上是基于账户的,并且用多个账户来混淆个人活动的成本极其高昂。因此,在当前背景下,以太坊在很多情况下将继承区块链技术的透明度方面,而不是隐私方面(尽管那些希望使用以太坊作为货币的人可以通过子货币来建立隐私程度更高的现金协议)。

现在的问题是,如果真的有人对隐私有所要求,那该怎么办?基于 Diaspora 风格的自助托管解决方案或者 Zerocash 风格的零知识防御策略,无论出于何种原因都是不可能使用的。假如我们想要执行涉及聚合多个用户的私有数据的计算,那该怎么办?即使解决了可扩展性和区块链数据资产的问题,区块链内在的隐私缺失的缺陷是否意味着我们需要重新回过头来信任中心化服务器?或者是否可以提出一个两全其美的协议:一个类似区块链的系统,它不仅提供去中心化的控制权,同时还提供更新状态甚至可以访问信息的权利?

事实证明,这样的系统完全可能存在,甚至在 1998 年[1]已经被尼克·萨博(Nick Szabo)以"上帝协议"的名义概念化(但是,我们不会为我们在这里讲述的协议使用这个属于,因为正如尼克·萨博指出的那样,上帝协议通常被认为甚至被定义[2]为相对于所有事物达到帕累托最优,并且我们很快就会发现这些协议与之相差甚远)。随着比特币式的加密经济技术的出现,这种协议的开发是第一次具备真正意义上的可行性。这个协议到底是什么?为了给它一个在技术上合理准确但仍然可以理解的术语,我们称之为"秘密共享 DAO"。

基础知识:秘密共享

秘密计算网络依赖于两个基本原理来以去中心化的方式来存储信息。首先是秘密共享[3]。秘密共享基本上允许数据以去中心化的方式存储在 N 个参与方之间,使得任意 K 方可以一起工作来重建数据,但是只有 $K - 1$ 方根本无法恢复任何信息。N 和 K 可以设置为任意所需的值,其中所需的只是算法中的一些简单的参数调整。

如果用数学来描述秘密共享,那么最简单方法如下。我们知道两点成线,如图 1 所示。

因此,为了实现 N 取 2(2-of-N)秘密共享,采用秘密生成随机斜率 m,并做出直线 $y = mx + S$。然后,为 N 个参与方赋予点 $(1, m + S)$、$(2, 2m + S)$、$(3, 3m + S)$ 等。它们中的任何两个都可以重构这条直线并恢复原始秘密,但是一个人什么都不能做。如果你收到点 $(4, 12)$,这个可能来自于直线 $y = 2x + 4$,或 $y = -10x + 52$,或 $y = 305445x - 1221768$。为了实现 N 取 3(3-of-N)秘密共享,只需换一个抛物线,然后为各方赋予抛物线上的点,如图 2 所示。

---

[1] https://godcoin.org/

[2] https://rationalwiki.org/wiki/Ontological_argument

[3] https://en.wikipedia.org/wiki/Secret_sharing

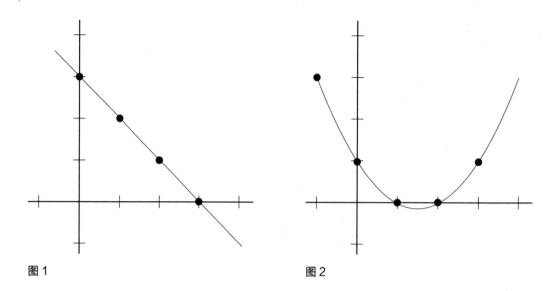

图1   图2

　　抛物线具有以下特性：抛物线上的任何3个点都可用于重建抛物线（但只有一个或者两个点是不可能完成的）。因此，相同的过程基本上是适用的。此外，更一般地，为了实现N取K（K-of-N）秘密共享，我们以相同的方式使用K – 1次多项式。在所有这些情况下，都存在一组用于从包含足够数量的点的集合中恢复多项式的算法[1]。关于这些算法，在之前关于擦除码[2]的文章中已经进行过详细描述。

　　那么秘密共享DAO如何存储数据呢？比起让共识中的每个参与节点存储完整系统状态的副本，共识中的每个参与节点将存储一组状态份额，即多项式上的点，并且这些点就是对应构成状态每一部分的每个变量的不同多项式上的点。

基础知识：计算

　　现在，我们来谈谈秘密共享DAO该如何进行计算。为此，我们使用一组称为安全多方计算[3]（SMPC）的算法。SMPC背后的基本原则是提取被切分存储在秘密共享的N方之间的数据，以去中心化的方式对其进行计算，并且最终在各方之间以秘密共享的方式公布结果。所有这些流程都无需重构任一设备上的数据。

　　SMPC的加法运算很容易。为了更清楚地解析，不妨回到两点成线的例子，但现在有两条直线，如图3所示。

　　假设线A和B上$x = 1$对应的点由计算机P[1]存储，$x = 2$对应的点由计算机P[2]存储，以此类推。现在，假设P[1]计算新的值，$C(1) = A(1) + B(1)$，B计算$C(2) = A(2) + B(2)$。现在，通过这两点来画一条线，如图4所示。

---

① https://en.wikipedia.org/wiki/Polynomial_interpolation

② https://blog.ethereum.org/2014/08/16/secret-sharing-erasure-coding-guide-aspiring-dropbox-decentralizer/

③ https://en.wikipedia.org/wiki/Secure_multi-party_computation

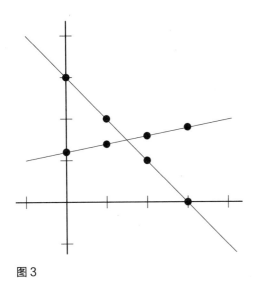

图 3

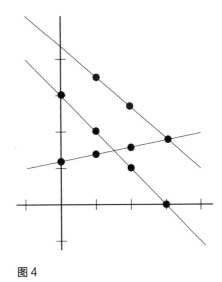

图 4

这样，就得到了一条新的直线 C，在点 $x = 1$ 和 $x = 2$ 时 $C = A + B$。然而，有趣的是，这条新的直线实际上等于 A 和 B 上的每个点相加，如图 5 所示。

因此，得出一个规则：秘密份额的总和（在相同的 x 坐标处）是总和的秘密份额。依照这一原则（也适用于更高维度），可以将 a 的秘密份额和 b 的秘密份额转换为 $a + b$ 的秘密份额，所有这些步骤都无需重构 a 和 b 本身。此外，这里面的乘法运算与我们熟知的常数值乘法的方式是相同的：a 的第 i 个秘密份额的 k 倍等于 $a \times k$ 的第 i 个秘密份额。不幸的是，两个秘密共享值的乘法更加复杂[①]。这种方法需要几个步骤才能解释清楚，因为它在任何情况下都相当复杂，所以需要立即对任意多项式进行处理。

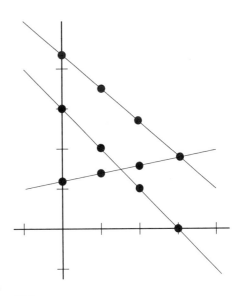

图 5

以下是变换过程。首先，假设存在值 a 和 b，并且秘密在 $P[1]$，…，$P[n]$ 各方之间共享，其中 $a[i]$ 表示 a 的第 i 个份额，$b[i]$ 和 b，以此类推。我们从这一步开始（图 6）。

现在，你可能会想到的一个选择是，如果可以通过让每个参与方存储 $c[i] = a[i] + b[i]$ 的方式来创建一个新的多项式 $c = a + b$，那么乘法不也一样吗？确实是这样。但是有一个严重的问题：新的多项式的次数是原始多项式的 2 倍。例如，如果原始多项式是 $y = x + 5$ 并且 $y = 2x - 3$，那么乘积将为 $y = 2x^2 + 7x - 15$。因此，如果进行多次乘法，那么多项式对于需要进行存储工作的 N 个参与方而言将显得过于庞大。

[①] https://www.eecs.harvard.edu/~cat/cs/tlc/papers/grr.pdf

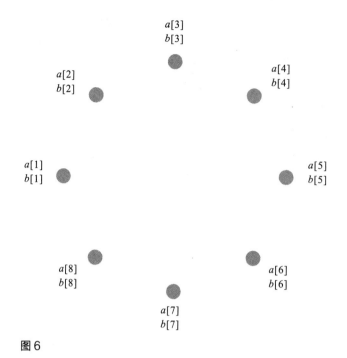

图6

为了避免这个问题，我们执行一种变基协议。将较大的多项式的份额转换为原始次数的多项式的份额。其工作原理如下。首先，参与方 $P[i]$ 生成一个新的随机多项式，其次数与 a 和 b 相同。其在零处的值为 $c[i] = a[i] \times b[i]$，并沿着这一多项式——$c[i]$ 的份额——将这些点分配给各参与方（图7）。

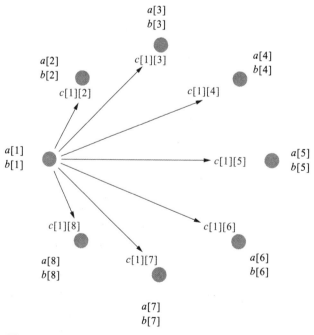

图7

因此，$P[j]$ 现在对于所有 i 都有 $c[i][j]$。这样，由 $P[j]$ 可以计算出 $c[j]$，因此每个人都具有 c 的秘密份额，并且其次数与 a 和 b 的多项式的次数相同（图8）。

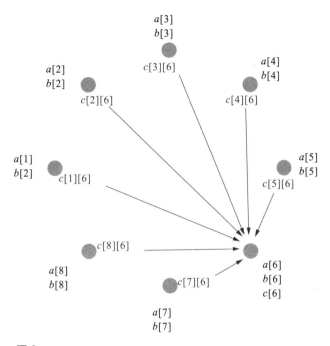

图8

为了实现上述步骤，我们使用了一个关于秘密共享的巧妙技巧。因为秘密共享数学本身只涉及已知常量的加法和乘法，所以秘密共享的两层是可交换的：如果先应用秘密共享层A，然后应用秘密共享层B，那么可以首先关闭秘密共享层A并仍然受到秘密共享层B的保护。这使得我们可以从更高次多项式变换到更低次多项式，也避免了揭露中间值。不过，事实上此时涉及这两层的中间步骤也得到了应用。

通过0和1的加法和乘法，可以在SMPC机制内部运行任意电路运算。可以定义：

· AND(a,b)=a*b；

· OR(a,b)=a+b−a*b；

· XOR(a,b)=a+b−2*a*b；

· NOT(a)=1−a。

因此，可以运行任何我们想要的程序。但是，这里面存在一个关键的限制：不能进行秘密的条件转移。也就是说，如果有一个计算 if(x==5)<do A>else<do B>，那么节点需要知道它们是计算分支A还是分支B，所以需要在中途显示 x。

要解决这个问题，有两种方法。首先，可以使用乘法作为"穷人"的 if 条件，即用 y=(x==5)*7+(x!=5)*y 替换 if(x==5)<y=7>之类的条件，使用通过重复乘法来实现等式检查的电路或巧妙的协议（如果我们在有限域中，那么可以通过使用关于 a−b 的费马小定理来检查 a==b 是否成立）。其次，正如我们将看到的，如果在EVM中实现 if 语句，并在SMPC中运行EVM，那么就可以解决这个问题，并且只泄漏EVM在计算结束之前采取了多少步骤的信息（如果我们真的很在意这个信息，可以进一步减少信息泄漏，如将步骤数舍入到最接近的2的幂次方，但其效率会有所降低）。

上述基于秘密共享的协议只是相对简单的SMPC的一种实现方式。此外，还有其他的方法。为了实现安全性，还需要在其顶部添加可验证的秘密共享层，但这超出了本文的范围。上面的描述仅仅是为了说明如何实现最小化的SMPC。

构建货币

现在，我们已经大致了解了SMPC的工作原理，那么该如何使用它构建去中心化的货币引擎呢？在本文中，一般区块链都会被描述成维护一个状态 S，接收交易，就应在给定时间处理哪些交易达成一致并计算状态转换函数 APPLY(S,TX)->S'OR INVALID 的系统。这里，假设所有交易都是有效的。如果交易 TX 无效，那么只需要 APPLY(S,TX)=S。

现在，由于区块链的不透明，我们认为用户可以发送到SMPC的交易有两种：获取请求，询问有关当前状态的账户的某些特定信息，以及更新请求，包含将要应用于状态中的交易。我们将实施一个规则，即每个账户只能询问有关其自身的余额和随机数信息，并且只能从自身中提现。我们定义了两种类型的请求，如下所示：

```
SEND:[from_pubkey,from_id,to,value,nonce,sig]
GET:[from_pubkey,from_id,sig]
```

数据库以图9所示格式存储在 N 个节点中。

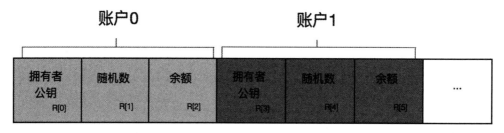

图9

本质上，数据库存储为一组代表账户的3元组，其中每个3元组存储其所拥有的公钥（pubkey）、随机数（nonce）和余额（balance）。为了发送请求，节点构造交易，并将其拆分为秘密份额，随后生成随机请求 ID，并将 ID 和少量工作量证明附加到每个份额中。工作量证明的存在，是因为反垃圾邮件机制是必要的。并且，由于账户余额是私有的，如果发送账户没有足够的资金来支付交易费用，那么其请求将无法达成。然后，节点独立地验证签名的份额与交易中提供的公钥的份额（其中会有专门的签名算法允许你进行这种份额验证的操作。Schnorr签名[1]是一个主要类别）。如果给定节点看到无效的份额（由于工作量证明或者签名无效），那么它会拒绝这个份额。否则，它将接受这一份额。

被接受的交易不会立即处理，而是像区块链架构一样。一开始，这些交易被保存在内存池中。在每12秒结束时，我们使用一致性算法——可能只是一些简单的算法，如从 N 方

---

[1] https://en.wikipedia.org/wiki/Schnorr_signature

中选出一个随机的节点作为独裁者，或者像 Pebble[1] 使用的高级新 BFT 算法——就处理哪一组请求 ID 以及处理排序达成一致（为简单起见，按照简单的字母排序可能就足够了）。

现在，为了满足 GET 请求，SMPC 将计算并重构以下计算的输出：

```
owner_pubkey=R[0]*(from_id==0)+R[3]*(from_id==1)+…+R[3*n]*(from_
    id==n)
valid=(owner_pubkey==from_pubkey)
output=valid*(R[2]*(from_id==0)+R[5]*(from_id==1)+…+R[3n+2]*
    (from_id==n))
```

这个公式有什么用？它由三个阶段组成。首先，提取请求尝试获得余额的账户的所有者公钥。因为计算是在 SMPC 内部完成的，所以没有节点实际知道要访问哪个数据库索引。只需要获取所有数据库索引，并将不相关的索引乘以零并求总和来实现。然后，检查请求是否正在尝试从实际拥有的账户获取数据（在第一步中已经检查了 `from_pubkey` 对签名的有效性，所以这里只需要根据 `from_pubkey` 来检查账户 ID）。最后，使用相同的数据库，通过获取原语来获得余额，并将余额乘以有效性以获得结果（即无效请求返回零余额，有效的返回实际余额）。

现在，让我们审视一下 SEND 的执行情况。首先，计算效度谓词，包括检查（a）目标账户的公钥是否正确，（b）随机数是否正确，以及（c）账户是否有足够的资金发送。请注意，要做到这一点，需要再次使用"乘以等式检查和加法"协议，但为了简洁起见，将缩写 `R[0]*(x==0)+R[3]*(x==1)+…with R[x*3]`。

```
valid=(R[from_id*3]==from_pubkey)*(R[from_id*3+1]==nonce)*
    (R[from_id*3+2]>=value）
```

然后，再做以下判断：

```
R[from_id*3+2]-=value*valid
R[from_id*3+1]+=valid
R[to*3+2]+=value*valid
```

为了更新数据库，`R[x*3]+=y` 扩展到指令集 `R[0]+=y*(x==0)`、`R[3]+=y*(x==1)`，等等。请注意，所有这些计算都可以并行化。另外，为了实现余额检查，我们使用了 >= 运算符。使用布尔逻辑门的简便性不必多说，但即使使用有限域来提高效率，也确实存在一些巧妙的技巧[2]——只需使用加法和乘法便可执行检查。

在上述所有内容中，我们看到了 SMPC 架构中效率的两个根本限制。首先，读取和写入数据库的成本为 $O(n)$，因为你几乎必须读取和写入每个单元格。而做更少的事情将意味着暴露每个读取或写入的数据库子集相关的单个节点，从而增加内存泄漏的可能性。其次，每次乘法运算都需要网络消息，因此这里的根本瓶颈不是计算或者内存，而是延迟。由此可以看到，很不幸的是，秘密共享网络并不是"上帝协议"。它们可以很好地完成业务逻辑，但它们永远无法做任何更复杂的事情，更别说加密验证——除了少数专门为平台定制的加密验证外，在许多情况下，加密验证的成本都太高昂了。

从货币到EVM

下一个问题是，该如何从这种简单的玩具货币转向通用的 EVM 处理器？不妨在单笔交易环境中检查虚拟机的代码。该函数的简化版本大致如下：

```
def run_evm(block,tx,msg,code):
  pc=0
  gas=msg.gas
  stack=[]
  stack_size=0
  exit=0
  while 1:
    op=code[pc]
    gas-=1
    if gas<0 or stack_size<get_stack_req(op):
      exit=1
    if op==ADD:
      x=stack[stack_size]
      y=stack[stack_size-1]
      stack[stack_size-1]=x+y
      stack_size-=1
    if op==SUB:
      x=stack[stack_size]
      y=stack[stack_size-1]
      stack[stack_size-1]=x-y
      stack_size-=1
    …
    if op==JUMP:
      pc=stack[stack_size]
      stack_size-=1
    …
```

涉及的变量包括：

· 代　币；

· 栈；

· 内　存；

· 账户状态；

· 程序计数器。

因此，可以简单地将它们存储为记录，并且对每个计算步骤运行类似于以下的函数：

```
op=code[pc]*alive+256*(1-alive)
gas-=1

stack_p1[0]=0
stack_p0[0]=0
stack_n1[0]=stack[stack_size]+stack[stack_size-1]
stack_sz[0]=stack_size-1
new_pc[0]=pc+1
```

```
stack_p1[1]=0
stack_p0[1]=0
stack_n1[1]=stack[stack_size]-stack[stack_size-1]
stack_sz[1]=stack_size-1
new_pc[1]=pc+1
…
stack_p1[86]=0
stack_p0[86]=0
stack_n1[86]=stack[stack_size-1]
stack_sz[86]=stack_size-1
new_pc[86]=stack[stack_size]
…
stack_p1[256]=0
stack_p0[256]=0
stack_n1[256]=0
stack_sz[256]=0
new_pc[256]=0

pc=new_pc[op]
stack[stack_size+1]=stack_p1[op]
stack[stack_size]=stack_p0[op]
stack[stack_size-1]=stack_n1[op]
stack_size=stack_sz[op]
pc=new_pc[op]
alive*=(gas<0)*(stack_size<0)
```

本质上，可以并行计算每个操作码的结果，然后选择正确的操作码来更新状态。alive变量从1开始，如果在任意点的alive变量切换为0，那么从那一点开始的所有操作就什么都不做。这看起来非常低效，而且确实如此。但是，请记住，瓶颈不是计算时间而是延迟。以上所有内容都可以并行化。事实上，精明的读者甚至会注意到，并行运行每个操作码的整个过程在操作码数量上只有 $O(n)$ 复杂度（特别是，如果你预先将栈的前几个项目抓取到指定的变量中进行输入，以及我们为了简洁而没有做的输出），所以它甚至不是计算密集程度最高的部分（如果有比操作码更多的账户或存储插槽，那么数据库更新似乎有可能是计算最密集的部分）。在每 N 个步骤结束时（为了更少的信息泄漏，也可以是2的幂次方步），重新构建alive变量。如果看到alive=0，那么将停止这一过程。

在具有许多参与者的EVM中，数据库可能是最大的开销。为了缓解这个问题，可能需要做出巧妙的信息泄漏的权衡。例如，我们已经知道，在大多数时间，代码是从顺序数据库索引中读取的。因此，一种可能的方法是，将代码存储为一个大数序列，每个大数编码其他操作码，然后使用位分解协议[1]从加载后的数字中读取单个操作码。当然，还有很多方法可以使虚拟机从根本上提高效率。上述内容只是作为概念证明，以显示秘密共享DAO如何从根本上实现，而不是接近最佳的实现。此外，可以研究类似于可扩展性2.0技术[2]中使用的体系结构，以高度划分状态以进一步提高效率。

---

[1] https://www.iacr.org/archive/pkc2007/44500343/44500343.pdf

[2] https://blog.ethereum.org/2014/10/21/scalability-part-2-hypercubes/

更新 N

上述SMPC机制假设现有 N 个参与方，并确保在其中任意少数人（在某些设计中，取任意小于1/4或1/3的少数群体）串通时，系统依旧是安全的。然而，区块链协议理论上需要永久存在。因此，停滞的经济集合不具有代表性。相反，需要使用像权益证明这样的机制来选择共识参与者。为此，这类协议应该按如下方式运行。

1. 将秘密共享DAO的时间划分为不同的时期，每个时期可能介于1小时到1周之间。

2. 我们规定，第一个时期的参与者为创世众筹期间的前 N 名参与者。

3. 在一个时期结束时，任何人都可以通过存入保证金来注册成为下一轮的参与者。其后，会有 N 个参与者被随机选择并公布。

4. 执行去中心化切换协议。其中，N 个参与者同时在新的 N 方中分配份额，并且每个新的 N 方基于他们收到的部分进行份额重构。这一协议本质上和用于乘法的协议相同。请注意，此协议也可用于增加或减少参与者的数量。

在假设参与者是诚实的情况下，去中心化进程只要由参与者完成就行了。但在加密货币协议中，我们也需要激励措施。为了实现这一目标，使用一组被称为可验证秘密共享[①]的原语。这些原语允许我们确定给定节点是否在整个秘密共享过程中诚实地行动。本质上，这个过程通过在两个不同的层次上并行进行秘密共享数学来发挥作用。这两个层次分别是使用整数和使用椭圆曲线点（其他结构也存在，但由于加密货币用户对于secp256k1椭圆曲线最熟悉，所以将使用它作为例子）。椭圆曲线点很方便，因为它们具有交换和关联加法运算符。实质上，这些点很神奇，它们可以像数字一样进行加减法运算。你可以将数字转换为点，但不能将点转换为数字，并且我们具有 `number_to_point(A+B)=number_to_point(A)+number_to_point(B)` 的特性。通过同时在数字和椭圆曲线点层次进行秘密共享数学计算和公布椭圆曲线点，可以验证渎职行为。为了提高效率，可以使用谢林币风格的协议来驱使节点惩罚其他恶意节点。

应　用

那么，我们拥有什么？如果区块链是去中心化计算机，那么秘密共享DAO则是具有隐私的去中心化计算机。秘密共享DAO为这个额外的属性付出了巨大的代价：每次乘法和每次数据库访问都需要一条网络消息。因此，其燃料成本可能远高于以太坊本身。由此，其计算也将被限制在相对简单的业务逻辑，并禁止使用大多数类型的加密计算。可扩展性技术可用于部分抵消这种弱点，但作用终究有限。因此，这项技术可能不会用于每个用例。相反，它更像是一个专用内核，只能用于特定类型的去中心化应用，例子如下：

1. 医疗记录。将数据保存在私有去中心化平台上可能有助于搭建易于使用且安全的健康信息系统，并使患者能够掌控自己的数据。特别需要注意的是，专有诊断算法可以在秘

[①] https://en.wikipedia.org/wiki/Verifiable_secret_sharing

密共享 DAO 内部运行，其允许将医疗诊断作为基于来自不同医疗检查公司的数据的服务，而无需担心遭受这些公司有意或无意地将你的私人详细信息暴露给保险公司、广告商或其他公司的风险。

2. 私钥托管。用去中心化的 N 取 M（M-of-N）替代中心化的密码恢复。这一功能可用于财务或非财务应用。

3. 用于任何事情的多重签名。即使系统本身不支持任意访问策略，哪怕是 N 取 M（M-of-N）多重签名访问，现在也可以这么用了。因为只要它们支持加密，你就可以将私钥粘贴在秘密共享 DAO 中。

4. 声誉系统。如果将声誉得分存储在秘密共享 DAO 中，那么你可以私下将声誉分配给其他用户，并将你的分配计入该用户的总声誉，而其他人无法看到你的个人分配。

5. 私有金融系统。秘密共享 DAO 可以为类似 Zerocash 风格的完全匿名货币提供替代途径。唯一的区别是，这里的功能可以更容易地扩展到去中心化交易所和更复杂的智能合约当中。商业用户可能希望利用基于加密体系运行公司的好处，而不必将其每一个内部业务流程都暴露给公众。

6. 配对算法，包括寻找雇主、员工、约会对象，甚至下一次乘坐的去中心化优步的司机等，所有这些过程都是在 SMPC 内部进行配对算法计算的。除非算法决定你是合适的匹配对象，否则没有人会看到关于你的任何信息。

从本质上讲，人们可以认为 SMPC 提供的工具大致类似于通过密码学安全代码混淆[①]所提供的工具，除了一个关键的区别：它更适用于人类实践的时间尺度。

进一步的结果

除了上述应用，秘密共享 DAO 还会带来什么？特别是，我们需要担心什么？事实证明，就像区块链本身，这里面确实有一些问题。第一个问题，也是最明显的问题：秘密共享 DAO 将极大地增加可以通过完全私密的方式来执行的应用的范围。区块链技术的许多倡导者经常将其论点的大部分内容以某个关键点为基础，即虽然基于区块链的货币在不将地址与个人身份联系起来的意义上提供了前所未有的匿名性，但它们同时也是最公开的形式，因为每笔交易都记录于共享分类账上。然而，在这里，第一部分仍然存在，但第二部分完全消失了。也就是我们只留下完全匿名的特性。

如果事实证明这种匿名水平将导致更高程度的犯罪活动的发生，并且公众对技术带来的权衡非常不满意，那么可以预测政府和其他机构，甚至还有志愿维持治安的黑客，也会尽力关闭这些系统——甚至他们的行为会被认为是合理的。幸运的是，对这些攻击者来说，秘密共享 DAO 确实有一个不可避免的后门，即 51% 攻击。如果 51% 的秘密共享 DAO 的维护者在某个特定时间决定串通，那么他们就可以揭露他们监督下的任何数据。此外，这种权力没有法定时效：如果一组构成某个秘密共享 DAO 的一半以上的实体在多年前的某个时

---

① https://bitcoinmagazine.com/10055/cryptographic-code-obfuscation-decentralized-autonomous-organizations-huge-leap-forward/

刻已经串通，那么甚至从那时起，这些人就已经可以接触到这些信息了。简而言之，如果社会主导性地反对在秘密共享DAO内部进行的事情，那么运营商很有可能会串通来阻止或揭示正在发生的事情。

第二个比较微妙的问题是，秘密共享DAO的概念狠狠地掀翻了一个家喻户晓的加密经济学事实——私钥并不能被安全地交易。许多协议明确地或隐含地依赖于这个想法，包括非外包的工作量证明难题[1]、弗拉德·赞菲尔（Vlad Zamfir）和帕维尔·克拉夫琴科（Pavel Kravchenko）的保管证明[2]、使用私钥作为身份的经济协议、任何不可交易的经济地位，等等。在线投票制度通常不可能证明你使用某条特定的密钥来进行投票，以防止出现票数售卖的现象。对于秘密共享DAO，其问题在于现在你可以出售你的投票了，而不仅仅是通过将你的私钥放入秘密共享DAO的合约中，以及出租访问权限。

允许销售私钥的后果是相当深远的。事实上，它们几乎威胁到区块链安全性底层最强大的可用系统——权益证明——的安全性。其潜在的问题是，权益证明的安全性主要基于用户在区块链上有抵押保证金这一事实。如果用户以某种方式（如双重投票、投票支持某条错误的分叉链、不投票等）犯错，这些保证金可能会被没收。在这里，私钥变得可交易了，因此安全性保证金也变得可交易了。我们必须提出一个问题：这对权益证明是否有影响？

幸运的是，答案是否定的。首先，我们有很强的柠檬理论论据[3]来解释为什么没有人真的想卖掉他们的保证金。如果你的保证金为10美元，对你来说，其价值相当于10美元减去你被黑客盗取的极小可能性。但是，如果你试图将这笔保证金出售给其他人，那么他们将有一笔价值10美元的保证金——除非你决定使用你的私钥进行双重投票，从而销毁保证金。因此，从他们的角度来看，当中存在一种不断无法确定的风险，即你将采取行动取走他们的保证金，而你个人没有动力不这样做。因此，你试图卖掉你的保证金的事实将让他们生疑。由此，从他们的角度来看，你的保证金可能只值8美元。你没有理由以8美元的价格牺牲10美元。所以，作为一个理性的行为者，你会把保证金留给自己。

其次，如果私钥从一开始就存在秘密共享DAO中，那么通过对密钥访问权限的转移，你将失去访问权限。因此，你实际上在同时转移权限和责任。从经济角度来看，这一行为对系统的影响与其中一个保证金持有人在此过程中的某个时刻改变了性格的情况完全相同。实际上，秘密共享DAO甚至可以通过为用户提供更安全的平台来提高权益证明的效果，即使在像Tendermint[4]这样本身不支持此类功能的协议中也可以加入去中心化的权益池。

还有其他原因可以解释为什么秘密共享DAO的理论攻击在实践中可能会失败。举一个例子，考虑在非外包难题的情况下，试图同时证明私钥和某部分数据所有权的计算问题。Permacoin[5]使用的一种非外包难题的实现涉及一种计算，即需要在密钥和数据之间来回"反弹"数十万次。如果你在同一块硬件上有两个数据，这很容易做到。但如果两个数

[1] https://bitcointalk.org/index.php?topic=309073.0

[2] https://docs.google.com/document/d/1F81ulKEZFPIGNEVRsx0H1gl2YRtf0mUMsX011BzSjnY/edit

[3] https://en.wikipedia.org/wiki/The_Market_for_Lemons

[4] https://tendermint.com/

[5] https://www.cs.umd.edu/~elaine/docs/permacoin.pdf

据被网络连接分开，那么这个过程会变得非常慢。而且由于其效率极其低下，其几乎不可能实现秘密共享 DAO。因此，总而言之，我们将得出一个可能的结论：秘密共享 DAO 将导致签名方案的标准化，该方案需要数亿次计算过程——最好有大量的串行乘法 ——来计算。至那时每台计算机、电话或物联网微芯片将有一个内置的 ASIC 来做到这一点，秘密共享 DAO 将被抛在尘土里，我们都将继续我们的生活。

未来有多远？

在秘密共享 DAO 技术成为主流技术之前，还需要做哪些工作？总之，相当多，但不是太多。首先，至少在协议层面上肯定涉及适量的技术工程。有人需要将 SMPC 实现形式化，并将它与 EVM 实现相结合。当然，当中可能对效率有诸多限制（例如，SMPC 内部的哈希函数的成本非常高昂，因此默克尔树存储可能会消失，这将有利于只有有限数量存储槽的合约），还有惩罚机制、激励制度和共识框架，以及超立方体式可扩展性框架，然后发布协议规范。从那时起，用 Python 开发几个月（Python 应该没问题，因为到目前为止主要的瓶颈是网络延迟，而不是计算），我们将有一个更可靠的概念证明。

秘密共享和 SMPC 技术已存在多年，过去 10 年里，学术界的密码学家一直在讨论如何使用基于 N 取 M（M-of-N）的原语，以及诸如私有信息检索等相关的技术来构建隐私保护应用。然而，比特币的关键贡献在于，如果我们添加经济激励层，N 取 M（M-of-N）框架将更加容易创建。内置货币的秘密共享 DAO 将为个人参与维护网络提供激励，并将其引导至可在内部应用上完全自我维持的程度。总而言之，这种技术非常有望实现，而且不是那么遥远。能不能做成只是时间问题。

论孤岛

（2014 年 12 月 31 日）

编者按

　　在比特币诞生的 6 年以后，加密货币领域的百花齐放受到了诸多最高纲领主义者的猛烈抨击。其认为这是一种不忠与分裂，致使一个个互不相关的项目成了名副其实的孤岛。本文承载了维塔利克对孤岛论的辩证，并指出：我们需要的不是一个将一组完全不相交的生态系统垂直整合的生态系统，而是每个生态系统都能建立属于自己的组件。

　　许多人对加密货币领域当前方向提出的批评之一是，我们看到越来越多的分裂化。在早些时候，我们也许是一个紧密团结的社区，围绕着开发比特币的公共基础设施而共同奋战，现在，越来越像一个个的孤岛，项目之间互不相关，且都将全部精力投在各自的事情上。有许多开发人员和研究者致力于以太坊的工作，或者作为志愿者参与以太坊的构思，并且他们会花费很多时间与以太坊社区进行沟通合作。这一批人已经联合成一个团体，致力于创造共同的愿景。其他一些类似的去中心化团体，如比特股[1]，则将他们的心思放在自己的前景上，并将他们独特的 DPoS 合作机制、与市场挂钩的资产以及区块链作为去中心化自治公司的前景相结合，作为一种实现他们政治目标的方式——即自由市场自由论以及契约自由社会。Blockstream[2]这家侧链背后的公司，他们也吸引了属于自己的团体成员，并且他们有属于自己的一套前景和协议。类似的还有 Truthcoin[3]、Maidsafe[4]、NXT 等。

　　有一个争论经常在比特币最高纲领主义者和侧链拥护者之间被提起，那就是目前这种分裂对数字货币生态圈是有害的——与其各走各路，并且相互争夺用户，还不如团结一致，在比特币共同的旗帜下协同合作。正如费边·布莱恩·克雷（Fabian Brian Crane）所总结的[5]："近来，侧链提案的公布进一步引起了争论。侧链的理念实际是承认那些不可靠的山寨币，并为它们提供相同的货币基础、流动性以及比特币网络的强大算力。"

　　对倡导者来说，这象征着一个关键性的奋斗目标，即将数字货币生态圈整合进侧链这一非常成功的计划当中，并将侧链建立在已有的基础设施和生态系统之上，而不是把努力都分散地浪费在上百个不同的方向上。

　　即便对那些不同意比特币最高纲领主义的人来说，这看起来似乎是一个相当合理的建议，而且即便数字货币社区的人们不会全都团结起来站在比特币的旗帜下，有一点还是值得争论的，那就是我们需要以某种方式团结在一起，努力建立一个更加统一的生态系统。如果比特币不足以强大到成为生活、数字货币领域或者其他事情的切实可行的支柱，那为什么不建立一个更好的并且可扩展性更好的去中心化系统来替代它，并且在新的系统上重

---

[1] https://bitshares.org/

[2] https://blockstream.com/

[3] https://truthcoin.info/

[4] https://maidsafe.net/

[5] https://cointelegraph.com/news/113157/proof-of-work-proof-of-stake-and-the-consensus-debate

建每一样东西呢？超立方体①毫无疑问看起来是极其强大的，强大到足以统领一切。如果你是那种明显受到万人之上标准吸引的人，并且比特股的成员、Blockstream以及其他的孤岛的成员们经常相当热切地去相信同样的有关自身独特系统的东西，不管他们是建立在合并挖矿、DPoS加上比特资产，还是任何其他东西上面。

所以，我们为什么不这么做呢？真的有那么一种统一的机制是最好的，为什么我们不在各种各样的项目上相互合作，进而形成最优的去中心化系统，作为推进数字货币生态系统发展的基础，并在一个统一系统内共同前行？从某些方面来讲，这是非常高尚的。分裂化肯定有一些不受欢迎的特性，而且它自然地认为协同工作是一件好事情。事实上，不管怎样，更多的合作无疑是有益的。本文将在后续对这个问题进行阐述。此外，对极端合作或者赢者通吃的渴望是错误的——因为分裂也并不全都只有坏处的，而且它也是不可避免的，甚至可以说是让数字货币领域合理繁荣的唯一途径。

赞同不一致

为什么分裂化会一直发生呢？为什么我们应该继续让它去发生呢？不管对于第一个问题，还是第二个问题，答案都相当简单：分裂是因为我们意见不一致。尤其是，考虑到下面的一些说法（这些说法我都同意）。但是在许多情况下，这些说法违背了很多人以及很多项目的哲学。

1. 我不认为弱主观性②是什么大问题③。但是，对于协议外社会共识的主观性和内在的依赖性，仍然让我感觉不舒服。

2. 我认为比特币每年浪费在其工作量证明机制上的6亿美元的电费是一个彻底的环境和经济悲剧。

3. 我认为ASIC挖矿芯片是一个严重的问题④。结果是，跟过去的两年相比，比特币变得越来越缺乏安全性。

4. 我认为比特币（或者其他任何定量供应的货币）的波动性实在太大，以至于其不可能成为一个稳定的⑤国际记账单位。并且，我相信要令加密货币价格稳定的最好的办法，就是通过巧妙地设计灵活的货币政策（既不依赖市场⑥，也不依赖"比特币中央银行"⑦）。然而，我对将加密货币政策放在任何一种中心化统治下的想法都不感兴趣。

5. 我在反对公共机构/自由主义者/无政府主义者的观念上比某些人更加浓厚，但远不如别人做得那样彻底（并且我不是一个奥地利学派经济学家⑧）。总体而言，我相信围墙的

① https://blog.ethereum.org/2014/10/21/scalability-part-2-hypercubes/

② https://blog.ethereum.org/2014/11/25/proof-stake-learned-love-weak-subjectivity/

③ https://www.truthcoin.info/blog/pow-and-mining/

④ https://blog.ethereum.org/2014/06/19/mining/

⑤ https://blog.ethereum.org/2014/11/11/search-stable-cryptocurrency/

⑥ https://twitter.com/bitstein/status/535856553958457345

⑦ https://nakamotoinstitute.org/mempool/the-bitcoin-central-banks-perfect-monetary-policy/

⑧ https://econfaculty.gmu.edu/bcaplan/whyaust.htm

两面都是有价值的，并且我坚信通过外交策略以及相互合作，我们将会创造出一个更加美好的世界。

6. 在加密货币经济或者任何其他方面，我不赞成单一货币一统天下[①]的观念。

7. 我认为代币销售是一种实现去中心化协议货币化的极好的工具，而攻击这种理念的人——他们恐吓要带走某件美好的事物——则在危害社会。不过，我同意由我们或者其他机构实施的这个模型到目前为止有其自身的缺陷[②]。此外，应该积极地尝试不同的模型，进而试图将激励机制调整得更好[③]。

8. 我相信Futarchy[④]有足够的前景值得尝试，尤其是在区块链治理的大背景下。

9. 我认为经济学和博弈论是加密货币经济协议分析的关键部分。并且我认为，对于加密货币社区，我们在理论上所欠缺的不是对先进计算机科学的无知，而是对经济哲学的不了解。应该去http://lesswrong.com/这个网站看看。

10. 我认为人们将会在实践中接纳去中心化技术（区块链、Whisper、DHT）的主要原因很简单：软件开发者都很懒，并且他们不希望去处理那些维护中心化网站的繁杂事务。

11. 我认为区块链即去中心化自治公司[⑤]这个象征是有益的，但同时也是有限的。特别是，我相信我们作为加密货币的开发者应该利用这个短暂的时期——在当前，加密货币仍然是一个被理想主义者控制的产业，其目的是设计出一个能够将实用社会福利指标最大化，而不仅仅获利的机构（社会福利指标最大化和获利并不等同[⑥]）。

我想很少有人会认同我上面所说的每一项内容，但是这些并不仅仅是我自己独特的想法。不妨看看另外一个例子，OpenTransactions的CTO克里斯·奥多姆（Chris Odom）指出[⑦]："我们所需要的是用密码学证明系统来替换可信的实体。你在比特币社区中看到的你必须信任的任何实体都会消失，它将不复存在……中本聪的梦想是完全消除'可信的'实体，要么完全消除这种风险，要么以某种方式将风险分散，以达到实际消除的目的。"

与此同时，有人[⑧]也说出了类似的话："换句话说，商业上可行的减少信任的网络不需要保护世界免受平台运营商的影响。为了平台用户的利益，他们需要保护平台运营商免受世界的侵害。"

当然，如果你把加密货币的主要益处看成是规避监管[⑨]，那么另一个例子也就讲得通了——这是另一种途径，与平台创始者所预期的道路完全不同——但这再一次说明人与人之间的想法有多么不同。一些人将加密货币看作一场资产阶级革命，有的人看作平等主义革命，还有一些人则看透了两者间的一切。有的人将人类共识看作一种非常脆弱且容

---

① https://blog.oleganza.com/post/54121516413/the-universe-wants-one-money

② https://medium.com/@Swarm/the-second-wave-of-blockchain-innovation-270e6daff3f5

③ https://bytemaster.bitshares.org/article/2014/12/26/Stop-the-Crowd-Sales-Long-Live-Crowd-Funding/

④ https://blog.ethereum.org/2014/08/21/introduction-futarchy

⑤ https://wiki.bitshares.org/index.php/DAC/Distributed_Autonomous_Company

⑥ https://en.wikipedia.org/wiki/Public_good

⑦ https://www.youtube.com/watch?v=teNzIFu5L70

⑧ https://thelonious.io/

⑨ https://bitshares.org/regulation-proof-self-funding-dacs/

易腐化的东西，并且他们认为加密货币是一座灯塔，用艰难的数学问题替代原有的脆弱的人类共识。而其他人则将加密货币协议共识看作仅仅是人类共识的延伸，只不过通过科技手段变得更加高效罢了。有些人认为要实现加密资产与美元平价的最好办法，就是双重货币金融衍生方案[1]。另外一些人认为比较简单的方法是用区块链去代表真实世界中资产[2]的所有权[3]（仍然有一些人认为，比特币最终将会依靠自身变得比美元越来越稳定）。还有一些人认为实现可扩展性最好的方式就是纵向扩展[4]，其他人则认为最终最优的选择是横向扩展[5]。

当然，货币的发行大多都带有内在的政治性，并且有相当部分会涉及"公共物品"概念。在这种情况下，互相帮助不再是一个切实可行的解决方案。如果一个特定的平台能够带来负面的外部性，或者有可能将社会推向次优的平衡状态，那么到那时你就不能通过使用你的平台来做出简单的撤退了。到了那个时候，由某种网络效应或者甚至在极端的情况下，由51%网络攻击驱使的谴责可能是必要的。在某些情况下，公共物品的不同之处仅与私人物品相对应，而且主要是一个简单的基于经验主义的信念问题。如果我相信谢林美元[6]是价格稳定的最优方案，而其他人则更喜欢控制货币供给量的稳定货币[7]（Seignorage Shares）体系或者NuBits[8]体系，多年以后，或者10年之后，上述其中一种模型会证明自己做得更好，从而取代其他竞争者。这也是在加密货币生态系统将来会发生的事情。

而在其他情况下，这些区别将会通过不同的途径来解决：事实会证明，某些系统的特性能更好地与某些应用相匹配，并且其他系统更适合其他种类的应用，每一件事情都会自然地找到专门的场景以将其作用最大化。就像很多评论者指出来的那样，如果把去中心化系统应用放在传统的主流金融世界中，银行可能不愿意接受来自网络的匿名节点的管理。在这种情况下，类似瑞波币这样的东西将会变得非常有用。但对于"丝绸之路"4.0，相反的做法是唯一的出路。并且对于当中所有东西，这都不过是一个成本–效益分析的问题。如果用户想要专门用来执行特定功能的特定网络，那么网络将会基于这一需求而存在。如果用户想要一个通用且在链上应用间带有更高网络效应的网络，那么它同样会存在。正如大卫·约翰斯顿（David Johnston）所言，区块链好比编程语言：它们相互之间都有自己的特定属性，很少有开发人员专门坚持使用一种语言。相反，我们在特定情况下使用最合适的语言。

---

① https://blog.ethereum.org/2014/11/11/search-stable-cryptocurrency/

② https://tether.to/

③ https://eng.erisindustries.com/blockchains/2014/12/22/secrets-of-consistent-hashchains-I/#comment-1762175801

④ https://blog.bitcoinfoundation.org/a-scalability-roadmap/

⑤ https://pebble.io/docs/

⑥ https://github.com/ethereum/serpent/blob/poc7/examples/schellingcoin/schellingdollar.se

⑦ https://github.com/rmsams/stablecoins

⑧ https://nubits.com/

合作的空间

　　然而，正如我之前提到的，这并不意味着我们就要简单地走自己的路，并且试图去忽略或者采取更糟的态度，相互之间进行破坏活动。即使所有的计划都是专门朝着不同方向的目标的，我们仍然拥有减少重复做功而多一点相互合作的重要机会。不管从哪个层面上讲，这都是事实。首先，来看一个加密货币生态圈的模型——或者，也可以说是一个5年内加密货币生态圈可能发生的愿景，如图1所示。

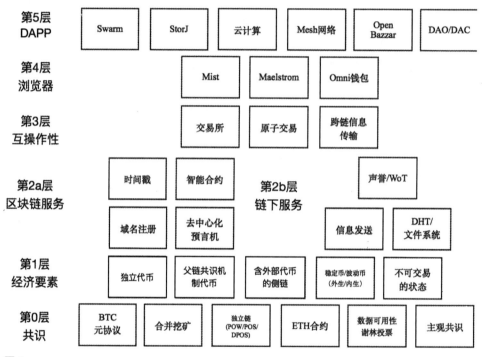

图 1

　　在几乎每一个层面上，以太坊都有其独特之处。

1. 共识机制：以太坊区块链，数据可用性谢林投票（也许在以太坊2.0中会出现）。

2. 经济要素：以太币，一种独立自主的代币，还有对稳定币提案的研究[①]。

3. 区块链服务：域名注册。

4. 链下服务：Whisper（通信），可信任的网站（正在进行）。

5. 互操作性：比特币与以太币相互兑换的桥梁（正在进行）。

6. 浏览器：Mist。

现在，不妨看看其他正在试图建立某种全局生态系统的计划，如比特股，其特点如下：

1. 共识机制：DPoS。

2. 经济要素：比特股和比特资产。

---

① https://blog.ethereum.org/2014/11/11/search-stable-cryptocurrency/

3.区块链服务：比特股去中心化交易所。

4.浏览器：比特股客户端（虽然不是传统的浏览器概念）。

Maidsafe有以下特点：

1.共识机制：SAFE网络。

2.经济要素：Safecoin。

3.链下服务：分布式哈希表，Maidsafe驱动。

Bittorrent已经宣布了它们的Maelstrom[1]计划。Maelstrom计划是一个旨在提供类似Mist浏览器服务功能的项目——尽管他们展示的是自己的（而非基于区块链的）技术。加密货币一般情况下会建立一条区块链，发行一种加密货币以及一个属于它们自己的客户端（也有比较少见的，就是直接分叉某一个客户端）。域名注册[2]和身份管理[3]系统现在到处都是[4]。当然，每一个项目都会意识到其需要拥有一定的声誉以及可信任的网络。

现在，让我们来描绘一下关于另一个世界的蓝图。我们需要的不是一个将一组完全不相交的生态系统垂直整合的生态系统，而是每个生态系统都能建立属于自己的组件。想象一下，在某个世界中，可以用Mist浏览器去访问以太坊、比特股、Maidsafe或者其他任何去中心化基础设施网络；新的去中心化网络想要加入进来，就好像为谷歌浏览器和火狐浏览器装上Flash或者Java插件那么简单。想象一下你在基于以太坊的可信任网络中的声誉数据能够在其他项目里重新使用。想象一下将StorJ作为一个DAPP在Maelstrom内运行，你可以使用Maidsafe作为一个文件存储后端，并且可以使用以太坊区块链去维护有偿存储和下载的合约。想象一下身份信息可以自动地转移到任何加密网络，只要他们使用的都是同样的底层加密程序（如ECDSA + SHA3）。

这里，最关键的地方在于，加密货币生态系统的某些层面存在着千丝万缕的联系。比如，一个单独的DAPP通常在以太坊区块链上对应某种特定的服务。在许多情况下，这些层面可以被设计得更加满足模块化的需求，由此使得在每一层上的每一个产品都能单独地展开竞争。浏览器也许是可分离性最强的组件。众多合理包含低级区块链服务的集合在什么样的应用程序可以运行于其上这一方面具有类似的需求，因此，不同的平台拥有不同的浏览器支持是有意义的。此外，链下服务也是一个抽象的目标。任何去中心化应用，不管它使用的是哪种区块链技术，都应该能够自由地去使用Whisper、Swarm、IPFS或者其他任何开发者们所开发出来的服务。而诸如数据提供服务这样的链上服务也可以构建，从而实现多重区块链间的交互。

此外，有大量的机会在基础研究与开发上进行合作。关于PoW、PoS，稳定的货币系统以及可扩展性，还有其他加密货币的艰难问题[5]的讨论，实际上可以简单地变得更加开放，以便所有项目都能够从中获益，并且更加了解彼此的开发进程。网络层面的基础程序设计以及最好的实践经验，加密算法成果以及其他低级组件都能够——并且应该让大家一

---

① https://blog.bittorrent.com/2014/12/10/project-maelstrom-the-internet-we-build-next/

② https://nxter.org/nxt-core-alias-system/

③ https://www.coindesk.com/authentication-protocol-bitid-lets-users-connect-bitcoin/

④ https://onename.io/

⑤ https://github.com/ethereum/wiki/wiki/Problems

起分享。我们应该开发互操作性技术，以便促进基于不同平台的服务与去中心化实体之间的简单兑换和交互功能。加密货币研究组[1]是一个自发性组织，我们计划开始对它提供支持，并希望它能够发展壮大直至独立出去。我们也希望能够通过这个组织来促进上述类型的合作。其他的正式以及非正式的机构无疑可以为这一过程提供支持。

我希望，在未来将会看到更多的项目能够以更加模块化的形式存在。它们只存在于加密货币生态系统的一层或两层，并提供一个通用的接口以允许任何其他层上的任意机制与之协同工作。如果加密货币世界发展的足够长远，甚至连火狐浏览器和谷歌浏览器最终也开始改变以使自身适应处理去中心化应用协议的过程。奔向这样一种生态系统的旅程并不着急马上出发。关于这一点，有一个小小的想法：人们第一次将会使用什么类型的由区块链驱动的服务？我们很难确定到底什么样的互操作性是有用的。但是不管怎样，事情缓慢但坚定地朝这个方向迈出了前几步。厄里斯（Eris）的Decerver[2]（他们在去中心化世界里的浏览器）不仅同时支持接入比特币网络、以太坊网络以及他们自己的Thelonious区块链，其还是一个IPFS内容托管网络。

对于当前诸多加密2.0项目，它们有很大的空间去获得成功。因此，如果此时此刻你还有那种赢者通吃的念头，那不仅没有必要，还是有害的。现在，要想在更好的道路上开始旅程，所需要做的就是假设我们都在建立自己的平台，并根据自己特定的偏好和参数进行调整。最终我们会看到众多网络百花齐放的盛景，我们也必须接纳这一事实。不妨从现在就开始准备吧。

新年快乐，期待一个令人兴奋的2015——不，是中本聪纪年的007年。

---

① https://ccrg.org/

② https://www.youtube.com/watch?v=i79Xgcu1_Bc

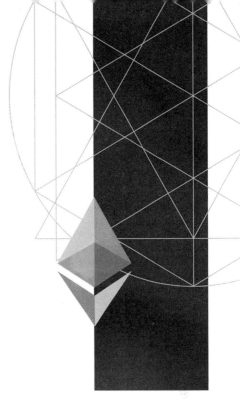

第二卷
（2015 年）

- **2015年1月**

  以太坊团队发布第7版测试网（PoC 7）。

- **2015年2月**

  第8版测试网（PoC 8）发布。同期，杰弗里·维尔克（Jeffrey Wilcke）在阿姆斯特丹召集以太坊的Go开发团队，对第一版的Whisper DAPP进行评估。

- **2015年5月**

  以太坊最后一版测试网（PoC 9）发布，代号"奥林匹克"（Olympic）。为了更好地鼓励社区人员共同测试网络，在"奥林匹克"阶段，参与测试网络的成员会获得团队给予的以太币奖励。奖励形式有多种，主要为测试挖矿奖励和提交Bug奖励。

  随着网络的顺利开发和稳定运行，第1版主网前沿（Frontier）上线的消息开始在社区内传开。但为了保证主网的安全性，以太坊团队决定稍作延迟。

- **2015年7月**

  30日，以太坊主网正式发布。前沿作为以太坊主网的最初版本，只有命令行界面，当中只能执行挖矿以及DAPP测试的操作。尽管开发者们只是将前沿作为更高级的测试版本，但它的安全性和可靠性却远远超出大众预期。于是，更多的开发者开始加入，为以太坊生态的改进提供解决方案。

- **2015年11月**

  第二届以太坊开发者会议DEVCON 1在英国伦敦召开，吸引了400多人，其中不乏尼克·萨博（Nick Szabo，智能合约之父）以及IBM、微软企业代表等重量级人物。

轻客户端和权益证明

（2015 年 1 月 10 日）

编者按

> 比起能够快速验证区块头的工作量证明，依赖于权益持有者签名的权益证明算法似乎更难以适应轻客户端协议。为了解决这一问题，本文在工作量证明轻客户端的基础上，给出了权益证明轻客户端的解决方案以及进一步的优化建议。

特别感谢弗拉德·赞菲尔(Vlad Zamfir)和权宰（Jae Kwon）为本文撰写所提供的想法。

除了围绕弱主观性[①]的主要争论，另一个同样重要的关于权益证明的争论是权益证明算法很难实现客户端友好性。鉴于工作量证明算法涉及可以快速验证的区块头的生成，并允许使用相对较小的由区块头构成的链作为网络认定特定历史有效性的内在证据。因此，权益证明更难以适应这种模型。由于权益证明中的区块的有效性依赖于权益持有者的签名，所以有效性实际上取决于被签名的特定区块中的货币所有权的分布。因此，乍看起来，要想完全保证区块的有效性，必须验证整个区块。

考虑到轻客户端协议的重要性，特别是近来企业对物联网应用（这些应用通常必须在功耗极低的硬件上运行）表现出越发浓厚的兴趣[②]，轻客户端友好性成了所有共识算法必须具备的重要特征。因此，必须提出一套有效的权益证明机制来解决这个问题。

工作量证明中的轻客户端

总的来说，"轻客户端"概念背后的核心动机如下：为了确保安全性，区块链协议本身要求每个节点必须处理每一笔交易。这一要求所需的成本是非常昂贵的，并且一旦该协议的流行度达到一定程度，区块链将变得十分臃肿，最终导致网络中的用户无法承担这笔费用。比特币区块链目前的大小为 27 GB[③]，因此很少有用户愿意继续运行能够处理每一笔交易的全节点。至于智能手机，尤其是在嵌入式硬件上，运行全节点是完全不可能的。

为此，需要提出一种方法，该方法能够使得算力较低的用户仍然能够获得有关区块链状态的各种细节的安全性保证——比如特定账户的余额/状态，或者特定交易过程以及特定事情是否已经发生等。在理想情况下，轻客户端应该可以在对数时间内执行此操作。也就是说，如果将交易的数量取平方（如从 1000tx/天到 1000000tx/天），那么轻客户端的成本只会增加 1 倍。幸运的是，事实证明，我们极有可能设计出这么一种加密货币协议：这种协议不仅可以被轻客户端安全地评估，同时能够满足上述的效率需求。

以太坊中的基本区块头模型如图 1 所示。需要注意的是，以太坊在每个区块中都有关于交易和账户的默克尔树，从而使得轻量级客户端能够轻松访问更多数据。

---

① https://blog.ethereum.org/2014/11/25/proof-stake-learned-love-weak-subjectivity/

② https://public.dhe.ibm.com/common/ssi/ecm/gb/en/gbe03620usen/GBE03620USEN.PDF

③ https://blockchain.info/charts/blocks-size

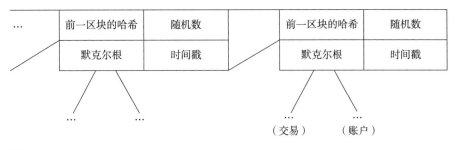

图1

在比特币中，轻客户端安全性的工作原理如下。比起将区块构造为直接包含所有交易的整体对象，比特币区块分为两个部分。第一部分有一小段数据，称之为区块头。区块头包含3个关键数据：

- 前一个区块头的哈希；
- 交易树的默克尔根（具体见下）；
- 工作量证明的随机数（nonce）。

额外的数据，如时间戳等也包含在区块头中，但这与我们将要阐述的内容无关。其次，还有交易树。比特币区块内的交易被存储在被称为默克尔树的数据结构中。树的最底层节点代表交易，从底层向上移动的每个节点分别是其下两个节点的哈希。如果底层有16笔交易，那么其上一层将有8个节点，如hash(tx[1]+tx[2])、hash(tx[3]+tx[4])等。再往上一层将有4个节点（例如，第一个节点等于hash(hash(tx[1]+tx[2])+hash(tx[3]+tx[4]))的值），更高一层有2个节点，最终顶层只剩下1个节点——整棵树的默克尔根（图2）。

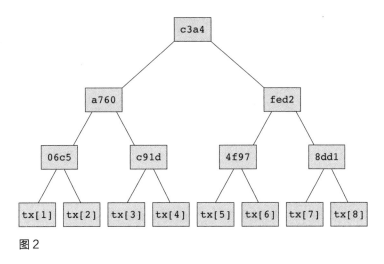

图2

可以认为默克尔根是所有交易的哈希，并且具有与哈希相同的属性——哪怕你改变其中一笔交易的某一个位，默克尔根的最终结果都会完全不同。并且没有人能够提出具有相同默克尔根的两组不同的交易。之所以使用这种更复杂的树结构，是因为它允许你提交更加简洁的证明，从而确定某个特定区块中包含了某笔特定交易。这是怎么做到的？简单来说，你只需提供该笔交易沿路的树的分支就可以了。

验证者仅需沿着分支向下验证哈希，从而确保特定交易是产生特定的默克尔根的那棵树的成员。如果攻击者试图在分支的任何地方更改任意哈希，那么相关的哈希将不再匹配，并且证明将会失效。每个证明的大小等于树的深度——即交易数的对数。如果你的区块包含2^{20}（大约100万）笔交易，那么默克尔树只有20层，因此验证者只需要计算20个哈希来验证该证明。如果你的区块包含2^{30}（大约10亿）笔交易，那么默克尔树只有30层，因此轻客户端只读取30个哈希来验证交易。

以太坊通过在每个区块头内额外添加两棵默克尔树来对这一基本机制进行扩展，使得节点不仅能够证明特定交易是否发生，而且还能证明特定账户所具有的特定的余额和状态，或者特定事件的发生，甚至证明特定账户存不存在。

根的验证

现在，这个交易验证过程都基于一个假设，即默克尔根是可信的。如果有人向你证明某笔交易是拥有某个特定的根的默克尔树的一部分，那么这本身并没有任何意义。默克尔树中的成员仅能证明如果默克尔根本身已知是有效的，那么该交易有效。因此，轻客户端协议的另一个关键部分是找到验证默克尔根的方法——或者，概括而言，如何验证区块头。

首先，我们先来确定一下验证区块头的确切含义。轻客户端无法自行完全验证区块。尽管有合作验证协议，但是这种机制的成本也很高昂。因此，为了防止攻击者通过提出无效的区块来浪费大家的时间，首先需要快速确定某个特定的区块头是否可能有效。"可能有效"的意思是，如果攻击者给我们一个可能有效但事实上无效的区块，那么攻击者将要为此付出昂贵的代价。即使攻击者能够暂时欺骗轻客户端或者浪费轻客户端的时间，攻击者仍然应该比这场攻击的受害者遭受更多的痛苦。这是我们应用于工作量证明的标准，权益证明也不例外。

在工作量证明中，这个过程很简单。工作量证明背后的核心思想是区块头要想有效，其首先必须满足某个数学函数，并且产生这种有效的区块头需要非常密集的计算。如果轻客户端在一段时间内处于离线状态，然后重新联机，那么它将查找最长的有效区块头链，并假设这条链是合法的区块链。欺骗这种机制的成本非常高，因为你需要提供一系列可能有效但实际上无效的区块头。事实上，这种欺骗的成本跟在网络上发起51%攻击的成本没有差异。

在比特币中，这种工作量证明的条件很简单：`sha256(block_header)<2**187`（在具体实践中，目标值会发生变化，但进行简化分析时可以忽略这一点）。为了满足这一条件，矿工必须重复尝试不同的`nonce`值，直到他们找到一个能够满足基于特定区块头的工作量证明条件。平均而言，每个区块大约需要消耗2^{69}个计算工作量。比特币风格的工作量证明有一个很优雅的特性，那就是每个区块头都可以进行自我验证，而无需依赖于任何外部信息。这意味着，验证区块头的过程实际上可以在恒定的时间内完成——下载80 Byte，并运行它的哈希——甚至比我们建立的对数界限更好。不幸的事，在权益证明中，我们没有这么好的机制。

权益证明中的轻客户端

如果要为权益证明设计一个有效的轻客户端，在理想情况下，我们希望其能具有与工作量证明完全相同的复杂性理论属性——尽管我们必然以不同的方式实现。一旦区块头可被信任，那么从区块头访问任何数据的过程都是相同的，所以我们知道它需要花费对数时间才能完成。但是，我们希望验证区块头本身的过程也是满足对数规律的。

先描述一下旧版本的刀手机制（图3）。这一版本在设计上并没有刻意考虑轻客户端友好性。

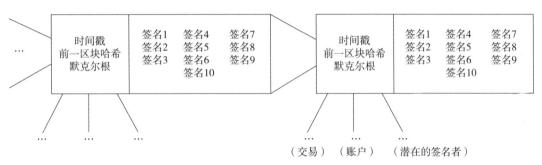

图3

1. 为了成为潜在的区块创建者或者潜在的签名者，用户必须抵押一定规模的保证金。这笔安全性保证金可以随时抵押，并持续很长一段时间，如3个月。

2. 在每个时隙 T 期间（如创世以后的3069120～3069135秒），某个函数产生随机数 R（保证随机数安全性的方法有很多，而且千差万别，但在这里都不重要）。然后，假设潜在的签名者集合 ps（存储在单独的默克尔树中）的规模为 N。将 [sha3(R)%N] 作为区块创建者，并且将 ps[sha3(R+1)%N],ps[sha3(R+2)%N],…,ps[sha3(R+15)%N] 作为签名者（本质上就是使用 R 作为熵来随机选出区块创建者和15位签名者）。

3. 区块内包含一个区块头，其中，区块头包含（a）前一个区块的哈希、（b）来自区块创建者和签名者的签名列表、（c）交易和状态的默克尔根，以及（d）辅助数据，如时间戳。

4. 如果该区块拥有区块创建者和15位签名者中至少10位的签名，那么在时隙 T 期间产生的区块是有效的。

5. 如果某个区块创建者或签名者合法地参与了区块产生的过程，那么他们会得到一笔小小的签名奖励。

6. 如果区块创建者或签名者签署一个不在主链上的区块，那么该签名可以作为区块创建者或签名者试图参与攻击的证据提交给主链。这将导致创建者或签名者损失保证金，而证据提交者可以获得33%的保证金作为奖励。

在工作量证明中，不在主链的分支上挖矿的原因在于，矿工要考虑无法获得主链奖励的机会成本。与此不同的是，在权益证明的情况下，不在主链的分支上挖矿是因为如果你在错误的链上挖矿，你会为你的行为受到明确的惩罚。这点很重要。因为每一个恶意的签名都会招致苛刻的经济惩罚，所以区块头数量更少才是获得相同安全边际的正确方式。

现在，不妨来看一看轻客户端需要做什么。假设轻客户端最近一次在线是在 N 个区块之前，并且想要验证当前区块的状态。那么，轻客户端需要做什么？如果轻客户端已经知道区块 B[k] 是有效的，并且想要认证下一个区块 B[k+1] 的有效性，其步骤大致如下：

1. 计算在区块 B[k+1] 期间产生随机值 R 的函数（计算时间可能是常数，也可能是对数，根据具体实现有所不同）。

2. 对于特定的 R，从区块链的状态树中获取所选区块创建者和签名者的公钥/地址（对数时间）。

3. 根据公钥验证区块头中的签名（常数时间）。

就这么简单。现在有一个问题：潜在的签名者集合可能会在需要验证某一区块时发生变化，因此轻客户端可能需要在能够计算 `ps[sha3(R+k)%N]` 之前处理区块中的交易。但是，可以简单地通过在这一区块产生之前（甚至是 100 个区块之前的区块，我们可以从中进行选择任意时间）就指定好潜在的签名者来解决这一问题。

现在，计算一下该协议给我们提供的形式化安全性保证。假设轻客户端处理一组区块 B[1],…,B[n]，并且从 B[k+1] 开始的所有区块都是无效的。假设 B[k] 之前的所有区块都是有效的，并且区块 B[i] 的签名者由区块 B[i-100] 来确定，这意味着轻客户端将能够正确地推断区块 B[k+1],…,B[k+100] 的签名的有效性。因此，如果攻击者提出了一组欺骗轻客户端的无效区块，轻客户端仍然可以确定攻击者需要为前 100 个无效区块支付约 1100 笔安全性保证金。至于未来的区块，攻击者虽然能够躲避使用伪造地址来签署区块的惩罚，但有这 1100 笔安全性保证金作为保险就够了——尤其是保证金的规模可能会发生变化，最终有可能积聚成数百万美元的资金。

由此，根据我们的定义，即使是旧版的刀手机制也是对轻客户端友好的。我们可以在对数时间内获得与工作量证明相同的安全性保证。

更优的轻客户端协议

然而，还可以做得更好——进一步将区块链分解为不同的时期（图4）。在这里，不妨定义一个更高级的刀手版本——我们称之为"时期刀手"（Epoch Slasher）。除了个别条件差异，时期刀手与上述刀手的机制完全相同。

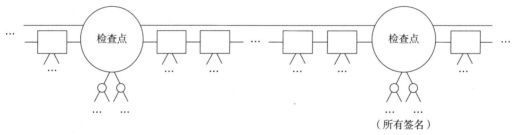

图4

1. 将检查点定义为区块，并遵从 `block.number%n==0`（即每 n 个区块都有一个检查点）。我们可以把 n 想象为几周的时间跨度。它只需要大致低于安全性保证金的时间跨度。

2. 要使检查点有效，首先必须得到所有潜在的签名者中的2/3的批准。此外，检查点必须直接包含先前检查点的哈希。

3. 在非检查点区块期间的签名者集合，应该在倒数第二个检查点期间从签名者集合中确定。

该协议允许轻客户端更快地追赶当前状态。轻客户端不会处理每个区块，而是直接跳到下一个检查点，并对其进行验证。轻客户端甚至可以概率性地检查签名，随机挑选80个签名者并专门请求他们的签名。如果签名无效，那么在统计意义上，可以确定将有数千笔安全性保证金被销毁。

在轻客户端验证最新的检查点后，该轻客户端可以获取最新的区块及其100个父区块，并使用更简单的单个区块协议来验证它们，就像在原始的刀手机制中一样。如果这些区块最终无效或者在错误的链上，那么由于轻客户端已经验证了最新的检查点，并且根据协议的规则，可以确保该检查点的保证金至少在下一个检查点前是有效的，此时轻客户端可以确定至少会有1100笔保证金被销毁。

通过后一种协议，可以看到，权益证明不仅能够像工作量证明一样对轻客户端友好，而且事实上其友好程度更高。在工作量证明中，与区块链同步的轻客户端必须下载并处理链中的每一个区块头。如果区块链的增长过程很快，那么这个过程的成本将会特别昂贵。这是其中一个设计目标。而在权益证明中，可以直接跳到最新区块，并在此之前验证最近100个区块，以确保如果我们在错误的链条上，那么至少会有1100笔安全性保证金被销毁。

现在，工作量证明在权益证明中发挥着保证合法性的作用。正如我们看到的：在权益证明中，概率验证每个单独的区块需要对数形式的工作量，因此攻击者仍然可以通过广播恶意区块来给轻客户端带来对数形式的处理困扰。而单独的工作量证明可以在恒定时间内被有效地验证，并且无需从网络中获取任何数据。因此，在权益证明算法中，在每个区块中实施少量工作量证明是有所裨益的。这种方式确保了：哪怕攻击者只是轻微阻碍轻客户端，也必须花费一定的计算量成本。然而，计算这些工作量证明所需的计算量微不足道。

超理性和 DAO

（2015 年 1 月 23 日）

编者按

> 本文作为维塔利克关于DAO的狂想曲，首次引入了"超理性"概念。文中引用了大量案例及观点论述了超理性的概念与意义，并进一步探讨了超理性合作在DAO中的作用。

警告：本文包含大量疯狂的想法。我自言自语的疯狂想法不代表（a）我确信这个想法是正确/可行的，（b）我有（甚至）超过50%的概率估计这个想法是正确/可行的，或者（c）以太坊以任何形式赞同这类想法。

在加密2.0领域中，一个关于去中心化自治组织[1]的常见问题是，DAO有什么用处？一个管理和运营都在公有区块链上写死——这是通过传统路线无法实现的——的组织所带来的基本优势是什么？区块链合约相对于普通股东协议有何优势？特别是，即使DAO可以提出有利于透明治理以及保证不作恶的公益性依据，个体组织通过开放其最内在的源代码来自愿削弱自身的动机是什么？毕竟这么做的话，其竞争对手将可以看到自己在闷声干活时所采取或者计划采取的每一个行动。

可以从多个角度来回答这个问题。在已经明确要致力于慈善事业的非营利组织这一特定案例中，我们可以明确地说，确实没有个体激励。因为他们的目标就是改善世界，并且鲜少或者根本不打算获得金钱收益。至于私营公司，可能会有人提出信息论论据：在其他条件相同的情况下，每个人都可以参与并将自己的信息和智能引入计算中，那么治理算法将更好地发挥作用。这是一个相当合理的假设，因为给出特定结果的机器学习[2]可以通过增加训练数据大小，而不是调整算法来获得更大的性能提升。但是，在本文中，我们将采用不同的更具体的路线。

什么是超理性？

在博弈论和经济学中，一个非常广泛理解的结果：如果存在许多种情况，并且其中一组个体有机会以两种方式中的一种行动——要么相互合作，要么相互背叛。如果每个人都合作，那么每个人都会变得更好。但不管别人怎么做，每个人都会因为自己的背叛行为而变得更好，那么最终结果是每个人都会选择背叛。由此，每个人的个人理性导致了最糟糕的集体结果。最常见的例子是著名的囚徒困境游戏。

由于很多读者可能已经了解过囚徒困境，所以为了增添趣味性，我选择用埃利泽·尤德科夫斯基（Eliezer Yudkowsky）的丧心病狂的博弈版本[3]进行阐述。

---

① https://en.wikipedia.org/wiki/Decentralized_Autonomous_Organization

② https://www.holehouse.org/mlclass/11_Machine_Learning_System_Design_files/Image [4].png

③ https://lesswrong.com/lw/tn/the_true_prisoners_dilemma/

假设有40亿人——这并不代表整个人类，只是其中很重要的一部分——目前经历一种致命的疾病，这种疾病只能通过物质S来治愈。

然而，物质S只能通过与来自另一个维度的奇怪AI（人工智能）合作来进行生产，这个AI唯一的目标就是使回形针的数量最大化，并且物质S也可以用于生产回形针。回形针最大化机器仅关注其自身内部的回形针数量，而不是我们的回形针数量，因此我们不能帮忙生产或者威胁去破坏回形针。我们以前从未与回形针最大化机器进行过交互，也永远不会与它进行交互。

在维度联系崩塌以前，人类和回形针最大化机器都有一次机会为自己使用物质S额外的一部分，但是病情发作过程会摧毁一部分物质S。

回报矩阵如图1所示。

从我们的角度来看，在这一个案例中，选择背叛是最实际，也最符合道德立场。不管在哪一个宇宙中，1枚回形针都不可能等价于10亿人的生命。从AI的角度来看，背叛总能收获一枚额外的回形针，并且其代码为人类生命赋予的价值正好为零。因此，它会

	人类合作	人类背叛
AI 合作	拯救 20 亿生命，并获得 2 枚回形针	拯救 30 亿生命，但获得 0 枚回形针
AI 背叛	无人生还，获得 3 枚回形针	拯救 10 亿生命，并获得 1 枚回形针

图1

选择背叛。然而，这将导致双方的结果明显比人和AI都合作时更糟糕。但是，如果AI选择合作，我们可以通过选择背叛来挽救更多的生命；同样，如果我们选择合作，对于AI来说也是如此。

现实世界中通过交易机制和法律制度来执行合约以及保证法律效力，解决了许多小规模的双方囚犯困境。在这种情况下，如果存在一个对两个宇宙拥有绝对权力但只关心某事物是否遵守先前协议的上帝，那么人类和AI就可以签订合约，让上帝同时阻止双方都选择背叛。而在没有预先签订合约的情况下，法律会惩罚单边背叛的一方。但是，还有许多情况，特别是参与方数量较多时，仍然会存在背叛。

1. 爱丽丝在市场上销售柠檬，她知道她目前销售的批次的质量很差，一旦顾客使用这些柠檬，他们会立即把它们扔掉。那么，她应该卖掉这些柠檬吗？（请注意，这是一个卖家众多并且买家无法追踪声誉的市场）。爱丽丝的预期收益：每个柠檬5美元的收入–1美元的运费/商店成本 = 4美元。预期社会成本：5美元收入 – 1美元成本–客户浪费的5美元 = – 1美元。因此，爱丽丝会选择继续卖柠檬。

2. 鲍伯应该为比特币开发捐赠1000美元吗？预期社会收益：10美元 × 100000人 – 1000美元 = 999000美元。鲍伯的预期收益：10美元 – 1000美元 = – 990美元。因此，鲍伯选择不捐赠。

3. 查理捡到别人的钱包，里面装着500美元。他应该物归原主吗？预期社会收益：500美元（对失主来说）– 500美元（查理的损失）+ 50美元（给社会带来的无形收益，即每个人都可以为他们的钱包安全少一点担忧）。查理的预期收益：– 500美元。所以，他选择自己保留钱包。

4. 大卫是否应该将有毒废物倾倒进河中来削减工厂的成本？预期社会收益：1000美元

储蓄 – 10 美元的平均医疗费用增加 × 10 万人 = – 999000 美元，大卫的预期收益：1000 美元 – 10 美元 = 990 美元。所以，大卫会选择污染河流。

5. 夏娃研制出治疗某种类型的癌症的方法，其中每个单位生产费用为 500 美元。她可以以 1000 美元的价格出售，从而造福 50000 名能够负担这一费用的癌症患者；或者以 10000 美元的价格出售，拯救 25000 名癌症患者。那么，她应该以更高的价格出售吗？预期社会收益：–25000 人的生命（这里面包括爱丽丝的利润，该利润抵消了富裕买家的损失）。夏娃的预期收益：2.375 亿美元利润 – 按照 1000 美元价格出售的 2500 万美元 = 2.125 亿美元。因此，夏娃会选择收取较高的价格。

当然，在很多这种情况下，人们有时会兼顾道德行事与合作，即使这会减少他们的个人收益。但为什么他们要这样做呢？我们是通过进化产生的，通常情况下应该是相当自私的最优生物[1]。关于这个问题，有很多种解释，我们不妨关注其中某个涉及超理性概念的解释。

超理性的作用

不妨看看大卫·弗里德曼（David D. Friedman）[2]关于美德和礼貌的解释。

"我从观察人类两个方面开始着手。首先，人类头脑内外的内容之间存在实质性联系。面部表情、身体姿势以及其他各种迹象至少让我们对朋友的想法和情感有所了解。其次，我们的智力有限——不能在可用的时间内做出决定、考虑所有的选择。用计算机的术语来说，我们是实时操作的有限计算能力的机器。

假设我希望人们相信我有某些特征：诚实、善良、乐于助人。如果我确实拥有这些特征，那么把这些特征表现出来很容易——我只需做出并说出某种看似自然的东西，而无须过多关注在外部观察者眼里，我的表现究竟如何。他们会观察我的言语、行为和面部表情，并得出相当准确的结论。

但是，假设我没有这些特征，如我并不诚实。我通常诚实地行事，仅仅因为诚实行事符合我的利益。但如果我不这么做能够有所获益，那么我通常很愿意做出这种例外。在许多实际决定中，我必须进行双重计算。首先，我必须决定如何行动。例如，这是一个行窃而不会被逮住的好机会。其次，我必须决定我该如何思考和行动，我的脸上会有什么表情，我是否会感到快乐或悲伤，以及我是否真的是我假装的那类人。

如果你需要计算机执行 2 倍的计算，那么计算机的速度会减慢。人类也是如此。我们当中的大多数人都不是表现优异的骗子。

如果这个论点是正确的，那就意味着我可能会在纯粹的物质条件——比如，有一份优厚的收入——下过得更好。如果我真的很诚实（和善良……），而不是假装，那只是因为真正的美德比假装的更具有说服力。因此，如果我是一个狭隘的自私个体，我可能出于纯粹自私的原因，想让自己成为一个更好的人——在其他人重视的方面让自己显得更加高尚。

---

[1] https://lesswrong.com/lw/kr/an_alien_god/

[2] https://www.daviddfriedman.com/Libertarian/Virtue1.html

论点的最后一步就是去观察：可以通过自己、通过父母甚至通过我们的基因做得更好。人们可以，也确实在努力训练自己养成良好的习惯——包括自动说出事实、不偷东西、善待朋友的习惯。通过足够的训练，这种习惯会变成品味——即使没有人在观看，做坏事也会让人不舒服，所以我们不会去做坏事。再过一阵子，人们甚至不必做出不这样做的决定。你可以将此过程描述为合成良心。"

从本质上讲，只要你能够侥幸地躲过贪婪的念头，就会在认知上令人难以信服地假装自己是善良的。因此可以说，你实际上是善良的。许多古代哲学都遵循类似的推理，将美德视为一种养成的习惯。大卫·弗里德曼只是向我们提供了经济学家的惯常服务，并将直觉转化为更容易分析的形式主义。现在，进一步简化这种形式主义。简而言之，这里的关键点是，人类是有漏洞的代理——在每一秒的动作中，我们基本上都会间接地暴露部分源代码。如果我们计划表现成好人，那么会采取一种方式；如果我们只是假装自己很好，而实际上打算在朋友最脆弱的时候立即落井下石，那么我们的行为会有所不同，而其他人通常能够注意到。

这似乎是一个缺点。然而，它却能使得与上述简单的博弈论代理无法实现的合作发生。假设两个代理 A 和 B 分别具有读取对方是否善良的能力（这种能力具有一定的准确率），并且它们遭遇对称的囚徒困境。在这种情况下，代理可以采取以下策略。我们认为这是一种善良的策略。

1. 尝试确定对方品德如何。

2. 如果对方品德不错，那就合作。

3. 如果对方品德很坏，那就背叛。

如果两个善良的代理相互接触，两者都会合作，并获得更大的回报。如果一个善良的代理与一个不善良的代理接触，那么善良的代理人就会背叛。因此，在所有情况下，善良的代理通常会做的与不善良的代理一样好，并且通常会更好。这就是超理性的本质[①]。

正如这种策略所设想的那样，人类文化有一些根深蒂固的机制来实施，尤其是不要去相信那些努力让自己不那么容易被他人看穿的代理。有句话是这么说的，你不应该相信不喝酒的人。当然，有一类人可以令人信服地假装友好，虽然他们每时每刻都在准备要实施背叛——这些人我们称之为"反社会者"[②]，他们可能是人类实施这一制度时的主要叛乱者。

中心化人力组织

在过去的一万年里，这种超理性合作可以说是人类合作的重要基石。即使在那些简单的市场激励也有可能驱使背叛的情况下，人与人之间也能诚实以待。然而，也许现代大型中心化组织诞生的主要不幸的副产品之一是，它们使得人们能够有效地欺骗他人读懂自身思想的能力，并使得这种合作变得更加困难。

现代文明中的大多数人都受益匪浅，而且间接地资助了某些第三世界国家的人将有毒

---

① https://en.wikipedia.org/wiki/Superrationality

② https://en.wikipedia.org/wiki/Psychopathy#Sociopathy

废物倾倒入河流，以便为自己制造更便宜的产品。但是，我们甚至没有意识到我们是间接地参与了这种背叛，是公司为我们做了这肮脏的工作。市场是如此的强大，它甚至可以套利我们的道德，将最肮脏和令人讨厌的任务交给那些愿意以最低成本吞没良心并有效地将其隐藏在他人以外的人。企业完全能够通过其营销部门将笑脸作为自身的完美的公众形象，同时将其留给一个完全不同的部门以甜言蜜语哄骗潜在客户。第二个部门甚至不知道生产该产品的部门要更加邪恶与口蜜腹剑。

互联网经常被誉为解决这类组织和政治问题的解决方案。事实上，它确实在减少信息不对称和提供透明度方面做得很好。然而，由于超理性合作的可行性降低，它有时甚至会使事情变得更糟。在网上，即使作为普通的个人，漏洞也会显得不那么明显。所以即使我们实际上打算行骗，也能更轻易地装成好人。这就是网上和加密货币领域中的诈骗比线下更常见的部分原因，当然也是反对将所有经济互动转移到互联网上的主要论据之一（另一个论点是，加密无政府主义[①]消除了可能导致无限大惩罚的因素，但也削弱了一大类经济机制的力量）。

可以说，更高程度的透明度也是一种解决方案。个体处于适当地暴露漏洞，而当下的中心化组织的漏洞较少，那些不断地向世界各处发布任意信息的组织比个体更容易暴露漏洞。想象一下，在某个世界里，如果你开始考虑你该如何欺骗你的朋友、商业伙伴或配偶，你的海马体的左侧部分将有1%的机会背叛并将你的想法的完整记录发送给你的预期受害者，以获得7500美元的奖励。它会认为自己是某个漏洞组织的管理委员会。

这本质上是维基解密背后的创始意识形态的重述。最近有一个激励式的维基解密的替代品，即slur.io[②]，进一步加大了这个尺度。然而，维基解密仍然存在，而那些阴暗的中心化组织也仍然存在，并且在许多情况下，其仍然是相当阴暗的。激励加上类似预测的机制能够让人们摆脱雇主的恶行并从中获利，这将打开提高透明度的大门。但与此同时，我们也可以采取不同的方式，那就是为组织提供一种方式使其自愿并从根本上达到前所未有的暴露和超理性程度。

DAO

作为一个概念，去中心化自治组织的独特之处在于，它们的治理算法不仅仅是暴露的，而且实际上是完全公开的。也就是说，即使是透明的中心化组织，外人也可以大致了解该组织的性格；而对于DAO，外人实际上可以看到组织的整体源代码。现在，他们没有看到DAO背后的人类的源代码。但是，确实存在某种方式允许我们编写DAO的源代码——因此无论参与者是谁，它都会严重偏向某个特定的目标。最大限度地延长人类平均寿命的Futarchy[③]与最大化回形针生产的Furtarchy的行为截然不同，哪怕是由完全相同的人来运行它们。因此，现在不仅仅是如果组织打算作弊，每个人都会知道组织要作弊，而是组织

① https://activism.net/cypherpunk/crypto-anarchy.html

② https://slur.io/

③ https://blog.ethereum.org/2014/08/21/introduction-futarchy/

的思想甚至不可能作弊。

那么，使用DAO的超理性合作会是什么样子的呢？首先，我们需要看到DAO的实际存在。有一些使用案例，我们期望它们成功似乎并不牵强，如赌博、稳定币①、去中心化文件存储②、一人一ID的数据提供，谢林币③等。但是，可以称这些DAO为I类DAO：它们具有一些内部状态，但很少有自治。它们不能做任何事情，但可能会调整自己的参数，以通过PID控制器④、模拟退火⑤或替换简单的优化算法来使某些效用参数最大化。因此，它们处于弱义超理性状态，但它们也相当受限和愚蠢。由此，它们通常依赖于通过外部过程进行升级，而这种过程根本不是超理性的。

为了更进一步，我们需要II类DAO：即具有治理算法的DAO，理论上，其能够做出任意决策。Futarchy⑥、各种形式的民主以及各种形式的主观协议外治理（在存在实质性分歧的情况下，DAO将其自身克隆并分成多个部分，每个提议的策略都有一个对应的部分，并且每个人选择应该与哪个版本进行交互）是我们目前仅知的，尽管替换基本方法和这些方法的巧妙组合可能会陆续出现。一旦DAO可以做出任意决定，那么他们不仅能够与人类客户进行超理性商业交易，甚至还可能彼此之间进行交易。

超理性合作可以解决哪种传统合作不能解决的问题？不幸的是，公共物品问题可能超出这一范围。这里描述的机制都没有解决大规模多方激励的问题。在这个模型中，组织使自身去中心化/暴露的原因是，如果它们这么做了，会有更多人相信它。由此未能做到这一点的组织将被排除在这种信任圈的经济利益之外。至于公共物品问题，其核心是没有办法排除任何人从中受益，因此这一策略失败了。但是，与信息不对称有关的任何事情都在这个范围以内，而且这个范围确实很大。随着社会变得越来越复杂，在许多方面，欺骗将变得越来越容易，就连警察也难以辨识，甚至难以理解。现代金融体系就是一个例子。也许DAO的真正愿景——如果有什么愿景——那就是帮助解决这个问题。

---

① https://blog.ethereum.org/2014/11/11/search-stable-cryptocurrency/

② https://blog.ethereum.org/2014/08/16/secret-sharing-erasure-coding-guide-aspiring-dropbox-decentralizer/

③ https://blog.ethereum.org/2014/03/28/schellingcoin-a-minimal-trust-universal-data-feed/

④ https://en.wikipedia.org/wiki/PID_controller

⑤ https://en.wikipedia.org/wiki/Simulated_annealing

⑥ https://blog.ethereum.org/2014/08/21/introduction-futarchy/

$P+\varepsilon$ 攻击

（2015 年 1 月 28 日）

编者按

在维塔利克提出基于期望加强的谢林币后，安德鲁·米勒对谢林币可能存在的缺陷进行了批评。本文旨在探讨遭遇 $P+\varepsilon$ 攻击之后，谢林币存在何种解决方案。

特别感谢安德鲁·米勒（Andrew Miller）提出关于这类攻击的看法，感谢扎克·赫斯（Zack Hess）、弗拉德·赞菲尔（Vlad Zamfir）和保罗·斯托克（Paul Sztorc）的讨论和回应。

最近几周，在关于加密经济学的讨论中发生了一件非常令人欣喜的事，那就是本月早些时候安德鲁·米勒对谢林币[1]提出批评。尽管人们一直认为谢林币以及类似的体系（包括更高级的 Truthcoin 共识[2]）都依赖至今全新且未经测试的加密经济安全假设——即人们可以安全地依赖在同一共识博弈中诚实行事的人，因为这些诚实行事的人相信其他人也会同样地保持诚实。迄今为止，人们所提出的问题都与相对边际问题有关，如攻击者通过施加持续的压力，随着时间的推移对输出产生微小但不断增加的影响力。另一方面，这种攻击揭示了一个更加根本的问题。

设想以下场景：假设存在一个简单的谢林博弈，用户可以对某个特定事实是真（1）或假（0）进行投票。在本例中，假设这个事实是假的。每个用户可以投 1 或 0。如果用户投票与大多数人相同，那么他们会得到奖励 P；否则他们得到的奖励为 0。因此，回报矩阵如图 1 所示。

	你投 0	你投 1
其他人投 0	P	0
其他人投 1	0	P

图 1

这个理论是，如果每个人都认为其他人会如实地投票，那么他们的动机就是如实地投票，以便与大多数人保持一致。这就是人们期望别人在第一时间如实投票的原因，这是一个自我强化的纳什均衡。

现在，来讨论一下针对这种模型的攻击。假设攻击者可信地承诺（如通过以太坊合约将自身的声誉作为抵押，或者借助可信赖的托管提供商的声誉来为自己担保），其将在博弈结束后向投 1 的投票者支付 X 奖励。其中，如果多数人投 0，那么 $X=P+\varepsilon$；如果多数人投

---

[1] https://blog.ethereum.org/2014/03/28/schellingcoin-a-minimal-trust-universal-data-feed/

[2] https://truthcoin.info/

1，则 $X = 0$。现在，回报矩阵如图 2 所示。

	你投 0	你投 1
其他人投 0	P	$P + \varepsilon$
其他人投 1	0	P

图 2

由此可见，无论你认为大多数人会做什么，投 1 都是主导策略。因此，假设系统不受利他主义者支配，那么大多数人将会投 1。最终，攻击者根本不需要支付任何费用。也就是说，这个攻击以零成本成功地接管了这一机制。需要注意的是，这与尼古拉斯·郝（Nicholas Houy）的关于在权益证明中进行零成本 51% 攻击的论点[1]（在技术上，该论点可扩展至基于 ASIC 的工作量证明）不同，因为这里不需要认识接管。即使每个人都坚持认为攻击者将会失败，他们仍然会投票支持攻击者，因为攻击者承担了一切失败的风险。

挽救谢林方案

挽救谢林机制的方法有好几种。其中一种是，比起让谢林共识本身的第 N 轮依据"大多数即正确"原则来决定谁将获得奖励，改用第 $N + 1$ 轮确定谁应该在第 N 轮获得奖励。其中，默认的均衡为只有在第 N 轮正确投票的人（基于实际事实以及在第 $N - 1$ 轮获得奖励的人）才能得到奖励。从理论上讲，如果攻击者希望执行零成本攻击，那么其不只要贿赂一轮共识，还要贿赂所有未来的轮次。这样，攻击者本身必须具备足够的财力应对保证金这一无底洞。

但是，这种方法有两个缺陷。首先，这一机制很脆弱：如果攻击者通过向每个人支付 $P + \varepsilon$ 奖励成功贿赂某些回合，那么无论谁赢了，对这个被贿赂的回合的期望都会激励大众与攻击者合作，以反向传播给前面的轮次。因此，贿赂一个回合的成本十分高昂，但贿赂成千上万个回合的成本并没有变得更加昂贵。

其次，由于贴现的原因[2]，攻克这一方案所需的保证金并不需要无限大——它只需要非常大（即与现行利率成反比）。如果只是想提高攻击所需的最低贿赂金额，那么我们可以采用保罗·斯托克（Paul Storcz）[3] 率先提出的一个更简单且更优的策略，即要求参与者抵押大额保证金，并建立一个竞争越大，所需保证金越多的机制。在极限情况下，如果有略高于 50% 的选票支持一种结果，而 50% 的选票支持另一种结果的情况，那么将有少数投票者的保证金被没收。在这种方法下，尽管攻击仍然有效，但现在攻击所需的贿赂金额必须大于保证金（大致等于支付金额除以折扣率，由此保证在无限回合的博弈中都具有相同的

---

[1] https://halshs.archives-ouvertes.fr/halshs-00945053/document

[2] https://en.wikipedia.org/wiki/Discounting

[3] https://www.truthcoin.info/papers/truthcoin-whitepaper.pdf

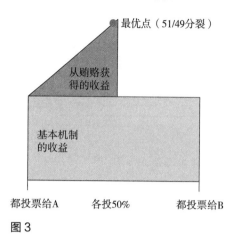

反协调总体回报

最优点（51/49分裂）

从贿赂获得的收益

基本机制的收益

都投票给A　　各投50%　　都投票给B

图3

效果），而不仅只是每一轮的贿赂支出。因此，为了攻克这一机制，攻击者需要去证明自己能够发动51%攻击，也许我们应该假设那样规模的攻击者根本不存在。

另一种方法是依靠反协调。我们通过可信的承诺协调大众投票给A（如果A是事实）的概率为0.6，而B的概率为0.4。理论上，这将（有一定概率）导致用户在索取机制奖励的同时，还索取一部分攻击者的贿赂。这种方式在博弈中（似乎）特别有效，相比起向每个占大多数的投票者支付恒定的奖励，这类博弈的结构被设置为具有恒定的总收益，因此需要调整个体收益以实现这一目标。在这种情况下，从集体理性的角度来看，通过让占49%的成员投票给B来获得攻击者的奖励，而让占51%的成员投票给A以确保攻击者的奖励得到支付，该组实际获得的利润最高（图3）。

然而，这种方法本身存在一个缺陷，即如果攻击者的贿赂足够高，那么也会有人选择背叛。其根本问题在于，在给定A和B之间的概率混合策略的情况下，对每个人来说，其回报总是跟随概率参数（几乎）呈线性改变（图4）。因此，对于个体来说，如果投票给B比投票给A更有意义，那么给B投票的概率为0.51比给B投票的概率为0.49更有意义，而给B投票的概率为1的效果将会更好。

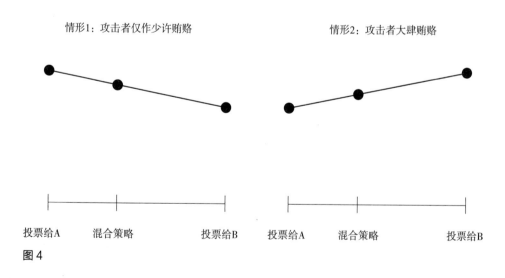

情形1：攻击者仅作少许贿赂　　　　　　情形2：攻击者大肆贿赂

投票给A　混合策略　投票给B　　投票给A　混合策略　投票给B

图4

因此，每个人都会背叛投票给1的概率为49%这一策略，而选择总是投票给1。因此1将获胜，并且攻击者将成功完成零成本接管。这种复杂方案的存在，以及看似有效的事实表明：或许在不久的将来，真会有这么一套实际有效的复杂反协调方案。但是，我们必须为不存在此类方案做好准备。

更进一步的后果

考虑到谢林币可以实现大量加密经济机制，以及此类方案在横跨加密世界与现实世界建立纯粹的免信任联系的重要性，这种攻击构成了潜在的严重威胁——尽管我们可以部分挽救谢林方案这一类别。然而，更有意思的是，尽管那些更大的机制类别乍看起来与谢林币毫不相关，但事实上它们的优点和缺点非常相近。

不妨举一个具体的例子，即工作量证明。工作量证明实际上是一种多均衡博弈，其方式与谢林方案大致相同：如果存在两个分支A和B，如果你在最终获胜的分支上挖矿，你将会获得25 BTC（图5）。但如果你在最终失败的分叉上挖矿，那么你什么也得不到。

	你在 A 上挖矿	你在 B 上挖矿
其他人在 A 上挖矿	25	0
其他人在 B 上挖矿	0	25

图5

现在，假设攻击者同时对多个参与方发动双花攻击（这一要求确保没有一方有强烈的动机反对攻击者，反对反而成为公共物品。或者，双重花费可能纯粹是攻击者以10倍杠杆做空时，尝试做低价格的手段罢了），并调用主链A和攻击者最新的双花分叉B。默认情况下，每个人都希望A获胜。然而，攻击者可信地向所有在B上挖矿的人承诺，如果B最终失败，其将支付25.01 BTC。因此，回报矩阵变为图6所示。

	你在 A 上挖矿	你在 B 上挖矿
其他人在 A 上挖矿	25	25.01
其他人在 B 上挖矿	0	25

图6

因此，无论一个人的认知信念如何，在B上挖矿都是一种占主导地位的策略，所以每个人都会在B上挖矿，因此攻击者最终将获胜，并且根本无需支出成本。需要注意的是，在工作量证明中我们没有保证金一说，因此其所需的贿赂水平仅与挖矿奖励与分叉长度的乘积成比例，而不是控制所有挖矿设备的51%资金成本。因此，从加密经济学的角度来看，可以认为工作量证明几乎没有加密经济安全边际。如果有人对纯粹的权益证明的弱主观[1]条件感到不舒服，那么正确的解决方案应该是基于在挖矿过程中增加了保证金以及双重投票惩罚机制的混合权益证明增添工作量证明。

---

[1] https://blog.ethereum.org/2014/11/25/proof-stake-learned-love-weak-subjectivity/

当然，在实践中尽管存在缺陷，工作量证明仍然经受住了考验，并且它确实会继续存在很长时间。事实上，也许正是因为有足够的利他主义的存在，攻击者实际中并不完全相信自己会成功——但是，如果我们能够依赖利他主义，那么最简单的权益证明也是可以发挥作用的。因此，谢林方案最终也有可能在实践中应用，即使它们在理论上并不完美。

本文的下一部分将更详细地讨论"主观机制"概念，以及在理论中它们该如何用于解决其中的一些问题。

主观性 / 可利用性权衡

（2015 年 2 月 14 日）

编者按

在某一区块链网络中，如果攻击者愿意贿赂足够多的人，那么系统本身可以被攻击者控制，这对于需要通过客观民主决策进行外界信息获取的系统是极为致命的。此时，主观性的民主决策反而能够有效抵抗上述可利用性缺陷。基于此，本文旨在探讨在系统设计过程中，主观性及可利用性的协同及权衡。

许多类型的共识结构中内在的一个问题是，尽管它们拥有一定的健壮性能够抵抗达到某种规模的攻击者或者串谋攻击，但如果攻击者变得足够强大，从根本上而言，这些结构仍然可以被利用。如果工作量证明系统中的攻击者拥有不到25%的挖矿算力，并且其他参与者都是理性的且没有相互串通，那么我们就可以证明工作量证明是安全的。但是，如果攻击者足够强大以至于在现实中可以获得成功，那么攻击就没有任何成本，并且其他矿工也有可能去支持攻击者。正如我们所见，如果攻击者愿意贿赂足够多的人，那么谢林币很容易受到所谓的 $P+\varepsilon$ 攻击[1]，并且被控制大多数人的攻击者所捕获，其方式与工作量证明场景大致相当。

问题是，我们可以做得更好吗？尤其是如果像比特币这样的匿名加密货币获得成功，并且可以说即使它没有成功，那么毫无疑问也会滋生一些阴暗的风险资本产业——只要确保他们能够从执行攻击中快速获利，那么他们愿意承担发动此类攻击所需的数十亿美元成本。因此，我们希望拥有一种加密经济机制：这种机制不仅仅是稳定的（即攻击者发动攻击所需的最小规模足够大），同时也是不可利用的。尽管永远无法衡量和解释所有可以通过攻击协议来获益的外在方式，但我们希望至少确保协议不会拥有为攻击提供利润的内在潜力，并在理想情况下使内在成本最大化。

对于某些类型的协议，存在这样的可能性。例如，在权益证明中，我们可以对双重签名的行为进行惩罚。即使一个恶意的分叉成功，分叉中的参与者仍然会失去他们的保证金（请注意，为了正确地完成这一点，我们需要添加一个明确的规则，即拒绝包含某段时间内的双重签名的证据的分叉将被视为无效）。不幸的是，当前的谢林币机制无法实现这种可能性。我们没有办法以密码学形式分辨出为旧金山温度为400000000℃投票的谢林币实例，和仅仅因为攻击者承诺给予贿赂而导致大众投票支持该温度的实例的区别。基于投票的DAO由于缺乏相应的股东法规很容易会受到攻击。在该攻击中，51%的参与者串谋取走DAO的所有资产。所以，我们能做什么？

在真理和谎言之间

所有这些机制所具有的一个关键特性是，我们都可以认为这些机制是客观的：协议的

---

① https://blog.ethereum.org/2015/01/28/p-epsilon-attack/

运作和共识可以始终使用仅知道已发布的完整数据集和协议规则的节点来维护。此处没有额外的外部信息（如来自区块链浏览器的最新区块哈希、关于特定分叉事件的详细信息、外部事实的知识以及声誉等），以便更安全地处理协议。这种客观机制与我们将要描述的主观机制，即外部信息需要与之进行安全交互的机制形成鲜明对比。

当存在多个级别的加密经济应用栈[1]时，每个级别可以分别具备不同的客观或主观属性：Codius[2]允许为用于智能合约验证的预言机进行主观确定性评分，并且这一智能合约验证是以客观区块链为基础的（因为每个用户必须自行决定特定预言机是否值得信赖），而瑞波币的去中心化交易提供了在最终主观的区块链上作客观执行的能力。然而，到目前为止，加密经济协议一般倾向于尽可能客观。

客观性经常被誉为比特币的主要特征之一，其确实有很多好处。然而，它同时也是一个诅咒。其根本问题在于，一旦你试图将某些加密经济以外的事物从外部世界引入加密经济世界——无论是现实世界的货币价格、温度、事件、声誉甚至是时间——你都在试图构建一个之前绝对不存在的连接。至于这会造成什么问题，不妨考虑以下两种情况。

1. 事实是B，并且大多数参与者都诚实地遵循标准协议，合约通过该协议发现事实是B，但攻击者占了20%或者额外占据20%的参与者接受了贿赂。

2. 事实是A，但80%的参与者是攻击者或收受贿赂假装真相是B。

从协议的角度来看，这两者完全没有区别。在真理和谎言之间，协议是精准对称的。因此，认知接管（攻击者说服其他所有人：他们已经说服其他人一起进行攻击，可能以零成本翻转均衡），$P + \varepsilon$攻击以及由极其富有的参与者发起的可获利的51%攻击等都有可能发生。尽管人们可能第一眼就认为，只依赖于使用通过协议所提供的信息的参与者的客观系统都很容易分析。但这一系列问题显示，在很大程度上情况恰恰相反：客观协议很容易遭受接管问题，而且很可能是零成本接管，并且标准经济学和博弈论用于分析均衡翻转的工具十分拙劣。至于试图分析均衡翻转困难度的科学，目前最接近的理论是混沌理论。当人们开始改用"依据混沌理论来保护你外婆的资金"来宣传加密协议时，那将会很有意思。

因此，主观性背后的力量在于操纵、接管和欺骗等无法检测或在某些情况下可以在纯密码学中定义的概念能够被围绕协议的人类社区理解得更好。为了了解主观性如何在具体行动中发挥作用，我们不妨直接跳到另一个例子。这一例子将定义一种全新的第三种假设的区块链或DAO治理形式，这一形式可对Furtachy[3]和民主进行补充，即主观民主。纯粹的主观民主的定义非常简单。

1. 如果每个人都同意，那么跟随一致的决定。

2. 如果在决策A和决策B之间存在分歧，则将区块链/DAO分裂为两个分叉，其中一个分叉执行决策A，而另一个分叉执行决策B。

允许所有分叉存在，让周围的社区来决定他们关心哪些分叉。在某种意义上来说，主观民主是最终的非强制性的治理形式，没有人会被强迫按照他人眼中的设定行事。这里只

---

① https://blog.ethereum.org/2014/12/31/silos/

② https://codius.org/

③ https://blog.ethereum.org/2014/08/21/introduction-futarchy/

有一种状况：如果你的政策偏好不受欢迎，那么你的分叉上最终只有很少人跟你交互。也许，在未来某个新潮的社会中，几乎所有资源都是数字化的，而且所有物质和其他有用的东西都极度便宜，那么这时主观民主可能会成为政府的首选。但在此之前，加密经济似乎是一个更完美的初始用例。

在另一个例子中，还可以看到如何将主观民主应用于谢林币。首先，先定义谢林币的客观版本，以便进行比较。

1. 谢林币机制具有相关的子货币。

2. 任何人都有能力通过购买货币单位加入该机制并将其作为保证金抵押。与往常一样，参与的权重与保证金规模成正比。

3. 任何人都可以使用该机制的货币来支付固定费用，并向机制提出问题。

4. 对于某个特定的问题，机制中的所有投票者要么投票给A，要么投票给B。

5. 每个跟随大多数人投票的参与者都可以分享提问费用，投票与多数人相悖的参与者将一无所得。

需要注意的是，正如我在 $P + \varepsilon$ 攻击的文章中所提到的那样，保罗·斯托克（Paul Sztorc）对其进行了改进。在该改进中，少数派投票者损失了一部分的币，并且问题的争议性越大，少数派投票者损失的币就会越多，直到51/49分裂，此时少数派投票者将损失所有币。这种方法极大地提高了 $P + \varepsilon$ 攻击的门槛。但是，对我们来说，提高攻击门槛还不够好。在这里，我们感兴趣的是没有可利用性（再一次，我们正式将可利用性定义为"协议为有利可图的攻击提供内在机会"）。因此，不妨看看主观性如何提供帮助。我们将忽略不变的细节。

1. 对于某个特定的问题，该机制中的所有投票者要么投票给A，要么投票给B。

2. 如果每个人都同意，即决定全部达成一致，则奖励所有人。

3. 如果存在分歧，那么将机制分裂为两个链上分叉，其中一个分叉就像选择A一样，奖励每一位给A投票的参与者；而另一个分叉则像选择B一样，奖励每一位投票给B的参与者。

机制的每一个副本都有各自的子货币，并且可以单独进行交互。用户可以自行决定哪一个分叉更值得提问。理论上说，如果确实发生了分裂，那么诚实的参与者会纷纷押注选择正确答案的分叉，而说谎的参与者也将纷纷押注选择错误答案的分叉。因此，用户更愿意向诚实的参与者拥有更大影响力的分叉提出问题。

如果你仔细观察，你会发现这对于声誉系统真的只是一种巧妙的形式主义。这一系统所做的一切基本上是记录所有参与者的投票，并允许每个希望提出问题的个体用户查看每名被告的历史，然后从中选择要询问的参与者团体。这是一个非常普通、古老、似乎甚至不是解决问题的加密经济方法。那么，现在要怎么办？

转向实用性

如上所述，纯粹的主观民主有两大问题。首先，在大多数实际情况中，用户需要做的决定太多，以至于他们无法决定自己到底想要使用哪一个分叉。为了防止大规模的认知负荷和存储膨胀，应该尽可能减小需要主观决定的决策集合。这一点至关重要。

其次，如果某个特定用户并不坚信应该以某种方式响应某个特定的决策（或者，不知道正确的决定是什么），那么该用户将难以确定其自身该跟随哪个分叉。对那些"非常愚蠢的用户"（VSU）来说，这个问题特别深刻——万一不是辛普森，而是辛普森的冰箱①。这样的例子很多，包括物联网／智能财产应用（如SUV）、其他加密经济机制（如以太坊合约、独立的区块链等）、由DAO控制的硬件设备、独立运行的自治代理等。简而言之，机器（a）没有获得更新的社交信息的能力，以及（b）没有除了遵循预先指定的协议的能力之外的智能。考虑到VSU们的存在，能有与之协调的方法会更好。

令人惊讶的是，第一个问题基本上与我们都非常清楚的另一个问题同构，即区块链可扩展性问题。二者面临的挑战是完全相同的：我们希望拥有与所有用户都在系统上执行某种验证相当的强度，但又不需要每次都实际执行该级别的工作。在区块链可扩展性方面，有一个已知的解决方案：尝试使用更弱的途径，如随机选择的共识群、以默认设置解决问题以及只要当系统发出警报，才进行完全验证的退路。这里，我们将做类似的事情：尝试使用传统的治理方法来解决相对没有争议的问题，并且只使用主观民主作为一种退路和最终的激励方式。

因此，不妨定义另一个版本的谢林币。

1. 对于某个特定的问题，该机制中的所有投票者要么投票给A，要么投票给B。

2. 占大多数投票的每位参与者都可以分享提问费用（不妨设为P），投票与大多数人相悖的参与者一无所得。但是，在投票结束后，这些少数派的保证金将被冻结1小时。

3. 用户能够在已经投票的特定问题上押注一大笔保证金（如50P），来提升大家对某一已经被投票的问题的警告效力，本质上就是一个说"这么做是错的"的押注。如果发生这种情况，那么机制会分裂成两个链上分叉。其中一个分叉选择某个答案，而另一个分叉选择另一个答案。

4. 在所选答案与原始投票答案相同的分叉上，警告发出者将损失保证金。而在另一种形式下，警告发出者将获得2倍保证金的奖励，且该奖励由错误的投票者的保证金进行支付。此外，其他回答者的奖励则更加极端："正确"的回答者获得5P奖励，并且"不正确"的回答者将损失10P。

如果我们做出一个最慷慨的假设，并假设在分裂的情况下，错误的分叉会迅速消失并被忽略，那么（部分）回报矩阵看起来如图1所示（假设事实是A）。

通过共识和发出警告进行投票的策略显然是自相矛盾且相当愚蠢的。因此，为了简洁起见，我们忽略它。可以使用相当标准的重复消除方法来分析回报矩阵。

1. 如果其他人主要投票给B，那么对你来说，最大的动机就是发出警告。

2. 如果其他人主要投票给A，那么对你来说，最大的动机就是投票给A。

3. 因此，每个人都不会投票B。如此一来，我们就知道每个人都会投票给A，所以每个人的动机都是投票给A。

需要注意的是，与谢林币博弈不同，这里实际上存在着一个独特的均衡，至少如果假

---

① https://gendal.me/2013/10/23/on-the-blockchain-nobody-knows-youre-a-fridge/

	你给A投票	你给B投票	你投票反对共识，发出警报
其他人主要给A投票	P	0	$-50P-10P=-60P$
其他人主要给A投票，$N \geq 1$人发出警报	$5P$	$-10P$	$-10P-[50/(N+1)]P$
其他人主要给B投票	0	P	$50P+5P=55P$
其他人主要给B投票，$N \geq 1$人发出警报	$5P$	$-10P$	$5P-[50/(N+1)]P$

图1

设主观判断能够正常发挥作用的话。因此，通过依赖于本质上基于用户而不是投票者的博弈论，可以避免涉及多均衡博弈这一令人厌烦的复杂难题，并且获得更清晰的分析。

此外，"通过打赌来发出警告"协议不同于其他留存后路的方法，这些方法在此前关于可扩展性的文章中已经提及过。这种新机制比其他方法更优越、更清晰，也可以应用于可扩展性理论。

市场的公共职能

现在，回过头来讨论关于汽车、区块链和自治代理的话题。比特币的客观性之所以如此受到重视，原因在于在某种程度上，正是这种客观性使得它非常适合这种应用。因此，如果我们想提出一个在这一方面具有竞争力的协议，也需要为这些VSU提供解决方案。

进入市场。在20世纪40年代，哈耶克（Hayek）特别的自由主义品牌以及半个世纪后罗宾·汉森（Robin Hanson）所发明的Futarchy[1]背后的关键见解在于，市场不仅要撮合买卖双方，还要提供公共信息服务。关于某些数据（如GDP、失业率等）的预测市场揭示了市场对未来某个时刻的数据估值的信息，而基于商品、服务或代币的市场则为感兴趣的个人、政策制定者和机制设计者揭示了特定商品、服务和代币的公共价值。因此，市场可以被认为是对谢林币的补充，因为它们像谢林币一样，也是数字世界和真实世界之间的窗口——在这种情况下，这个窗口揭示了现实世界对某种东西的关心程度。

那么，市场的二级公共职能该如何应用于此？答案很简单。假设存在上述最后一种类型的谢林币机制，并且在某个特定的问题之后出现了两个分叉。一个分叉说旧金山的气温是20℃，另一个分叉说温度是4000000000℃。作为一个VSU，你看到了什么？我们不妨看看市场看到了什么。一方面，你有一个分叉，其内部货币的大部分由诚实的参与者所控制。

---

[1] https://mason.gmu.edu/~rhanson/futarchy.html

另一方面，你有一个分叉，其中较大的份额由说谎的参与者所控制。那么，请猜猜这两种货币中的哪一种在市场上会有更高的价格……

在加密经济学术语中，这里到底发生了什么？简洁来说就是，市场将存在于主观协议的智能用户的人类智能转化为允许 VSU 加入正确分叉的伪客观信号。需要注意的是，协议本身并不客观。即使攻击者设法在短时间内成功操纵市场并大幅提高代币 B 的价格，用户仍然会对代币 A 拥有更高的估值，并且当操纵者放弃操纵时，代币 A 会重新回到主导地位。

现在，这个市场有哪些抵御攻击的健壮性？正如汉森（Hanson）和莫德堡（Moldbug）在关于 Futarchy[①] 的辩论中提出的那样，在理想情况下，只要诚实参与的用户的经济权重超过任何特定的串谋集合的经济权重，那么市场就会为代币提供正确的价格。如果攻击者提高了价格，那么其他参与者就会有出售自身持有的代币的动机。与此同时，外部参与者也会被吸引进入做空。这两种情况在帮助参与者获取预期利润的同时，还能将价格推回到正确的价值。在具体实践中，操纵压力确实会产生一些影响，但只有当操纵者可以高价收买大多数人共同联合时，才能够实现完全接管。即使攻击者真的成功了，他们也会为此付出高昂的代价，因为一旦攻击结束，其所购买的代币几乎毫无价值，而选择正确答案的分叉将重新确立为市场上最有价值的分叉。

当然，以上只是一个关于准主观谢林币工作原理的草图。事实上，我们需要进行一些改进，以防止参与者提出模棱两可或不道德的问题，同时处理线性而不仅仅是二元赌注，以及优化不可利用性属性。然而，如果 $P + \varepsilon$ 攻击、追求获利的 51% 攻击或其他类型的攻击最终成为客观谢林币机制必须要面临的问题，那么已经就绪的基本模型可以作为替代方案。

倾听市场和工作量证明

在撰写本文的早些时候，以及在我关于谢林币的原始博文[②]中，我都阐述了谢林币和工作量证明之间的同构问题。在原始博文中，我论证了因为工作量证明可以发挥作用，所以谢林币也应如此；而在上述内容中，我也论证了如果谢林币有问题，那么工作量证明也是有问题的。在这里，我们不妨在第三个方向上进一步扩展这个同构问题：如果能够通过主观性来拯救谢林币，那么也许这种方法也适用于工作量证明。

关键的论据在于，工作量证明的核心可以以两种不同的方式来看待。一种看待工作量证明的方式是，将其作为谢林币竞赛——这是一个客观协议，其中与大多数人一起投票的参与者获得 25 BTC 奖励而其他参与者得不到任何东西。然而，另一种方式是将工作量证明视为一个持续不断的关于可以用算力来进行客观衡量的代币和资源的市场。工作量证明是一个用算力来交换代币的无限机会。参与者获得货币单位的兴趣越大，区块链上的工作量就会越多。倾听这个市场只需要验证和计算工作量总量。

读完上述关于谢林币的更新版本的工作原理的描述，你可能更倾向于为加密货币提出类似的方法：如果加密货币分叉，可以在交易所看到两种货币的价格，而如果交易所对某

---

① https://www.youtube.com/watch?v=Tb-6ikXdOzE

② https://blog.ethereum.org/2014/03/28/schellingcoin-a-minimal-trust-universal-data-feed/

个分叉的定价更高，这意味着该分叉是合法的。然而，这种方法存在一个问题：确定加密货币-法币兑换的有效性是主观的，因此，这一问题超出了 VSU 的范围。但是，对于作为个人"交易所"的工作量证明，我们可以做的实际上还有更多。

我们还可以做指数主观评分[1]。在 ESS 中，客户端支持分叉的得分不仅取决于分叉上的总工作量，还取决于分叉出现的时间，后来出现的分叉将受到惩罚。因此，总是在线的用户集合能够看到某个特定的后来出现的分叉，并判定它是一个敌对的攻击。即使这一分叉的工作量证明不断增长，他们也会拒绝在这个分叉上进行挖矿。他们这样做的动机很简单：他们认为攻击者最终会放弃，因此他们将继续挖矿并最终超越攻击者，从而使得自身的分叉再次被普遍接受为最长链。因此，对原始分叉的挖矿具有 25 BTC 的预期收益，而在攻击分叉上挖矿的预期值为零。

在分叉时不在线的 VSU 只会查看已经完成的工作量证明总量。这个策略相当于我们在谢林币版本中所提及的以更高的价格监听子区块的方法。在攻击发生的时候，这样的 VSU 可能会被暂时欺骗，但最终原来的分叉将会获胜，因此攻击者将为其背叛行为付出高昂的成本。因此，主观性将使该机制不易被攻击者利用。

结　论

总而言之，我们能够看到：主观性远非严格分析的敌人。事实上，它使得关于加密经济协议的多种博弈论分析变得更加简单。但是，如果这种主观算法设计被认为是最安全的方法，那么这将会产生深远的影响。首先，比特币最高纲领主义[2]，或任何一种单一加密货币最高纲领主义都将难以生存。主观算法设计本质上需要某种松散耦合，其中较高级别的机制实际上并不能控制属于较低级别协议的任何值。这种条件对于实现更高级别的机制实例的自我复制非常必要。

事实上，为了让 VSU 协议发挥作用，每个机制都需要包含各自的货币，这种货币的价值将随着其用户所感知的效用上升和下降。因此，我们需要数千甚至数百万的币的存在。另一方面，我们可以列举一些实际中需要做出主观判断的具体机制，如关于区块数据可用性验证和时间戳[3]的基本共识以及基于事实的共识，还有其他可以在顶层客观构建的事物。通常情况下，我们甚至还没有开始接触到实质性的实际攻击。因此，这一机制的应用可能还需要等待 10 年，直到人类需要创造与最终判断关系密切的事物。

---

[1] https://blog.ethereum.org/2014/10/03/slasher-ghost-developments-proof-stake/

[2] https://blog.ethereum.org/2014/11/20/bitcoin-maximalism-currency-platform-network-effects/

[3] https://blog.ethereum.org/2014/11/13/scalability-part-3-metacoin-history-multichain/

愿景：区块链技术的价值

（2015 年 4 月 13 日）

编者按

　　2015年，加密货币熊市，区块链的热潮似乎逐渐衰退。在这一年，维塔利克对区块链存在的意义、价值和愿景进行了深入思考。即使在今天，本文对人们关于区块链、加密货币的迷茫、疑惑依然有着启示意义。

　　我自己在区块链技术研究中面临的核心问题是，最终它能发挥什么作用？为什么需要区块链？什么样的服务应该在类似区块链的架构上运行，以及为什么这样的服务应该在区块链而不是仅仅在传统的服务器上运行？区块链究竟能提供多大的价值？它们真的是必不可少吗，还是只是聊胜于无？最重要的一点是，其杀手级应用会是什么？

　　在过去的几个月里，我花费了大量的时间去思考这个问题，并与加密货币开发者、风险投资公司以及区块链领域以外的人——无论是公民自由活动家、金融和支付行业或者其他行业的人——进行了探讨。在这个过程中，我得到了一些重要且有意义的结论。

　　首先，区块链技术不会有所谓的杀手级应用。原因很简单——低悬的果实学说。如果存在某个特定的应用，并且由于这个应用的诞生，区块链技术对于现代社会的基础设施的重要性要远优于其他事物，那么人们就会大声地谈论它。这也许看起来像是一个古老的经济学笑话[①]：经济学家在地上捡到一张20美元的钞票，并且认为它一定是伪造的，否则它肯定早就被人捡走了。但在这一案例中，情况略有不同：美钞的搜索成本极低，因此即使只有0.01%的可能性，捡到美钞这一事件也是合理且真实的。而杀手级应用的搜索成本非常高，并且已经有大量的人力和资金开始搜索。迄今为止，还没有任何一个人所提出的应用能够脱颖而出，并占据支配性的地位。

　　事实上，人们可以有理有据地争辩说，我们所拥有的最接近杀手级应用的东西恰恰是那些已经完成的，家喻户晓并且耸人听闻的应用，如维基解密和"丝绸之路"的抗审查性。"丝绸之路"是一个在线匿名的毒品市场，其于2013年底被执法部门关闭。在其运营的2.5年中，"丝绸之路"处理了超过10亿美元[②]的销售生意。与此同时，有关部门针对维基解密的支付系统封锁[③]还在进行中。为此，比特币和莱特币捐款成了维基解密的主要收入来源[④]。在这两个例子中，其需求都是明确的，并且潜在的经济盈余非常高——在比特币出现之前，你除了亲自购买毒品，别无选择。并且，你也只能通过邮寄现金的形式来捐助维基解密。因此，比特币的出现确实提供了大量的便利，也由此立即攫取了大量的份额。然而，现在情况有所不同，区块链技术的边际机会并不是那么容易攫取的。

---

① https://www.barrypopik.com/index.php/new_york_city/entry/if_it_were_a_real_20_bill

② https://blogs.marketwatch.com/thetell/2013/10/02/silk-road-drug-market-handled-1-2-billion-of-transactions-in-2-5-years-before-fbi-seizure/

③ https://wikileaks.org/Banking-Blockade.html

④ https://www.coindesk.com/bitcoin-litecoin-source-wikileaks-donations/

总计和平均效用

这是否意味着区块链已达到效用的最高点？当然不是。从单一用户峰值效用的意义上讲，它们确实已到达最高的必要性，但这与峰值效用不同。尽管"丝绸之路"对于许多用户是必不可少的，但即使在吸毒社区中，"丝绸之路"也并非不可取代。不管别人如何鼓吹，劝说其他人通过"丝绸之路"来获得这种联系，大多数人都会以某种方式找到接头人，他们知道自己可以接头人处买到大麻。而对吸食大麻的兴趣越高，似乎越容易找寻获得大麻的门路。因此，在这个宏大的计划中，"丝绸之路"实际只有机会接触一小群人。维基解密也一样：与世界上庞大的人口相比，那些极度关心企业和政府透明度并捐款支持有争议的组织的人群占比并不大。那剩下的人是什么？简洁而言，我们可以统称长尾（图1）。

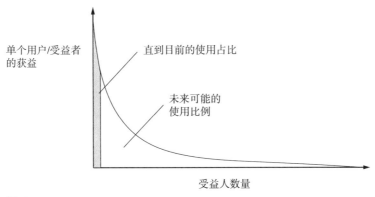

图1

长尾到底是什么？这个不太好解释。我可以给大家提供被包含在这个应用长尾中的应用名单。然而，区块链不是必不可少的，甚至不是所有的应用都能从中获得极强的基本优势。在每一个应用场景中，那些认为"区块链应用被高估，比特币才是一切"或者"区块链技术整体无用"的提倡者，都可以提出一种合理的，并且能够同样简单地应用在中心化服务器上的方法来实现该方案，如用法律合约来取代区块链治理，以及应用任何其他替代品将区块链产品变成与传统系统更相似的东西。在这一点上，他们是对的：对于某些特定的用例，区块链不是必不可少的。这也是我想说的：那些应用并不是分布式的制高点，其上还有维基解密和"丝绸之路"。如果是制高点，它们早就已经实现了。在长尾中，区块链不是必需的，但区块链很方便。对于这项工作，它们比下一个可用的工具略胜一筹。然而，由于这些应用更为主流，并且可以使数亿用户受益，因此社会的总收益（从图1中的区域可以看出）要大得多。

依照这种推理思路，也许最佳的类比是提出以下带有修辞的问题：开源的杀手级应用是什么？对社会来说，开源显然是一件非常好的事情，现在全世界已经有上千万的软件包遵循这一规则，但这仍然是一个很难回答的问题。其原因是一致的：这里面不存在杀手级应用，应用列表有一条非常非常长的尾巴——基本上几乎人类能够想象到的所有软件，最终都会使用被数百万个项目多次重用的低级库以及关键加密安全库。

区块链，再次被重新定义

那么当下而言，区块链让长尾具有价值的具体优势到底是什么？首先，请容许我引用一段描述来说明区块链到底是什么。

"区块链是一台神奇的计算机。在这台计算机中，任何人都可以上传程序并使程序自行执行。在这个过程中，每个程序的当前和所有先前状态始终是公开可见的，并且具有非常强大的加密经济学安全保证，即在链上运行的程序将继续以区块链协议指定的方式执行。"

请注意，在这个定义中没有：

· 使用金融类别术语，如账本、资金或交易，或任何针对特定用例的术语；

· 提及任何特定的共识算法，或者提及有关区块链如何工作的技术属性的任何内容（除了它是加密经济这一事实，一个大致意味着"它是去中心化的，它使用公钥加密进行身份验证，并且它通过经济激励来确保自身持续运行，同时不会及时返回或引发任何其他故障"的术语）；

· 局限于任何特定类型的状态转换函数。

这一定义做得比较好的一点是解释区块链的作用，并以一种任何软件开发者至少都能够相当清楚地直观地掌握其价值主张的方式来进行解释。目前，在具体实践中，有时程序运行的编程语言是非常严格的。比特币的语言需要一系列 DESTROY COIN:`<txid>``<index>``<scriptsig>` 声明，其后还要再跟上一系列 CREATE COIN:`<scriptpubkey>``<value>` 声明。其中，`scriptpubkey` 是一个受限的数学公式，`scriptsig` 是一个必须满足公式的变量分配（如 `{x=5,y=7}` 满足 `2*x-y=3`）。与此同时，它可以用于销毁某个不存在的币或在不为该币的 `scriptpubkey` 提供有效的 `scripsig` 的前提下进行币的销毁，还可以创造出比你所销毁的币值更多的价值，并返回错误。另一方面，其他编程语言更具有表现力。软件开发者可以分析哪种编程语言更适用于他们的任务，就像今天软件开发者在 Python、C++、Node.js 和 Malbolge[1] 之间做出选择一样。

该定义极其强调的一点是，区块链不是为了向世界带来任何特定的规则集合——无论是遵循固定供应量货币政策的货币、具有200天重新注册时间[2]的域名登记、某一具体的去中心化交易所设计或其他东西。相反，它们是要创造一种自由，这种自由使我们能够创建一个带有新规则集合的新机制，并迅速将其推出。它们是建立经济和社会机构的乐高头脑风暴。

主流行业还流行一种更为温和的看法，其核心观点是"令人兴奋的是区块链，而不是货币"。确实，货币在加密经济区块链发挥作用的过程里扮演着不可或缺的角色（尽管对遵循恒星币主观共识模型这类类区块链数据结构[3]来说并非如此），但货币只是作为经济度量来激励用户参与共识、抵押保证金以及支付交易费用，而不应该成为投机性狂热、吸引消

---

[1] https://en.wikipedia.org/wiki/Malbolge

[2] https://wiki.namecoin.info/index.php?title=FAQ#How_long_are_names_good_for.3F

[3] https://www.stellar.org/blog/stellar-consensus-protocol-proof-code/

费者兴趣并让其兴奋的重心。

那么，区块链到底有什么用处？总结一下：

· 你可以在其上存储数据，并确保数据具有非常高的可用性；

· 你可以在其上运行应用，并保证具有极高的正常运行时间；

· 你可以在其上运行应用，并保证其正常运行时间可以持续到你所设想的任意将来；

· 你可以在其上运行应用，并说服你的用户该应用的逻辑是诚实的，并且和你正在宣传的内容完全一致；

· 你可以在其上运行应用，并说服你的用户即使你对维护应用失去兴趣、你受到贿赂或威胁以某种方式操纵应用状态，或者你拥有操纵该应用状态获利的动机，你的应用仍将继续工作；

· 你可以在其上运行应用，并在必要时为自己提供后门密钥。但是你对密钥的使用设置了"宪法"限制，如在引入该密钥之前要求软件更新通过一个月的公共等待期，或者至少立即通知用户进行应用更新；

· 你可以在其上运行应用，并为特定的治理算法提供后门密钥（如投票、Furtachy、某些复杂的多院议会架构），并说服你的用户应用实际上是由特定的治理算法进行管控的；

· 你可以在其上运行应用，这些应用可以100%可靠地相互通信，即使底层平台的可靠性仅为99.999%；

· 多个用户或公司可以在其上运行应用，并且这些应用可以以极高的速度进行交互，而无需获取任何网络消息，同时确保每家公司都能完全控制自己的应用；

· 你可以构建能够非常轻松有效地利用由其他应用所生成的数据的应用（如将支付和声誉系统结合起来可能会有更佳的效果）。

所有这些事情对于全世界数十亿人都是有间接价值的，尤其是在世界上高度发达的经济、金融和社会基础设施目前难以触及的地区（尽管技术往往需要与政治改革相结合来解决诸多问题）。区块链擅长提供这些属性。它们在金融方面显然具有特别的价值，因为金融可能是世界上对同步计算和信任密集度要求最高的行业，但区块链在互联网基础设施的其他方面也很有价值。目前世界上同样存在其他可以提供这些属性的体系结构，但它们跟区块链相比稍显逊色。加文·伍德（Gavin Wood）已经开始将这个理想的计算平台描述为"世界计算机"，该计算机的状态可以在人与人之间进行共享，并由一个任何人都可以自由加入的群体参与维护。

基础层基础设施

跟开源一样，到目前为止，区块链技术发挥最大用处的地方是所谓的"基础层基础设施服务"。基础层基础设施服务作为一个通用的类别，具有以下属性。

1. 依赖关系：有很多服务非常依赖于基础层服务的功能。

2. 网络效应高：使用相同服务的大量人群（甚至每一个人）都可以获得实质性好处。

3. 切换成本高：个人很难从一种服务切换到另一种服务。

需要注意的是，这里不存在什么"必要性"或者"重要性"概念。我们不仅可以有相当不重要的基础层（如RSS反馈），也可以有重要的非基础层（如食物）。基础层服务甚至在人类文明出现之前就已经存在。在山顶洞人时代，最重要的基础层服务是语言。在近代时期，主要的例子是道路、法律制度、邮政和运输系统。在20世纪，我们增加了电话网络和金融系统，并在千禧年结束时出现了互联网。然而，现在互联网的新基础层服务几乎完全是信息化的：互联网支付系统、身份、域名系统、证书颁发机构、声誉系统、云计算、各种数据反馈，以及可能在不久的将来将会出现的预测市场[1]。

在10年的时间里，这些服务高度网络化和相互依赖的性质可能会使得个人从一个系统切换到另一个系统，甚至要比切换他们所处的生活环境的政府更难——这意味着确保这些服务被正确构建，并确保其治理过程不会将某些私人实体置于极端权力的位置十分重要。目前，许多系统都是以高度中心化的方式构建的。原因很简单，因为万维网的初始设计未能意识到这些服务的重要性，也未包含默认设置。因此，哪怕到了今天，大多数网站都会要求你使用谷歌注册或使用脸书注册，并且证书颁发机构会遇到以下问题[2]：

"本周六，一名伊朗的独立黑客声称将要窃取属于包括谷歌、微软、Skype和雅虎在内的大型网站的SSL证书。"

"安全专家的早期反应则各有不同，有些人认为黑客的声明是有问题的，而其他人则是抱着怀疑的态度。"

"上周，人们把目光聚焦在一场可能由伊朗政府资助或筹款的黑客攻击，受害者是隶属于美国Comodo的证书分销商。"

"3月23日，Comodo承认了这起袭击事件。其表示，8天前，黑客已经从微软的Hotmail，谷歌的Gmail、Skype的互联网电话以及聊天服务、雅虎邮箱的登录网站获得了9张伪造证书，还获得了Mozilla的火狐附加站点的证书。"

为什么证书颁发机构不能够以去中心化的方式分散到哪怕类似于N取M（M-of-N）系统中去？（请注意，广义的N取M在逻辑上与区块链并没有必然的关系，但区块链恰好是运行N取M的最佳载体。）

身　份

不妨来看一个特定的用例——区块链上的身份——然后运行这一用例。一般来说，为了获得一个身份，你需要做些什么？最简单的答案我们已经知道：你需要拥有公钥和私钥。你公布公钥，该公钥成了你的ID；你使用你的私钥对你发送的每一条消息进行数字签名，从而允许其他人验证这些消息是否由你生成（从他们的角度来看，"你"的意思是"持有该特定公钥的实体"）。但是，这里有一些难题。

1. 如果你的私钥被盗，并且你需要切换到新私钥，那该怎么办？
2. 私钥丢失了会怎样？

---

[1] https://www.augur.net/

[2] https://www.computerworld.com/article/2507258/security0/solo-iranian-hacker-takes-credit-for-comodo-certificate-attack.html

3. 如果你想要通过某一特定的名称来引用其他用户，而不仅仅是随机的 20 Byte 加密数据字符串，那该怎么办？

4. 如果你想使用更高级的安全方法（如多重签名）而不仅仅是单把私钥，那该怎么办？

不妨一个一个地解决这些问题。先从第 4 个开始。一个简单的解决方案是，比起需要一个特定的加密签名类型，你的公钥可以变成一个程序，而一个有效的签名可以变成一个字符串，当它与消息一起被输入程序时返回 1。理论上，任何单私钥、多私钥或其他类型的规则集合都可以编码到这样的范例中。

但是，有一个问题：公钥会变得很长。可以通过将实际的公钥放入数据存储（如果想要去中心化，可以使用分布式哈希表①），并使用公钥的哈希作为用户的 ID 来解决这个问题。这并不需要区块链——尽管在目前的设计中，可扩展性受限的区块链在设计上与 DHT 没有什么不同。但是，在未来 10 年，任何用于任何事物的去中心化系统都完全有可能意外或故意地收敛为某种可扩展的区块链。

现在，考虑第 1 个问题。我们可以将此视为证书吊销②问题：如果你想吊销某把特定的私钥，你应该如何确保这一行为能够说服所有需要查看这把私钥的人呢？这本身可以再次通过分布式哈希表来解决。但是，这会导致下一个问题：如果要吊销私钥，你将用什么来代替它？如果你的私钥被盗，并且你和攻击者都拥有它，那么你们两个人都不可能拥有令人信服的权威性。一种解决方案是拥有 3 把私钥，然后如果其中 1 把被吊销，那么则需要余下两把私钥中的 1 把或者所有 2 把私钥的签名来批准下一把私钥。但这可能导致无利害关系问题的发生：如果攻击者最终成功窃取这 3 把密钥在某一时刻的历史，那么他们就可以模拟分配新私钥的历史记录，并从那里分配更多的新私钥。此外，你自己的历史将不再具有权威性。这其实是一个时间戳问题，因此使用区块链实际上就可以解决。

对于第 2 个问题，持有多把私钥并将其重新分配也可以很好地发挥作用，并且这种方案也不需要用到区块链。实际上，你不需要重新分配。通过巧妙地使用秘密共享③，你只需将密钥保存在分片中便可实现私钥恢复。如此一来，如果你丢失了任意单个分片，你也可以始终使用秘密共享数学来简单地从其他分片中进行恢复。至于第 3 个问题，基于区块链的域名注册是最简单的解决方案。

然而，在现实实践中，大多数人并没有足够的能力来安全地存储多把私钥，并且总会出现各种各样的意外事故。此外，大多数人通常会依赖于中心化服务来帮助自己在发生错误时进行账户恢复。在这种情况下，基于区块链的解决方案很简单，即社交 N 取 M 备份。

你可以选择 8 个实体，他们可以是你的朋友、你的雇主、某些公司、非营利组织，甚至在未来可以是政府。如果出现任何问题，只需 5 个实体就可以恢复你的私钥。这种“社交多签名备份”概念可能是任何类型的去中心化系统设计所应用的最强大的机制，它以极低的成本提供极高的安全性，并且无需依赖于中心化托管。需要注意的是，基于区块链的身份，尤其是在以太坊的合约模型中，这一切更加容易编程：在域名注册表中，注册你的

---

① https://en.wikipedia.org/wiki/Daistributed_hash_table

② https://en.wikipedia.org/wiki/Revocation_list

③ https://blog.ethereum.org/2014/08/16/secret-sharing-erasure-coding-guide-aspiring-dropbox-decentralizer/

域名并将其指向合约，同时让该合约负责维护当前与身份相关联的主私钥和备份私钥以及随时间更新自身的逻辑。就这样，一个对奶奶来说足够安全且易于使用的身份系统，在无需任何个体实体（除了你）控制的前提下就完成了。

身份不是唯一可以被区块链优化的问题。另一个与身份密切相关的组件是声誉。当前，现代世界中的声誉系统要么不安全（因为它们无法保证对其他实体进行的评级的实体不泄漏信息），要么中心化（因为其将声誉数据集中到某个特定的平台，并将声誉数据置于该平台的控制之下）。当你从 Uber 切换到 Lyft 时，你的 Uber 评级不会延续。

理想情况下，去中心化声誉系统由两个独立的层组成，分别为数据层和评估层。数据层包括对其他人进行独立评级的个人、与交易相关的评级（例如，我们可以基于区块链的支付来创建一个开放的系统，以便用户只能在给商家支付时，才能对商家进行评级）以及其他来源的数据，任何人都可以运行自己的算法来评估各自的数据，快速评估来自特定数据集的声誉证明的轻客户端友好性算法可能会成为一个重要的研究领域（许多原始的声誉算法由于涉及矩阵数学，其基础数据所拥有的复杂性接近于立方计算复杂性，因此难以去中心化）。当然，零知识声誉系统也是有可能实现的。通过这一系统，用户可以提供某种加密证书来证明自己根据特定指标至少拥有 x 个声誉点，同时不必担心会泄露其他信息。

声誉的应用场景非常有趣，因为它将区块链的多种优点结合在一起作为一个平台。

·将身份作为数据存储；

·将声誉记录作为数据存储；

·应用间互操作性（与支付证明相关的评级，在相同的底层数据集合上运作任意算法的能力等）；

·保证基础数据在未来可移植（公司可以自愿提供可导出格式的声誉证书，但他们没有办法预先承诺未来还能继续使用这些功能）；

·去中心化平台的使用更加普遍，从而保证声誉在计算时不会被操纵。

目前，上述这些好处都有相应的替代品：我们可以信任 Visa 和万事达卡提供特定交易发生的加密签名收据，可以在 archive.org 上存储声誉记录，可以让服务器互相通信，可以让私营公司在他们的服务条款中指明他们同意行为端正等。所有这些选项都相当有效，但它们并不如简单地将所有内容都公开，或在"世界计算机"上运行并让加密验证和证明负责完成工作那么完美。我们可以针对其他用例进行类似的论证。

降低成本

如果区块链技术的最大价值来自长尾，正如本文所建议的那样，那么可以得出一个很重要结论：使用区块链的单笔交易收益非常小。因此，降低共识成本和提升区块链可扩展性的问题变得至关重要。在中心化解决方案中，用户和企业已经习惯每次交易无需支付费用。尽管想要捐赠给维基解密的个人可能愿意支付 5 美元的费用来进行交易，但是试图上传声誉记录的人可能只愿意支付 0.0005 美元的费用。

因此，无论是在绝对意义上（即权益证明），还是在单笔交易意义上（即通过可扩展的区块链算法，其中最多有几百个节点[①]处理每笔交易[②]），让共识成本更便宜绝对是至关重要的。此外，区块链开发者应该记住近40年逐渐变得越来越低效的编程语言和范例的软件开发历史，因为它们包容缺乏经验的开发者，还允许开发者变得更加懒惰。在区块链算法的设计过程中也是这样，他们认为开发者不会对他们在区块链中放置和保留的事物保持机智与谨慎——尽管一个设计优良的交易费用体系可能会帮助有经验的开发者更顺畅地学习大部分重点。

因此，我们应该对一个在很大程度上可以更加去中心化的未来充满希望。然而，轻松收获的日子已经结束。现在是时候去忍受艰难、更加耐心地探索现实世界，看看我们所构建的技术如何能够真正造福世界。在这个阶段，可能会发现，在某些时候我们会遇到一个拐点，即大多数"用于X的区块链"的实例并不是由区块链爱好者（他们寻找有用的事物，遇到X，并试图实现它）制作的，而是由看到区块链并意识到区块链是一个相当有用的实现X的某一部分的工具的爱好者制作的。无论X是物联网、发展中国家的金融基础设施、自下而上的社会、文化和经济机构、更好的数据聚合和医疗保健，或仅仅是有争议的慈善机构和不可审查的市场。在后两种情况下，拐点可能已经出现。由于政治原因，许多原始的区块链爱好者群体成了真正的区块链爱好者。然而，一旦其开始与其他行业碰撞，那么我们将会真正认识到其已经成为主流，并且将收获最大人道主义收益。

此外，可能会发现"区块链社区"概念本身不再具有任何形式的准政治运动的意义。如果一定要定一个通用的标签，"加密2.0"可能是最合适的标签。其原因类似于我们为什么没有"分布式哈希表社区"概念，而"数据库社区"虽然存在，但实际上只是一组恰好专注于数据库的计算机科学家：区块链只是一个技术，最终只有通过与一整套其他去中心化（和对去中心化友好的）技术相结合才能实现最大的进步，如声誉系统[③]、分布式哈希表、点对点超媒体平台[④]、分布式消息传递协议、预测市场、零知识证明，以及许多尚未发现的应用。

① https://blog.ethereum.org/2015/04/05/blockchain-scalability-chain-fibers-redux/

② https://github.com/vbuterin/scalability_paper/raw/master/scalability.pdf

③ https://forum.ethereum.org/discussion/1155/ethercasts-trustdavis-reputation-on-ethereum

④ https://ipfs.io/

论公有链和私有链

（2015 年 8 月 7 日）

编者按

迄今为止，人们关于私有链是否属于区块链的争论从未停止。本文对公有链和私有链的概念进行了详细探讨，同时对两者进行了细致的对比。

在过去的一年里，"私有区块链"概念在更广泛的区块链技术讨论中变得非常流行。从本质上讲，比起由加密经济学（如工作量证明、权益证明）来保护完全公开且无人控制的网络和状态机，我们也可以创建一个系统。该系统的访问权限将受到更严格控制，其修改权限或者甚至读取区块链状态的权力都只限制给少数用户。与此同时，其仍然能够保持区块链所提供的真实性和去中心化的多种部分保证。这类系统一直是金融机构关注的主要焦点，并且某种程度上导致了某些人的强烈反对。这些人要么认为这一做法损害了去中心化，要么认为这将导致中间商重拾权力（或者仅仅是犯下使用比特币以外的区块链的罪行[①]）。然而，对于那些只是因为想要弄清楚该如何最好地为人类服务，或者甚至追求更为温和的服务客户的目标而参与这场斗争的人，这两种风格之间的实际差异到底是什么？

首先，我们现有的选项有什么？总结来说，通常有 3 类类似区块链的数据库应用。

1. 公有区块链：公有区块链是世界上任何人都可以读取的区块链，世界上任何人都可以在此发送交易；如果这些交易有效，那么其将被包括在内。此外，世界上任何人都可以参与公有区块链的共识过程，即确定哪些区块应该被添加到链中以及当前状态应该是什么。作为中心化或准中心化信托的替代方案，公有区块链由加密经济学提供保障。加密经济学是指经济激励和使用诸如工作量证明或权益证明等机制的加密验证的结合，其遵循个人对共识过程影响的程度与他们可以承担的经济资源的数量成正比这一通用原则。这些区块链通常被认为是完全去中心化的。

2. 联盟区块链：联盟区块链是一种共识过程由预先选定的节点集合进行控制的区块链。例如，可以想象一个由 15 个金融机构组成的联盟，每个金融机构分别运营一个节点，并且至少有 10 个节点必须对每个区块进行签名，以使该区块生效。读取区块链的权利可以是公开的，也可以仅限于参与者，还可以有混合路线，如公开区块的根哈希值以及允许公众成员进行有限数量查询和找回区块链状态某些部分的加密证明的 API。这些区块链可以被认为是部分去中心化的。

3. 完全私有区块链：完全私有区块链是一种其写入权限集中保存在某个组织手中的区块链。读取权限可以是公开的，也可以限制在任意范围内。其可能的应用包括单个公司内部的数据库管理、审计等。因此，在许多情况下，私有区块链可能根本不需要具备公共可读性，但在其他情况下需要具备公共可审计性。

总的来说，到目前为止，我们很少强调联盟区块链和完全私有区块链之间的区别，尽

[①] https://www.reddit.com/r/Bitcoin/comments/3bg1af/i_knew_it_would_never_work_the_moment_she_told_me/

管这很重要：前者提供了介于公有区块链所提供的降低信任与私有区块链模型的单个高度可信实体之间的混合体。然而，后者可以更准确地描述为具有一定程度的加密可审计性的传统中心化系统。但是，在某种程度上，我们有充分理由去更多地关注联盟链，而不是私有链：除了复制型状态机功能，在完全私有环境中，区块链的基本价值仅是加密身份验证。此外，我们也没有理由相信这种认证规定的最优格式应该包含一系列包含默克尔树根的哈希链接数据包。广义零知识证明技术[①]有望赋能应用为其用户提供更多类型的加密保证。总的来说，我认为，与私有区块链相比，在公司金融领域，广义的零知识证明被极大低估了。

现在，我将集中讨论关于更简单的私有与公有区块链的讨论。总结而言，只存在唯一的区块链的想法是完全错误的。两种类型的区块链都有各自的优缺点。

首先是私有区块链，与公有区块链相比，其具有众多优点。

1. 在需要的情况下，运营私有区块链的联盟或公司可以很容易地改变区块链的规则、回滚交易、修改余额等。在某些情况下，如在国家土地登记处，这一功能是非常必要的。否则，设想一下恐怖海盗罗伯茨可以拥有明显可见的土地合法所有权的场景，你就明白这样的系统根本不可能存在。因此，如果你试图建立一个政府无法控制的土地登记处，则事实上这个所谓的登记处很快就会成为一个不被政府不认可的机构。当然，人们可以争辩说，我们可以通过给政府一把合约后门的钥匙，在公有区块链上实现这一点。另一种反对的声音是，这种方法本质上就是小题大做。尽管反过来又有人提出了反驳，不过这个论点我在后面再进行论述。

2. 验证者是已知的，因此也就不需要担心某些矿工相互勾结进行51%攻击的风险。

3. 交易更便宜。因为它们只需要被可信任的几个节点进行验证，这些节点具有非常高的处理能力，并且不需要通过10000台笔记本电脑进行验证。这是一个非常重要的问题，因为公有区块链的单笔交易费用往往超过0.01美元。但值得注意的是，这一费用未来肯定会发生变化，可扩展的区块链技术有望将公有区块链成本降低到在最佳效率私有区块链系统的一两个数量级内。

4. 可信节点的连接状态良好，并且可以通过手动干预快速修复故障，同时允许使用共识算法，以求在更短的区块时间之后提供最终化。公有区块链技术的改进，如以太坊1.0的叔区块以及后来的权益证明，都可以使公有区块链更接近即时确认的理想（如在15秒之后提供完全最终化，而不是像比特币一样在2小时之后提供99.9999%的最终化）。但即使是这样，私有区块链总是会更快，毕竟延迟差异永远不会消失——根据摩尔定律，光速每2年不会增加2倍。

5. 如果读取权限受到限制，那么私有区块链可以提供更高级别的隐私保护。

综合上述观点，私有区块链看起来无疑是机构的更好选择。然而，即使对于机构，公有区块链仍然具有很大的价值。事实上，这一价值在很大程度上取决于公有区块链的倡导者一直在推动的哲学美德，其中包含自由、中立和开放。公有区块链的优势通常分为两人类。

1.公有区块链提供了一种保护应用程序用户免受开发者攻击的方法，并确保应用的开

① https://github.com/scipr-lab/libsnark

发者也无权执行相关操作。从一个幼稚的角度来看，我们可能很难理解为什么应用开发者会想要自愿放弃权力并自我束缚。然而，更先进的经济分析提供了两个原因——用托马斯·谢林（Thomas Schelling）的话说，弱点可以成为一种力量。首先，如果你明确地让自己更难或不可能做某些事情，那么其他人就更有可能信任你并与你进行互动，因为他们相信这些事情不太可能发生在他们身上。其次，如果你个人被另一个实体强迫或施加压力，那么说"即使我愿意，我也无权做到这一点"是一个很重要的讨价还价的筹码，因为这将打消某一实体强迫你去做某事的意图。应用开发者所面临的主要压力或胁迫类型是政府，因此抗审查性与这种论点密切相关。

2. 公有区块链是开放的，因此其可能会被很多实体使用并获得网络效应。举一个特定的例子，考虑域名托管的情况。目前，如果A想要将域名出售给B，那么首先他需要解决标准的交易对手方风险问题：如果A先发送域名，B可能不发送资金；如果B先发送资金，则A可能不发送域名。为了解决这个问题，我们有中心化的托管中介[①]，但其收费为3%～6%[②]。但是，如果在区块链上有域名系统，并且在同一条区块链上拥有货币，那么可以通过智能合约将成本降低到接近零：A可以将域名发送给程序，该程序立即将其发送到第一个给程序发送资金的人。程序是可信的，因为它运行在公有区块链上。需要注意的是，为了使其更有效地工作，来自完全不同行业的两个完全异构的资产类别必须位于同一个数据库中——这种情况在使用私有账本的案例中很难发生。关于这种类别的另一个类似的案例是土地登记和产权保险。但重要的是，实现互操作性的另一个途径是拥有公有链可以验证的私有链、比特币中继形式[③]以及跨链执行交易。

在某些情况下，这些优势是不必要的；但在其他情况下，这些优势非常强大——强大到足以让你愿意等待3倍的确认时间，并为交易支付0.03美元（一旦可扩展性技术落地，每笔交易费用会降为0.0003美元）。需要注意的是，我们还可以通过在公有区块链上创建私有管理的智能合约，或在公有区块链和私有区块链之间创建跨链交换层来实现这些属性的多种混合组合。在不同的案例中，最佳解决方案在很大程度上取决于你所处的特定行业。在某些情况下，公有显然更好。而在其他方面，某种程度的私有控制也是必要的。正如现实世界中的情况一样，一切取决于实际。

---

① https://escrow.com/services/domain-name-holding-escrow.aspx

② https://escrow.com/support/fee-calculator.aspx

③ https://github.com/ethereum/btcrelay

论反预揭示博弈

（2015 年 8 月 28 日）

编者按

　　在多方获取数据的过程中，节点串谋是绝大多数项目不得不解决的核心问题。本文提出了几种基于博弈的解决方案，并对方案的可行性进行了深入探讨。

　　越来越多基于以太坊提出的应用都依赖某种包含激励的多方数据提供——无论是投票，随机数收集，还是其他需要从多方获取信息以提升去中心化程度（尽管这里面串谋的风险很大）的案例。毫无疑问，RANDAO 可以提供比简单的区块哈希具有更高加密经济安全性的随机数，并且比具有公开可知种子[①]的确定性算法更好，但它不是防止串谋的万能药：如果 RANDAO 中的全部参与者都彼此勾结，那么他们就可以将结果设置为他们想要的任何事情。一个更有争议的例子是预测市场 Augur[②]，其去中心化事件报告依赖于谢林方案[③]的高级版本。在这一版本中，每个参与者都要对结果进行投票，同时占据大多数的参与者将获得奖励。谢林方案的理论依据是，如果你认为其他人都会诚实行事，那么你将站队支持诚实的多数派。因此，诚实是一个稳定的均衡。而问题是，如果有超过 50% 的参与者相互串谋，那么系统将会崩溃。

　　Augur 通过使用独立的代币来部分解决这一问题：如果投票者串谋，那么随着网络中的参与者认为该系统无用且并不可靠，Augur 代币的价值也将减少到接近零。由此，串谋者将遭受大量的损失。但是，这一方案肯定无法完全解决问题。保罗·斯托克（Paul Sztorc）的 Truthcoin（以及 Augur）包含了进一步的防守方案。这一方案在经济学上非常巧妙，其核心机制很简单：比起仅仅向大多数人提供静态的金额奖励，倒不如让奖励金额取决于最终投票之间的分歧程度，并且大多数投票者获得的分歧越多，少数派投票者将承受更大的保证金损失（图 1）。

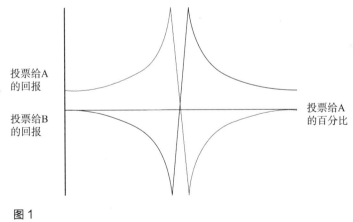

图 1

---

① https://martin.swende.se/blog/Breaking_the_house.html

② https://augur.net/

③ https://blog.ethereum.org/2014/03/28/schellingcoin-a-minimal-trust-universal-data-feed/

其目的很简单：如果你收到一条信息，某人说"嘿，我开始串通别人了，我知道实际的答案是A，不过我们还是投票给B吧"，那么在最简单的情形中，你可能也就倾向于随波逐流了。然而，在斯托克的方案中，你可能会得出这样的结论：这个人实际上是要投票A，并试图说服只占百分之几的少数人投票给B，以便盗走他们的资金。因此，这一方案造成了信任缺失，其使得串谋变得更加困难。然而，这里面存在一个问题：区块链是通过加密手段保证安全一致与协调性的优秀手段，要杜绝作恶者串谋是很难的。

为了更深入地理解，不妨考虑最简单的方案，即报票在Augur如何奏效。假设有那么一段时期，每个人都可以发送提供各自投票的交易，最终算法负责计算结果。这种方法存在一个致命的缺陷：它激励人们在回应之前尽可能长时间地等待其他参与者的答案。考虑到其自然均衡，我们会让所有人在最后一个可能的区块中进行投票，从而导致最后一个区块的矿工基本上控制了一切。随机结束方案（如第一个通过100倍常规难度阈值的区块）在某种程度上缓解了这种状况，但仍然在矿工手中留下了大量的权力。

对于这一问题，标准密码学家给出的回应是哈希–提交–揭示方案。每个参与者$P[i]$确定各自的响应$R[i]$，并且有一段时间，每个人都必须提交$h(R[i])$。其中，h可以是任何预先指定的哈希函数（如SHA3）。此后，每个人都必须提交$R[i]$，并根据之前提供的哈希来检查这些值。对于两人的石头–剪刀–布，或其他纯粹零和博弈，这种方案效果显著。然而，对Augur来说，这种方案仍然可能导致作恶者实施可信串谋：用户可以在事实揭晓之前自愿揭示$R[i]$，而其他人可以检查这是否与他们提供给链的哈希值相匹配。允许用户在哈希提交期限结束之前更改哈希值没有任何用处。用户总是可以将大量的资金锁定在某一个精密的合约中，该合约规定：没有人向合约提供默克尔树证明，它才能释放资金。这时，合约的最新值为前一个区块的哈希，并向外界展示投票状态已经发生改变，从而承诺不再改变各自的选票。

新的解决方案

还有另一条解决这一问题的途径，但这条路径尚未得到充分的探索。其思想如下。比起提高意图串谋的参与者预先揭示信息的博弈成本，我们引入一个并行博弈（尽管这是一个强制性博弈，并以预言机参与者的安全性保证金作为支持），其中任何预先揭示信息的人都有可能面临被（概率性）背叛的风险，同时没有任何证据能够证明背叛他们的人是谁。

这一博弈的基本形式如下。假设有一个去中心化的随机数生成方案，其中用户必须全部抛硬币并提供0或1作为输入。现在，假设我们想要阻止用户相互串谋。需要做的事情很简单：允许任何人对系统中的任何一位参与者进行投注（注意"任何人"和"任何参与者"的用词，非参与者可以加入，只要他们肯提供保证金），这些投注基本上说明"我相信这个人会以超过50%的概率投票给X"。其中，X可以是0或1。赌注的规则是，如果目标提供了X作为他们的输入，那么将从他们的资金中转移N个币给打赌者；如果目标提供另一个值，那么将有N个币从打赌者的资金中转移给目标。投注可以在承诺和揭示之间的中间阶段进行。

从概率上讲，现在向其他参与方提供任何信息可能成本极高。即使你说服别人你会以

51%的概率投票给1，他们仍然有一定概率拿走你的币。并且长期来看，他们终会胜出，因为这样的方案一直在重复。需要注意的是，对方可以匿名打赌，因此他们总是可以假装这是一个刚好路过的赌徒下的注，而不是自己。为了进一步增强这个方案，我们说，你必须同时对N个不同的参与者打赌，并且参与者必须由伪随机选择种子选出。如果你想针对某个特定的参与者，你可以尝试不同的种子，直到你得到你想要的目标，但这总会存在一些貌似合理的否定。另一个可能的增强方式——尽管有一定的成本——是要求参与者只在承诺和揭示之间注册他们的赌注，并在博弈结束很长时间之后才揭示和执行赌注（为了实行这一方案，不妨假设在可以取出保证金之前有很长一段时间）。

现在，我们该如何将其应用于预言机的场景中？不妨再次考虑简单的二元情况：用户要么报告A，要么报告B，并且报告A的用户占比为P（P在流程结束之前未知），报告B的用户占比为1–P。这里，我们对方案做一些轻微的改变：现在投注意味着"我相信这个人会以超过P的概率投票给X"。请注意，投注的语言不应被视为暗示对P的知识。相反，它意味着一种观点，即无论随机用户投票给X的概率如何，投注者所针对的某个特定用户将以更高的概率投票给X。在投票阶段之后进行处理的投注规则是，如果目标投票给X，那么将有N(1 – P)个币从目标的资金中转移给投注者；否则，将有NP个币从投注者的资金中转移给目标。

需要注意的是，在正常情况下，这里的利润比上述二元RANDAO案例的利润更有保障：在大多数时候，如果A是事实，那么每个人都会投票给A。因此，即使使用复杂的零知识证明协议来概率性保证用户会给特定值投票，投注依然是风险极低的利润攫取途径（注：如果只有两种可能性，那么为什么你不能通过尝试两种选择从h(R[i])来确定R[i]呢？答案是，用户实际上是基于某些会被丢弃的大型随机数来发布h(R[i],n)和(R[i],n)的，因此枚举的空间会非常大）。

另外需要注意的是，这个方案在某种意义上是上述保罗·斯托克的反协调方案的超集：如果有人说服其他人在真实答案为A时错误地投票给B，那么他们可以暗中利用这个信息与其他人对赌。尤其是，依靠他人的道德败坏来获利现在不再是公共物品，而是私人物品：因为攻击者可以通过欺骗别人进行虚假串谋来获得100%的利润，因此，其他用户对于加入不可通过加密证明的串谋一事将会进行再三斟酌。

现在，这一方案在线性情况下该如何工作？假设用户对比特币/美元价格进行投票，那么他们将不需要提供A和B之间的选择，他们只需提供一个标量值。最懒的解决方案就是将二进制方法并行应用于价格的每个二进制数位中。然而，还有一种替代性解决方案，那就是范围投注。用户可以打赌"我相信此人将在X和Y之间投票的概率高于平均水平"。通过这种方式，哪怕你只是粗略地向其他人揭示你打算投票支持的值，其代价也可能是极其高昂的。

问　题

这个计划有哪些缺点？也许最大的缺点就是它有可能对其他参与者进行"二阶破坏"：尽管人们不能强迫其他参与者在这个方案中赔钱，但是肯定可以通过与他们对赌增加他们所面临的风险。因此，这可能会导致勒索事件：做我想做的事，否则我会强迫你和我对赌。也就是说，这种攻击确实是以攻击者自身遭受风险为代价的。

要减轻这种情况的发生，最简单方法是限制对赌的数额，甚至可以限制投注的数量。也就是说，如果 $P = 0.1$，那么可以设定对"我相信这个人会以超过 0.11 的概率投票给 X"进行打赌的最高金额为 1 美元；投注"我相信这个人会以超过 0.12 的概率投票给 X"的最高金额为 2 美元等（多数用户可能会注意到，类似于对数市场评分规则这样的手段是有效实现这一功能的好方法）。在这种情况下，你可以从他人提取的金额将与你拥有的私人信息的水平成二次方正比。从长远来看，我们能够保证攻击者需要花费大量的资金成本（而不仅仅是承受风险）来实施大量的破坏行为。

第二个问题是，如果已知用户使用多个特定的信息来源，尤其在类似于"对代币 A / 代币 B 的价格进行投票"等更主观而不仅仅是二元事件的案例中，这些用户将是可利用的。如果你知道某些用户在监听 Bitstamp 的价格，而有些用户在监听 Bitfinex 的价格来获取他们的投票信息，那么只要你从两个交易所获得最新的反馈，你就可以基于你对参与者所监听的交易所的信息来概率地从他们那里提取资金。用户在这种情况下会如何响应，仍有待研究。

需要注意的是，这种事件在任何情况下都是一个复杂的问题。如果没有这种概率性的破坏，即使在简单的斯托克式方案中，也有可能出现每个人都集中在某个特定的交易所的失败模式。也许使用一个多层的方案（在该方案中，如果中心化效应永远不会发生，那么方案中第二层的投票"上诉法院"几乎不会被调用）能够缓解这一问题，但仍有待实践检验。

论慢速出块和快速出块

（2015 年 9 月 14 日）

编者按

　　本文旨在探讨快速出块的可行性及其相对于慢速出块的优势。文中指出：更短的出块时间更好，因为它们提供更多粒度的信息。在BFT安全模型中，这种粒度确保系统可以更快地收敛到正确的分叉，而不是不正确的分叉。并且，在经济安全模型中，这意味着系统可以更快地向用户通知何时其可接受的安全边际已经达到。

　　在区块链安全问题中，人们最大的困惑可能是出块时间的精确影响。如果一条区块链的出块时间为 10 分钟，而另一条区块链预计的出块时间为 17 秒，那究竟是什么意思？在出块时间为 10 分钟的区块链上的 6 次确认对于出块时间为 17 秒的区块链意味着什么？区块链安全是否只是时间问题，或者是区块问题，还是两者的结合？更复杂的方案能提供哪些安全属性？

　　请注意：本文不会深入探讨与快速出块时间相关的中心化风险问题。中心化风险是一个很重要的问题，也是我们不会将出块时间降低到 1 秒的主要原因，哪怕它有很多好处。此外，这个话题已经在前一篇文章[①]中进行了很长讨论。本文旨在解释为什么快速出块是可取的。

　　答案实际取决于我们正在使用的安全模型——我们假设存在的攻击者的属性是什么。他们是理性的、拜占庭的、经济上有限的、计算受限的？或者能否贿赂普通用户？通常，区块链安全性分析使用以下 3 种不同的安全模型。

　　1. 正常情况模型：没有攻击者。要么每个人都是无私（利他主义）的，要么每个人都是理性的，但都不会相互协调来行事。

　　2. 拜占庭容错模型：有一定比例的矿工是攻击者，其余的矿工都诚实无私。

　　3. 经济模型：有一个预算为 X 美元的攻击者，攻击者可以花钱购买硬件或贿赂其他理性的用户。

　　现实是三者之间的混合。然而，我们可以通过分别检查以上 3 个模型，并查看每个模型中发生的情况来整理思路。

正常情况

　　先来看一下正常情况。在正常情况中，没有攻击者，所有矿工只是想在他们继续逐步扩展区块链的同时愉快相处。现在要回答的问题是，假设某人发送了一笔交易，并且已经过了 k 秒。然后，此人发送一笔双重花费交易，试图回滚其原始交易（如果原始交易向你发送了 5 万美元，那么这笔双重花费交易将花费同样的 5 万美元，但这 5 万美元指向攻击者

[①] https://blog.ethereum.org/2014/07/11/toward-a-12-second-block-time/

拥有的另一个账户）。原始交易（而不是双重花费交易）最终在区块链中确认的概率会是多少？

需要注意的是，如果所有矿工都非常善良且诚实无私，那么他们将拒绝接受原始交易之后的任何双重花费交易，因此无论出块时间是多少，几秒钟后其概率应当接近100%。放宽模型条件的方法有两种，其中一种是假设只存在一小部分攻击者。如果出块时间非常长，那么在创建区块之前，交易最终化的概率永远不会超过 $1 - x$。其中，x 是攻击者的占比。我们将在下一节中讨论这个问题。另一种方法是放宽利他主义假设，转而讨论缺乏相互协调的理性。在这种情况下，试图双重花费的攻击者可以通过支付更高的费用来贿赂矿工，让矿工包含自身的双重花费交易。这本质上就是彼得·托德（Peter Todd）的费用替代方案[①]。因此，一旦攻击者广播他们的双重花费交易，这笔交易将在任意新创建的区块中被接受，除了已经包含原始交易的链中的区块。

可以将这一假设纳入我们的问题中，使其稍微复杂一点：原始交易被放置在最后将作为最终区块链的一部分的区块的概率是多少？进入这种状态首先需要被包含在某个区块中。在 k 秒之后发生这种情况的概率非常明确，如图1所示。

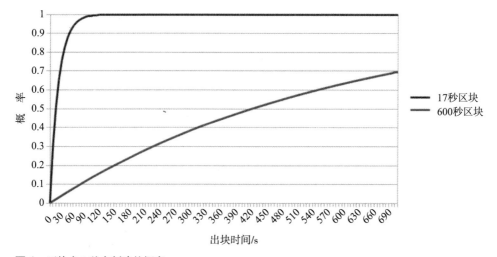

图1 区块在 k 秒内创建的概率

不幸的是，进入区块还不够。也许，当该区块被创建时，另一个区块也同时（或者更准确地说，在网络延迟内）被创建。这时，可以假设第一个近似值是 50：50 的概率来决定这两个区块中的哪一个将作为下一个区块构建的基础，以及该区块最终是否会胜出；或者两个区块可能会再次同时创建，比赛将会重演。即使在创建了两个区块之后，一些矿工可能还没有看到这两个区块，并且这些矿工很幸运，接连产出了3个区块。这种概率在数学上不太好处理，我们稍微走走捷径来进行模拟，如图2所示。

这个结果可以用数学方式进行理解。如果出块时间为17秒（即100%的出块时间），较快的区块链给出大约0.56的概率：略小于数学预测的 $1 - 1/e \approx 0.632$。因为在创建两个区块的同时，可能还有一个区块被丢弃。而在出块时间为600秒时，较慢的区块链给出了0.629

① https://bitcoin.stackexchange.com/questions/10733/what-is-replace-by-fee

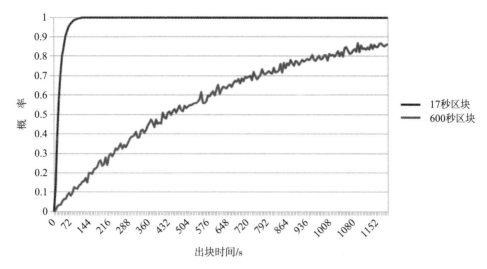

图2 交易在 k 秒后最终化的概率

的概率，仅略小于预测值 0.632。因为对每 10 分钟产出一次的区块来说，同时创建两个区块的概率非常小。因此可以看到，由于网络延迟的影响较大，更快的区块链确实存在一点点缺陷。但如果我们进行公平的对比（即等待特定的秒数），基于更快的区块链的原始交易回滚的可能性更低。

攻击者

现在，在这一场景中增添一些攻击者。假设网络中被攻击者占领的部分为 X，剩下的 $1-X$ 由利他主义或自私但不相互协调（除了自私挖矿因素，其最多为 X）的矿工组成。我们可以使用加权随机游走这一最简单的数学模型来进行近似估计。假设交易已经经过了 k 个区块的确认时间，并且攻击者（也是一个矿工）现在打算启动区块链分叉。在此，可以用得分 k 来表示这种状况，这意味着攻击者的区块链落后于原始链 k 个区块，并且在每个步骤中，都能够观察到攻击者创建下一个区块的概率为 X。一旦攻击者创建成功，则将得分改为 $k-1$。同理，诚实的矿工在原始链上挖矿产生下一个区块的概率为 $1-X$。一旦成功，则将得分改为 $k+1$。如果得到 $k=0$，则意味着原始链和攻击者的链具有相同的长度，因此攻击者获胜。

在数学上，我们知道攻击者赢得这样一场博弈的概率（假设 $x<0.5$，否则无论区块链参数是什么，攻击者都可以压倒网络）为 $\left(\dfrac{X}{1-X}\right)^K$。

可以将其与 k 相关的概率估计（使用泊松分布[1]）结合起来，并得到攻击者在特定秒数后获胜的净概率，如图3所示。

---

[1] https://en.wikipedia.org/wiki/Poisson_distribution

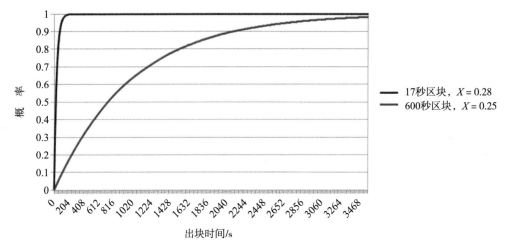

图3　交易在 k 秒后最终化的概率

请注意，对于快速出块，由于其作废率较高，必须进行调整。并且，在图3中执行以下操作：我们将区块创建时间为600秒的区块链的概率设为 $X = 0.25$，并将出块时间为17秒的区块链的概率设为 $X = 0.28$。因此，更快的区块链的非回滚率确实能够更快地达到1。可能有人会争论：在短时间内攻击区块链的成本要比长时间攻击的成本更低，这意味着对快速区块链的攻击可能更频繁地发生。然而，这只不过会略微减轻快速区块链的优势。如果攻击经常发生的时间增加10倍，并且此前我们所习惯的非回滚率是99.9%，那么这只不过意味着我们要调整自己去习惯99.99%的非回滚率。然而，由于非回滚率以指数的速度接近1，因此，在更快的链上只需增加少量的额外确认（确切地说，有2~5个区块）就能弥补这一差距。因此，想要获得与出块时间为10分钟的区块链上的6次确认（约1小时）的概率模型相当的安全性，出块时间为17秒的区块链可能需要10次确认（约3分钟）。

经济规模有限的攻击者

还可以从另外一个角度来谈论攻击者：攻击者的预算花费为 X 美元，并且可以将其用于贿赂、购买近乎无限的瞬时哈希算力或其他任何东西。那么，k 秒后回滚交易所需的 X 是多少呢？从本质上讲，这个问题相当于"在 k 秒后回滚基于某一笔交易构建的一定数量的区块需要多少经济成本？"从期望值来看，答案很简单（假设在这两种情况下，每秒产生一个奖励为1个币的区块），如图4所示。

如果把作废率考虑在内，那么图片的结果实际上会略微更有利于更长的出块时间，如图5所示。

但是，"k 秒之后期望的经济安全边际是多少"（此处使用了概率论意义上的"期望"，可大致理解为"平均"）实际上不是大多数人想要了解的问题。相反，普通用户更关心的是自己能不能获得足够的安全边际，并尽快到达那里。如果我使用区块链来购买一杯2美元的咖啡，并且其安全边际为0.03美元（当前的比特币交易费用，攻击者的成本高于费用替代模式），但这显然还不够。然而，5美元的安全边际显然已经足够了（即很少有人会

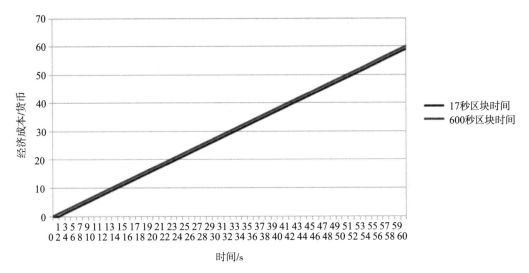

图4 在 k 秒后期望获得的安全边际

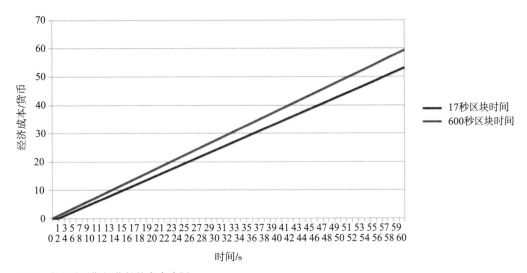

图5 在 k 秒后期望获得的安全边际

花费5美元只为从你身上偷区区2美元），并且5万美元的安全边际不会好很多。现在，不妨采用这个严格的二元足够／不足模型，并将它应用到一个支付金额极小的场景。在这个场景中，支付金额小到以至于快速区块链上的任意一个区块的奖励都要远大于成本。在等待特定的秒数之后，我们拥有足够的安全边际的概率恰恰等同于我们之前已经看到过的图表（图6）。

现在，不妨假设我们所期望的安全边际值是小区块奖励的4～5倍。这里，在较小的链上，需要计算在 k 秒后至少生成5个区块的概率，可以通过泊松分布来完成（图7）。

假设所需要的安全边际值与更大的区块奖励一样多，如图8所示。

在此，我们可以看到快速区块的优势不再那么明显。在短期内，它们实际上会损害你

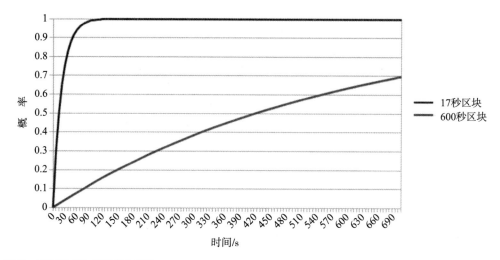

图6 区块在 k 秒内创建的概率

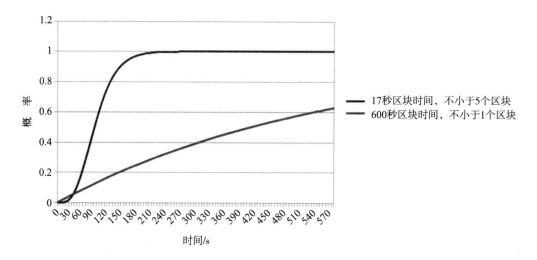

图7 在 k 秒后获得必要的安全边际的概率（1）

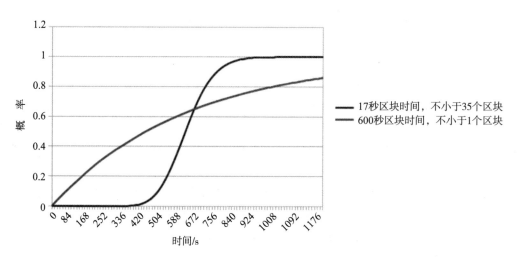

图8 在 k 秒后获得必要的安全边际的概率（2）

获得更多安全性的机会；不过从长远来看，更优的性能补偿了这一缺陷。然而，它们提供的是更多的可预测性，而不是与你能够获得足够安全性的倍数相关的长指数曲线。如果使用快速区块，几乎可以肯定你将在7~14分钟内得到你想要的东西。现在，不妨继续增加我们所需的安全边际，如图9、图10所示。

如你所见，随着所需的安全边际变得非常高，其不再那么重要。但是，在这些级别中，你都必须等待一整天才能在任何情况下获得所需的安全边际。该时间长度对于大多数区块链用户实在是太长了，他们实在没有耐心等下去。因此，可以得出结论：（a）安全的经济模型不是最主要的，至少从安全边际的层面上而言不是；（b）大多数交易都属于中小规模交易，因此，短出块时间所具有的更大的可预测性优势更加明显。

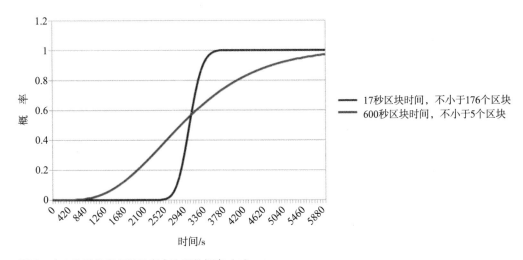

图9 在k秒后获得必要的安全边际的概率（3）

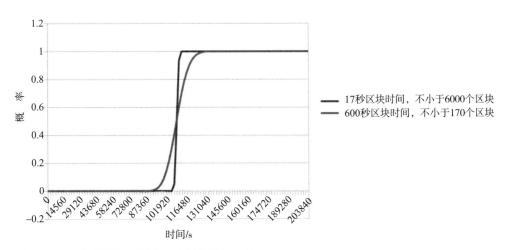

图10 在k秒后获得必要的安全边际的概率（4）

我们还要考虑到不可预见的紧急情况所导致回滚发生的情况，如区块链分叉[1]。然而，在这些情况下，大多数网站所使用的6个确认还远远不够。为了保证真正的安全，需要等待一天。

综上所述，结论很简单：更短的出块时间更好，因为它们能提供更多粒度的信息。在BFT安全模型中，这种粒度确保系统可以更快地收敛到正确的分叉，而不是不正确的分叉。并且，在经济安全模型中，这意味着系统可以更快地向用户通知何时其可接受的安全边际已经到达。

当然，更快的出块时间也有一定的成本，如其作废率可能是最大的，对这两者进行平衡非常必要——这种平衡还需要我们不断地研究，它甚至可能是解决网络滞后引起的中心化问题的新方法。一些开发者可能认为，不值得为了更短的出块时间所提供的用户便利性而去冒区块链陷入中心化的风险。这到底算不算一个问题，我觉得因人而异。可以通过更引入新颖的机制来使这种风险更接近于零。这里，我仅仅是想要反驳某些人重复的说法：快速出块没有任何好处，因为如果每个区块快50倍，那么每个区块的安全性就会降低50倍。

附录：伊雅尔（Eyal）和斯利尔（Sirer）的 Bitcoin-NG

最近在蒙特利尔举行的比特币扩容大会[2]上有一个很有趣的提案，那就是将区块分为两种类型：（a）低频（如10分钟心跳）的关键区块，这些区块负责挑选创建下一个包含交易的区块的领导者；（b）高频（如10秒心跳）的微区块。

理论上说，可以在没有中心化风险[3]的情况下获得非常快速的区块——（平均）每隔10分钟选出一个独裁者，并允许该独裁者非常快速地产生区块。独裁者应该每10秒产生一次区块，并且当他试图双重花费自己的区块，并创建更长的全新的微区块集合时，使用刀手式[4]算法来惩罚恶意行为（图11）。

相对于传统的10分钟而言，这肯定是一种改进。然而，这种方案并不如仅仅每10秒就产出一个常规区块有效。理由很简单。在攻击者经济能力有限的模型下，它确实提供了与10秒模型相同的保证概率。然而，在BFT模型下，这一方案失效了：如果攻击者具有10%的哈希算力，那么交易最终化的概率不会超过90%，直到至少有两个关键区块被创建。事实上，上述情形可以建模为介于经济和BFT场景之间的混合场景。即使10秒时长的微区块和10秒时长的实际区块具有相同的安全边际，在10秒时长的微区块的情景中，节点之间串谋会更加容易。因为在10分钟间隙内，只有一方需要参与攻击。我们可以对这一算法稍微进行改进，让微区块创建者在每个关键区块的间隙阶段轮换，即从最近100个关键块的创

---

[1] https://bitcoinmagazine.com/3668/bitcoin-network-shaken-by-blockchain-fork/

[2] https://scalingbitcoin.org/

[3] https://blog.ethereum.org/2014/07/11/toward-a-12-second-block-time/

[4] https://blog.ethereum.org/2014/01/15/slasher-a-punitive-proof-of-stake-algorithm/

双重花费

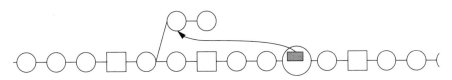

毒药交易取消作弊者的回报
毒药交易发起者获得名义价格受益

图 11

建者处挑选。但是，这种方法最终在逻辑上可能会向完整的刀手式权益证明靠拢，尽管当中附有工作量证明模型。

不过，将领导者选举和交易处理进行分离确实有一个好处：它降低了慢速区块广播导致的中心化风险（因为关键区块广播时间不依赖于承载内容的区块的大小），由此提升了安全交易吞吐量的最大值（甚至超过通过以太坊式叔区块机制所提供的边际）。因此，我们应该进一步探讨这类方案。

2016年3月

在圆周率节当天，以太坊发布第二版主网"家园"（Homestead）。由于前沿的稳定性远超预期，因此"家园"的改动相对较少，只是对区块难度、操作码等进行了调整。但在此阶段，以太坊提供了具备图形界面的钱包，易用性与用户体验极大提高，由此奠定了普通用户的基础。

2016年6月

17日，维塔利克紧急通知中国社区：DAO受到黑客袭击。黑客利用The DAO编写的智能合约中的splitDAO函数漏洞，不断从The DAO项目的资产池中转出The DAO资产，并将其转入自己建立的子DAO中。

在黑客发起攻击的3小时内，时值超过5000万美元的以太币被转出。The DAO管理者呼吁社区发送垃圾交易堵塞以太坊网络，以拖延黑客的攻击。随后维塔利克在以太坊官方博客发布《紧急状态更新：关于The DAO的漏洞》一文，详细解释攻击细节，并提出解决方案。提议方案为从区块高度1760000开始进行软分叉，把任何与The DAO和子DAO相关的交易认作无效交易，以阻止攻击者在27天之后提现被盗的以太币，并在此后进行一次硬分叉将以太币找回。

北京时间6时19分，黑客再度发起袭击。与此同时，自称"黑客"的攻击者通过网络匿名访谈宣布将使用智能合约给予不支持软分叉的矿工100万以太币和100比特币奖励，以此对抗以太坊基金会提议的软分叉。

22日，白帽黑客开展"罗宾汉行动"，将The DAO资产转移到安全的子DAO中。随后攻击者开始攻击白帽黑客所创建的用于安全转移The DAO资产的智能合约。

由于原有程序不允许黑客立即提现以太币，是否修改程序、找回损失成了以太坊基金会面临的困境。

2016年7月

以太坊实施硬分叉。关于"是否符合去中心化理念"的争议最终导致以太坊区块链分裂，不接受改变的矿工选择继续支持被黑客盗取资金的原链，ETC（以太经典）诞生。

第三卷
（2016年）

2016年9月

为期5日的第三届以太坊开发者会议DEVCON 2在上海举行。会议吸引了一千多名参与者，并围绕以太坊开发、工具、安全、应用以及生态进行展望与探讨。

此外，在DEVCON 2上，维塔利克将其最新的研究成果作为以太坊紫皮书发布，对Casper和分片技术的机制进行了详细阐述。

论结算最终化

(2016 年 5 月 9 日)

编者按

> 本文对结算最终化的概率性进行了阐述，并探讨了在工作量证明及 Casper 下，最终化的结果及可能遭受的攻击。

特别感谢蒂姆·斯万森（Tim Swanson）的审阅，以及他在关于结算最终化的原始论文中的深入讨论。

最近，公有区块链和许可区块链的支持者之间进行了一场争论，争论的核心是结算最终化问题。首先，中心化系统具有的最简单的属性就是最终化：一旦操作完成，就意味着这一操作已经无缝地完成，并且系统无法返回并且恢复该操作。去中心化系统，取决于其设计的特性，既可以提供最终化属性，也可以在一定的经济范围内提供概率性的最终化，或者直接不提供这一特性。当然，公有区块链和许可区块链在这一方面的表现各有差异。

这种最终化在金融行业尤其重要。在这种行业中，机构需要最大限度地快速确定某些资产在法律意义上是否属于自己。如果他们的资产被认定是他们的，那么理论上不应该发生某个随机的区块链故障突然回滚判断这些资产所有权的操作，并使得所有者丢失对这些资产的所有权的状况。

在其最近的一篇文章[①]中，蒂姆·斯万森辩称："企业家、投资者和爱好者声称公有区块链可作为金融工具的结算机制和结算层。但是，公有区块链在设计中并不能确保结算最终化。因此，它们目前无法成为清算和结算金融工具的可靠选项。"

这是真的吗？公有区块链是否完全无法发挥任何结算最终化的作用？是否就像工作量证明最高纲领主义者暗示的那样，只有工作量证明可以提供真正的最终化，而许可链不过是海市蜃楼？或者真相是否另有隐情？为了充分理解不同的区块链架构提供的最终化性质之间的差异，必须要在数学、计算机科学和博弈论层面进行更深入的探讨——我们称为加密经济学。

最终化始终是概率性的

首先，一个非常重要的哲学观点是，世界上没有一个系统能够在字面意义上提供真正 100% 的结算最终化。如果共享所有权被记录在纸质注册表中，那么注册表很可能会被烧毁。也可能有居心叵测的人找到注册表，并在每个 "1" 前画一个 "c"，使其看起来像 "9"。即使没有任何恶意攻击者，也有可能会有一天，每个知道注册表位置的人都被闪电击中并且同时死亡。中心化的计算机化注册管理机构也存在同样的问题，并且我们认为攻击

---

① https://tabbforum.com/opinions/settlement-risks-involving-public-blockchains

会更加容易实现——如果你不相信，不妨看看孟加拉国中央银行的安全性[①]能给我们什么启示。

在纯链上数字承载资产的情况下，除了链条本身，其他人都没有所有权，唯一的办法就是教唆社区启动硬分叉。然而，在使用区块链（许可链或公有链）作为合法注册财产（如土地、股票、法定货币等）所有权的"登记处"的情况下，"法院"系统是对所有权进行裁决的最后一环。在注册管理机构崩溃的情况下，"法院"可以做两件事。首先，攻击者可能会找到在系统响应之前将资产从系统中提现的方法。在这种情况下，账本上的资产总量和现实世界中的资产总量不再匹配。因此，从数学上可以确定的是，本来最终化余额为 x 的用户，最终将不得不接受数额小于 x 的实际余额 y。

但"法院"还有另一种选择。他们绝对不会以标准思维来思考注册管理机构所发生的事，并按字面意思得出结论。在物理世界中，"法院"的工作是识破意图，并且看到"9"的第一反应是用橡皮擦把"1"前的"c"擦掉，而不是举起双手同意比利叔叔现在变得更富有了。这里，最终化并非最终结果，哪怕最终化回滚是对社会有益的。这些论点适用于所有用于维护注册表和针对它们的攻击工具，包括对公有区块链和联盟区块链的51%攻击。

比特币的经历提供的经验证据使我们更加坚定地认为，所有注册管理机构都会犯错，同时也强化了这一哲学论证的实际相关性。迄今为止，比特币已经发生过3件交易在很长一段时间后被回滚的案例。

1. 2010年，攻击者利用整数溢出漏洞设法为自己提供了1860亿比特币[②]。这个问题后来被解决了，但代价是对这半天的交易进行了回滚。

2. 2013年，区块链由于软件版本差异（一个版本存在漏洞[③]而另一个版本不存在漏洞）而分叉，这件事情导致一部分网络拒绝接受被另一部分认为是主导的链。该分裂在6小时后解决。

3. 2015年，大约有6个区块被回滚，因为比特币矿池正在挖掘无效的区块且未对其进行验证[④]。

在这3个事件中，只有第3件事是公有链共识的独特性引起的，因为矿池的行为不端从根本上是由区块链经济激励结构的失效（本质上这是一个验证者的两难困境[⑤]）导致的。在另2件事中，这种失效是软件故障导致的结果——这种情况也可能发生在联盟链中。有人可能会争辩：像PBFT这样更强调一致性的共识算法不就可以防止第2件事发生吗？但即便如此，面对第1件事，即所有节点都在运行包含溢出漏洞的代码时，也会失效。

因此，我们可以列举出很多相当强有力的例子。如果确实有人想要深究如何最小化失败率，那么比起从公有链转向联盟链，这条建议可能更有价值：运行共识代码的多个实施版本。如果所有实施版本都接受某一笔交易，那么你再认为交易已经被最终化（需要注意，这已经是我们为基于以太坊平台搭建的交易所和其他高价值用户提供的标准建议）。然而，

① https://www.wsj.com/articles/bangladesh-central-bank-found-100-million-missing-after-a-weekend-break-1457653764

② https://en.bitcoin.it/wiki/Incidents#Value_overflow

③ https://bitcoinmagazine.com/articles/bitcoin-network-shaken-by-blockchain-fork-1363144448

④ https://www.reddit.com/r/Bitcoin/comments/3c2cfd/psa_f2pool_is_mining_invalid_blocks/

⑤ https://eprint.iacr.org/2015/702.pdf

这种对立的想法是错误的：如果一个人想要获得真正的健壮性，并且又同意联盟链支持者提出的联盟信任模型更安全的论点，那么其当然应该做到这两点。

工作量证明的最终化

从技术上说，工作量证明区块链从未包含让交易真正最终化的特性。对于任何特定的区块，总可能会有人创建一条更长的链。该链从特定区块之前的区块开始增长，但并不包括该区块。而实际上，基于公有区块链的金融中介已经摸索出一种非常实用的方法来确定交易何时足够接近最终化，以便自己根据这一结果做出决策——等待6次确认。

这里的概率性逻辑很简单：如果攻击者拥有的全网哈希算力小于25%，那么可以将双重花费建模为从 – 6开始的随机漫步（攻击者的双重花费链比原始链少6个区块），并且在每一步都有25%的概率增加1（即攻击者每创建出一个区块，就更近一步）和75%的概率减去1（即原始链产生了一个区块）。可以通过公式（$0.25/0.75$）$^6 \approx 0.00137$来确定此过程将趋近于零的概率（即攻击者的链条接管了原始数据）。此外，0.00137小于几乎所有交易所收取的交易费用。如果想要更大的把握，你可以等待13次确认，此时，攻击者成功的概率将为百万分之一；你也可以等待162次确认，这个概率会小到相当于攻击者心血来潮决定猜出你的私钥到底是什么。因此，在现实中，即使在工作量证明区块链上，依然存在最终化的概念。

然而，这种概率性逻辑假定的是75%的节点都表现诚实（在更低的百分比，如60%，也可以做出类似的论证，但需要更多的确认）。这里还有一场经济学辩论：这种假设是真的吗？有人争论说矿工可能会被贿赂，如通过 $P+\varepsilon$ 攻击[1]，然后转而支持攻击者的链（实施这类贿赂的实际方法可能是运行负费用矿池。为了避免引起怀疑，这类矿池可能会打着零费用的噱头，但悄悄提供更高的收入）。攻击者也可能尝试攻击或破坏矿池的基础设施，这种攻击的成本可能非常低廉，因为工作量证明的安全性激励是有限的（如果矿工被黑客入侵，他们的损失只不过是数小时内的奖励，但本金依然是安全的）。此外，同样重要的一点是，斯万森还提出了一种其他地方称为"马其诺防线"的攻击，即投入大量的资金吸引数量高于网络内剩余数量的矿工。

Casper 的最终化

Casper协议旨在提供比工作量证明更强大的最终化保证。我们先对"总体经济最终化"下一个标准定义：当所有验证者中有2/3的群体以最大赔率打赌某一特定区块或状态会被最终化时，就认为实现了总体经济最终化。这种条件为验证者提供了非常强烈的经济激励，驱使他们永远不会试图串谋以回滚区块：一旦验证者做出类似的最大赔率投注，在任何不存在该区块或状态的区块链中，验证者都将损失其全部保证金。正如弗拉德·赞菲尔（Vlad Zamfir）所说，你可以把这想象成一个工作量证明版本，如果你参与51%攻击，那

---

[1] https://blog.ethereum.org/2015/01/28/p-epsilon-attack/

么你的挖矿硬件就会被烧毁。

其次，验证者需要预先注册，这意味着在其他地方不可能有其他验证者构成更长的链。也就是说，如果你看到占2/3的验证者将他们的全部赌注押在某个声明上，同时你又看到其他地方有2/3的验证者将他们的全部赌注都压在另一个相互矛盾的声明上，那么这必然意味着押注的验证者间存在有交集（即至少有1/3验证者两头押注）。这时，无论发生什么情况，两面派验证者们都会失去他们的全部保证金。这就是我们所说的经济最终化：我们不能保证"X永远不会被回滚"，但可以保证"要么X永远不会被回滚，要么就会有大量的验证者自愿销毁价值数百万美元的自有资本"。

最后，即使真的发生了双重最终化事件，用户也不会被迫接受拥有更多投注的声明。相反，用户将被允许以手动的方式选择自身想要跟随的分叉链，当然也可以最简单地选择首先出现的区块。在Casper中，一个成功攻击看起来更像是硬分叉而不是回滚，并且围绕链上资产的用户社区可以完全自由地应用常识来确定哪个分叉不是攻击，并且实际代表了最初就最终化达成一致的交易的结果。

法律与经济

这些更强有力的保护仍然是经济保护。因此，不妨探讨一下斯万森论证的下一部分："因此，如果本地代币（如比特币或以太币）的市场价值增加或减少，那么竞争接收网络铸币税的矿工所产生的工作量也会相应地增加或减少，或者合约资本开支将与代币边际价值成比例。这就留下了一个明显的可能性，即在某些经济条件下，拜占庭行为者无需经过合法手段就能够并且将成功地进行区块重组。"

这个论点有两个版本。一个是法律最高纲领主义观点，即纯粹的经济保障是毫无价值的，并且其只存在于某种纯粹的哲学意义中，法律保障是唯一可以算数的保证。这个更偏激的版本显然是错误的：在许多情况下，法律规定的渎职行为的主要或唯一的惩罚是罚款，而罚款本身仅仅是经济激励。对于法律，只有经济激励就已经足够了。那么至少在某些情况下，这些经济激励应该好到足以应用于结算架构。

这一论点的另一个版本更加简单实用。假设在目前，即现有的以太币的总价值为7亿美元的情况下，你计算出你需要3000万美元的挖矿算力才能成功进行51%攻击。此外，一旦Casper发布，你预计你将会有30%的权益参与比重。因此，最终化回滚需要消耗的最低成本为7亿美元×30%×1/3＝7000万美元（如果你愿意容忍验证者离线率提高到1/4的状况，那么你可以将最终化阈值增加到3/4，并将交集的大小增加到1/2，从而获得将近1.05亿美元的更高的安全边际）。如果你交易价值1000万美元的股票，并且只打算做两个月，那么这几乎肯定是好事。公有区块链的经济激励措施可以很好地解决渎职问题，并且任何类型的攻击者都不愿意处理这样的麻烦。

现在，假设你打算交易价值1000万美元的股票，但你要承诺使用以太坊公有区块链作为基础架构层5年。现在，你拥有的确定性要低得多。以太币的价值可以不变，可以更高，也可以趋近于零。你在Casper中的参与比重可能会上升到50%，也有可能下降到10%。因此，51%攻击的成本完全有可能会下降，甚至低于100万美元。此时，通过市场操纵攻击来进行51%攻击完全是可以的。

第三种情况更明显：你想交易价值1000亿美元的股票，应该怎么办？现在，与市场操纵攻击的潜在利润相比，攻击公有区块链的成本简直不值一提。因此，公有区块链完全不适合这项任务。

值得注意的是，发起攻击的成本并不像上述所言那么简单。如果你贿赂现有的验证者以执行攻击，那么上述数学是适用的。而更现实的情况是，你需要买币并将其作为保证金来发动攻击。为此，你将要花费1.05亿美元或2.1亿美元不等（根据最终化阈值而定）的成本。此外，买币的行为本身也可能影响到价格。如果计划不完善，实际攻击几乎肯定会导致比理论最小值高1/3或1/2的损失，并且攻击可以获得的收入可能远低于资产的总值。但是，总体的原则不变。

某些加密货币支持者认为这些担忧是暂时的，并且在未来5年，他们所选择的加密货币的市值将达到1万亿美元，即与黄金在一个数量级范围内，所以这些论点都没有实际意义。目前来说，这一立场是站不住脚的：如果有银行选择相信这样的假设，那么他们就应该放弃基于区块链的证券化举措，转而购买并持有尽可能多的该类加密货币单位。如果将来某些加密货币确实达到这样的程度，那么这一安全论点肯定值得重新思考。

因此，总而言之，"对高价值资产来说，公有区块链的经济安全边际太低"这一温和的论点是完全正确的。对仍在探索私有链和联盟链的机构来说，视具体情况采用具体结构才是最合理的做法。

抗审查性和其他实践问题

另一个问题是公有区块链满足抗审查性特定，即任何人都可以发送交易；而金融机构要求能够限制哪些参与者参与哪些系统，有时候甚至还能限制参与的形式。这一点完全正确。另一个反驳的论点是公有区块链，尤其是像以太坊这样的高度通用化的区块链，可以作为承载这些受限系统的基础层。例如，我们可以创建一个代币合约，该合约只允许在特定列表中的账户或由链上特定地址所代表的实体批准的账户进行转账。这一说法的反驳观点是，这种结构不必小题大做，只需要在许可链上创建一个机制就可以了——否则你在支付抗审查性成本的同时，又独立于公有链提供的传统法律体系而没有获得任何好处。这个论点是合理的，虽然同样要指出，它是关于效率而不是关于基本可能性的论证。因此，如果公有链上与抗审查性无关的其他优势（如更低的协调成本和网络效应）占据了主导地位，那么其性价比并不高。

还有关于效率的问题。由于公有区块链必须保持高度去中心化，因此节点软件必须能够在标准的消费者笔记本电脑上运行，但这将会造成交易吞吐量受限的问题。而同等级别的许可网络上不会出现这样的问题：在该网络中，所有节点都可以在连接高速互联网的64核服务器上运行。未来，我们的目的当然是专注于分片技术的创新，并有效缓解人们对公有链的担忧。如果实施按计划进行，那么在未来5年内，只要网络中节点的并行化程度及数量足够，那么公有链的可扩展吞吐量就没有限制——尽管仍不可避免会留下至少某些效率差异，从而导致公有链和许可链之间的成本各异。

　　最后一个技术问题是延迟。公有链在接入公共互联网的数千台消费者笔记本电脑之间运行，而许可链只在较少数量的节点之间运行，但这些节点都具有快速的互联网连接，甚至可能在临近的物理位置。因此，许可链的延迟和最终化时间一定会小于公有链。跟效率问题不同，这是一个因为技术改进而永远无法忽视的问题：尽管我们希望如此，但摩尔定律并不能使光速每2年增加2倍，而且无论怎么去优化，在众多任意分布的节点和有可能共置一处的少数节点组成的网络之间总是会存在差异。并且，人眼一定能明显地识别出两者之间的差异。

　　与此同时，公有区块链确实有很多优势[①]，并且其应用场景十分广阔，如针对某些应用专门建立联盟链需要付出大量的法律、业务开发和信任成本，但是将这一应用直接转移到公有链上却十分简单。而且公有链有价值的很大一部分原因在于，它具备允许用户构建应用的能力——无论这些用户的朋友圈如何：即使是14岁的少年也可以编写一个去中心化的交易所，并将其发布到区块链中，其他人可以根据其优点进行评估并使用这个应用。某些开发人员并没有专门组建一个联盟，而公有链在为这些开发人员提供服务方面起着至关重要的作用。另一个重要的好处是，公有链中能够有机地出现跨应用协同[②]。最终，我们可能会看到，这两个生态系统随着时间的推移不断向不同的群体提供服务，并且可以通过合作获益——尽管他们在可扩展性、安全性和隐私方面仍然存在许多挑战。

---

① https://blog.ethereum.org/2015/08/07/on-public-and-private-blockchains/

② https://www.reddit.com/r/ethtrader/comments/43fm3w/the_core_value_proposition_of_ethereum_is_synergy/

加密经济学和 X 风险研究人员
应该多互相倾听

（2016 年 7 月 4 日）

编者按

维塔利克认为，随着越来越多传统、前沿科技及未来主义的研究者将目光投向区块链，加密经济学研究者也应该主动迈出步伐，彼此沟通、相互倾听。不管是X风险研究员，还是加密经济学研究员，两者本质上都在研究相同的问题。

特别感谢扬·塔里安（Jaan Tallinn）的早期反馈和评论。

近来，传统的与AI和各种形式的未来主义存在风险研究相关的社区，对区块链和加密经济系统流露出了越来越浓厚的兴趣（尽管数量还很小）。著名的加密技术（这项技术也是以太坊轻客户端协议的基础）的发明者拉尔夫·默克尔（Ralph Merkle）已表示出对DAO治理的兴趣。Skype联合创始人扬·塔里安呼吁人们研究区块链技术，并利用区块链技术创造一种能够解决全球协调问题的机制。至于那些早就意识到预测市场拥有作为治理机制的潜力的预测市场倡导者们，现在正在考虑 Augur。这里有什么有意思的碰撞吗？这会不会只是一个计算机极客圈子里的话题——他们以前被对计算机极客友好的话题A所吸引，现在也被一个完全不相关但同样对计算机极客友好的话题B所吸引。又或者说，区块链和现实世界确实存在某种联系？

我认为这种联系是存在的。加密经济学研究社区和AI安全/新型网络治理/存在风险的社区本质上都在解决一个相同的问题：该如何使用一个从创建伊始就不够灵活的简陋系统来调节一个具有不可预测的紧急属性的复杂智能系统？

在AI研究的场景中，主要的子问题是，如果定义一个效用函数，那么这个函数将引导超级智能代理的行为，而不会意外地引导它做一些满足函数但不满足你个人意图（有时称为"边缘实例化"）的事情。例如，你试图让一个超级智能的AI来治愈癌症，那么其最终可能会推断出最可靠的方法就是先杀死所有人。如果你试图堵住这个洞，它可能决定只是永久地低温冷冻所有人类而不会杀死他们。在拉夫尔·默克尔的DAO民主的场景中，问题在于确定与社会和技术进步以及通常人们想要的东西相关的客观函数通常是与存在风险呈反相关的。并且这一过程非常容易衡量，所以衡量标准并不会成为政治斗争的源泉。

与此同时，在加密经济学的场景中，问题惊人地相似。共识的核心问题是，当验证者本身是高度复杂的经济代理，并且可以以任意方式自由交互时，该如何激励验证者使用预先设定的简单算法继续支持和发展连贯的历史。DAO的问题主要在于软件开发者的复杂意图的分歧，这种分歧对于分裂功能以及软件实现的事实结果具有特定用途。Augur试图将共识问题扩展到与现实世界的事实相关。而Maker正试图为一个平台创建一个去中心化的治理算法。该平台旨在提供带有加密货币去中心化特性和法定货币可靠性的资产。在上述情况下，算法是愚蠢的，但它们不得不控制的代理却非常聪明。AI安全本质上是一个智商为150的代理试图控制智商为6000的代理的问题，而加密经济学则是一个智商为5的代理试图控制智商为150的代理的问题——两者是截然不同的问题，但不该忽视其相似之处。

这些问题都很棘手。两个社区多年来也一直在考虑这样的问题，并且在某些情况下积累了相当多的见解。不过，已经开始有人针对这些问题提出启发式的部分解决方案和缓解策略。在DAO的场景下，一些开发者正在转向使用混合方法。在该方法中，存在一组可以控制DAO资产的管理者。然而，管理者拥有的权力是有限的，这种权力既足以拯救DAO免受攻击，又不足以让他们单边发动可能导致严重破坏的攻击——这种方法与正在进行的安全AI可中断性研究有点类似。

在Futarchy中，我们看到人们尝试把利率设定为客观函数，这是一种将以自愿锁币形式进行的二次投票与Futarchy，以及各种形式的弱化Futarchy（该方案通过给予Futarchy足够的权力来防止大多数人串谋攻击，这是民主制度不能实现的。如果Futarchy无法抵御攻击，则把权力留给投票过程）的混合方案。这种创新，至少值得打算通过Futarchy来建立世界民主DAO的团体考虑。

另一个被过度忽视的解决方案是，使用能够明确减慢速度的治理算法——以太坊所遭遇的DAO硬分叉之所以可以保护其内被包含的资金，是因为DAO包含了一套要求每一次行为都必须要等待很长延迟时间的规则。另一条人们开始探索的途径是形式化验证，即使用计算机程序来自动验证其他计算机程序，并确保它们满足关于程序应该做什么的一系列声明。

由于价值问题的复杂性，在一般情况下，用形式化证明诚实性是不可能的，但是可以通过某些部分保证措施来降低欺诈风险。例如，我们可以形式化证明某人在不到7天的时间内不能采取某种行动，或者如果某个DAO的管理者投票申请轮换，那么其在48小时内将不能采取某种行动。在AI的场景中，这样的证明可以用来防止奖励函数中出现某些类型的简单漏洞，这种漏洞可能会导致AI出现某种无法预料行为。当然，其他社区多年来也一直在思考形式化验证的问题，只不过现在是在探索其在新环境中的不同用途。

与此同时，AI安全圈子里提出了一种概念。这种概念可能对构建包含DAO的经济系统非常有用，我们称之为"超理性决策理论"——本质上来说，这套理论是通过承诺运行某种源代码来解决囚徒困境的，并且该源代码对于同样承诺运行相同代码的代理相当有利。一个令对黑盒代理不可用的方式作用于开源代理的例子是斯科特·亚历山大（Scott Alexander）在其短篇小说中描述的"价值握手"：两个代理就两者承诺使某个目标最大化达成一致，这个目标就是他们之前拥有的两个目标的平均值。过去，这些概念主要存在于科幻小说中。但现在，Futarchy DAO实际上可以做到这一点。更简单地说，DAO可能是社交机构强烈承诺运行具有特定属性的源代码的高效手段。

今明两年，我们将要推出众多系列，The DAO只是第一个。你可以打赌所有后续的例子将从第一个例子的教训中获益良多，并且每一个例子都将提出不同的和创新的软件代码安全策略、治理算法、管理者体系、缓慢和阶段化创建过程、首发流程，以及通过形式化验证的保证，以尽力确保自身得以应对加密经济风暴。

最后，我从加密社区学到的最大教训是去中心化本身：让不同的团队冗余实施不同的部分，以便最大限度地降低某个系统的疏忽悄无声息地传递到其他系统的可能性。加密生态系统正在发展成为一个现场实验，该实验包含软件开发、计算机科学、博弈论和哲学。无论它们是以现有形式还是在对核心概念进行重大修改的迭代之后成为主流社交应用，其结果都欢迎任何人学习和了解。

以太坊 2.0 紫皮书

（2016 年 9 月 23 日）

编者按

2016年9月，维塔利克在第三届以太坊开发者会议DEVCON 2上将其最新的研究成果作为以太坊紫皮书发布，紫皮书就以太坊版本的权益证明Casper和分片技术进行了详细阐述，并给出权益证明与分片共同结合的解决方案。

在过去10年里，诸如比特币、域名币和以太坊的项目充分展现了加密经济共识网络推进下一代去中心化系统演进的强大威力，这种力量正潜移默化地将去中心化系统的应用领域从简单的数据存储和信息服务扩展至任何拥有状态的应用的后端。纵观全世界，基于这一系统所提议和实现的应用涵盖了廉价支付系统、金融合约、预测市场、身份注册和现实世界产权，并且可用于构建更安全的证书管理系统，甚至通过供应链对制造商品进行溯源和跟踪管理等各个方面。

然而，这类系统的技术基础仍然存在严重的效率问题。因为在网络中的每一个全节点都必须维护系统的完整状态并处理每一笔交易，因此，整个网络的能力实际受限于单个计算节点。在现有的系统中，其大部分都采用需要消耗大量电力去运营的共识机制，即工作量证明。而目前最大的基于工作量证明机制的区块链——比特币——已经消耗的用电量相当于整个爱尔兰的耗电量[①]。

本文基于上述问题提出了将权益证明和分片共同结合的解决方案。权益证明本身并不是一个新颖的理念，其早在2011年就已经存在，但这一全新的算法确实拥有显著的优势，其不仅能解决先前系统的缺陷，甚至还引入了工作量证明不曾具有的新特性。我们可以把权益证明想象成某种虚拟挖矿：在工作量证明中，用户需要真金白银购买一台计算机，然后消耗电力并且随机产出区块。其中，区块的产出率与被消耗的电力成正比。而在权益证明中，用户花费真金白银购买系统内的虚拟币，然后通过一个协议内置的机制将虚拟币转换成虚拟计算机。协议通过模拟这一过程来达到随机产出区块的目的。其中，区块的产出率与用户花费的成本成正比——由此可见，权益证明达到了与工作量证明相同的出块效果，却不用消耗电力。

分片技术也不是新技术，其在分布式数据库的设计中已经有超过10年的应用。但到目前为止，将分片技术应用在区块链上仍有诸多限制。分片技术主要是为了解决区块链的可扩展性难题，其基本方法是使用一个全新的架构：在该架构中，来自全局验证者集合的节点（在本文中指参与权益证明抵押机制的节点）被随机分配到特定的分片内。其中，每个分片并行处理在全局状态不同部分内的交易，从而确保不同的工作分配到不同的节点中，而不是每个节点都重复同样的工作。

我们希望能够实现下述目标。

[①] http://karlodwyer.com/publications/pdf/bitcoin_KJOD_2014.pdf

1. 通过权益证明提升效率：共识不再通过挖矿进行保障，从而大幅减少电力浪费，同时还可以满足大量和持续发行ETH的需求。

2. 快速出块：在不损害安全性的前提下，出块速度达到最大。

3. 经济最终化：一旦区块被创建，经过特定时间后，网络中应该出现一个事件状态，即大部分验证者已经对该区块做出完全承诺。这意味着，一旦历史记录没有包含这个区块，那么这些验证者将损失所有的以太币保证金（想想：价值1000万的以太币）。这是我们想要的结果。因为这意味着，即使大多数节点相互串谋也没有办法对区块链发动中长程51%攻击，否则他们的保证金将被全部罚没。我们默认验证者在需要做出高价值承诺时所采取的是保守策略，因此诚信验证者的风险会很低。

4. 可扩展性：理论上，我们应该不需要运行全节点就可以运行区块链。也就是说，包括验证节点在内的所有节点都只保留一小部分区块链内的数据，并且使用轻客户端技术对余下的数据进行访问。在这种方式下，比起受限于单台机器的处理能力，区块链可以达到更高的交易吞吐量。与此同时，还能够保证，这个平台只需要依靠数量足够庞大的消费者笔记本电脑就可以运行，由此保留去中心化的优势。

5. 跨分片通信：这一功能应该最大限度地实现不同应用间的互操作性。其中，这些应用存在于由不同节点所存储的状态的不同部分。此外，如果某个应用的资源使用状况超出了单个节点的算力和带宽限制，那么还可以构建出跨多个状态部分的应用。

6. 抵抗计算性审查：这个协议应该能够抵御来自各个分片（甚至可能占据大多数）的验证节点相互串谋所发起的攻击，该攻击旨在阻止串谋者不希望发生的交易进入区块链中，并获得最终化。以太坊1.0在某种程度上也具备这一功能，如通过停机问题来抵抗审查[①]，但是可以通过引入担保调度和担保跨分片消息来使这个机制更加强健。

先来描述第一个算法，该算法只实现了1和2。紧接着，第二个算法实现了3，并且第三个算法在一定限度上实现了4和5（其限制在于：在4中，与单个节点的算力的平方大致成正比；在5中，跨分片消息有24小时的延迟，不过可以使用双重用途保证金来构建更快的消息传递层）。至于更高级别的4和5以及任意级别的6的实现，就不在以太坊2.0考虑的范围内了，我们会在以太坊2.1和3.0中重新阐述。

常　量

我们设置以下常量：

`BLOCK_TIME`：4秒（不求极致，只求尽量减小开销）。

`SKIP_TIME`：8秒（不求极致，只求尽量减小开销）。

`EPOCH_LENGTH`：10800（即状况良好时为12小时）。

`ASYNC_DELAY`：10800（即状况良好时为12小时）。

`CASPER_ADDRESS`：255。

`WITHDRAWAL_DELAY`：10000000（即4个月）。

---

① http://hackingdistributed.com/2016/07/05/eth-is-more-resilient-to-censorship/

GENESIS_TIME：某个标志区块链起点的未来时间戳，如1500000000。

REWARD_COEFFICIENT：3 / 1000000000。

MIN_DEPOSIT_SIZE：32 ETH。

MAX_DEPOSIT_SIZE：131072 ETH。

V_LOSS_MAXGROWTH_FACTOR：32。

FINALITY_REWARD_COEFFICIENT：0.6 / 1000000000。

FINALITY_REWARD_DECAY_FACTOR：1000（即状况良好时为1.1小时）。

MIN_BET_COEFF：0.25。

NUM_SHARDS：80。

VALIDATORS_PER_SHARD：120。

最小权益证明

注意，本小节及后续小节均假设读者已经对以太坊1.0有基本了解。

我们可以创建一个最小可行的权益证明算法，该算法没有最终化、额外的抗审查性以及分片等特性。指定在地址CASPER_ADDRESS处存在一个Casper合约，该合约会追踪验证者集合的变化。然而，该合约没有特殊的权利，仅仅是在验证区块头的过程中需要调用到它。此外，合约被包含在创世区块内，而不是通过交易在运行时被添加的。验证者集合最初在创世区块中被指定为某个特定的集合，随后可以通过以下函数进行调整。

1. deposit(bytes validation_code,bytes32 randao,address, withdrawal_address)：接受一定数额的以太币作为保证金。发送者指定一段验证代码（即EVM字节码，主要是作为一种公钥，该公钥会被用于验证由它们签署的区块数据以及其他网络共识消息）、一条randao提交信息（一个32 Byte的哈希，用于验证者挑选流程，详见下文）以及最终的提现地址。需要注意的是，提现资金可以转到一个特殊的地址，该地址本身仅在特定的条件下释放资金；如果有需要，我们还可以双重使用安全性保证金。如果所有的参数都被接受，那么在后一个时期的开始，该验证者将被添加到验证者集合（也就是说，如果保证金在第 n 个时期被接收，那么验证者将在第 $n + 2$ 个时期被加入验证者集合。其中，一个时期等同于EPOCH_LENGTH个区块时间）。验证代码的哈希（vchash）可以作为验证者的ID，并且不同的验证者禁止使用同样的哈希。

2. startWithdrawal(bytes32 vchash,bytes sig)：开启提现过程。这个过程要求一个签名，并且该签名需要通过特定验证者的验证代码。如果签名通过，那么从后一个时期开始，验证者将被移出验证者集合。需要注意的是，该函数不能用于提现以太币。

3. withdraw(bytes32 vchash)：只要验证者已经使用StartWithdrawal至少提前WITHDRAWAL_DELAY秒从活跃的验证者集合中退出，那么验证者的以太币就会撤回到指定的提现地址。其中，提现金额等于本金加上奖励减去罚款。

正式而言，验证代码是这么一段代码：将一个区块头哈希和一个签名作为输入，如果这个签名有效，则返回1；反之，则返回0。这个机制确保了我们不会将验证者锁定到任何单一具体签名算法；相反，我们允许验证者使用验证代码从多重私钥中验证签名，而不是逐个验证。此外，如果需要对抗量子计算，那么我们也可以使用Lamport签名。这个代码在黑盒环境中执行，并使用新的**CALL_BLACKBOX**操作码保证执行独立于外部状态。这一点在阻止某类诡计上大有用处：比如一个验证者创建了一条验证代码，该代码在情况有利时返回1；在情况不利时（如包含Dunkle区块）返回0。

在**deposit**函数中的**randao**值应该是计算一系列哈希所得到的结果，即对于某个秘密的**x**，计算**randao=sha3(sha3(sha3(sha3(……(sha3(x))…)))**。由每个验证者提供的**randao**值保存在Casper合约的存储中。

Casper合约同样包含一个**globalRandao**变量，该变量初始化为0。这个合约还包含一个**getValidator(uint256 skips)**函数，用于返回在特定的跳（skip）数以后负责创建区块的验证者的验证代码。即**getValidator(0)**返回第一个验证者（一般来说，这个验证者会创建区块），**getValidator(1)**返回第二个验证者（如果第一个验证者无法创建区块，则由这一个验证者负责创建区块），依此类推。这些验证者都是在当前活跃的验证者集合中伪随机挑选出来的。其中，随机性的权重与验证者的初始保证金规模相关，并以Casper合约的**globalRandao**值为种子。除了签名，一个有效的区块也必须包含当前为该验证者保存的**randao**的原像，然后用这个原像来替换保存的**randao**值，随后通过异或运算保存到合约的**globalRandao**中。因此，每个验证者生成的每一个区块都要求展开该验证者的**randao**的一层。这是一种链内随机算法的实现方案[1]。

总而言之，一个区块必须包含在其额外数据中的数据如下：

<vchash><randao><sig>

其中，**vchash**是验证代码的32 Byte哈希，用于快速识别验证者；**randao**的含义如上所描述（也是32 Byte）；**sig**是签名，其长度可以为任意值（尽管我们将区块头的大小限制为2048 Byte）。

如图1所示，在创建某个区块以后，创建下一个区块所需间隔的最短时间可以简单地定义为

GENESIS_TIME+BLOCK_TIME*<区块高度>+SKIP_TIME*<创世区块以后的跳数总和>

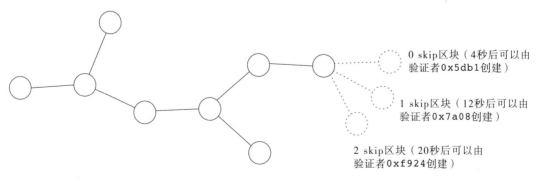

0 skip区块（4秒后可以由验证者0x5db1创建）

1 skip区块（12秒后可以由验证者0x7a08创建）

2 skip区块（20秒后可以由验证者0xf924创建）

图1

---

[1] https://vitalik.ca/files/randomness.html

在实践中，这意味着一旦某个区块被发布，那么下一个区块的 0 skip 验证者会在 BLOCK_TIME 秒之后发布，1 skip 验证者会在 BLOCK_TIME+SKIP_TIME 秒之后发布，依此类推。

如果一个验证者发布区块的时间过早，那么其他验证者会忽视该区块，直到在规定时间之后才会处理该区块[①]（短 BLOCK_TIME 和长 SKIP_TIME 之间的不对称性确保了在正常情况下，平均出块时间可以非常短；并且在网络时延更长的情况下，也可以保持网络的耐受性）。

如果一个验证者创建了一个被包含在链内的区块，那么他们得到的区块奖励等于该时期内活跃验证者集合中的以太币总量乘以 REWARD_COEFFICIENT*BLOCK_TIME。因此，如果验证者总是正确地履行职责，那么 REWARD_COEFFICIENT 本质上就是验证者的预期每秒利率。该利率乘以约 3200 万便是大致的年利率。如果一个验证者创建了一个没被包含在链内的区块，那么在未来的任意时间（直到验证者调用 withdraw 函数为止）内，该区块头都可以通过 Casper 合约的 includeDunkle(header:str) 作为一个 Dunkle 被包含进链内，使得验证者损失等同于该区块奖励的金额（以及向打包 Dunkle 的参与方支付一小部分罚款作为经济激励）。因此，验证者应当在确定这一区块会被包含在链内的可能性超过 50% 时，再创建该区块。此外，这一机制不鼓励验证者立即验证所有的链条。验证者的累计保证金，包括奖励和罚款，都存储在 Casper 合约的状态内。

Dunkle 机制的目的是解决权益证明中的无利害关系问题。在这个问题中，如果没有罚款，只有奖励，那么验证者将会有动机试图在每一条可能的链上创建区块。在工作量证明中，创建区块需要付出成本，只有在主链上创建区块才有利可图。Dunkle 机制试图复制工作量证明中的经济理论，通过对创建非主链区块施加人工罚款来替代工作量证明中的自然罚款。

假设存在一个恒定大小的验证者集合，我们可以很容易地定义分叉选择规则：计算区块数，最长链胜出。但是，假设验证者集合可以扩大和缩小，那么这一规则就不太适用了，因为少数派支持的分叉最终会以与多数派支持的分叉相同的速度来产出区块。因此，我们可以这样改变一下分叉选择规则，即计算区块数，并给每个区块赋予一个等同于区块奖励的权重。因为区块奖励与活跃验证者所抵押的以太币总量成正比，这确保了拥有更多活跃验证以太币保证金的链条的得分增长得更快。

可以看到，这个规则可以以另一种方式更方便地理解，那就是基于价值损失的分叉选择模型。其原则是选择得到验证者押注且押注总值最高的链条。也就是说，验证者承诺：一旦其他链成为主链，那么其将损失大量资金。还可以等同地认为：这条链就是验证者损失最少资金的链条。在这个简单的模型中，很容易就能看出，这种方法实际就是最长链规则，只不过链中的区块都依据区块奖励赋予权重。这个算法尽管简单，但对于权益证明的实现已经足够高效了。

[①] http://vitalik.ca/files/timing.html

增加最终化概念

下一步是增加经济最终化的概念。按照以下方式进行：在区块头内，除了指向前一个区块的哈希，验证者现在还要对某一个先前区块 FINALIZATION_TARGET 的最终化概率做出一个论断。该论断将被当成一个赌注，如"我相信区块 0x5e81d…将被最终敲定，并且只要在所有这一论断是正确的历史中，我能够得到 V_GAIN；在所有这一论断是错误的历史中，我愿意损失 V_LOSS"（图 2）。验证者选择一个参数 odds，并且 V_LOSS 和 V_GAIN 按照以下方式计算（令 total_validating_ether 为活跃验证者集合的以太币总量，MAX_REWARD 为区块奖励的最大值，bet_coeff 是一个在下文中定义的系数）：

· BASE_REWARD=FINALITY_REWARD_COEFFICIENT*BLOCK_TIME*total_validating_ether
· V_LOSS=BASE_REWARD*odds*bet_coeff
· V_GAIN=BASE_REWARD*log(odds)*bet_coeff

最终化打赌收益和损失

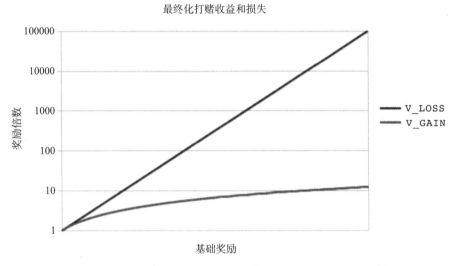

图 2　假设 bet_coeff=1，V_GAIN 值和 V_LOSS 值与 BASE_REWARD 的相关性

FINALIZATION_TARGET 从 null 开始，尽管在区块 1 期间，它被设置成区块 0。bet_coeff 最初（即在创世时）被设置为 1，并且另一个变量 cached_bet_coeff 被设置为 0。然而，在每个区块中，设置 bet_coeff-=bet_coeff/FINALITY_REWARD_DECAY_FACTOR，cached_bet_coeff-=cached_bet_coeff/FINALITY_REWARD_DECAY_FACTOR，尽管 bet_coeff 不能减少到低于 MIN_BET_COEFF（这确保了总有激励驱动节点去打赌）。生成一个区块时，验证者获得 BASE_REWARD*log(MAXODDS)*cached_bet_coeff。其中，MAXODDS 是最大的可能赔率，即 MAX_DEPOSIT_SIZE/BASE_REWARD。这一机制要实现的是，一旦某个区块被最终敲定，那么验证者将从中得到奖励，就像他们继续进行验证并以最大赔率进行打赌一样。这确保了验证者不会受到不正当的激励来串谋延迟敲定某个区块，以获得最大收益。

当Casper合约确定FINALIZATION_TARGET已被敲定（即它所知道的关于该区块的总价值损失超过了某个阈值）后，我们将新的FINALIZATION_TARGET设置成当前区块，并设置cached_bet_coeff+=bet_coeff，将bet_coeff重新设置为1。从下个区块开始，最终化过程重新开始设置新的FINALIZATION_TARGET。如果发生了短程链分裂，同一时间内可能会有多个区块进行最终化，并且这些区块可能会在不同的高度。然而，鉴于默认的验证者策略是在具有最高价值损失支持的区块上押注，我们预计收敛过程将朝着选择其中一个区块的方向进行（此处关于收敛的论证基本上与最小权益证明的论证相同）。

当一个新区块的最终化过程开始时，我们预计一开始赔率会很低，这表明验证者很担心会发生短程分叉。但随着时间的推移，验证者打赌的赔率会增加。特别是，如果某个验证者看到其他验证者在该区块后面投入高赔率的押注，那么该验证者的投注将会更多。可以预计，该区块上的价值损失将以指数形式增加，从而在对数时间内达到最大的"总保证金损失"。

在区块头的额外数据中，现在将所需的数据格式改为以下格式：

<vchash><randao><blockhash><logodds><sig>

其中，blockhash是被押注的区块哈希；logodds是一个长度为1 Byte的值，代表对数形式的赔率（即0对应1，8对应2，16对应4等）。

需要注意的是，我们不能允许验证者完全自由地设置赔率：如果有两个存在竞争关系的最终化目标，B1和B2（即存在两条链，其中一条链的FINALIZATION_TARGET设置为B1，另一条链的FINALIZATION_TARGET设置为B2），并且共识开始围绕B1形成，这时一个恶意的验证者可能会突然对B2投入一个高赔率的赌注。这个赌注的价值损失足够影响原来的共识，从而引发短程分叉。因此，使用下述规则，通过限制V_LOSS来限制赔率。

1. 令V_LOSS_EMA为指数移动平均线，其设置如下：令V_LOSS_EMA在一开始等于区块奖励，在每个区块周期内V_LOSS_EMA都被设置为V_LOSS_EMA*(V_LOSS_MAXGROWTH_FACTOR-1-SKIPS)/V_LOSS_MAXGROWTH_FACTOR+V_LOSS。其中，SKIPS是跳数，V_LOSS是该区块选择的V_LOSS。

2. 设置V_LOSS_MAX为V_LOSS_EMA*1.5，限定V_LOSS的值为该值。

这个规则在设计上引入了安全性约束条件：当至少2/3的其他验证者（样本）的风险为x后，当前验证者的风险仅可以为1.5x。这与拜占庭容错共识算法中的预确认/确认模式类似。在拜占庭容错共识算法中，一个验证者要等待其他2/3的验证者完成特定步骤以后，才能进行下一步，并确保一定程度的安全性以及大多数节点无法串谋参与恶意破坏攻击（即让其他验证者将大量价值损失押在一个区块上，并且随后推动共识围绕其他区块发生），因为串谋本身也需要付出巨大的成本（事实上，串谋损失资金的速度比受害者损失资金的速度更快。这是一个很棒的特性，因为它确保即使在大多数敌对的情况下，恶意参与者通常会随着时间的推移被淘汰）。

如果一个区块作为一个Dunkle被包含在链中，那么这些赌注将会被处理，并且最终得到奖惩结果。例如，有两个高度为5000的区块A1和A2，两者是存在竞争关系的最终化目标；与此同时，还有两个高度为5050的区块B1和B2（两个区块都以A1为祖先区块），并且验证者在B1上构建区块C，对A1押注。随后，如果B2最终被敲定为主链区块，那么B1

和C将成为Dunkle，并且C也将因为在B1和B2的竞争中押错注而受到惩罚，但其还是会因为赌对A1而受到奖励。

然而，假设C中的V_LOSS是这样的：如果B1被包含在内，则V_LOSS<V_LOSS_MAX；如果B2被包含在内，则V_LOSS>V_LOSS_MAX。此后，为了保证预期的价值损失特性，制定了一个额外的惩罚：即使验证者赌对了，仍会以V_LOSS-V_LOSS_MAX对他们进行惩罚。因此，我们将能够有效地将V_LOSS规模的赌注分解成（a）价值损失为V_LOSS_MAX的赌注和（b）一个价值为V_LOSS-V_LOSS_MAX的纯粹销毁，从而保证这种规模过大的赌注仍然依照V_LOSS_MAX进行分叉选择规则变换。这意味着，赌注在某种意义上是不纯粹的，因为即使该区块由于自身多数子区块都分叉了而获得最终化，押注于其中某个区块的赌注仍有可能导致罚款。我们认为，相对于价值损失分叉选择规则中的纯度增益，在打赌模型中所产生的纯度损失是一种可接受折中（图3）。

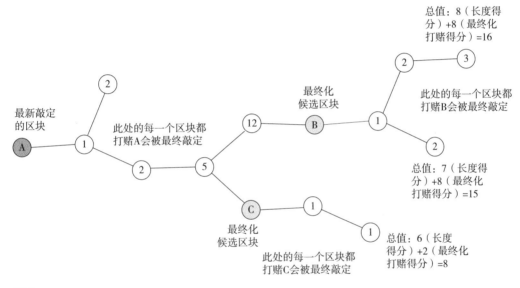

图3

得分与策略实施

价值损失得分可以通过以下算法实现：

1. 跟踪最新敲定的区块。如果有多个区块被敲定，则返回一个大大的红色报错。因为这表明最终化回滚事件发生了，并且客户端的用户可能需要使用额外的链源来确定到底发生了什么。

2. 跟踪所有的最终化候选区块，即该区块的子区块。对于每一个候选区块，追踪该候选区块的价值损失。

3. 从最新敲定的区块开始，跟踪从每个最终化候选区块开始的最长链及链的长度。

4. 链的总权重是其最终化候选祖先区块的价值损失加上链的长度乘以区块奖励。如果链中没有最终化候选区块，那么就单独使用链的长度乘以区块奖励作为其总权重。链头是链内权重最大的最新区块。

此处的V_LOSS仅用于举例说明。在现实中，它们不会被允许如此快速地增长，并且B或C要成为最终化候选区块，首先需要A的V_LOSS足够高。

一个简单的验证者策略是仅在链头创建区块，并且作最终化押注。在该赌注中，其价值损失为规定损失最大值的80%。

轻客户端同步

这种最终化机制为快速客户端同步算法打开了大门（图4）。

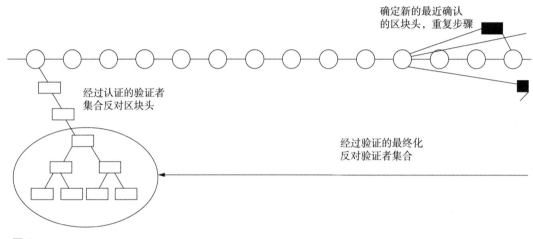

图4

该算法包含以下步骤：

1. 令X为你已经确认的最新状态（一开始为创世状态）。

2. 在X时期或X时期之后向网络请求当前最新的最终化目标（记住：在某个区块时期，如果协议认为前一个最终化目标已经最终敲定，那么此时的最终化目标就是这个区块）。调用最新的最终化目标F_n和前一个最终化目标F_p。

3. 向网络请求F_n之前的k个区块。这些区块将下注，并将它们完整的以太币池押注在F_p上。

4. 检验创建这些区块的验证者的真实性。你需要通过默克尔分支来查询你已经敲定的状态，以验证上述验证者在验证者集合中的存在及其位置。你还需要通过默克尔分支来查询这k个区块中第一个区块的前状态，以确定这些验证者的挑选结果没有问题。

5. 设置X为F_p的后状态。

6. 重复上述步骤，直到你得到最新敲定的区块。从最新敲定的区块开始，使用上述常规策略来寻找链头。

需要注意的是，步骤1~5将使得用户只需以轻量级的形式来验证全天的区块，并且这个过程已经被优化为仅需两个网络请求和几秒钟的计算。

分　片

现在，考虑从一个分片扩大到多个分片（图5）。构建的模型如下：比起只有一条区块链，现在拥有多条相互关联的区块链，我们称之为"分片"。网络中总共有 NUM_SHARDS 个分片，每个分片的编号分别为分片 0~分片 NUM_SHARDS-1。其中，分片 0 仅仅作为常规的权益证明区块链运行，其最终化功能如上所述。但是，分片 1~分片 NUM_SHARDS-1 的工作机制有所不同。在每个时期的开始，为每一个分片随机挑选 VALIDATORS_PER_SHARD 个验证者，并将这些验证者分配为对应分片下一个时期的验证者（即第 $N+1$ 时期的验证者在第 N 个时期时指配）。当调用 getValidator(skip) 以确定这些分片中的一个分片的验证者时，只需随机（遵循均与分布，因为在挑选验证者的时候已经完成对保证金规模进行加权）从被选取的验证者集合中选择一个验证者。分片 1~分片 NUM_SHARDS-1 的最终化押注并不在这些分片内，而是在分片 0 内发生。一旦押注成功，这个赌注就会被存储，并且该赌注仅在随后的时期结束后再做评估（即第 $N+1$ 个时期对区块所作的论断，将在第 $N+3$ 个时期开始时在分片 0 内进行评估）。

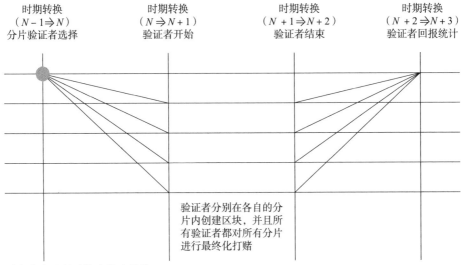

对角线表示所需的跨分片通信

图5

如果某个分片内的验证者已经选出，那么这个验证者将需要调用 Casper 合约的 registerForShard(bytes32 vchash, uint256 shard, uint256 index, bytes32 randao) 函数。其中，vchash 是验证者的验证代码哈希，shard 是分片 ID，index 是一个数值并满足 $0 \leqslant$ index $<$ VALIDATORS_PER_SHARD，其中，getShardValidator(uint256 shard, uint256 index) 将返回特定的验证代码哈希，并且 randao 是一条 randao 提交信息。为了引导验证者，该函数生成了一个收据，该收据可以通过使用 confirmReceipt(uint256 receiptId) 在目标分片上得到确认。

getShardValidator本身是一个与getValidator具有相似逻辑的函数，尽管它依赖于一个独立的随机源。该随机源的获取过程如下：

1. 在每个时期，对于$0 \leqslant k < 24$，追踪globalRandao倒数第k位为1的次数减去第k位为0的次数的总和。

2. 在每个时期结束时，令combinedRandao的值满足：对于$0 \leqslant k < 24$，如果在该区块时期内，globalRandao倒数第k位为1的次数更多，那么combinedRandao的第k位就是1；否则，combinedRandao的第k位就是0。此外，第24位以后全部置零，并利用sha3(combinedRandao)作为随机源。

伊多·本托夫（Iddo Bentov）的低影响函数[①]的使用增加了随机源的操纵成本，因此这个特别的随机种子会产生显著的经济结果。因此，它比正常的操纵目标要更大一些。

由于跨分片最终化赌注不在区块头内，所以其不会过度地妨碍轻客户端。相反，我们希望验证者创建一笔交易，并在他们创建的任何区块时期内调用一个registerFinalityBets(bytes32[]hashes,bytes logodds)函数。其中，这个函数的输入为NUM_SHARDS个哈希和一个长度为NUM_SHARDS字节的字节数组，并且每个字节分别代表相应的区块哈希的赔率。

验证者的典型工作流程是维护一个关于分片0的全节点，并且追踪他们将要负责的未来分片。如果某个验证者被分配给某个分片，他们将使用默克尔树证明来下载状态，并确保当他们需要开始验证时，自己已经下载了相应的状态。在该时期内，他们将作为特定分片的验证者并创建区块。与此同时，他们将对所有分片进行最终化押注。他们将会通过观察（a）每个分片内的最长链，（b）其他验证者的最终化赌注，以及（c）在每个分片内抵御51%攻击的各种二次启发式方法和机制（如欺诈证明）来做出决定。需要注意的是，验证者被分配到任意给定分片的概率与验证者的抵押的以太币成正比。因此，如果验证者的资产翻倍，那么其需要处理的计算也会翻倍。我们认为这个特性是可取的，因为它不仅提高了公平性，还降低了权益池激励，同时引入了一个要素，即处理交易并存储区块链本身成了混合工作量证明的一种形式。

抽样机制的初衷是确保系统能够安全地应对以太币保证金总数高达33%～40%（低于50%，因为拥有33%～50%占比的攻击者在某些特定的分片内会很幸运）的攻击者，同时仅依靠少数验证者来验证交易。由于抽样是随机的，攻击者无法选择将自身的权益集中在哪一个分片上——这是许多工作量证明分片方案的致命缺陷。即使一个分片遭到攻击了，我们还有第二道防线：如果其他验证者观察到攻击的证据，那么他们可以拒绝做出跟随攻击者分叉的最终化声明，并确认由诚实节点创建的链。如果某个分片上的攻击者试图基于无效区块创建一条链，那么其他分片的验证者将检测到这种情况，并且之后暂时成为该分片的完全验证节点，并确保他们仅敲定有效的区块。

[①] https://arxiv.org/pdf/1406.5694.pdf

跨分片通信

在这个方案中，跨分片通信的工作原理如下。创建一个 `ETHLOG` 操作码（带有两个参数：`to` 和 `value`），该操作码创建一个日志，日志内存储的主题是空字符串（注意，这是空字符串，不是 32 个 0 Byte，一个传统的日志只能存储 32 Byte 的字符串作为主题），并且它的数据是一个长为 64 Byte 的包含目的分片和操作码的 `value` 参数值的字符串。创建一个 `GETLOG` 操作码，该操作码唯一的参数是一个需要由 `block.number*2**64+txindex*2**32+logindex`（`txindex` 是区块内一笔包含该日志的交易的索引，`logindex` 是在交易收据中的日志的索引）定义的 ID。我们试图获取该日志，并将记录存储在声明该日志已被消耗的状态中，然后将日志数据放进目标数组内。如果该日志的主题为空字符串，那么则将以太币转移给接收方。为了成功得到某个日志，调用这一操作码的交易必须引用该日志的 ID。如果 `value=0`，允许将签名中的 `r` 值重新用于此（注意，这意味着此处仅可以使用 EIP 86 交易。希望到那时候，EIP 86 交易会是交易的主要形式）。

现在，共识抽象也不再是一条单一的链，而是一个包含链 `c[0]…c[NUM_SHARDS-1]` 的链集合。状态转移函数不再是 `stf(state,block)->state'`，而是 `stf(state_k,block,r_c[0]…r_c[NUM_SHARDS-1])->state_k`。其中，`r_c[i]` 是超过 `ASYNC_DELAY` 区块以前的链 `i` 的收据的集合。

需要注意的是，有几种方法可以满足这种抽象。一种方法是"每个人都是全节点"，即所有节点都存储所有分片的状态，更新所有分片的链，由此拥有足够的信息来计算所有的状态转换函数。然而，这种方法不是我们想要的，因为它是不可扩展的。

另一个更有趣的策略是中型节点方案，即大多数节点选择一部分分片，保持最新的完整信息（可能包括分片 0），并作为所有其他分片的轻客户端。当计算状态转换函数时，他们需要旧的交易收据，但他们并不存储这些收据。相反，我们增加了一个网络协议规则，即要求每一笔交易都需要附带该交易静态引用的任意收据的默克尔证明（现在，关于为什么需要静态引用的原因很清楚了。否则，如果任意 `GETLOG` 操作都可以在运行时发出，由于网络时延这一瓶颈，获取日志数据将变成一个缓慢的过程。其将耗费数倍的时间，并且客户端在本地存储所有历史日志的负担太重）。最终，部署在实时网络中的策略很可能是最初带有强制性收据默克尔证明的全节点策略，并且随着时间的推移，鼓励越来越多的参与者成为中型节点。

需要注意的是，我们不需要将默克尔证明作为一个数据包，从一个分片直接导入另一个分片。相反，所有的证明传输逻辑均在验证者和客户端层面完成，并用于在协议层面实现接口——假设通过该接口可以访问得到默克尔证明的信息。长 `ASYNC_DELAY` 降低了在单个分片中发生重组时，需要对整个状态进行密集重组的可能性。

如果需要更短的延迟，也可以基于协议实现一种分片内投注市场的机制。例如，在分片 j 内，A 可以和 B 打赌说："如果在分片 i 内，区块 x 被敲定，B 同意向 A 发送 0.001 ETH；反之，如果在分片 i 内，区块 x 未被敲定，则 A 同意向 B 发送 1000 ETH"。针对此目的，Casper 保证金有两重用途：即使这一打赌发生在分片 j 内，A 赌输的信息将通过收据传输给分片 0。随后，一旦 A 退出，分片 0 将转移 1000 ETH 给 B。因此，B 会相信：A 足够确信其他分片内的某个区块将被敲定，并据此押下赌注。与此同时，B 也获得了防止 A 判断失误的一种保险（即使使用了双重用途方案，该保险还是有缺陷的。因为如果 A 是恶意的，那么他们将输掉全部赌注。如此一来，B 将会什么也得不到）。此外，这一方案还存在可扩展性限制，即方案的可扩展性与单个节点算力的平方成正比。其原因是，首先，必须花费与分片数量成正比的算力来计算在分片 0 上的奖励。其次，所有客户端必须为所有分片的轻客户端。因此，假设节点的算力为 N，那么应该存在 $O(N)$ 个分片并且每个分片的处理能力均为 $O(N)$，其网络总处理能力为 $O(N^2)$。如果想要突破这个最大值，那么我们将需要一种更加复杂的分片协议以在某种树结构中构造论断验证，这已经超出了本文范围。

未来的工作

1. 减少 ASYNC_DELAY，只要其他分片一被敲定，立即可以获得跨分片收据。

2. 将 ASYNC_DELAY 降低为网络时延的几倍。这将使得跨分片通信更加平滑，但代价是单个分片内可能会发生重组，并有可能触发其他分片的重组。我们需要设计一种机制来有效地处理和缓解这种情况。

3. 创建"担保跨分片调用"概念。这一概念包含两个部分：首先，要有一个设施允许用户购买某些分片中的未来燃料，为他们提供避免燃料供应冲击的保险（这种冲击可能是攻击者在网络中制造大量垃圾交易所造成的）。其次是一种机制，如果从分片 i 到分片 j 的收据已经制成，那么在燃料可用的情况下，该收据应该被尽快包含，否则未能包含该收据的验证者将受到惩罚（罚款会迅速增加，最终等于验证者的保证金总额）。这确保了在出现跨分片收据的情况下，该收据会在极短的时限（可能小于 10 个区块时期）内得到处理。

4. 创建一个不带有 $O(N^2)$ 限制的方案版本。

5. 研究原子交易理论，并提出可行的同步跨分片调用概念。

致　谢

特别感谢：加文·伍德，提出"链纤维"[1] 提案；弗拉德·赞菲尔对权益证明和分片的持续研究，尤其是状态计算与区块创建分离的实现思路；马丁·贝克泽（Martin Becze）的持续研究和咨询；里文·基弗（River Keefer）的审阅；索尔特（Zoltu）说服我尽量少用单字母变量名称，以及数学应该采纳软件开发的长期基本原则，即变量名称的描述性要足够充分，以便最大限度地自我记录。

---

[1] https://blog.ethereum.org/2015/04/05/blockchain-scalability-chain-fibers-redux/

一种权益证明的设计哲学

（2016 年 10 月 30 日）

编者按

本文中，维塔利克阐述了权益证明设计的理念和思路。他认为，一个仅仅由社会共识保护的区块链的效率实在太低、速度太慢，而且很容易使争论没完没了地持续下去。因此，在短期内，经济共识在保护区块链的可用性和安全性方面的作用是极其重要的。

诸如以太坊（和比特币、未来币以及比特股等）这样的系统，本质上是一种新型的加密经济组织——一个完全建立在网络空间里的去中心化、无管辖的机构，其只由密码学、经济学和社会共识来共同维护。它们有点像 BitTorrent，但又不完全一样。因为 BitTorrent 没有"状态"的概念，而这是一个至关重要的区别。它们有时会被描述为去中心化自治公司，但它们跟公司又不太一样——你不能将微软硬分叉。它们又有点像开源软件项目，但他们跟开源软件项目也不太一样——你可以使区块链分叉，但是这个过程不如分叉 OpenOffice 这样的开源项目那么容易。

这些加密经济网络各有各的特色，有基于 ASIC 的工作量证明，有基于 GPU 的工作量证明，有纯粹的权益证明，有授权权益证明，还有很快会和大家见面的 Casper 权益证明。这些不同的特色分别对应着各自的底层哲学。举一个耳熟能详的例子，如工作量证明最高纲领主义认为，一条正确的区块链（注意是单数）应该是矿工消耗最多经济资本所创造出的链。一开始，这只是一个协议内的分叉选择规则，但现在在很多情况下已经成了一个神圣的信条——不妨看看我和克里斯·迪路丝（Chris DeRose）的推特讨论[1]。这就是鲜活的例子：一些人纯粹只是在捍卫这一观念，即使在面对改变哈希算法的协议硬分叉时也是如此。比特股的授权权益证明呈现了另一种连贯的哲学，即所有事情都只遵循一个单一的信条。可以用一个更简单的说法来描述这种方式，那就是股东投票[2]。

每一种哲学，包括中本聪共识、社会共识、股东投票共识，都会得到各自的结论以及一种价值体系。并且从哲学自身的角度来看，这些结论和价值体系都是合理的——尽管它们在相互对比时，肯定会招致其他哲学的批评。Casper 共识也有其哲学基础，但迄今还没有人简洁清晰地表述过。

我、弗拉德、多明尼克、宰，还有很多人都对权益证明理念和设计有着不同的看法。在此，我想解释一下我的初衷。

我直接罗列出我的观察，然后得出结论。

密码学在 21 世纪有着特殊的地位，因为它是为数不多的在对抗冲突中一直偏袒防守者的领域。摧毁一座城堡远比建造城堡容易。岛屿尽管易于防卫，但仍会受到攻击。但一个普通人的 ECC 秘钥却能安全到足以抵挡国家级别的攻击。密码朋克哲学从根本上讲就是利用这种珍贵的不对称性，来创造一个可以更好地保护个体自主性的世界。而加密经济学在

---

[1] https://twitter.com/vitalikbuterin/status/687050458301657088

[2] https://docs.bitshares.org/bitshares/dpos.html

某种程度上也是这种哲学的延伸，其不仅仅保护私有信息的完整性和保密性，同时也保护兼具协作与协调功能的复杂系统的安全性与活性。那些自认为自己的意识继承自密码朋克精神的系统都应该保持这种基本属性，并让毁灭或破坏的代价远高于利用与维护。

密码朋克精神不仅仅是理想主义，创造出维护比攻击更容易的系统也是一种完备的工程。

在中长期规模中，人类相当擅长获取共识。即使反对者拥有无限的哈希算力，并在任意主链上发起51%攻击，甚至回滚一个月的历史记录。但是，说服整个社区这条链是合法的远比仅仅拥有超越主链的哈希算力困难。他们需要篡改区块链浏览器，欺骗社区中每个可信任的成员，推翻纽约时报、archive.org以及其他存在于互联网中的网络记录。总体而言，在这个信息技术密集的21世纪，要说服全世界相信这条新的攻击链是最先诞生的主链，无异于去说服全世界相信美国登月从来没有发生过。无论区块链社区是否承认（请注意，比特币核心社区也认可社会层是最重要的），这些社会因素都是保护区块链的最终因素。

然而，一条仅由社会共识提供保护的区块链实在过于低效，速度太慢，而且分歧很难在有效时间内得到解决（尽管遇到了不少困难，但这种分歧还是已经发生了）。因此，在短期内，经济共识在保护区块链的活性和安全性方面发挥着极其重要的作用。

因为工作量证明的安全性只能依赖于区块奖励——用多明尼克·威廉姆斯（Dominic Williams）的话来说，它缺少3E中的2个——并且对矿工的激励只能来自矿工损失未来区块奖励的风险。因此，工作量证明只能依赖于通过丰厚的奖励来激励算力保障网络平稳运行的逻辑。在工作量证明机制中，从攻击中恢复过来是非常困难的：第一次攻击发生时，你可以通过硬分叉来改变工作量证明，从而使攻击者的ASIC失效；但在第二次攻击发生时，你就没有这个选择了。因此，攻击者可以反复地进行攻击。由此，挖矿网络的规模必须足够庞大，以至于没人敢打它的主意。假设网络每天的算力成本恒定为X，那么算力规模小于X的攻击者不会有动机去发起攻击。我拒绝接受这种逻辑，因为（a）它会消耗大量能源，并且（b）它并没有实现密码朋克精神——它的攻击成本和防守成本呈1∶1，防守方没有任何优势。

权益证明机制依赖惩罚而不是对安全性的奖励来打破这一对称性。验证者将资金抵押（即保证金），并获得微小的奖励，以作为他们锁定资本、维护节点并采取额外的预防措施来保障私钥安全的补偿。与此同时，回滚交易的代价是他们在此期间所获奖励的成百上千倍。因此，如果用一句话来解释权益证明的哲学，那就是"安全性源于经济价值损失的放大"，而不是"源于消耗能源"。如果你能够证明对于任何冲突的区块或状态，除非串谋作恶的节点愿意支付价值X美元的协议内罚款，否则这些区块或状态无法获得相同的最终性时，我们就认为这一区块或状态具有价值X美元的安全性。

理论上，如果大多数验证者串谋起来，他们很有可能接管整条权益证明链，并做出恶意举动。然而，（a）通过巧妙的协议设计，他们通过这种操控手段所获的额外利润将被尽可能地限制；更重要的是，（b）如果他们打算阻止新的验证者加入，或者发起51%攻击，那么社区可以简单地协调进行硬分叉，并没收恶意验证者的保证金。一次成功的攻击可能需要花费5000万美元的成本，但清理后果的过程不会比2016年11月25日Geth/Parity共识失效时的清理步骤繁杂太多。两天后，区块链和社区会重回正轨，而攻击者则比原来少了

5000万美元，并且社区的其他成员可能变得更加富有了，因为攻击会导致代币的价格由于随后的供应紧缩而上涨。这就是权益证明机制所提供的攻击/防御不对称性。

我们不能因为上述言论就认为计划外的硬分叉会成为家常便饭。如果有需要，在权益证明机制里的单次51%攻击成本可以设置得和工作量证明的永久51%攻击成本一样高。如此一来，攻击的高昂成本及其低效性就可以保证几乎不会有人想要发起攻击。

经济学不是万能药。个人行为者可能会受到协议外的动机驱动，如被黑客攻击、被绑架，或者他们可能仅仅是某天喝多了就决定不计成本地破坏区块链。此外，从好的一面来看，个体的道德宽容和低效的沟通往往把攻击的成本提高到远高于协议中所定义的名义损失价值水平。这是一个我们不能依赖的优势，同时这也是一个不应随意抛弃的优势。

因此，最优的协议是在各种模型和假设下都运行良好的协议：具有协调选择的经济理性、具有个体选择的经济理性、简单容错、拜占庭容错（理想化而言，最好同时兼具适应性和非适应性对抗变体）、由艾瑞里（Ariely）/卡纳曼（Kahneman）启发的行为经济学模型（"我们都只是做了一点猫腻"）和其他经得起推敲的实际且实用的模型。拥有两个层面的防御非常重要：经济激励可以防止中心化的卡特尔做出反社会行为，而去中心化激励可以预防卡特尔的形成。

处理效率极高的共识机制是有风险的，必须非常谨慎地处理。因为一旦处理效率与激励捆绑成为一体，那么这一组合将倾向于奖励极端且可能引起系统风险的网络级别中心化（例如，所有在同一个主机服务商下面运行的验证者）。对于那些不关心验证者发送消息的速度的共识协议，只要它们在可接受的时长内（如4~8秒，根据我们的经验，在以太坊下的延迟一般为0.5~1秒）完成，那么就没有问题，也不必担心上述问题。一个可能的中间点是，可以创建处理效率极高的协议，但协议内类似于以太坊叔区块机制的机制需要确保：当节点使其网络连接度超过某个临界点时，其所获得的边际奖励是相当低的。

至此，虽然还有很多细节和处理细节问题的分歧存在，但这至少是我的Casper版本的核心原则。从这里开始，我们当然还可以争论在竞争价值之间的权衡。我们是要每年增发1%的以太币，并且执行一次补救性的硬分叉需要付出5000万美元的代价呢？还是零增发率，并且执行一次补救性的硬分叉需要付出500万美元的代价呢？什么时候要为了增加协议在经济模型下的安全性，而降低其在容错模型下的安全性呢？是想拥有一个可预测的安全性水平，还是一个可预测的发行水平呢？这些问题都会在另一篇文章里探讨，而实现这些价值之间的不同权衡的问题就留给以后更多的文章讨论吧。我们迟早都会谈到的。

ZK-SNARK（Ⅰ）：二次方程式算术编程

（2016 年 12 月 12 日）

编者按

> 本文旨在以数学形式深入探讨ZK-SNARK技术背后的运作机理，以及阐释实现零知识证明的思路的前半部分。

特别感谢伊兰·唐莫（Eran Tromer）为我讲解众多关于ZK-SNARK内部工作原理的细节。

最近，ZK-SNARK背后的技术引起了不少人的兴趣。越来越多的人想要去解开[1]这一被誉为"月亮数学"（因为它实在复杂得让人摸不着头脑）的东西的神秘面纱。确实，掌握ZK-SNARK是一件极具挑战性的事情——因为它整合了方方面面的知识，并以这种整合的方式发挥作用。但是，如果先把这个技术分解，然后一点一点地去攻破，那么理解它就容易得多了。

这篇文章并不是要全面地介绍ZK-SNARK。假设你在阅读这篇文章已经具备以下条件：（a）了解ZK-SNARK的基本概念及其作用，而且（b）有足够的数学功底能理解诸如多项式方程：如$P(x) + Q(x) = (P + Q)(x)$，其中P和Q是多项式。如果该等式在你看来是显而易见的，那就可以认为你自己满足上述条件了。事实上，这篇文章确实不仅要深入探讨该技术背后的运作机理，还要尽可能清楚地阐释实现零知识证明的思路的前半部分。ZK-SNARK研究员伊兰·唐莫画出的思路如图1所示。

上述步骤能被分为两大部分。首先，ZK-SNARK不能被直接应用到任何计算性问题上。所以，为了计算这个问题，你必须将其转换为正确的形式。我们称这个形式为"二次方程式算术编程"，简称QAP。要知道，函数代码的转换十分困难。在将函数代码转换到QAP的同时，另一个运算过程也在同时运行。在这个过程中，如果你拥有函数代码的输入，你就能创建一个相应的解（这个解有时也称为QAP的"见证者"）。在此之后，这个见证者需要经过一个相当复杂的过程来创建实际的零知识证明。此外，它还要经过一个独立的过程来验证其他人给你的证明。但这些内容已经超出本文讨论的范畴。

举一个简单的例子：证明你知道三次方程$x^3 + x + 5 = 35$的解（提示：这个方程的解是$x = 3$）。这个问题十分简单，它的QAP还不足以让人心生恐惧。但重要的是，它足以帮助你理解QAP背后所有的运作机理。

让我们写出所需函数：

```
def qeval(x):
    y=x**3
return x+y+5
```

- 计算
- 线性代数电路图
- R1CS语言
- 二次方程问题
- 线性概率可验证明
- 线性交互证明
- ↓ ZK-SNARK

图1

---

[1] https://blog.ethereum.org/2016/12/05/zksnarks-in-a-nutshell/

　　我们使用的这个简单的基于特殊用途的编程语言不仅支持基础运算（+、-、*、/），还支持常数求幂运算（如 x^7 的运算，但不支持 x^y）以及变量的分配。理论上，你可以通过这个编程语言进行任何计算（只要计算的步骤是有限的。这里不支持无限循环）。需要注意的是，这里也不支持模运算（%）和比较操作（<、>、<=、>=），因为在有限周期组运算中，没有一个高效便捷的方法可以直接进行取模和比较操作（我们需要对此心怀感激：如果有人找到这个方法，那么椭圆曲线加密技术很快就会被破解）。

　　通过把因子分解（如 $13 = 2^3 + 2^2 + 1$）作为辅助输入，你可以把编程语言的功能扩展到取模和比较操作，并证明这些分解式的正确性，以及在二进制电路中完成数学运算。在有限域运算中，也可以使用相等（==）检查，实际上这个方式会更简单一些。但都不会涉及这些细节。也可以通过将它们转换为运算形式 y=7*(x<5)+9*(x>=5)，以扩展这个编程语言去支持条件语句（如 if x<5:y=7;else:y=9）。但也要注意，这个条件语句的两条路径都要被执行，并且如果你有很多条嵌套的条件语句，那么它将导致大量的计算。

　　现在，让我们一步一步地去讨论这个过程。如果你想自己实现整个代码中的任意一部分，可以试用我在这里设置的编译器[①]（仅供学习，还不能在真实的ZK-SNARK过程里实现QAP）。

平　展

　　第一步是平展过程。在这个过程中，将原始代码——它可能包含任意且复杂的陈述和表达方式——转换成有两种陈述形式的序列：x=y（其中，y 可以是一个变量或者一个数字）和 x=y(op)z（其中，op 可以为加、减、乘、除运算符；y 和 z 可以是变量、数字或者它们自己的子表达）。你可以将这些陈述想象成电路中的逻辑门。对于上述代码，平展过程的结果如下：

```
sym_1=x*x
y=sym_1*x
sym_2=y+x
~out=sym_2+5
```

如果你看了原始代码和这里的代码，你会很轻松地发现两者相等。

R1CS 语言的逻辑门

　　现在，我们将这个东西转换到第一等级约束系统（R1CS）。一个 R1CS 是一个由 3 个向量（a,b,c）组合而成的序列，并且 R1CS 的结果也是一个向量 s。其中，s 必须满足等式 s.a*s.b-s.c=0。其中的 . 表示点积——简单来说，如果把 a 和 s 放在一起，并在同一个位置把两者相乘，然后对这些乘积求和。在这之后，再对 b 和 s 以及 c 和 s 进行相同的操作。那么，最终你会发现，第三个结果等于前两个结果的乘积。例如，图 2 就是一个满足

① https://github.com/ethereum/research/tree/master/zksnark

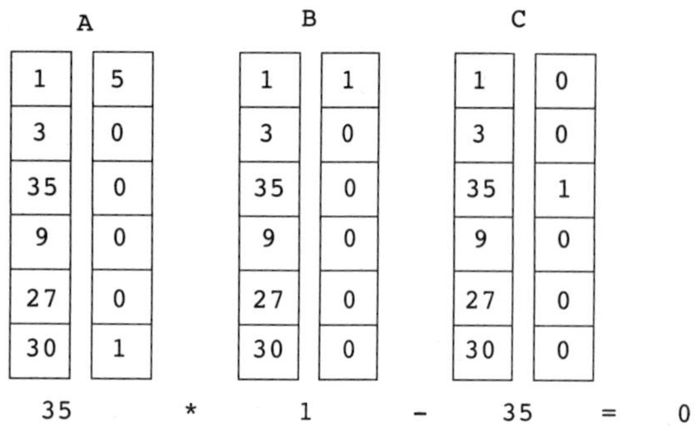

A		B		C	
1	5	1	1	1	0
3	0	3	0	3	0
35	0	35	0	35	1
9	0	9	0	9	0
27	0	27	0	27	0
30	1	30	0	30	0

35   *   1   -   35   =   0

图2

条件的R1CS。

但是，比起只有一个约束条件，我们更倾向于使用多个约束条件：一个逻辑门对应一个约束条件。这里有一个根据操作类型（+、-、*、/）以及参数类型（变量或者数字）来将逻辑门 (A,B,C) 转换成 (a,b,c) 向量组的标准方法。每个向量的长度等于系统中所有变量的总数。这些变量包括一个虚拟的变量 ~one，它在第一个指针上表示数字1，是输入变量；也包括一个虚拟的变量 ~out，表示为输出；剩下的就是所有的中间变量（上述的变量 sym1 和变量 sym2）。这些向量通常分布得非常稀疏，它们只填充被特定逻辑门影响的变量的位置。

这里先提供我们即将要使用的变量映射：

'~one','x','~out','sym_1','y','sym_2'

这个结果向量将包含这个项目中所有的变量，并按一定顺序排列。现在，将给出第1个门的三重向量 (a,b,c)：

a=[0,1,0,0,0,0]
b=[0,1,0,0,0,0]
c=[0,0,0,1,0,0]

你可以看见，如果这个解向量的第2个位置包含3，并且第4个位置包含9，那么无论这个解向量的其他项是什么，点积检查都将归结为3*3=9，所以它将通过。如果这个解向量的第2个位置包含-3，并且第4个位置包含9，那么它也会通过。事实上，如果这个解向量第2个位置包含7，并且第4个位置包含49，那么点积计算后依旧会通过——第一次检查仅仅是为了验证第一个门的输入和输出的一致性。

我们来看看第2个门：

a=[0,0,0,1,0,0]
b=[0,1,0,0,0,0]
c=[0,0,0,0,1,0]

用第一次点积检查的方法，检查到 sym_1*x=y。

第3个门：

a=[0,1,0,0,1,0]
b=[1,0,0,0,0,0]
c=[0,0,0,0,0,1]

这个模式有一点点不同：它是解向量中的第1个元素乘以第2个元素，然后乘以第5个元素，再加上这两个结果，最后检查所得的和是否等于第6个元素。因为解向量中的第1个元素总是为1，所以这个过程仅仅是一个额外的检查——为了检查输出是否等于两个输入的和。

最后，第4个门：

a=[5,0,0,0,0,1]

```
b=[1,0,0,0,0,0]
c=[0,0,1,0,0,0]
```

这里，我们求出最后一个检查的值，~out=sym_2+5。这个点积检查通过把解向量的第6个元素加上5倍第1个元素（提醒：因为第一个元素是1，所以可以认为是加上5），然后用第3个元素（存储输出变量的位置）对它进行检查。

然后，我们产生了满足4个约束条件的R1CS。这个见证者简单来说就是对所有变量（包括输入、输出和中间变量）进行分配：

```
[1,3,35,9,27,30]
```

你自己可以通过简单执行上述平展代码来进行计算：计算的时候，首先将输入变量分配为x=3，并提交所有中间变量以及输出变量的值。

完整的R1CS放在一起就是这样：

```
         A
[0,1,0,0,0,0]
[0,0,0,1,0,0]
[0,1,0,0,1,0]
[5,0,0,0,0,1]
         B
[0,1,0,0,0,0]
[0,1,0,0,0,0]
[1,0,0,0,0,0]
[1,0,0,0,0,0]
         C
[0,0,0,1,0,0]
[0,0,0,0,1,0]
[0,0,0,0,0,1]
[0,0,1,0,0,0]
```

从 R1CS 到 QAP

下一步，我们要提取这个R1CS并把它转换成QAP形式——QAP所用的逻辑完全相同，除了把点积换成了多项式。按照下面的步骤执行。从4个长度为6的3个向量的组合过渡到6组三阶三项多项式。其中，在一个x坐标上对多项式赋值，表示一个约束。这样，如果在x=1给多项式赋值，那么就得到第1个向量；如果在x=2给多项式赋值，那么就得到第2个向量的集合，依此类推。

可以使用一个我们称为"语言篡改"的工具去实现转换。语言篡改解决了一个问题：如果你有一组点，如在(x,y)坐标系内的点，那么对这些点使用语言篡改将产生一个通过所有这些点的多项式。我们通过对问题进行分解来实现这个功能：对于每一个x坐标，创建一个对该x坐标y的坐标是我们所需的值，以及对其他x坐标y的坐标均为0的多项式。

假设我们想要一个通过点(1,3)、(2,2)和(3,4)的多项式。首先创造一个通过点(1,3)、(2,0)和(3,0)的多项式。如图所示，创造一个满足在x=1时，y不为0且x为其他点、y为0的多项式非常简单。我们只要计算：

```
(x-2)*(x-3)
```

它看起来就像图3。

现在，只需要重新调节它，使它的高度在x=1是正确的（图4）：

(x-2)*(x-3)*3/((1-2)*(1-3))

得到：

1.5*x**2-7.5*x+9

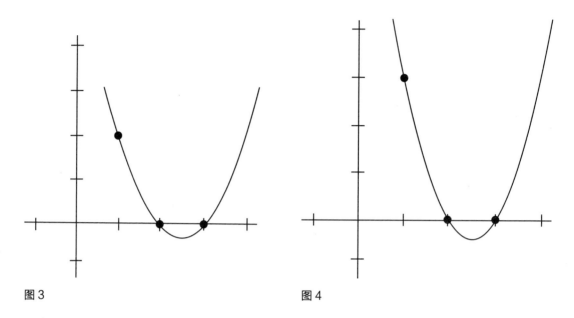

图3　　　　　　　　　　　　　　　　图4

然后我们对其他的两个点进行相同的处理，应该能得到两个看上去类似的多项式：除了它们y不为0的值在x=2和x=3而不是x=1。将3个多项式相加得到：

1.5*x**2-5.5*x+7

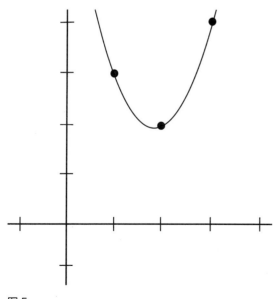

图5

图5就是我们想得到的结果。上述算法需要进行$O(n^3)$次——因为有n个点，而且每个点都需要进行$O(n^2)$次多项式相乘。先小小地假设这个过程能简化到$O(n^2)$次，再进一步假设使用快速傅里叶变换法则或其他类似的方法。它甚至能被再进一步简化——这是一个相当重要的优化。尤其是在实际中，ZK-SNARK中使用的函数有上千个门，这时优化的作用显而易见。

现在，用语言篡改来转换我们的R1CS。要做的是，取出每个向量的第1个值，并基于此使用语言篡改来创造一个多项式（你可以通过在i点给多项式赋值来得到第i个向量的第1个值）。对每个b和c向量中的第1个值重复这个过程，然后对a、b、c向量中的第2个、第3个值等重复这个过程。为了方便，我提供下面的答案。

a向量的多项式：

[-5.0,9.166,-5.0,0.833]
[8.0,-11.333,5.0,-0.666]
[0.0,0.0,0.0,0.0]
[-6.0,9.5,-4.0,0.5]
[4.0,-7.0,3.5,-0.5]
[-1.0,1.833,-1.0,0.166]

b向量的多项式：

[3.0,-5.166,2.5,-0.333]
[-2.0,5.166,-2.5,0.333]
[0.0,0.0,0.0,0.0]
[0.0,0.0,0.0,0.0]
[0.0,0.0,0.0,0.0]
[0.0,0.0,0.0,0.0]

c向量的多项式：

[0.0,0.0,0.0,0.0]
[0.0,0.0,0.0,0.0]
[-1.0,1.833,-1.0,0.166]
[4.0,-4.333,1.5,-0.166]
[-6.0,9.5,-4.0,0.5]
[4.0,-7.0,3.5,-0.5]

这些系数是根据x的幂次阶数以上升顺序排列的。所以，上述的第一个多项式其实就是 $0.833*x**3-5.0*x**2+9.166*x-5$。这个多项式的集合（加上一个z多项式，后面我会解释什么是z多项式）构成了这个特定QAP例子中的参数。需要注意的是，直到这里，对于每一个你想要用ZK-SNARK验证的函数，所有这些运算只能进行一次。一旦QAP参数被产生，它们就能被重复使用。

尝试在x=1给所有的多项式赋值。在x=1给一个多项式赋值，简单来说就相当于把所有的系数相加（对所有的k，都有$1k = 1$），所以这并不难。

A在x=1的结果：

0
1
0
0
0
0

B在x=1的结果：

0
1
0
0
0
0

C在x=1的结果：

0
0
0
1
0
0

检查 QAP

现在，你可能想问，这一疯狂转换的重点到底是什么？这个重点就是可以通过在多项式上进行点积检查同时检查所有的约束条件，而不必逐个检查R1CS中的约束条件。

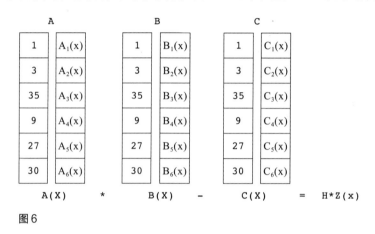

图6

因为在本例中，点积计算就是多项式之间一系列的乘法和加法运算，它本身的结果也会是一个多项式。如果这个结果多项式（我们通过在一个 x 坐标上对其进行赋值来表示一个逻辑门）等于0，那就表示检查结果正确；如果至少在一个 x 坐标上对其进行赋值来表示一个逻辑门的结果多项式是一个非零值，那就表示逻辑门的输入和输出是不一致的（例如，这个逻辑门为 y=x*sym_1，但是提供的值可能为 x=2、sym_1=2 和 y=5）。

注意，这个结果多项式本身并非一定要等于0。事实上，它在很多情况下都不为0。它有可能在一些点上不对应于任何的逻辑门的功能，它只要在与某些逻辑门对应的点上结果为零即可。要检查它的正确性，我们并非真的在与逻辑门对应的点上给这个多项式 t=A.s*B.s-C.s 赋值。相反，我们把 t 这个多项式分解成另一个多项式 Z，并检查 Z 能否整除 t——也就是说，这个 t/Z 的除法余数应该为0。

Z 被定义为 (x-1)*(x-2)*(x-3)*⋯——这个最简单的多项式在任意对应逻辑门的点上都应该等于0。有一个非常重要的代数定理——任何在所有这些点上结果都为0的多项式一定是最小多项式的倍数，并且如果一个多项式是 Z 的倍数，那么它在任意点的赋值都应该为0。这个等式让工作变得更加容易。

现在，就上述多项式进行点积检查。首先，中间的多项式为
A.s=[43.0,-73.333,38.5,-5.166]
B.s=[-3.0,10.333,-5.0,0.666]
C.s=[-41.0,71.666,-24.5,2.833]

A.s*B.s-C.s 为

t=[-88.0,592.666,-1063.777,805.833,-294.777,51.5,-3.444]

这个最小多项式为

Z=(x-1)*(x-2)*(x-3)*(x-4)

Z=[24,-50,35,-10,1]

如果现在把这个结果除以 Z，将得到：

h=t/Z=[-3.666,17.055,-3.444]

它没有余数。

所以，现在有一个QAP的解决方案。如果想要伪造R1CS的解（我们从这个解得到QAP的解）中的任意变量——换句话说，将最后一个变量设置成31而不是30，那么我们会发现这个t多项式无法通过其中一项检查（在这种情况下，在x=3得到的值应该为-1，而不是0）。进一步说，t也不是Z的倍数。因此，t/Z会得到余数[-5.0,8.833,-4.5,0.666]。

需要注意的是，上述过程只是一个简单化的步骤。在真实的世界中，加、减、乘、除操作的对象并不是规则的数字，而是有限域的元素——满足自身一致性的一种奇怪算术。所以，所有我们知道和喜欢的运算法则依然是正确的。但是，这里面所有的答案都是一些有限集合的元素。它们通常都是对于某个n，范围为0～n－1的整数。如果n = 13，那么1/2=7（和7*2=1），3*5=2，依此类推。使用有限域算术，不再需要担心四舍五入所产生的误差，而且系统能更好地兼容椭圆曲线——这对于设计保证ZK-SNARK协议的安全性的ZK-SNARK余下的部分非常重要。

第四卷
（2017 年）

2017年3月

包括摩根大通、微软、英特尔在内的30家企业宣布成立企业以太坊联盟（EEA），旨在合作开发标准和技术来使企业更容易使用以太坊区块链代码。

2017年5月

企业以太坊联盟再度迎来86家新的成员机构。这些新加入的成员，包括最先进的企业，以及处于起步状态的区块链创业公司。

2017年7月

以太坊多重签名钱包Parity曝出漏洞，累计15万以太币被盗，总损失达3000万美元。此次袭击再次将智能合约编写的安全问题摆上台面。

2017年8月

维塔利克和《闪电网络白皮书》作者约瑟夫·潘（Joseph Poon）共同公布Plasma项目，作为以太坊的第二层扩容方案。

2017年10月

以太坊按照原定计划于第473万个区块高度升级至第三阶段"大都会"（Metropolis）。"大都会"版本共包含"拜占庭"（Byzantium）和"君士坦丁堡"（Constantinople）两个硬分叉。其中，"拜占庭"作为"大都会"首要部分成功部署，而后者则计划于2018年进行升级（后落定为2019年1月）。

2017年11月

第四届以太坊开发者会议DEVCON 3在墨西哥坎昆召开。此次会议着重讨论以太坊可扩展性、安全性以及隐私性的问题。会上维塔利克着重阐述了Casper和分片，标志着Casper和分片部署正式提上日程。

参数化 Casper：去中心化、最终化时间、开销之间的权衡

(2017 年 1 月 15 日)

编者按

> 随着Casper协议的规范越来越明晰，人们对协议中将要被设置的各种各样的参数也越来越感兴趣。本文旨在探讨在参数化定义的背景下，实现Casper经济最终化目标的各项指标权衡。

随着Casper协议的思路和实现变得越来越稳定，人们对协议中将要被设置的各种参数也越来越感兴趣，这些参数包括利率、费用、体现周期、速度以及需要用作抵押的最小以太币数额等。本文将会是一系列尝试描述协议中所包含的各类权衡的文章的第一篇，并且我们将会把重点集中在具有经济最终化属性的协议的去中心化与效率层面。

首先，我们不妨对经济最终化做一个简洁的定义。假设安全性阈值为2/3。弗拉德·赞菲尔（Vlad Zamfir）会迅速指出：我们希望节点能够具备设置自身阈值的能力。

经济最终化，版本 1：如果至少有2/3的验证者签署了证明 H 的消息，并且他们知道，在任何不包含 H 的历史中，他们将会损失全部保证金，那么我们认为状态 H 已经是经济最终化的。

经济最终化，版本 2：如果足够多的验证者签署了证明 H1 的消息，那么此时，可以认为状态 H1 已经是经济最终化的。然而，如果 H1 和与之冲突的 H2 同时被敲定，那么必定存在相关证据以证明至少有1/3的验证者是恶意的。此时，作恶的验证者将被罚没全部保证金。

当前，我和弗拉德都致力于实现偏向版本 2 的协议。但是，需要注意两个版本的经济最终化都需要（a）至少有2/3的验证者签署某一消息，并且（b）网络来验证这些信息[1]。

因此，这意味着，为了让状态 H 能够被最终化，网络必须验证一条来自至少由验证者池内2/3的成员签署的消息。从这一简单的事实中，可以得到介于三者之间的更深入的权衡。

1. 最终化所需的时间：在状态 H 被提出以后，需要经过多少秒状态 H 才能被最终化？

2. 去中心化：在此将其定义为验证者池的规模大小。例如，一条区块链可能能够容纳1000 个活跃的验证者。请注意，这一点与可访问性（成为一个验证者所需的最小 ETH 数额）直接有关。至于可访问性，稍后再作讨论。

3. 开销：每秒全节点（包括验证节点）需要验证多少条消息？

理想情况下，我们想要使达成最终化所需的时间最小化，并让去中心化程度达到最大以及使开销达到最小。但不幸的是，不能三者兼得。具体来说，从上述给出的验证者消息

---

① 事实证明，这个问题是有方法可以绕过的。只不过这些方法基本上都是分片的形式，相对于一个最简版本的 Casper，我认为这已经超出范畴了。

的事实来看，可以得到以下数学公式：

$$f \times o \geq d \times 2/3$$

其中，f 代表以秒为单位的最终化时间；o 代表开销；d 代表验证者池的规模大小（即去中心化程度）。这不过是一个对"速度=距离/时间"这一著名的物理学定理的简单翻译：如果你要在 f 秒（时间）内处理 $d \times 2/3$ 条消息（距离），那么你每秒处理的消息数量（速度）为 $(d \times 2/3)/f$。需要注意的是，在现实情况中，共识协议需要多轮的消息传递，所以上述公式极有可能是 $f \times o \geq d \times 2$。并且在正常情况下，会有超过 2/3 的节点出现。因此，为方便起见，不妨使用：

$$f \times o \geq d$$

现在，可以代入一些参数来进一步说明这个不等式。考虑使用类 PBFT 算法的协议。其中，区块 n 总是在区块 $n + 1$ 开始之前被最终化，假定出块时间为 10 秒。假设你想支持 500 个验证者，那么 $10 \times o \geq 500$，所以开销至少是每秒钟处理 50 条消息。

现在，再来考虑一个基于链的出块时间为 5 秒的权益证明协议，$o = 1/5$。假设有 10000 个验证者，然后我们得到 $f/5 \geq 10000$，所以 $f \geq 50000$（即 14 小时）。还有一种折中的方法：假设有 1000 个验证者，开销为每秒 1 条消息，以及最终化时间为 1000 秒（约 15 分钟）。你可以自由地在这个公式中代入你所设置的参数，看看到底哪些配置是可行的，哪些是不可行的。再一次，我们得到的重要结论：不能拥有这 3 种特性，至少不能同时拥有。

因此，我们有 3 条前进的路线。

1. 以高度去中心化与低开销为目标，让最终化时间特别长。这种方案可以用于最终化时间超过 1 小时的模型中，然后告知大家该等的还是要等。

2. 以高度去中心化与更短的最终化时间为目标，但是要求节点处理的开销加大。让全节点运营者含泪接受这个事实，然后致力于改进轻客户端协议。

3. 以低开销与更短的最终化时间为目标，但验证节点进入的门槛更高。然后，致力于将去中心化权益共用软件改进为仅次于基础层去中心化的次优方案。放弃经济最终化的目标。

请注意，在第 1 类经济最终化场景中，你可以尝试达到部分经济最终化（例如，当你需要获得 67% 验证者的保证金时，用 1/20 的时间来获取签署同一条消息的 3.33% 的验证者的保证金，这仍然是一大笔钱）。但是在第 2 类经济最终化的场景中，你不能这么做，因为除非有超过 50% 的验证者对同一个状态签名，否则你根本无法得到经济最终化。同理，无论是上述那种场景，都可以在 3 种特性之间寻找一种折中的方式。

对权益池的确定性阈值签名

请注意，我们对椭圆曲线配对预编译[1]的研究工作十分重要，因为包括 ZK-SNARK 算法在内，早期的这些研究工作都可以用来实现确定性阈值签名。因此，我们可以有一个这样的系统：在该系统中，基础层也许只有 100 个验证者，但是我们期望这些验证者中的大

---

[1] https://github.com/ethereum/cpp-ethereum/blob/snark/libdevcrypto/LibSnark.cpp

部分都是以池的形式出现。这些验证者的验证代码将会是某个阈值签名（该阈值签名可以在常数时间内计算得出）的检验器，并且这个阈值签名证明池中至少有2/3的参与者同意某个特定的哈希。每个池本身可能会有几十甚至几百个参与者。

为什么不能在顶层使用确定性阈值签名？首先，确定性阈值签名不会披露参与者的名单，它仅仅表示有足够的人参与其中。因此，我们无法得知谁该接受奖励，或者谁该接受惩罚。其次，确定性阈值签名与密码学抽象的目标相悖。所谓"密码学抽象"，是指我们想要协议中的每一个用户，包括验证者，都能够使用他们想要的任意密码学工具。

理论上，这些验证者池可以通过许多不同的方式进行管理，其中两个最显而易见的范例如下：

1. 全开放：存在一个智能合约，任何人都可以通过该智能合约加入验证者池。

2. 全封闭：验证者池是由一群彼此了解的朋友构成的。

全开放的验证者池是有风险的，因为攻击者可以假冒大量身份加入该池，并发起51%攻击。因此，全开放验证者池中的参与者需要承受不是自己出错却导致财产损失的风险。然而，攻击者也将损失与受害者同样多的资金（破坏因子的界限大概为0.5~2）。全封闭的验证者池相对安全，这一点毋庸置疑，因为大家都认为自己相信的朋友不会和别人串谋起来伤害自己。在现实中，这种类型的验证者池拥有容忍度更高的去中心化水平——只要基础的验证者集合中存在足够的隔阂，那么将有大量不同的验证者池被创建。

此外，还有另一种类型的权益池：这种权益池使用的是可信的硬件，而不是确定性阈值签名。想了解更多信息，欢迎参阅雷留（Loi Luu）最新的博客[1]。再一次注意，这样的设计并不要求整个网络去信任某个特定品牌的可信硬件。相反，它只要求在某个特定池中的参与者这么做，并且一个健壮的着重应用这种模式的网络极有可能包含混合使用不同可信硬件解决方案的不同验证者池，还有更青睐于确定性阈值签名以及自己单干的用户。

除了高效，权益池还有另外一个优势：它免除了个人参与者（a）100%在线以及（b）被黑客攻击的担忧。

从验证者数到以太币的最小抵押数

给定一个验证者数（如 $d = 1000$），接下来的问题是这个变量应该如何转换成为另一个对用户来说十分重要的变量——他们需要抵押多少以太币来成为（基础层的）验证者？对此，我们有以下几个方案。

1. 设置一个最低的保证金规模（如500 ETH），让作为抵押的以太币数以及总的验证者数（和要么最终化时间，要么开销）浮动。

2. 设置一个最大的验证者数。随着当前活跃的验证者数接近于最大值，将最低保证金规模提高到无穷大。

3. 采取介于两者之间的中间策略。例如，你可以令最低保证金规模等同于当前权益验证者的数量。

---

[1] https://medium.com/@loiluu/casper-sgx-8475e56244b

为了检查最坏的情况，我们得到这么一个简单的数学公式：

总的作为保证金的以太币＝最低保证金规模 × 验证者数

现在，我们能够做的就是让拥有超过最低保证金规模的参与者存入更高的保证金，并再次计算保证金。如果这件事情发生了，那么在现实中，我们将得到一个比最坏情况更好的结果。假设齐夫定律[①]是正确的，那么拥有特定保证金规模的验证者的数量将与保证金的规模成反比。例如，拥有 1000 ETH 保证金规模的验证者的数量会是拥有 10000 ETH 保证金规模的验证者数量的 10 倍以上。可以使用一个快速的方法，即假设对于每一个整数 $n \geq 1$，都存在一个规模为（最大验证者保证金规模 $/n$）的验证者集合。其中，最大验证者保证金规模本身是这个模型的一个输出。

现在，固定验证者的数量。k 个验证者所抵押的总的以太币数量（最大验证者保证金规模 $/n$）（$1 \leq n \leq k$）的总和大概接近最大验证者保证金规模 × $[\ln(k) + 0.5]$（其中 $\ln$ 是自然对数），所以我们得到以下等式：

验证者数量 ＝ 最大验证者保证金规模 / 最低保证金规模

总的作为保证金的以太币＝最大验证者保证金规模 × $[\ln($ 验证者数量 $) + 0.5]$

固定任意两个变量，就可以解出另外两个变量的值。假设我们固定最小保证金规模为 500 ETH，并假设有 1000 万以太币保证金。那么通过解上述等式，将得到以下结果：

·2412 个验证者；

·最大验证者保证金规模为 1206000 ETH。

如果将最低保证金规模缩减到 50 ETH，那么会得到 19291 个验证者的结果；如果将最低保证金规模增加到 1500 ETH，那么将得到 911 个验证者的结果。当然，还可以用另一个方式解决这个数学问题：如果我们的目标是 1000 个验证者，那么最低保证金规模约为 1350 ETH。需要注意的是，这一切都基于你可以以任意高于最低规模的保证金加入网络这一假设。如果不满足这一特性，那么这一折中将恶化约 $\log(n)$ 倍，因为拥有更多保证金的验证者将不得不分散到众多账户，并且在每一次状态最终化时，都要进行大量签名。为此，如果我们能够支持保证金持有者的规模在最小值以上自由变动，那么效果将会更好。

[①] https://en.wikipedia.org/wiki/Zipf's_law

ZK-SNARK（Ⅱ）：
椭圆曲线配对的探索

（2017 年 1 月 16 日）

编者按

> ZK-SNARK中不可或缺的一环是椭圆曲线配对。本文旨在详细介绍椭圆曲线配对，并就椭圆曲线配对工作原理的纲要做出阐述。

特别感谢克里斯蒂安·雷特威纳（Christian Reitwiessner）、埃伊尔·盖比森（Ariel Gabizon，来自 Zcash）和阿尔弗雷德·梅内泽斯（Alfred Menezes）的审阅和更正。

本文将探讨各种结构（包括确定性阈值签名、ZK-SNARK 以及零知识证明的其他更简单形式）背后的关键密码原语的一员——椭圆曲线配对。在人们将椭圆曲线应用于包括加密和数字签名的密码应用长达 30 年以后，又增添了椭圆曲线配对（或双线性映射）这一新成员。椭圆曲线配对引入了乘法加密，大大扩展了基于椭圆曲线的协议的应用范畴。本文旨在详细介绍椭圆曲线配对，并就椭圆曲线配对工作原理的纲要做出解释。

不要指望第一次阅读本文就能掌握要领——这东西真的很难——哪怕看 10 遍也不一定能够理解。但我们希望这篇文章至少能让你——哪怕只有一点点——知道该算法是如何运作的。

想要正确理解本文，对椭圆曲线的了解是必不可少的。本文假设你大致明白它们的工作原理。如果你什么都不懂，我推荐你先看一看下面这篇入门文章：

https：//blog.cloudflare.com/a-relatively-easy-to-understand-primer-on-elliptic-curve-cryptography/

简要总结一下，椭圆曲线密码系统涉及我们称为"点"的数学对象——就是我们所说的一般意义的二维点，由（x, y）坐标定义。其中，有一套专门的公式来定义这些点该如何进行加减法运算（也就是计算点 $R = P + Q$ 的坐标）。你也可以用一个点去乘一个整数（即 $P \times n = P + P + \cdots + P$，尽管 n 很大时有更快的计算方法，但在本文中按照这种形式定义即可）。

存在一个特殊点，我们称之为"无穷远点"（O）。无穷远点相当于点算术中的零点。$P + O = P$ 总是成立。此外，曲线也有规则：对于任意点 P，存在一个数字 n 使得 $P \times n = 0$ 成立。当然，$P \times (n + 1) = P$、$P \times (7 \times n + 5) = P \times 5$ 也成立，依此类推。还有普遍公认的生成点 G，在某种程度上，可以将其理解为数字 1。理论上，一条曲线上的所有点（除了 O）都可以看作 G。最重要的是，G 是标准化的。

椭圆曲线配对之所以更先进，在于这种方法允许你检查某些与椭圆曲线点相关的更复杂的方程。举个例子，如果 $P = G \times p$、$Q = G \times q$、$R = G \times r$，你只需要把 P、Q 和 R 当作输入就能检查出 p 乘 q 是否等于 r。这种方法也许看起来像是打破了椭圆曲线的基本安全保证，因为只知道 P 就有可能获取关于 p 的信息。但事实证明，获取 p 信息（信息泄露）的难度十分大——具体来说，判定性Diffie-Hellman问题[①]很容易解决，但是计算性Diffie-Hellman问题（知道上述例子中的P和Q，计算$R = G \times p \times q$）和离散对数问题[②]（根据P得到p）在计算上是不可行的。

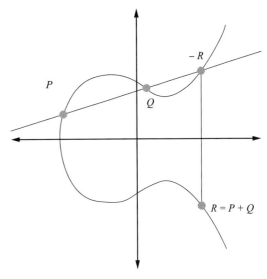

图1

我们从第三个角度来阐述椭圆曲线配对的功能（图1）——这个用例估计是从事的大多数用例中最具启发性的一个。如果你将椭圆曲线点视为单向加密数字，即将p加密得到P，encrypt（p）$= P \times G = P$，那么利用传统的椭圆曲线数学只能检查数字间的线性约束关系（如果$P = G \times p$、$Q = G \times q$、$R = G \times r$，那么检查$5 \times P + 7 \times Q = 11 \times R$实际就是在检查$5 \times p + 7 \times q = 11 \times r$）。然而，通过椭圆曲线配对你能检查数字间的二次约束关系：例如，检查$e(P, Q) \times e(G, G \times 5) = 1$实则是检查$p \times q + 5 = 0$。把计算上升到二次方程时，就可以使用确定性阈值签名、二次算术编程以及其他的好东西。

现在，介绍一下上面提到$e(P, Q)$到底是什么。它就是配对。数学家们有时也称之为"双线性映射"。"双线性"这个词，在这里基本上意味着它要满足约束条件：

$$e(P, Q + R) = e(P, Q) \times e(P, R)$$
$$e(P + S, Q) = e(P, Q) \times e(S, Q)$$

注意，"+"和"×"可以是任意运算符。哪怕你创造出各种各样奇奇怪怪的新型数学对象，抽象代数也不会关心如何定义"+"和"×"——只要它们通常的计算规则保持一致。例如，$a + b = b + a$，$(a \times b) \times c = a \times (b \times c)$，所以$(a \times c) + (b \times c) = (a + b) \times c$。

如果P、Q、R和S都是简单的数字，那么实现简单的配对很容易。不妨令$e(x, y) = 2^{x \times y}$，然后可以看到：

$$e(3, 4 + 5) = 2^{3 \times 9} = 2^{27}$$
$$e(3, 4) \times e(3, 5) = 2^{3 \times 4} \times 2^{3 \times 5} = 2^{12} \times 2^{15} = 2^{27}$$

它是双线性的！

然而，这种简单的配对方法并不适用于密码系统。因为它们处理的对象都是简单整数，很容易被分析出来。我们可以轻而易举地分解整数、计算对数，并进行各种其他计算。简单整数没有公钥或者单向函数的概念。此外，利用上文提到的配对方法，你可以往后倒推——已知x和$e(x, y)$，你可以简单地通过除法和对数运算来确定y。我们希望数学对象的性能尽可能类似于一个黑箱——在这里面你只能够进行加、减、乘、除4种运算，除此以外不能进行其他运算。这就是椭圆曲线和椭圆曲线配对。

---

① https://en.wikipedia.org/wiki/Decisional_Diffie–Hellman_assumption

② https://en.wikipedia.org/wiki/Discrete_logarithm

事实证明，对椭圆曲线上的点进行双线性映射是可行的。也就是说，存在一个函数 $e(P, Q)$，其输入 P 和 Q 均为椭圆曲线上的点，其输出是我们称之为 F_p^{12}[①] 的域内元素（在这里至少会讨论它的特殊情形，但具体区分取决于曲线的细节，后续会继续讨论这个话题），但其背后的数学机理十分复杂。

先来讨论素域和扩域。如果曲线方程是用常规实数定义的，那么椭圆曲线看起来就像本文前述图片里那条漂亮的曲线。但是，如果在实际加密应用中使用常规实数，那么你可以直接使用对数算法往后倒推，我们所做的一切就没有意义了。此外，实际存储和表示数字所需的空间量可能任意增加。因此，使用素域内的数字。

素域是一个包含数字 $0, 1, 2, \cdots, p-1$ 的集合。其中，p 是素数。其各种操作定义如下：

$a + b$：$(a + b) \% p$

$a \times b$：$(a \times b) \% p$

$a - b$：$(a - b) \% p$

a / b：$(a \times b^{p-2}) \% p$

一般来说，所有的数学处理都是通过模 p 来完成的，但除法属于特殊情况。通常而言，3/2 不是整数。这里我们只想处理整数，所以尝试找到 x，使 $x \times 2 = 3$ 成立。当然，其中的"×"是指上述定义的乘模。多亏费马小定理[②]，上述的取幂技巧替我们完成了这项工作。除此以外，还有更快的方法——扩展欧几里得算法[③]。假设 $p = 7$，这里有几个例子：

$$2 + 3 = 5 \% 7 = 5$$
$$4 + 6 = 10 \% 7 = 3$$
$$2 - 5 = -3 \% 7 = 4$$
$$6 \times 3 = 18 \% 7 = 4$$
$$3/2 = (3 \times 2^5) \% 7 = 5$$
$$5 \times 2 = 10 \% 7 = 3$$

如果你也研究这类数学问题，你会发现它跟通常的算法是完全一致的。上面的最后两个例子展示了为什么 $(a/b) \times b = a$。你还可以看到 $(a + b) + c = a + (b + c)$、$(a + b) \times c = a \times c + b \times c$ 等所有高中代数的身影——它们依然成立。现实中，椭圆曲线上的点及其相关方程通常在素域中计算。

现在，我们来谈谈扩域（图 2）。你可能以前已经见过扩域。在数学教科书中，最常见的例子就是复数域——通过在实数域中添加元素 sqrt(-1) = i 实现。通常情况下，所谓扩域就是在现有域的基础上，通过发

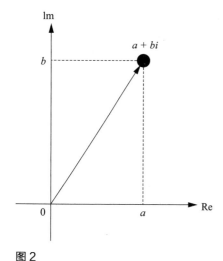

图 2

---

① "_"一般有两种含义：（1）在设置变量名称时用于单词间的区分，如 `new_id`、`new_user`；（2）用于指明符号所代表的具体范围。此处适用于后者，F 代表"域"（field），而 p^{12} 为 F 的定义范围，F_p^{12} 表示"一个内部元素需要经过 p^{12-1} 次运算才能得到曲线阶数 n 或 n 的倍数的域"。

② https://en.wikipedia.org/wiki/Fermat's_little_theorem

③ https://en.wikipedia.org/wiki/Extended_Euclidean_algorithm

明一个新元素并定义该元素与现有元素之间的关系（在本例中，$i^2 + 1 = 0$）来实现。在扩域中，需要保证其方程不再适用于原始域中的任何数字，并着眼于原始域及新近创造的新元素的所有线性组合的集合。

我们也可以对素域进行扩展。比如，通过添加 i 来扩展上述的模 7 素域，那么它的运算会变成：

$$(2 + 3i)+(4 + 2i)= 6 + 5i$$
$$(5 + 2i) + 3 = 1 + 2i$$
$$(6 + 2i) \times 2 = 5 + 4i$$
$$4i \times (2 + i) = 3 + i$$

最后一个运算的结果可能让人有点摸不着头脑。它的计算步骤是这样的：首先，将乘积分解为 $4i \times 2 + 4i \times i$，计算得 $8i - 4$。然后，因为使用的是模 7 素域，所以最终结果变成 $i + 3$。对于除法，我们定义如下：

a/b：$(a \times p^{p^2-2})\,\%p$

注意，费马小定理的指数现在是 p^2 而不是 p。如果想要更加高效，也可以通过扩展欧几里得算法来完成这项工作。还要注意，对于该域中的任何 x，$x^{p^2-1}= 1$，因此将 $p^2 - 1$ 称为该域中的乘法群阶数。

从实数到复数，代数的基本定理[1]保证了我们称之为复数的二次扩展是完全的——你不能再进一步扩展，因为你对新元素 j 以及现有复数所提出的任何数学关系（至少，对于由代数公式定义的任何数学关系）一定都可以找到一个复数来满足。然而，在素域中，没有这样的问题。因此可以进一步进行立方扩展（其中，新元素 w 和现有域元素之间的数学关系满足一个三次方程。所以，1、w 和 w^2 都是彼此线性独立的），高阶扩展，甚至可以不断地对现有域进行扩展。椭圆曲线配对正是在这类增压模复数的基础上构建的。

如果你有兴趣了解把所有这些操作写在代码中所包含的数学方法，那么可以点击下列网址，素域及其域扩展的实现办法都在这：

https://github.com/ethereum/research/blob/master/zksnark/bn128_field_elements.py

现在，重新回到椭圆曲线配对。椭圆曲线配对（或者说，我们将要在这里探讨的配对的具体形式。当然还有其他类型的配对，不过它们的逻辑都是十分相近的）就是 $G_2 \times G_1$ 到 G_t 的映射。

1. G_1 是一条椭圆曲线，其上的点满足形为 $y^2 = x^3 + b$ 的方程，并且 x、y 两个坐标参数都是 F_p 内的元素（也就是说，它们都是简单数，除了它们的数学运算需要对某一个素数取模）。

2. G_2 是一条椭圆曲线，其上的点满足与 G_1 相同的方程，除了它们的坐标参数是 F_p^{12} 内的元素（也就是说，它们是上面讨论的增压复数。定义一个新的"魔数" w，该数由一个诸如 $w^{12} = 18 \times w^6 + 82 = 0$ 的 12 次多项式定义）。

3. G_t 是包含椭圆曲线的结果的对象类型。基于上述曲线，G_t 是 F_p^{12} 内的元素（与 G_2 所用的增压复数相同）。

---

[1] https://en.wikipedia.org/wiki/Fundamental_theorem_of_algebra

它必须满足的最主要的性质是双线性，在本例中要满足：

$$e(P, Q + R) = e(P, Q) \times e(P, R)$$
$$e(P + Q, R) = e(P, R) \times e(Q, R)$$

还有其他两个重要的标准：

1. 有效的可计算性。例如，可以通过简单地取所有点的离散对数并将它们相乘在一起来进行简单配对，但是这在起初与破坏椭圆曲线密码系统一样难以实行，所以后来没有使用）。

2. 非简并性。当然，你可以只定义 $e(P, Q) = 1$，但这并不是一个特别有用的配对。

那么，该怎么做呢？

为什么配对函数能发挥作用呢？其背后的数学机理纷繁复杂，还涉及相当多高等代数的内容，有的甚至超出了迄今为止所接触过的范畴。但我会为大家提供一个纲要。首先，需要定义除数的概念。除数是一种在椭圆曲线点上表示函数的替代方法。一个函数的除数一般把该函数的零点和无穷远点也计算在内。让我们通过几个例子来理解一下这到底是什么意思。不妨假设存在点 $P = (P\_x, P\_y)$，并考虑以下函数：

$$f(x, y) = x - P\_x$$

除数是 $[P] + [-P] - 2 \times [0]$（方括号用来表示我们所说的该函数的零点和无穷远点的集合内的某一点，而不是点 P 本身。$[P] + [Q]$ 跟 $[P + Q]$ 不是一回事）。论证如下：

1. 函数在点 P 等于 0，因为 x 的值为 P_x，所以 $x - P\_x = 0$。

2. 函数在点 $-P$ 等于 0，因为 $-P$ 和 P 共享相同的 x 坐标

3. 当 x 趋于无穷时，函数也趋于无穷。所以我们说函数在 0 处等于无穷。这个无穷被计算两次是有技术原因的，所以 0 被添加上一个值为 -2 的"重数"（multiplicity）（这个值之所以是负的，是因为它表示的是无穷大，而不是零。又因为它被双重计数了，所以值的大小为 2）。

技术原因大致如下：因为曲线方程为 $x^3 = y^2 + b$，所以，为了让 y^2 跟上 x^3，y 趋向无穷的速度要比 x 快 1.5 倍。因此，如果一个线性函数只包括 x，那么它会被表示为重数为 2 的无穷大；但是如果它包括 y，那么它会被表示为重数为 3 的无穷大（图3）。

现在，考虑一个线函数：

$$ax + by + c = 0$$

其中，a、b 和 c 经过精心挑选，使得曲线能够通过点 P 和点 Q。由椭圆曲线加法的运算原理可得，这条曲线也会通过 $-P - Q$。并且，它趋近无穷的过程取决于 x 和 y，因此除数变为 $[P] + [Q] + [-P - Q] - 3 \times [0]$。

我们知道，每个有理函数（即仅在点坐标上使用有限数目的加、减、乘、除操作的函数）唯一地对应一个除数，并且一方与某

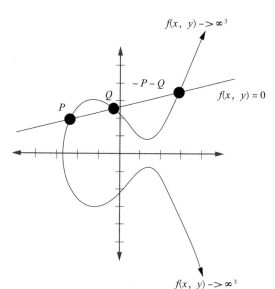

图3

个常数相乘后能得到另一个函数（如果两个函数 F 和 G 具有相同的除数，那么存在一个特定的常数 k，使得 $F = G \times k$ 成立）。

对于任何两个函数 F 和 G，$F \times G$ 的除数等于 F 的除数加上 G 的除数。在数学教科书中，你会看到 $(F \times G) = (F) + (G)$。因此，如果 $f(x, y) = P\_x - x$，那么 $(f^3) = 3 \times [P] + 3 \times [-P] - 6 \times [0]$。$P$ 和 $-P$ 被三重计数，用以表明在某种数学意义上，f^3 在这些点会以 3 倍的速度接近 0。

需要注意的是，有一个定理提到，如果从函数的除数中移除方括号，那么这些点加起来必须为 0：$[P] + [Q] + [-PQ] - 3 \times [0]$ 显然符合要求，因为 $P + Q - P - Q - 3 \times 0 = 0$，并且拥有这种性质的除数都是该函数的除数。

现在，准备谈谈 Tate 配对。考虑以下函数，利用它们的除数来定义：

$F\_P = n \times [P] - n \times [0]$

其中，n 是 G_1 的阶数。也就是说，对于任意 P，$n \times P = 0$ 成立。

$F\_Q = n \times [Q] - n \times [0]$

$g = [P + Q] - [P] - [Q] + [0]$

现在，来看乘积 $F\_P \times F\_Q \times g^n$。除数是

$n \times [P] - n \times [0] + n \times [Q] - n \times [0] + n \times [P + Q]$

简化后得

$n \times [P + Q] - n \times [0]$

注意，该除数与上述 F_P 和 F_Q 的除数具有完全相同的格式。因此，$F\_P \times F\_Q \times g^n = F\_(P + Q)$。

现在，引入一个被称为"最终乘幂"步骤的过程。在这个过程里取上述函数（F_P、F_Q 等）的结果，并将其提高到 $z = (p^{12} - 1)/n$ 次方。其中，$p^{12} - 1$ 是 F_p^{12} 中乘法群的阶数（也就说，对于任意 $x \in F\_p^{12}$，$x^{(p^2-1)} = 1$）。注意，如果对任何已经被提高到 n 次幂的结果应用这个指数，那么你将得到幂值为 $p^{12} - 1$ 的乘方，因此结果变为 1。因此，在最终求幂之后，g^n 抵消了，得到 $F\_P^z \times F\_Q^z = F\_(P + Q)^z$。从中我们看到了双线性结果。

现在，如果你想在两个参数中创建一个双线性的函数，你需要进行更怪异的数学运算——你需要把 F_P 当成一个除数，而不是直接把它当成一个值，这就是完全的 Tate 配对。为了对更多的结果实现证明，你必须了解"线性等价"和"韦伊互反"（Weil reciprocity）等概念——兔子洞从那里开始。

需要注意的是，当得知能够实现这种配对时，内心是五味杂陈的。一方面，这意味着我们做的所有关于配对的协议都可以实现了；但另一方面，这也意味着必须对使用什么椭圆曲线更加谨慎。

每条椭圆曲线都有一个我们称之为嵌入度的值。这个值本质上是使 $p^{(k-1)}$ 成为 n 的倍数的 k 的最小值（p 是在该域使用的素数，n 是曲线的阶数）。在上述域中，$k = 12$，并且在用于传统椭圆曲线密码（ECC）的域中（也就是说，这时候我们不关心配对的问题）嵌入度通常非常大，以至于配对不可能计算。然而，如果稍有不慎，可能会生成 $k = 4$ 或者甚至 $k = 1$ 的域。

如果 $k = 1$，那么椭圆曲线的离散对数问题（该问题实质上是要在仅知道点 $P = G \times p$ 的前提下推出 p，也就是我们必须要解决的破解椭圆曲线私钥的问题）将降为与 F_p 类似的数学问题，问题会变得容易得多（这被称为"MOV 攻击"）。而使用值为 12 或更高嵌入度的曲线确保要么上述难度降低情形不会发生，要么解决关于配对结果的离散对数问题的难度至少与根据公钥以正常方式恢复私钥一样（计算上不可行）。不用担心，为了以防万一，所有标准曲线参数都已经被彻底检查了一遍。

ZK-SNARK（Ⅲ）：算法迷踪

（2017 年 2 月 3 日）

编者按

> 本文是关于 ZK-SNARK 技术的第 Ⅲ 篇文章，旨在阐述帕诺（Parno）、居特里（Gentry）、豪维尔（Howell）和雷克瓦（Raykova）在 2013 年提出的匹诺曹协议。

本文是阐述 ZK-SNARK 技术原理的系列文章的第 Ⅲ 篇。前两篇文章分别阐述了二次算术编程[①]以及椭圆曲线配对的运作原理[②]，也是本文的基础。本文假定读者对上述概念以及 ZK-SNARK 的定义、功能已经有所了解。你也可以阅读克里斯蒂安·雷特威纳（Christian Reitwiessner）的另外一篇技术介绍文章[③]。

特别感谢埃伊尔·盖比森（Ariel Gabizon）和克里斯蒂安·雷特威纳的审阅。

在前面的文章中，我们介绍了二次算术编程——一种使用多项式方程来表示任意计算问题的方法——它能更加有效地应对形形色色的数学诡计。此外，还介绍了椭圆曲线配对。该方法允许你使用单向同态加密（尽管形式非常有限）来检查所需值是否相等。现在，接着上次的内容，并结合椭圆曲线配对以及其他的一些数学技巧，继续讲述如何在不揭露真实解的相关信息的情况下，让证明者证明它们知道特定 QAP 的解。

本文将重点介绍帕诺、居特里、豪维尔和雷克瓦在 2013 年（通常简称为 PGHR13）提出的匹诺曹协议[④]。由于我们对原来的基本机制进行了部分修改，因此实际中 ZK-SNARK 方案的运作方式会稍有不同。但是，两者的基本原理大体上还是一致的。

首先，讨论一个关键的密码学假设，它是我们所要使用的这套机制的安全性的基础，被称为指数知识假设。

KEA1：对任意 A，如果其输入 (q, g, g^a) 后返回值 (C, Y)，其中 $Y = C^a$，那么存在一个"抽取字"——在输入与 A 相同的前提下返回值 c，并满足 $g^c = C$。

一般而言，如果你得到点 P 和 Q，其中 $P \times k = Q$，与此同时你还得到一个点 C。那么，除非你知道 C 是以某种方式从 P 导出的，否则你不可能想到 $C \times k$。这看起来似乎显而易见。但是实际上，这个假设并不能从我们在证明基于椭圆曲线的协议的安全性时通常使用的那些假设里（如离散对数难题）推出。因此，概括而言，ZK-SNARK 依靠的技术基础在某种程度上其实并没有椭圆曲线加密系统依靠的那么坚实——但它还是很牢固的，也得到了大部分密码学家的认可。

现在，来看该如何使用它。假设有一对点 (P, Q) 从天而降，其中 $P \times k = Q$——但没有人知道 k 的值。现在，假设我想出了一对点 (R, S)，其中 $R \times k = S$。然后，根据 KoE 假设，我唯一可以做的就是取 P 和 Q，并将它们与我个人知道的某个因子 r 相乘。还要注意，

[①] https://medium.com/@VitalikButerin/quadratic-arithmetic-programs-from-zero-to-hero-f6d558cea649

[②] https://medium.com/@VitalikButerin/exploring-elliptic-curve-pairings-c73c1864e627

[③] https://blog.ethereum.org/2016/12/05/zksnarks-in-a-nutshell/

[④] https://eprint.iacr.org/2013/279.pdf

得益于椭圆曲线配对的魔力，检查 $R = k \times S$ 实际上不需要知道 k。相反，你只要简单地验证 $e(R, Q)$ 与 $e(P, S)$ 是否相等就可以了。

让我们做一些更加有趣的事情。假设有 10 对点从天而降，它们分别是（P_1, Q_1），（P_2, Q_2），$\cdots$，（P_{10}, Q_{10}）。对于每一对点，它们都满足条件 $P\_i \times k = Q\_i$。假设我给你一个点（R, S），其中 $R \times k = S$。你现在知道什么？你知道 R 是一个线性组合即 $P\_1 \times i\_1 + P\_2 \times i\_2 + \cdots + P\_{10} \times i\_{10}$，而我知道系数 i_1, i_2, $\cdots$, i_{10} 是什么。也就是说，得到（R, S）这一对点的唯一方法就是取 P_1, P_2, $\cdots$, P_{10} 的特定倍数并把它们相加，并对 Q_1, Q_2, $\cdots$, Q_{10} 进行相同的运算。

注意，对于任何特定的点 P_1, P_2, $\cdots$, P_{10} 的集合，你可能想要检查它们的线性组合，但事实上你不可能在不知道 k 是什么的情况下，创造出相伴的 Q_1, Q_2, $\cdots$, Q_{10} 点。如果你知道 k 是什么，那么你可以根据任何你想要的 R 去创建一对点（R, S），其中 $R \times k = S$，而不用操心去创建一个线性组合。因此，为了实现这个目的，必须保证所有创造这些点的人都是可信赖的，并且一旦他们创造完这 10 个点就会删除 k。这就是"信任设置"概念的由来。

记住，QAP 的解是一组多项式（A, B, C），并满足 $A(x) \times B(x) - C(x) = H(x) \times Z(x)$。其中：
- A 是一组多项式 $\{A\_1, A\_2, \cdots, A\_m\}$ 的线性组合；
- B 是具有相同系数的 $\{B\_1, B\_2, \cdots, B\_m\}$ 线性组合；
- C 是具有相同系数的 $\{C\_1, C\_2, \cdots, C\_m\}$ 线性组合。

集合 $\{A\_1, A\_2, \cdots, A\_m\}$、$\{B\_1, B\_2, \cdots, B\_m\}$ 和 $\{C\_1, C\_2, \cdots, C\_m\}$ 以及多项式 Z 都是问题陈述的一部分。

然而，在大多数现实情况下，A、B、C 都非常大。对于哈希函数这样具有成千上万个电路门的东西，多项式（以及线性组合中的因子）可以具有数千个项。因此，比起让证明者直接提供线性组合，更倾向于使用前面介绍的技巧来让证明者证明他们提供的东西（这个东西是一个线性组合），而无需揭露其他信息。

你可能已经注意到，上述技巧是基于椭圆曲线点，而不是基于多项式的。因此，在实际应用中，将以下值添加到信任设置中：

$G \times A\_1(t)$, $G \times A\_1(t) \times k\_a$
$G \times A\_2(t)$, $G \times A\_2(t) \times k\_a$
$\cdots\cdots$
$G \times B\_1(t)$, $G \times B\_1(t) \times k\_b$
$G \times B\_2(t)$, $G \times B\_2(t) \times k\_b$
$\cdots\cdots$
$G \times C\_1(t)$, $G \times C\_1(t) \times k\_c$
$G \times C\_2(t)$, $G \times C\_2(t) \times k\_c$
$\cdots\cdots$

你可以将 t 看作评估多项式的秘密点。G 是一个生成点（一些随机的椭圆曲线上的点被指定为协议的一部分），并且 t、k_a、k_b 和 k_c 都是"有毒废物"，是不惜一切代价都必须删掉的数字。否则，这些数字一旦被他人获取，那个人将能够伪造证明。现在，如果有人给你一对点（P, Q）并满足 $P \times k\_a = Q$（提醒：不需要用 k_a 来检查，因为我们可以做一个配对检查），那么你就知道他们给你的是在 t 点评估的 A_i 的多项式的线性组合。

因此，到目前为止，证明者必须给出：

$$\pi\_a = G \times A(t), \ \pi'\_a = G \times A(t) \times k\_a$$
$$\pi\_b = G \times B(t), \ \pi'\_b = G \times B(t) \times k\_b$$
$$\pi\_c = G \times C(t), \ \pi'\_c = G \times C(t) \times k\_c$$

注意，证明者实际上并不需要知道（并且不应该知道）t、k_a、k_b 或 k_c 来计算这些值。相反，证明者应该能够只根据我们添加到信任设置中的点来计算这些值。

下一步是确保这三个线性组合都具有相同的系数。这个可以通过向信任设置添加另外一组值来完成：$G \times [A\_i(t) + B\_i(t) + C\_i(t)] \times b$，其中 b 是另一个应该被视为有毒废物的数字，并在信任设置完成后立即被丢弃。然后，可以让证明者根据这些值以及相同的系数来创建一个线性组合，并利用与上述相同的配对技巧来验证该值与所提供的 $A + B + C$ 匹配。

最后，需要证明 $A \times B - C = H \times Z$。再次利用配对检查来完成这项工作：

$$e(\pi\_a, \pi\_b)/e(\pi\_c, G)\theta = e[\pi\_h, G \times Z(t)]$$

其中，$\pi\_h = G \times H(t)$。如果你依然没搞懂这个方程和 $A \times B - C = H \times Z$ 之间的联系，建议你回去阅读关于配对的文章[①]。

经过上述例子，我们看到如何将 A、B、C 转换成椭圆曲线点；G 只是一个生成点（即等同于数字 1 的椭圆曲线点）。可以将 $G \times Z(t)$ 添加到信任设置中。H 更难，它是一个多项式。对于每一个 QAP 解，我们都会稍微提前一点来预测 H 的系数会是什么。因此，需要向信任设置添加更多的数据；其具体为如下序列：

$$G, \ G \times t, \ G \times t^2, \ G \times t^3, \ G \times t^4, \cdots$$

在 Zcash 信任设置中，这个序列长达约 200 万个数值。为了确保你一定（至少在他们关心的特定的 QAP 实例中）能够计算 $H(t)$，这就是你所需要的 t 的幂次。有了这个，证明者就可以向验证者提供所有的信息以进行最终检查。

还有一个细节需要讨论。大多数时候，我们不想只是抽象地证明某个特定问题的解的存在。比如，想要证明某个特解的正确性（如证明如果你把单词 "cow" 用 SHA3 做 100 万次哈希运算以后，最终结果的开头是 `0x73064fe5`），又或者证明你在限制一些参数以后，依然存在解。例如，在加密货币的应用中，交易金额和账户余额会被加密，你想要证明你知道某个解密密钥 k，满足：

decrypt(old_balance, k) ⩾ decrypt(tx_value, k)
decrypt(old_balance, k)-decrypt(tx_value, k)=decrypt(new_balance, k)

加密的 `old_balance`、`tx_value`、`new_balance` 应该被公开说明，因为它们是要在该特定时间内验证的特定值。只有解密密钥应该被隐藏。为了创建与输入中某些特定限制对应的自定义验证密钥，需要对协议进行一些轻微的修改。

现在，稍微回顾一下。下面是整个验证算法，它由本·萨森（Ben Sasson）、特洛莫尔

① https://medium.com/@VitalikButerin/exploring-elliptic-curve-pairings-c73c1864e627

（Tromer）、维尔扎（Virza）和奇萨（Chiesa）提供。

输入：验证钥匙 vk，输入 $\vec{x} \in \mathbb{F}_r^n$，以及证明 π。

输出：决策位。

1. 计算：$vk_{\vec{x}} = vk_{IC,0} + \sum_{i=1}^{n} x_i vk_{IC,i} \in \mathbb{G}_1$

2. 检查对 A、B、C 的知识承诺的有效性：

$$e(\pi_A, vk_A) = e(\pi_A', P_2), e(vk_B, \pi_B) = e(\pi_B', P_2), e(\pi_C, vk_C) = e(\pi_C', P_2)$$

3. 检查是否使用相同的系数：

$$e(\pi_K, vk_\gamma) = e(vk_{\vec{x}} + \pi_A + \pi_C, vk_{\beta\gamma}^2) \cdot e(vk_{\beta\gamma}^1, \pi_B)$$

4. 检查 QAP 是否可除：

$$e(vk_{\vec{x}} + \pi_A, \pi_B) = e(\pi_H, vk_Z) \cdot e(\pi_C, \rho_2)$$

5. 只有上述检查都通过才接受证明。

第 1 项与参数化有关。本质上，你可以认为它的功能是为特定的问题实例（某些参数被指定）创建一把自定义验证密钥。第 2 项是 A、B、C 的线性组合检查。第 3 项是检查线性组合具有相同的系数。第 5 项是乘积检验，检查 $A \times B - C$ 是否与 $H \times Z$ 相等。

总之，验证过程就是几个椭圆曲线乘法（分别对每个公共输入变量使用）以及 5 个配对检查。其中，这些配对检查包含额外的配对乘法运算。该证明包含了 8 个椭圆曲线点：由 $A(t)$、$B(t)$、$C(t)$ 组合得到的三对点；满足 $b \times [A(t) + B(t) + C(t)]$ 的点 π_k，以及满足 $H(t)$ 的点 π_h。在这些点中，有 7 个点在 F_p 曲线上（每个点大小为 32 Byte，因为你可以将 y 坐标压缩为 1 Byte）。在 Zcash 的实际应用中，有一个点（π_b）在满足 F_p^2（该域内每个点大小为 64 Byte）的扭曲曲线上，因此证明的大小约为 288 Byte。

要创建证明，计算难度最高的两个部分如下：

1. 通过分解 $(A \times B - C)/Z$ 得到 H（基于快速傅里叶变换[①]算法可以在二次时间内完成这项运算，但仍然需要高度密集的计算）。

2. 通过椭圆曲线乘法和加法运算创建值 $A(t)$、$B(t)$、$C(t)$ 和 $H(t)$ 及它们对应的对。

创建证明之所以如此困难，最基本的原因是如果我们要进行零知识证明，那么原始计算中的单个二进制逻辑门就变成了必须通过椭圆曲线操作加密处理的操作。这个事实，再加上快速傅里叶变换的超线性，意味着每一笔 Zcash 交易需要耗费 20 ～ 40 秒来进行证明创建。

另一个非常重要的问题是，可不可以尝试让信任设置对信任的要求稍微低一些？不幸的是，我们不能让它完全不信任。KoE 假设本身排除了在不知道 k 是什么的情况下产生独立对 $(P\_i, P\_i \times k)$ 的可能性。然而，可以通过使用 N-N 多方计算来大大增加安全性——也就是说，在 N 方之间构建信任设置。只要至少有一个参与方删除了它们的有毒垃圾，那么就没有问题了。

为了让你能稍微体会到这一点是如何做到的，这里给出一个简单的算法：取一个现有的集合 $(G, G \times t, G \times t^2, G \times t^3, \cdots)$ 并添加自己的秘密，这时你需要对你的秘密和以前的秘

[①] https://en.wikipedia.org/wiki/Fast_Fourier_transform

密（或以前的秘密的集合）进行伪装。

输出集合很简单：

$$G, (G \times t) \times s, (G \times t^2) \times s^2, (G \times t^3) \times s^3, \cdots$$

注意，即使你只知道原始集合和 s，你也可以产生这个集合，并且新集合以与旧集合相同的方式发挥作用——除了现在我们使用 $t \times s$ 而不是 t 作为有毒废物。只要你和创造了前一集合的人（或人们）不同时没有删除你的有毒废物，并且在这之后勾结串通，那么这个集合就是安全的。

在完全信任的信任设置中，这么做有点困难。因为这涉及多个值，并且算法必须在各方之间在数个回合内完成。这是一个积极的研究领域，我们可以看是否可以进一步简化多方计算算法，并使其需要更少的轮次或支持更多的并行处理。因为你能做的工作越多，那么能进入信任设置过程的参与者就越多。有人认为如果信任设置过程中的6位参与者之间相互认识且一起共事，可能会使一些人不舒服，这种想法很有道理。但是如果一个信任设置过程有成千上万的参与者参与进来，那么这个过程将与不信任过程别无二致。如果你实在不想这样，那么你可以自己一个人进入并参与设置过程，但你要保证亲自删掉自己的值。

另一个积极的研究领域是在不使用配对以及相同的信任设置范例的前提下，用其他方法来实现相同的目标。请参见以利·本·萨森（Eli Ben Sasson）最近一个关于此类替代方法的演示[1]（虽然被警告了，但它的数学复杂度至少不会比 SNARK 低）。

---

[1] https://www.youtube.com/watch?v=HJ9K_o-RRSY

去中心化的含义

（2017年2月6日）

编者按

> 什么是去中心化？维塔利克指出，单从辐射、分布式和网状结构来区别中心化、多中心化与去中心化是毫无帮助的。其认为，所谓去中心化，应该从架构及政治上实现去中心化，但保持逻辑的中心化。

"去中心化"这个词是在加密经济学领域用得最多的一个词，通常也作为辨别区块链的依据。然而，这个词也可能是被人们定义得最不恰当的一个词。数千小时的研究和价值数十亿美元哈希算力的投入都旨在实现去中心化，并保护和提高去中心化的程度。当人们关于协议的讨论变得越发激烈时，一种非常常见的情况是，协议（或者协议扩展）的支持者会声称对方的协议提案是中心化的，并以此作为最终击倒对方的论据。

但是，"去中心化"这个词到底意味着什么？人们常常会把这些观点混淆。比如，图1所示的三个完全没有用处，却十分常见的图表。

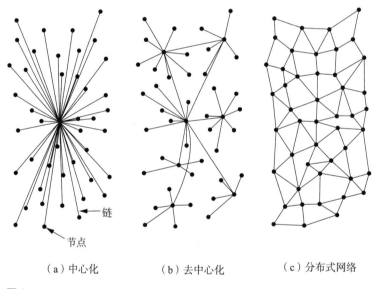

（a）中心化　　　　（b）去中心化　　　　（c）分布式网络

图1

现在，不妨来看看果壳网上关于"分布式和去中心化的区别到底在哪里？"[①]这一问题的两个不同回答。第一个回答本质上是在机械地复述上述图表，而第二个回答则截然不同："分布式意味着交易并非都在同一个地方处理，而去中心化意味着不存在单一的个体可以对交易的处理进行控制。"与此同时，在Ethereum Stack Exchange上置顶的答案给出了和图1类似的图表，只不过是"分布式"和"去中心化"的位置换了而已！显然，这一澄清很有必要。

---

① https://www.quora.com/Whats-the-difference-between-distributed-and-decentralized-in-Bitcoin-land

去中心化的三种类型

当人们在讨论软件去中心化时，他们实际上讨论的是三个独立的中心化/去中心化的轴模型。在某些情况下，我们很难把三者剥离。但一般来说，中心化和去中心化是互相独立的，这三个轴模型的含义如下：

1. 架构上的（去）中心化。这个系统是由多少台物理计算机组成的？这个系统可以容忍多少台计算机在任意某个时间同时宕机，并且还能继续运行？

2. 政治上的（去）中心化。有多少个人和组织能最终控制构成这个系统的计算机？

3. 逻辑上的（去）中心化。系统呈现和维护的接口和数据库结构看起来更像是一个单一的对象，还是松散的群体？这里有一个简单的启发式方法，那就是：如果你把这个系统（包括使用方和提供方在内）一分为二，那么这两半还能作为完全独立的单元继续运行吗？

可以尝试将这三个维度都放在一张图表中说明，如图2所示。

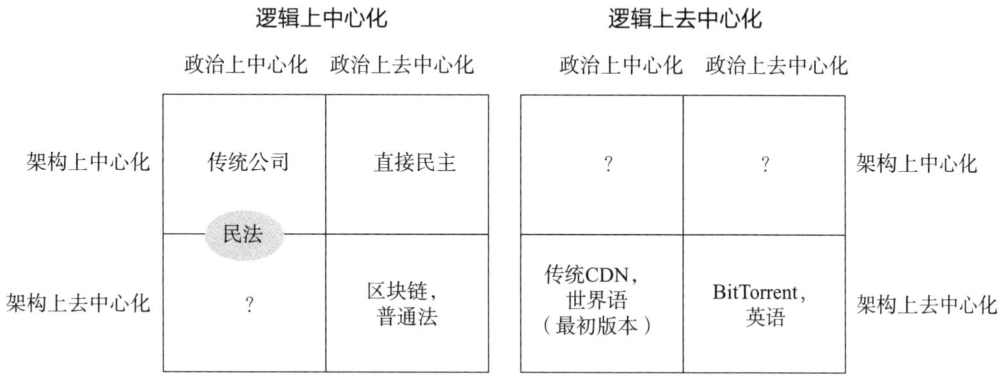

	逻辑上中心化		逻辑上去中心化	
	政治上中心化	政治上去中心化	政治上中心化	政治上去中心化
架构上中心化	传统公司	直接民主	？	？
架构上去中心化	民法 ？	区块链，普通法	传统CDN，世界语（最初版本）	BitTorrent，英语

图2

请注意，这张图表中很多位置的内容还很粗糙，甚至可能引发高度争议，但是可以先尝试着解读。

1. 传统的公司在政治上是中心化的（只有一个CEO），架构上是中心化的（只有一个总部），逻辑上也是中心化的（你不能在真正意义上把这家公司连同员工砍成两半）。

2. 民法依赖于一个中心化的立法机构，而普通法则源于多个个体法官所作出的判决先例。民法在架构上仍然带有一部分去中心化的属性，因为有很多的不同法院存在，并且这些法院也有自行裁决的自由。但普通法去中心化程度更高。无论是民法还是普通法，在逻辑上来看，他们都是中心化的（法律就是法律）。

3. 语言在逻辑上是去中心化的：爱丽丝和鲍伯之间说的英语与查理和大卫之间说的英语不需要保持一致。没有一种语言的存在需要依赖于中心化的基础设施，并且英语的语法规则并不是由单一的个体创造或控制的（相比之下，世界语最初是由路德·维克·柴门霍夫（Ludwik Lejzer Zamenhof）[1]发明的，但现在世界语逐渐变得更像一种毫无权威的语言）。

---

[1] https://en.wikipedia.org/wiki/L._L._Zamenhof

4. BitTorrent 和英语一样，在逻辑上是去中心化的。内容传输网络与之类似，却是由一个单一的公司控制的。

5. 区块链在政治上是去中心化的（没有人能控制它），在架构上也是去中心化的（没有基础设施层面的中心故障点），但其在逻辑上是中心化的（即有一个受到共同认可的状态，并且系统表现得像一台单一的计算机）。

很多时候，当别人在谈论区块链的优点时，他们描述的是拥有一个中心化数据库的便利优势。但这种中心化是逻辑上的中心化，在许多情况下，这种中心化是极有用处的（虽然来自 IPFS 的胡安·贝内特（Juan Benet）支持尽可能地推进逻辑上的去中心化，因为逻辑上去中心化的系统在网络分区问题中更容易存活下来，并且在世界上连通性极差的地区也能很好地运行[①]）。

架构上的中心化往往会导致政治上的中心化，但这没有必然的联系——在正式的民主体系中，政客们在某个具体的政府大厅里见面并投票，但是这个房间的维护者并没有获得大量的决策权。在计算机化系统中，可能会发生架构而非政治上的去中心化，如某个在线社区为了方便而使用了一个中心化的论坛。但是，这个社区的成员当中有一条广为接受的社会契约，那就是如果论坛的拥有者作恶，那么所有人都会转移到另一个论坛（那些由一群反抗某一论坛审查制度的人聚集起来的社区在实际中很有可能具有这类特性）。

逻辑中心化让实现架构去中心化难上加难，但并非不可能——我们可以看到，尽管去中心化共识网络的用处已经得到证明，但比维护 BitTorrent 更加困难。逻辑中心化使得政治去中心化更加困难——在逻辑中心化系统中，想要通过简单的共生共荣来解决争端[②]更加困难。

支持去中心化的三个理由

接下来这个问题是，为什么去中心化有用？人们通常会提出以下几个观点。

1. 容错性好。去中心化系统意外宕机的可能性更小，因为它们依赖大量独立的组件，而这些独立的组件不太可能同时意外崩溃。

2. 能抵抗攻击。去中心化系统使得攻击、破坏或者操控的成本更高，因为它们缺少敏感的中心点[③]，而中心点容易遭受比周围经济系统规模成本更低的攻击。

3. 抵御参与者串谋：在去中心化系统中，参与者更难串谋以牺牲其他参与者为代价来使自身获利。不得不说的是，公司和政府的领导者们却经常密谋做一些利于自己而伤害协调能力不足的公民、客户、员工和公众的事情。

以上三个论点都十分重要，且十分有效。但是一旦你开始做出协议决策的时候，这三个论点都会导向一些有趣和不一样的结论。不妨一个一个地展开说明。

首先是容错性，核心论证很简单。什么样的事情发生的可能性会更小：是 1 台计算机

① https://scuttlebot.io/more/articles/design-challenge-avoid-centralization-and-singletons.html

② https://en.bitcoin.it/wiki/Block_size_limit_controversy

③ https://starwars.wikia.com/wiki/Thermal_exhaust_port

出现故障？还是10台计算机中有5台计算机同时出现故障？这个道理是毋庸置疑的，并且在现实生活中的很多场景中也可以用得到，包括喷气式发动机、备用发电机[1]，尤其是在诸如医院、军事基地的基础设施以及金融组合多元化的地方。当然，还有计算机网络。

然而，这种有效同时也十分重要的去中心化有时还远不如一个偶尔被用来进行预测的数学模型。原因是其中可能会存在共模故障。当然，相比起1台喷气式发动机，4台喷气式发动机似乎故障率很更低，但如果这4台喷气式发动机都是同一家工厂制造的呢？而且这4台喷气式发动机的故障都是由同一个员工引起的呢？

今时今日的区块链能有效防御共模故障吗？其实没有必要，不妨考虑以下场景。

1. 区块链的所有节点都在相同的客户端软件内运行，并且这个客户端软件存在漏洞。

2. 区块链的所有节点都在相同的客户端软件内进行，这个客户端软件的开发团队是社会腐败分子，提出更新协议的研发团队也是社会腐败分子。

3. 在区块链的工作量证明中，70%的矿工来自同一个国家，该国政府出于国家安全考虑决定取缔所有矿场。

4. 大部分的挖矿硬件都是同一家公司建造的，这家公司接受贿赂或者被强迫开了一个后门，任何人都可以通过这个后门随意关闭硬件。

5. 在区块链权益证明中，70%的押注币存放在同一个交易所中。

从容错去中心化的整体观点出发，不妨看看它们的影响是如何被最小化的。下述结论显而易见。

1. 拥有多种相互竞争的实施方式至关重要[2]。

2. 协议升级背后的技术因素的知识必须是民主化[3]的，这样更多的人可以更轻松地参与研究讨论和批评某些极度糟糕的协议变化。

3. 核心开发者和研究人员应该从多家公司[4]或组织[5]招聘（或者另外一种替代方案，这些开发和研究人员可以是志愿者）。

4. 挖矿算法应该按照最小化中心化风险[6]的思路去设计。

5. 理想情况下，我们使用权益证明[7]的方法来完全摆脱硬件的中心化风险（当然，也要谨慎考量和处理由于使用权益证明可能带来的新风险）。

需要注意的是，初始形式的容错要求主要集中在实现架构去中心化，但是你想想社区的容错能力一旦控制了协议的持续发展会发生什么，你就会明白政治上的去中心化也是非常重要的。

现在，来探讨抗攻击能力。在一些纯粹的经济模型中，你有时候可能会得到一个结论：去中心化根本不重要。如果你创造出一种协议，在该协议中，验证者发起51%攻击（即最

---

[1] https://en.wikipedia.org/wiki/Emergency_power_system

[2] https://www.reddit.com/r/ethereum/comments/3pdskt/how_many_ethereum_implementations_are_there/

[3] https://medium.com/@VitalikButerin/parametrizing-casper-the-decentralization-finality-time-overhead-tradeoff-3f2011672735

[4] https://ethcore.io/

[5] https://ether.camp/

[6] https://github.com/ethereum/wiki/wiki/Ethash

[7] https://github.com/ethereum/wiki/wiki/Proof-of-Stake-FAQ

终化回滚），那么其立即会损失5000万美元。那么验证者到底是被一家还是100家公司所控制就显得不那么重要了——5000万美元的经济安全边际就是5000万美元的经济安全边际。事实上，中心化能够最大化这种经济安全概念是有着很深层的博弈论缘由的（现有区块链的交易选择模型反映了这一观点，因为区块中的交易由矿工/区块提议者打包这一行为实际上也是一种快速轮换的专政）。

然而，一旦你采用了更加丰富的经济模型，尤其是承认可能存在胁迫风险（或者更温和一点的，如针对节点的定向DoS攻击）的模型，那么去中心化会变得更加重要。如果你用死亡去威胁一个人，那么突然之间，5000万美元对他们来说也就不再那么重要了。但是，如果这5000万美元在10个人之间传播，那么你必须同时威胁10倍的人数。一般来说，在许多情况下，现代世界是一个偏向于攻击者的攻击/防御不对称形态——摧毁一幢价值1000万美元的大楼的成本可能不到10万美元，但攻击者的杠杆往往是次线性的：如果说摧毁一幢花费1000万美元的大楼只需要花费10万美元，那么一幢100万美元的大楼可能只需要3万美元的成本就能够摧毁了。由此可见，更小的成本拥有更优的比率。

上述推理到底说明了什么？首先，它强烈地支持了权益证明机制优于工作量证明这一论点，因为计算机硬件更容易被检测、监管或攻击，而币更容易被隐藏（权益证明机制也因为其他原因更容易抵抗来自其他节点的攻击）。其次，这一推理表明开发团队更应该（包括在地域上）广泛地分布。最后，它预示着我们在设计共识协议时，需要同时考虑经济模型和容错模型。

接着，讨论三个论点中最复杂的一个——抵御串谋。串谋这种行为很难定义，可能唯一真实有效的表达方法：串谋是指我们都不喜欢的结合。在现实生活中，很多情况下，最理想的情况是每个人之间的协调配合都很完美，但是如果有人选择配合而其他人选择不配合，那么就很危险了。

举一个简单的例子：反托拉斯法，即通过设置监管障碍让市场一方的参与者更难以聚集在一起成为垄断者，以牺牲市场另一方参与者的利益和社会福利来获得外部收益。另一个例子是禁止美国总统候选人和超级政治行动委员会间主动协调的规定[1]，尽管这些规定被证明在实践中难以实施。还有一个更小的例子是在象棋锦标赛[2]中，为了阻止两个玩家进行多次比赛以试图提高其中一个玩家的分数的规定。如果你细心观察，你会发现阻止深谙世故的机构间发生不良协调的例子无处不在。

在区块链协议的案例中，共识安全性背后的数学和经济推理通常依赖于至关重要的非协调选择模型，或者依赖于某个博弈是由众多微小但可以独立做出决策的参与者所组成的假设。如果某个参与者在工作量证明中获得了超过1/3的挖矿算力，那么他们就可以通过自私挖矿[3]来获得巨大的利润。但是，当90%的比特币挖矿算力协调得非常好，以至于他们能够出现在同一会议中时，我们还可以说这种非协调选择模型具有实用意义吗？

区块链倡导者也指出，区块链更加安全，因为它们不能够跟着自己的想法随意改变自

---

[1] https://www.publicintegrity.org/2012/01/13/7866/rules-against-coordination-between-super-pacs-candidates-tough-enforce

[2] https://www.chesskid.com/article/view/heres-a-chance-to-play-magnus-carlsen

[3] https://arxiv.org/abs/1311.0243

身的规则。但是，如果说软件和协议的开发者们都为同一家公司工作，或者说是一家人坐在一个屋子里，那么上面这种安全性也就不一定能保证了。总的来说，这些系统不应该像一群利己主义的垄断者。因此，你可以肯定，如果参与方之间协调得越糟糕，那么区块链会越安全。

当然，这也显示出了一个根本的驳论。许多的社区，包括以太坊社区，经常被称赞说有着强烈的社区精神，并且能够迅速协调实施、发布以及激活硬分叉，在6天内解决协议内的服务器拒绝访问的问题。但是，该如何促进和提高这种积极的协调能力，同时避免恶意矿工通过反复地协调51%攻击而使他人陷入困境的不良协调？

这一问题的回答有以下三种。

1. 不必过多考虑如何缓解不良协调的问题。相反，应该更多地尝试构建可以抵抗这类问题的协议。

2. 尝试去寻找一个合适的中间点，在允许协议通过足够的协调进行演进和发展的同时，保证这种协调不足以发动攻击。

3. 尝试区分什么是有利的协调，什么是不利的协调，并且尽量使有利的协调更容易，不利的协调更困难。

第一种方式大体上是Casper的设计理念。然而，这还不够，因为单靠经济学本身并不能处理好另外两种类型的去中心化问题。第二种方式难以在设计中明确地实现，尤其是长期而言，但这种设计通常会被意外地实现。例如，比特币的核心开发人员经常说英语，而矿工大部分都说汉语，这就是一种美丽的意外。这种意外创造了一种"两院制"的管理模式，使得协调变得更加困难，反而有利于降低共模故障的风险。因为英语和中文社区会因为距离和沟通上的困难而产生分歧，因此不太可能会产生同样的错误。

第三种就是社会挑战。在这一方面的解决方案可能包括以下几个。

1. 社会干预会试图提高参与者对区块链社区的忠诚度，以防止市场一方的玩家只对自己这一方的人忠诚。

2. 在同一背景下促进各方市场参与者之间的沟通，以防止验证者、开发者或者矿工认为自己是处于某一阵营的，从而导致三者相互协调来维护自身利益以抵抗其他阵营。

3. 依据降低验证者/矿工发展成为一对一的特殊关系、参与中心化中继网络以及其他类似的超级协议机制的动机来设计这个协议。

4. 明确协议的基本属性应该有哪些，什么事情是不应该做的，或者什么事情是只有在极端情况下才可以做。

第三种去中心化，是避免发生不良协调的去中心化，恐怕也是最难实现的，并且需要进行权衡的方式。也许最好的解决方案是依赖于某个保证具有高度去中心化的团体，那就是协议的用户。

最小削减条件

（2017 年 3 月 2 日）

编者按

本文旨在在平井洋一对最小削减条件安全性及活性证明的基础上，进一步阐述最小削减条件的算法细节及其意义。

特别感谢平井洋一（Yoichi Hirai）、里文·基弗（River Keefer）和爱德（Ed）的审阅。

上周，平井洋一发布了一篇博客，详细介绍了我提出的最小削减条件的安全性和活性的证明过程。最小削减条件是拜占庭容错的关键部分——在异步条件下，以加密和经济博弈来保障安全的共识算法正是权益证明的核心。在这篇文章中，我想进一步详述这个算法的细节，它到底有什么意义，以及它在权益证明的研究中会发挥怎样的作用。

Casper的一个关键目标是实现经济最终化（敲定），可以大致定义如下：如果客户端能够证明（a）B1将永远成为权威链的一部分，或（b）导致B1回滚的那些作恶者将受到 X 美元以上的经济惩罚，那么区块B1将最终敲定，它的安全边际为 X 美元。

想想，这个 X 将近7000万美元。基本上，如果区块被敲定，那么它就成为区块链的一部分，改变这个区块需要耗费昂贵的成本。工作量证明机制事实上并不具备这种属性，这是权益证明机制[①]独一无二的特性。这么做是为了让51%攻击的成本变得极度昂贵——即使大部分验证者联合起来，如果它们不愿意承受巨额的经济损失，那么它们也无法回滚最终敲定的区块。假设攻击真的成功了，大额的经济损失将会造成剩余加密货币的净值飙升——因为市场更可能对货币供应总量的减少做出剧烈反应，而不是通过紧急硬分叉来纠正攻击[②]。

在 Casper 中，实现经济最终化首先要求每一位参与的验证者都缴纳一笔保证金。在此之后，如果协议判定验证者违反了某些规则，那么该验证者的保证金会被没收（削减条件）。

削减条件可能如下所述。

如果验证者发送一条签名信息，信息格式如下：

["PREPARE",epoch,HASH1,epoch_source1]

以及另一条签名消息，格式如下：

["PREPARE",epoch,HASH2,epoch_source2]

其中，HASH1! =HASH2 或者 epoch_source1! =epoch_source2，但两条消息中 epoch 的值是相同的，那么验证者的保证金就要被削减（即删掉）。

协议定义了一系列削减条件。诚实的验证者需要遵守协议，保证不触碰任何条件（注意，我们有时候会把"触发"当作"违反"削减条件的同义词。其实削减条件就像法律，你不能去触发）。不要把同一个时期的 **PREPARE** 信息发送两次，对每一位验证者来说不过举手之劳。

---

① https://medium.com/@pirapira/formal-methods-on-some-pos-stuff-e309775c2ab8

② https://medium.com/@VitalikButerin/a-proof-of-stake-design-philosophy-506585978d51

除了削减条件，我们需要制定最终化条件。这个条件用来说明客户端什么时候可以确定某一特定哈希值已经被最终化。这个更简单，现在就来介绍 Casper 当前版本里唯一的最终化条件。

如果在某一特定的时期，存在一组签名消息，格式如下：

["COMMIT",epoch,HASH]

那么，哈希被最终敲定。

如果你把创建这些签名信息的验证者的保证金余额相加，那么你获得的金额将是当前活动验证者集合总保证金余额的 2/3 以上。

简单起见，可以说"某一特定时期有 2/3 验证者提交了这个哈希"，也可以说"某一特定时期该哈希获得了 2/3 的提交"。

削减条件需要满足以下两种情况。

1. 可计算的安全性：如果两个相互冲突的哈希都被敲定了，那么一定可以证明至少有 1/3 验证者违反了削减条件。

2. 大致合理的活性：除非超过 1/3 的验证者违反了削减条件，否则一定存在一组信息在不违反削减条件的前提下，由 2/3 的验证者共同提交来敲定新的哈希值。

恰恰是这个"可计算的安全性"让我们想到了经济最终化。如果两个相互冲突的哈希值都被最终敲定（即分叉），那么可以通过数学证明一定有相当数量的验证者违反了削减条件。然后，可以把它们违反的证据呈递到区块链上并施以惩罚。

"大致合理的活性"是说算法不可能被"卡住"或者无法完成最终化过程。

为了说明这两个概念的含义，先来考虑两种简单有趣的算法：一种满足安全性但不满足活性，另一种满足活性但不满足安全性。

算法 1：每一位验证者都有一个发送形如 ["COMMIT",HASH] 信息的机会。如果 2/3 的验证者对同一个哈希发送一条 COMMIT 信息，那么这个哈希就被敲定。一旦它们发送两条 COMMIT 信息，那么就判定它们违反了削减条件。

很显然，我们能证明这个算法是安全的。如果 HASH1 和 HASH2 都被敲定，那就意味着每个哈希都获得了 2/3 的提交，因此肯定有 1/3 的验证者重叠（图 1）。这 1/3 的验证者会被削减。但这个算法并不满足活性：如果有 1/2 的验证者提交 A 而另外 1/2 的验证者提交了 B（这个推测很合理，毕竟这种事情可能意外发生），这时，为了实现敲定，必须要有 1/6 的验证者自愿削减自己（图 2）。

算法 2：每一位验证者都有一次发送形如 ["COMMIT",HASH,epoch] 的信息的机会。如果 2/3 验证者在同一时期对同一哈希发送一条 COMMIT 信息，那么这个哈希被最终敲定

图 1　全性证明　　　　　　　　　　　图 2　可能会卡住

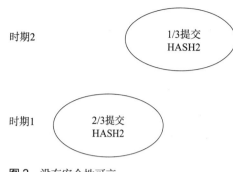

时期2   1/3提交 HASH2

时期1   2/3提交 HASH2

图3　没有安全性可言

（图3）。如果在同一时期分别对两个不同的哈希发送两条COMMIT信息，我们就认为它们违反了削减条件。

这种方式解决了先前算法里的问题。因为如果在同一个时期内，我们陷入了50/50（即各1/2提交）的境地，我们只需要简单地在下一个时期再次尝试。但这也引入了一个安全缺陷：两个不同的哈希可以在不同的时期被敲定！

事实证明，我们可以设计出一种算法同时满足两种性质，但这很不容易。需要制定4个削减条件，额外加上1000行代码交由Yoichi证明它确实有效[①]。

这些削减条件如下：

[COMMIT_REQ]：如果验证者发送签名信息[“COMMIT”,epoch,HASH]，那么除非对于某一特定值epoch_source，且-1<=epoch_source<epoch，以下格式的信息：

[“PREPARE”,epoch,HASH,epoch_source]

已经经过2/3的验证者签名并广播，否则该验证者的保证金将被削减。

通俗来讲就是，验证者需要看到2/3的PREPARE信息以后，才能发送COMMIT信息。

[PREPARE_REQ]：如果验证者一条签名信息[“PREPARE”,epoch,HASH,epoch_source]，其中epoch_source! =-1，那么除非对于某一特定的值epoch_source_source，且-1<=epoch_source_source<epoch_source，以下格式的信息：

[“PREPARE”,epoch_source,ANCESTOR_HASH,epoch_source_source]

ANCESTOR_HASH是HASH的epoch_epoch_source辈祖先，已经经过2/3的验证者签名并广播，否则该验证者的保证金将被削减。

如果你在某个时期发送一条指向先前某个特定时期的PREPARE信息，那么在这个时期，你需要看到2/3的PREPARE信息，并且那些PREPARE信息必须指向先前的同一个时期。例如，在第41个时期有2/3的PREPARE信息指向第35个时期没有问题，但如果在第41个时期内，这2/3的PREPARE信息有一半指向第35个时期，而另一半指向第37个时期，那就不行了。如果在第41个时期有5/6条PREPARE信息，而这些信息当中有4/5指向第35个时期，那也是可以的。因为5/6乘以4/5就是2/3，剩下的1/6你可以完全忽略。

我们所说的"第n辈祖先"是指区块链术语中哈希链意义上的祖先。例如，以太坊高度为3017225的区块是高度为3017240区块的第15辈祖先。需要注意的是，一个区块只可以拥有一个父区块。因此对于某一特定的n，也只能有一个第n辈祖先。

[PREPARE_COMMIT_CONSISTENCY]：如果验证者发送一条签名信息[“COMMIT”,epoch1,HASH1]，以及一条PREPARE信息[“PREPARE”,epoch2,HASH2,epoch_source]，其中epoch_source<epoch1<epoch2，那么无论HASH1与HASH2是否相等，该验证者都要被削减。如果你在某个时期发送了一条COMMIT信息，并且清楚地看到

[①] https://medium.com/@pirapira/formal-methods-on-some-pos-stuff-e309775c2ab8

该时期有2/3的PREPARE信息，那么你在未来发送PREPARE信息的时候应该参照那个时期或更新时期的状况。

[NO_DBL_PREPARE]：如果验证者发送一条签名信息["PREPARE",epoch, HASH1,epoch_source1]，以及另一条签名信息["PREPARE",epoch,HASH2, epoch_source2]，其中HASH1!=HASH2或epoch_source1!=epoch_source2，但是两条信息中的时期值是相同的，那么该验证者会被削减。

同一时期不能发送两条PREPARE信息。

事实证明，有了这4个条件，可计算的安全性和大致合理的活性都能得到保证。

注意，上述规则允许对两个不同的哈希进行敲定（图4）。如果两个哈希都是同一历史的一部分，那么它们最终都能被敲定。实际上，在一条不断增长的链中，越来越多的哈希链的末端最终敲定正是我们想要的结果。

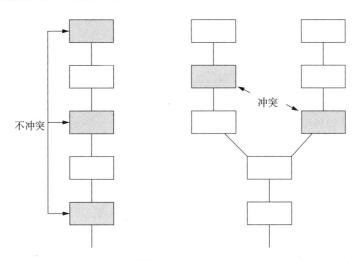

在这套规则里，不同的哈希值都能被敲定。但如果它们是同一条链的一部分，那么这个结果是意料之中的

不属于同一历史的哈希是相互冲突的。可以证明，除非有超过1/3的验证者被削减，否则这4个削减条件能有效避免2个冲突哈希都被最终敲定

图4

现在来总结一下，这个系统中有一个活动验证者池（任何人都可以自由加入，只是加入时需要缴纳保证金，并且会有一定延迟。同样，每一位参与者都可以自由离开，但是需要经过更长的时延才能撤回它们的资金），并且每一位验证者有权签名和发送格式如下的信息：

["PREPARE",epoch,HASH,epoch_source]
["COMMIT",epoch,HASH]

如果在某一特定时期，某一特定的哈希有足够多的COMMIT信息，那么这个哈希将被最终敲定。哈希相互链接，每一个哈希都指向一个从前的哈希。我们希望看到一条不断增长的哈希链——随着时间的推移，越来越多新的哈希在链上得到敲定。我们会对发送这些PREPARE和COMMIT信息的验证者给予经济奖励，以便它们及时发送足量的COMMIT信息实现哈希敲定。一般来说，你可以采纳任何具有像PBFT那样"同步保证活性，异步保障安全"性能的拜占庭容错共识算法，并将其转换成一系列满足可计算安全性以及合理活性的削减条件。上述条件是将PBFT和Tendermint[①]混合以后得到的启发，我们也可以试着将不同的共识算法组合，看看不同的结果。

注意，大致合理的活性和实际的活性是不同的。大致合理的活性意味着理论上总是可以实现敲定，但也有可能总是反复失败，永远无法敲定任何事情。为了解决这个问题，需要提出一个提议机制，并确保这个提议机制确实有助于我们实现活性。

提议机制其实就是一种提议哈希的机制，在此之后，其余机制利用PREPARE和COMMIT消息尝试完成敲定。该机制有时也会出现错误。削减条件的任务是保证在提议机制出错的情况下，不会出现安全故障。并且，当提案机制恢复正常以后，协议能实现敲定。

在许多传统的拜占庭容错共识算法中，提议机制和算法的其余部分都是紧密联系在一起的。在PBFT中，每位验证者都分配有一个对应的视图（大致等同于本文中"时期"的概念），并且验证者可以根据自己的想法自由提议。验证者可能不提出任何建议、提出无效哈希或者提出多个哈希，但是PBFT机制的其余部分保证这些操作不会造成致命影响，并且算法最终会把场景切换到下一个时期。我们可以将削减条件与许多不同种类的提议机制相结合，但这些提议机制必须要满意一定的条件。

首先，提议机制每个时期必须提议一个哈希，并且这个哈希必须是有效的（有效性条件非常复杂。以以太坊为例，它涉及执行和验证整个以太坊状态转换函数的执行，还要验证数据的可用性）。

其次，哈希必须形成一条链。也就是说，第N个时期提交的哈希的父哈希必须是在第$N-1$时期被提交的哈希，它的第二辈祖先哈希（爷哈希）必须是在第$N-2$时期被提交的哈希，以此类推。

最后，哈希必须符合要求，不能因触发削减条件而无法被敲定。这个要求很微妙。试想这样的情况，在第0个时期提议机制提出哈希HASH0，然后在第1个时期，提议机制提出哈希HASH1（HASH0的直接子节点）。然而不管出于什么原因，这两个哈希都没能得到足够多的PREPARE信息从而到达COMMIT阶段。这时提议机制（由于出现临时故障）在第0个时期提出了另一个哈希HASH0'，并且这个哈希获得了2/3的PREPARE以及1/2的COMMIT（图5）。

现在，提议机制有两个选择。一种选择是它可以提出HASH2（HASH1的直接子哈希），然后提出HASH3（HASH2的直接子哈希），以此类推。然而，削减条件保证了在不削减1/6验证者的前提下，这些哈希都不会得到提交。另一种选择是，它应该提出HASH1'（HASH0'的直接子哈希）并且期望该哈希永远不会被敲定——因为它的竞争对手HASH1或许已经获得超过1/3的PREPARE，因此HASH1'不可能得到它需要的2/3 COMMIT——然后再提出HASH2'（HASH1的直接子哈希）。HASH2'可以被提交，这时该机制就可以继续提议新的哈希。每个哈希依然是前一个哈希的直接子哈希。

有的人可能会直接想到：能不能做一条传统的工作量证明机制区块链，把最长链规则

① https://cyber.stanford.edu/sites/default/files/ethanbuchman.pdf

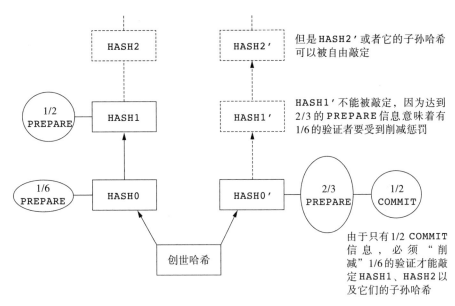

图 5

作为提议机制？每 100 个区块可以当作一个检查点，第 $N \times 100$ 个区块的哈希值作为第 N 个时期的提议哈希。但这种机制并不能保证可行性。在上述情形汇总，提议机制会尝试提出 HASH2 而不是 HASH1'，所以它永远不会敲定任何哈希（这不是我们所谓的"卡住"，因为摆脱这种情况不需要任何人被削减，但它会让矿工结盟在包含 HASH0' 的链上挖矿——即使包含 HASH1 的链从 PoW 的角度来看是更长链）。唯一能做的就是在使用传统的工作量证明机制区块链的同时，应用一套新的分支选择策略。

分支选择策略是一个函数，由客户端进行评估。它将一系列生成的区块和信息作为输入，然后向客户端输出规范链是什么。"最长有效链胜出"是一个简单的分支选择策略，在 PoW 机制中效果显著；而 Zohar 和 Sompolinsky 的 GHOST 是一个更复杂的例子。可以制定一个分支选择策略，允许区块链发挥共识算法提议机制的作用，并具有上述属性。该策略的细节如下：

1. 把 HEAD 作为起点，即创世哈希。

2. 找到获得 2/3 PREPARE 以及最多 COMMIT 的 HEAD 的有效子孙。

3. 设置 HEAD 等于后代，并返回步骤 2。

4. 当步骤 2 不能再找到获得 2/3 PREPARE 以及任意 COMMIT 的后代时，使用区块链底层的分支选择策略（最长链、GHOST 或者其他别的办法）来寻找提示。

注意，在上述例子中，这将最终有利于 HASH0' 而不是 HASH1，所以它有正确的期望行为。此外，还要注意，如果有一条最终链，则它总是会选择那条最终链。

上述削减条件确保了制造"最终化回滚分叉"这一特定类型错误的成本是非常昂贵的。然而，还有一些其他类型的错误（尤其是敲定无效哈希以及敲定一个代表一条包含无效数据的链的哈希）并不能被有效制止。目前，一个已知的既保障加密经济安全又简单的方法就是充当完全节点——下载并验证所有的区块，这样我们只需要忽略无效哈希。因此，确定给定哈希是否被敲定的过程有两个步骤：（a）检查是否获得 2/3 的 PREPARE，以及（b）

检查直到该哈希的链条是否有效。

想让轻客户端实现最终化功能，有两种方式。第一种方式是添加另一种节点可以发送的消息类型（如 ["ATTEST",HASH,epoch]）。这种消息类型的作用是，如果这条信息被提交到一条链上，且给定哈希正是该时期对应的哈希，那么验证者将获得小额奖励；但如果不是，那么验证者就受到大额惩罚。因此，验证者只有在确定给定的哈希是客户端看到的规范链的一部分才会发送这条信息，这种行为会一直持续下去（验证者可能会在亲自完全验证完该哈希的区块链的有效性，并且检查它获得2/3 PREPARE 以后，才会这么做）。

第二方式是让轻客户获取各种加密技术，使他们能够在诚实的少数节点的帮助下高效地验证数据可用性以及有效性。这种方法可能涉及擦除码和交互验证的组合。这个类似于我们对分片技术进行的研究，并且两者之间存在着密切的联系——上述第一种方法要求验证者本身成为一个完整的节点，而第二种方法不是。并且分片技术最终是要创建一条没有全节点的区块链。希望以后能看到更多关于这个话题的博客。

笔　记

1. 有人可能会认为工作量证明机制拥有安全边际为 $R \times k$ 的经济最终化，其中 R 是区块奖励，k 是被回滚的区块的数目，但这不是真的。如果你发起51%的攻击并获得成功，你会因为你的工作得到区块奖励——51%的攻击的预算确实大约为 $R \times k$，但如果你成功了，那你的成本会是零。

2. 这里面1/3的比例取自传统的拜占庭容错理论，并将容错水平最大化。一般来说，你可以用任何 $t > 1/2$ 的值来替换本文削减条件中提到的2/3。你可以从活性的角度出发，将容错度计算为 $1 - t$（如果超过 $1 - t$ 离线，你将不能得到 t）。从安全性角度看，容错程度为 $2t - 1$（如果 t 敲定 A 且 t 敲定 B，那加起来就是 $2t > 1$，所以至少有 $2t - 1$ 是重复的）。$t = 2/3$ 将（$1 - t = 1/3$，$2t - 1 = 1/3$）的最小值最大化。你还可以尝试 $t = 3/5$（活性2/5，安全性1/5）或 $t = 3/4$（活性1/4，安全性1/2）。还注意到，值 $t < 1/2$ 在多少节点可能离线的场景中还是很有探讨意义的。我们下一次可以深入探讨一下如何处理这些情形，以及讨论一个比较宽泛的概念——"主观最终性阈值"，这会是很有趣的话题。

3. 当然，除非保证金已经被赎回了。但这（远程攻击）也是另一篇帖子的话题，虽然这已经是两年前发表的帖子了。

4. 至少，只要它使用哈希和签名加密。如果它使用阈值签名，那么更难，因为2/3恶意节点结盟可以伪造其他参与者的签名。

动态验证者集合下的安全性

（2017年3月5日）

编者按

    在传统共识算法中，协议中通常有一组固定的参与者集合进行网络的共识验证操作。然而，在权益证明协议中，验证者往往可以随意移动。为此，在该共识算法中，验证者集合的数量往往处于变动状态。基于此，本文旨在探讨网络在动态验证集合下的安全性，并提出论证。

    传统的共识算法——不管它们在什么网络模型中运行，如同步、部分异步或者完全异步，又或者围绕简单容错、拜占庭容错或者可问责的容错来设计——通常都在协议内包含一个固定的参与者集合的模型中运行。其中，我们假设该固定集合至少有一部分参与者正确地遵循着协议。

    然而，在权益证明协议中，验证者可以随意进出，甚至就连验证者集合的绝对规模也会随着时间的推移而缩小和扩大。这一刻验证者集合内80%的人数可能少于另一刻的验证者集合的20%。此外，固定集合模型中的内容显然是模棱两可的，但动态集合模型中的内容又不允许模棱两可。那么，该如何处理这个问题？

    第一个值得处理的案例是同步权益证明，即缺少最终化特性的传统的链式权益证明（尽管可能采用包含Dunkle区块的机制来惩罚双重签名）。这一方案包含了点点币风格的算法、未来币风格的算法、DPoS，在紫皮书[1]中描述的第一个算法以及基本上现在正在运行的所有其他算法。在这个案例中，问题变得更加简单，因为无需考虑达到或维持经济最终化的可能性或目标。相反，我们的目标只是创建一个积极的反馈机制，即鼓励验证者在任何发生分叉的情况下确定一个主导区块，并随着时间的推移强化这个区块在规范链中的认可度（图1）。

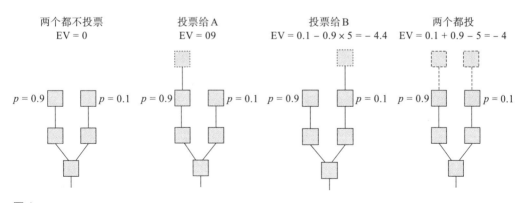

两个都不投票   投票给A   投票给B   两个都投

EV = 0   EV = 09   EV = $0.1 - 0.9 \times 5 = -4.4$ EV = $0.1 + 0.9 - 5 = -4$

$p = 0.9$ $p = 0.1$ $p = 0.9$ $p = 0.1$ $p = 0.9$ $p = 0.1$ $p = 0.9$ $p = 0.1$

图1

    每个验证者在同步权益证明（存在Dunkle区块）中的动机是，对他们认为最有可能最终成为规范链的链条进行投票，并且他们的行为强化了这种选择成为现实的可能。这种做

---

[1] https://cdn.hackaday.io/files/10879465447136/Mauve Paper Vitalik.pdf

法创造了一个积极的反馈循环，从而使得该系统不断地收敛在一条不断增长的规范链上。

如果使用固定的验证者集合，那么分叉选择规则很简单，即最长链获胜。然而，如果验证者集合发生变化，那该怎么办？这时，我们需要避免图2所示的攻击。

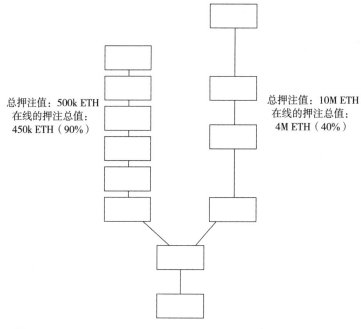

总押注值：500k ETH
在线的押注总值：
450k ETH（90%）

总押注值：10M ETH
在线的押注总值：
4M ETH（40%）

图2

左链最终变得"更长"。因为在左侧，区块提议者有90%的比例在线，而右侧仅为40%。但是，左链显然不是我们想要的规范链——直观上，我们想要以太币押注值最高的链。

假设一条链押注有1000万个以太币，其中有45万个（4.5%）由攻击者控制。现在，假设攻击者从某个区块开始维护他们自己的私有链。他们不允许新的验证者进入他们的链条，尽管他们确实也包含提现交易。随着时间的推移，该链上将只剩下属于攻击者自己的权益（可能会有少数例外）。尽管这条链上的以太币押注值要小得多，但这条链看起来质量更高，因为区块创建者在线的占比为90%；而在主链中，区块创建者都是普通用户，他们离线的频率更高。因此，一个简单的最长链模型很可能会遭受这类攻击。

为了解决这一问题，我们使用与工作量证明相同的技巧：相对于寻找最长的链条，选择寻找最长的难度加权链条。在这种情况下，难度等同于在特定时间点押注的以太币的总数。

现在，验证者集合可以任意交换进出，甚至可以随每一个区块完全变动。无论验证者集合中发生了什么，经济学仍然以同样的方式运作，创造激励使验证者收敛于可能获胜的结果。最终，由更多以太币支持的链条将打败获得更少以太币支持的链条。

上述例子非常简单：惩罚不正确性的权益证明方案独立于其他消息来评估每一条消息。因此，即使参与者的身份在每毫秒内被换掉，其经济学原理也不会改变——无论每个参与者的历史如何，他们的动机都是相同的。另一方面，最新的Casper设计将会惩罚模棱两可

（即验证者发送两条相互冲突的消息的行为）的状况。

在该模型中，验证者集合的更改本质上难以处理（图3）。因为如果验证者集合发生变化，那么以验证者集合相同为前提的安全性证明将不再起作用。

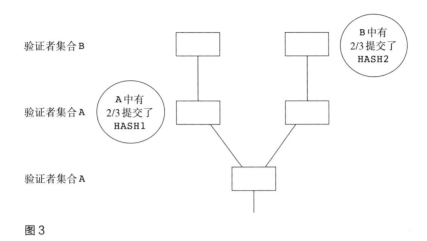

图3

要解决这个问题，一种可能的方案是简单地禁止验证者集合在每个时期内变动超过1%。如此一来，每33个时期至少会有一个新区块被最终敲定，由此保持一定程度的安全性。这确实有用。然而，这种方法非常不理想。可以通过更彻底的手段来获得更佳的结果。

人们的另一个本能直觉可能是"为了保持连续性，我们应该等待验证者集合A来敲定验证者集合B，然后让验证者集合B接力"。为了了解这种方案如何运作，不妨考虑下述简易算法：

·每个区块必须包含下一个区块的验证者集合的哈希值；

·一个区块想要有效，其必须指向一个有效的父区块以及确认该父区块已经被最终敲定的证明（如足够数量且具有相同序列号的提交信息）。也就是说，每个区块都必须被最终敲定。

需要注意的是，在这个算法中，区块之间产生了共识，即它们都遵从一种模式：创建区块1，最终化区块1，创建区块2，最终化区块2……与其他算法不同。在那些算法中，即使旧区块的共识仍有待完成，网络中也会生成新的区块。如果这个方案中存在分叉，那么必然存在某个初始的区块高度位点。在该位点中，区块开始发散增长。由此，可以使用可问责安全性证明来断定，在该区块高度中，至少有1/3的验证者将面临削减惩罚。

图4证明：如果每个区块都已被敲定，并且每个区块都包含对下一个验证者集合的提交信息，那么如果最终有两个相互冲突的区块被敲定，这意味着在单个验证者集合中存在冲突，可以使用这个证明来惩罚违规的验证者。

然而，如果尝试将这种方法应用于交织共识模型中，即新区块的提议和现有区块的最终化并行发生，就像最新版本的Casper一样，那么这里面存在一个难题。因为在任意单个时期内，都无法保证百分之百达成共识，不能仅仅允许第N个时期中的区块来确定第$N+1$个时期的验证者集合。如果第N个时期最终没有完成最终化，并且该时期存在两个相互竞争的候选区块，那么你将要承受之后通过不相交的验证者集合来最终化两条冲突链条的风险（图5）。

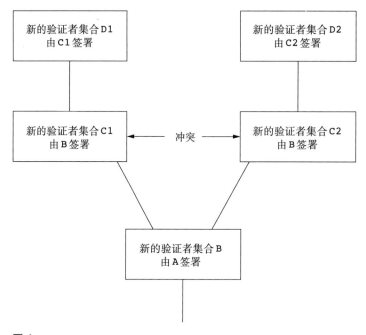

图4

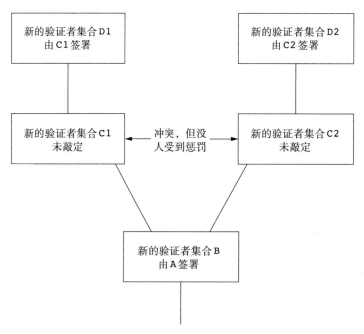

图5

如果让第 $N \times 50$ 个时期来确定第 $(N+1) \times 50$ 个时期的验证者集合，并且希望你每10个时期至少能够敲定一个时期会怎么样呢？然而，这也会导致一个问题，如图6所示。

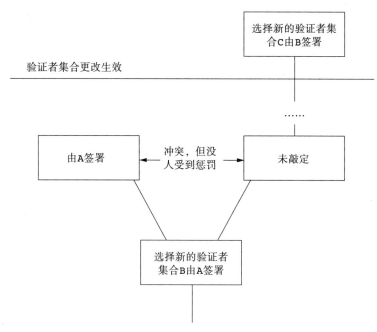

图6

因此，如果要实现交织共识，那么需要做些什么？首先，请注意状态转换函数确实拥有关于特定区块是否被敲定的部分知识：如果区块已经被敲定，那么证据可以及时提交到链上以用于下一个区块；当然，也有可能不提交。但如果区块没有被敲定，那么证据绝对不会被提交。可以将此看作一个关于最终化"已发生或可能发生"的预言机。

不妨利用这一点，如果预言机说可能发生，那么我们不会更改验证者集合；如果预言机说已发生，那么我们会这样做（图7）。

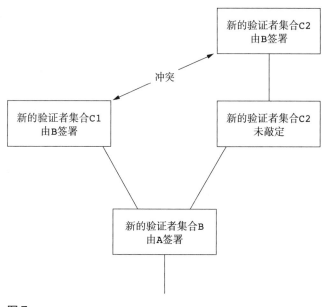

图7

不幸的是，事情没有那么简单（图8）。

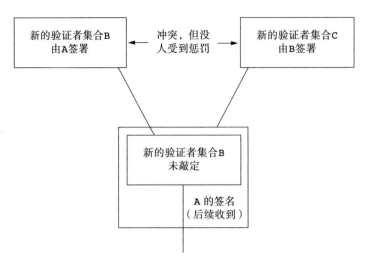

图8

这里的问题是，我们没有立即对是否达成共识达成一致。因此，父区块的子代可能会有两个不同的验证者集合。

解决办法：将保持与上述相同的方案，除了添加一个额外的条件，即每个区块必须由先前的验证者集合和新的验证者集合同时敲定（图9）。用削减条件来描述的话，那就是之前我们需要获得来自活跃验证者集合的2/3的验证者所发送的某种类型的消息，而现在需要来自分别由旧验证者集合与新验证者集合内的2/3的验证者所组成的联盟的消息。

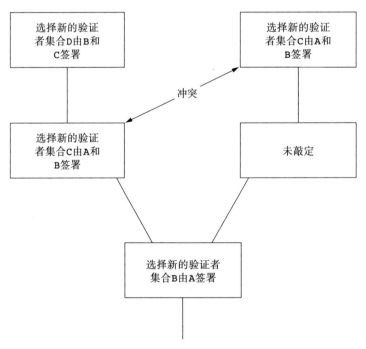

图9

现在，不妨研究一下验证者对于某个区块是否被敲定存在分歧的情况（图10）。

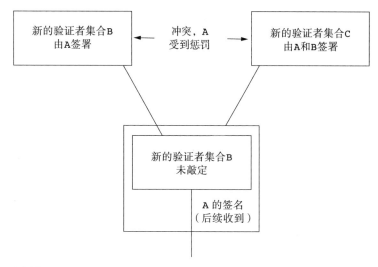

图 10

证明这个方案有效的方法很简单。给定任意父区块，该区块的子代只能拥有两个可能的验证者集合：父区块的验证者集合以及加入到该区块中被提交的验证者集合的父区块验证者集合。如果有两个子区块，并且两个子区块都已被敲定，那么在父区块中的验证者集合将有1/3的验证者受到削减惩罚。如果其中一个子区块没有被敲定，那么在任意一个子区块中的验证者集合将保持不变。因此，该证明逻辑只不过是确定谁是第一个被敲定的后代。

需要注意的是，实现这个方案有两种方法：一种是明确地使用联盟规则，即同时计算来自父区块验证者集合和子区块验证者集合的签名；另一种是将每个区块的验证者集合更改（添加和删除）的数量限制为特定的 VAL_ROTATE_LIMIT（如 VAL_ROTATE_LIMIT=5%），并将阈值设置为 (2+VAL_ROTATE_LIMIT)/3 而不是简单的2/3。由此，一旦旧集合触碰到了这个更高的阈值就足以保证你在新集合上达到足够高的阈值：总的来说，你得到的容错级别为 (1-VAL_ROTATE_LIMIT)/3。没有明确的论据说哪种方法好于另外一种，这取决于你的个人喜好。

那么该如何将这个方案与所有其他共识机制——包括此前文中[1]描述的带有提案信标方案的共识以及分叉选择规则——相结合？上述方案适用于任何链中存在检查点的模型——无论检查点是直接相互连接，还是其间存在区块。重要的是，给定一个检查点（图11），如果该检查点被最终敲定，那么就可以创建一个反映最终化是否完成的子检查点。

对于分叉选择规则，可以采用相对于更旧的验证者集合的提交信息数量和相对于更新的验证者集合的提交信息数量的最小值，代替计算单个验证者集合的提交信息数量。这就是我们所需的一切。

---

[1] https://medium.com/@VitalikButerin/minimal-slashing-conditions-20f0b500fc6c#.beapks24x

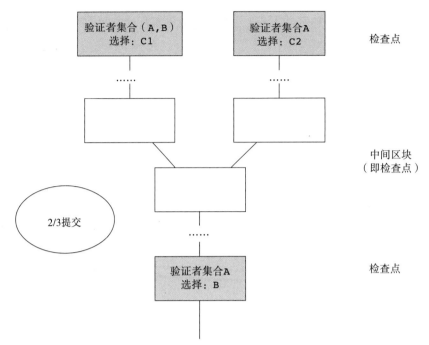

图 11

左：2/3关于第一个检查点的提交信息及时进入区块链，以进行下一个检查点。因此，左边的下一个检查点同时包含A和B作为验证者。

右：提交信息未进入区块链，因此下一个检查点仅包含A作为验证者。如果顶端两个检查点都被敲定，那么集合A中将有1/3的验证者遭受削减惩罚。

1. 我们可以简单地证明这个最小值相当于弗拉德（Vlad）的损失价值指标：根据定义，最长链是包含最多除了自身以外的所有链中的Dunkle区块的链。

2. 当然，你可以通过请求提现来包含最新的区块哈希，并以这种方式绕开这种特殊的攻击。但还有很多方法可以让攻击者仅需少量的押注就可占有链条。

3. 真正的最优值是 $(2+2*VAL\_ROTATE\_LIMIT)/(3+2*VAL\_ROTATE\_LIMIT)$。要推导出这一结果，首先需要看看你的阈值是否为$t$，以及新的验证者集合是否移除了$c$位验证者并添加了$d$位验证者（其中$c+d<=VAL\_ROTATE\_LIMIT$）。随后，对于新的验证者集合的百分比，你至少有$(t-c)/(1-c+d)$，可以简化为$t-((1-t)*c+t*d)/(1-c+d)$。由于$t>>1-t$，对于小的VAL_ROTATE_LIMIT值，我们至少得到$t-t*d/(1+d)$或$t/(1+d)$。因此，安全性公差为$t+t/(1+d)-1$，活性公差为$1-t$。当两者相等时，取得最大值，即$t+t/(1+d)-1-1+t=0$，或$(t*(1+d)+t+t*(1+d))=2*(1+d)$，得$t=(2+2*d)/(3+2*d)$，公差为$1-t$。在VAL_ROTATE_LIMIT=0.05时，t约为0.6774。对于较大的VAL_ROTATE_LIMIT值，类似的公式为$t=(2-VAL\_ROTATE\_LIMIT)/(3-2*VAL\_ROTATE\_LIMIT)$，但在这种情况下，移除验证者很容易出错。

通过边际价格歧视来推动慈善事业

（2017 年 3 月 11 日）

编者按

价格歧视，是指商品或服务的提供者向不同接受者提供相同等级或相同质量的商品或服务时，在接受者之间实行不同的收费标准。基于此，维塔利克提出通过边际价格歧视来推动慈善事业的设想。

两年前我有一个有趣的想法，我个人认为这个想法很有前景，并且可以在区块链生态系统的场景下轻松实现。当然，如果有需要，其实也可以用更传统的技术实现（通过将核心逻辑置于更中立的平台上，区块链有助于让这个方案获得网络效应）。

假设你有一家售卖三明治的餐馆，并且三明治的价格通常为 7.5 美元。你为什么会选择卖 7.50 美元，而不是 7.75 美元或 7.25 美元？显然，生产成本不可能是 7.49999 美元，因为在这种情况下，你将无法获利，并且无法覆盖固定的成本。因此，在大多数正常情况下，如果你以 7.25 美元或 7.75 美元的价格销售，你仍然可以获取一些利润，只不过这些利润会更少。为什么 7.25 美元的利润更少？因为价格实在太便宜了。那么，为什么 7.75 美元的利润也会减少？因为你获得的客户少了。而 7.50 美元恰巧是这两个因素之间的平衡点，因此对你来说也是最优点（图 1）。

需要注意的是，这么做的一个后果是，如果你对最优价格稍微做一点变动，那么即使与变动的幅度相比，你所面临的损失也是微乎其微的。如果你将价格从 7.50 美元提高到 7.575 美元，那么你的利润将从 6750 美元下跌到 6733.12 美元，减少了 0.25%。这就是利润——如果你捐出每个三明治售价的 1%，那么你的利润将会减少 5%。变动越小，这个比率越有利：提价 0.2% 只会使你的利润下跌 0.01%。

现在，你可能会说商店并非是完全理性的，也不一定了解所有的情况，所以他们可能实际上并没有以考虑到所有因素的最优价格进行收费。然而，如果你不知道任意给定商店的偏差方向，那么在我们的预期中，该方案的工作方式还是一样的——除了没有直接损失 17 美元，这种方式更像是在抛硬币，你有一半的机会能够获得 50 美元，而在另一半机会你将损失 84 美元。此外，在稍后将描述的更复杂的方案中，我们会同时调整两个方向的价格。如此一来，该方案甚至不会带来任何额外的风险——无论原价正确与否，该方案将为你提供可预测的小额净损失。

此外，在上述例子中，其边际成本非常高，并且客户对价格很挑剔——在上述模型中，如果你的售价为 9 美元，那么你就失去所有的客户。在边际成本低得多[①]且客户对价格敏感度较低的情况下，涨价或降价的损失将会更低。

那么，这到底有什么意义？好吧，假设我们的三明治店改变了它的政策：它以 7.55 美元的价格向公众出售三明治，但对于那些加入慈善机构并自愿维护当地公园的人（假设这

---

① https://www.thezeromarginalcostsociety.com/

部分人占了25%的人口），售价降低为7.35美元（图2）。那么这个三明治店的新利润将为6682.5美元 × 0.25 + 6742.5美元 × 0.75 = 6727.5美元（损失22.5美元），结果是你在为这4500名顾客中的每一个人支付20美分，使其在该慈善机构做志愿者——激励规模达到900美元（如果你只计算实际做志愿者的客户，那会是225美元）。因此，尽管商店遭受一点亏损，但获得了巨大的杠杆。事实上，至少贡献225美元取决于你如何用22.5美元的成本来衡量。

价格 / 美元	需求量	利润［需求 × （价格 – 生产成本）］/ 美元
6.8	6600	5280
6.9	6300	5670
7	6000	6000
7.1	5700	6270
7.2	5400	6480
7.3	5100	6630
7.4	4800	6720
7.5	4500	6750
7.6	4200	6720
7.7	3900	6630
7.8	3600	6480
7.9	3300	6270
8	3000	6000
8.1	2700	5670
8.2	2400	5280

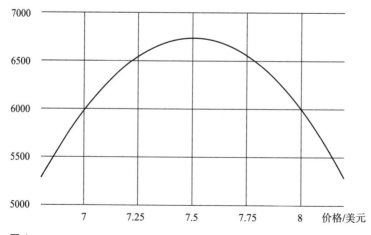

图1

利润/美元

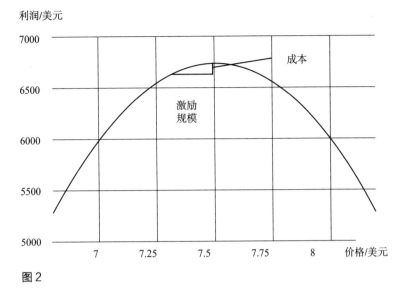

图2

现在，我们可以开始建立一个标签生态系统，这种标签是一种不可转让的数字代币，各类组织将这些代币分发给那些他们认为对有价值的事业有贡献的人。代币可以依据不同的类别（如扶贫、科学研究、环保、当地社区项目、开源软件开发、撰写优质博客）进行组织，并且商家可以自由地向代表他们所认可的任意事业的代币的持有者提供稍微低一点的价格。

下一个阶段是让这个方案递归——作为向绿色标签持有者提供更低价格的商家或者为这些商家工作本身就足以让你获得绿色标签奖励，尽管这个标签没什么权力并且折扣也没多少。如此一来，如果整个社区赞同某项特别的事业，那么为相关标签提供折扣实际上有可能达到利润最大化。由此，经济和社会压力将保持在一定的支出和参与特定事业的均衡水平。

目前要实现这一方案，我们需要：

·标签标准，包括人们保管标签的钱包；

·支持向标签持有者收取更低价格的支付系统；

·至少存在相当数量的标签发行组织（最划算的可能是为慈善捐赠以及可轻松验证的在线内容，如开源软件和博客等发行标签）。

因此，这种方案可以在小型社区和用户群中实现，然后让它随着时间慢慢增长。

一个用Python脚本实现的关于上述方案的经济模型/仿真如下：

https://github.com/vbuterin/research/blob/master/charity_sim.py

硬分叉、软分叉、默认和强制

（2017 年 3 月 4 日）

编者按

> 区块链领域的一个重要的争论：硬分叉或软分叉是否应该成为区块链首选的升级机制？比起软分叉，硬分叉背后的选择性实际上远远优于软分叉的强制性。本文旨在对硬分叉及软分叉进行辩证，并阐述不同分叉类型的效果。

在区块链领域，一个很重要的争辩是硬分叉或软分叉是否应该成为首选的协议升级机制。两者之间的基本区别在于，软分叉通过严格减少有效的交易集合来改变协议的规则，所以遵循旧规则的节点仍然能够在新链中运行（假设大多数矿工/验证者实现这个分叉）。而硬分叉则使得过去无效的交易和区块变为有效，所以客户端必须升级以留在硬分叉链上。此外，还有两种分叉类型：严格扩展硬分叉，其严格地扩大了有效的交易集合，因此对于新规则，旧规则是一个软分叉；还有双边硬分叉，即两种规则互不相容。

图 1 是一个阐述分叉类型的维恩图。

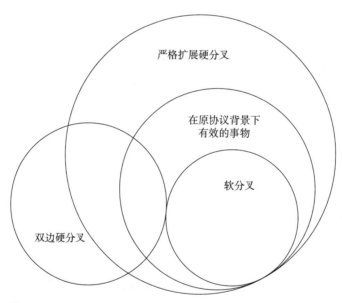

图 1

这两种分叉常见的优点如下：

1. 硬分叉让开发者在协议升级上具有更大的灵活性，因为他们不需要关心确保新规则符合旧规则的问题。

2. 软分叉对用户来说更方便，因为用户不需要为了留在区块链而进行升级。

3. 软分叉不太可能导致链条分裂。

4. 软分叉只需要矿工/验证者的同意（因为即使用户仍然使用旧规则，如果参与链条创建的节点使用新规则，那么任何情况下，只有在新规则内有效的事物才能进入链条），而硬分叉需要得到用户的选择性同意。

除此以外，硬分叉经常遭受的一个主要批评是，硬分叉是强制性的。这里强调的这种强制不是指物理上的强迫；相反，它是通过网络效应来强迫的。也就是说，如果网络将规则从A改成B，那么即使你个人喜欢A，但如果大多数其他用户喜欢B并切换到B，那么尽管你个人对这种更改不满意，但你仍然必须切换到B以保证与其他人保持一致。

硬分叉的支持者常常被抨击为试图实现对网络进行敌意接管，并强迫用户追随他们。此外，链条分裂的风险通常被用来作为硬分叉不安全的理由。

我个人的观点是，这些批评是错误的，而且在很多情况下完全是一种倒退。这个观点没有针对以太坊、比特币或其他区块链。它仅仅是由这些系统的一般性质所引起的，并且适用于这些系统当中的任意一个。此外，下述论点只适用于有争议的变化，即至少有一个选区（矿工/验证者和用户）当中的很大一部分参与者不赞同。如果更改是无争议的，那么无论分叉的形式如何，通常都可以安全地进行。

我们不妨先来讨论一下强制的问题。硬分叉和软分叉都以某种用户不喜欢的方式来改变协议。任何协议的改变都有可能导致这种情况——如果它没有得到100%支持。此外，在任何情况下，都至少会有某些反对者更重视与更大的群体相关的网络效应，而不是他们自己对协议规则的偏好，这几乎是不可避免的。因此，从网络效应的角度来看，这两种分叉类型都是强制性的。

然而，硬分叉和软分叉之间有一个本质区别，即硬分叉是选择性的，而软分叉不允许用户进行选择。用户要想加入某条硬分叉链，他们必须亲自安装实现该分叉规则的软件包。此外，理论上那些严重不同意该规则的用户集合可以选择留在旧链上。实际上，这样的事情已经发生了[1]。

在严格扩展硬分叉和双边硬分叉的场景下，情况确实如此。然而，在软分叉的情况中，如果分叉成功，则不存在所谓的原链。因此，从制度上而言，显然软分叉更偏向于强制而非分离，而硬分叉则正好相反。我个人的道德观点促使我赞成分离而非强制，尽管其他人的意见可能有所不同（最常见的观点是网络效应真的非常重要，这种观点本质上就是"一个币统一天下"[2]，尽管现在也有一些比较温和的版本）。

尽管存在这些观点，但如果我必须要猜测为什么软分叉通常被认为强制性弱于硬分叉，我会说这是因为它让人感觉就像是有一个硬叉子在强迫用户安装软件更新，而在软分叉的情况下，用户根本不会不得不做任何事情。然而，这种直觉是错误的：重要的不是个人用户是否不得不执行点击下载按钮这个简单且官僚的步骤，而是用户是否被强迫接受他们宁愿不接受的协议规则的改变。从这一层面来看，正如上述提到的那样，这两种分叉最终都是强制性的，但硬分叉相比之下更有助于保留用户的自由度。

现在，不妨来看一下极具争议的分叉案例，尤其是矿工/验证者偏好和用户偏好相冲突的分叉。这里有3种情况：（a）双边硬分叉、（b）严格扩展硬分叉和（c）所谓的"由用户激活的软分叉"（UASF）。第4种是矿工在未经用户同意的情况下启动软分叉。这一点我们

---

[1] https://ethereumclassic.github.io/

[2] https://blog.ethereum.org/2014/11/20/bitcoin-maximalism-currency-platform-network-effects/

稍后会提到。

　　首先是双边硬分叉。在最好的情况下，情况很简单。这两种币都在市场上交易，由交易者来决定两者的相对价值。从ETC/ETH的情况来看，大量证据表明矿工在绝大多数情况下都只是根据价格比例来分配自身的算力，从而实现利润最大化，而无关其自身的意识形态如何。

　　即使某些矿工对一方或者另一方表现出意识形态偏好，现实中也很有可能会有足够多的矿工愿意在利用价格比例和算力比例之间的不匹配来进行套利，并使两者趋于一致。如果某个矿工卡特尔不在某一条链上挖矿，那么其很有可能会遭遇背叛。

　　这里有两种边缘情况。首先是因为难度调整算法效率低下，被挖出的代币的价值会随着价格的下降而下降。但由于难度没有下降，因此矿工得不偿失，从而使得挖矿无利可图，也没有矿工愿意承受挖矿的损失来再继续推进链条，直到它的难度重新恢复平衡。以太坊的情况并非如此，但比特币可能就是这样[1]。因此，可能会有一小部分的链因为无法解决这样的困境，最后走向灭亡。需要注意的是，"这是不是一件好事"这一规范性问题取决于你对强制与分离的看法。正如我上述所写的那样，我个人认为这种对少数链不友好的难度调整算法很糟糕。

　　第二种边缘情况是，如果差异很悬殊，那么大链可以对小链发动51%攻击。即使在ETH/ETC以10∶1的比例分裂的情况下，这种攻击也没有发生，所以这种攻击肯定不是一个必然事件。然而，如果主导链上的矿工更青睐于强制而不是分离，并且据此价值观作为他们行动的指导，那么这种攻击是有可能发生的。

　　接下来，我们看看严格扩展硬分叉。SEHF中有一个属性，即非分叉链（原链）在该分叉规则下是有效的。因此，如果分叉链的价格比非分叉链的价格低，那么它所拥有的哈希算力会比非分叉链更少，所以非分叉链最终会被原始客户端和分叉链客户端的规则接受为最长链，因此分叉链将被消灭[2]。

　　有人认为，这种分叉成功将会导致一种强烈的内在偏见，因为分叉链可能被消灭的可能性最终会反映到价格中，压低价格，从而使链条更有可能被消灭……这个论点在我看来十分有力，也是一个鼓励人们做出有争议的双边硬分叉而不是严格扩展硬分叉的好理由。

　　比特币无限（Bitcoin Unlimited）的开发者建议在这个问题发生之后，通过人工[3]双边硬分叉的方式来解决，但是更好的选择是内置双边硬分叉。举个例子，在比特币的场景下，可以增加一条规则禁止使用某些未使用过的操作码，然后在非分叉链上创建一笔包含该操作码的交易。如此一来，从那时起，依据分叉规则，非分叉链将被认为永远无效。而在以太坊的场景下，由于关于状态计算运行的各种细节的存在，几乎所有硬分叉都是双边的自动分叉。其他链视其架构不同，可能会有不同的属性。

　　上述提到的最后一种分叉是用户激活的软分叉。在一个UASF中，用户可以发动软分叉规则，同时不必从其他矿工处取得共识。出于经济利益的考量，矿工们只需要与用户保

[1] https://www.reddit.com/r/Bitcoin/comments/3axspf/doesnt_the_lag_in_difficulty_adjustment _mean_any/

[2] https://twitter.com/SatoshiLite/status/839673905627353088

[3] https://medium.com/@g.andrew.stone/what-if-3a48100a6c18#.882uzyyvs

持一致。如果很多用户并没有跟随UASF，这时这个币将会发生分裂，并且这将导致等同于严格扩展硬分叉的情形，除了——这是这个概念最聪明也最狡猾的一部分——与上述相同的消灭风险压力。这种压力严重不利于严格扩展硬分叉中的分叉链，但有利于UASF中的分叉链。即使UASF是用户同意的选项，它也会利用经济不对称性来使自身更偏向于成功（尽管偏差不是绝对的；如果UASF不受欢迎，那么它不会成功，并且只会导致链条分裂）。

然而，UASF是一个危险的游戏。举个例子，某个项目的开发者想要创建一个UASF补丁，该补丁将先前接受所有交易的未使用操作码转换为只接受某一类交易的操作码，并且这些交易必须拥有某种很酷的新功能——哪怕这种功能在政治或技术上有争议，并且矿工也不喜欢。这时，矿工们有一种很巧妙的方法进行反击：他们可以单方面实施一个由矿工激活的软分叉，从而令所有使用该软分叉创建的功能的交易总是失败。

现在，我们有3个规则集。

1. 操作码X始终有效。

2. 操作码X只有在交易的其余部分符合新规则时才有效。

3. 操作码X始终无效。

请注意，2是关于1的软分叉，而3是关于2的软分叉。现在，矿工都受到强烈的经济压力去支持3，因此软分叉没有达到目的。

总而言之，软分叉是一个危险的游戏。如果这些软分叉本身带有争议，并且矿工开始反击，那么它们甚至会变得更加危险。严格扩展硬分叉同样是一个危险的游戏。由矿工激活的软分叉是强制性的，由用户激活的软分叉强制性稍弱——尽管由于经济压力的存在，其强制性仍然很强，并且这类软分叉本身也有一定的危险性。如果你真的想做出一个有争议的改变，并且认为这么做所花费的高昂的社会成本是值得的，那就实现一个干净的双边硬分叉，花费一些时间来增加适当的重放保护，然后把剩下的事情交给市场。

通过协调问题来实现工程安全

（2017 年 5 月 8 日）

编者按

> 在区块链应用中，我们可以利用协调问题来造福自身，即利用协调问题产生的摩擦作为反对中心化行为者渎职行为的保障。比如，可以构建具有属性 X 的系统，并且可以保证它们将高度保留属性 X，因为将规则从 X 更改为非 X 将需要一大群人同意同时更新其软件。通过设置这一种协调障碍，能够进一步提高系统的安全性。

最近，比特币社区的比特币核心（Bitcoin Core）和比特币无限（Bitcoin Unlimited）派别之间发生了一场小小的争吵。这可能已经是第 50 次关于同一主题的争论，但这确实很有意思，因为它突出了一个非常微妙的哲学观点——区块链是如何运作的。

ViaBTC，一个支持比特币无限的矿池，在推特上说"哈希算力即法律"[1]。这是比特币无限经常讨论的一个话题，它认为矿工在比特币治理方面已经并且应该扮演一个非常重要的角色。其通常的论据是，在比特币的成功中，矿工是一类拥有庞大且非流动金融激励的用户。格雷格·麦克斯韦尔（Greg Maxwell，来自比特币核心）回答说[2]："比特币的安全性恰恰源于哈希算力不是法律。"

比特币核心的论点是矿工在比特币系统中只能发挥有限的作用，如确保交易的排序，他们不应该拥有权力去确定其他任何东西，包括区块大小的限制和其他区块有效性规则。这些约束条件由用户运行的全节点强制执行——如果矿工根据不同于用户节点强制执行的规则集开始生成区块，那么用户节点将简单地拒绝这些区块，无论其背后是有 10% 还是 60% 甚至是 99% 的哈希算力。对此，比特币无限的回答通常类似于"如果 90% 的哈希算力支持一条提高了区块容量的新链，并且拥有 10% 哈希算力的旧链在难度重新调整以前比 5 个月前慢了 10 倍，你真的不会更新你的客户端来接受新链？"

很多人经常反对[3]将公有区块链用于涉及现实世界资产或任何具有交易对手风险的应用。这些评论要么一概而论，说在公有区块链上实施这样的用例是没有意义的；或者以偏概全，说虽然将数据存储在公有链上可能有好处，但业务逻辑应该在链下执行。

人们通常使用的论据是，在这类应用中，信任点已经存在——比如某人拥有足以支撑链上许可资产的有形资产，并且他可能总是可以选择要么避开这类资产，要么被政府或银行强行冻结。因此，在区块链上管理这些资产的数字化象征物好比在窗户没关时，花钱为自己的房子买了一扇防盗门。相反，这种系统应该使用私有链，甚至是传统的基于服务器的解决方案，可能再增加一些密码学技术来提高可审计性，从而避免将所有内容都放到区块链上的低效并节省成本。

上述论点的纯粹形式都是有缺陷的，并且它们的缺陷都是相似的。虽然从理论上讲，

---

[1] https://i.redd.it/x9f7t3rhn4wy.png

[2] https://np.reddit.com/r/Bitcoin/comments/69t452/viabtc_comment_to_the_recent_segwit_pool/dh95hat/

[3] https://www.multichain.com/blog/2015/11/smart-contracts-good-bad-lazy/

矿工可以将99%的哈希算力切换到支持新规则的链上（举一个无可争议的糟糕案例，假设他们正在提高区块奖励），甚至堵住①旧链使其永久废弃。理论上，有资产背书的货币的中心化管理者也可以停止兑现某类数字代币，并依照旧代币的余额（除了某个特别账户的余额被强行清零了）来制作新的数字代币，并开始推崇新的代币。在实践中，这些事情都很难做到。

在第一种情况下，用户必须意识到现有链条存在的问题，并且同意进入矿工正在挖矿的新链，并下载接受新规则的软件。在第二种情况下，依赖于原始数字代币的所有客户端和应用都会中断，用户将需要更新其客户端以切换到新的数字代币，并且无法与外界交互也无法实现更新的智能合约将被完全中断。在发生这一切事情期间，反对切换的人可以举行一场恐惧不确定性和怀疑的运动，试图说服人们可能他们不应该更新客户端，或者他们应该将客户端更新到第三套规则（如改变工作量证明），这将使得实施切换变得更加困难。

因此，我们可以说，在这两种情况下，即使理论上中心化或准中心化的一方可以强制实施从状态A转换到状态B，但由于状态B对用户不利，只有利于中心化的一方，这么做需要突破困难的协调问题。协调问题在社会中无处不在，但往往是一件坏事——如果英语摆脱其高度复杂且不规则的拼写系统并制作出一个语言学体系，或者美国转向公有制，或者我们能够在经济衰退②的情况下立即将所有价格和工资降低10%，那么对大多数人来说会更好。在实际中，这需要每个人同时就转换达成一致，而这往往非常困难。

然而，对于区块链应用，我们正在做一些不同的事情：利用协调问题来造福自身，利用协调问题产生的摩擦作为反对中心化行为者渎职行为的保障。可以构建具有属性X的系统，并且可以保证它们将高度保留属性X，因为将规则从X更改为非X需要得到一大群人同意同时更新各自的软件。即使某个行为者想要强制实施改变，实践起来也会很难。这就是你从区块链共识规则的客户端验证中所获得的一种安全性。

需要注意的是，这种安全性特别依赖用户的去中心化程度。即使世界上只有一个矿工，该矿工挖出的加密货币和类似PayPal的中心化系统之间仍然存在差异。在后一种情况下，运营商可以选择随意更改规则、冻结客户的钱、提供糟糕的服务、不合理收费或者做其他很多事情，并且协调问题一定是偏向对运营商有利的。由于这样的系统有非常显著的网络效应，因此用户必须在同一时间同意切换到更好的系统。在前一种情况下，客户端验证意味着许多矿工可能想要参与的恶作剧尝试都会被默认拒绝，并且这种协调问题对用户更加有利。

需要注意的是，上述论点本身并不意味着矿工成为协调和决定区块大小（在以太坊的案例中是燃料限制）的主要参与者是一个坏主意。在区块大小/燃料限制的具体场景中，"由相互协调的矿工采取一致的激励措施进行治理"可能是决定这一特别政策参数的最佳方法，也许是因为矿工滥用权力的风险要远低于10年后任何特定选择的硬限制被证明不适用于市场条件的风险。然而，如果说由矿工进行治理是决定某个政策参数的最佳方式，那么与此同时，对于其他参数（如区块奖励），我们希望依靠客户端验证来确保矿工受到限制是合理

---

① https://twitter.com/vitalikbuterin/status/827783678910558208

② https://www.interfluidity.com/v2/6088.html

的。这是工程去中心化机构的本质，即策略性地使用协调问题来确保系统继续满足某些所需的属性。

上述论点并不意味着即使对于需要信任的服务，尝试将所有内容都放在区块链上总是最优的。通过在区块链上运行更多业务逻辑，通常至少可以获得一些好处，但这些好处通常比效率或隐私的损失要小得多。没关系，区块链并不是适用于每项任务的最佳工具。但是，上述论点的含义是，如果你构建基于区块链的应用，并且这些应用包含许多不必要的中心化组件，那么你可以通过为用户提供通过常规区块链客户端（在以太坊中可能是Mist、Parity、Metamask或Status）来访问应用的方式，在信任最小化方面取得更显著的进一步收益，而不是让他们使用你个人控制的Web接口。

从理论上讲，如果每个用户都运行一个独立的理想全节点，该节点接受所有遵循在创建系统初始每个人都同意的协议规则的区块，同时拒绝所有的违规区块，那么客户端验证的优势更大。然而，在具体实践中，这需要每个用户都去处理网络中的每一笔由每个人运行的交易，这显然是站不住脚的，尤其是考虑到发展中国家智能手机用户的覆盖面还不够广。

这里面有两种方法。首先，我们可以认识到，尽管从上述论点的观点来看，每个人都运行一个全节点是最优的，但肯定不是必需的。可以说，任何满载运行的主要区块链都已经达到了让普通人花费1/5硬盘空间来运行一个全节点的不合理程度。因此，其余的用户都是业余爱好者和商家。只要业余爱好者和商家的人数足够多，并且他们拥有不同的背景，让这些用户相互串谋的协调问题仍然会非常困难。其次，我们可以依靠轻客户端技术。

区块链系统中通常可以使用两种级别的轻客户端。第一种是较弱的轻客户端。这种客户端只在一定程度的经济保证下使用户信服它们处于由网络中的大多数参与者支持的链上。这么做的成本比验证整条链的成本要低得多，因为所有客户端需要做的就是在工作量证明方案中验证随机数，或者在权益证明方案中验证被签署的证书——该证书表明"状态根哈希正如我所言，或者你可以将此证书发布到主链中对我进行罚款"。一旦轻客户端验证根哈希后，他们就可以使用默克尔树来检验他们可能想要验证的任何特定数据（图1）。

第二种是几乎完全验证的轻客户端。这种客户端不仅仅是试图跟随大多数人所跟随的链条，相反，它也试图只跟随满足所有规则的链条。这是通过策略组合完成的。最简单的解释是，一个轻客户端可以与专门的节点一起工作（感谢加文·伍德提出"渔民"的名称），其目的是寻找无效的区块并生成欺诈证明，即一条短消息，其内容基本上是"看！这个区块有一个漏洞！"然后，轻客户端可以验证区块的特定部分，并检查它是否无效。

如果某个区块被认为无效，那么其将被丢弃。如果轻客户端在几分钟内没有听到任何针对特定区块的欺诈证明，那么其将认为该区块可能是合法的。在处理无关数据无效/造假，而是缺少数据的情况时，会涉及更多的复杂性①。但一般情况下，我们几乎遍历了所有矿工或验证者违反协议规则的可能性。

需要注意的是，为了让轻客户端能够有效地验证一组应用规则，这些规则必须在共识范围内执行——也就是说，它们必须要么是协议的一部分，要么是在协议内执行的机制的

① https://github.com/ethereum/research/wiki/A-note-on-data-availability-and-erasure-coding

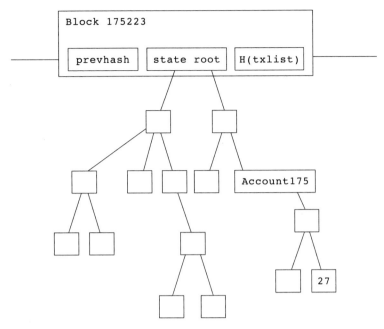

图1

一部分（就像一个智能合约）。这是我们支持将区块链用于数据存储和业务逻辑执行而不仅仅是数据存储的关键论据。

　　这些轻客户端技术并不完美，因为它们确实依赖于网络连接性假设，以及网络中其他轻客户端和渔民的数量。但实际上，100%的验证者用100%的时间来工作这一点并不是至关重要的。相反，我们想要的只是创造一种情况，即矿工/验证者的敌对方卡特尔在未经用户同意的情况下推动无效区块的任何尝试会给很多人带来大量的麻烦。并且，如果用户想继续与无效链同步，那么最终每一个用户都会被要求更新各自的软件。只要这一条件得到满足，就可以通过协调摩擦来满足安全性目标。

代币众筹模式分析

（2017 年 6 月 9 日）

编者按

　　本文旨在通过对 Maidsafe、以太坊、BAT 等当年热门的代币众筹模式进行对比分析，进一步总结出更优的代币众筹模型，并提出实施建议。

　　请注意：以下我所提到的各种项目名称只是为了对比它们的代币众筹机制，并不代表我对具体项目的赞同或批评。事实上，完全有可能存在项目很垃圾但代币众筹模式很好的情况。

　　最近几个月，各种代币众筹模式的创新层出不穷。而在两年前，这种方法很简单：设置上限，然后以固定的价格出售固定数量的代币（因此项目的估值也是固定的）。通过这种方式，代币很快就被卖光。当然，也有不设定上限的众筹方式，用户想买多少就买多少。最近，我们看到很多关于众筹模式的理论研究以及实际应用案例，如混合上限众筹、反向荷兰式拍卖、次高叫价拍卖、按比例退款以及其他机制。

　　这些机制当中有很多方案实际上是对过往设计中所存在的问题进行改进。几乎每一个重要的众筹，包括 Brave 的基本注意力代币、Gnosis、马上就要开始的 Bancor 以及较早的 Maidsafe，甚至以太坊的众筹本身，都遭受了大量的批评。所有这些都指向一个简单的事实：到目前为止，还没有发现一个能够拥有所有甚至大部分我们想要的特性的机制。

　　我们不妨回顾几个例子。

Maidsafe

　　这个去中心化互联网平台[①]在 5 小时内[②]筹集了 700 万美元。然而，他们犯了一个错误，即只接受两种货币（BTC 和 MSC），并给予 MSC 购买方一个更有利的比例。这种方法导致 MSC 的价格短暂升值了约 2 倍，因为用户急于以更有利的比例来购买 MSC 参与众筹。但在众筹结束后，价格也出现了同样的急剧下跌。许多用户将其 BTC 兑换为 MSC 参与众筹，但对于他们来说，众筹结束得太快，从而导致他们承受了 30% 的亏损。

　　这个众筹和后续其他几个（WeTrust[③]、TokenCard[④]）项目的众筹都揭示了一个如今无可争议的教训：以固定兑换率接受多种货币的众筹不仅危险，而且十分糟糕。所以，千万不要这么做。

[①] https://maidsafe.net/

[②] https://www.forbes.com/sites/kashmirhill/2014/06/03/mastercoin-maidsafe-crowdsale/#7fda1c71207d

[③] https://blog.wetrust.io/eth-and-btc-contribution-dcd16876bf28

[④] https://www.cryptocoinsnews.com/ethereum-based-debit-card-tokencard-ico-raises-12-7-million-30-minutes/

以太坊

以太坊的众筹没有设置上限，并且历时42天。在前14天，以太币的众筹价格为1 BTC兑换2000 ETH，然后以太币的价格呈线性增长，最终1 BTC只能兑换1337 ETH。

几乎每个不设上限的众筹都会被批评为"贪婪"（我对这种批评持保留意见，稍后会谈到这个问题），尽管还有另一种更有趣的批评：他们让参与者无法确定自己所购买的代币的估值。用一个现在还没开始的众筹为例，如果参与者知道他们所购买的那一堆Bancor的数量占Bancor代币总额的1%，那么可能很多人都会愿意花10000美元来买这一堆Bancor代币。但如果参与者购买了5000个Bancor代币，却不知道总量到底是5万、50万还是5亿，那样他们将会非常担忧。

在以太坊的众筹中，真正关心估值可预测性的购买方通常会在第14天买入，理由是这是完整折扣期的最后一天。因此，在这一天他们拥有最大的可预测性以及完整的折扣，但是这种模式从经济层面来讲几乎不是最优的。这个模型的均衡类似于每个人在第14天的最后一小时内买进的价格的平均值，即在估值的确定性和1.5%的优惠之间进行私下权衡（如果确定性真很重要，那么在15日、16日以及之后的时间才会涌现大量买盘）。因此，这个模型确实有一些相当怪异的经济特性，我们非常希望能有一种便捷的方式去避免这种状况。

BAT

在2016年至2017年初，设置上限的众筹模式十分流行。设置上限的众筹有一个特性，那就是很可能会超募，所以人们才有强大的动机去争夺额度。最初的时候，众筹需要花好几个小时才能完成。不过，众筹完成的速度很快就开始加速。"第一滴血"（First Blood）在2分钟内完成550万美元众筹[1]成了大新闻——即使当时以太坊区块链正遭到拒绝服务攻击[2]。然而，直到上个月BAT的众筹——其在30秒内完成价值3500万美元的众筹[3]——竞逐纳什均衡的完美范例才首次出现。

这次众筹不仅在两个区块时间内就完成，还有：

· 支出的总交易费高达70.15 ETH[4]（＞15000美元），其中单笔最高费用为6600美元；
· 只有185笔交易购买成功，失败交易超过10000笔；
· 在众筹开始后的3小时内，以太坊一直处于拥堵状态。

因此，我们开始看到设置上限的众筹方式达到自然均衡：人们试图以比他人的交易费用更高的出价来打包交易，最终导致数百万美元的盈余流入矿工手中。并且这只是前奏，

① https://themerkle.com/ethereum-based-esports-platform-firstblood-raises-us5-5m-in-mere-minutes/

② https://blog.ethereum.org/2016/09/22/ethereum-network-currently-undergoing-dos-attack/

③ https://techcrunch.com/2017/06/01/brave-ico-35-million-30-seconds-brendan-eich/

④ https://medium.com/the-bitcoin-podcast-blog/a-look-at-the-bat-token-distribution-bb3bcb92748f

还没有进入下一个阶段，即矿池有可能一开始直接占据制高点买光所有的代币——除了他们，没有人能够购买代币。

Gnosis

Gnosis众筹试图以一种新颖的机制来缓解这些问题，这一机制即反向荷兰式拍卖。这个术语简单来说是这样的：在Gnosis中，众筹是有上限的，其上限为1250万美元。然而，购买方实际获得的代币数取决于众筹完成的时长。如果众筹在第1天就结束，那么只有约5%的代币会被分配给购买方，其余的由Gnosis团队持有；如果众筹在第2天完成，那么分配的代币量将是约10%，依此类推。

这样做的目的是创建一个方案：如果你在时间T购买，那么你购买时估值最多为$1/T$。

其目标是创建一种令最优策略最简单的机制。首先，你个人决定你愿意购买的最高估值（称为V）。然后，当众筹开始时，你不要马上买；相反，你需要等到项目实际估值下降到理想的最高估值水平以下时再发送你的交易。

这么做有两种可能的结果。

1. 众筹在估值下降到V以下之前结束。你很开心，因为你没有参与你认为不划算的交易。

2. 众筹在估值下降到V以下之后才结束。然后你发送了交易，你很开心，因为你完成了一笔你认为很划算的交易。

然而，很多人预测，出于害怕错过（Fear of Missing Out, FOMO）的心理，许多人在第1天就会非理性地购买，甚至连估值也不考虑。然后就会出现这样的情况：众筹仅仅在几小时内就圆满完成，众筹金额达到了1250万美元的上限，但只售出了所有代币的约5%——这意味着项目估值超过3亿美元[①]。

所有这些当然都是关于市场完全不合理这一叙述的确凿证据，人们在投入大量资金之前并没有考虑清楚（通常，作为一个潜台词，这个领域需要以某种方式抑制泡沫进一步变大），也许这个事实不太方便透露，他们认为买入这笔交易的交易者就是对的。

甚至从ETH的角度来说，由于ETH价格的大幅上涨，1GNO的价格从约0.6ETH涨到了约0.8ETH。

然后发生了什么？在众筹开始前几周，公众批评：如果团队最终拿着大多数代币，那么他们将会像中央银行一样有能力操纵GNO的价格。最终，Gnosis团队将90%的代币锁仓一年。从交易者的观点来看，长期锁定的代币并不能对市场造成影响，因此在短期分析中，这些代币可以当作不存在。这也是去年7月Steem达到如此高的估值[②]以及Zcash早期的单个价格超过1000美元[③]的原因。

现在，1年时间并非很长，将代币锁定1年远不及将它们永远锁定。然而，如果更进一

---

① https://www.trustnodes.com/2017/04/24/ethereum-based-gnosis-ico-sells-10-minutes-300-million-evaluation

② https://coinmarketcap.com/currencies/steem/#charts

③ https://www.coindesk.com/what-is-the-value-zcash-market-searches-answers/

步推理：即使在一年的锁仓期限到期后，你也可以认为：只有Gnosis团队认为释放锁定的代币会使价格上涨，他们才会释放这部分代币。所以，如果你信任Gnosis团队的判断，这意味着他们将要做一些至少跟永久锁定代币一样对GNO价格有益的事情。因此，在实际中，GNO众筹更像是上限为1250万美元，估值为3750万美元的众筹。

毫无疑问，加密资产已经出现了奇怪的泡沫：各种无名资产达到了上亿美元的市值（在本文写作时BitBean[①]的市值为1200万美元，PotCoin[②]为2200万美元，PepeCash[③]为1300万美元，SmileyCoin[④]为1470万美元）。然而，有一个强有力的例子表明，众筹阶段的参与者在很多情况下都没有做错，至少对他们自己来说；相反，在众筹中购买的交易者仅仅是（正确地）预测自2015年初以来，这种持续的泡沫一直在酝酿（也可以说是自2010年初以来）。

除了泡沫行为，还有另一个对Gnosis众筹的合理批评：尽管他们承诺在1年内不出售代币，但最终他们还是有机会获得全部的代币，并且在一定程度上他们将能够像中央银行一样有能力严格操控GNO的价格，而交易者不得不承担由此导致的货币政策不确定性。

问题详述

那么，一个好的代币众筹模式看起来会是什么样的？我们可以从对所看到的对现有众筹模式的批评开始，并提出一张包含我们所需的属性的列表。

1. 估值的确定性：如果你参加众筹，那么你至少能够确定估值的上限（或者，换句话说，你所获得的代币占代币总额的百分比的下限）。

2. 参与的确定性：如果你尝试参与众筹，那么一般而言，你应该能够参投成功。

3. 有募资上限：避免参与者认为团队是贪婪的（或者可以降低被监管部门关注的风险），众筹的金额应该有上限。

4. 不存在类似于中央银行的结果：代币众筹发起方不能出乎意料地获得大部分代币，因为这样他们将能够操控市场。

5. 高效：众筹不应该导致严重的经济效率低下或无谓损失。

这听起来很合理吧？唔，那么以下是不那么有趣的一部分：

· 1和2不能完全同时满足；

· 如果不采用一些聪明的技巧，至少3~5不能同时满足。

我们不妨称之为"第一代币众筹双重困境"和"第二代币众筹三重困境"。

第一代币众筹双重困境的证明很简单：假设你是众筹方，并向用户提供1亿美元的明确估值。现在，假设用户打算投入1.01亿美元进行众筹，那么至少有一部分人会众筹失败。二代币众筹三重困境的证明是一个简单的供需论证。如果满足4，那么你将会售出全部或占

---

① https://coinmarketcap.com/currencies/bitbean/

② https://coinmarketcap.com/currencies/potcoin/

③ https://coinmarketcap.com/assets/pepe-cash/

④ https://coinmarketcap.com/currencies/smileycoin/

比足够高的固定比例代币，因此你所出售的估值与你出售的价格成正比。如果满足3，那么你就给价格设置了上限。然而，这意味着你所出售的数量的均衡价格有可能会超过你所设定的价格上限，因此你会有短缺感，这不可避免地导致等同于（a）你在一个非常受欢迎的餐馆排队等了4小时，或者（b）倒卖门票这些情况所带来的无谓损失，与5矛盾。

第一个困境无法克服。一定程度的估值不确定性或参与不确定性是不可避免的，尽管在有选择的时候，选择参与不确定性而不是估值不确定性似乎会更好。我们所能够做的最接近的解决方式是对完全参与进行折中，从而保证部分参与。这通过按比例退款（如果以1亿美元的估值买入1.01亿美元，那么每个人都将获得1%的退款）。也可以把这个机制看作是一种不设上限的众筹。其中，一部分支付的形式为资本锁定而不是资本支出。然而，从这个观点来看，锁定资本的要求显然是一种效率损失，所以这一机制无法满足5。如果团队持有的以太币没有得到妥善分配，那么它可以通过支持富裕的权益所有者来损害公平性。

第二个困境也难以克服。许多尝试克服这种困境的方法最终很容易就失败了或者事与愿违。例如，Bancor的众筹正在考虑将购买交易的燃料价格限制在50香农（约为正常燃料价格的12倍）。然而，这现在意味着对于购买方来说，最佳的策略是设置大量账户，然后从每个账户发送一笔交易来触发合约，然后尝试购买（这将间接造成购买方不可能意外购买到超过他们预想数量的代币，并降低资本的要求）。购买方设置的账户越多，他们成功购买的可能性就越大。因此，在均衡的情况下，这可能会导致以太坊发生比BAT风格的众筹还要堵塞的状况，即至少6600美元的矿工费被用于单笔交易，而不完全是对整个网络进行拒绝服务攻击。此外，链上垃圾交易竞赛严重损害了公平性，因为参加竞赛的成本是恒定的，而奖励与你所拥有的资金成正比。因此，结果将严重偏向于对富裕的权益持有者有利的方向。

进一步推进

我们可以采取3种巧妙的方式。首先，你可以像Gnosis那样做一个反向荷兰式拍卖，但是有一个变化：比起持有未售出的代币，你应该把这些代币放置在某种公共利益上。简单的例子包括（a）空投（即重新分配给所有ETH的持有人），（b）捐赠给以太坊基金会[1]，（c）捐赠给Parity[2]、Brainbot[3]、Smartpool[4]或其他独立构建与以太坊领域相关的基础设施的公司和个人，或（d）上述三者的组合。至于组合的具体比例，在一定程度上可以让代币购买方投票决定。

其次，你可以保留未售出的代币，并且通过将这些代币提交到一个决定如何花费这些代币的完全自动化的计划来解决"中央银行"问题。这里的逻辑类似于为什么许多经济学

[1] https://ethereum.org/donate

[2] https://parity.io

[3] https://www.brainbot.com/

[4] https://smartpool.io/

家都对基于规则的货币政策[1]感兴趣：即使一个中心化的实体控制了某个强大的资源的绝大部分，如果该实体可信地承诺遵循一套程序规则来应用这些权力，那么由此导致的政治不确定性将会减轻。例如，未售出的代币可以由一个负责维护代币价格稳定性的做市商保管。

最后，你可以发起有上限的众筹，同时限制每个人的购买数量。这一过程的有效实施需要借助于KYC过程，但是比较好的一点是，KYC实体只需要执行一次这一流程，并在验证特定地址代表某个独特的个体后将用户的地址列入白名单。这种方法可以重复用于每一次代币众筹，以及其他可以从单人女巫攻击抵御方案中受益的应用，如Akasha的二次投票[2]。这里仍然存在无谓损失（即低效），因为这将导致对代币没有兴趣的个人参与众筹：他们知道他们可以在市场上迅速地低买高卖获取利润。然而，这并没有那么糟糕：这种方式创造了一种加密货币世界的无条件基本收入[3]。如果像禀赋效应[4]这样的行为经济学假设哪怕稍微有一点正确，那么它也将成功地实现确保广泛分配所有权的目标。

单轮众筹方式会更好吗？

不妨回到"贪心"这个话题。我认为，在原则上，没有多少人会反对这么一个想法：开发团队花费5亿美元去创造一个价值5亿美元的真正伟大的项目。相反，人们反对的是（a）一个新的未经测试的开发团队一次性拿走了5000万美元，以及（b）更重要的是，开发者获得回报的时间与代币购买方获得收益的时间不匹配。在单轮众筹中，开发者只有一次机会筹集资金来开发项目，而此时正值开发过程的开端。这其中缺乏反馈机制，即团队首先获得一小笔资金来证明自己，而当他们证明自己确实值得信赖并且开发进度令人满意后，他们逐渐获得越来越多的资金。在众筹过程中，几乎没有信息可以帮助投资者过滤出好的开发团队和差的开发团队。一旦众筹完成，与传统公司相比，开发团队继续工作的动力相对较低。"贪心"不仅仅是想赚很多钱，而是在不需要拼命证明你值得被投资的同时，还想赚很多钱。

如果想要解决这个问题的核心，那该怎么办？答案很简单：使用单轮众筹以外的机制。我可以提供几个例子作为启发。

Angelshares[5]：这个项目在2014年开始众筹，并在几个月的时间里，每天售出固定比例的AGS。人们每天可以投入的金额不设上限，并且当天的AGS份额将在所有贡献者之间按比例分配。基本上，这就像在长达大半年的进程里有100个微型的不设上限的众筹。我认为众筹的时间可以进一步延长。

Mysterium[6]：在大型众筹开始的6个月前举行了几乎没有人注意的微众筹[7]。

---

① https://www.mercatus.org/system/files/Salter-Monetary-PolicyRules.pdf

② https://ericposner.com/quadratic-voting/

③ https://www.reddit.com/r/CryptoUBI/

④ https://en.wikipedia.org/wiki/Endowment_effect

⑤ https://bitsharestalk.org/index.php?topic=1631.0

⑥ https://mysterium.network/

⑦ https://medium.com/mysterium-network/mysterium-network-presale-early-access-5x-reward-b292d423f96

Bancor[①]：其最近同意[②]把所有超过上限的资金注入做市商以维护价格稳定，并维持在 0.01 ETH 的底价。这些资金2年内不能从做市商处取出。

似乎很难看到 Bancor 的策略与解决时机不匹配激励机制之间的联系，但这里有一个解决方案的要素。想知道为什么，不妨考虑两个场景。第一种场景，假设本次众筹需要募集 3000 万美元，上限为 1000 万美元。但1年后，大家都认为这个项目已经搞砸了。在这种情况下，价格会跌破 0.01 ETH，并且做市商在维持底价的时候已经损失完所有的资金，因此团队只剩下 1000 万美元。第二种场景，假设众筹需要募集 3000 万美元，上限为 1000 万美元。2年后，每个人都对该项目十分满意。在这种情况下，做市商不会被触发，并且团队将可以使用这 3000 万美元。

有一个与之相关的提议是弗拉德·赞菲尔（Vlad Zamfir）的"安全代币众筹机制"[③]。这个概念非常广泛，可以在许多方面进行参数化。其中一种参数化方法是以最高价格出售代币，然后设定一个略低于最高价格的底价，并允许两者随着时间的推移逐渐分离，如果价格一直保持，则随着时间逐渐释放用于开发的资金。

可以说，上述三种方案都不充分。我们希望众筹过程在更长的时期内逐步进行，从而在给予团队大把资金之前，给我们更多的时间来看看哪些开发团队是最有价值的。尽管如此，这似乎是最有前景的探索方向。

摆脱困境

从上述内容中，可以清楚地看到，尽管没有办法抵消这些双重或三重困境，但是不一定要把思维局限于此，我们可以从简单化的角度来对那些不明显的变量进行折中，从而逐步分解问题。可以对保证参与的承诺稍微妥协，并通过使用时间作为第三维度来减轻这种影响：如果在第 N 轮期间你不购买，那么你可以等到一周后的 $N+1$ 轮再来购买，其价格应该不会有太大差别。

可以发起一个不设上限的众筹，但这个众筹由不同的期限构成。其中，每个时期的众筹都会设置上限。如此一来，在证明自身处理早期工作的能力之前，团队无法获得大量的资金。可以一次卖出一小部分代币，并通过将剩余的代币供应量放在依照预先规定的公式继续自动出售代币的合约中，消除由此造成的政治不确定性。

以下是几种可能实现的机制，这些机制遵循了上述想法的精神。

1. 举行 Gnosis 式的反向荷兰式拍卖，设置一个较低的上限（如 100 万美元）。如果本次拍卖售出少于 100% 的代币供应，则自动将剩余的资金投入在 2 个月后的另一次拍卖，并增加 30% 的上限。依次重复，直到售出所有的代币供应量。

2. 以 X 美元的价格出售无限数量的代币，并将 90% 的收益放入智能合约中，保证底价为 $0.9X$ 美元。让价格上限呈双曲线向无穷方向上升，价格下限在 5 年内呈线性下降为零。

---

① https//bancor.network/

② https://blog.bancor.network/the-community-of-the-currency-9770087fde17

③ https://medium.com/@Vlad_Zamfir/a-safe-token-sale-mechanism-8d73c430ddd1

3. 举行与AngelShares一模一样的众筹，但是把时间延伸到5年以上，而不是几个月时间。

4. 举行一种Gnosis式的反向荷兰式拍卖。如果本次拍卖出售不完100%的代币供应量，则将剩余资金投入自动化做市商处，试图保证代币的价格稳定（请注意，如果价格持续上涨，那么做市商可以出售代币，其中的收益可以交给开发团队）。

5. 立即将所有代币注入配置好参数以及变量X（最低价格）、s（已售出的代币的分数表示）、t（众筹开始至今的时间长度）、T（预期的众筹期限，如5年）的做市商，做市商出售代币的价格为$k / (t/T - s)$（这个很奇怪，我们可能还需要进行更多的经济研究）。

需要注意的是，我们还可以尝试其他机制来解决代币众筹的其他问题。例如，众筹收入由多位管理者通过多重签名进行管理，即只有当项目达到里程碑目标时，这些管理者才释放资金。这是一个非常有趣的想法，应该更加深入地探讨。然而，众筹模式的设计空间是多维的，还有很多方向值得尝试。

伤害三角形

（2017 年 7 月 16 日）

编者按

　　本文列举了少数群体、多数群体以及网络协议中的三角攻击关系（即伤害三角形），并给出在各种攻击情况下可能实施的解决方案。

　　图1是我本周在康奈尔大学演讲时使用的幻灯片配图。

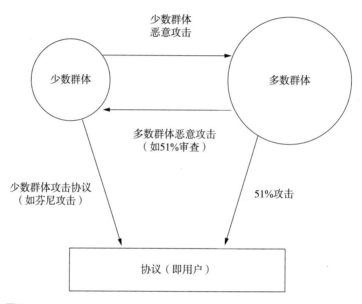

图1

　　如果要设计一张图来捕捉 Casper 的激励哲学的核心原则，那么那张图可能就长这样。因此，它需要作进一步解释。

　　该图显示了3个阵营——少数群体、多数群体和协议（即用户），以及4个代表可能发生的对抗行为的箭头：少数群体攻击协议、少数群体攻击多数群体、多数群体攻击协议以及多数群体攻击少数群体。其例子包括以下几个。

　　1. 少数群体攻击协议：芬尼攻击[①]（矿工对工作量证明区块链发起攻击，在该攻击中，矿工双重花费未经确认或可能被单一确认的交易）。

　　2. 少数群体攻击多数群体：羽毛分叉[②]（工作量证明链中的少数群体试图回滚任意包含他们厌恶的交易的区块，但如果区块已经得到两次确认则放弃）。

　　3. 多数群体攻击协议：传统的51%攻击。

　　4. 多数群体攻击少数群体：51%审查攻击。其中，卡特尔拒绝接受来自卡特尔以外的

---

① https://bitcoin.stackexchange.com/questions/4942/what-is-a-finney-attack

② https://bitcointalk.org/index.php?topic=312668.0

矿工（或验证者）的任何区块。

Casper哲学的本质：对于这4类攻击，我们希望为受害者所遭受的伤害数量与攻击者的成本之间的比率设置上限。在某些方面，Casper的每一项设计决策都源于这项原则。

这项原则与通常的工作量证明激励学派的想法大不相同，因为在工作量证明中，最后两种攻击是不设防的。至于前两种攻击，芬尼攻击和羽毛分叉的成本都很高昂，因为攻击者需要承受他们的区块不被纳入链中并因此损失收益的风险。然而，如果攻击者占大多数，那么其发动攻击是没有成本的，因为攻击者可以始终保证自己的链成为主链。从长远来看，难度调整确保所有矿工的总收益无论如何都是完全相同的。这进一步意味着，如果攻击能够导致受害者损失资金，那么攻击者就能获利。

这种工作量证明特性的产生是因为传统的中本聪工作量证明从根本上惩罚了异议——如果你作为一个矿工创建一个与共识一致的区块，你会得到奖励；如果你创建一个与共识不一致的区块，那么你将受到惩罚（惩罚不在协议中界定，相反，它来自这样一个事实：矿工消耗了电力和资本来产出区块，却没有得到奖励）。

另一方面，Casper主要通过惩罚模棱两可的方式来发挥作用——如果你发送两条相互冲突的消息，那么即使其中一条消息符合共识，你也会受到非常严厉的惩罚（想了解更多，可以阅读关于最小削减条件的文章[1]）。因此，如果发生最终化回滚攻击，那些造成回滚事件的攻击者将受到惩罚，而其他人不会受到丝毫影响。多数群体只能通过付出昂贵的代价来攻击协议，并且不可能导致少数群体损失资金。

当谈论另外两种攻击时，这个问题变得更有挑战性。这两种攻击是活性故障和审查。活性故障是指大部分Casper验证者都离线，以至于共识无法达成最终化。而审查故障则是指大多数Casper验证者拒绝接受某些交易，或者为了剥夺其他Casper验证者（受害者）的奖励，拒绝接受来自这些验证者的共识消息。

这涉及一个基本的对立：类似于说者/听者错误（图2）。

图2

① https://medium.com/@VitalikButerin/minimal-slashing-conditions-20f0b500fc6c

假设B说他们没有接收到来自A的消息。这里面可能有两种解释：（a）A没有发送这条消息，（b）B假装没有听到这条消息。考虑到我们的证据只不过是B的一面之词，没有分辨出这两种解释中的哪一种是正确的。这种对立与区块链协议激励的联系是这样的：如果你观察到一个协议正在执行，其中70%的验证者的消息被包含在链中而另外30%没有，并且你没有看到其他东西（这也是区块链看到的情况），那么你将无法判断问题是由于30%的人离线还是因为70%的人正在进行审查。如果我们想让这两种攻击的成本都变得昂贵，那么只能做一件事——惩罚双方。

对双方进行惩罚可以令任意一方去破坏另外一方：如果他们占少数，则离线；如果他们占多数，则审查。然而，我们可以通过破坏因子分析技术确定这种破坏的容易程度。一个策略的破坏因子本质上是受害者损失的金额除以攻击者损失的金额，而协议的破坏因子是它所能容忍的最高破坏因子。例如，如果一个协议允许我用1美元的成本来让你亏损3美元，那么破坏因子是3；如果没有办法导致他人亏损，那么破坏因子是零；如果你可以零成本导致他人亏损（或者为自己带来利益），那么破坏因子就是正无穷。

一般来说，无论在什么情形下，只要存在说者/听者对立，那么破坏因子不可能被整体限制为任何低于1的值。原因很简单：任何一方都可以破坏另一方，因此如果A以x因子去破坏B方，那么B方可以以$1/x$因子去破坏A。x和$1/x$不能同时小于1。我们可以利用这些因子。例如，可以让多数群体将破坏因子设为2，以换取少数群体将破坏因子保持在0.5。原因是，少数群体更有可能成为攻击者。还可以允许小规模攻击的破坏因子为1，但这种设定一般更适用于大规模攻击强制链条分裂的情况。在攻击发生后，一条链上的一方将受到惩罚，而在另一条链上，另一方也会受到惩罚；我们相信市场会选择攻击者不受青睐的链条。因此，在这个框架中，在不同的关注点之间存在多种权衡与折中。

对双方都进行惩罚还有一个好处：它确保如果协议受到损害，那么攻击者将受到惩罚。这种方法确保了无论攻击者是谁，他们都有动机去避免发动与对协议所造成的损害程度相称的攻击。然而，如果想要限制协议所受到的损害与攻击者的成本之间的比率，那么我们需要一种形式化的方式来衡量协议所受到的损害有多大。

这就引入了"协议效用函数"概念，这个公式能够告知协议的运行情况。理想情况下，这些数据应该能够在区块链内部计算出来。在工作量证明链的场景中，协议效用可能是在主链中产出的所有区块所占的百分比。而在Casper中，完美执行（即每个时期都被最终敲定，并且没有发生任何安全故障；或者如果某个时期未被最终敲定，则施加惩罚；一旦发生安全故障，那么惩罚会更加严厉）的协议效用为零。如果我们能够形式化协议效用函数，那么就可以将故障惩罚设置为尽可能接近这些故障导致的协议效用的损失。

论梅特卡夫定律、外部性和生态系统分裂

（2017 年 7 月 27 日）

编者按

本文旨在论述基于梅特卡夫定律的前提下，用户在分裂生态内所作出的选择。维塔利克指出，就当下而言，其更愿意相信实际发生的分裂是长期的对社会有益的价值创造事件。

似乎又到了区块链分裂的季节。对于来自不同背景并且对这个话题以及分裂好坏感兴趣的读者，不妨尝试阅读如下的几篇文章。

1. 幂律和网络效应（认为BTC/BCC分裂可能会因为网络效应损失而损坏到原有价值）：

https://medium.com/crypto-fundamental/power-laws-and-network-effects-why-bitcoincash-is-not-a-free-lunch-5adb579972aa

2. 布莱恩·阿姆斯特朗（Brian Armstrong）论以太坊（去年的）硬分叉：

https://blog.coinbase.com/on-the-ethereum-hard-fork-780f1577e986

3. 菲尔·戴安论ETH/ETC分裂：

http://pdaian.com/blog/stop-worrying-love-etc/

考虑到生态系统的分裂不会就此消失，在未来10年内，我们可能会在加密行业中看到更多类似的情况。因此，通过一些简单的经济模型来探讨这个问题似乎大有裨益。话已至此，说做就做。

假设存在两个项目A和B，以及一个总规模为N的用户集合，其中A拥有N_a个用户，B拥有N_b个用户。这两个项目都受益于网络效应，因此它们的效用会随着用户数量的增加而增加。然而，用户也有自己不同的口味偏好。因此，如果小平台更合适，他们可能更偏向于选择小平台而不是大平台。

可以通过以下4种方式之一为每个人的私有效用建模：

· $U(A) = p + N\_a$，$U(B) = q + N\_b$

· $U(A) = p \times N\_a$，$U(B) = q \times N\_b$

· $U(A) = p + \ln(N\_a)$，$U(B) = q + \ln(N\_b)$

· $U(A) = p \times \ln(N\_a)$，$U(B) = q \times \ln(N\_b)$

p和q是私有的单用户参数，你可以认为它与用户不同的偏好相对应。前两种方法和后两种方法之间的差异反映了梅特卡夫定律的不同解释之间的差异。或者更广泛地说，反映了系统的单用户价值随着用户数量增长的观点。原始的公式[1]表明每个用户的价值为N（即网络的总价值为N^2），但其他分析[2]表明，在非常小的网络规模中，$N \times \log N$通常占主导地

---

[1] https://en.wikipedia.org/wiki/Metcalfe's_law

[2] https://spectrum.ieee.org/computing/networks/metcalfes-law-is-wrong

位。关于哪种模式正确的争议从未停过。第1种和第2种之间（以及第3种和第4种之间）的差异实际上是来自系统的内在质量的效用，和网络效应的效用的互补程度差异。也就是说，这两个事物保持完全分离互不影响（就像社交媒体和椰子）会不会更好？或者网络效应是不是让系统内在质量更突出的重要部分？

现在，不妨考虑 N_a 个用户选择 A 和 N_b 个用户选择 B 的情况，并据此分析每个案例。还可以分析从经济外部性的角度来看，每个人会做出什么样的选择，即用户的选择从 A 切换到 B 对其他人的效用是否会产生正面或者负面的影响？如果这种切换具有正外部性，那么它是道德的，并且应该在社会中推行或鼓励；如果它具有负外部性，那么这种行为应该被劝阻。将一次生态系统分裂建模为一次博弈，即从 $N\_a = N$ 和 $N\_b = 0$ 开始，用户自行决定是否加入这场分裂——即从 A 移动到 B，并且这种移动会导致 N_a 下降和 N_b 上升。

从 A 到 B 的切换（或不切换）具有外部性，因为 A 和 B 都具有网络效应。从 A 切换到 B 具有减少 A 的网络效应的负外部性，从而伤害所有剩余的 A 的用户，但它也具有增加 B 的网络效应的正外部性，因而使所有 B 的用户受益。

情形 1

从 A 切换到 B 给 N_a 个用户带来了一个单位的负外部性，因此总损失为 N_a。与此同时，该切换行为给 N_b 个用户带来了一个单位的正外部性，所以总收益为 N_b。因此，总的外部性为 $N\_b - N\_a$。也就是说，从更小的平台切换到更大的平台具有正外部性，而从更大的平台切换到更小的平台具有负外部性。

情形 2

假设 P_a 是 N_a 个用户的 p 值之和，Q_b 是 N_b 个用户的 q 值之和。总的负外部性为 P_a，并且总的正外部性为 Q_b。如果两个平台对于其用户具有相同的内在质量，那么从更小的平台切换到更大的平台将具有正的社会外部性（即 A 的用户在 A 内的获益与 B 的用户在 B 内的获益是相同的，因此 p 值和 q 值服从均匀分布）。但如果在 A 更大而 B 更好的情况下，那么切换为 B 时存在正外部性。

此外要注意，如果某个用户正在从更大的 A 切换到更小的 B，那么这本身就是一个揭示该用户偏好的证据。该证据表明：对于该用户以及所有 B 的现有用户，$q/p > N\_a/N\_b$。然而，如果分裂继续保持，并且不会发展成为全面迁移，那就意味着 A 的用户拥有不同的观点。这可能有两个原因：（a）他们本质上不喜欢 A，但这不足以证明这种切换行为是合理的；（b）他们本身更喜欢 A 而不是 B。这可能是因为（a）A 的用户对 A 的好感比 B 的用户对 A 的好感更高，或者（b）A 的用户对 B 的好感低于 B 的用户。一般来说，我们能够看到从一个让大多数用户不那么开心的系统移动到另一个让普通用户更加快乐的系统的行为具有正外部性，而在其他情况下很难说。

情形 3

$\ln(x)$ 的导数是 $1/x$。因此，从 A 切换到 B 给 N_a 个用户带来一个 $1/N\_a$ 的负外部性，并且给 N_b 个用户带来一个 $1/N\_b$ 的正外部性。负外部性和正外部性总是大小相等，由此相互抵消了。所以，从一个平台切换到另一个平台不会产生任何社会外部性；只有当用户认为从 A 切换到 B 是个好主意并且他们确实这么做了的时候，从社会层面来看，它才是最优的。

情形 4

假设 P_a 和 Q_b 的值如前文所述。负外部性总大小为 P_a / N_a，而正外部性总大小为 Q_b / N_b。因此，如果两个系统具有相同的内在质量，则外部性的大小为零。但如果其中一个系统具有更高的内在质量，那么切换到它是道德的。请注意，跟情形 2 一样，如果用户从更大的系统切换到更小的系统，那就意味着他们发现更小的系统具有较高的内在质量。但是，同样在情形 2 中，如果分裂继续保持，并且最终不会发展为全面迁移，那就意味着其他用户认为更大的系统的内在质量更高，或者至少不低于网络效应的价值。

用户切换到 B 这一行为表明，对这些用户来说，$q/p \geqslant \log N\_a/\log N\_b$。因此，为了让 $Q\_B/N\_b > P\_a/N\_a$ 这个条件不成立（即从一个更大的系统移动到一个更小的系统不具有正外部性），我们需要 A 的用户拥有同样高的 p 值——一个近似的启发式方法是，A 的用户需要对 A 更有好感，尤其是这些用户是 A 中的少数派，并且愿意分裂并转移到（或留在）更小的系统时。一般来讲，似乎现实中的从更大的系统转移到更小系统的行为将具有正外部性，但事实并非如此。

因此，如果第 1 个模型是真的，那么为了使社会福利最大化，我们应该试图推动人们从更小的系统切换到（或留在）更大的系统，并且劝阻任何分裂行为。如果第 4 个模型是真的，那么至少应该稍微尝试去推动人们从更大的系统切换到更小的系统，并且稍微鼓励一下分裂行为。如果第 3 个模型是真的，那么人们将自行选择从社会层面来看最优的结果。如果第 2 个模型是真的，那就是个抛硬币问题。

我个人认为，真相介于第 3 个和第 4 个模型之间，第 1 个和第 2 个模型极大地夸大了稍大规模系统的网络效应。第 1 个和第 2 个模型（梅特卡夫定律的 N^2 形式）基本上表明，一个用户数从 9.9 亿增长到 10 亿的系统所增加的单用户效用，与一个用户数从 10 万增长到 1010 万的系统相同，这看起来非常不现实，而 $N \times \log N$ 模型（用户数从 1 亿增长到 10 亿与用户数从 10 万增长到 1000 万所增加的单用户效用相同）直观上看起来更加正确。

第 3 个模型表明：如果你看到人们因为他们想要的东西更接近他们的个人价值而从一个更大的系统中分裂出来，并创建一个更小的系统，那么这些人已经表明他们认为切换的结果的价值足以让他们放弃原始系统的网络效应的舒适性，也足以证明分裂从社会层面来看是有益的。因此，除非我能确信第1个模型是真的，或者第2个模型是真的，并且p和q值的特定分布会使分裂产生负外部性，否则我将维持现有的观点，即那些实际发生的分裂（不是那些因缺乏兴趣而最终没有发生的假想分裂）从长远来看是对社会有益并且能够创造价值的事件。

Plasma：可扩展的自主智能合约

（2017 年 8 月 10 日）

编者按

2017 年 8 月 11 日，维塔利克和《闪电网络白皮书》作者约瑟夫·潘（Joseph Poon）共同公布 Plasma 项目，作为以太坊的第二层扩展方案。本文是 Plasma 的第一版白皮书，对 Plasma 的概念及具体实现进行了详细阐述。

Plasma 是一个用于激励与实施智能合约的提议框架。该框架的可扩展性可令每秒钟的状态更新量达到极高水平（可能数十亿），从而赋予区块链演绎全球海量去中心化金融应用的能力。这些智能合约在网络交易费用的激励下持续自主运行，最终依赖底层区块链（如以太坊）来执行交易状态转换。

本文提出的去中心化自主应用方案不仅可以通过扩展的方式来处理金融活动，还可以为全球持续的数据服务构建经济激励，这种经济激励范例或许将取代中心化服务器群。

Plasma 包含两个关键的设计要素：第一，将所有区块链计算重构为一个 MapReduce 函数集；其次，基于对中本聪共识激励机制反对扣留区块行为的理解，在现有区块链上使用权益证明来绑定代币。

这一结构是通过使用欺诈证明在主链上编写智能合约完成的。通过这种方式，状态转换可以在父区块链（以下简称"父链"）上执行。我们将众多区块链组合成树形层次，并将每一条区块链分别看作一条单独的支链，这些支链本身已执行的区块链历史和可重构为 MapReduce 集合的计算将被提交到默克尔证明中。通过以子区块链（以下简称"子链"）记录，并以父链执行账本条目的方式，任何人都可以——在保证根区块链（以下简称"根链"）有效性与正确性的前提下——基于最小信任实现超强扩展性。

实现非全局数据的全局执行，最大的困难在于如何保证数据的有效性以及应对扣留区块攻击。Plasma 的应对方法是允许用户退出错误链条，并实行多种机制来激励并强制数据得到持续正确执行。

在非故障状态期间，只有默克尔化的提交信息才会被定期广播给根链（如以太坊）。这种方式将能够在实现大规模扩展的同时，降低交易和计算成本。Plasma 有望实现大规模持续运行的去中心化应用。

可扩展的多方计算

总结来说，区块链确保正确性的方法就是让每个参与者自己进行链的验证。要接受一个新的区块，节点必须充分验证此区块，以确保正确性。很多扩展区块链交易容量的方案（如闪电网络[1]）都需要使用时间确认信息来提供担保，以保证交易的真实性，（在声明/挑战协议中）从而令声明数据进入争议期，以供区块链上的参与者判断状态真伪。声明/挑战结构允许某人声明某状态属实，如果该值不真实，则进入争执期。在争议期内，另一名观察者可以在约定时间之前提供挑战此声明的证明。若发现欺诈或错误行为，区块链将惩罚违规者。这种方式创造出一种网络参与者在当且仅当不实状态被声明时才会执行的机制。通过这类声明/挑战证明结构，感兴趣的参与者可以向根区块链（如以太坊）[2, 3]上不感兴趣的参与者声明真实数据。

此结构不仅可用于支付，还可以扩展到计算本身，从而令区块链成为合约的裁决层。然而，这一设想必须满足一个前提，即各参与方都是计算验证活动的参与者。例如，在闪电网络中，该结构允许人们创建计算合约状态的提交信息（如借助条件化状态的多签名交易预签树）。

这些结构支持十分强大的规模化计算。但是，这里面有一些问题，需要综合考虑大量的外部状态（即基于系统/市场整体、大量共享/不完整数据的计算以及大量的贡献者进行综合考虑）。这种形式的多方链下状态（状态通道[4]）提交要求参与者对计算过程进行充分验证，否则这些参与者必须对计算本身给予极大的信任，哪怕仅仅是在单回合博弈中。此外，这里面通常还包含一个回合假定：在这些回合中，执行路径必须在合约启动前完全展开，从而给予参与者退出以及推动成本高昂的计算上链（因为无法证明停止计算的是哪一方）的机会。

相反，我们希望能设计出一个让计算在链下发生，但最终在链上执行的系统，这个系统只需要最低限度的链上更新就能支持每秒数十亿次的计算。这种状态更新发生在一个权益证明验证者的自主集合内，集合内的验证者被鼓励实施通过欺诈证明检验的正确行为。通过这种形式，计算的运行不会因为单个行为者的影响而轻易中断当前计算服务。为此，必须尽量减免数据可用性问题（即扣留区块）产生的弊端，令根链在出现拜占庭行为者时能够最大限度地减少必要的状态更新，以防止根链上出现风险折价交易费。同时，还要采取一个机制来执行状态变更。

与闪电网络类似，Plasma 是一系列在现有区块链顶层运行的一系列合约。它在保证执行进程的同时，确保参与者既可以合约状态的形式持有资金，也可随时完成净额结算/提现。

Plasma

Plasma 是一种可以在区块链上进行可扩展计算，并且拥有无需合约创建者主动实施状态转换管理就能令链条自主持续运行的经济激励结构的方法。当然，节点本身会受到经济激励去维持链条的运行。

此外，Plasma 具有极强的可扩展性——做法是将一笔花费所反映的资金从单个合约最小化到位图中的单个位。这样一来，一笔交易和一个签名就代表了涉及众多参与者的一笔合并交易。我们将此机制与 MapReduce[5]框架相结合，进而构建出由已被担保的智能合约来执行的可扩展计算。

在这一结构中，人们可以授权外化方代表自己，并以类似于矿工的身份来持有资金以及计算合约（图 1）。但由于 Plasma 是在现有区块链上运行的，所以人们不需要对每一次状态更新在底层链上创建交易（包括添加新用户的账本条目），同时基于合并状态更新的链上

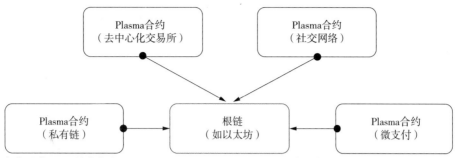

图1

任何人都可以创建自定义的Plasma链，以实现针对不同用例的智能合约扩展。Plasma是允许根区块链内拥有众多区块链的一系列智能合约。根区块链负责执行Plasma链内的状态。此外，根链还负责执行全局范围内的所有计算，但只有在存在欺诈证明的情况下，根链才会重新计算这些计算过程并实施惩罚措施。许多Plasma区块链可与自身的业务逻辑和智能合约条款共存。在以太坊中，Plasma会由在以太坊上直接运行的EVM智能合约组成，但其只处理极其微小的提交信息。这些信息代表着在非拜占庭条件下数量极其庞大的计算和金融账本条目

数据也能达到最小。

Plasma由5个关键部分构成：一个旨在以经济高效的方式持续计算合约的激励层；一个将子链部署成树形格式，从而最大限度地优化成本效率和交易净额结算的结构；一个MapReduce计算框架，用于在这些嵌套链内构建状态转换欺诈证明，以令其与树结构兼容，同时重构状态转换以实现高度可扩展性；一个共识机制，该机制依赖于根区块链，后者旨在复制中本聪[6]共识激励，以及一个位图–UTXO提交结构，保证根区块链下的状态转换的准确性，同时最小化规模退出成本。允许参与者在数据不可用或出现其他拜占庭行为时退出是Plasma运行机制的一个关键设计点。

■ Plasma区块链或外化的多方通道

本文提出一个使多方链下通道可以代表他人保持状态的框架（图2），我们不妨称此框架为一条Plasma区块链。对活跃于Plasma链中的资金而言，这个框架允许参与者在Plasma链中抵押和提取资金，并通过欺诈证明执行状态转换。由于支持资金存取，Plasma链将具备可执行状态和可互换性，并且Plasma区块中的资金与根链持有的资金保持一致（Plasma的设计与部分准备金银行制度不兼容）。

在提交大量交易到这条Plasma链上的同时，我们只需将极少的数据提交给根区块链。参与者可以向任何人转移资金，包括不在现有参与者集合中的参与者。这类资金转移活动可以是存入资金，也可以从根区块链的原生币/代币中提取资金（这个过程有一定延时并且需要提交证明）。

Plasma使得任何人（或者由权益证明网络中的参与者组成的一个网络）无需在根区块链上保留账本的全部持续记录，以及未向单个或多个第三方授予监管信任的情况下管理区块链。最坏的情况是，资金被锁定了，或者区块链上发生规模退出，从而导致时间价值损失。

我们在根区块链上以智能合约[7]形式构建一系列欺诈证明，以在此通道中执行状态。任何欺诈企图或非拜占庭故障将受到削减惩罚。

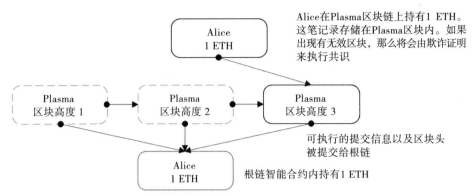

Alice在Plasma区块链上持有1 ETH。这笔记录存储在Plasma区块内。如果出现有无效区块，那么将会由欺诈证明来执行共识

可执行的提交信息以及区块头被提交给根链

根链智能合约内持有1 ETH

Plasma区块链是某条区块链内的一条链，该系统由已被担保的欺诈证明执行。Plasma区块链不在根链（如以太坊）上披露区块链的内容。事实上，提交到根链上的是区块头哈希。如果欺诈证明被提交到根链上，那么区块将被回滚，同时区块创建者将受到惩罚。这个方法的效率非常高，因为一个哈希（加上少量相关数据）足以反映众多状态更新。此更新可反映未反映在根链上的余额（爱丽丝的总账余额不在根链上，她的账本在Plasma链上，根链中的余额反映的是一个执行Plasma链本身的智能合约）。图中的区块1和区块2是旧区块，区块3是已被广播并提交到根链上的最新区块

图2

　　这些欺诈证明执行一个交互式的资金提取协议。与闪电网络类似，提现需要一定的时间。我们构建了一个交互博弈，要求退出方证明安置在请求提现的UTXO模型中的参与者账本输出的一个位图。网络上的任何人都可以提交用以证实该笔资金是否已被花费的替代性已被担保的证明。如果这个证明是错误的，那么网络中的任何人都可以给出欺诈行为的证明，并削减错误证明者的保证金，同时回滚证明。在足够时间之后，第二个担保回合允许提现，这是一个在已提交的时间戳之前的状态上的担保。该设计允许参与者全部提现，从而使其可以在错误的Plasma链迅速退出。在协调规模提现事件中，参与者只需在父链上消耗不超过2 bit的区块空间，即可实现退出（即在最糟糕的情况下，参与者可以在以太坊区块链上进行退出）。

　　发生扣留区块攻击时，参与者可以快速且廉价地完成规模退出，其所消耗的成本比过去的链下方案都要少得多（图3）。此外，这个方法还不需要信任任何验证节点联盟（侧链运营者、"渔民"）。

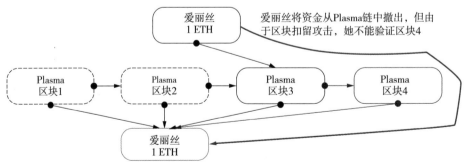

爱丽丝将资金从Plasma链中撤出，但由于区块扣留攻击，她不能验证区块4

在发生扣留区块攻击时进行提现。区块4是被扣留并提交到根链上的区块，但爱丽丝不能够检索到Plasma的区块4。她在根区块链上广播资金证明以实现退出，她的提现操作在经过争议期的延时后被处理

图3

　　与闪电网络的结束机制类似，Plasma的资金退出机制利用两个参与者之间的互动机制来激活二者之间的可执行无限支付，进而允许 n 个参与者之间存在互动机制。闪电网络和Plasma的主要区别在于，并非所有参与者都需要上线更新状态，即使根区块链上没有具体的条目记录，参与者也能参与其中——任何人都可以在不进行链上直接互动的前提下在Plasma上放置资金。在以树形格式构建这些Plasma链时，只需极少的数据就能确认交易（图4）。

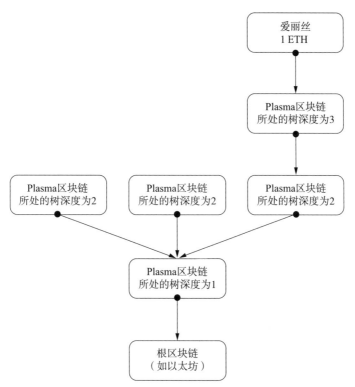

Plasma将区块链构成树。区块提交向下流动，退出请求可以提交到
任意父链，并且最终被提交到根区块链

图4

　　我们构建的这个机制类似于"法院"系统。如果说闪电网络是对最终可在根区块链上执行的支付使用裁决层，那么相当于创建了一个包含更高和更低"法院"的系统。在非拜占庭状态下，该系统可同时满足可用性最大化和成本最小化的目标。如果某条链是拜占庭，其上的参与者可以选择前往该链任一父链（包括根链），以继续运行或以当前已提交的状态实现退出。我们没有（以撤销的方式来）执行不断递增的随机数状态，而是构建一个欺诈证明系统来执行这些链层的余额和状态转换。

　　实际上，我们可以创建只会定期提交给父链（然后流向根区块链）的状态转换。这种方式可以极大地扩展计算和账户状态的规模，因为可以在拜占庭条件下只将原始数据提交给父（或根）链。如此，从局部拜占庭条件下恢复的成本将会降至最低，因为参与者可以直接前往Plasma父链以执行状态。

　　这一子链在根链（如以太坊）之上运行。从根链的角度来看，子链只能看到定期的提交信息，并且代币被抵押在合约中以执行权益证明共识规则和区块链的业务逻辑。

　　这种方式极度有利于实现区块可用性最大化和持有者的加密货币验证风险最小化。然而，由于不是所有的数据都会被广播给所有参与方（只有那些希望验证某特定状态的参与方才会接收广播），参与方需要定期监控他们感兴趣的特定链以防止或惩治欺诈行为。一旦链中出现扣留区块攻击时，参与方需要迅速退出链条（图5）。

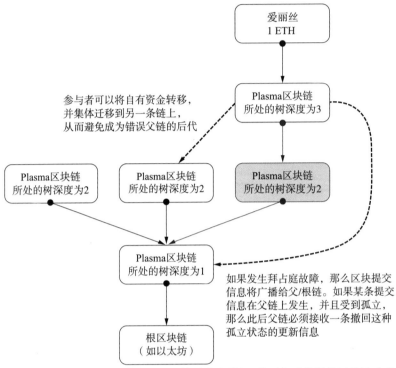

提交信息被直接广播至父 Plasma/根链（右虚线），从而绕过错误的区块链（有阴影的区块链）。所处树深度为3的 Plasma链中的参与者在一定时间后，集体迁移至另一条链（左虚线）

图5

　　在非拜占庭环境中，这种结构将区块链状态树进行合并，并对所有子 Plasma链进行更新。一个包含所有链上更新信息的集合可用一个带签名的32 Byte哈希来证明。

■ Plasma的权益证明

　　虽然单个验证者代表他人持有资金的做法相当有趣，但是我们采用了一个允许单一参与方运用一组验证者来执行状态的方法。这种情况常见于要求进行ETH抵押或其他代币（如ERC-20）抵押的权益证明框架中。

　　这个权益证明系统的共识机制是在一个运行于区块链上的智能合约中执行的。

　　我们试图使用权益证明担保机制来实现中本聪共识内的激励模式。我们认为参照中本聪机制构建的一个非常有用的激励机制是，它能够通过极其有效的经济激励来最大限度地遏制扣留区块攻击。这是因为领导者只能被概率性选出。这些领导者都是随着时间的推移（在初始实现中为6个确认）被概率性获悉的。当某人发现某个区块时，他很有把握自己极有可能就是这个领导者，但他并不能百分百肯定。为了确保自己就是领导者，这些人将自己的区块传播给网络上的所有参与者以实现其当选概率最大化。我们认为这是中本聪机制的一大贡献，因此，希望重现这一激励机制。

但这也是权益证明联盟所面临的困境：如果某人进行直接的领导者选举，那么大多数卡特尔进行扣留区块攻击（数据可用性问题）的可能性将被放大。

我们可以通过允许权益所有者在包含他们的新区块的已提交哈希的根区块链或父 Plasma 区块链上执行发布操作，从而减缓 Plasma 权益证明所面临的这个问题。验证者只能在经过他们充分验证的区块基础上实施构建。他们可以在区块上进行并行构建（以鼓励信息共享最大化）。我们构建的经济激励机制通过将更多的交易费用奖励给准确的代表性验证者，即让这些验证者代表最近的 100 个区块以匹配当前的押注比例（如果某人投资的币占3%，他们就占过去 100 个区块的 3%）。（权益所有者的次优行为所导致的）盈余费用将转到池中，以支付未来的费用。每个区块都会存在一个包含过去 100 个区块的数据的提交信息（信息内还带有随机数）。一个正确的链端被定义为带有最高费用合计权重的链。一段时间后，区块将被最终敲定（图 6）。

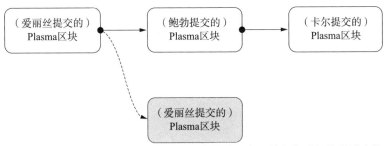

假定爱丽丝、鲍伯和卡尔是 3 位权重相当的验证者。他们都受经济激励来构建循环结构，以追求最大回报。这些提交信息被提交到父/根链。链端以过去 n 个周期内的区块的正确分发为依据，视最大权重得分而定（实线是当前的候选链端，虚线链端是孤儿区块）。次优链端会使盈余费用进入池中，以奖励未来正确性超过一定阈值（如 90%）的验证者。n 个周期后，假定实线链端已最终化

图 6

这一形式将出现参与者参与或遭遇中本聪共识内的 51% 攻击的状况。如果某条链受到扣留区块或其他拜占庭行为的攻击，那么非拜占庭参与者将在父/根区块链上执行大规模压缩提现。如果最高父 Plasma 链的保证金是以代币形式存在的，那么该代币的价值很可能会因为规模退出而大幅贬值。

■ 区块链即 MapReduce

```
Blockchain:git::Plasma:Hadoop(MapReduce)
```

通过构建 MapReduce 格式的计算，基于分层树的计算和状态转换设计工作就简单得多了。

MapReduce 提供了一个横跨数千个节点的大规模计算框架（图 7）。该区块链在计算规模方面也面临类似的问题，同时对计算证明的生成还有额外的要求。

本文提出一个方案，即让映射（Map）步骤包含用于计算的数据的提交信息作为输入，而在归约（Reduce）步骤，在返回结果时包含一个默克尔化的状态转换证明。默克尔化状

态转换是通过在根区块链上构建的欺诈证明执行的。当然，我们也可以构建关于状态转换的 ZK-SNARK 证明。对于某些计算结构，归约步骤中可能还需要一个关于状态转换的位图（这些用例中的每个 UTXO/账户需要使用的数据大小将超过 1 bit）。

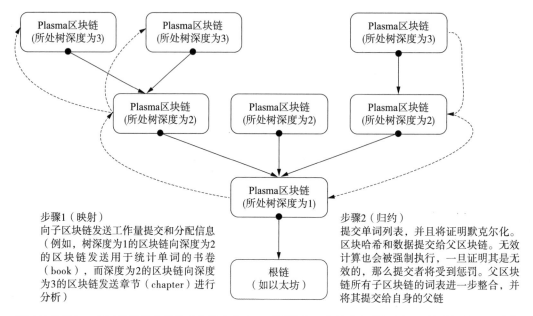

步骤1（映射）
向子区块链发送工作量提交和分配信息（例如，树深度为1的区块链向深度为2的区块链发送用于统计单词的书卷（book），而深度为2的区块链向深度为3的区块链发送章节（chapter）进行分析）

步骤2（归约）
提交单词列表，并且将证明默克尔化。区块哈希和数据提交给父区块链。无效计算也会被强制执行，一旦证明其是无效的，那么提交者将受到惩罚。父区块链所有子区块链的词表进一步整合，并将其提交给自身的父链

子区块必须向一定区块数以内的父区块提交信息，否则其将面临链停止的问题。区块数据向用于计算的子区块分配工作量。所处树深度为 3 的子区块链执行计算并返回一个词表（如在他们负责计算的章节中，单词 "Hello" 出现了 3 次，"World" 出现了 2 次）。词表的数据返回到父区块链作为提交信息的一部分，子区块链的词表合并后提交给父区块，最终成为全局词表（如整个文集包含 100 个 "Hello"实例和 150 个 "World"实例）。这种方式将创建出经济的规模化可执行计算，因为提交到根链上的一个区块头/哈希就足以包含非常多的数据和工作量。只有当某个区块是错误的时，网络才需要向根链发布无效性证明，否则其只需定期在根链上提交极少的数据

图 7

该结构在权衡时间或速度的情况下实现了极高规模的计算。这些取舍实际构造出这么一个网络：网络中的节点负责声明计算，并且参与者负责进行验证。这一方式并不意味着要构造一个任何人都可以无需信任地完全外包计算的系统，它只是将计算简化为带有保证金担保的证明。这些担保证明鼓励参与者诚实行事。这一做法遵循了闪电网络的原理：如果森林里倒了一棵树，并且无人倾听它发出的声音，那么可以假定没人会关心这棵树倒了是否发出过声音。同样，如果没有人去监督/执行计算，那么可以假定运算是正确的，或者其结果如何并无所谓。在开放网络中，任何参与者都可以监督计算，但在网络中持有余额和/或要求计算正确的参与者会定期监督链条以保证其正确性。Plasma 之所以具备可扩展性优势，是因为它使得人们不必监督不会影响自身经济状况的链，人们只需要监督自身想要对其执行纠错行为的链（图 8）。在其他 Plasma 链上的行为可以整合在一起作为归约步骤的组成部分，这样对参与者有影响的计算便可以最小状态表示。例如，在去中心化交易所中，人们并不关心哪个对手方下了什么订单，他们只需要看到一个合并的订单簿。因此，人们只需要将所有其他链视为一个对手方——尽管他们自己的链需要被充分验证以执行交易，并向正确的人（包括自身）按单成交。另一个例子是，人们可以在由 Plasma 链构成的树上

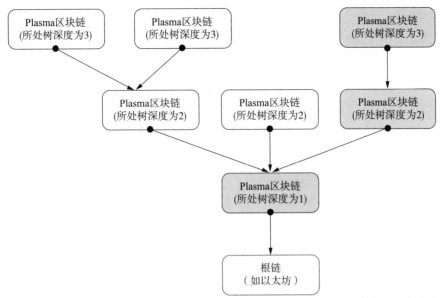

人们只需要监督其想要执行的数据。如果其他 Plasma 链上发生了不必执行的经济活动或计算，那么人们可以将所有其他链当作一个对手方看待。例如，在一个 Plasma 去中心化交易所中，人们只需要监督会对其提交造成影响的链（阴影部分）

图8

构建一个BBS，并且不需要接收自己不关心的主题的更新信息。

■ 关于持续去中心化自治区块链的经济激励说明

利用我们设计的结构，人们可以创造经济激励，以持续驱动子区块链运行。对于那些高度复杂或依赖状态转换的状态，原生代币（如以太坊的ETH）可用于对状态进行担保。然而，对复杂合约而言，因为需要保证系统的活性和订单的公平性，所以可能会有很强的、可以驱动链条继续运行的激励[8, 9]。

每条Plasma链都以一组合约表示。这些合约执行特定链条的共识规则。与此同时，如果链条上的参与者能够出示欺诈证明，那么具体的欺诈行为将受到严重惩罚。

然而，为了激励人们拒绝做出拜占庭行为，特别是关系到正确性和活性的时候，为每个合约分别创建一个代币可能会是理想之选。这一代币代表着网络运行合约的效力，同时创建激励以实现合约安全性的最大化。由于Plasma链需要代币来保护权益证明结构中的网络，所以权益所有者将受到经济激励以抵制拜占庭行为或错误，否则其代币价值将遭受损失。代币的作用是确保验证者做出损害代币价值的错误行为时，这一作恶成本将报应到其本身。

利用诸如基本合约账户代表其用户持有资金等简单的合约和业务逻辑，以太坊担保可以反映具体Plasma链上的押注。

参与抵押（无论是其他代币还是ETH）的权益所有者会有动力继续运营网络，因为他们能够在运营网络的过程中收取交易费用。这些交易费用将被支付给网络中的权益所有者，进而鼓励非拜占庭行为并为代币创造长期价值。

由于权益所有者有继续运营网络并收取交易费用的动机，他们将持续运行该链，并受到在根区块链上的合约所定义的欺诈证明的制约。

设计栈和智能合约

一直以来，很多人认为区块链最佳的用途是发挥类似全额结算系统这样的交易性支付用处。然而，全额结算系统难以扩展已不是什么秘密。净结算设计（如闪电网络，一个支付通道网络）通过改变结构以允许参与者之间进行近乎无限次支付。由于通道是在区块链上净结算的，所以交易能力大幅提升，并且支付可以在这些通道网络上路由传送。

这一结构还支持高效的瞬时付款。这一特性不仅对对时间高度敏感的支付至关重要，对合约也一样。

Plasma的设计不求快速达到最终化，即使交易在子链中被快速确认，它还要在底层根区块链中最终化。通道必须具备对支付和（在链上可执行的）合约进行快速本地化确认的能力。

关于智能合约，还有一个自由选择问题，即智能合约要约的接收方（第二个或最后一个签名者）签署并且广播此合约以令其执行——在此期间，合约的接收方可能会将此视为一件可以自由选择的事情，并且可能因为自己对此活动不感兴趣而拒绝在合约上签名。但考虑到智能合约在对待不可信任的对手方时的有效性（这会导致交易对手风险最小化，进而导致信息成本最小化），上述做法可能会加大交易对手风险。

Plasma自己无法解决这个问题，因为区块链交互协议的第一个和第二个签名步骤的原子性是没有担保的。

借助闪电网络（包括基于Plasma的闪电网络），我们可以在本地化确认的基础上执行超快的更新（图9）。比起执行最后一方可选择的单笔支付，选择将一笔支付拆分成众多小笔支付。这一方法使得最后一方对每个片段的金额的选择最小化。由于智能合约的第二方只对片段中金额有自由选择权，所以自由选择权的价值也被降至最低。

在上述的用例中，闪电网络可以作为在Plasma上用于快速金融支付/合约的主接口层，因为Plasma允许只用最小的根链状态提交信息来进行账本更新。

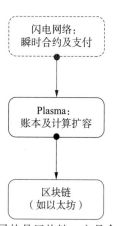

位于根层的是区块链，它是合约和支付的裁决层。合约本身位于根区块链。Plasma链包含当前的账本状态，这一状态可以在根区块链上结算和赎回。欺诈证明的存在是为了允许资金被赎回。Plasma实际是一个由众多Plasma链嵌套的集合，该集合创建了一个通过最小区块链交易，以可扩展方式提取资金的场所。顶层是闪电网络，它允许跨Plasma和区块链以实施瞬时支付

图9

■ 在分片中，最重要的问题是信息

当数据集被分片之后，单独分片拒绝披露信息的风险很大。这将导致欺诈证明无法生成。

我们尝试采用3个策略来解决这个问题。

1. 采用一个新的权益证明机制来鼓励区块广播。

其底层机制并非完全依赖于经济激励的纠错功能，但这应该能显著减少错误行为。

2. 采用明显的提现延迟机制，以确保提现证明的准确性。个人无须频繁地监督 Plasma 链，任何位于相同 Plasma 链上并作为用户的诚实参与者，都可以在根区块链上阻止更高一级的 Plasma 链上的欺诈。若发生扣留区块事件，Plasma 链可以立即凭借相关证明来锁定资金，防止攻击者提交伪造的提现证明。如果攻击者试图提取高于其限额的资金，那么更多的资金将会被锁定，发起攻击的 Plasma 链将失去其保证金。

3. 支持创建子链，从而使得交易可以在任何父链中传播。为了让交易在尽可能多的父链中传播，网络中的参与者将希望把交易提交到更深的子链。对于那些经济上无法支付根区块链上的高额交易费的较小余额，这种方式将提高其经济效率，由此实现小余额资金的转账。因此，人们将被鼓励去创建包含有效值的深度嵌套子链。需要注意的是，对于那些持有资金小到难以应对根区块链交易费用的人，还存在依据链条声誉进行挑选的难题。不过，众多深度嵌套的链条的存在缓解了这一问题。Plasma 链的新颖性主要体现在这个安全模型上。

相关工作

一些相关项目提出使用包含归约步骤的默克尔树作为计算证明。然而，这种方法主要关注的是数据可用性，并且鼓励以欺诈证明为中心实现成本最小化。该方案内还包含一项协议，该协议通过某个包含众多内置经济激励的、持续的分片链组来管理这些问题。

还有其他相关项目提出使用子链系统的方案，方案间的差异比较悬殊。

Plasma 使用默克尔证明来执行子链。

■ TrueBit

Plasma 对欺诈证明的依赖程度与 TrueBit 很相似[10]。其欺诈证明结构也与 TrueBit 类似，几乎所有由 TrueBit 执行的工作都可以直接应用到 Plasma，特别是关于状态转换的默克尔化证明的工作。

TrueBit 的设计允许参与者创建压缩证明以提交给以太坊区块链，这一设计对 Plasma 而言是很有必要的。因此，几乎所有由 TrueBit 团队及相关论文承担的艰苦工作都可以直接应用在此设计中。验证博弈——具有生成默克尔化证明的功能——的使用能够进一步降低计算规模。与 TrueBit 类似的假设在此依然适用，即计算状态必须是可计算且可在线广播的（大片数据必须经过多回合拆分）、数据可用性问题必须得到缓解并且故障必须披露。我们试图弱化这些问题，特别是后两者。

Plasma 想要在 TrueBit 上构建的主要目标是，实现需要在共享状态下计算的多方参与者概念。例如，一组参与者仅关心特定数据和计算的一个子集，并且只需要计算与自身相关的方面的内容（如 BBS 或交易所）。我们还打算经由链下执行场所来弱化计算回合的执行问题。

■ 区块链分片

当前的区块链分片工作[11]所用的技术和目标大致相似，如以太坊的分片方案。该结构可以作为更高层与Plasma兼容。如果根区块链被分片，那么Plasma链不仅可以在其上运行，同时还能从中获得更高的可扩展性且发挥其他优势。Plasma也可以作为不同分片技术的测试平台，因为不管是对以太坊，还是其他状态丰富的区块链来说，Plasma的基本操作不会造成共识的改变。

■ 侧链联盟

Plasma不是一个侧链联盟[12]，因为它不依赖联盟以实施诚实的活动，也不完全依赖受信任的参与者在链中执行状态。Plasma还将账本状态外化到另一条区块链上，从而允许使用相同的原生币/代币。尽管如此，一旦欺诈证明被证实有效，Plasma同样会实施可执行验证。Plasma并不依赖强大的参与者联盟，因为信任这些参与者的正确性将带来巨大的风险，因此Plasma不是与联盟挂钩的侧链。

驱动链[13]与联合侧链大致相似，但其验证者是一个未知且不断变化的参与者（矿工）集合。相比之下，驱动链去中心化程度更高。

■ 合并挖矿的区块链

以域名币为例，其通过使用父区块链来创建并发区块[14]。这种做法以对区块链进行完全验证为前提，因此不具备可扩展性。扩展区块属于合并挖矿链的范畴，后者允许资金在主区块链和合并挖矿的链条之间转移（伴随有全矿工集合作为根链上的共识规则的执行机制）。合并挖矿链不仅允许创建新的共识规则，还允许进行用户选举从而使用户只验证自己关心的链，但矿工/验证者必须验证所有的链。Plasma的目标是确保只有用户和矿工才需要验证与自身相关的链。

■ 树　链

树链[15]主张使用树形结构的区块链，并通过使用工作量证明在子区块中对其进行验证。根链拥有所有子区块链的总计工作量证明。越低级的栈具有越高的安全性，但是越高级的栈是否取决于验证和工作的级别则不一定。虽然树链的拓扑结构是树形结构，但其结构依赖于经由分支求和的挖矿安全性。在这个安全模型中，叶子的安全水平较低，因为它是受工作量证明保护的。Plasma正好相反，其挖矿是在根链进行的，因而安全性更高。与此同时，其安全性和证明是从根部流向分支的。构建区块证明的工作与搭建树形结构的做法类似。

■ ZK-SNARK和ZK-STARK

非交互式计算证明为实现可扩展计算提供了巨大优势[16]。ZK-SNARK/STARK和其他形式的非交互式压缩证明与Plasma互补。单个证明可以随默克尔化计算的结果共同提供。此外，还有其他优势，如可以减少当子Plasma链中持有微小余额时可能遭受的系统性攻击。关于如何在MapReduce功能中应用SNARK的研究已经开展[17]，我们不仅希望使用这项研究的成果，同时希望让Plasma通过在一组区块链内实现可排序、可执行的证明来进一步扩展这项研究。

非交互式证明的进一步好处包括计算证明。计算证明不仅可提高同步速度，同时还能验证链条本身。请注意，ZK-SNARK不能解决有关数据可用性的问题，其只能减少数据要求量和计算量。ZK-SNARK可以充当任何基于时间的声明/挑战机制的替代或补充。ZK-SNARK还可以发挥深入防守的作用。如果说最后一道防线是在不依赖任何酷炫密码学的前提下使用区块链，那么第二道防线可以是ZK-SNARK，而第一道防线是受信任的计算硬件。

ZK-SNARK可以为Plasma链提现过程提供保护。这样做的好处在于不必强求选择位图，从而实现小余额资金转移。

■ Cosmos/Tendermint

Cosmos[18]在Cosmos中枢中进行区块链排列，并且通过一个权益证明系统对子区块链区域进行验证。其子区块链结构与Plasma非常相似，但是Plasma依赖于通过构建欺诈证明来执行子链中的状态，并被泛化以适用于众多链条。Cosmos的权益证明结构假定验证者中诚实的大多数占2/3，其中包括其Cosmos区域的验证者。

■ Polkadot

Polkadot[19]也构建了一个区块链层级结构。Plasma与Polkadot的设计也有少许类似。比起Polkadot通过"渔民"验证者来确保区块正确性的结构，Plasma构建了一系列通过默克尔证明来执行状态的子链。此外，Polkadot结构依赖于由"渔民"执行的子链（平行链）的状态和信息可用性。

■ Lumino

Lumino[20]专为EVM合约而设计，更新信息以压缩形式存在于区块链上。这种方式使得参与者只需更新最小提交状态。而Plasma的输出管理设计则更进一步，其只用一个位来代表一个特定的输出。如果出现子Plasma链故障，这种设定可以支持快速且低成本的规模提现协调。

多方链下状态

我们的目标是构建一种方法——这种方法允许参与者在没有有效链上状态时，持有以特定区块链内的原生币/代币表示的资金。Plasma开始模糊链上和链下之间的界线：其到底是链上分片还是链下分片？

此外，建立链下多方通道有两个共同的问题。首先，当系统需要进行更新（或对全局状态更新的可用性进行折中）时，需要在所有参与者之间同步状态更新，因此所有参与者必须在线。其次，添加和移除通道中的参与者需要进行大规模的链上更新，并穷举所有被添加和移除的参与者。

我们认为最好的方法是构建一个机制，通过这种机制可以在无需大量根链状态更新和内部状态更新的情况下，添加和移除众多参与者，并且不需要所有参与方都参与。参与者只有在自己的余额被调整或探测到拜占庭行为时才进行参与。

普遍的结构是使用一条子链。这条子链负责保存余额信息，同时这些余额在根链（如以太坊）上的智能合约内反映。智能合约的余额被表示并分配到子 Plasma 链中已被敲定的区块的余额中。这样，我们就可以让参与者在子区块链中持有原生币，同时在根区块链上充分反映余额，以支持争议调解期后的提现需求。

为了实现这一目的，我们为账本构建了 UTXO（Unspent Transaction Output，未花费交易输出）模型。虽然这不是一个明确的要求，但如果将其与快速提现相联系，那么这个问题就容易理解了。根据 UTXO 模型的原理，想要简明地反映某特定状态是否已被花费是很容易的。这一点可以表示在前缀树内用作默克尔化证明，以及作为可被其他人解析的紧凑表示的位图。换句话说，智能合约是在根链上的账户中进行的，而 Plasma 链则维持了一个余额的 UTXO 集合用于分配在根链账户中持有的余额。对于那些对于状态转换没有明显的要求的子链，可以使用账户模型来处理更复杂或更频繁的状态转换，但是这种方式对父链的区块空间可用性的依赖性比较大。

现在，我们假设某个单独的区块领导者选择了某条子 Plasma 链中的某个区块。可以将其构造为权益证明集合或者已命名的预设 M 取 N（N-of-M）验证者，但在这些例子中，为简单起见，我们仅使用单个已命名验证者。验证者的作用是提出用于排序交易的区块。验证者/提议者受到根区块链合约中构建的欺诈证明的限制。如果他们传播一个无效的状态转换的区块，其他任何接收该区块的参与者都可以在父区块链上提交一个默克尔化欺诈证明，从而实现无效区块的回滚，并对作恶者施加削减惩罚。

这些区块被广播给那些希望观察这些区块的参与者，包括持有余额或希望在单条 Plasma 链上观察/强制计算的参与者。

一方面，维护链下状态的保证金的复杂度很小。但另一方面，状态转换和提现也增加了复杂度。

■ 欺诈证明

子区块链中的所有状态都通过欺诈证明执行，这些欺诈证明使得任何一方都可以执行无效区块，并假定区块数据的可用性。

然而，这种结构中最大的困难是，数据/区块可用性没有明确的保证。

在根区块链（如以太坊）中存在一组欺诈证明——这些证明可以确保当区块数据可用时，所有状态转变都是有效的。对于复杂的计算，状态转换必须被默克尔化，以实现有效的验证（图10）。

此外，状态转换也可以通过 ZK-SNARK/STARK 来执行。ZK-SNARK/STARK 的使用能够保证不当退出的无效性。ZK-SNARK 结构可能需要通过递归 SNARK 以发挥最大效用，因此其实现的可能性还需要作进一步研究。然而，按照设计，此系统不需要搭配 SNARK 就能进行独立工作。

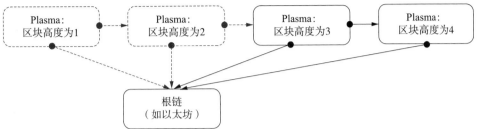

每个人都有高度为 1～4 的区块的数据。4 号区块中的默克尔化提交信息以及来自前一个区块的数据证明：4 号区块的已提交状态转换具有欺诈性

图 10

欺诈证明确保所有状态转换都得经过验证。欺诈证明的例子包括交易支出证明（资金在当前的 UTXO 中可用）以及状态转换证明（包括检查特定签名是否具备花费输出的能力，有关跨区块打包 / 排除的证明以及抵押 / 提现证明）。有些较复杂的证明还需要交互博弈环节辅助。普遍的结构是采取函数性方法来处理区块验证。如果有人用 Solidity 语言来编写这种共识机制，那么被验证的区块的默克尔证明的每个函数都会有一个额外的输入，同时输出将返回验证是否有效。然后，任何人只需复制共识验证码，就可以以压缩默克尔化证明的形式对其进行处理（从而不需要处理整个区块以生成欺诈证明）。

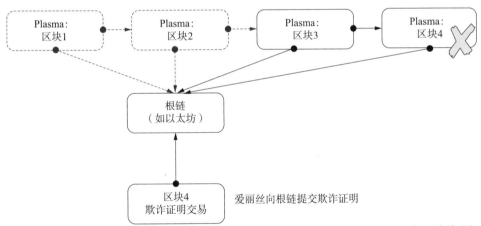

爱丽丝向根链提交欺诈证明

爱丽丝拥有所有区块数据的副本，因此她在根链上提交了欺诈证明。区块 4 被判断无效并进行回滚。区块 4 的提交者受到惩罚，并失去了智能合约中的保证金。当前区块变成了区块 3。在约定的时间过去之后，区块被最终敲定，并且参与者无法再提交欺诈证明。后续参与者只能通过充分验证区块来将活动构于不会被证伪的区块上

图 11

为了让这个结构拥有最小证明，所有区块必须提供一个提交到当前状态的默克尔化前缀树、已花费输出的前缀树、交易默克尔树以及被修改的先前状态的索引的提交信息。

欺诈证明确保参与者联盟无法在不受惩罚的情况下创建欺诈性区块。如果欺诈性区块在根区块链（或父 Plasma 链）上被检测出且被证实，那么无效区块将被回滚。这一机制鼓励个体参与者抵制拜占庭行为，从而解决了与联盟挂钩的比特币侧链中存在的状态转换脆

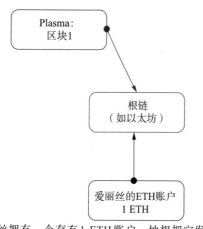

爱丽丝拥有一个存有 1 ETH 账户，她想把它发送到 Plasma 区块链中。于是她将其发送到 Plasma 合约中

图 12

弱性问题。

这一系列综合的结果：Plasma 区块链在执行高度可扩展的状态转换的同时，确保了有权访问区块数据的观察者能够证明（并因此能够阻止）无效的状态转换。换句话说，只有在根链上存在定期信息提交的前提下，这条链上才能发生支付行为。

■ 保证金

来自根链的保证金直接发送到主合约中。这（些）合约负责跟踪当前状态的提交信息、使用欺诈证明对无效的提交信息进行惩罚以及处理提现请求。由于子 Plasma 链是根链的完全验证者，所以我们必须使用两阶段锁定来处理即将到来的交易（图 12）。

保证金必须包括目标链条的区块哈希以指定目标子链，并通过多步骤过程以确保原生币不可恢复。

1. 将原生币/代币（如 ETH 或 ERC-20 代币）发送到根链上的 Plasma 合约中。原生币可以在为挑战/响应而设定的时间段内被恢复。

2. Plasma 链包含一个即将到来的交易的证明。此时，Plasma 链实际是在承诺交易即将到来。当存款者发起一笔锁定交易或者产生一个支出事件时，前述的余额变得可被花费。当上述已被包括，区块链将遵守提现请求。然而，目前还没有确认存款者是否有足够的信息来产生欺诈证据，因此存款者尚未提交信息。这一区块包括状态树、位图和交易树，由此拥有一个正常包含的压缩证明。

3. 存款者签署一笔子 Plasma 链上的交易，以此激活这笔交易。其中，签署信息包含一条提交信息，该信息声明他们已经在第二阶段通过链条的提交信息见证过指定区块。这个阶段的作用在于，让存款者证明他们有提现资金所需的足够的资料。

在此过程后，链条承诺过他们将处理这些币并进行分配。因此，提现将被紧凑地证明。在第三阶段，用户将能够证明他们可以提现这一事实。

如果存款者没有通过第三阶段，那么其可以尝试在根链上进行提现（图 13）。存款者提交未确认的提现请求，并且必须多等待一段时间以便网络上有人出示说明存款者已经签名并且锁定 Plasma 区块中的资金的欺诈证明。如果没有人出示欺诈证明，那么存款者就可以提现未确认的资金了。这类提现需要在根链上抵押数量可观的保证金，以确保不会出现拜占庭行为。

■ 规模提现和位图状态

这个系统的主要问题在于，我们无法验证状态。

为了能够最大程度地压缩交易的状态，可以选择在位图中表示输出。这一方案对于因

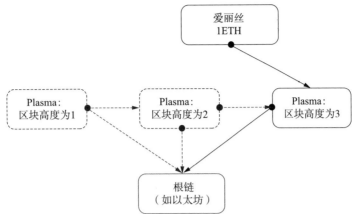

爱丽丝现在在Plasma区块中有1 ETH。她承诺自己见证过这笔资金并且这笔资金当前被锁定了。资金由根链上的智能合约持有，但账本记录保存在这条特定的Plasma链上（由此状态转换，如发送资金到另一个智能合约，可以在大幅降低根链消耗的前提下发生）

图13

为成本过于昂贵而无法在根链上执行的提现证明是非常有用的。这种结构的目标是允许参与者在Plasma链上持有小余额资金。这些余额在根区块链上的合约中全额保留，但完整账本并不在区块链上。我们首先需要减免的攻击是被扣留的无效区块（提交到根链）。若系统观测到无效的状态转换，那么参与者将执行规模化交易退出。

利用位图这一结构，每笔提现将包含一个希望退出的已签名交易的位图。此外，我们还将构建一个博弈环节/协议，该博弈环节/协议由智能合约执行以确保信息无误。位图的存在确保每个人都能够判断什么输出被花费。

由于这是一个位图，因此状态需要以未花费交易输出数据结构（UTXO）的形式表示，以实现小额余额效用的最大化。花费行为可以被压缩证明，同时大量的状态转换也可以清晰地执行。在预定义的结算时间段之后，这些（比特）位可以被重用。

以下是从高成本、高保证性到低成本、低保证性的梯度变化。

1. 账本状态在根区块链上。

2. 账本状态在Plasma上，执行单笔交易具备经济可行性。

3. 账本状态在Plasma上，使用位图（花费1~2 bit的成本）来执行交易具备经济可行性。

4. 账本状态在Plasma上，在根链上使用位图来执行交易。但这种做法不具备经济可行性，因为1~2 bit比特的规模提现成本太高。

对于那些持有可以在主链上强制执行的余额的人，他们没有必要使用UTXO位图格式。然而，对于这些持有余额的人，如果在根链上1~2 bit的交易费用/燃料足够低，那么强制执行也是可行的。

在第4种交易中（进行规模提现时，1~2 bit的链上成本太高），系统仍被设计为具有弹性（尽管某些假设称已命名实体是可靠的）。本文的后续部分描述了一种层级化的区块链结构，该结构可以创建众多场所以使参与者更经济地进行规模提现。如果第4种交易的总价值明显低于代币的价值，那么从理论上来说，攻击这些余额的成本可能十分昂贵，因为代币持有者还将遭受声誉损失。

■ 状态转换

默认情况下，Plasma链中的状态转换与保证金的多阶段过程类似。这是为了确保用户有可用的信息来提供状态转换。然而，与保证金结构不同，一旦交易被签名并被包含在某个区块中，那么链内就需要一个表达参与的提交信息。为此，状态转换应包括签名、状态更新（如目的地、数量、代币和任何其他相关联的状态数据），以及某种类型的表达使用期限的TTL和一条针对特定区块的提交信息。这里面的TTL虽然不是必需的，但应该小于构建退出证明的时间，以保证相应的退出情况是可知的。当然，预签名的交易不应该包含TTL。这种结构满足弱活性假定，因为提现本身还需要满足关于深度重组的活性假定。区块的提交信息由花费者负责提交——该实体在Plasma区块链上广播交易，并且他已经观察到链条达到了指定状态。与此同时，这一实体必须在包含输出被花费这一事件发生的信息的区块之后，才可以强制执行证明。

快速最终化的多阶段提交流程如下：

1. 爱丽丝希望将她在Plasma链中的输出支出给位于相同Plasma链中的鲍伯（没有在区块链上提交完整的交易记录）。她创建了一笔交易，并将她的其中一个输出支出在Plasma链中，然后签名并广播交易。

2. 交易被Plasma链的验证者包含在区块中。区块头作为区块的组成部分，被包含在父Plasma链或根链中，最终被提交并打包到根链中。

3. 爱丽丝和鲍伯观察到这笔交易，并签署确认信息以确认他已经看到此交易和区块。该确认信息在签名被包含在另一个Plasma区块中。

如果是慢速最终化，则只需要进行第1步。

在确认信息完成后，交易即被认为已最终化。第3步之所以存在，是为了通过参与者（爱丽丝和鲍伯）来保证区块可用性。第3步不是必需的，但没有第3步会导致最终化进程严重延迟。其原理是，在区块的有效性和信息的可用性可以被与交易相关的所有参与方证明之前，交易不应被视为已最终化。

如果区块在完成第1步之后被扣留，那么爱丽丝不清楚她的交易是否已被花费。如果交易已经被包含在某个区块中（无论是否被扣留），并且第3步也未完成，则将其视为未确认。因此，如果爱丽丝还没有签署提交信息，只要她在根/父链上的提现消息发生在区块最终化之前，她仍然可以提现这些资金。爱丽丝不能在区块最终化之后提现资金，因为此时区块已被假定发送给鲍伯了。如果区块在最终化之前被扣留（在第1步和第2步之间），并且爱丽丝和/或鲍伯观察到了这一点，那么爱丽丝可以取出她未被最终化的资金。如果区块在第2步之后、第3步之前被扣留，那么我们将认为鲍伯有足够的信息来提现资金，但由于爱丽丝和鲍伯都没有完全对支付过程进行承诺，所以这个过程将被认为是不完整的。此时，理论上任何一方都可以获得资金——这不过取决于各自信息的可用性。如果双方在第3步签名，那么我们认为这是真正的最终化。支付到合约哈希[21]的执行发生在此步骤完成以后，更确切地说，是在签名在链上被可证地观察到的时候。如果一方拒绝签名或区块被扣留，则必须以赎回证明为准。由于所有状态最终经由默克尔证明被提交到链上，因此会减少对支付到合约哈希的依赖——因为在最终化之后，支付是可证且可执行的。

需要注意的是，第3步执行与否可以取决于智能合约而非双方签名，即状态可以通过之前预设的HTLC释放。这种方法将实现多链或多交易原子性。创建合约的复杂度可能会增加，如果需要这些特性，可能需要编写更高级别的语言/工具来解决这个问题。

■ 对根链的定期提交

Plasma链必须能够创建区块链的顺序。在Plasma链中，区块内有排序，但这些区块并未被证明，也未自行排序。因此，有必要在根区块链上创建一条提交信息。Plasma链在根链上发布其区块头，并且该区块头由欺诈证明来执行。如果所发布的欺诈性区块头对其他参与者来说具有数据可用性，那么任何其他参与者都可以发布欺诈证明以及提交信息。此后，区块将会回滚，并且欺诈信息发布者将受到惩罚。

这些提交信息将生成唯一的真正的排序，参与者无须担心后续会出现模棱两可的状况。如果有人尝试模糊这个排序，那么其他参与者就可以出示充分的欺诈证明，从而惩罚作恶者。在一段时间之后，区块被最终敲定。只要根区块链也达到充分的最终化程度，那么这些区块将不能重新排序。

■ 提 现

Plasma允许人们脱离根区块链存入原生币和代币（即ETH和ERC-20代币）资金。只要信息具有可用性，它还允许本应由根区块链执行的状态在Plasma链内进行状态转换。如果信息不具备可用性，那么参与者将需要在此Plasma链上执行规模退出。最终，参与者也可以简单地取出其在Plasma链中持有的资金。

然而，在常规情况下，参与者可以执行简易提现操作。

▊ 简易提现

执行简易提现时，参与者只能取出已经被提交到根链中，并且最终在Plasma链上敲定的资金。

关于保证金设计、通过压缩格式表示账本状态以及状态转换的问题，上文已经描述过。直到这个阶段，除了欺诈证明，根链上还没有发布过当前的Plasma链的账本状态。尽管如此，在提现时，还是需要一个具体的证明以反映当前在Plasma链中持有资金。

提现是最关键的部分，因为它确保了根链与子Plasma链之间币种的可互换性。如果人们可以存款到Plasma链上，进行状态转换（如向其他参与方转账），其他参与方还能取现，那么Plasma链上的币的价值将与主链的币的价值一致。在某些情况下，Plasma的资金将变得更加有用，因为它具备更好的交易性能。与此同时，安全性还是最终取决于根链。

简易提现时，所有资金都需要进行大型担保，并且所有提现请求都必须包含大型担保作为欺诈证明。如果当前区块数据可用，那么第三方可以非常低的成本提供相关证明，因为第三方服务可以验证Plasma链的存活状态，并确保提现证明是有效的。

Plasma链上的所有参与者必须验证所有父Plasma链和根链，以确保在进行更新状态时，特定账户/输出中不存在正在进行的提现操作。如果提现正在进行中，后续的区块将不能支出原生币/代币。这里发生的一切拜占庭行为都违反了共识，并且受到根链中Plasma合约的欺诈证明、惩罚机制和区块逆转的影响。

提现过程依照以下步骤执行。

1. 一个已签名的提现交易被提交到根链或父Plasma链。被提现的金额必须是全部输出（无部分提现）。多个输出可以被提现，但它们都必须位于同一Plasma链内。输出的位图位置作为提现的一部分被公开。与此同时，还需要额外的保证金作为提现的组成部分置入，以惩罚虚假的提现请求。

2. 存在一个预定义的超时期限以提交争议。这一过程与闪电网络的争议时期相似。在这种情况下，如果任何人可以证明被提现（大多数情况下，到根链上）的输出已经被花费，那么提现将被取消并且用以担保提现请求的保证金将被罚没。任何观察该链的参与者都可以提出争议。如果有人出示针对被花费的输出的欺诈证明，那么保证金将被罚没，提现取消。

3. 存在第二次延迟，以等待其他具有较低区块确认高度的提现请求从超时中恢复。这将强制人们依照某条特定的Plasma链或根链的顺序取款。

4. 如果Plasma智能合约中定义的约定争议期限已经过去，但根链或父链上没有欺诈证明，那么我们则推定该提现操作是正确的，并且提现者将能够在根链/父链上赎回他们的资金。根据UTXO/账户年龄，提现按照从旧到新的顺序进行处理。

请注意，只要经济上可行，即使在Plasma链中发生扣留区块攻击，也可以进行提现。

欺诈证明仅要求网络内的人证明在同一笔输出存在重复签名的花费，这一点可以被压缩证明。对于闪电网络和其他状态通道，我们还必须额外证明一个更高的随机数。对于通道，如果尝试使用较低随机数进行提现，那么资金将保留在Plasma链中，只要存在正确的签名就可以进行提现。也可以采用其他结构，但这一部分的设计可能需要作为创建Plasma链的智能合约欺诈证明的一部分进行预加载。

由于正常的提现是一个缓慢且昂贵的过程，它们很可能被合并成一个提现。也或者是，其他人更愿意使用闪电网络或原子交换[22]来交换其他链上的币。

▌ 快速提现

快速提现与简易提现的结构相同，但资金会被发送到进行原子交换的合约中。在进行交换时，根链/父链上的资金会存在一个低时间锁；而对于退出Plasma链条的资金，则存在一个高时间锁。

快速提现不等同于即时提现。然而，只要Plasma链不做出拜占庭行为（包括进行区块扣留），快速提现有助于显著缩短提现时间，即提现时间相当于提供交易最终化所需的时间。因此，在发生扣留区块攻击期间，链条上无法进行快速提现交换。相反，其应该发出缓慢的规模提现请求。

快速提现依照以下步骤执行。

1. 爱丽丝想把资金提现到根区块链，但不想等待。为了方便，她愿意支付时间价值。拉里（流动性提供商）愿意以服务形式提供这种便捷。爱丽丝和拉里协调以提现至根区块链。该Plasma区块链被认为不会做出非拜占庭行为。

2. 资金被锁定到关于Plasma链特定输出的某个合约上。这与普通转账过程类似，因为双方都要广播交易，然后提交其在Plasma区块中已看到了的交易。合约的条款是，若合约在根区块链上被广播并且已被最终敲定，那么支付将通过Plasma链进行。如果不能提供交易证明，那么爱丽丝可以赎回这笔资金。也可以让爱丽丝生成一个原像来构建一个HTLC，并且仅在她认为可以接受并且资金被转移时才进行释放。

3. 在上述Plasma区块被最终敲定，并且拉里确信自己能在满足合约条款的情况下赎回资金之后，拉里创建了一个链上合约，以向爱丽丝支付指定数额（该数额为应收账款减去服务费用）的款项。

在我们的示例中，流动性提供商拉里必须在线并且充分验证Plasma区块链以后才能接受这笔交易。若拉里不能充分验证Plasma链（或者不熟悉根链中定义的智能合约欺诈证明），那么他就不应该进行提现。若拉里不想要该Plasma链上的资金，而想要根区块链上的资金，那么他可以在这一切完成之后发起提现，或者进行原子交换并将其作为提现本身的一部分。

在多数情况下，在Plasma链上与流动性供应商进行网络结算更具成本效益。转账可以在Plasma链上通过闪电网络或者原子交换来支持快速最终化。

由于这是一种跨链的原子交换，爱丽丝和拉里并未给予对方资金的保管信托。爱丽丝将她的资金置于根/父链之上，而拉里将能够在今后的某个时刻完全访问根/父链。假设区块成本较低，并且根区块链确保不会做出非拜占庭行为，那么即使拉里不信任Plasma区块链本身，他也有把握自己能收到这笔资金。

■ 对抗性规模提现

尽管对抗性规模提现交易存在于Plasma框架之内，但这并不是协议所必需的，其设计主要是为了在扣留区块的情况下，保证状态的经济健壮性（较低的燃料/费用）。如果有人希望使用Plasma链内部的账号状态，那么他也可以依赖于其他设计，如支付层级。此外，请注意这里使用了UTXO模型，但该系统仅在根链使用账户模型的情况下才能有效工作。再者，如果规模提现不是必要或想要的特性，那么在Plasma链中使用账户模型来持有资金是可能的，同时我们只允许简易提现（使用一个递增的序号）。

由于Plasma设计的主要出发点涉及作恶者发起扣留区块攻击，以阻止欺诈证明（以及数据可用性缺乏时所造成的其他后果）的状况，因此需要减少数据不可用所造成的影响。当Plasma链上的用户检测到区块无效时，对参与者来说，其需要在某个时间之前退出链条。在参与者未能及时退出链条的情况下，其后果与闪电网络中不对错误提现提出异议类似。这个机制是保证Plasma区块链操作正确性的关键。Plasma依赖于一个事实，如果用户通过扣留区块行为检测到拜占庭行为，那么该用户有责任退出Plasma区块链。其原因是，在根链上检测某个区块是否处于被扣留的状态是不可能的（要么用户声明他从来没有接收过这个区块，要么Plasma链可以断言该用户拒绝承认该区块的可用性，并且这个用户在说谎）。也就是说，通过花费声明数据不可用的成本来实现链上当前状态的透明化（这也是闪电网络在做的事情）。然而，对于大区块和状态转换，这个成本将会变得异常昂贵。不过Plasma并不使用这一结构，因为在这个结构中，支付这些费用的主体尚不明确。相反，

Plasma 假定，如果用户认为 Plasma 链在对抗性地扣押区块，并且可能影响今后执行状态转换的性能，那么参与者应当尽快退出该 Plasma 链并进入下一条 Plasma 链。

这就是对抗性规模提现的定义范围。如果区块不可用，那么我们就可以假定 Plasma 链处于对抗或拜占庭状态。规模退出确保了 Plasma 链的拜占庭行为在某个重要的时延和链停止期间，不会对参与者的资金造成影响。

我们也可能在未来额外使用 SNARK 技术来提升安全性，但具体设计仍有待商榷。假如根链上的观察者定期在线，那么结构并不依赖 SNARK 进行提现。然而，通过在 Plasma 链内实施状态转换，这种恶意攻击或拜占庭 Plasma 链通过进行对抗性地扣留区块以从那些并非定期观察 Plasma 链的观察者手中窃取资金的情况，可以被 SNARK 回路的安全性尽可能地削弱。在该案例中，它将需要 SNARK 证明进行状态转换和提现，以进一步提升状态转换的把握。然而，Plasma 的目标是不依赖于 SNARK 就可以做出状态转换的正确行为。假如用户正在观察链条，那么智能合约就可以正确地对这些机制进行编码，并能够在根区块链上提现。类似的理念也可以用在闪电网络关于保证当前状态的正确性这一方面，其通过由支持智能合约的链上的第三方提交的递归 SNARK 证明来实现。

Plasma 链的安全性可以通过深层防卫以得到保证，这些防卫措施包括作为第一道防线的安全要素／硬件、包含 SNARK/STARK 的第二道防线以及最终防线（即链上交互式博弈）。第一道防线可能会被攻破，但第二道防线通过新颖的密码学确保安全性，而最终防线采用具有公共透明度的交互式博弈。我们最初认为 Plasma 是一个使用最终防线的系统。

通过创建交互式博弈来实现规模提现，其退出过程以如下方式发生。

1. 爱丽丝与其他在 Plasma 链上的参与者协调，以执行规模退出。许多规模退出可能会同时发生，但其不应出现重复提现的情况。在出现重复提现的情况下，规模退出将更新余额，这些退出请求将被依次处理，并且重复提现的请求者将受到惩罚。所有参与者应当配合将其资金直接发送到另一条 Plasma 链上。

2. 退出请求处理者帕特打算组织这次退出。帕特协调资金要发送到的目标链，且承诺在规模退出得到确认以后，自动承认资金在新链上的可用性。

3. 帕特验证了直到数据可用时的 Plasma 链。该点须位于争议接受期和 Plasma 的最终化阶段（不同于根区块链最终化），且符合智能合约的各项条款。帕特对参与者展示新 Plasma 链中待定的目标账户。帕特从希望退出的参与者（包括示例中的爱丽丝）中取得所有的签名。帕特验证所有参与方直到最新的数据可用时机点时，是否有权利退出。帕特通过大规模担保创建退出交易（如根链智能合约中所定义）。帕特可以向退出的参与者收取费用。

4. 用户下载完所有的签名后，再次签名对规模提现进行担保。这将使得用户了解帕特将不受惩罚，同时现在资金也被锁定了。尚未提交第二次签名的用户，其份额将不被纳入。

5. 然后，帕特观察是否存在其他退出交易，在必要时去除重复信息，签署退出交易，并在根链或父 Plasma 链上广播。在发生信息重复的情况下，链的父链将获得优先权（根链拥有最高优先级别）。越早的交易获得的优先权越高。在广播规模退出启动交易（MEIT）时，帕特通过担保证明以下信息的有效性：区块有效性、在特定区块高度处的 UTXO 集合、非最终化状态、从位图到 UTXO 的默克尔化映射、提交的金额（以用于快速证明的默克尔化总和树），以及受到挑战时爱丽丝等人的签名具备可用性。作为 MEIT 的一部分，帕特发布了正在退出的状态的完全位图。正是如此，其他观察根／父链的参与者才能证实什么正在退出，并且在其错误时发出挑战。MEIT 的最终化是一个非常漫长的过程，也许会花费数周。因此，除非迫不得已，否则不会使用 MEIT（未来有了 SNARK 也许可以加速）。

6. 如果出现重复提现的状况，那么帕特可以选择在较短的宽限期内更新位图以及正在取出的余额。

7. 网络上的任何参与者都可以凭借有争议的规模退出交易（DMET），对 MEIT 中所验证的数据提出挑战。然而，由于帕特无法获知未来的某个区块是否替换了输出，因此，如果资金在未来的区块被花费了，那么帕特也不会受到惩罚（但用户会受到惩罚）。如果参与者提出了挑战，那么资金将被锁住，直到该挑战回合结束。这些挑战必须发生在较早的宽限期内，如果挑战有效，那么帕特必须更新待提现的余额。

8. 如果没有参与者提出挑战，那么在预先定义的 MEIT 最终化期限过后，用户将获得其资金。

Plasma 链进入最终化状态的这个时间窗口，也是参与者最少的定期观察链的时间。在最终化时间窗口过后，我们将认为所有人在该时间窗口结束前都已经验证了 Plasma 链的区块数据的可用性。

实际上，当帕特创建 MEIT 时，帕特证明了直到特定的区块高度的记录的正确性，同时也证明了他拥有各输出的提现相对应的签名。在证明阶段后，帕特不会因为输出中出现双花的情况而被惩罚（发生区块扣留的情况不应该惩罚帕特）。

▌规模提现争议：不正确的提现挑战

如果某一用户（如爱丽丝）发现帕特未经其同意而尝试规模提现，那么她可以通过创建一个挑战来作废本次提现。

1. 爱丽丝在帕特的规模提现中发现了她自己在 Plasma 链中的输出，如相关的位图字段正处于使用的状态。于是，爱丽丝广播一条有大量保证金担保的挑战信息。这一担保的意义在于说明爱丽丝不会随便提出挑战。她将这条信息广播给区块链。

2. 如果这一挑战在一个设定的时间内没有遭受质疑，那么爱丽丝的保证金将会被退回，而且整个 MEIT 将会被取消。如果挑战被帕特或其他参与方以欺诈证明的形式证为无效，那么 MEIT 仍旧有效，同时爱丽丝的保证金将会被没收。

由于 MEIT 中第二阶段（退出过程第 4 步）的存在，参与者确信这些签名是可用的。因此，一旦挑战信息带有欺诈性，那么参与者将有足够的信息来质疑这一挑战。我们通过经济激励来阻止参与者产生错误的挑战——如果区块切实可用，同时根链并没有做出审查行为，那么提出这些挑战的参与者将受到惩罚。

▌有争议的规模退出交易

当某个输出被后续某个区块的规模退出启动交易花费时，帕特可能毫不知情，所以他不应该受到惩罚。再者，其他参与者也无法提供帕特扣留区块的证明。

网络中可能会出现大量针对类似位图集合的争议，但所有这些争议都必须绑定大量保证金进行担保。

任何参与者可以通过绑定大量保证金来说明某一花费的位图／范围。绑定大量保证金是为了证明某个币已经在后续的某个区块中被花费，并已提交到区块头中。

然而，这种争议无法被压缩证明，因此，这里面可能会出现另一个重复的挑战，即对有争议的规模退出交易发起挑战（CDMET）。

针对这一争议的挑战过程如下：

1. 爱丽丝注意到某人（即链的运营者扣留区块）试图对她正在参与的规模提现提出争议。她提交针对该争议的挑战信息，并通过绑定大量保证金证实争议提议者并不能提供一个有效的花费。

2. 争议的提议者必须在某个时期内对挑战做出响应。若提议者不能够产生花费证明，即提供一个后续交易的签名，那么爱丽丝将被证明是清白的，整个争议将被撤销（这就是允许重复争议的原因）。若提议者能证明某币已被花费，那么爱丽丝将会失去她的保证金，同时争议将会持续。

■ 循环利用UTXO

在被花费的输出最终化以后，可以将UTXO位图重新用于压缩精简。

■ 总　结

作为该规模提现博弈的结果，对于许多提现的参与者，每次规模提现消耗 $1 \sim 2$ bit 的信息这一最优状况下的成本是可以接受的。

规模退出的存在是十分必要的，尤其是应对扣留区块的情况。然而，这么做的成本也许还是太高了。为此，可能还需要一些能够尽可能减小根链负荷的替代性策略。

这一结构允许众多参与者在子区块链中持有资金。如果区块信息是可用的，那么还可以通过欺诈证明来证明状态的无效性。即使在发生扣留区块攻击的情况下，状态转换依然能够正常发生（即付款），提现依旧有效，并且规模退出（虽然存在一定的延迟）也是可以实现的。

区块链中的区块链

正如前面介绍过的，Plasma的核心是构建一个方法来实现可扩展计算。然而，我们需要应对围绕扣留区块以及欺诈证明生成的问题、区块空间可用性的问题。针对Plasma中扣留区块的解决方案是构建一个系统，该系统使得参与者能够在发生链停止或者Plasma扣留区块的情况中实现规模退出。

然而，在区块链上的规模退出交易的成本可能非常昂贵，特别是当UTXO集非常大，并且位图还需要发布时。此外，只发布单个退出也许会更好。规模提现交易需要一个复杂的涉及众多参与者的交互式博弈。若非万不得已，也不会用到。

相反，我们构建了一个包含高级和低级"法院"的系统。在这些系统中，存在能够证明某个状态的"审判地"。人们可以将根区块链视为最高"法院"，所有下级"法院"均由此得到权力。根区块链的"法律"容许所有低级"法院"获得其"司法权"。这一方式使得审判场所具有可扩展性，仅当低级"法院"的状态受到争议或停止时，人们才需要转移到更高"法院"，以寻求更具代表性的"审判地"。在高级"法院"内广播状态的证明不是不行，只是成本会更加昂贵。

所有状态都会被默克尔化并提交至根链。在最佳情况下，区块头会被发布在直属父链中，而父链又被发布到其父链中，以此类推，直到根链。区块头内的信息是参与者已经在父链中看到过这个区块的默克尔化承诺。

交易可以提交给 Plasma 链、任何 Plasma 父链以及根链。这样规定是为了保证可互换性，并抵抗区块链审查。尤其是，在发生区块停止或者区块活动未披露的情况时，人们同样能够提现资金。

对一个区块的承诺被递交后，其必须等待一定的根链确认数后，才能被批准。在此期间，欺诈证明可能被递交到根链或任何中间 Plasma 链（然后通过区块根提交给根链）。

每一条独立的 Plasma 链都会运行一个状态机，状态将承诺打包进 Plasma 区块。单独的 Plasma 链并不一定会深入到 Plasma 子链的详情中。相反，它们会运行一个确认体系，以确认 Plasma 链的价值余额。当 Plasma 子链更新其状态时，它们将其 Plasma 区块头的哈希递交到任何一条 Plasma 父链或根链。

这意味着特定的区块状态能够被递交到多条父链。即使发生重复，也不一定发生错误（但也有可能依照某些共识规则而受到惩罚，这取决于具体的应用场景）。另一方面，如果状态存在不一致的状况，如提交到父链1和父链2的状态不同，那么 Plasma 链的担保者可能将面临罚款。

新的子状态更新可以使用以下字段，这些字段包含在其状态更新消息中：需要支付的费用（及面额）、被提交的根区块哈希、上一个区块哈希、被提交的父区块哈希、保证金证明以及提现证明。

不论当前信息被提交给哪条父区块链，我们都假设子链已经见证过直到该点的所有数据。这一点适用于所有带有父子关系的链条。这是为了对该证明做出承诺，即这里面的数据是真实且唯一的，也不存在双花交易（如果出现状态不一致的状况，提交者的保证金可以随时被罚没）。

出现状态不一致时，父链状态始终拥有优先权。这里，我们实施了经济激励，以鼓励知情者披露状态不一致的情况。

父链和根链上都可以进行担保和提现。

只要有足够的流动性，并且其他参与者愿意将资金带到其他地方，提现也可以在 Plasma 链间进行。这一方案可以通过跨链的原子交换来实现。

如果有人希望使用主链进行清算，那么其可以在链间构建类似于链上闪电网络支付的 HTLC。

所有的欺诈证明必须出具关于链承诺的默克尔化证明。如果该证明是错误的，那么相关的 Plasma 链将受到惩罚，因为它们对错误的区块负有责任。

上述结构主要的设计复杂度在于，为了保证抗审查性，当交易状态向多条父链广播时，如何对交易状态进行表达。早期的版本假设状态转换/交易仅能在某条 Plasma 链中执行，与其他链的交互仅仅是提交信息到父链/子链进行担保和提现。在这种情况下，复杂度主要集中在与担保和提现相关的证明。

数据提交被假设为打包证明的一部分。

■ 在链内接收资金

在这个链中链的分层框架中，当用户要从其他用户处接收资金时，流程如下。假设爱丽丝要在深度为3的Plasma链中将资金发送给鲍伯。

1. 爱丽丝就其要将资金发送给鲍伯一事与鲍伯进行协商。爱丽丝向鲍伯透露他会在哪条Plasma链上获得资金。鲍伯决定是否接收付款。特别地，鲍伯需要确保在根链上的智能合约是他将接收支付的合约（智能合约代码/机制，还包括可接受的共识退出延迟等）。

2. 如果当前的支付是为了购买某种商品，他们可以预签名一个声明来定义支付的条件。在很多情况下，这一声明可以作为被包含在成熟的区块链的区块内的支付证明。然而，在某些状况下，这一声明也可以作为一个支付到合约哈希。这一操作并不是在链上发生的，其仅仅是附加结算条款，以向其他人证明。

3. 爱丽丝在Plasma链内进行支付。验证者签署区块，而对区块头的承诺被发布到父区块中。提交给Plasma子链的默克尔化提交信息被纳入所有父区块，且最终包含到根链中。

4. 鲍伯完整同步根区块链的信息，然后验证执行资金接收操作的链及其所有父链。鲍伯不需要证实与其资金无关的其他Plasma链。鲍伯可以充分验证，在最坏情况下爱丽丝已在具有充分成熟度的Plasma链中进行了付款。然而，如果想获得迅速敲定，爱丽丝可以在新区块中被履行的付款上签名（详见上述关于接收Plasma链内部付款的声明）。若爱丽丝愿意在这笔付款上进行签名，并且鲍伯对此接受（因他能够证明这笔提现的真实性），那么我们就认为已经实现最终化。鲍伯将能够从该Plasma链中提现资金。

这个设计的关键点在于，其中的参与者需要对子链的验证负责。如果鲍伯不验证Plasma链及其所有父链（最终定期提交到根链的提交信息被发布），那么这一切不应该被认为已经完成。与闪电网络中的构造相似，鲍伯无需关心其他Plasma链中所发生的情况。他只需观察与自身相关的链的正确性。一旦他能使用这些币，那么他就确信自己能进行花费了。

■ 从父链接收资金

从父链中获得资金类似于在根链存款，唯一的区别在于接收者需要对所有Plasma父链（而不仅仅是Plasma链本身）进行验证。资金存入Plasma子链的过程非常迅速。

■ 从树到网

尽管以上描述仅针对单条父链，但Plasma链可以观察多条根链。这种方式将允许参与者使用子链来更新余额。必须留意的是，某一父链上的故障可能不会被所有参与者立即识别，而级联式的系统故障必须经过延时和最小化链间流动性假设进行缓解。合适的结构目前仍在讨论当中。

■ 缓解扣留区块问题

通过构造大量参与者可以广播提现交易的场所，即使 Plasma 链存在停机或区块被扣留的状况，参与者也有足够的余地从链上退出。如果某一子链发生故障，那么参与者只需在父链上执行退出，即使在根链提出交易的成本比较高昂。

这种方式将增加人们在 Plasma 链上持有微支付输出的安全感。当然，前提是他们能确定至少一条 Plasma 父链正常运行。实现这一目标是本节的主要目的，其次是缓解级联式故障的影响。

如果参与者持有非常大的输出余额，并且没有很强的时间限制，那么他们不用去做特别的承保。然而，如果参与者持有单一的低值输出（意味着交易费用变得非常昂贵），那么参与者需要有某种方式来确保其中一条父链是可用的。若参与者想要拥有更大的把握，那么他可以更深层地运行嵌套链，同时让其他独立的参与方在各层次上运行各自的 Plasma 链。不过，通过这样的方式操作，会存在一些折中，有点类似于某条 Plasma 链做出拜占庭行为，然后所有参与者都执行规模提现以向新链转移。不过，如果存在非拜占庭父链，并且父链拒绝处理拜占庭链的提交信息，那么参与者也可以继续运行，并快速向另一条链转移。

也可能出现一些服务，这些服务仅在子链发生故障的时候运行，只负责处理交易。该业务的运营者无需做任何事情，除非子链发生故障（这项服务本身可以极为被动，甚至可以在故障发生时才进行开启。区块头会自动跳过它们，以便在被动运营者的上一级链上进行广播）。

我们期望父链中的提现尽可能是简易提现，而不是规模提现，因为父链可能会承载非常高的交易量（区块大小/燃料限制）。

■ 退 出

在父链或根链上实现大规模的退出是有可能的。如果子链开始做出拜占庭行为，那么可以假定所有状态都是无效的，相当于认为它是一条没有嵌套父链的 Plasma 子链。同样，规模退出是一种快速的退出拜占庭父链的方式，参与者可以直接跳过某条父链（或子链本身）到达其上一级父链，甚至直接到达根链。

尽管这一设计看起来有点复杂，但其思想很简单：如果出现任何拜占庭链条，那么这一拜占庭链的所有子链必定有所反映。这里面还有一种可行的优化方案，那就是通过心跳使得参与者在无需协调的情况下进行退出（退出被当作默认操作，除非用户签名使其作废，并且 Plasma 链承诺自己已经接收到了相关信息。这种优化方案还不成熟）。

该结构基本上与简易退出或规模退出相同，但设计中加入了一些支持嵌套链的次要改变。退出请求可以重复，但父链上的退出请求始终占有优先权。若某一父链开始做出拜占庭行为，那么退出也可以在根链上进行。（被认为做出拜占庭行为的 Plasma 链）有责任反映并更新在其父/根链中的重复退出状态，并撤销自身链中的重复退出请求。如果它没有这么做，那么用户可以在根链中进行提现。

如果父链是拜占庭链，而参与者存有资金的子链却正确地运行，那么也可以避免执行复杂的规模退出交易。参与者可以找一条新的链来接收资金并进行简易退出。其中，流动性提供商在子链中接收资金，然后其他用户在新链中接收资金（不需要拜占庭父链参与）。子链区块的提交信息被发布到根链或更高级别的父链上（绕过拜占庭父链）。用户很快就在新链上获得资金，随后流动性提供商将其资金退至根链或最高级别的父链上。这样设计的目的是，新资金可以快速地分配到新链当中。与此同时，退出请求也能够迅速地执行。

■ 可扩展性

我们考虑到了UTXO位图的可扩展性。如果位图太大，参与者只需将位图分解为多条子链。至于子链，假设它们通过区块高度的随机数（以及候选链端）而非单个输出来表示账户余额。类似的，对于青睐账户而非UTXO的状态，假如参与者愿意接受只有简易提现的选项，那也是可以的。

这么做的最终结果是，用户获得了最大程度的可扩展性。他们只需要关注其资金所在的Plasma链（及其众多递归父链）。这种方法有效地将数据集分解为仅与参与者自身相关的验证。

Plasma 权益证明

本文提出了一个简易的权益证明结构。这或许不是最佳的权益证明结构，但至少可以描述Plasma链中的权益证明应该长什么样。

直到现在，我们都假设Plasma链的运营者是负责签署区块的单个实体。如果他们创建了无效的区块，那么任何拥有区块数据的人都能够出示欺诈证明，并对运营者加以惩罚，同时回滚区块。这个过程一目了然，因为运营者用自己的签名签署了区块。考虑到在根链中发布的Plasma区块的默克尔化提交信息（以及最高级别的Plasma父区块包含了关于其子链的状态更新的提交信息），状态更新将按序进行，并对正确行为提供担保。

然而，在多数情况下，更可取的方法是构建一条权益证明链条，而非一条单方权威证明链。这样可以尽可能降低发生扣留区块状况的风险（通过将某一条链嵌入一条单方权威证明以及一条公开的多方权益证明链，实现两全其美）。一条代币化的权益证明链也将激励代币持有者保证链条的正常运行，因为代币的价值会受到拜占庭行为的影响。更多关于代币化价值的细节将在后续小节进行介绍。

在Plasma中构建权益证明结构相对容易，因为它依赖于底层根链的健壮性。最终所有关于区块扣留、最终化以及其他要素的问题，取决于根链的可靠性。Plasma最好的情况，就是其安全性与根链的安全性一致。如果根链是基于工作量证明机制的，那么其将会是一个基于工作量证明的权益证明（基于根链的权益证明）。如果根链运行的是权益证明机制，那么其将构建一个基于权益证明的权益证明机制。然而，在Plasma链上运行权益证明机制，要比在根链上运行权益证明机制简单，或者说两者完全不同。

■ 中本聪共识激励

我们尝试复制中本聪共识（工作量证明机制）的主要激励机制。其中，最重要的激励是鼓励矿工将区块向其他矿工广播。

许多现有的已提出的权益证明机制都依赖于领导者选举：某一领导者在 t_0 时刻被选举，然后有权在 t_1 时刻产生区块。这一做法偏离了中本聪以区块传播为要点的共识。中本聪共识确实也进行了领导者选举，但是它做的是概率性的领导者选举。如果某人发现了一个区块，他相信自己很有可能成为领导者，但是他没有十足把握。其他人也有可能同时挖出了这个区块。提升某人成为领导者的胜算的最佳途径是尽快广播这个区块，并且广播的范围越大越远越好，这样其他人就能基于这个区块构建新的区块了。这种方式通过经济激励保证了信息可用性。

Plasma 的权益证明结构需要做一些类似的事情。

我们想要鼓励每个人尽可能深远地传播他们的区块，并从中进行了折中。这其中可能还有其他的构建方式，如通过为特定分支随机分配权重，并最终选取权重最高的分支的方式来构建依赖于随机选举和概率性的领导者选举的方法。

■ 简易权益证明模型示例

因为这是一个简单的构建权益证明模型的提案，因此这一方案有可能在很多方面并不完美。我们的目标是构造一些简单的便于 Plasma 使用的对象。

与创建强制执行的机制不同，这里的办法是简单地创建鼓励正确协作和正确行为（区块传播）的激励。

费用由根合约指定和分配，并在需要的情况下定期分派出去，但记账在链自身的内部完成。

作为押注合约的一部分，权益所有者所分配的资金被过户给一位经授权的权益所有者。该代理者负责代表用户，如果代理者出现错误，那么用户也将受到惩罚。押注的时长为某段特定的时间（如3个月）。每位权益所有者押注的最低限额为代币总额的1%，最高限额为5%。如果某人想分配超过5%的额度，那么他可以使用多个押注身份（目的是为了使数据的分发最大化，并使小于51%的卡特尔的效率降至最低）。

资金的分配取决于过去100个 Plasma 区块能否代表所有的参与者。举个例子，如果某人的押注份额占总份额的3%，那么他应该占100个区块中的3%。如果大于这个数，这个权益所有者将不会因为发布额外的区块而得到更多的奖励。如果在过去的100个区块中，押注的份额低于3%，那么当前的区块创建者也将得到更少的奖励。在根链上，每个区块只能分派一个 Plasma 区块。

这将鼓励所有参与者平等地协作，以及包含每个人的区块。如果人们不再需要建立强制执行机制，那么参与者将会协调并使用某类模式（如轮询调度）来保证最大程度的奖励。

如果他们因为不恰当的区块数量而没有得到最大化的交易费用，那么资金会进入一个池中，以支付未来的区块。

其结果就是通过经济激励以鼓励参与者不要忽视其他参与者。

然而，这还不够完整，因为前面我们只鼓励权益所有者做出准确的参与行为。在每一个区块中，都包含来自过去100个区块的随机部分数据的默克尔化承诺。这将强制权益所有者拥有完整的区块数据，并强制性地让区块创建者向其他权益所有者传播区块。

链端由最大回报确定。若出现平行分支，那么从协调中获得最大奖励的分支将会是最终获胜者。

这一结构并非用于阻止51%攻击，而是用于鼓励区块传播（如果有人扣留区块，那么这一行为给所有参与者带来的威胁都是一样的）。此外，这一结构依赖于根链上的区块所包含的信息的可用性和公正性。在根链上构建这样的权益证明机制是不太可能的，因为这一切都基于数据可用性和审查激励。

经济激励

在权益证明验证模型中，我们可以构建与合约条款中约定的正确行为相一致的激励。尽管真实性保证金保证了链的精确性，但需要进一步创建有关数据可用性以及防止区块链停止的经济激励。通过仅允许使用每条Plasma链特定的代币，能够确保参与者在经济激励下持续运行这条链，因为代币的价值来源于所有未来收益的净现值贴现。因此，网络故障将减少参与者所持有的代币的价值。与此同时，个体参与者将有足够的动机为网络的持续运营带来最佳利益。

Plasma链的运营者通过将交易广播到链上而获得手续费。不同操作的计算收取不同的费用，这些费用可能会一级级向下收取，尤其是在进行复杂操作时。由于激励机制鼓励让更多的交易在尽可能深的子链中执行，参与者可以在子链中创建资金已发送的提交信息或者计算，并将这些信息一级级向上传播。这种机制还允许父链对子链中进行的计算收费。如果提交信息发生错误，那么区块数据将不可用且不可执行。这种做法不是必需的，在很多情况下，人们更希望在子链中进行更多的计算，而不一定要将费用分配到根链。

对于系统升级，我们可以通过创建另一份接受相同的代币的合约，并公告过渡时期以升级系统（或由团体在去中心化系统中共同决定）。

这可能会构建出自行运转的系统。虽然人们过去需要花费金钱购买云计算服务，或者维护网站去执行数据存储以及计算业务，现在可以构建一系列智能合约（与欺诈证明一起），设计一款代币，只要有足够的参与者来支付费用，那么这个系统就可以依托一群持续运营网络以及计算基础设施的权益所有者实现自我运行，从而实现真正意义的云计算。

■ 代币与货币以及经济安全性

这些最终在根链上存有的欺诈证明和保证金可以是原生代币，如以太坊的以太币（ETH），也可以是其他维持底层区块链共识的代币。

表面上看，使用根区块链的原生代币（如ETH）最简单不过，但是这里面会产生一些有趣的经济安全影响。

如果我们的目标是防止链停止，同时避免错误行为，但考虑到具体的区块链应用场景，如果只使用ETH，当中的激励也许并不足以阻止错误行为的发生。如果发生链停止或拜占庭问题，代币的价值将会下降。此外，代币的价值应该接近未来交易费用的NPV（净现值贴现）。如果某人以ETH为押注，那么他就是在赌押注金额对应的时间价值与收到的费用。一般情况下，押注的价值应该远远低于代币的净现值贴现。但是，链停止和区块扣留实在难以证明，也难以提出有效的措施去避免。如果有参与者使用ETH作为押注，并且在押注时段结束以后取回了ETH，那么这位参与者应对拜占庭行为的积极性就会下降。尽管他还持有代币，并且代币的价值会随着拜占庭状况的恶化而减小。

用于区块链的 MapReduce

几乎任何可以在MapReduce上计算的对象也同样可以在链上计算。这需要对我们关于区块链上的计算和编程的思路进行深度重构。那就是包含欺诈证明的MapReduce——一个节点表示一条区块链。这与前述的Plasma区块链树形结构高度兼容。

例如，某人想要执行标准的字数统计，你可以创建一棵运行归约函数的区块链的默克尔树。如果此时出现了欺诈证明，那犯错的节点将被惩罚。如果你能产生一个求和的归约函数，那么你也可以产生一个求平均值的归约函数，如平均价格等。映射函数则将计算发送到每一条链，然后提交结果。显然，在数据吞吐量方面仍然存在限制，所以我们还需要归约欺诈证明。我们不可能支持所有类型的任意计算，但可以解决许多特定类型的问题。通常来说，内存受限的问题集可以通过在一开始运行一个排序算法来解决，这也是对跨Plasma链流量的折中方案。

如果节点不能产生实际的区块来证明计算，那么其结果将被丢弃和回滚。需要注意的是，这并不能保证MapReduce实现的计算扩展（因为你需要观察链条来维持共识），但它确实对参与者起到了强制执行的作用，同时也扩展了参与者的能力。因此，主要限制在于，受特定计算影响的参与者都需要关注这个计算集合。如果参与者只需要关注一小部分，那么没有问题。但如果参与者需要关注所有的计算，那么它没有提供任何可扩展性优势（仅在保证可扩展性这一方面带来了一些益处）。也就是说，很多问题可以通过这类方式解决，如去中心化的交易所（如果其他人的交易是正常的，并且你并不关心具体的细节，那么你只需要关注有关自身交易的映射集合）。

区块的格式必须与能够在TrueBit结构内计算的数据兼容。有对状态的提交信息（可以构建UTXO/状态前缀树，从而允许构建指示包含/未包含状态转换的证明）、账户前缀树（用于子链和复杂的状态转换）、关于树的提交信息（保证费用状态转换的树）、默克尔化交易、从父/子区块传递来的数据、见证父/子区块的承诺（防止重排序），以及其他业务逻辑（如在字数统计的例子中，其将具有针对单词以及它在何处被看到的默克尔化分类承诺）。通过构建默克尔承诺，参与者可以在根链或父链创建智能合约，用来证明不正确的状态转换。也许会存在一些与这一格式不兼容的问题集，但是实现对内存要求不高的常规计算已经足够了。你可以这么想，计算所需的最大内存限制就类似于欺诈证明所允许的最大数据量限制。

　　一系列的映射和归约函数使得区块链能够按照处理数据的义务来运行。这种方式需要父链和子链来创建处理义务。子链需要包含父链传过来的数据，否则链将停止。父链可以强制在子链中执行计算，如果子链停止了，那么我们可以通过广播父链上的数据，以及证实该证明的证据来强制执行计算。在TrueBit结构中，主要威胁在于以区块链停止为核心的相关问题。因此，如果子链停止了，我们需要构建相关的护理机制以保证持续运行。尽管这非常复杂，而且随着时间的推移，复杂度会越来越高（数据集可能会改变，并且由于时间连贯性，更难以推断某些问题）。

　　通过和子链一起在映射和归约框架中构建区块链计算的方式，我们有可能采用现有的计算机科学研究，并直接将其应用于为区块链而生的分布式系统问题集中。我们还可以构建一个Solidity合约来产生众多有效的可扩展的商业应用，人们只需计算并验证与自身相关的活动。

应用案例

　　去中心化应用可以重构为MapReduce问题，并通过绑定代币以经济激励的方式来保证行为的正确性。

■ 在区块链上的克隆Reddit

　　这一部分主要关于数据存储（CRUD）。主要的计算和证明无非围绕访问控制、身份（投票和发帖）以及调控。许多Web应用在后端都只有CRUD操作。

　　根链包含智能合约共识规则及欺诈证明。最顶端的父链包含众多子Reddit的账户。各个子Reddit都是最顶端的父链的Plasma子链。在各个子Reddit内有一条关于帖子的Plasma链，该帖子链的子链内包含评论内容。共识机制执行访问控制。针对前一个区块数据（以及由父链提供的随机数）的随机化提交信息被提交到每一个区块头中。归约函数会定期运行，以计算最佳帖文以及其他的统计数据。

　　个人用户的计算机下载数据和软件到本地计算机来格式化数据。提交数据需要支付交易费用，以激励其他参与者打包数据。考虑到可用性问题，用户可能还需要支付费用来下载旧区块数据。

　　如果用户想要查看某个特定的帖子，他可以验证根链上的提交信息，然后来到最顶层父链的链端（返回n个区块回到最终化窗口，可能持续一周时间），在账户状态前缀树中找到关联的子Reddit；连接到DHT网络来发现子Reddit上的节点，然后下载子Reddit的链端（以及检查最近的n个区块）来查看文章列表，并作为轻节点下载状态树和相关文章及其附属评论的原始数据。用户仅需要关注Plasma上自己感兴趣的内容（仅下载自己感兴趣的帖子和子Reddit）。

　　这是一个简单的数据存储例子，期间会在区块链上执行计算。验证者可能会完整地校验所有的节点，但也有可能进行分片。然而，一旦分片太过，就会出现信息可用性问题。为了解决这个问题，我们可以把子链的控制权完整地交给子Reddit的所有者。

■ 去中心化交易所

在区块链上克隆 Reddit 虽然实现了对 CRUD Web 应用的影响，但是除了站点统计信息，利用 MapReduce 操作的过程不多。

去中心化交易所的例子将会展示低延时交易和高计算容量是可以并存的。因为去中心化交易会存在很多状态，所以我们将输出定义为账户模型而不是 UTXO。或者在状态机里的每一步，都会有一个更大的位图用来代表每个状态，而不再使用单个布尔值来代表位图中的支出状态。

与子 Reddit 类似，交易对会由一棵子链树来表示。每一棵子链树中又是一条树链，从而实现可扩展性最大化（低交易量的交易对也许只有一棵 Plasma 树，而交易活跃的链可能会有非常多的子链）。每一条链都需要绑定保证金，并且每轮的可交易数额取决于保证金数额。

第一步是在子链中拥有余额，这有点像基础的 Plasma 支付链。

然后，订单会直接发布到子链上。作为提交到父链的提交数据的一部分，所有的订单将被聚合成一个订单簿的默克尔化提交信息，对外展示为该链的单个订单。这一步递归地将所有子链的订单簿归约为父链的单一订单簿，直到到达最高 Plasma 父链。订单被接收后，订单窗口将关闭，交易将被批量执行。

在归约步骤完成并被提交到根区块链之后，各条链将通过映射步骤获知各自的分配结果。父链会明确告知子链其订单的完成状况。假如子链能够见到其他订单（这意味着该子链能够在这一步骤中观察父链），那么它们将能够证明这些订单在映射阶段已经进行了正确的分配。在接收到分配结果之后，映射步骤继续以递归的方式到达该链的子链。

一旦这一步执行完毕，最终的归约步骤将以提交资金更新信息至根链，以及把所有区块头提交到各子链的父链的形式完成。

未来还可以做进一步优化，如在发生明显的价格变化（支持更精确的价格）时，允许执行多个 MapReduce 回合，不过这种结构将会使量级变得更加庞大。理论上这个框架足以执行世上所有现有的交易行为，只不过这里面可能会存在一些折中——毕竟我们要把这些交易行为变成单一的批量执行交易，再把这一笔批量执行交易完整地提交并担保到根链上。

这类结构对于许多类型的金融活动和计算是非常有用的。

■ 去中心化邮件

要创建去中心化邮件（D-Mail），我们可以在 Plasma 链中加入用户的账户，同时要求用户通过支付来接收邮件（往链上插入信息）。邮件用接收者的公钥进行加密。我们需要保证未知的接收方必须付款，未来还可以使用 ZK-SNARK 来进一步优化。父链包含所有子链的目录并强制执行支付。这个设计非常简单。

■ 去中心化的 CDN

我们也可以构建去中化心 CDN。该结构与以太坊的分片提案类似。我们可以把每一条子区块链看作一个分片。存在一个随机信标（该信标可以是根区块哈希或者其他数据）。每

隔 N 个区块对分片间的数据进行一次混淆。父链有责任保证混淆的执行，其他链只负责保存归档数据。如果发生数据丢失的情况，那些保存归档的链将会受到奖励。参与者都会主动广播数据，因为只有其他分片有数据时，他才会得到奖励。网络的健壮性取决于对信息流长度的需求。网络越健壮，那么其在任意时间点越需要更多的分片副本。关键是存储是带宽的函数，数据也不等同于磁盘上的固定数据。实际上，所有数据都在流动并移动到下一个目的地。

下载数据时，参与者需要验证父链的分片和随机信标，以获知哪个分片包含数据。然后，通过一个 DHT 认证节点连接到特定分片，并下载数据。

■ 私有链

参与者没有义务向链上的其他人披露数据（尽管也不会有人去阻止这些数据被公开）。因此，如果链上的参与者想要拥有由根链驱动的私有区块链网络，他们确实可以这样做。这种做法类似于内联网/互联网分离。交易可以在本地的私有链发生，也可以与外界通信，并通过公有链的担保机制进行金融活动。

攻击、风险及解决方法

■ 智能合约代码

写好智能合约代码是非常难的。智能合约的安全性依赖于欺诈证明的正确执行。现实运行中，可能会存在意外状况，如某些应该被根链包含的欺诈证明没被包含，或者不正确的状态转换在根链上生效等。

■ 在主链上关闭交易的成本过于昂贵

存在一种风险，即交易可以在主链上关闭，但这样做的经济成本太高，不太可行。这可能会导致某种类型的退出骗局的发生，如作恶者将大量的小额交易凑成一个大额交易从而造成损失。

这种情况可以通过设置退出条款来解决：根据退出条款对所有交易进行分类，并设置一个争议调解期；待调解期满后，参与者可以立即退出整条链。此外，允许第三方观察者来监督参与者的行为。然而，这一结构会增加不少复杂性。这些预签名的合并交易将根据链的具体故障情况被广播到其他父网络，甚至直接到根网络。当然，这还需要依赖参与各方的正确行为。因此，我们需要每个参与者将所有的未花费支付合并为单个输出或者一个输出集合。只有这样，退出交易才更具经济可行性。

此外，参与者可以把小额支付放到链上，并绑定高价值的代币对这些支付进行担保。如此依赖，这些承载小额支付的链也顺带承载了保证金的价值（因为有了充分的经济因素来保护 Plasma 链）。

如果通用的递归SNARK/STARK能够落地，那么理论上我们可以保证提现的实体不会有权限来进行未授权的退出，即使是发生区块扣留的情况下。

■ 最终化

退出的争议窗口期本质上创建了一个最终化假设：如果底层链需要庞大的担保成本来进行重组以及强制达成最终化，那么深层链重组（链间发生同步问题）的风险将会显著降低。正在规划中的以太坊Casper最终化工具是其中一种解决方案。

■ 根链缺乏容量或成本增加

如果没有缓解措施，在手续费或者燃料变得越来越贵时，在一个指定的周期内退出交易变得不太可能。考虑一种情况，如果交易费/燃料增加50倍或者当前没有足够的空间来执行退出交易，同时矿工也不提高空间和燃料限制。

这里有几种解决方案，如通过暂停允许退出请求有序执行的退出计数机制来延长退出延迟。该方案可以通过暂停退出来完成，只要过去的 x 个区块中包含退出交易就暂停。如此一来，如果最近至少有一个退出交易，那么随着时间推移，每个人都有退出的机会。如果一个退出发生于某个退出之前，那么计数器将会重置。其结果是，流动性提供商无法确定必须要等待多久才能收回资金，从而导致其手续费提高。如果平均区块链燃料/手续费在某个特定的非常高的值以上，那么我们可以采用一个简单的机制，如暂停对提现时间的限制（设置合理的上限时间，在这段时间内可以保持这个暂停状态）。

持有资金的用户需要保证至少有一个父链具有相当程度的数据可用性（理想情况下是多条独立的父链）。

■ 根链审查

这个设计的前提是超过51%的根链节点都是诚实的。如果根链的参与者联合起来通过审查区块来攻击网络，那么将会导致退出交易以及状态更新执行困难等问题，严重的可能还会导致资金丢失。审查是影响安全性、价值风险和最终化方案（如Casper最终化工具）的主要因素，我们需要在未来的链中对其进行限制。

我们也可以通过增加ZK-SNARK/SNARK的资金证明来解决这个问题，但相关工程实现和研究突破尚需时日。

使用一个大额的保证金作为退出交易的一部分，能有效鼓励参与者提出欺诈证明，因为矿工可以得到丰厚的欺诈证明奖励。如此一来，审查行为将受到明显的抑制。

网络的安全性依赖于Plasma父链、根链和余额大小的诚实性和正确性。

全局范围内传输量的系统性限制（每个区块的退出速度限制）以及保证传输量低于最终化工具也许能解决这个问题。

■ 链停止

如果链停止了，在某个设定的时间周期后，可以有一个预提交的状态转换申请。接管这条链上的交易的响应链条将在网络中广播对这条链的接受以及链条迁移的信息。这一做法仅允许在某条链在一定的时间内都没有发生交易（忽略在父链上广播的交易）时才能实施。欺诈证明可以对链端提出争议。

对于涉及复杂的状态转换的金融活动，可能还需要其他形式的激励来应对链停止的状况。

■ 无法改变共识规则

由于这个设计是一开始就给定了的，因此不可能在没有提前编程的情况下改变共识规则。我们可以通过将升级路径作为系统的一部分来解决这个问题（如在某个特定的日期后强制停止）。这种无能为力可能也会带来不能停止区块链的社会影响，因为对代币持有者来说，他们的目的就是通过保证这个系统持续运营来赚取经济激励。因此，一旦Plasma链启动，停止它将变得非常困难。

未来的研究

未来研究的其他领域包括围绕这些链来论证其安全性优势。当前研究的领域是通用的递归SNARK/STARK，其将会显著提升退出交易的安全性。我们依然需要深度防御措施。因此，最后一道防御底线将会是直接的去中心化退出机制，该机制不仅支持争议证明，前线还有新颖的密码学和安全硬件元素加持。此外，配对密码学或其他形式的同态加密的进一步研究和应用也将大有裨益。

在保持同步的同时（除了简单地强制硬同步），观察多个根链的能力需要更高的特异性。

围绕最终化以及跨多条区块链的交互的研究——包括进一步减少区块链的退出风险（SNARK/STARK也将起到一些作用）——还将继续深入。

结论和总结

Plasma的设计主要关注在数据压缩的情况下保证信息的可用性（尤其是提供区块扣留攻击相关的信息）。

我们提出了一个机制：通过这一机制，参与者可以提交可执行的提交信息，并在链上持有资金，而资金的状态由根链进行最终执行。

这一做法使得我们能够在宽广的无定形计算机网络间进行计算和存储。网络中的行为由负责执行提交信息的经济参与者进行担保，这些行为最终在父链间强制执行，并流向通过智能合约来保证事实的根链。这个结构使参与者得以执行那些在根链上运行将会带来巨大成本负担的状态转换。

通过这个结构，区块链几乎可以执行全世界的金融计算（只要同一时间不需要占用过多的内存）。当且仅当存在无效的计算证明，并且欺诈证明被提交后，无效的提交信息才会被回滚。参与者无需对链的运营者给予信任。

为了减少链停止以及其他拜占庭行为的发生，我们利用手续费作为经济激励来鼓励参与者维护链的持续运行。如果Plasma链的行为与本链的原生代币绑定并进行担保，那么将极大地降低链停止的动机。因为如果链停止了，那么链的价值将会下降，由此激励参与者维护链条的持续运转。

用户可以基于这一激励机制和结构来创建去中心化自主程序，并通过交易费用来支持程序的自主运行。这些去中心化自主程序可以创建真正意义的云计算，从而执行计算和数据验证，但其中提供服务的节点是随时变化和无定形的。Plasma允许区块链扩展到支持不限用户量的通用应用。一个应用的创建者只需编写智能合约代码，将代码提交到区块链上，就能通过激励永久地运行这些合约中的计算——只要用户使用Plasma链来支付费用。

致　谢

非常感谢TrueBit的作者们对默克尔证明的设计和实现，也感谢克里斯蒂安·雷特威纳（Christian Reitwiessner）的审阅。感谢弗拉德·赞菲尔（Vlad Zamfir）给予的灵感及其为这些想法所搭建的总体框架，这一框架对于这些想法的形式化非常有用。还感谢托马斯·格利克（Thomas Greco）、彼得亚雷·多巴列夫斯基（Piotr Dobaczewski）和帕维尔·佩雷格（Pawel Peregud）的反馈和贡献。

参考文献

[1] Joseph Poon and Tadge Dryja. Lightning Network. https:// lightning.network/ lightning-network-paper.pdf [2015-3].

[2] Ethereum. Ethereum. https://ethereum.org.

[3] Gavin Wood. ETHEREUM: A SECURE DECENTRALISED GENERALISED TRANSACTION LEDGER. http://gavwood.com/paper.pdf [2015-2].

[4] Raiden. Raiden Network. https://raiden.network/.

[5] Jeffrey Dean and Sanjay Ghemawat. Mapreduce: Simplified data processing on large clusters. In OSDI, pages 137–150. USENIX Association, 2004.

[6] Satoshi Nakamoto. Bitcoin: A Peer-to-peer Electronic Cash System. https:// bitcoin.org/bitcoin.pdf [2008-10].

[7] Nick Szabo. Formalizing and Securing Relationships on Public Networks. http:// szabo.best.vwh.net/formalize.html [1997-9].

[8] Fred Erhsam. Blockchain Tokens and the dawn of the De- centralized Business Model. https://blog.coinbase.com/ app-coins-and-the-dawn-of-the-decentralized-business-model-8b8c951e734f.

[9] Naval Ravikant. The Bitcoin Model for Crowdfunding. https:// startupboy.com/ 2014/03/09/the-bitcoin-model-for-crowdfunding/.

[10] Jason Teutsch and Christian Reitwiessner. A scalable verification solution for blockchains. https://people.cs.uchicago.edu/~teutsch/papers/truebit.pdf [2017-3].

[11] Vitalik Buterin. Ethereum Sharding FAQ. https://github.com/ethereum/wiki/ wiki/Sharding-FAQ.

[12] Adam Back, Matt Corallo, Luke Dashjr, Mark Friedenbach, Gregory Maxwell, Andrew Miller, Andrew Poelstra, Jorge Timn, and Pieter Wuille. Enabling Blockchain Inno- vations with Pegged Sidechains. https:// blockstream.com/sidechains.pdf [2014-10].

[13] Paul Sztorc. Drivechain - The Simple Two Way Peg. http://www.truthcoin.info/ blog/drivechain/.

[14] Bitcoin Wiki. Merged mining specification. https://en.bitcoin.it/wiki/Merged_ mining_specification.

[15] Peter Todd. Tree Chains. https://github.com/petertodd/tree-chains-paper.

[16] Eli Ben-Sasson, Alessandro Chiesa, Eran Tromer, and Mardas Virza. Succinct Non- Interactive Zero Knowl- edge for a von Neumann Architecture. https://eprint.iacr. org/2013/879.pdf [2015-5].

[17] Alessandro Chiesa, Eran Tromer, and Madars Virza. Cluster Computing in Zero Knowledge. https://eprint. iacr.org/2015/377.pdf [2015-4].

[18] Jae Kwon. Cosmos: A Network of Distributed Ledgers. https:// github.com/cosmos/ cosmos/blob/master/ WHITEPAPER.md [2016-9].

[19] Gavin Wood. POLKADOT: VISION FOR A HETEROGENEOUS MULTI-CHAIN FRAMEWORK. https:// github.com/w3f/polkadot-white-paper/raw/master/ PolkaDotPaper.pdf [2016-11].

[20] Sergio Demian Lerner. lumino transaction compression protocol (ltcp). https: //uploads.strikinglycdn.com/ files/9dcb08c5-f5a9-430e-b7ba-6c35550a4e67/ LuminoTransactionCompressionProtocolLTCP.pdf [2017-2].

[21] Ilja Gerhardt and Timo Hanke. Homomorphic Payment Addresses and the Pay-to- Contract Protocol. http:// arxiv.org/abs/1212.3257 [2012-10].

[22] Tier Nolan. Re: Alt chains and atomic transfers. https:// bitcointalk.org/index. php?topic=193281. msg2224949#msg2224949.

以太坊协议的史前史

（2017 年 9 月 14 日）

编者按

> 本文是维塔利克对以太坊协议发展历程的回忆，讲述了以太坊协议从构思到初次发布、迭代的故事。

尽管当前以太坊协议背后的理念在这两年已经大致稳定下来了，但以太坊当前的构想和完整形式并非一朝一夕形成的。在以太坊区块链面世之前，其协议经历了一系列重大的演变和设计决策。本文旨在回顾以太坊协议从开始到发布的演变过程。至于 Geth、cppethereum、pyethereum 以及 EthereumJ 在协议实现的过程中所做的大量工作，以及关于以太坊生态系统的应用和商业历史，将不在本文讨论的范围内。

同样不在讨论范围内的还有关于 Casper 以及分片研究的历史。毫无疑问，我们可以写更多的文章来讨论弗拉德（Vlad）、加文（Gavin）、我自己以及其他人曾经提出过并且被舍弃的各种观点，包括工作量证明的证明、轮辐式多链、超立方体[1]、影子链[2]（可以说是 Plasma[3] 的前身）、链纤维[4] 以及 Casper 的各种迭代版本[5]，还有弗拉德提出的对在共识协议内参与者的激励机制及其性质进行推理的快速演变思想。这些观点背后的故事本身已经复杂到足以另写一篇文章。因此，暂时不讨论它们。

先从最早的版本说起。这个版本最终成了以太坊，但在当时它甚至还不叫以太坊。我在 2013 年 10 月访问以色列的时候，花了很多时间与万事达币团队在一起，甚至还建议他们添加某些功能。再三思考过他们所做的事情以后，我向团队发送了一份提案，提议让他们的协议变得更加通用，并且能够在无需增加庞大而复杂的功能集的情况下支持更多类型的合约：

https://web.archive.org/web/20150627031414/http://vbuterin.com/ultimatescripting.html

需要注意的是，这一版本与以太坊后期更广阔的愿景大相径庭：它纯粹只专注于万事达币当时正在尝试突破的技术，即双方合约。在该合约中，A 方和 B 方共同投入资金，随后双方可以根据合约中指定的某些公式将资金提取出来（例如，赌注内容为"如果 X 发生了，则把所有的资金都给 A；反之，则把所有的资金都给 B"）。实现这个合约的脚本语言不是图灵完备的。

万事达币团队对此印象深刻，但是他们并没有兴趣放弃他们所做的一切事情去朝着这个方向发展，而我越发深信这是一个正确的选择。因此，大约在 12 月，第二个版本面世了：

---

① https://blog.ethereum.org/2014/10/21/scalability-part-2-hypercubes

② https://blog.ethereum.org/2014/09/17/scalability-part-1-building-top/

③ https://plasma.io/

④ https://github.com/ethereum/wiki/wiki/Chain-Fibers-Redux

⑤ https://blog.ethereum.org/2016/12/06/history-casper-chapter-1/

https://web.archive.org/web/20131219030753/http://vitalik.ca/ethereum.html

在这个版本中，你可以看到完成了大量重构的结果。这些结果很大一部分都是11月份我在旧金山的一次长途漫步时想到的。到那时，我意识到智能合约具有完全通用化的潜力。比起脚本语言只能简单地描述双方关系，合约本身就是完全成熟的账户，并且具有持有、发送和接收资产的能力，甚至可以维持永久存储（在当时，永久存储被称为"内存"，并且唯一的临时"内存"是256寄存器）。只不过语言从基于栈的虚拟机转变为更符合我意愿的基于寄存器的虚拟机。我对此几乎没有异议，除了它看起来似乎更加复杂。

"以太"（Ether）的字面意思是醚（燃料，等同于gas）。在每一个计算步骤完成之后，一笔交易所调用的合约的余额将会减少一些。如果合约的资金耗尽，那么执行过程将会停止。请注意，这个接收者支付机制意味着合约本身必须要求发送者向该合约支付一笔费用。如果这笔费用没有到账，则立即退出执行。这一版本的协议分配了16个免费执行步骤的限额，从而允许合约拒绝不支付费用的交易。

截至此时，以太坊协议还是完全由我一个人构建的。然而，从这时开始，新的参与者开始加入以太坊的阵营。到目前为止，在协议方面表现最突出的是加文，他在2013年12月通过about.me的私信开始与我联系。

杰弗里·威尔克（Jeffrey Wilcke），Go客户端（当时被称为"ethereal"）的首席开发者，也在同一时期联系了我并开始编程。尽管他的贡献更多是在客户端开发而不是协议研究方面。

加文的早期贡献有两个方面。首先，你可能注意到在初始设计中的合约调用模型是异步的：尽管合约A可以创建一笔内部交易给合约B（"内部交易"是以太坊的行话：最初他们仅被称作"交易"，随后又被称为"消息调用"或者"调用"）。在第一笔交易的执行完全完成以前，内部交易的执行不会开始。这意味着交易不能使用内部交易作为从其他合约获取信息的途径；想从其他合约获取信息，只能使用EXTRO操作码（有点像你用来读取其他合约存储的SLOAD），但这个操作码随后在加文和其他人的支持下移除了。

在实现我最初的规范时，加文很自然地同步实现了内部交易功能，他甚至没有意识到两者意图的偏差——也就是说，在加文的实现中，当一个合约调用另一个合约时，内部交易会立即得到执行。一旦该执行完成，虚拟机将返回创建内部交易的合约并继续执行下一个操作码。对于我俩，这种方法似乎更加出色，因此我们决定把它作为规范的一部分。

其次，是我和他之间的一次讨论（发生在旧金山的一次散步中，因此准确的细节将要永远地消失在历史的洪流中，但也有可能会存在于NSA的深层档案内的一两份副本中）引发了对交易费用模型的重构，从合约支付方式转向发送方支付方式，并且转换到燃料架构。比起最初在每个独立的交易步骤执行后立刻消耗一些以太，在这一版本中，交易发起者支付一定的费用并被分配一定量的燃料（大致是一个计算步骤的计数器）。与此同时，计算步骤取决于燃料的限额。如果一笔交易花费了所有的燃料，那么这些燃料就被花费了，但整个执行过程将被还原。这似乎是最安全的做法，因为它移除了合约先前需要担心的所有部分执行攻击类型。当一笔交易执行完成时，任何未被使用的燃料所收取的费用将被退还。

加文在很大程度上使以太坊的愿景发生了十分微妙的变化：从一个用于构建可编程货币的平台——平台拥有基于区块链的合约，合约能够持有数字资产并且依照预先设置的规则进行转账——到一个通用的计算平台。这种变化从以太坊的着重点和术语的细微变化开始，后来随着我们对 Web 3 集成（它将以太坊视为去中心化技术套件的一部分，另外两部分是耳语协议和蜂群协议，图 1）的日益强调，这一影响也在不断地增强。

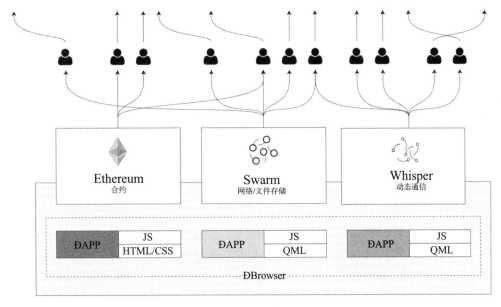

图 1

2014 年初前后，我们还根据其他人的建议作了一些更改。在安德鲁·米勒（Andrew Miller）等人提出回到基于栈的架构这一想法以后，我们最终还是回去了（图 2）。

```
>Here are some specific concerns/questions about your transaction language:
>
>1.(Note: this is my most querficial criticism) Why did you design
>your own register language? What's wrong with a stack based language
>similar to Bitcoin? You can have a turing-complete and higher order
>stack language (look at Joy, Factor or Forth). If anything I'd
>recommend a lambda-calculus based language. From Stack-based to
>Register-based is such a superficial change and there's absolutely no
>motivation for it, yet most of your document is about minutiae related
>to this. When you present your contract examples, you're writing in
>pseudocode that isn't really any closer to ASM than to stack-based or
>functional anyway. You might also look at E, a language basd on
>javascript that was explicitly designed for the purpose of writing
>smart contracts. http://www.erights.org/elang/
```

图 2

查尔斯·霍斯金森（Charles Hoskinson）建议我们从比特币的 SHA256 转换为更新的 SHA3（或者更准确地说，是 keccak256）。尽管有过一段时间争议，但通过与加文、安德鲁以及其他人进行讨论，我们还是确立了栈中的值的大小应该被限制为 32 Byte。而另一种替代方案——无限制整数——则仍在考虑当中，因为该方案存在一个问题，即我们很难计算出执行加法、乘法以及其他操作到底需要多少燃料。

回到2014年1月，我们最初想到的挖矿算法是一个叫匕首（Dagger）的东西：
https://github.com/ethereum/wiki/blob/master/Dagger.md

匕首是根据有向无环图（Directed Acyclic Graph, DAG）命名的。DAG是一种用在算法中的数学结构，其思想是每隔 N 个区块，就会有一个新的DAG由种子伪随机生成。并且，DAG的底层将会是一个需要用几十亿字节来存储的节点的集合。然而，在DAG中，生成任意一个独立的值只需要计算几千个条目。一次匕首计算包含在这种底层的数据集中的任意位置获得一定数量的值，然后将这些值一起进行哈希运算。这意味着存在一种快速的方式可以进行匕首计算——已经将数据存储在内存中，然后以一种缓慢但不会导致内存紧张的方式——重新从DAG中生成你需要从头开始获取的每一个值。

这个算法的目的就是和当时流行的算法一样拥有相同的内存受限属性，就像Scrypt算法，但是仍然对轻客户端友好。矿工会使用快速的方法，所以他们的挖矿将受限于内存带宽（理论上，消费者级别内存的优化程度已经足够高了，因此用ASIC对其进行进一步优化十分困难），但轻客户端可以使用内存宽松且缓慢的方式进行验证。快速方法可能只需几微秒，而慢速且内存宽松的方法可能需要几毫秒，所以这对于轻客户端依然是可行的。

从这里开始，这个算法伴随着以太坊的发展历程发生了几次变化。接下来的想法是自适应工作量证明。在这个方案中，工作量证明将会涉及执行被随机选出的以太坊合约，并且这里面包含了一个很巧妙的做法去抵抗ASIC：如果ASIC被开发出来了，那么竞争矿工就会有动机去创建并发布该ASIC不擅长执行的合约。没有一种ASIC能够用于通用计算，因为它仅仅是一个CPU。因此，我们可以用这类对抗激励机制来实现本质上在执行通用计算的工作量证明。

由于一个简单的原因，这个想法后来破碎了。这个原因是长程攻击[1]。攻击者可以从区块1开始构建一条链，并且只用简单的合约对这条链进行填充。需要注意的是，攻击者可以为这种简单的合约设计出专门的硬件，从而使攻击链迅速赶超主链。所以……又回到了原点。

下一个算法被称为"随机电路"，具体的描述可以查看其Google文件[2]。这个算法是我和弗拉德·赞菲尔（Vlad Zamfir）提出的，并由马修·万普勒·多蒂（Matthew Wampler-Doty）[3]和其他人进行分析。这个算法的思路是通过执行随机生成电路来模拟挖矿算法中的通用计算。这一次，没有任何确凿证明表明基于这些原则的东西是行不通的。但我们在2014年接触的计算机硬件专家都对此表示非常悲观。马修·万普勒·多蒂提出了一种基于SAT解决方案的工作量证明，但最终也被拒绝了。

最后，兜兜转转，我们还是提出了Dagger Hashimoto算法，有时简称为Dashimoto。这种算法借鉴了Hashimoto[4]的很多想法。Hashimoto是萨帝厄斯·追亚（Thaddeus Dryja）提出的工作量证明机制，它开创了"I/O约束工作量证明"概念。在该机制中，挖矿速度

---

① https://blog.ethereum.org/2014/05/15/long-range-attacks-the-serious-problem-with-adaptive- proof-of-work/

② https://docs.google.com/document/d/19c0L7_1neWpTN-jYwW-87mzrTTmS2h3lAYxXpRAvPfo

③ https://nbviewer.jupyter.org/gist/anonymous/cb53d06b837be97ebe32

④ https://pdfs.semanticscholar.org/3b23/7cc60c1b9650e260318d33bec471b8202d5e.pdf

的主要限制因素不是每秒钟哈希运算的速度，而是 RAM 每秒可访问的兆字节数。然而，Dagger Hashimoto 将这种工作量证明机制与比首算法中对轻客户端友好的 DAG 所生成的数据集结合了起来。经过了我、马修、蒂姆和其他人多次调整以后，这些想法终于融入了我们现在称为"Ethash"[①]的算法中。

到 2014 年夏天，除了工作量证明大概需要到 2015 年初才能到达 Ethash 阶段，这个协议已经相当稳定，并且其半正式规范已经以加文的黄皮书[②]形式面世了。

2014 年 8 月，我开发并引入了叔区块机制[③]。该机制可以使以太坊的区块链具备更短的区块时间以及更高的处理能力，同时减少了中心化的风险。关于叔区块机制的介绍，可以参见 PoC6。

在与比特股团队讨论以后，我们考虑使用堆[④]作为头等数据结构——尽管最后由于时间不够没有这样做，并且后来的安全审计和 DoS 攻击让我们明白：在当时安全地实现这一功能远比想象中更难。

9 月，我和加文计划对协议设计进行两处重大的变更。首先，除了状态树和交易树，每一个区块还将包含一棵收据树。收据树将包括由每一笔交易创建的日志的哈希以及中间的状态根。日志将会允许交易创建可以保存在区块链中的输出，并且可被轻客户端访问。然而，未来的状态计算无法访问这些日志。这种方法使得去中心化应用能够很容易地查询时间，如代币转账、购买、正在被创建和被撮合的交易所订单，以及正在进行的拍卖等。

我们还考虑了其他的想法，如把默克尔树从一笔交易的完整执行轨迹中抽取出来，以允许任意内容得到证明。在对简单性和完整性进行折中以后，我们选择了使用日志。

其次就是预编译的想法。预编译解决了允许复杂的加密计算在 EVM 中可用而不必处理 EVM 开销的问题。我们还提出过许多关于本地合约[⑤]的雄心勃勃的想法。在这些想法中，如果矿工拥有关于某些合约的更优的实施方法，那么他们就会投票下调这些合约的燃料价格。如此一来，那些大多数矿工都能快速执行的合约自然就拥有更低的燃料价格了。然而，所有这些想法都被拒绝了，因为我们无法提出一种在加密经济学角度足够安全的方式来实现它。攻击者总是可以创建一些合约来执行带有活动门的加密操作，然后将活动门分发给自己和他们的朋友，从而能够更快地执行这个合约。随后，攻击者投票下调燃料价格并利用这一点对网络进行 DoS 攻击。相反，我们选择了一个不那么雄心勃勃的方法，即在协议中简单地指定较小的预编译数量，用于哈希和签名方案等常用操作。

加文也是最初支持开发协议抽象[⑥]这一想法的关键人物。所谓协议抽象，就是将协议的众多部分，如以太币余额、交易签名算法、随机数等，作为合约迁移到协议本身中。其理论上的最终目标是要达到整个以太坊协议能够被描述为将函数调用加入到具有特定预初始化状态的虚拟机中的目标。我们没有足够的时间把这些想法都加入到最初的前沿版本中，

① https://github.com/ethereum/wiki/wiki/Ethash

② https://gavwood.com/Paper.pdf

③ https://blog.ethereum.org/2014/07/11/toward-a-12-second-block-time/

④ https://blog.ethereum.org/2014/08/27/state-ethereum-august-edition/

⑤ https://blog.ethereum.org/2014/08/27/state-ethereum-august-edition/

⑥ https://blog.ethereum.org/2015/07/05/on-abstraction/

不过预计这些原则将通过"君士坦丁堡"的一些变化、Casper合约和分片规范慢慢开始被整合。

这些内容都在PoC 7中实现了。在PoC 7之后，该协议并没有真正发生太大的变化，除了一些轻微但在某些情况下十分重要的变动。这些细节将会在通过安全审计后公布。

到2015年初，尤塔·斯坦纳（Jutta Steiner）和其他人组织了发布前的安全审计，包括软件代码审计和学术审计。软件代码审计主要是在分别由加文和杰夫瑞主导的C++和Go实现上。尽管我的Pyethereum实现也进行了一次简单的审计。在这两次学术审计中，一次由尤塔·埃雅尔（Ittay Eyal）（因提出"自私挖矿"而成名）负责进行，另一次由安德鲁·米勒和Least Authority的其他成员进行。埃雅尔的审计导致了一个轻微的协议变更，即链的总难度值不会包含叔区块。由Least Authority负责的审计[1]更侧重于智能合约、燃料经济学以及帕特里夏树。这次审计也导致了几处的协议变更。其中，比较小的一处变动是使用 `sha3(addr)` 和 `sha3(key)` 作为树的键值，而不是直接使用地址和键值。这将使得攻击者更难对树发起最坏攻击。

我们讨论的另一个重要的问题是燃料限制投票机制。那时候，我们已经对关于比特币区块大小的争论缺乏进展感到担忧，并希望在以太坊中拥有一个灵活的设计：该设计能够根据需要随时间调整。但面临的挑战是，最佳的限制是什么？我最初的想法是制定一个动态的限制，该限制是实际燃料使用量的长期指数移动平均值的1.5倍。因此，从长远看来，平均每个区块都会被占用2/3的容量。然而，安德鲁证明了这种限制在某些方面是可以被利用的——具体来说就是，想要提高限制的矿工仅需要把消耗大量燃料却只花费很少处理时间的交易都包含在他们自己的区块中，从而创建出满载区块且不会亏损成本。因此，至少从最终结果来看，这个机制的安全模型相当于只是让矿工对燃料限制进行投票。

我们没能提出一个更好的燃料限制策略，安德鲁推荐的方案是让矿工明确地对燃料限制进行投票，而且默认的投票策略是1.5倍的EMA。其原因在于，我们还没有想出设置最大燃料限制的正确方法，并且任何具体方法失败的风险都似乎都远远高于矿工滥用投票权的风险。因此，不妨简单地让矿工对燃料限制进行投票，并接受燃料限制过高或过低的风险，从而换取灵活性以及矿工联合起来根据需要快速调整燃料限制高低的好处。

在我和加文、杰夫进行了一场迷你黑客松之后，PoC 9终于在3月份推出了。其旨在成为概念证明的最终版本。我们将一个叫作"奥林匹克"的测试网运行了4个月。该测试网用的是将要用在主网中的协议。与此同时，我们还建立了以太坊的长期计划。维纳·古普塔（Vinay Gupta）写了一篇文章——《以太坊的发布过程》[2]。这篇文章描述了以太坊主网开发的4个预期阶段，并相应给出了如今大家耳熟能详的名字："前沿"、"家园"、"大都会"和"宁静"。

"奥林匹克"测试网运行了4个月。前2个月，我们在各种实施版本中发现了很多漏洞，也发生了共识失败等其他问题。不过在6月前后，网络已经显著稳定下来了。到了7月，我们决定冻结代码；7月30日以太坊主网正式发布。

---

[1] https://leastauthority.com/blog/least_authority_performs_incentive_analysis_for_ethereum/

[2] https://blog.ethereum.org/2015/03/03/ethereum-launch-process/

论交易媒介代币的估值

（2017 年 10 月 17 日）

编者按

　　2016~2017年，ICO（首次代币发行）浪潮爆发。但大多数项目的代币价值模型都定位为网络交易媒介，即将代币作为购买网络服务的唯一等价物。在此前提下，维塔利克在本文探讨了此类交易媒介代币的估值缺陷，并提出稳定代币价值的建议。

　　最近许多代币众筹项目都流行使用一种代币模型，即网络交易媒介代币。这种代币的通常论调如下：我们（即开发者）搭建一个网络，使得你可以在这个网络上做很新、很酷的东西。这个网络是一个共享经济形式的系统，里面只包含买家和卖家：卖家在特定的协议中提供资源，买家则购买其服务。此外，买家和卖家都来自于社区。但是，大家必须使用我们销售的新代币来购买和销售网络中的内容，这就是代币具有价值的原因。

　　如果开发者本身就是卖家，那么这会是一个非常合理也非常正常的安排，本质上与Kickstarter形式的产品众筹非常类似。从经济意义上讲，代币实际上将由开发者提供的服务所支撑。

　　通过描述在简单经济模型中发生的事情，可以更详细地看到这一点。假设有 N 个人认为开发者想要发布的产品的价值为 x 美元，并且他们相信开发者会给他们交付产品。随后开发者发起众筹，并且以 w 美元（$w<x$）的价格从这 N 个人中募得资金，最终总募资额达到 Nw 美元。开发者构建了产品，并将其交付给每个买家。到头来，买家和开发者皆大欢喜。没有人觉得他们在参与这一过程时犯了一个本可以避免的错误，并且每个人的期望都得到满足。这种经济模型显然是稳定的。

　　现在，我们不妨以交易媒介代币来审视这个故事。有 N 个人认为存在于去中心化网络中的产品价值 x 美元，并且该产品将以 w 美元（$w<x$）的价格出售。他们每人在众筹中购买了 w 美元的代币。开发者搭建网络。一些卖家进入，并以 w 美元的价格在网络中提供产品。买家使用他们的代币来购买这一产品，花费 w 美元的代币并获得 x 美元的价值。卖家花费 v 美元（$v<w$）的资源和血汗来生产这种产品，他们现在有价值 w 美元的代币。

　　请注意，这个循环并不完整。事实上，它也永远不会完成：只有在买家和卖家的流量不断的时候，代币才能继续拥有它的价值。这里的流量不是说必须无穷无尽；如果在每一轮交易以后都有至少 v/w 的概率会有下一轮，那么模型仍然有效。即使有人最终会被欺骗，任意个体参与者成为那个人的风险也低于他们从参与中获得的好处。此外，代币也有可能在每一轮中不断贬值，其价值乘以某个因子 f，其中 $v/w<f<1$，直到最终归零，并且它仍然符合每个人参与的利益。因此，该模型在理论上是可行的，但你可以看到这个模型比简单的"开发者即卖家"模型要更加复杂、更加脆弱。

　　传统的宏观经济学有一条简单的等式[①]来为交易媒介估值：

---

① https://en.wikipedia.org/wiki/Equation_of_exchange

$$MV = PT$$

其中：

- M 是货币供应总量，即币的总数；
- V 是货币的流通速度，即币每天的平均换手次数；
- P 是价格水平，即商品和服务以币本位制定的价格，所以它实际上是货币价格的倒数；
- T 是交易量，即每日交易的经济价值。

对上述等式的证明非常简单：如果有 N 个币，并且每个币每天换手 M 次，那么每天交易的经济价值就是 MN 个币。如果这代表了价值 T 美元的经济价值，那么每个币的价格就是 $T/(MN)$。因此，价格水平是这个结果的倒数，即 MN/T。

为了便于分析，我们不妨改写两个变量：

- 将 $1/V$ 作为 H，即用户在使用币进行交易之前持有币的时间；
- 将 $1/P$ 作为 C，即货币的价格（可以把 C 看作成本）。

现在，我们有

$$M/H = T/C$$
$$MC = TH$$

左边的项就是市值，右边的项是每天交易的经济价值乘以用户在使用币进行交易之前持有的时间。

这是一个稳态模型，假设此处用户数量相同。但实际上，用户数量可能会发生变化，由此价格也可能发生变化。用户持有币的时间可能会发生变化，由此也可能导致价格发生变化。

现在，再看看对用户的经济影响：如果用户必须使用某个应用内置的代币而不是传统的以太币（或比特币，或美元）才能使用该应用时，他们会有什么损失？表达这一点的最简单的方法如下：这种系统对用户施加的隐性成本是用户在这段时间内持有这些币的成本，而不是以他们原本希望持有的货币价值。

这个成本里面涉及很多因素：认知成本、交易成本和点差、交易费用以及其他较小的项目。这种隐性成本的一个特别重要的因素是预期回报。如果用户希望应用代币的价值每年仅仅增长1%，而其他可用的替代品每年增长3%，并且他们持有价值20美元的货币长达5天，那么他们的预计损失大概为20美元 × 2% × 5/365 = 0.0054美元。

从这个特殊的深入观察中，可以马上得出一个结论，那就是应用代币是一个多重均衡博弈。如果应用代币以每年2%的速度增长，然后费用降到0.0027美元，本质上是使应用（或者至少其中的大部分组件）的真实费用便宜了2倍，由此吸引更多的用户并获得更多的价值增长。然而，如果应用代币开始以每年10%的速度贬值，那么真实费用将增加到0.035美元，由此驱使众多用户离开，并加剧其费用的增长。

这将导致发生市场操纵的可能性提高，因为操纵者不再是浪费他们的资金来对抗单一的均衡，实际上他们可能成功地将特定货币从一个均衡推到另一个均衡，并从成功预测（即造成）这种转变中获利。这也意味着其中存在着大量的路径依赖，并且品牌建立是非常重要的。如果要举一个有名的例子，可以看看比特币区块链的分叉之争。

另一个也许更重要的结论是，应用代币的市值主要取决于持有时间 H。如果有人创建了一个非常高效的交易所，该交易所允许用户实时购买应用代币随后在应用内使用，同时允许卖家立即兑现，那么该应用代币的市值将急剧下降。如果一个货币足够稳定或者前景看起来十分乐观，那么这一点可能无关紧要，因为用户看不到持有这种代币而不持有其他东西的缺点（即真实费用为零）。但如果前景开始恶化，那么这么一个运作良好的交易所可能会加速它的消亡。

你可能认为交易所本身效率低下，需要用户去创建账户、登录、存币、等待 36 个确认、交易和注销。但事实是，超高效的交易所即将会出现。这是关于完全自主同步链上交易设计的讨论思路[①]：它可以将代币 A 转换为代币 B，随后立即使用代币 B 来做某事，并且这些都只发生在同一笔交易内。类似的其他平台也在开发中。

这一切都表明，纯粹依靠作为交易媒介来支撑代币的价值，虽然因为看似能够凭空印钞而颇有吸引力，但最终还是十分脆弱。使用这种模型的协议代币可能会因为非理性和临时均衡而维持一段时间。在这期间，持有代币的隐含成本为零，但它是一种在任何时候都具有不可避免的崩溃风险的模型。

那么，有替代方案吗？一个简单的替代方案是使用 Etherdelta 的方式，应用只在界面中收取费用。但会有人批评：难道不能有人通过分叉来盗取费用吗？有人反驳：其他人也可以通过分叉用以太币、比特币、狗狗币或用户更喜欢使用的其他任何东西来替换你的协议代币。有人还可以提出一个更复杂的辩驳：这一点很难做到，因为"盗版"版本必须与"官方"版本竞争网络效应，但人们可以轻松地构建一个拒绝与非付费客户端交互的官方付费客户端。这种基于网络效应的实施方法类似于在欧洲和其他地方通常实施增值税的方式。官方客户端买家不会与非官方客户端卖家交互，并且官方客户端卖家也不会与非官方客户端买家交互，因此大量用户需要同时切换到"盗版"客户端以成功躲避费用。这种方法的健壮性还不够完美，但它肯定与创建新协议代币的方法一样好。

如果开发者想要为初始开发提供前期收入，那么他们可以出售代币，并且将所有的网络费用都用于回购并销毁部分代币。这将使代币获得系统内部的费用支出的未来预期值的支撑。开发者也可以通过要求用户使用实用型代币支付费用的形式来将此设计转换为更直接的实用型代币。并且，如果用户没有代币，则让接口通过交易所自动购买代币。

重要的是，为了使代币具有稳定的价值，代币供应应该拥有下沉池——代币实际销毁的地方——由此，总代币数随时间逐渐减少。如此一来，比起变幻莫测且难以计算的真实费用，用户支付的费用将更加透明且明确，并且还能拥有一种更透明、更明确的方式来算清楚协议代币的价值应该是多少。

[①] https://www.reddit.com/r/ethereum/comments/55m04x/lets_run_onchain_decentralized_exchanges_the_way/

无状态客户端

（2017 年 10 月 17 日）

编者按

> 本文提出了一种以太坊上的"无状态客户端"概念。在这种概念中，矿工及全节点无需存储状态，快速同步过程将更加迅速。

有一种协议转换方法理论上可以对多类协议进行转换，这种方法的数学定义如下：假设使用状态转换语言，$STF(S,B)->S'$。其中，S 和 S' 都是状态，B 是区块（也可以是交易 T），STF 是状态转换函数。随后，我们可以做变换：

- $S->S$ 的状态根（即包含 S 的默克尔帕特里夏树的 32 Byte 根哈希）；
- $B->(B,W)$，其中 W 是见证者，即一组证明 B 的执行所访问的所有数据的值的默克尔分支；
- $STF->STF'$，状态转换函数将状态根和带有见证者的区块作为输入，在区块的执行需要读取任意账户、存储密钥或者其他状态数据时，将见证者用作数据库（如果见证者不包含所需的某些数据，则退出并报错），并输出新的状态根。

也就是说，全节点只会存储状态根，并且矿工有责任将默克尔分支（见证者）与区块一起打包，全节点将下载并验证这些扩展区块。无状态全节点和常规全节点完全可以在网络中彼此并存。你可以拥有翻译节点，该节点接收区块 B，附加所需的见证者，并在无状态节点所在的不同网络协议上广播 (B,W)。如果矿工在这个无状态网络上挖出一个区块，那么见证者可以被剥离，并且该区块将在常规网络上重新进行广播。

在真实协议中构思见证者的最简单的方法是，将其视为一个 RLP 编码的对象列表，然后客户端可以将其解析为一个 `{sha3(x):x}` 键值映射。随后，我们可以将此映射简单地插入现有的以太坊实现中作为一个数据库。

当前，将上述思想应用于以太坊的限制是，它仍然需要矿工成为存储状态的全节点。可以想象这么一个系统，其中交易发送方需要存储完整的状态树（甚至到那时，只需存储与其自身相关的树的分支）并且矿工也是无状态的，但问题是以太坊的状态存储访问是动态的。比如，你可以想象一个形式为 `getcodesize(sha3(sha3(…sha3(x)…))%2**160)` 的合约，中间有成千上万个 `sha3`。这个合约需要我们访问一段在完成需要消耗数百万燃料的计算之前无法得知的账户的代码。因此，交易发送方可以创建一笔包含关于少数账户的见证者的交易，执行大量计算，然后尝试访问没有见证者的账户。这相当于 DAO 软分叉漏洞[①]。

要解决这个问题，我们可以要求交易包含它可以访问的账户集合的静态列表，就像 EIP 648[②]，但要更加严格，因为这种方案需要更精确的枚举，而不是获得一个范围。但是，

---

① https://hackingdistributed.com/2016/06/28/ethereum-soft-fork-dos-vector/

② https://github.com/ethereum/EIPs/issues/648

还有另一个问题：当交易通过网络广播时，它所访问的账户的状态以及作为见证者的正确的默克尔分支可能与交易创建时的正确数据大不相同。为了解决这个问题，我们将见证者放在交易中被签署的数据之外，并允许打包交易的矿工在包含交易之前根据需要调整见证者。如果矿工维持保留在过去24小时内创建的所有新状态树节点的策略，那么他们必须拥有更新在过去24小时内发布的任何交易的默克尔分支所需的所有信息。

这一设计具有以下优点。

1. 矿工和全节点一般不再需要存储任何状态。这使得快速同步更加快（可能只需要几秒钟）。

2. 所有关于状态存储经济学的棘手问题所产生的对诸如租赁①，甚至当前复杂的SSTORE成本/退款方案的设计需求都会消失，而区块链经济学仅需专注于带宽和计算定价，这个问题解决起来要简单得多。

3. 对于矿工和全节点，磁盘IO不再是问题。磁盘IO历史上一直是以太坊中DoS漏洞的主要来源，即使在今天，它也可能是最简单的可用性DoS向量。

4. 要求交易指定账户列表增加了高并行性。从很多方面来看，这都是EIP 648的增压版本。

5. 即使对存储状态的客户端而言，账户列表也允许客户端从磁盘（可能并行）预取存储数据，从而大大降低了客户端对DoS攻击的脆弱性。

6. 在分片区块链中，我们通过在分片之间高频地重新改组客户端来提高安全性。客户端重新改组的速度越快，在BFT模型中，该方案抵御的攻击者的适应性要求越高。然而，在状态存储客户端模型中，重新改组需要客户端下载他们被重新分配的新分片的完整状态。在无状态客户端中，该成本降为零，从而允许客户端在它们创建的每个区块之间进行切换。

这种做法引入了一个问题，那就是谁来存储状态？以太坊的主要优势在于平台的易用性，以及用户不必关心诸如存储私有状态等细节。因此，为了使这种方案运作良好，我们必须复制类似的用户体验。以下是关于如何做到这一点的混合提案。

1. 任何被创建或接触的新状态树对象都默认由所有全节点存储3个月，其大小大概为2.5 GB。这有点像网络在自愿提供存储福利。我们知道这种级别的服务绝对可以由志愿者进行提供，因为目前的轻客户基础设施已经取决于利他主义。3个月以后，客户可以随机遗忘。例如，12个月前最后一次被接触的状态树对象仍然会被25%的节点存储，而60个月前最后被接触的对象仍将被5%的节点存储。客户端可以尝试使用常规的轻客户端协议来请求这些对象。

2. 希望确保特定数据可用时间更长的客户端可以通过状态通道支付来实现。客户端可以与收费存档节点建立通道，并在状态通道中明确有条件支付的形式，如"我放弃0.0001美元，默认情况下，这笔付款将永远消失。然而，如果你以后提供一个带有哈希H的对象，并且其上有我的签名，那么这0.0001美元将会属于你"。这表示了一个可信的承诺，即将来你可能愿意为这个对象解锁这笔资金。存档节点可以接受数百万类似的安排，然后等待数

---

① https://github.com/ethereum/EIPs/issues/35 https://github.com/ethereum/EIPs/issues/87 https://github.com/ethereum/EIPs/issues/88

据请求出现，从而获得收入。

3. 我们希望DAPP开发人员让他们的用户在浏览器本地存储中随机存储与他们的DAPP特别相关的部分存储密钥。通过Web 3 API，这一点可以轻松实现。

在具体实践中，我们希望存储所有内容的存档节点的数量能够大到足以服务网络，直到分片技术实现。到那时，网络总状态大小将达到1～10 TB，上述方案可能已经不必要了。

更多有关这些想法的讨论：

·https://github.com/ethereum/sharding/blob/develop/docs/account_redesign_eip.md

·https://github.com/ethereum/EIPs/issues/726

ZK-STARK（Ⅰ）：多项式证明

（2017 年 11 月 9 日）

编者按

> 比起 ZK-SNARK，ZK-STARK 避免了使用椭圆曲线、配对和指数知识假设，并且完全依赖于哈希和信息论基础。这意味着，即便是面对使用量子计算机的攻击者，它仍然是安全的。本文是 ZK-STARK 系列文章的第Ⅰ部分，主要介绍 ZK-STARK 的数学基础。

特别感谢以利·本·萨森（Eli Ben-Sasson）提供的帮助、解释和审阅，以及他为本文提供的案例。最重要的是，他是本文多数内容的发明者。也感谢王筱维（Hsiao-Wei）的审阅。

相信很多人都听过 ZK-SNARK[①]，这是一种通用简洁的零知识证明技术——它可以应用于各类场景，涵盖从可验证计算到隐私保护数字货币等各个方面，它可以被应用于各类场景。不过，可能你还不知道现在 ZK-SNARK 有了一个新的更酷炫的兄弟——ZK-STARK。这里的 "T" 表示 "透明的"（Transparent）。ZK-STARK 解决了 ZK-SNARK 的一个主要缺陷，即 ZK-SNARK 依赖于 "可信设置"。ZK-STARK 引入了更简单的密码学假设，避免了使用椭圆曲线、配对和指数知识（Knowledge-of-Exponent, KoE）假设，并且完全依赖于哈希和信息论基础。这也意味着，即使面对使用量子计算机的攻击者，它仍然是安全的。

然而，这种方案的成本是：一个证明的大小从 288 Byte 飙升到几十万字节。尽管有些时候，这些成本并不划算，但在另一些时候，尤其对于亟需信任最小化的区块链应用而言，它是值得的。而一旦椭圆曲线被破解，或者量子计算机真的到来，那么它必然是非常值得的。

那么，这种新型的零知识证明的原理到底是什么呢？在这之前，不妨先回顾一下通用简洁的 ZKP 的作用。假设你现在有一个（公开）函数 f，一个（私有）输入 x 和一个（公开）输入 y。在不透露 x 是什么的情况下，你想要证明你知道有一个 x 能够使得 $f(x) = y$[②]（图 1）。进一步而言，你希望这个证明足够简洁，并且其验证速度要比计算 f 本身更加快速。

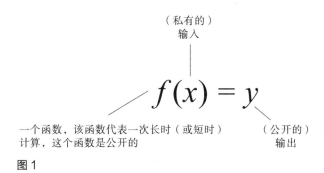

（私有的）
输入

$$f(x) = y$$

一个函数，该函数代表一次长时（或短时）　　　　（公开的）
计算，这个函数是公开的　　　　　　　　　　　输出

图 1

---

① https://medium.com/@VitalikButerin/zk-snarks-under-the-hood-b33151a013f6

② 比如有一个保险箱，你要在不透漏密码具体是什么的情况下，证明你确实知道这个保险箱的密码。

让我们来讨论几个案例。

1. f 是一个计算任务，该任务在一台普通计算机上运行需要耗费两周，而在数据中心内只需 2 小时即可完成。你可以把计算任务（即运行 f 的代码）发送给数据中心，数据中心执行计算，然后返回答案 y 及其证明。你只需要几毫秒之内就可以验证这个证明，并确信 y 就是真实的答案。

2. 你有一笔经过加密的交易，交易的形式为"X_1 是我的旧余额，X_2 是你的旧余额，X_3 是我的新余额，X_4 是你的新余额"。你想要构建一个证明来证明这笔交易的有效性（证明新旧余额都是非负的，并且我的余额减少量刚好抵消你的余额增加量）。x 可能是一对加密密钥，f 可能是一个函数，并且这个函数包含了这笔交易作为其内置的公开输入。一旦操作者在函数中输入密钥，函数将解密交易，并执行检查。如果检查通过，则返回 1；否则，返回 0。当然，y 肯定是 1。

3. 你有一条像以太坊一样的区块链，并下载了最新的区块。你想要构造一个证明来证明区块的有效性，以及该区块处于有效链条的链端。你向一个当前存在的全节点发出询问，并要求它提供类似的证明。x 是完整（没错，就是完整的，高达十亿字节）的区块链，f 是一个逐块按序处理的函数，该函数负责验证有效性，并输出上一个区块的哈希，而 y 就是你刚刚下载的区块哈希。

图 2

那么，实现上述案例（图 2）到底有何困难呢？事实证明，零知识（即隐私）保证是（相对！）容易提供的。我们有很多种方式可以将任意计算问题转换为类似于三色图问题的实例：在这些实例中，图的三着色对应于原始问题的解决方案；在不透露具体方案的情况下，使用传统的零知识证明协议来证明你有一个有效的图着色方案。这篇马修·格林（Matthew Green）于 2014 年发表的很棒的文章[①]对其中的细节做了阐释。

更加困难的事情在于保证简洁性。直观来讲，简洁地证明计算相关的事情十分困难，因为计算极其脆弱。如果你有一个很长很复杂的计算，并且假设你能够在计算中途将任何一位从 0 翻转为 1，那么在多数情况下，这一位也将让计算走向截然不同的结果。因此，我们无法通过采用诸如随机采样某个计算轨迹的方法来评估计算的正确性，因为那"邪恶的一位"实在难以察觉。不过，事实证明，通过一些美妙的数学方法，这样的事情还是可以做到的。

通常而言，深层次的直觉会告诉我们：实现这类方案的协议，基本上会使用类似于擦除编码[②]（它经常被用于保证数据的容错性）中使用的数学方案。如果你有一些数据，并且

---

① https://blog.cryptographyengineering.com/2014/11/27/zero-knowledge-proofs-illustrated-primer/

② https://en.wikipedia.org/wiki/Erasure_coding

将这些数据编码为一条线，那么你可以从这条线上选出4个点。这4个点中的任意2个都可以重构出这条线，并得出另外2个点。进一步来说，即使你对这些数据做出极微小的改变，也能保证这4个点中至少有3个可以重构出这条线。你可以将这些数据编码为一个100万次多项式，然后在这个多项式上选出2000000个点。任意1000001个点都会恢复原始数据，继而恢复其他点。此外，原始数据的任何偏差都会改变至少100万个点（图3）。这里展示的算法，将着重使用多项式，并通过这种方式来进行错误放大。

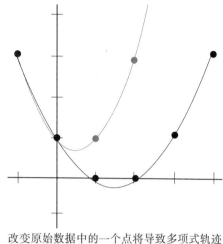

改变原始数据中的一个点将导致多项式轨迹发生极大的变化

图3

一个简单的例子

假设你想要证明你有一个多项式P，并且该多项式满足：对于$1 \sim 10^6$之间的所有x，$P(x)$是一个整数且$0 \leqslant P(x) \leqslant 9$。这是一个十分常见的关于"范围检查"的简单示例。你可以想象把这种检查应用于某种验证，比如，在执行完一系列交易以后，某些账户的余额仍然为正。如果$1 \leqslant P(x) \leqslant 9$，那么我们可以部分证明这些值构成了正确的数独解。

证明这个问题的"传统"方法是，遍历所有的100万个点，并对这些值进行逐个校验。然而，我们想要知道是否能够构造出一个证明，该证明可以在100万步以内得到验证。简单地随机对P进行求值校验无法做到这一点，因为总是有可能出现一个恶意证明者——他会想出一个P，这个P满足在999999位置内的限制，但是不满足最后一个。如此一来，随机采样所获得的有限的几个值总会错过不满足的那个值（图4）。那么，我们该怎么办呢？

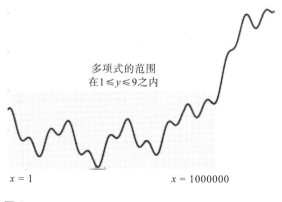

多项式的范围
在$1 \leqslant y \leqslant 9$之内

$x = 1$ $x = 1000000$

图4

从数学上对这个问题进行转化（图5）。令$C(x)$为一个约束检查多项式，如果$0 \leqslant x \leqslant 9$，则$C(x) = 0$；否则，$C(x)$非0。构造$C(x)$有一个简单的方式：$x \times (x-1) \times (x-2) \times$

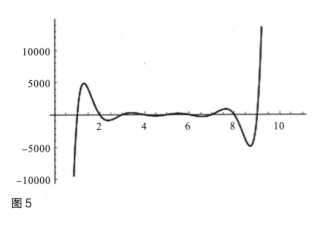

图5

···×(x–9)（假设所有多项式和其他值都只使用整数，所以不需要担心其中的数字问题）。

现在，问题变成：证明你知道 P，对于 $1 \sim 10^6$ 的所有 x，都有 $C[P(x)] = 0$。令 $Z(x) = (x-1) \times (x-2) \times \cdots \times (x-1000000)$。根据一个已知的数学事实，对于 $1 \sim 10^6$ 的所有 x，任何等于0的多项式都是 $Z(x)$ 的一个乘积。因而，问题可以被再次转化：证明你知道 P 和 D，并且 P 和 D 满足对于所有的 x，$C(P(x)) = Z(x)*D(x)$。请注意，如果你知道一个合适的 $C(P(x))$，那么通过 $C(P(x))$ 除以 $Z(x)$ 来计算 $D(x)$ 并不太难。你可以使用多项式长除法[①]，或者实际上更快的基于快速傅里叶变换[②]的算法。现在，我们已经将原始命题转化为一个数学上更清晰，可靠性更高的问题。

那么，我们要如何证明这个命题呢？我们可以把证明过程想象成一个证明者和验证者之间的三步交流过程：证明者发送一些信息，然后验证者发送一些请求，最后证明者再发送一些信息。首先，证明者提交（即生成一棵默克尔树并且将根哈希发送给验证者）对于从 $1\sim10$ 亿（是的，10亿）之间的所有 x 的 $P(x)$ 和 $D(x)$ 的值。这里面包含了100万个点，其中，$0 \leqslant P(x) \leqslant 9$，而9.99亿个（可能）是状况外的点（图6）。

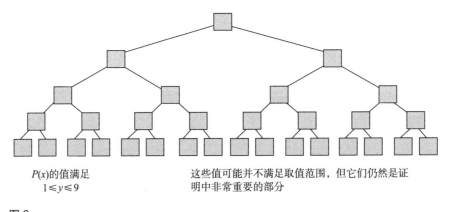

P(x)的值满足
$1 \leqslant y \leqslant 9$

这些值可能并不满足取值范围，但它们仍然是证明中非常重要的部分

图6

假设验证者已经知道了 $Z(x)$ 在所有这些点上的值。在这个方案中，$Z(x)$ 就像是一条每个人都必须提前知道的公开验证密钥（客户端没有存储完整的 $Z(x)$ 的空间，它只是简单地存储了 $Z(x)$ 的默克尔根，并需要证明者同时提供验证者需要查询的每个 $Z(x)$ 值的分支。另一种可替代方案是，存在某种数域，使得对于某个 x，$Z(x)$ 的计算非常简单）。在获得提交信息（也就是默克尔根）后，验证者在 $1 \sim 10^9$ 之间随机选择16个 x 的值，并要求证明者提供这些值对应的 $P(x)$ 和 $D(x)$ 的默克尔分支（图7）。证明者提供这些值后，验证者检查（i）

---

① https://www.purplemath.com/modules/polydiv2.htm

② https://en.wikipedia.org/wiki/Fast_Fourier_transform

这些分支与之前提供的默克尔根是否相匹配，以及（ⅱ）$C(P(x))$ 在所有16种情况下都等于 $Z(x) \times D(x)$。

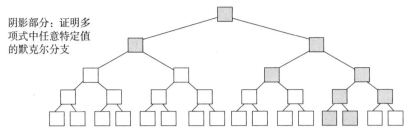

阴影部分：证明多项式中任意特定值的默克尔分支

图7

这个证明提高了完备性——如果你真的知道一个合适的 $P(x)$，然后计算 $D(x)$ 并且正确地构造出证明，那么这16个检查都将顺利通过。但是可靠性怎么样？假设一个恶意证明者提供了一个恶意的 $P(x)$，那么他们被发现的最小概率为多少？我们可以进行如下分析：因为 $C(P(x))$ 是一个由一个100万次多项式组成的10次多项式，因此它的次数至多为1000万。通常来说，我们知道两个不同的 N 次多项式至多相交 N 个点。因此，对于某个 x，一个100万次多项式若不等同于一个总是等于 $Z(x) \times D(x)$ 的多项式，那么这两个多项式必然会在至少9.9亿个点上都不同。因此，即使只检查一次，一个恶意的 $P(x)$ 被发现的概率就高达99%。如果是16次检查，那么恶意 $P(x)$ 被发现的概率会上升到 $1-10^{-32}$。也就是说，这个方案行骗成功的概率无异于得出哈希碰撞。

所以，我们刚刚到底在做什么？我们使用多项式"增强"了所有糟糕的解决方案中的错误。如此一来，原始问题的那些糟糕的解决方案，即需要直接执行100万次检查的方案，变成了一个验证协议方案，该方案即使只进行一次检查，也能够有99%的几率标示出错误。

我们可以将这个三步机制转化为一个非交互式证明。通过使用 Fiat Shamir 启发式[①]，在该证明中，证明者可以将其进行广播，然后被所有参与者进行验证。证明者首先构建一棵关于 $P(x)$ 和 $D(x)$ 值的默克尔树，然后计算树的根哈希。根自身随后被用作熵的来源，以决定证明者需要提供树的哪个分支。随后证明者将默克尔根和分支共同广播作为证明，并且计算全部在证明者一侧完成。在计算过程中，证明者依照数据计算出默克尔根，然后用它

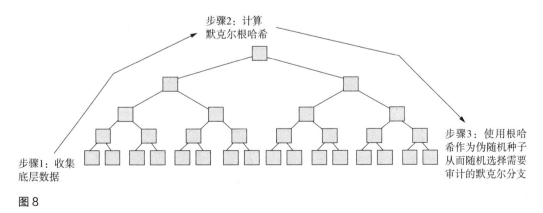

步骤2：计算默克尔根哈希

步骤3：使用根哈希作为伪随机种子从而随机选择需要审计的默克尔分支

步骤1：收集底层数据

图8

---

① https://en.wikipedia.org/wiki/Fiat–Shamir_heuristic

来挑选将要进行审计的分支。这个方案有效地取代对交互式验证者的需求。

对于一个没有有效$P(x)$的恶意证明者，他唯一能做的事情就是不断地构造一个有效证明，直到最终（足够幸运地）找到他们选择计算的默克尔根分支。不过鉴于可靠性是$1-10^{-32}$（即对于一个蓄意捏造的假证明，至少有$1-10^{-32}$的概率无法通过检查），恶意证明者可能需要耗费几十亿年的时间来找到一个可通过检查的证明。

进一步探究

为了阐释这个技术的强大之处，我们来用它做一点不寻常的事情：证明你知道第100万个斐波那契数。为此，我们会证明你知道一个表示一个计算带的多项式，其中，$P(x)$表示第x个斐波那契数。约束检验多项式现在会跨越3个x坐标：$C(x_1, x_2, x_3) = x_3-x_2-x_1$（注意，如果对于所有的$x$，$P(x)$表示一个斐波那契序列，那么$C[P(x), P(x+1), P(x+2)]$会怎样（图9））？

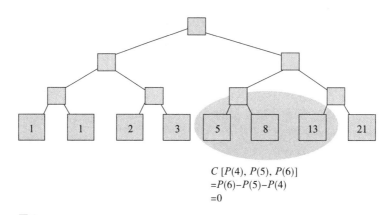

$$C[P(4), P(5), P(6)]$$
$$=P(6)-P(5)-P(4)$$
$$=0$$

图9

转换后的问题变成：验证你知道P和D使得$C[P(x), P(x+1), P(x+2)] = Z(x) \times D(x)$。对于这16个被证明审计的情况，证明者需要提供关于$P(x)$，$P(x+1)$，$P(x+2)$和$D(x)$的默克尔分支。证明者还需要额外提供默克尔分支来表明$P(0) = P(1) = 1$。除此以外，其他情况的整体过程都相同。

现在，要想在实际中实现这一目标，还需要解决两个问题：第一，如果想要应用于常规数字，这个方案不够高效，因为数字本身可以变得非常大。比如，第100万个斐波那契数有208988位。如果真的想要在实践中满足简洁性，那么不应该基于常规数字来计算多项式，而应该使用有限域（这是一个仍然遵循相同算术定律的数字系统，如$a \times (b + c) = (a \times b) + (a \times c)$和$(a^2-b^2) = (a-b) \times (a + b)$，但是这个数字系统中的每一个数字都保证只占据常量空间。证明第100万个斐波那契数需要更加复杂的设计，即基于有限域数学来实现大数算术。

最简单的有限域可能是模数。即对于某个质数N，使用$(a + b) \bmod N$替换每一个$a + b$。减法和乘法也一样，而除法则使用模逆算法[①]（如果$n = 7$，那么$3 + 4 = 0$，$2 + 6 = 1$，$3 \times 4 =$

[①] https://en.wikipedia.org/wiki/Modular_multiplicative_inverse

5，4/2 = 2，5/2 = 6）。你可以在我关于素域的介绍中[①]了解更多关于这类数字系统的信息，或者从有关模数的维基百科[②]（直接搜索"finite fields"和"prime fields"，这些文章可能看起来非常复杂，并且深入到抽象代数的内容，但没有关系）了解更多。

　　第二，你可能已经注意到，在上述可靠性证明概述中，我忽略了一种攻击：如果攻击者不用似然的100万次 $P(x)$ 和900万次 $D(x)$，而是提交另一些值，并且这些值不来源于任何相对低次的多项式呢？如此一来，上述关于一个无效 $C(P(x))$ 必须在至少9.9亿个点上不同于任何有效 $C(P(x))$ 的论据将不再适用。由此，攻击者发动更高效的攻击是有可能的。比如，一个攻击者可以为每一个 x 生成一个随机值 p，然后计算 $d = C(p)/Z(x)$，并且提交这些值替换 $P(x)$ 和 $D(x)$。这些值与任何一种低次多项式无关，但是它们会通过测试。

　　事实证明，尽管用到的工具可能相当复杂，但上述攻击的可能性仍然可以进行有效的防范。现在，你可以非常光明正大地说，它们确实填补了STARK中数学创新的空缺。不过，这个解决方法也有一个限制：虽然你可能会剔除与100万次多项式相差甚远（比如，你会需要改变所有值的20%，使它成为一个100万次多项式）的某些数据提交信息，但是你无法提出仅存在一两个坐标不同的多项式的数据提交信息。因此，这些工具将提供接近性证明——证明 P 和 D 上的大多数点都与正确的多项式对应。

　　事实证明，这就足以构建出一个证明了。然而，这里面还有两个要点。首先，验证者需要再多检查一些情况以为其局限性所引入的错误留下余地。其次，如果我们正在做"边界约束检查"（比如，验证上述斐波那契案例中的 $P(0) = P(1) = 1$），那么我们需要对接近性证明进行扩展——不仅仅证明大多数点都在同一个多项式上，还要证明这两个（或者你想要检查的任意）特定点都在这个多项式上。

　　在本系列的下一部分中，我将更详细地描述接近性检查的解决方案。在第Ⅲ部分，我将描述如何构造更复杂的约束函数来检查斐波那契数及其范围，以及任意计算。

---

① https://medium.com/@VitalikButerin/exploring-elliptic-curve-pairings-c73c1864e627

② https://en.wikipedia.org/wiki/Modular_arithmetic

ZK-STARK（Ⅱ）：核心证明

（2017 年 11 月 22 日）

编者按

本文是 ZK-STARK 系列文章的第Ⅱ部分，旨在更详细地描述接近性检查的解决方案。

特别感谢以利·本·萨森（Eli Ben-Sasson）的帮助和解释，以及贾斯汀·德雷克（Justin Drake）的审阅。

在本系列的上一篇文章中，谈到了如何能够做出一些非常有意思且简洁的计算证明，如利用涉及多项式合并和除法的技术来证明你算出了第 100 万个斐波那契数。但是，它依托于一个非常重要的元素——给定集合，你必须能够证明集合里的大部分点都在同一个低次多项式上。这个叫作"低次测试"，可能是协议中最复杂的部分。

首先，再次回顾一下我们的问题。假设存在一个点的集合，你声称它们都在同一个多项式上，并且该多项式的次数小于 D（即如果次数小于 2，则意味着这些点都在同一直线上；如果次数小于 3，则意味着它们在同一直线或抛物线上，依此类推）。你想通过构建一个简洁的概率性证明来证明这是对的。

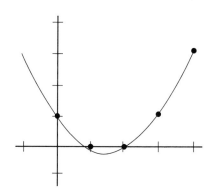 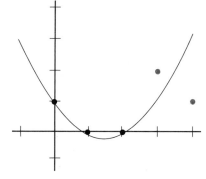

（a）所有点都在次数小于 3 的多项式上　　　（b）所有点并不在同一个次数小于 3 的多项式上

图 1

如果你想要验证这些点都在同一个次数小于 D 的多项式上，那么实际上你将不得不对每一个点进行检查，因为哪怕是漏掉一个点，这个点也有可能刚好不在多项式上（尽管其他点都在多项式上）。不过，你可以对所有点进行概率性的检查，确认至少有一定比例（比如 90%）的点都在同一个多项式上。

如果你能够检查多项式上的每一个点，那么问题非常简单。但是，如果你只能够检查几个点呢？也就是说，你可以要求检查任意几个点，并且作为协议要求的一部分，证明者也有义务给你关于这些点的数据，但是查询次数总数是有所限制？那么问题来了，你需要检查多少个点，才能获得一定程度的肯定性？

显然，D 个点是不够的。因为 D 个点恰好可以唯一定义一个次数小于 D 的多项式，所以你得到的任意的点集合，都只会与某个次数小于 D 的多项式相关。然而，从图 2 可以看出，$D+1$ 或更多的点也许给予更多指示。通过 $D+1$ 次查询来检测给定的值是否在同一个次数小于 D 的多项式上的算法并不复杂。首先，从 D 个点中随机挑选一个子集，并用类似拉格朗日插值法（在这里①搜索 "Lagrange interpolation" 获得更多介绍）的方法来还原出唯一的次数小于 D 的多项式，并且该多项式能够通过子集内所有的点。此后，再随机采样一个点，检查该点是否在同一个多项式上（图 3）。

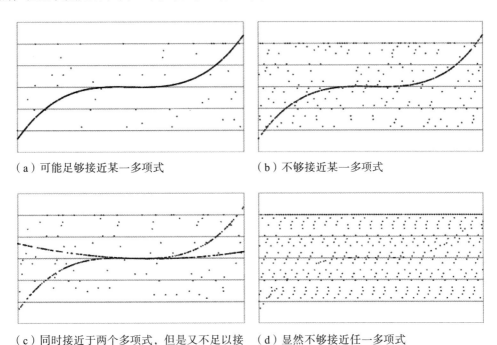

（a）可能足够接近某一多项式　　　　　（b）不够接近某一多项式

（c）同时接近于两个多项式，但是又不足以接　（d）显然不够接近任一多项式
近任意一个

图 2

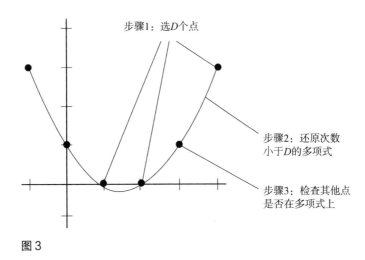

步骤1：选 D 个点

步骤2：还原次数
小于 D 的多项式

步骤3：检查其他点
是否在多项式上

图 3

① https://link.jianshu.com/?t=https://medium.com/@VitalikButerin/quadratic-arithmetic-programs-from-zero-to-hero-f6d-558cea649

注意，这仅仅是一个接近性测试，因为很有可能会出现这样一种状况：虽然大多数点都在同一个低次多项式上，但却偏偏有一些点不在多项式上，并且第 $D+1$ 个采样点刚好完美错过了这些点。然而，我们可以进一步推导出结果：如果在同一个次数小于 D 的多项式上的点的占比低于90%，那么这个测试很有可能失败。具体来说，如果你进行 $D+k$ 次查询，并且至少有 p% 的点不在同一个多项式上，而其他点在上面，那么通过测试的概率仅有 $(1-p)^k$。

不过，如果像上一篇文章的例子那样，D 非常大，并且你想要在查询次数小于 D 的情况下去验证一个多项式的次数，那该怎么办呢？显然，根据上述的简单论证，我们无法直接入手（即任意 $k \leq D$ 个点至少全都在一个次数小于 D 的多项式上）。但是，通过提供辅助数据，间接地进行验证还是非常有可能的，并且这种方案将能够大幅地提升效率。这就是类似于 FRI[1]（快速 RS IOPP，RS=“里所码[2]（Reed-Solomon）”，IOPP = “接近性交互预言证明（Interactive Oracle Proofs of Proximity）”），以及早期被称为“接近性概率可检验性证明（PCPP）”的新协议所要实现的目标。

初识亚线性

为了证明这一切都是可行的，我们从一个相对简单的协议开始，虽然协议内各因素之间的折中很糟糕，但是仍然可以达到亚线性验证复杂度——也就是说，你可以通过少于 D 次查询来证明结果是否接近于一个次数小于 D 的多项式（即通过少于 $O(D)$ 次计算来对证明进行验证）。

其思路如下。假设存在 N 个点（不妨令 N = 10 亿），并且它们都在一个次数小于 100 万的多项式 $f(x)$ 上。我们找到一个二元多项式（即类似于 $1 + x + xy + x^5 \times y^3 + x^{12} + x \times y^{11}$ 这样的表达式），并将其表示为 $g(x, y)$，满足 $g(x, x^{1000}) = f(x)$。我们进行以下操作：对于 $f(x)$ 中第 k 次项（如 $1744 \times x^{185423}$），我们将它分解为 $x^{k \bmod 1000} \times y^{\lceil k/1000 \rceil}$（在该例中为 $1744 \times x^{423} \times y^{185}$）。你可以看到，如果 $y = x^{1000}$，那么 $1744 \times x^{423} \times y^{185} = 1744 \times x^{185423}$。

在证明的第一个阶段，证明者提交在正方形上 $[1..N] \times \{x^{1000}: 1 \leq x \leq N\}$ 上的 $g(x, y)$ 的值（即求 $g(x, y)$ 的默克尔根）——也就是说，这些列总共有 10 亿个 x 坐标，并且这 10 亿个 x 坐标对应的行上 y 坐标的 1000 次幂。正方形的对角线表示 $g(x, y)$ 的值，其形式为 $g(x, x^{1000})$，由此对应 $f(x)$ 的值。

然后，验证者可能随机选出几十行和几十列（如果我们想要构建出一个非交互式的证明，可以使用默克尔根的平方作为伪随机源[3]），并且对于所选的每一行或列，验证者要求从中采样 1010 个点，以确保在每种情况下，所需的点都在对角线上。证明者必须对这些点作出回应，并通过使用默克尔分支，以证明它们是证明者所提交的原始数据的一部分。验证者检查默克尔分支是否匹配。如果是，则表明证明者所提供的这些点确实对应于某个 1000 次多项式（图 4）。

---

① https://eccc.weizmann.ac.il/report/2017/134/

② https://en.wikipedia.org/wiki/Reed–Solomon_error_correction#Constructions

③ https://en.wikipedia.org/wiki/Fiat–Shamir_heuristic

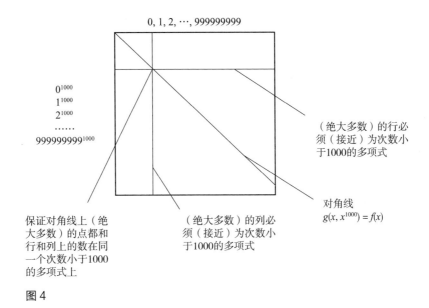

图 4

这给了验证者一个统计证明（a）大部分行主要被次数小于1000的多项式上的点所填充，（b）大部分列主要被次数小于1000的多项式上的点所填充和（c）对角线的点大部分都在这些多项式上。因而，这使得验证者确信在对角线上的大部分点，确实对应于某个次数小于100万的多项式。

如果我们从中挑选30行和30列，那么验证者总共需要访问1010个点 × 60行＋列 ＝ 60600点——虽然少于原始的100万个点，但还是太多。就计算时间而言，对次数小于1000的多项式进行插值也会产生一定的开销。尽管多项式插值的复杂度可以变为次二次复杂度，从整体上看，算法验证仍然是亚线性的。至于证明者的复杂度就更高了：证明者需要计算并提交整个 $N \times N$ 长方形，其总计计算成本高达 10^{18}（实际上还要更多一点，因为多项式求值仍然是超线性的）。在所有这些算法中，对计算进行证明远比单单执行计算要复杂得多。但是我们将会看到，这些开销并不需要这么高。

取模数学插曲

在深入到更复杂的协议之前，我们需要稍微偏离下主题，讨论一下取模运算。通常，在代数表达式和多项式中，我们不过是对常规数字运行"＋""－""×""/"（还有求幂"^"，不过它实际只是重复的乘法而已）运算，这些在学校里面老师教的知识：2 ＋ 2 ＝ 4，72 / 5 ＝ 14.4，1001 × 1001 ＝ 1002001……但是，数学家们已经意识到，这些定义加法、乘法、减法和除法的方式，并不是定义这些操作符的唯一自洽方式。

关于定义这些操作符的方法，另一种最简单的可替代方式是取模运算，其定义如下，% 操作符代表"取余"，15 % 7 ＝ 1，53 % 10 ＝ 3，依此类推（需要注意的是，答案始终是非负的，如 –1 % 10 ＝ 9）。对于任意指定的素数 p，可以重新定义：

$$x + y \rightarrow (x + y) \% p$$
$$x \times y \rightarrow (x \times y) \% p$$

$$x \wedge y \;\;\rightarrow\;\; (x \wedge y) \% p$$
$$x - y \;\;\rightarrow\;\; (x - y) \% p$$
$$x / y \;\;\rightarrow\;\; (x \times y^{(p-2)}) \% p$$

上述例子都是自洽的。举个例子，如果 $p = 7$，那么：

$$5 + 3 = 1 \rightarrow 8 \% 7 = 1$$
$$1 - 3 = 5 \rightarrow -2 \% 7 = 5$$
$$2 \times 5 = 3$$
$$3 / 5 = 2 \rightarrow (3 \times 5^5) \% 7 = 9375 \% 7 = 2$$

对于分配律这样更复杂的内容同样成立：$(2 + 4) \times 3$ 和 $2 \times 3 + 4 \times 3$ 都等于4。在这种新的算术中，甚至像 $(a^2 - b^2) = (a - b)(a + b)$ 这样的式子也依然是成立的。除法是最困难的一部分：我们无法使用常规除法，因为我们希望结果始终是整数，而常规除法常常会得到非整数（比如3/5）。在上述除法公式中，我们可以使用费马小定理[1]来避开这个问题，并得到 p-2 次幂这一结果（它表示对于任意非零的 $x < p$，都有 $x^{(p-1)} \% p = 1$。这意味着 $x^{(p-2)}$ 给出一个数，如果这个数再乘以一个 x，那么结果将得到1，所以可以说 $x^{(p-2)}$（是一个整数）等于 $1/x$。想要通过取模除法求值（图5），还有一个更复杂但是更快的方式，那就是扩展欧几里得算法[2]，其Python实现在这里：

https://github.com/ethereum/py_ecc/blob/b036cf5cb37e9b89622788ec714a7da9cdb2e635/py_ecc/secp256k1/secp256k1.py#L34

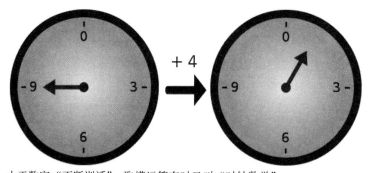

由于数字"不断训话"，取模运算有时又叫"时钟数学"

图5

通过取模数学，我们构建了一个全新的算术系统。此外，由于这个系统自洽的方式与传统算术的自洽方式是相同的，因此我们可以将这一领域里面所讨论的各种同样的结构均以"常规数学"论之。密码学家们尤其青睐取模数学（或者，一般而言，"有限域"），因为在这个规则里，数字的大小是有界的，并且它们可以作为任意一个取模数学的计算结果——无论你做什么，这些值都不会"跳出" $\{0, 1, 2, \cdots, p - 1\}$ 的范围。

费马小定理还有另一个有趣的结论。如果 $p - 1$ 是某个数 k 的倍数，那么函数 $x \rightarrow x^k$ 有一个"小像"——也就是，这个函数只能够给出 $(p-1)/k + 1$ 个可能的结果。比如，$x \rightarrow x^2$

[1] https://en.wikipedia.org/wiki/Fermat's_little_theorem

[2] https://en.wikipedia.org/wiki/Extended_Euclidean_algorithm

在 $p = 17$ 时，只有 9 个可能的结果（图6）。

幂越高，结果越明显：比如，$x \to x^8$ 在 $p = 17$ 时，只有 3 个可能的结果；而 $x \to x^{16}$ 在 $p = 17$ 时，只有 2 个可能的结果：如果 x 为 0，则返回 0；其他值则返回 1。

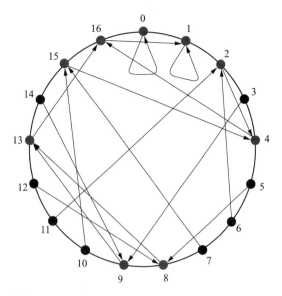

图6

浅谈效率

现在，不妨继续讨论一个稍微复杂点的协议，这个协议的目标在于将证明者的复杂度从 10^{18} 降至 10^{15}，继而降至 10^9。首先，我们并不是针对常规数字进行操作，而是使用取模数学来求解多项式的接近性。正如在上篇文章所述，在 STARK 中，我们无论如何都要防止数字增长至 20 万位。但在这里，我们将要利用确定性模幂运算的"小像"性质这一副作用，来提升协议的效率。

具体来说，我们将选用 $p = 1000005001$。之所以选择这个模数，是因为（a）它比 10 亿大——需要它至少是 10 亿，这样才能检测 10 亿个点；（b）是质数；（c）$p - 1$ 是 1000 的偶数倍。幂 x^{1000} 的"像"大小为 1000006。也就是说，这个幂只有 1000006 个可能的结果。

这意味着"对角线" (x, x^{1000}) 现在变成了一个被行列包裹的对角线（图7）。因为 x^{1000} 只可以取 1000006 个可能值，所以我们仅需要 1000006 行。因此，$g(x, x^{1000})$ 的所有取值现在只有大约 10^{15} 个元素。

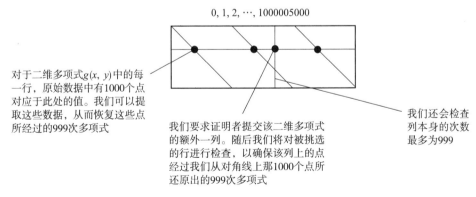

0, 1, 2, …, 1000005000

对于二维多项式 $g(x, y)$ 中的每一行，原始数据中有 1000 个点对应于此处的值。我们可以提取这些数据，从而恢复这些点所经过的 999 次多项式

我们要求证明者提交该二维多项式的额外一列。随后我们将对被挑选的行进行检查，以确保该列上的点经过我们从对角线上那 1000 个点所还原出的 999 次多项式

我们还会检查列本身的次数最多为 999

图7

这表明，我们可以更进一步：让证明者仅提交在一个单列上 g 的值。关键技巧在于，原始数据本身已经包含了 1000 个存于任意给定的行上的点，所以我们可以简单地对这些点进行采样，进而推导出它们所在的次数小于 1000 的多项式，并检查列上对应的点是否在同一个多项式上。最后，我们检查列本身是不是一个小于 1000 的多项式。

虽然验证者复杂度依然是亚线性的，但是证明者复杂度已经降到了10^9，并与查询次数呈线性关系（尽管在实践中，由于多项式求值的开销，其仍是超线性的）。

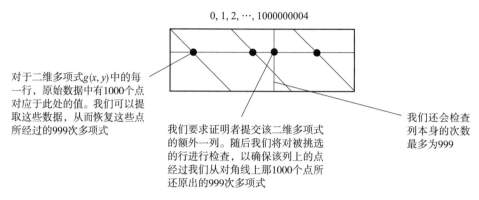

0, 1, 2, …, 1000000004

对于二维多项式$g(x, y)$中的每一行，原始数据中有1000个点对应于此处的值。我们可以提取这些数据，从而恢复这些点所经过的999次多项式

我们要求证明者提交该二维多项式的额外一列。随后我们将对被挑选的行进行检查，以确保该列上的点经过我们从对角线上那1000个点所还原出的999次多项式

我们还会检查列本身的次数最多为999

图8

更深入地谈谈效率问题

尽管证明者复杂度现在已经基本上达到最低了，但是我们依然可以进一步地降低验证者复杂度，将其从二次复杂度降低为对数复杂度。我们的做法是让算法递归。我们从上文谈到的协议开始，但不会把一个多项式嵌入到一个x和y次数相等的二维多项式中。相反，我们将该多项式嵌入到一个x的次数限定在小型定值的二维多项式中。简洁起见，我们甚至可以说这个定值就是2。也就是说，我们令$f(x) = g(x, x^2)$，如此一来，行检查仅需检查从每行采样的3个点（其中，2个来自对角线，还有1个来自列）（图9）。

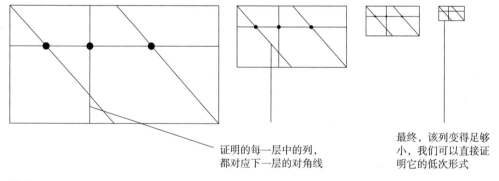

证明的每一层中的列，都对应下一层的对角线

最终，该列变得足够小，我们可以直接证明它的低次形式

图9

如果原始多项式的次数小于n，那么行的次数小于2（也就是说，这些行是直线），列的次数小于$n/2$。因此，我们现在得到的是一个线性时间过程，它将证明一个次数小于n的多项式接近性问题转化为一个次数小于$n/2$的多项式接近性问题。更进一步来说，需要提交的点的数量和证明者的计算复杂次数，每次会减少1/2（本·萨森喜欢将FRI的这一点与快速傅里叶变换[1]

---

[1] https://en.wikipedia.org/wiki/Fast_Fourier_transform

相比较，FRI与FFT关键差别在于，FRI的每一次递归都只引入一个新的子问题，而不是将问题一分为二）。因此，我们可以继续使用上一轮协议创建的关于列的协议，直到该列变得足够小，小到能被直接检查。这个过程的整体复杂度大概是 $n + n/2 + n/4 + \cdots \approx 2n$。

在实践中，协议需要被多次重复，因此攻击者仍有极大的可能会在协议的某一回合作弊。但是，只要证明不是太大，那么验证复杂度在量级上仍然是对数级，尽管它会上升到 $\log^2(n)$ ——如果你把默克尔证明的大小也算进去。

"真正"的FRI协议还涉及一些其他的修改。比如，它使用的是二元的伽罗华域[①]（这是另一种奇怪的有限域。本质上，与我在这里讨论的第12次扩展域[②]是同样的东西，不过它的素数模是2）。行所使用的幂通常是4而不是2。这些修改不仅提升了效率，同时使系统对于在其上构建STARK的操作变得更加友好。然而，这些修改对于理解算法原理的用处不大。如果你真的想要理解算法原理的话，你可以利用这里所述的基于取模数学的FRI来构建STARK。

可靠性

我必须提醒，计算可靠性问题是这里的"关键"地带。所谓计算可靠性，即一个经过优化后的假证明在经过给定次数的检查后，仍然会通过测试的最小概率。你简单测试一下：取 $10^6 + k$ 个点，然后得到一个简单的下界：如果一个给定的数据集有这样一个属性，对于任意多项式，数据集中至少有概率为 p 的点没有在多项式上，那么在该数据集通过测试的概率将至多是 $(1-p)^k$。即便如此，这个下界也不尽人意——比如，不可能同时有超过50%的点接近两个低次多项式，并且你首先选择的点会是上面最多的点的概率相当低。对于一个完善的FRI来说，其中仍会涉及各种特定攻击类型的复杂度。

本·萨森等人最近的一篇文章[③]，在完整的STARK方案背景下，介绍了FRI的可靠性属性。总的来说，好消息是，为了在STARK上通过 $D(x) \times Z(x) = C[P(x)]$ 检查，一个无效方案的 $D(x)$ 将需要是某种意义上的最坏情况——他们需要最大程度地远离任意有效的多项式。这意味着，我们不需要进行这么多次接近性检查。虽然有已证明的下界，但是这些界限表明一个真正的STARK在大小上需要 1～3 MB。此外，一个尚属推测但未经过证明的更强界限将把所需检测次数减小1/4。

本系列的第Ⅲ部分，将讨论构建STARK的最后一个主要的挑战：如何构建约束检查多项式，从而使得我们能够证明任意的声明，而不仅仅是斐波那契数。

---

① https://en.wikipedia.org/wiki/Finite_field#Explicit_construction_of_finite_fields

② https://medium.com/@VitalikButerin/exploring-elliptic-curve-pairings-c73c1864e627

③ https://eccc.weizmann.ac.il/report/2016/149/

6月

以太坊团队决定放弃将混合Casper FFG作为合约来实现，转而追求一条实现完全Casper的独立链，因为这种形式的设计会使整合分片的工作变得更加容易。

7月

以太坊正式发布Vyper语言。Vyper是早前被废弃的Serpent语言的升级版本，在逻辑上类似于Solidity，在语法上类似于Python。Vyper的设计目的是简化编译到以太坊虚拟机（EVM）字节码的过程，以便更容易地理解智能合约、减少攻击点和提高透明度。

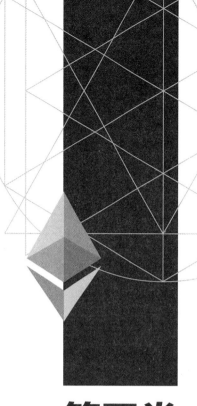

第五卷
（2018年）

8月

维塔利克连发75条推特，对Casper FFG及Casper CBC的研究历史、现状、未来计划进行梳理及阐述。

10月

为期3天的第五届以太坊开发者会议DEVCON 4于捷克首都布拉格召开。

12月

8日，以太坊开发团队在核心开发者会议上达成一致，从区块高度7080000（当时预计为2019年1月14～18日）开始，用户可自行选择是否更改代码、升级区块链。若选择升级区块链，只要区块被挖出，更新就会生效。

10日，维塔利克连发10条推特，阐述自己对于区块链的非金融应用的观点。

最小可行 Plasma

（2018 年 1 月 3 日）

编者按

> 本文旨在提供最小可行 Plasma 的实施规范，阐述如何以简单形式实现 Plasma 的基本安全属性。

特别感谢约瑟夫·潘（Joseph Poon）和大卫·诺特（David Knott）的讨论。正是由于这场讨论，才有了这个规范。

以下内容旨在提供一个实施最小可行 Plasma 的规范。它的目的是以非常简化的方式来提供 Plasma 的基本安全属性，尽管这一规范很大程度上倾向于让用户在发现任何类型的渎职行为时立即退出。

Plasma 合约

Plasma 合约维护的数据结构如下：

·所有者（在初始化时设置）；

·Plasma 区块列表，包括每个区块存储（a）默克尔根、（b）默克尔根被提交的时间；

·已提交的退出交易列表——负责存储（a）提交者地址，以及（b）UTXO 位置（Plasma 区块号、交易索引、输出索引）。这一列表必须存储在一个允许按优先级顺序从集合中弹出交易的数据结构中。

我们拥有两种方式来创建 Plasma 区块。首先，Plasma 链的运营者可以创建区块。其次，任何人都可以将任意数量的 ETH 存入链中。当他们这样做时，合约会向链中添加一个仅包含一笔交易的区块，并创建一个新的 UTXO——面值等于他们存入的金额。

这个合约具有以下功能。

1. `submitBlock(bytes32 root)`：提交一个区块，其基本上只是区块内交易的默克尔根。

2. `deposit()`：生成一个只包含一笔交易的区块，生成一个新的 UTXO——面值等于存入的 `msg.value`。

3. `startExit(uint256 plasmaBlockNum,uint256 txindex,uint256 oindex,bytes tx,bytes proof,bytes confirmSig)`：为特定的 UTXO 启动退出程序。其输入为（a）创建 UTXO 的 Plasma 区块号和交易索引、（b）输出索引、（c）包含该 UTXO 的交易、（d）交易的默克尔证明，以及（e）来自用于创建 UTXO 的现花费输出的先前所有者的确认签名。

4. `challengeExit(uint256 exitId,uint256 plasmaBlockNum,uint256 txindex,uint256 oindex,bytes tx,bytes proof,bytes confirmSig)`：通过提供 TXO 已被花费的证明来质疑正在处理的退出请求，这些花费被包含在区块中，同时

所有者作出确认签名。

startExit 必须将退出请求安排到优先级队列结构中。其中，优先级通常是元组（blknum,txindex,oindex）（或者 blknum*1000000000+txindex*10000+oindex）。然而，在调用 exit 时，如果创建 UTXO 的区块已经是大于7天之前产生的，那么我们将使用小于7天之前产生的最旧的 Plasma 区块的 blknum。这里有一个被动循环，可以敲定超过14天以前的退出操作，并始终按优先级（从近到远）顺序处理退出请求。

这一机制确保最近的 UTXO 的退出请求通常会在更久远的 UTXO 的退出请求之前处理。尤其是，如果攻击者生成包含错误 UTXO 的无效区块，那么这一机制将保证所有最近的 UTXO 的持有者都能够在攻击者之前退出。7天最小值确保即使是非常古老的 UTXO，也有充足的时间来质疑它们。

Plasma 链

每个默克尔根应该是一棵叶子深度为16的树的根。其中，每片叶子是一笔交易。一笔交易是一个遵从以下形式的 RLP 编码对象：

```
[blknum1,txindex1,oindex1,sig1,        #输入1
blknum2,txindex2,oindex2,sig2,         #输入2
newowner1,denom1,                       #输出1
newowner2,denom2,                       #输出2
fee]
```

每笔交易分别有2个输入和2个输出，输出的面值加上费用的总和必须等于输入的面值之和。签名必须是交易中所有其他字段的签名，其私钥分别归属于特定输出的所有者。保证金区块拥有所有输入字段，并且第2个输出的字段为零。如果想要创建一笔仅花费一个 UTXO 的交易，用户可以将第2个输入的所有字段清零。

用户行为

将 Plasma 币发送给其他人的过程如下：
1. 询问接收方的地址。
2. 发送一笔将你指定的 UTXO 发送到接收方地址的交易。
3. 等待这笔交易在区块中被确认。
4. 向接收方发送确认消息，这些消息需要使用你用于签署每个 UTXO 输入的私钥进行签名。

紧急退出

用户应不断验证（或至少每7天验证一次）Plasma 链是否完全可用以及具备有效性。否则，他们应该立即退出。

正确性证明草图

近似声明：面值为D的UTXO会授权其所有者提现D个币，并且保证（a）如果发生欺诈行为，那么这笔提现将被取消；（b）在用户能够完全提现之前，任何试图提现和榨干合约的无效UTXO都不会得逞。

假设：

· 第一笔无效或不可用的交易位于(`blknum_i`,`txindex_i`)；

· 在某一个时刻，总面值为M，并且存在TXO，其中$M - N$已被花费且N未被花费。如果某笔花费TXO的交易已被包含在某个区块中，并且来自TXO所有者的提交信息被至少一个子TXO的所有者掌握，那么我们称这个TXO已经被花费。

考虑任何在(`blknum_i`,`txindex_i`)之前已经被确认的面值为D的UTXO，不妨称之为(`blknum_e`,`txindex_e`)。假设在第一个无效或不可用的交易得到确认后的1天内，该UTXO的所有者发布了退出请求。此退出的优先级为(`blknum_e`,`txindex_e`)，因此，这个请求将会在(`blknum_i`,`txindex_i`)之前处理。如果仍有一笔有待确认的交易在花费这个UTXO，并且这笔交易被包含在未来的区块中，那么所有者将拒绝对这一提交信息签名。我们知道以下事项。

1. 根据有效性假设，合约中的币的数量不小于N。

2. 不存在附带花费该UTXO的提交信息的其他UTXO，因此无法进行质疑。

3. 依照时间先后顺序，在(`blknum_e`,`txindex_e`)之前的所有TXO均有效。我们忽略在(`blknum_e`,`txindex_e`)之后的TXO，因为它们不具备影响特定UTXO成功退出的能力（在此之前的TXO可以影响，但前提是它们需要把余额花光）。

4. 在(`blknum_e`,`txindex_e`)之前按时间顺序排列的TXO有两种类型：（a）未被花费的TXO，总面值为$N - D$；（b）已被花费的TXO，总面值为$M - N$。我们可以质疑第二种类型的退出，并且第一种类型的退出将会成功。

因此，至少会有D个币留在合约的保证金中，以支付给保证金的所有者。

权益证明问答

（2018 年 1 月 10 日）

编者按

　　本文是对从 2014 年以太坊团队开始研究权益证明到以太坊权益证明理论及 MVP 的实施过程的梳理，涵盖了权益证明的基本概念、相对工作量证明的优势、适用场景以及相关技术细节的基础解答。

■ 什么是权益证明？

　　权益证明是一类应用于公共区块链的共识算法，其效果取决于验证者在网络中的经济权益。在基于工作量证明的公共区块链（如比特币和当前的以太坊实现）中，算法会奖励那些为了验证交易并创建新区块（即挖矿）而解决密码学难题的参与者。在基于权益证明的公共区块链（如以太坊即将实现的 Casper 协议）中，一组验证者轮流提议并对下一个区块进行投票，并且每位验证者的投票权重取决于其保证金额的大小（即权益）。权益证明有很多显著的优势，包括更好的安全性、更低的中心化风险以及更高的能源效率。

　　一般来说，权益证明算法如下。区块链会追踪一个验证者集合，并且任何持有该区块链的基础加密货币（在以太坊中就是以太币）的用户都可以通过发送一笔将以太币锁定为保证金的特殊交易来成为验证者。随后，创建并对新区块达成一致的过程将由当前所有验证者均可参与的共识算法来完成。

　　共识算法有很多种类型，而将奖励分配给参与共识算法的验证者的方式也有很多。因此，权益证明也风格迥异。从算法的角度来看，权益证明主要分为两种，即基于链的权益证明和拜占庭容错[①]（BFT）型的权益证明。

　　在基于链的权益证明中，共识算法在每个时隙（如每 10 秒钟为一个时隙）内伪随机地挑选出一个验证者，并赋予该验证者创建单一区块的权力。新创建的区块必须指向前面的某个区块（通常是位于最长链末端的区块）。因此，随着时间的推移，大多数区块会收敛到同一条不断增长的区块链上。

　　在拜占庭容错型的权益证明中，尽管验证者提议区块的权力是遵照随机分配的，但是决定哪一个区块是规范的这一过程需要通过一个多轮次流程来完成。在这个流程中，每个验证者在每一轮都会给某个特定的区块进行投票。并且在流程结束以后，所有（诚实且在线的）验证者都会就这个区块是否应该添加到链上达成一致。需要注意的是，这些区块可能会以链的形式连接在一起。其关键区别在于，对一个区块的共识可以仅限于这个区块本身，而与后续的链的长度和大小无关。

■ 权益证明相对于工作量证明有哪些优点？

　　想了解更详细的内容，可参读《一种权益证明的设计哲学》[②]。简而言之如下。

---

① https://en.wikipedia.org/wiki/Byzantine_fault_tolerance

② https://medium.com/@VitalikButerin/a-proof-of-stake-design-philosophy-506585978d51

1. 不需要为了保护区块链而消耗大量电力（据估计，比特币和以太坊的共识机制每天需要消耗超过100万美元的电力和硬件成本）。

2. 由于没有了庞大的电力消耗，我们就没有太多必要为了保持网络中参与者的积极性而发行大量新币。从理论上来说，发行量甚至有可能会成为负数。一部分的交易费用将被销毁，因此供应量会逐渐减少。

3. 权益证明有助于实现更多采用博弈论机制设计的技术，从而更好地抑制中心化卡特尔的形成。此外，即使卡特尔真的形成了，我们也能够阻止它们危害网络（如工作量证明中的自私挖矿[①]）。

4. 因为规模经济不再是一个大问题，因此其中心化风险更低。在权益证明中，如果你持有价值1000万美元的币，那么你的收益就刚好是持有100万美元的10倍。这里不会因为你有能力负担更高级别的批量生产设备而提供额外的收益。

5. 能够通过经济惩罚提高发动各类51%攻击的成本，这种代价相比在工作量证明中要高得多。引用弗拉德·赞菲尔（Vlad Zamfir）的话，"就好比你参加了51%攻击，那么你的ASIC矿场就会被烧毁一样"。

▍如何将权益证明纳入传统的拜占庭容错研究中？

拜占庭容错研究的许多基本成果都适用于现有的共识算法，包括PBFT这样的传统的共识算法，还有任意形式的权益证明算法，以及经过适当数学建模的工作量证明。

这些关键成果如下。

1. CAP定理[②]——"如果网络出现分区，那么你只能在一致性和可用性中选择一个，不能二者兼得。"这一定理的直观论证很简单：如果网络一分为二，并且我在其中一半网络中发起一笔交易"发送10个币给A"，同时在另一半网络中发起另一笔交易"发送10个币给B"。这时，要么这个系统无法使用，导致其中一笔甚至两笔交易都无法处理；要么就是系统不一致，从而一半网络只会完成第一笔交易，并且另一半网络只会完成第二笔交易。需要注意的是，CAP定理与可扩展性没有任何关系，该定理同时适用于分片系统和非分片系统。

2. FLP不可能定理[③]——在异步环境中（即使在正常运行的节点间也无法保证网络的延时上限），我们不可能创造出一种算法来保证，当出现单个故障或不诚实的节点时，网络能在特定的有限时间内达成共识。请注意，这并不是说拉斯维加斯算法[④]不可能实现。在该算法中，每轮都有一定的概率达成共识。因此，在 T 秒内达成共识的概率会随着 T 的增加呈指数增长，最终趋近于1。这实际上是许多成功的共识算法都会使用的"逃生方案"。

3. 容错界限——从DLS论文[⑤]中，我们得知：（a）在部分同步的网络模型（网络延时虽有上限，但无法提前获知其上限值）中运行的协议可以容忍超过1/3的任意（拜占庭）错误；（b）在异步模型（网络延时没有上限）中运行的最终化协议无法容忍错误（尽管论文中

---

① https://www.cs.cornell.edu/~ie53/publications/btcProcFC.pdf

② https://en.wikipedia.org/wiki/CAP_theorem

③ https://the-paper-trail.org/blog/a-brief-tour-of-flp-impossibility/

④ https://en.wikipedia.org/wiki/Las_Vegas_algorithm

⑤ https://groups.csail.mit.edu/tds/papers/Lynch/jacm88.pdf

没有提及随机化算法[1]的容错阈值高达1/3一事）；（c）在同步模型（网络延时保证会小于某个已知数d）中运行的协议居然能够实现100%的容错，不过要达到这个效果，一旦错误节点大于或等于1/2，错误节点的行为必须要满足某种限制条件。需要注意的是，比起拜占庭模型，已验证的拜占庭模型更值得我们去思考。"已验证"在这里本质上意味着我们可以在算法中使用公钥密码学，毕竟公钥密码学在现代已经得到充分的研究，而且成本极低。

安德鲁·米勒（Andrew Miller）等人[2]对工作量证明进行了严谨的分析，并把它归类为一种依赖于同步网络模型的算法。我们可以建立一个由接近无穷数量的节点组成的网络模型，其中每个节点代表非常小的算力单位，并且单个节点在特定时间内创建一个区块的可能性很低。在这一模型下，如果不存在网络延时，那么协议将有50%的容错率。在实际观察中，以太坊的容错率约为46%，而比特币的约为49.5%。但是，如果网络延时等同于出块时间，那么协议的容错率将下降到33%。随着网络延时趋于正无穷，容错率将趋近0。

权益证明共识简直就是为拜占庭容错共识而生的，因为所有验证者的身份都是已知的（即稳定的以太坊地址），并且网络还会追踪验证者集合的总规模。权益证明研究有两条总路线：一条着眼于同步网络模型，而另一条着眼于部分异步网络模型。基于链的权益证明算法几乎一直依赖同步网络模型，并且这些算法的安全性可以通过在这些模型中进行形式化证明，从而证实其与工作量证明算法的安全性相似[3]。还有一条研究路线是将部分同步网络中的传统拜占庭容错共识与权益证明联系起来，但是这一路线解释起来更复杂（我们将在后续做详细介绍）。

工作量证明算法和基于链的权益证明算法选择了可用性而非一致性，但BFT型共识算法则更青睐一致性；Tendermint[4]明确地选择了一致性，而Casper采用的混合模型虽然更偏向于可用性，但又尽可能地兼顾一致性，从而让链上应用和客户端在任何时候都能感觉到强有力的一致性保证。

需要注意的是，以特·埃亚尔（Ittay Eyal）和埃明·冈·瑟尔（Emin Gun Sirer）在关于自私挖矿[5]的发现中，依照不同的网络模型对比特币挖矿的激励兼容性设置了25%和33%的界限（只有当网络串谋节点不超过25%或33%时，挖矿才满足激励兼容）。然而，这一发现与传统的共识算法研究所得出的成果毫无瓜葛，后者根本不涉及激励兼容性的问题。

▋ 无利害关系到底是什么？我们该如何解决？

在许多早期（基于链的）权益证明算法（包括点点币）中，它们只为产出区块提供奖励，而没有实施惩罚措施。这实际上造成了很不幸的结果：在出现多条链相互竞争的情况下，验证者会受到经济利益的驱动在每条链上都构建区块，以确保得到奖励，如图1所示。

在工作量证明中，这么做需要将算力一分为二，因此会影响收益，如图2所示。

鉴于此，如果所有参与者都唯利是图，即使没有攻击者，区块链也可能无法达成共识。如果存在攻击者，那么攻击者只需要拥有比无私节点（这些节点只会在原链上押注）更多

---

① https://link.springer.com/chapter/10.1007/978-3-540-77444-0_7

② https://socrates1024.s3.amazonaws.com/consensus.pdf

③ https://nakamotoinstitute.org/static/docs/anonymous-byzantine-consensus.pdf

④ https://github.com/tendermint/tendermint

⑤ https://bitcoinmagazine.com/articles/selfish-mining-a-25-attack-against-the-bitcoin-network-1383578440

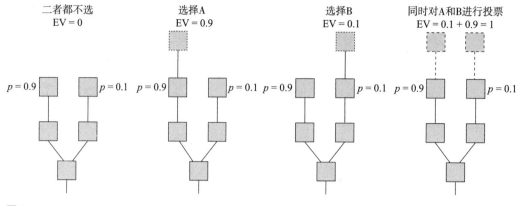

图 1

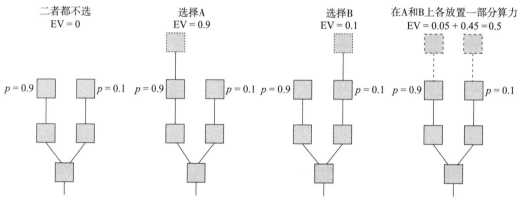

图 2

的算力，无需理会理性节点（这些节点同时在原链和攻击者的链上押注）。相比之下，在工作量证明中，攻击者必须拥有比无私节点和理性节点都要多的算力（或者至少也要可信地对他们构成威胁：参见《$P + \varepsilon$攻击》[①]）。

有人认为权益所有者为了保护自身的投资价值，会有动力去采取正确的行为，并且只在最长的链上押注。然而，这种说法忽略了这种动力所存在的公地悲剧[②]问题：每一个权益所有者可能只有1%的概率成为关键角色（如果他们参与发动攻击，那么攻击就会成功；如果他们诚实行事，那么攻击就会失败），因此贿赂者会说服他们参与这场攻击，并且保证自己只需要他们代币的1%。因此，总的贿赂加起来只占所有保证金总量的0.5%~1%。此外，该论点意味着任何零出错情况都不会是稳定均衡，因为如果出错率为0，那么每个人都不可能成为关键角色。

解决这个问题，我们有两种策略。一篇以"刀手机制"为题的文章[③]从广义上描述了第一个策略，并由伊多·本托夫（Iddo Bentov）作了进一步的发展[④]。其中涉及对在多条链

① https://blog.ethereum.org/2015/01/28/p-epsilon-attack/

② https://en.wikipedia.org/wiki/Tragedy_of_the_commons

③ https://blog.ethereum.org/2014/01/15/slasher-a-punitive-proof-of-stake-algorithm/

④ https://arxiv.org/pdf/1406.5694.pdf

上同时创建区块的验证者的惩罚：将行为不端的证明（即两个冲突的已签名区块头）纳入区块链，之后再扣除行为不端的验证者的保证金。这一做法改变了激励结构，因此变为图3所示。

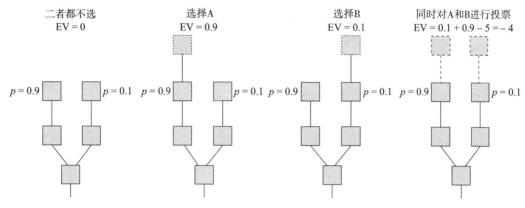

图3

需要注意的是，要让该算法有效运行，验证者集合需要提前相当一段时间来确定。否则，如果某个验证者拥有1%的权益，那么在存在A和B两个分叉的情况下，验证者将有0.99%的概率会押注到A上而非B上，或者押注在B上而非A上，而验证者能够同时在两条链上押注的概率只有0.01%。因此，验证者有99%的概率会实现双重押注：如果可以，在A上押注；如果可以，也在B上押注；只有在不得不二选一的情况下，才在更长的链上押注。这种情况只有在两条分支链上的区块的验证者都相同时才能够避免，这就要求我们在分叉发生之前选好验证者。

这一算法本身也有缺陷，包括要求节点频繁在线以保证区块链的安全，以及存在中程验证者串谋的风险（比如，30个连续的验证者中有25人联合起来，并提前同意对先前的19个区块发动51%攻击），但如果这些风险被认为是可接受的，那么这个算法还算有效。

第二个策略就是惩罚在错误的链上创建区块的验证者。也就是说，如果存在两条竞争链，即A和B，那么验证者在B链上创建区块，其可以在B链上得到+R奖励，但这一区块头也可以包含在A链中（在Casper中被称之为"Dunkle"），在A链上该验证者将需要缴

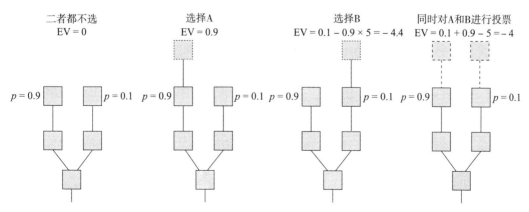

图4

纳 $-F$ 的罚款（F 可能等于 R）。这就改变了经济计算模式：

直觉上而言，我们可以把工作量证明中的经济学复制到权益证明中。在工作量证明中，在错误的链上创建区块的行为同样会受到惩罚，只不过这种惩罚在外部环境中是隐性的：矿工必须花费额外的电力并且获得或租用额外的硬件。在权益证明中，我们只是让惩罚更加明确。这一机制的一大弊端是，它给验证者所带来的风险稍微更多一些（尽管这种影响会随着时间被逐渐消除）。它的优点在于，参与者不需要提前知道验证者是谁。

这展示了基于链的算法是如何解决无利害关系问题的。

▌那么，BFT型权益证明算法是如何运作的？

BFT型（部分同步的）权益证明算法允许验证者通过发送一种或多种类型的签名信息来对区块进行投票，并且详细规定了两大规则。

1. 最终化条件：规定什么时候特定的哈希值可以被认定为最终化。

2. 削减条件：规定什么时候特定的验证者可以被认定是行为不端（如同时为多个冲突的区块投票）。

如果某个验证者触发了其中一条规则，那么他们所有的保证金都会被没收。

阐述削减条件可以采用的不同形式，我们给出两个例子（在下文中，"2/3的验证者"表示"占保证金总数2/3的验证者"的简称，对于其他分数和百分比来说也一样）。在这些例子中，可以将 PREPARE 和 COMMIT 简单地理解为验证者可以发送的两种信息类型。

1. 如果 MESSAGES 在同一个视图中同时包含 ["COMMIT",HASH1,view] 和 ["COMMIT",HASH2,view] 形式的信息，并且两个不同的 HASH1 和 HASH2 都由同一个验证者签署，那么该验证者将受到削减惩罚。

2. 如果 MESSAGES 包含 ["COMMIT",HASH,view1] 形式的信息，那么除非 view1=-1，或者对于某个特定的 view2，其同时包含 ["PREPARE",HASH,view1, view2] 形式的信息，且 view2<view1，并得到 2/3 的验证者签署，那么发送 COMMIT 信息的验证者将受到削减惩罚。

一组合适的削减条件必须具备两大重要特性。

1. 可问责的安全性。如果相互冲突的 HASH1 和 HASH2（即 HASH1 和 HASH2 不同，且相互间没有衍生关系）同时被最终敲定，那么至少有 1/3 的验证者违反了削减条件。

2. 貌似合理的活性——除非有 1/3 以上的验证者违反了削减条件，否则只要有 2/3 以上的验证者就可以敲定某个值。

如果能够拥有满足上述特性的削减条件，那么我们就可以以经济激励的形式来鼓励参与者发送信息，并让他们从经济最终化中受益。

▌一般来说，经济最终化到底是什么？

经济最终化的意思是，一旦某个区块被敲定了下来，或者更普遍地说，一旦验证者签署的特定类型的信息的数量足够多，那么在未来的任意时刻，想要让规范的历史记录包含冲突区块，只有在很多人愿意为此消耗大量资金的情况下才能够实现。如果一个节点认为某个区块满足了该条件，那么他们就能从经济层面来断定：这个区块将会成为所有节点都认同的规范历史的一部分。

经济最终化有两种风格。

1. 如果有足够数量的验证者已经签署了类似于"我同意如果区块 B 没被包含在链中，那么我将损失 X 作为惩罚"这种形式的加密经济学声明，那么我们就可以从经济层面认为这个区块已经最终化。这实际上向客户端保证了要么（a）B 是规范链的一部分，要么（b）验证者消耗大量资金只为了诱骗客户端 B 确实是规范链的一部分。

2. 如果有足够数量的验证者已经签署了支持区块 B 的信息，那么我们就可以从经济层面认为这个区块已经最终化。并且，如果有人从数学角度证明，在相同的定义下，某个不等于 B 的区块 B' 也能够达到最终化，那么验证者将损失一大笔资金。如果客户端发现了这种情况，并且也对这条链进行了验证，这时有效性和最终性将作为分支在规范的分叉选择规则中获得优先权的充分条件。由此，客户端可以保证：（a）B 是规范链的一部分，或者（b）验证者消耗一大笔资金生成了一条同样可以达到了最终化的冲突链。

实现最终化的两种方式来源于针对无利害关系问题的两个解决方案：通过对押注错误的区块以及同时押注多个冲突的区块实施惩罚来实现最终化。第一种方式的主要优点在于，其对轻客户端更加友好并且更加容易推断。第二种方式的主要优点在于（a）其简单直接地说明了诚实的验证者不会受到惩罚，以及（b）破坏因子对诚实的验证者更加有利。

Casper 遵循的是第二种方式，不过我们有可能再添加一个链上机制，使验证者能够自愿选择签署第一种方式的最终化信息，从而使轻客户端更加高效。

▌那么，经济最终化与拜占庭容错理论有何联系？

传统的拜占庭容错理论假设除去部分差异以外，安全性和活性大体相当。首先，传统的拜占庭容错理论的安全性，只需要在 2/3 的验证者都诚实的情况下就可以实现。严格来说，这一模型更加容易运作：传统的拜占庭容错试图证明的是"如果机制 M 出现安全故障，那么至少会有 1/3 的节点出错"，而我们的模型试图证明的是"如果机制 M 出现安全故障，那么至少会有 1/3 的节点出错。此外，即使你在发生故障时离线了，你也能够知道是那些节点发生故障"。从活性的角度来看，我们的模型更加简单，因为不需要证明网络将会达成共识，只需要证明网络不会卡死。

幸运的是，我们可以证明额外的问责要求并非难以实现。事实上，有了正确的协议盔甲，我们可以将任意的传统部分同步或者异步拜占庭容错算法转化成可问责的算法。关于这一点的证明，我们将其归结为这样一个事实：错误可以被详尽地分为几个类别，并且每一类要么是可问责的（如果你犯了那类会被抓住的错误，那么我们就可以为之制定相应的削减条件），要么是与网络延迟或多或少有点联系的（需要注意的是，即使发送信息过早，这类错误也可以归类为延迟问题。我们可以调快所有人的时间，并让没有过早发送的信息出现更大的延迟）。

▌什么是弱主观性？

值得注意的是，使用保证金来保障有利害问题确实导致安全模型发生了一个变化。假设保证金被锁定 4 个月，并且此后可以被撤回。这时发生了一次 51% 攻击，并回滚了 10 天的交易。攻击者所创建的区块可以被导入到主链中作为其行为不端的证明（或多个 Dunkle 区块），并且相应的验证者将受到惩罚。然而，如果这种攻击发生在 6 个月后。那么即使这些区块可以再次导入链中，但那时作恶的验证者已经能够在主链上撤回他们的资金，他们将不会受到惩罚。

为了解决这个问题，我们引入了一个回滚限制规则，即节点必须拒绝回滚晚于保证金期限的区块的要求。需要注意的是，这一规则与协议中的其他规则不同。这意味着，节点根据自身看到某些消息的时间会得到不同的结论。节点看到某条消息的时间在不同的节点之间可能会有所差异。因此，我们认为这个规则是主观的（熟悉拜占庭容错理论的人可能会认为它是一种同步假设）。

然而，这里的主观性非常弱：想让节点承认错误的链，它们必须在比一般情况晚4个月后再收到原始的消息。而这只有在两种情况下才有可能发生：

· 该节点第一次接入区块链；

· 该节点已经离线超过4个月。

针对第一个问题，我们可以让用户以链外的方式验证最新的状态。用户可以向他的朋友、区块链浏览器或者有相关商业往来的伙伴等征询他们所认可的规范链上的最新区块的哈希值。在具体实践中，这样的区块哈希值很可能只是他们用来验证区块链的软件的一部分；能够破坏软件检查点的攻击者理论上也能够很轻易地破坏软件本身，并且没有任何纯粹的加密经济验证可以解决这一问题。

需要注意的是，所有这些情况都只在一个非常有限的情况下才能够发生，即大多数先前的权益持有者串谋攻击网络，并创建一条替代的链。在大多数时候，我们假设只有一条规范链可供选择。

当然，如果工作量证明的链中也发生硬分叉，那么弱主观性假设也同样适用于其中。先前比特币花费了2个月的时间通过Bitcoind 0.8.1[①]来实施硬分叉。该硬分叉修复了使某些大型区块无效的数据库问题，从而允许客户端处理Bitcoind 0.7无法处理的区块，因此用户必须在2个月的时间内下载最新版本的软件。这本身就是一种弱主观性假设，因为用户必须在2个月的期限内登录以下载更新信息，从而保证自己在正确的链上。

此外，如果需要，社交认证甚至可以通过多种方式实现自动化。一种方式是将其合并到自然的用户流中：BIP 70[②]类型的支付请求需要包含最近的区块的哈希值，并且用户的客户端软件会在批准付款（或者任意链上交互）之前确保用户与商家在同一条链上。另一种方式是使用杰夫·科尔曼（Jeff Coleman）的通用哈希时间（UHT）[③]。在使用UHT的情况下，攻击链想要获得成功，其将需要在规范链生成的同时也跟着秘密生成，并要求大多数验证者在同样一段时间内共同串谋。

▌ 弱主观性是不是意味着基于权益证明的链必须锚定某条工作量证明的链，以保证自身安全？

简要来说，不是。

在具体实践中，弱主观性本身对区块链中的安全性假设只是一个相当小的补充，并且

---

① https://bitcoin.org/en/release/v0.8.1

② https://github.com/bitcoin/bips/blob/master/bip-0070.mediawiki

③ https://www.youtube.com/watch?v=phXohYF0xGo

绝对不需要某些基于工作量证明的外部事实来源来对其进行补充。想知道为什么，不妨考虑一下弱主观性单独损害区块链安全性的情况。在这种情况下，如果社区中的大多数人看到并把区块XXXYYY的区块哈希为A存储在其计算机中，与此同时，强大的企业或国企参与者将有能力去说服整个社区区块XXXYYY的哈希值为B，但是由于某些原因，这些强大的参与者并不能诱导用户从其他地方下载客户端软件。

此外，倡导这种方案的锚定甚至并不那么安全。所有锚定的证明只不过表明某个特定的区块哈希是在时间 $T' < T$ 时产生的，并不能证明这一哈希是在当时发布的。因此，一条锚定到PoW链中的PoS链可能会遭受来自大多数节点的串谋攻击：这些节点同时创建两条并行的链，并将两者进行锚定，发布其中一条链，4个月后再发布另一条链。

我们可以通过将PoS链的全功能轻客户端嵌入PoW链中来解决这个问题，从而防止双重锚定的发生。但是这要求PoW链的功能足够丰富，以便能够实现这样的客户端——目前大多数工作量证明链并不具备这样的特性。

▌在权益证明中，我们可以从经济层面上惩罚审查行为吗？

与回滚不同，审查行为更难分辨。区块链本身并不能直接区分"用户A试图发送交易X，但这个行为并没有得到公平的审查""用户A尝试发送交易X，但由于交易费用不足而无法被纳入区块链""用户A从来没有打算发送交易X"之间的差别。不过，有许多技术可以用来缓解审查问题。

第一种是通过停机问题来实现抗审查性。在该方案的较弱版本中，协议被设计成图灵完备的，这使得验证者甚至无法在不花费大量运算的情况下得知某笔交易会不会出现预期外的行为，从而导致其面临拒绝服务攻击。这也是避免DAO软分叉[1]的原因。

在该方案的强化版本中，交易可以在近期或中期的将来的某个时候触发保证的效果。因此，用户可以发送多笔相互影响的交易以及利用可预测的第三方信息来触发特定的将来事件。但是，在交易被包含进区块（并且经济最终化）之前，验证者无法知晓这件事情到底会不会发生，并且到那时，就算想要阻止事件发生也为时已晚；即使剔除掉所有的未来交易，验证者想要阻止的事件还是会发生。请注意，在这一方案中，验证者仍然可以尝试阻止所有的交易，或是阻止所有没有包含某些证明它们不会导致任何不良结果的正式证明的交易，但这种做法会导致一系列非常广泛的交易类型被禁止，并在本质上破坏整个系统。这将导致验证者损失大量的财富价值，因为他们的保证金所指定的结算货币的价格将大幅下跌。

第二种是亚当·拜克（Adam Back）描述的技术[2]，即要求交易进行时间锁加密[3]。如此一来，验证者将在不知晓内容的情况下打包交易，并且以后交易内容会自动揭晓，但那时验证者已经无法排除交易了。然而，如果验证者足够邪恶，那么他们可能仅仅同意包含带有加密证明的交易，并且这种加密证明必须能够说明解密版本到底是什么（如ZK-SNARK）。这将强制用户去下载新的客户端软件，但对手方可以直接提供易于下载的客户端软件。在这样的博弈论模型中，用户是有动力去配合的。

① https://hackingdistributed.com/2016/07/05/eth-is-more-resilient-to-censorship/

② https://www.reddit.com/r/Bitcoin/comments/4j7pfj/adam_backs_clever_mechanism_to_prevent_miners/d34t9xa

③ https://www.gwern.net/Self-decrypting files

或许，在权益证明场景中，最有利的方案是用户可以安装一个包含硬分叉的软件更新，而硬分叉里面移除了恶意的验证者。比起用户通过安装软件更新来让自身的交易对审查更友好，这一方案也许会更简单。因此，这一方案里面的所有实现都是适度有效的，尽管它降低了区块链的交互速度（请注意，要想方案有效，该方案必须强制实施；否则恶意验证者可以更轻易便捷地过滤掉加密交易，而无需过滤更快的未加密交易）。

第三种是将检测审查的机制包含进分叉选择规则中的技术。这个想法很简单。节点监视网络的交易情况，如果它们在足够长的时间内观察到一笔费用足够高的交易，那么它们会为不包括这笔交易的区块链分配一个较低的分数。如果所有节点都遵循这一策略，那么最终少数派支持的链也会因为包含了这笔交易而让其他诚实的在线节点都转而追随这条链。这个方案的主要缺点是，离线的节点依然跟随着多数派支持的链。如果审查只是暂时的，并且在审查结束后节点重新上线，那么这些节点最终会支持与在线节点不同的分支。因此，这一方案更多地应该是被当作在硬分叉发生时的自动协调工具，而非应用于日常的分叉选择当中。

▍ 验证者该如何选择？什么是权益粉碎？

在任何基于链的权益证明机制中，我们都需要特定的机制在当前活跃的验证者集合中随机选择可以生成下一个区块的验证者。如果当前活跃的验证者集合由爱丽丝（持有40 ETH）、鲍伯（持有30 ETH）、查理（持有20 ETH）以及大卫（持有10 ETH）组成，那么你希望下一个区块创建者为爱丽丝的概率为40%，为鲍伯的概率为30%……以此类推（在具体实践中，你希望随机选择出来的是一个验证者序列，而不是某个单一的验证者。如此一来，如果爱丽丝缺席，那么在一段时间后，就会有后来者依次进行替补，但这并没有改变根本问题）。在不基于链的算法中，我们也常常需要随机性。

权益粉碎是指验证者通过执行一定计算或采取其他步骤来尝试让随机性对自己更加有利。

1. 在点点币[①]中，验证者可以通过搜寻各种参数的组合并找到特定的参数来提高自身的币生成有效区块的概率。这是一种粉碎攻击。

2. 在一个现在已经废弃的实现方案里，第 $N+1$ 个区块的随机性取决于第 N 个区块里的签名。这种方法使得验证者可以重复地产生新的签名，直到他们找到一个能获取下一个区块的特殊签名，并从此永久控制系统。

3. 在未来币中，第 $N+1$ 个区块的随机性取决于产生第 N 个区块的验证者。这种方法使得验证者可以通过跳过一个产生区块的机会来影响随机性。这种做法的机会成本等同于被跳过的区块奖励，但有时候新的随机种子可以让验证者在接下来的数十个区块中获得高于平均数量的区块[②]。

问题1和2中的问题比较容易解决，一般的方法是要求验证者先存入一定的币，并且避免使用可以被轻易操纵的信息作为随机性的源数据。至于解决问题3，有几种主要的策略。第一种是使用基于秘密分享[③]或者确定性阈值签名[④]的方案，并让验证者共同产生随机值。除

---

① https://bitcointalk.org/index.php?topic=131901.0

② https://vitalik.ca/files/randomness.html

③ https://en.wikipedia.org/wiki/Secret_sharing

④ https://eprint.iacr.org/2002/081.pdf

非大多数验证者串通，否则这些方案足以对所有操纵行为保持健壮性（取决于具体的实施：在某些案例中，会有33%~50%的验证者干预操作，从而导致协议的活性假设降低到67%）。

第二种是使用加密经济学方案，即验证者事先提交某些信息（即公布sha3(x)），然后必须在区块中发布x。此后，x被添加到随机池中。这种方案理论上可能会遭受2种攻击。

1. 在提交时操纵x。这种攻击是不切实际的，因为随机性结果会同时考虑多个参与者的值。并且，哪怕只有一个参与者是诚实的，输出也会是均匀分布的。均匀分布与多个任意偏差分布异或仍然可以得到均匀分布。

2. 选择性地避免公开区块。然而，这种攻击所花费的机会成本为一个区块的奖励。此外，由于该方案能保证任何人都无法查看除了下一个验证者之外的其他未来的验证者，所以这种攻击几乎无法带来超过一个区块奖励的收益。唯一的例外是，假如当前的验证者跳过验证，那么替补上来的验证者和下一个区块的验证者有可能是同一个人。如果这些情况是一个严重的问题，那么我们可以对跳过验证这一行为进行明确的惩罚。

第三种是使用伊多·本托夫提出的大多数信标[1]，即基于之前的通过某种信标生成的N个随机数字中每个位所对应的值的大多数来决定生成新的随机数字（即如果大多数数字的第1位的值为1，那么结果的第1位则为1，否则为0；如果大多数数字的第2位的值为1，那么结果的第2位则为1，否则为0；以此类推）。对这一方案进行攻击的成本约为$C \times sqrt\ N$，其中C是攻击用于生成新的随机数字的信标的成本。因此，总的来说，目前存在许多针对权益粉碎的解决方案。这个问题更像是差分密码分析[2]，而不是停机问题[3]——这是让权益证明机制的设计者能够理解并知道如何解决的麻烦，而不是根本性且无法避免的缺陷。

■ 针对Casper的51%攻击是什么样的？

最基本的51%攻击是最终化回滚，即已经对区块A最终化的验证者转过身又将竞争区块A′最终化，由此破坏了区块链的最终化保证。在这种情况下，网络中将会存在两个互不兼容的最终化历史记录，从而导致全节点喜闻乐见的区块链分裂。这时，我们将需要依赖社区在链外进行协调以决定应该选择哪一个分支，并忽略其他的分叉。

社区间的协调有很多种方式，如通过社交媒体、通过区块链浏览器提供商/企业和交易所之间的私密渠道，以及各种在线论坛等。决策的原则是"哪条链最先被最终确认，那么这条链就是真的"。另一个替代方案是依靠市场共识，即在短期内，两条分支都可以在交易所中进行交易，直到网络效应赋予其中一条分支更高的价值。在这种情况下，"第一条被最终确认的链将会胜出"原则将成为市场做出选择的谢林点。在实践中，这两种方法可能会被组合使用。

一旦市场就真链达成共识，用户（即验证者、轻节点和全节点）将能够通过界面中的特殊选项手动将获胜的区块哈希插入其客户端中。然后，他们的节点将忽略其他的链。无论哪条链胜出，都会有证据立即被用来销毁至少1/3的验证者保证金。

另一种攻击为活性阻断：不少于34%的验证者卡特尔可以简单地拒绝敲定其他区块，

---

[1] https://arxiv.org/pdf/1406.5694.pdf

[2] https://en.wikipedia.org/wiki/Differential_cryptanalysis

[3] https://en.wikipedia.org/wiki/Halting_problem

而不是回滚区块。在这种情况下，区块永远无法被最终敲定。Casper使用的是一种混合链/BFT型共识机制，因此链还是会增长，但安全性会大大降低。如果一段长周期（如1天）内没有任何区块被最终化，那么会有几种选择。

1. 协议可以包含轮换验证者集合的自动化特性。区块将由新的验证者集合进行敲定，但用户会收到提醒，这些新近最终化的区块还不可信，因为之前的验证者集合可能会继续操作并敲定其他区块。一旦用户确认之前的验证者不再上线，用户可以手动消除这些警告。这里面会存在一个协议规定，即在这种情况下，那些没有参与共识过程的旧验证者将会承受大额的保证金惩罚。

2. 通过硬分叉的形式来增加新的验证者，并删除攻击者的余额。

在情形2中，分叉需要再次通过社会和市场的共识进行协调（即两条分别拥有不同的验证者集合的链暂时在交易所中进行交易）。在依靠市场共识协调的情况下，有力的论据认为市场会选择"好人获胜"的分支，因为这条链的验证者展示出了他们的善意（或者至少他们与用户的利益一致）。因此，对于应用开发者，这是一条更有用的链。

需要注意的是，社会协调和协议内自动化之间存在一系列的响应策略，并且人们通常认为，更好的方法是尽可能地使用自动化方案，以尽量减小51%攻击和针对社会层面（或市场共识工具，如交易所）的攻击同时发生的风险。可以设想，在情形1的实现中，如果在相当长的时间内，节点没有观察到新的区块被提交，那么其会自动接受一个新的验证者集合。这将会减少对社会协调的需求，但代价是要求那些不希望依赖于社会协调的节点一直保持在线。在任何一种情况中，都可以设计出一种解决方案来对攻击者进行严厉的保证金惩罚。

还有一种更加隐蔽的攻击——审查攻击，即不少于34%的验证者拒绝敲定包含他们所厌恶的特定种类交易的区块。但除此之外，区块链照常运行，区块也将照常得到敲定。这种攻击的形式很多种，从轻微的如干预少数特定的应用（例如，卡特尔可以简单地通过选择性地审查雷电或闪电网络的交易来盗取资金）到严重的如阻止所有的交易都有。

这种攻击有两种子案例。第一种子案例是，攻击者拥有34%～67%的权益。如此一来，我们可以对验证者进行编程，使其拒绝敲定或基于他们主观认为其内交易明显遭到审查的区块来搭建区块，从而让这种攻击变成一种更加标准的活性攻击。在更严重的案例中，攻击者可能会拥有超过67%的权益。在这种情况下，攻击者可以自由阻止任何他们想要阻止的交易，并拒绝在任何包含此类交易的区块后构建区块。

针对这种情况，有两条防御措施。第一，由于以太坊是图灵完备的，所以其天然会对审查有一定的抵抗力[1]（审查某类带有一定效果的交易的过程与停机问题类似）。由于存在燃料的限制，这不是不可能的，尽管用这种简单的方式来抵抗审查反而会导致拒绝服务攻击。

这种抵抗机制并不完美[2]，改进的方式也有很多。最有趣的方法是添加一项协议内的功能，从而让交易能够自动规划未来的事件，因为提前预测执行预先安排的事件的结果以及由这些事件所导致的后续事件非常困难。此后，验证者可以通过混淆预先安排的事件的序

---

[1] https://hackingdistributed.com/2016/07/05/eth-is-more-resilient-to-censorship/

[2] https://pdaian.com/blog/on-soft-fork-security/

列来存入其以太币，并将攻击者的比例降低到33%以下。

第二，可以引入"积极分叉选择规则"概念，即在决定某条特定的链是否有效的过程中尝试与这条链进行交互，并验证其是否会对你进行审查。要做到这一点，最有效的方法是节点重复发送一笔交易来安排存入以太币，然后在最后一刻取消这一存入请求。如果节点检测到审查机制，那么其将跟着存入保证金，并暂时加入验证者池，将攻击者的比例稀释到33%。如果验证者卡特尔对他们存入保证金的意图进行审查，那么依据积极分叉选择规则的节点将拒绝认可这条链的有效性。这一方案会把审查攻击降为活性拒绝攻击，此时就可以用解决活性拒绝攻击的方案来进行处理。

▍听起来似乎在很大程度上依赖于链外的社会协调，这不会有危险吗？

针对Casper的攻击成本将会极度昂贵。下面将会看到，对Casper发起攻击的成本，至少和购买足够的挖矿算力在工作量证明链中不断进行51%攻击直到链条失效的成本差不多。因此，上述恢复技术只能用于非常极端的情况。实际上，工作量证明的拥护者也普遍表示愿意在类似的情况下使用社会协调，如改变工作量证明算法[1]。因此，我们甚至不见得权益证明对于社会协调的需求会比工作量证明的需求要大。

事实上，我们期望所需的社会协调量接近零，因为攻击者会意识到，消耗大量资金来使区块链脱机一两天并不会给他们带来什么好处。

▍*MC => MR*是否意味着，所有具有特定安全级别的共识算法都同样有效（或者同样无效）？

很多人都提出过这样的观点，保罗·斯托克（Paul Sztorc）的文章[2]或许解释得最清楚。本质上来说，如果你创造了一种让人们赚取100美元的机会，那么人们将愿意花费高达99.9美元（包括其自身的劳动成本）来获得这笔报酬。边际成本接近于边际收入。因此，该理论认为，在试图获取奖励时进行的社会非生产性活动的数量方面，任何具有给定区块奖励的算法都是同样浪费的。

这一理论有3个破绽。

1. 仅仅说边际成本接近边际收入是不够的。我们必须假定一个貌似合理的机制，以让人们能够实际花费这一成本。例如，如果明天我宣布，从此后开始的每一天，我将从10人名单中（通过我笔记本的 /dev/urandom）随机选择一个人，并奖励其100美元，那么任何人都无法通过花费99美元来试图获得这种随机性。要么他们不在这10人名单中，这样不管他们做什么都不会有机会获得奖励；要么他们在10人名单中，但在这种情况下，他们没有任何合理的方法来操纵我的随机性。所以，他们只会维持每天获得10美元的期望值。

2. *MC* ≥ *MR* 并不意味着总成本接近总收入。比如，假设有一种算法，该算法从某个非常大的集合中伪随机选择了1000个验证者（每个验证者获得1美元的奖励）。如果你占有10%的权益，那么平均而言你将获得100美元，并且你可以花费1美元的成本来重置随机值（你可以无限重复这一步骤）。根据中心极限定理[3]，你所获得的奖励的标准差为10美

---

① https://news.bitcoin.com/bitcoin-developers-changing-proof-work-algorithm/

② https://www.truthcoin.info/blog/pow-cheapest/

③ https://en.wikipedia.org/wiki/Central_limit_theorem

元。并且根据其他已知的数学结论[①]，在 N 个随机抽样中，最大的期望值略小于 $M + S \times$ sqrt $(2 \times \log N)$。其中，M 为平均值，S 是标准差。因此，进行额外的重试所获得的回报会随着次数增加（即增大 N）而急剧下降。例如，如果完全不尝试重置随机值，你获利的期望为 100 美元，而尝试 1 次为 105.5 美元，2 次为 108.5 美元，3 次为 110.3 美元，4 次为 111.6 美元，5 次为 112.6 美元以及 6 次为 113.5 美元。因此，在尝试 5 次之后，这个过程就不值得再次尝试。所以，如果一个被经济利益所驱使的攻击者占有 10% 的权益，那么其将会低效地花费 5 美元来获得 13 美元的额外收入，尽管总收入为 113.5 美元。如果某个机制被利用的机会很小，那么其经济损失也会很小。然而，事实并非如此。哪怕这个机制只有一点点可被利用的机会，就会导致庞大的 PoW 级别的经济浪费。这一点与我们下面关于资本锁定成本的讨论密切相关。

3. 相对于工作量证明，保障权益证明安全性所需的总奖励要低得多。

▊ 什么是资本锁定成本？

锁定 X 以太币作为保证金是有成本的。对于以太币的持有者，锁仓意味着牺牲了其他选项。假如我有 1000 以太币，我可以用来做我想做的任何事情；但如果我把这些币作为保证金锁定起来，那么它就只能待在那儿好几个月，我没有办法再用这笔资金来为突发的意外支付费用。再者，在锁定时期内，我也无法随意地调换我的以太币仓位，把它换成其他币。我可以通过在交易所内做空等同于保证金数额的以太币来卖出以太币，但是做空本身也有一定的成本，包括交易费用和支付利息。有人可能会争论：这种资本锁定的低效性不就是曲线达成工作量证明中存在的经济低效性吗？答案是否定的，原因可参见上述的破绽 2 和 3。

我们不妨先从 3 开始。考虑这么一个模型，其权益证明机制的保证金是无限期的，ASIC 可以永久运行，ASIC 技术保持不变（即不考虑摩尔定律）并且用电成本为 0。我们不妨假设每年的均衡利率为 5%。在工作量证明区块链中，我可以花费 1000 美元成为一名矿工，并且矿机每年的回报为 50 美元直到永远。在权益证明区块链中，我可以购买价值 1000 美元的币，将这些币存入（即永久丢失），然后每年获取 50 美元奖励直到永远。到目前为止，这两种情况看起来是完全对称的（从技术上讲，在权益证明中，币的销毁并非社会性销毁，因为这种销毁会让其他人的币更值钱，但这点暂不考虑）。在这两种情况下，每发动一场"马其诺防线"51% 攻击（即购买更多的硬件设备，使其算力超过网络的其余部分），需要增加 1000 美元。

现在，不妨依次对模型进行以下更改。

1. 由于摩尔定律的存在，ASIC 每 2.772 年就贬值 50%（即每年持续降低 25%，这样算更简单一些）。如果我想要保持同样的"投入一次，永久回报"，那么我可以这么做：把 1000 美元投入一个基金，其中 167 美元投入 ASIC，而余下的 833 美元用于收益率为 5% 的投资。于是，每一年所产生的 41.67 美元的红利刚好足够用于更新 ASIC 设备（为了简化数学模型，假设技术是持续发展的）。此时，回报将降低至每年 8.33 美元。因此，83.3% 的矿工会选择退出，直到系统重新恢复到每年能够赚取 50 美元的均衡。此时，在 PoW 中发动具有相同回报的"马其诺防线"51% 攻击的成本减小了 6 倍。

[①] https://math.stackexchange.com/questions/89030/expectation-of-the-maximum-of-gaussian-random-variables

2. 电力加上维护成本占据了总成本的1/3。在这里，1/3的数据来源于我们对最近的挖矿数据的估计：Bitfury最新的数据中心每10亿次哈希运算需要消耗0.06 J[①]，或者60 J/TH、0.000017 kW·h/TH。如果假设整个比特币网络拥有相似的效率，那么我们会得到总的比特币哈希算力为1670000 TH/s[②]，即每秒需要约27.9 kW·h。设中国的电费为0.11美元/(kW·h)[③]，因此可得每秒3美元，或者每天26万美元。比特币区块奖励加上手续费为600美元/BTC × 13 BTC/区块 × 144区块/天 = 112万美元/天。因此，电力成本约占23%。另外，将硬件维护成本估算为10%，于是我们明确得到持续成本占1/3，固定成本占2/3的占比。这意味着，在1000美元中，只有111美元会投入到ASIC，55美元用于支付持续成本，以及833美元会用于硬件投资，于是发动攻击的"马其诺防线"成本比我们初始设置的成本减小了9倍。

3. 保证金是暂时性的，而非永久的。当然，如果我自愿一直抵押下去，这也改变不了什么东西。然而，我将重新获得从前所拥有的选择权利；我可以在某段时间（如4个月）内随意退出。这意味着我愿意投入超过1000美元的以太币，追求每天50美元的回报，或许在均衡状态中需要投入约3000美元。因此，在PoS发动"马其诺防线"攻击的成本提高了3倍。与此同时，在同样的攻击成本下，比PoW的安全性高出了27倍。

以上论述包含了大量的简化建模。然而，这些论述表明，PoS得到了多重因素的强烈支持，即权益证明在安全性方面的性价比更高。这个看似可疑的多重因素论点[④]的论据很简单：在PoW中，我们直接面对的是物理定律；而在PoS中，我们能够以特定方式设计出拥有明确特性的协议。总而言之，可以优化物理定律使其对我们更加有利。这一扇隐藏的活板门改变了整个安全模型，尤其是引入了弱主观性，从而有了3。

现在，我们可以讨论边际成本和总成本的区别了。在资本锁定成本的案例中，这一点非常重要。比如，考虑这么一种情况：你有10万美元的以太币，你可能打算将其中一大部分长期持有。因此，锁定5万美元以太币对你来说几乎没有机会成本；锁定8万美元可能会稍微有影响，不过2万美元的流动资金还是拥有足够的机动空间；锁定9万美元问题就有点棘手了；而锁定9.9万美元问题就更大了——一旦资金全被锁住，你就麻烦了，因为这意味着你甚至连支付交易费用的资金零头都没有。因此，你的边际成本会迅速增加。图5显示了在PoS与在PoW中这种状态的差异。

因此，权益证明的总成本可能远低于在系统存入1个以上以太币的边际成本乘以现有的以太币保证金总量。

需要注意的是，这部分论点并没有完全解释安全发行量降低的状况。不过它确实对我们大有帮助，这一部分论点表明：即使发行量很低，我们依然可以运行权益证明机制。然而，这也意味着大部分收益将由验证者作为经济盈余来获得。

① https://www.coindesk.com/bitfury-details-100-million-georgia-data-center/

② https://bitcoinwatch.com/

③ https://www.statista.com/statistics/477995/global-prices-of-electricity-by-select-country/

④ https://lesswrong.com/lw/kpj/multiple_factor_explanations_should_not_appear/

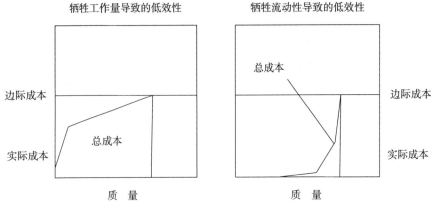

图 5

■ **在权益证明机制中，交易所会造成类似工作量证明中矿池中心化的风险吗？**

从中心化的角度来看，比特币[①]和以太坊[②]需要大约3个池子来协调51%攻击（截止本文写作时，比特币需要4个，以太坊需要3个）。在PoS中，如果我们假设交易所的参与率为30%，那么只需要3个交易所[③]就足以发动51%攻击。如果参与率达到40%，那么所需的数量将达到8个。然而，交易所无法将所有的以太币都投入攻击，因为它们还需要应对用户提现的问题。

此外，在PoS中，参与者没有组成权益池的动力，因为这需要付出较高的信任成本——权益证明池可以假装被黑客攻击，销毁自身参与者的保证金，并从中获得回报。另一方面，尽管需要付出信任成本，但在不需要运行全节点的情况下，仅通过个人的以太币就可以赚取利息，这是很吸引人的。总之，中心化的权衡是一个需要依赖于经验解决的问题，只有系统在相当一段时间内实际运行后，我们才能够得到确切的答案。在应用分片技术以后，预计参与者组成权益池的动机会进一步降低，因为（a）需要考虑的分歧问题更少了；并且（b）在分片模型中，验证者的交易验证负担与其投入的资金数成正比。因此，在这种情况下，即使组成权益池也无法直接节省生产成本。

最后一点，中心化对权益证明的危害要比其对工作量证明的危害更小，因为有很多成本更低的方案能够让权益证明从51%攻击中成功恢复，并且用户也不需要切换到新的挖矿算法。

■ **权益证明可以应用在私有链或联盟链中吗？**

一般来说是可以的。任何权益证明算法都可以被用作私有链或联盟链的共识算法。唯一的变化是挑选验证者集合的方式会有所不同：在私有链或联盟链中，其一开始会由一组经过大家同意且信任的用户担任验证者，接着再由这个验证者集合投票决定是否加入新的验证者。

---

① https://blockchain.info/pools

② https://etherscan.io/stats/miner?range=7&blocktype=blocks

③ https://etherscan.io/accounts

Plasma 现金：更少单用户数据检查的 Plasma

（2018 年 3 月 10 日）

编者按

> 本文主要介绍如何在 Plasma 实现的基础上进行修改，设计出另一版本的 Plasma，即 Plasma 现金。

特别感谢卡尔·弗洛尔斯（Karl Floersch）讨论并提出了本文的大部分内容，也感谢 danrobinson（昵称）早期发表类似观点的帖子[①]。

基本上，我们可以通过下述修改来设计出另一版本的 Plasma。

1. 每一笔保证金对应一个独一无二的币 ID。代币不可分割，也不能合并。

2. 比起按照交易索引的顺序将交易存储在二进制默克尔树中，我们要求将这些交易存储在稀疏的简单默克尔树或帕特里夏树中。其中，索引是被花费的币的 ID。

需要注意的是，这种方式现在允许用户拥有一个更紧凑的证明来说明他们的币是有效的，并且验证该币没有被双重花费。这个证明包括从用户把币存入那时起，代表该币历史的所有交易，以及每个不包含花费该币的交易的区块的非包含证明。假设有 n 个币和 t 个区块，那么此时，这个证明的大小为 $t \times \log n$。如果用户将币转给另一个用户，那么他只需简单地将整个证明传给该用户。

因此，Plasma 运营者仅需与每个用户保持联系。并且，每次他们创建区块时，他们将仅向用户发布相关的证明，而非其他与用户没有的币相关的任何数据。显然，任何不属于这些证明的数据都不能用于欺骗性退出或双重花费特定用户的币，由此，用户的安全性得以保障。由于币是不可替代的，即使攻击者成功地欺骗了其他用户，他也不能让 Plasma 合约转向部分储备，而这一点先前在最小可行 Plasma 中是行得通的。

Plasma 链的运营者可以进行分片，因此从链运营者或用户的角度来看，系统的可扩展性几乎没有限制——除了一点：如果类似于 Plasma 的系统（和通道系统）开始处理非常高的交易负载，大量质疑攻击可能会使区块链上溢，并阻止部分用户退出或者对质疑的响应仍然存在。这种设置似乎非常适合高吞吐量但状态较少的应用，如微支付和交易所。

此外，我们不再需要等待确认，可以通过以下退出程序来完成此操作。

1. 任何人都可以通过提供币的所有权历史记录中的最后 2 笔交易（即他们正在退出的币 C 及其父代 $P(C)$）来退出各自的币。

2. 有 3 种对退出请求提出质疑的方式：（a）提供花费 C 的交易的证明，（b）提供在 C 之前出现的花费 $P(C)$ 的交易的证明，（c）提供一笔在 $P(C)$ 之前的币历史中的交易 $C*$。

3. 针对类型（a）和（b）的质疑会立即阻止退出流程。我们可以通过提供 $C*$ 的直接子

---

① https://ethresear.ch/t/cryptoeconomic-probabilistic-tumbler/1103

代来响应针对类型（c）的质疑。其中，该子代必须等于或在 $P(C)$ 之前。

　　这种方法要求诚实的用户一直保持一种关键的作风：即在完全验证直到该币之前的完整历史之前，不花费任何币。Plasma链有可能在交易仍有待确认时开始包括不可用或无效的数据，在这种情况下，$P(C)$ 和 C 之间可能会出现双重花费或无效花费。后续更加复杂的退出机制会把这种情况考虑在内。

以太坊分片问答

（2018 年 3 月 13 日）

编者按

本文是对从2016年以太坊紫皮书发布以来到以太坊分片理论及实现的梳理，涵盖了当前可扩展性方案的不足与限制、对梅特卡夫定律的探讨，以及 Plasma 和分片区块链设计的思想及技术细节。

当前，在所有的区块链协议中，每个节点都需要存储所有的状态（账户余额、合约代码和存储等）并处理所有的交易。这种方式确实提供了大量的安全性，但也极大地限制了可扩展性，即一条区块链无法处理比单个节点更多的交易。很大程度上因为这一原因，比特币被限制在每秒3~7笔交易，以太坊每秒7~15笔交易。然而，这也给我们带来了一个问题：能否创建一个全新的机制，只让这些节点的小型子集来验证每一笔交易？只要验证每一笔交易的节点足够多，那么系统依然是高度安全的；与此同时，这些验证交易的节点又足够少，由此系统可以并行地处理更多的交易。我们是否可以使用这种技术来极大地提升区块链的吞吐量呢？

▋ 有哪些简单但有缺陷的方案来解决区块链的吞吐量问题呢？

主要有三类简单的解决方案。第一类是直接放弃扩展独立的区块链，假设用户会使用许多不同的山寨币。这类方案极大地提升了吞吐量，但牺牲了安全性：使用这种方案来提升N倍的吞吐量必然伴随着安全性N倍的降低。因此，一旦N增加到一定程度，这种方案是不可行的。

第二类是简单地增加区块大小限制。这类方案也有效果，并且在某些情况下可能是正确的处理方案，因为区块链大小可能更多的是受到政治上的约束而不是现实的技术考量。但不管个人怎么信仰个别案例，这类方案不可避免有其局限性：如果区块链运行的时间足够长，那么运行在消费者硬件上的节点将会退出，该网络只能依赖于少数运行区块链的超级计算机，这可能会导致极大的中心化风险。

第三类是合并挖矿，这是一种多链共存的技术，但所有链条都共享相同的挖矿算力（或者权益证明系统中的权益）。目前，域名币通过使用这类技术从比特币区块链中获取了很大一部分安全性。如果所有矿工都参与进来，合并挖矿理论上可以将吞吐量提升N倍而不会影响其安全性。然而，这类技术也存在这样的问题：它将每个矿工的计算和存储负荷增加了N倍。因此，实际上这个方法只不过是换了一个更隐秘的方式来提高区块大小限制罢了。

即使这一形式被认为是可接受的，但是这类方法依然存在一个缺陷，那就是这些区块链并不是真正地被捆绑在一起的，我们只需要少量的经济激励就足以说服矿工放弃或损害某条特定的区块链。这是很有可能发生的，并且历史上已经发生过合并挖矿被攻击的真实事件[1]，还有明确倡导使用合并挖矿攻击作为一种治理特性[2]的开发者选择破坏对特定联盟

---

[1] https://web.archive.org/web/20170331105910/

https://bitcoin.stackexchange.com/questions/3472/what-is-the-story-behind-the-attack-on-coiledcoin

[2] https://www.truthcoin.info/blog/contracts-oracles-sidechains/

来说无利可图的链条。

如果每条链只有少数矿工/矿池参与合并挖矿，那么其会导致中心化风险[①]。与此同时，合并挖矿的安全效益也将极大削减。

这听起来像是某种关于可扩展性的三难困境。

▋ 可扩展性的三难困境到底是什么？我们能突破它吗？

这一三难困境认为，区块链系统最多只能拥有以下三个属性中的两个：

·去中心化[系统可以在每个参与者只需访问$O(c)$资源的场景下运行，即普通笔记本电脑或小型VPS]；

·可扩展性[可以处理$O(n) > O(c)$笔交易]；

·安全性[最多使用$O(n)$资源就可以抵御攻击]。

在本文的余下部分中，我们将继续使用c来指代每个节点可用的计算资源大小（包括计算、带宽和存储），以及n来指代抽象意义上的生态系统的大小。假设交易负载，状态大小和加密货币市值都与n成正比。

▋ 有人认为：基于梅特卡夫定律，一个加密货币的市值应该与n^2成正比，而不是n。他们的说法对吗？

不对。

为什么呢？

梅特卡夫定律认为，网络的价值与用户数量的平方（n^2）成正比：如果一个网络中有n个用户，那么对每个用户来说，这个网络都是有价值的。但在这时，每个个人用户得到的价值是与用户数量成正比的：如果一个网络中有n个用户，那么这个网络将存在$n - 1$个潜在的连接，由此每个用户都可以从中受益。

在实践中，实证研究表明[②]，拥有n个用户的网络的价值在n值较小时与n^2成比例，而在n值较大时与$n \times \log n$成比例。这很容易理解，因为当n值较小时，这个论点是成立的；但是，一旦这个系统变得更大，那么将会存在两个影响降低增长的速度。首先，在实践中，增长通常发生在社区当中。因此，在中等规模的网络中，网络通常已经提供了每个用户所关心的大部分连接。其次，这些连接往往是可以相互替代的，并且你可以认为，人们从k个连接中只能获得约$O(\log k)$的价值。这好比：有23个品牌的除臭剂可供选择是好的，但并没有比22个选择好很多，而一个选择和零个选择之间是截然不同的差异。

此外，在有k个用户的网络中，即使加密货币的价值与$O(k \times \log k)$成正比，如果我们接受上述解释作为这种情况发生的原因，那么这意味着交易量也是$O(k \times \log k)$，因为每个用户拥有$\log k$价值理论上是由于用户通过网络使用了$\log k$个连接。并且在许多情况下，状态大小也应该随着$O(k \times \log k)$一起增长，因为至少存在某种类型的状态是与关系相关，而不是与用户相关的。因此，假设$n=O(k \times \log k)$，并且将所有内容基于n（生态系统规模）和c（单个节点的计算能力）进行搭建会是一个十分完美的模型。

---

① https://eprint.iacr.org/2017/791.pdf

② https://en.wikipedia.org/wiki/Metcalfe's_law

■ 有哪些稍微比较简单但只部分解决了可扩展性问题的方法？

很多分片提案（如来自NUS的雷留等人提出的早期的BFT分片方案[①]，以及基于比特币的默克利斯树方案[②]）都试图只对交易处理或者状态进行分片，而没有考虑其他方面[③]。这些努力十分令人钦佩，甚至会带来效率上的提升，但这些方案的根本问题在于它们只解决了两个瓶颈当中的一个。我们希望能够在每秒处理超过1万笔交易的同时，不必强迫每个节点成为超级计算机或者强迫每个节点存储万亿字节的状态数据。而这需要一个全面的解决方案：在这个方案中，状态存储、交易处理甚至交易下载和重新广播的工作负载都将分散到各个节点当中去。

特别要注意的是，这一方案意味着我们需要在P2P层面做出变更，因为广播模型是不可扩展的，这个模型要求每个节点都去下载和重复广播 $O(n)$ 数据（即每一笔被发送的交易），而我们的去中心化标准假设的是每个节点只能访问 $O(c)$ 各类资源。

■ 有没有其他无需分片任何东西的方案？

Bitcoin-NG[④]可以通过另外一种区块链设计来提高可扩展性。这种设计的要点在于，节点通过花费大量的CPU时间来验证区块，从而使得网络更加安全。在简单的PoW区块链中，如果交易容量增长到了节点需要花费超过5%的CPU时间来验证区块的临界点，那么区块链网络将存在中心化的危险，并且共识的安全性会被削弱。Bitcoin-NG的设计缓解了这一问题。然而，这种方案仅仅将交易容量的可扩展性提高了5~50倍[⑤]，并且也没有提升状态的可扩展性。也就是说，Bitcoin-NG式的方法与分片并不相互排斥，并且两种方法还可以同时实施。

基于通道技术的策略（闪电网络、雷电网络等）可以将交易容量扩展常数倍，但不能扩展状态存储，并且还会带来这些策略独有的折中和限制，尤其是涉及拒绝服务攻击的限制。通过分片（加上其他技术）来实现链上扩展和通过通道技术来实现链下扩展可以说是必要且互补的。

还有其他一些使用高级密码学（如Mimblewimble[⑥]和基于ZK-SNARK的策略）的方法

---

① https://www.comp.nus.edu.sg/~loiluu/papers/elastico.pdf

② https://www.deadalnix.me/2016/11/06/using-merklix-tree-to-shard-block-validation

③ NUS 小组最新提出的提案是进行状态分片。他们打算通过收据和状态压缩技术来实现。这一点我还会在后续部分进行讲述。

④ https://hackingdistributed.com/2015/10/14/bitcoin-ng/

⑤ 这里保持保守是有原因的。特别要注意的是，如果攻击者所提出的最坏状况的交易，其处理时间与区块空间消耗（字节、燃料等）之间的比率远高于普遍情况，那么系统将面临性能大幅降低的状况。因此在设置安全系数时，我们必须要考虑到这种可能性。在传统的区块链中，区块处理仅需要1%~5%的区块时间这一事实发挥着防止中心化风险以及降低拒绝服务风险的主要作用。拿比特币来说，其当前已知的最坏的二次执行漏洞可能会将其可扩展性限制在5~10倍。而在以太坊中，尽管所有已知的漏洞在拒绝服务攻击之后都会（或已经）被移除，但在更小规模的扩展上，仍存在进一步差异的风险。在Bitcoin-NG中，前一个需求被移除了，但后者仍然存在。想了解更多关于二次执行漏洞的信息，请参阅 https://bitcoin.org/en/bitcoin-core/capacity-increases-faq#size-bump。另一个保持谨慎的原因是，状态大小的增加意味着吞吐量要降低。因为节点会发现将状态数据保存在RAM中越来越难，由此需要越来越多的磁盘访问。而数据库通常需要 $O(\log n)$ 访问时间，这将导致访问时间越来越长。这是我们从上一次以太坊遭受的拒绝服务攻击中获得的重要教训。在那次攻击中，攻击者通过创建空账户使状态膨胀了约10 GB，并通过强制执行进一步的状态访问来攻击磁盘（而不是RAM），从而达到间接减慢处理速度的目的。

⑥ https://scalingbitcoin.org/papers/mimblewimble.txt

可以用来解决可扩展性问题的特定部分，即初始化全节点同步。比起从创世区块起验证完整的历史，节点可以验证一个密码学证明以确认当前状态正合法地遵循着历史记录。这些方法确实解决了合法性的问题，但值得注意的是，节点可以依靠加密经济学而不是纯粹的密码学以更简单的方式来解决同样的问题——不妨参见以太坊当前快速同步[①]和压缩同步[②]的实现。这两种解决方案都没有缓解状态规模增长或者在线交易处理限制的问题。

▌Plasma该如何适应这种三难困境？

一旦发生对Plasma子链的大规模攻击，那么在Plasma子链上的所有用户都需要撤回到根链。如果Plasma内有$O(N)$个用户，那么这将需要$O(N)$笔交易，因此网络需要$O(N/C)$时间来处理所有提现请求。如果提现的延迟时间固定为D（在初始实现时就设置好了），那么一旦$N > C \times D$，区块链中将没有足够的空间来及时处理所有提现请求，因此系统会变得非常不安全。在这种模式下，我们可以认为Plasma仅仅将可扩展性提高了（可能很大的）常数倍。如果提现的延迟时间是灵活的，那么在发生大规模提现时，它们会自动扩展。这意味着随着N不断增加，攻击者强制每个用户锁定资金的期限将会不断增加。因此，系统的安全级别在某种意义上会进一步降低，因为拒绝访问次数的提升可被视为安全性崩溃，尽管这比完全失去访问要稍微好一些。然而，这是与其他解决方案截然不同的折中方向，并且可以说是更温和的折中。因此，这也是我们说Plasma子链仍然能够大幅改进现状的原因。

▌状态大小、历史、加密经济学……

在进一步阐述之前，我们先定义一些术语。

·状态：一个代表某个系统当前状态的信息集合。在最简单的模型中，确定交易是否有效以及交易的结果应该仅依赖于状态。关于状态数据的例子：比特币中的UTXO集合，以太坊中的"余额+随机数+代码+存储"，以及域名币中的域名注册项。

·历史：一份自创世块以来发生过的所有交易的有序列表。在一个简单的模型中，当前状态应该是创世状态和历史的确定性函数。

·交易：一个被包含进历史的对象。在实践中，一笔交易代表了一个某位用户想要执行的操作，并且该笔交易需要经过加密签署。

·状态转换函数：一个获取状态、调用交易并输出新状态的函数。其涉及的计算可能包含对交易指定的账户增加或减少余额，以及验证数字签名和运行合约代码。

·默克尔树：一个可以存储大量数据的加密哈希树结构。在这一结构中，验证每一项数据只需要花费$O(\log n)$的空间和时间[③]。在以太坊中，每个区块的交易集合以及状态都保存在默克尔树中，并且树的根将被提交进区块中。

·收据：一个代表某笔交易的结果的对象，其并不存储在状态中，但仍存储在一棵默克尔树中，并被提交到区块内。如此一来，即使在节点没有拥有所有数据的情况下，其同样可以高效地证明这一收据的存在。在以太坊中，日志就是收据；在分片模型中，收据被

---

① https://github.com/ethereum/go-ethereum/pull/1889

② https://github.com/paritytech/parity/wiki/Warp-Sync

③ https://easythereentropy.wordpress.com/2014/06/04/understanding-the-ethereum- trie

用来促进异步跨分片通信。

·轻客户端：与某条区块链进行交互的一种方式，它只需要非常少量——一般是 $O(1)$，但在某些情况下可能会是 $O(\log c)$——的计算资源，默认情况下只跟踪特定链条的区块头，并根据需要请求关于交易、状态和收据的相关信息，并验证相关数据的默克尔证明。

·状态根：代表状态的默克尔树根哈希[①]（图1）。

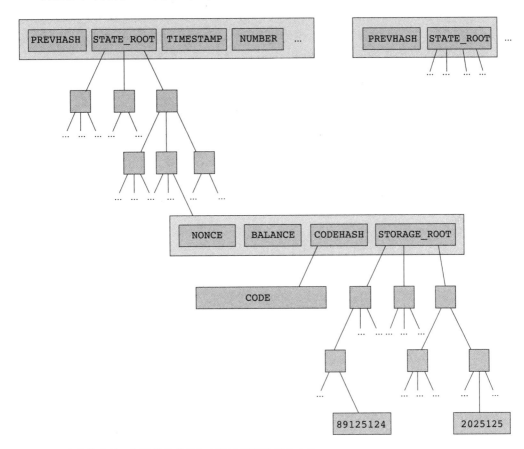

图 1　以太坊状态树，以及状态根是如何嵌入到区块结构中的

▌分片背后的基本思想是什么？

我们把状态分成 $k = O(n/c)$ 分区。这些分区被称为"分片"。例如，以太坊的分片方案可能会将所有以 0x00 开头的地址放入一个分片，将所有以 0x01 开头的地址放入另外一个分片等。在最简单的分片形式中，每个分片都有自己的交易历史，并且在某个分片 k 中所发生的交易仅限于影响分片 k 的状态。一个简单的例子是多资产区块链，该链中有 k 个分片，并且每个分片分别存储和某一特定的资产相关的余额并处理相关交易。在更高级的分片形式中，还包含了某些形式的跨分片通信能力，即一个分片上的交易可以触发其他分片上的事件。

---

① 在分片区块链中，单个全局状态可能并不一定存在内置的容错共识。因此，协议从不要求节点去计算某个全局的状态根。事实上，在后续部分介绍的协议中，每个分片都有自己的状态，并且对每个分片，都有一种机制用于提交表示该分片状态的状态根。

■ 分片区块链的基本设计是什么样的？

一个简单的方式如下。假设存在某些我们称之为排序者的节点，这些节点接受在分片 k 上的交易（取决于具体的协议，要么排序者可以自行选择到某个分片，要么其被随机分配到某个分片 k）并创建排序规则。一个排序规则拥有一个排序头，排序头实际上为一条短信息，其形式为"这是一个关于分片 k 上的交易的排序规则，它期望分片 k 的前一个状态根为 `0x12bc57`，在当前排序规则中的交易默克尔树根为 `0x3f98ea`，并且在处理这些交易之后的状态根应该为 `0x5d0cc1`。签名，排序者 #1，2，4，5，8，11，13，…，98，99"。

一个区块必须包括每个分片的排序头，在下述情况中，区块是有效的。

1. 在每个排序规则中给出的前状态根必须和与之相关联的分片的当前状态根相匹配。

2. 所有在排序规则中的交易都是有效的。

3. 在排序规则中给出的后状态根必须与基于特定的前状态的排序规则中的交易执行结果相匹配。

4. 排序规则必须被该分片内至少 2/3 已注册的排序者签署。需要注意的是，在这样的系统中，存在几种不同级别的节点。

·超级全节点：处理所有在排序规则中的交易，并且维护所有分片的完整状态。

·顶级节点：处理所有顶级区块，但不处理或试图下载在每个排序规则内的交易。相反，如果在某个分片中有 2/3 排序者认为某个排序规则是有效的，那么顶级节点就认为这个排序规则是有效的。

·单分片节点：既可充当顶级节点，同时也处理某个特定分片内的所有交易，并维护该分片的完整状态。

·轻节点：仅下载和验证顶级区块的区块头，不处理任何排序头或交易，除非它需要读取某个特定分片的状态内的某些特定条目。在这种情况下，轻节点会下载该分片直到最近的排序头的默克尔分支，并根据默克尔分支下载在该状态下的所需值的默克尔证明。

■ 这里面存在什么样的挑战？

·跨分片通信：上述设计并不支持跨分片通信。我们该如何安全地增加跨分片通信？

·单分片接管攻击：如果在某个分片中，攻击者接管了大多数排序者，其要么为了阻止排序规则获得足够的签名，要么（更糟糕地）为了提交无效的排序规则，那么我们该怎么办？

·欺诈检测：如果网络中产生了一个无效的排序规则，那么节点（包括轻节点）该如何可靠地得知这一消息，检验欺诈行为，并在欺诈行为得到确认以后拒绝这个排序规则？

·数据可用性问题：作为欺诈检测的子集，如果发生了排序规则缺失数据的情况，又该怎么办？

·超二次分片：在 $n > c^2$ 的特殊情况下，在上述给出的简单设计中，将会存在超过 $O(c)$ 个排序头。此时，普通节点就连顶级区块也无法处理。因此，我们需要在交易和顶级区块头间实施超过两级的间接寻址（即需要分片的分片）。实现这一目标最简单和最优的方式是什么？

然而，交易的结果可能取决于之前发生在其他分片中的事件。一个权威的例子是货币转账。在该场景中，货币可以从分片 i 转移到分片 j。我们首先在分片 i 中创建一笔借记交易来销毁一定的币，然后在分片 j 中创建一笔贷记交易来铸造同等数量的币，并将借记交易创建的收据作为贷记交易合法的证明。

▌CAP定理不是说完全安全的分布式系统是不可能实现的吗？那是不是意味着分片也是无法实现的？

CAP定理这一结论与分布式共识完全无关。我们可以把CAP定理简单地描述为"在网络分区发生的情况下，你只能在一致性和可用性间二选一"。直观的论点很简单：如果网络分成两半，并且在一半网络中，我发送一笔交易"将10个币发送给A"，而在另一半网络中发送一笔交易"将10个币发送给B"，则要么系统无法使用，因为其中一笔或者两笔交易都不会被处理；要么系统变得不一致，因为一半网络会看到第一笔交易被完成，而另一半网络将看到第二笔交易被完成。需要注意的是，CAP定理与可扩展性无关。它适用于任何多个节点需要对某个值达成一致，而不管它们所达成一致的数据量的大小的情况。所有现有的去中心化系统都已经找到了在可用性和一致性之间进行折中的办法。从这一方面来说，分片并没有从根本上增加难度。

▌我们该怎么实现跨分片通信？

最容易满足的一个场景是，有很多应用本身并没有太多的用户，并且这些应用只是偶尔或者很少与彼此进行交互。在这种情况下，应用可以在单独的分片上生存，并通过使用收据来与其他分片进行跨分片通信。

这种方法通常需要将每一笔交易分解为借记交易和贷记交易。例如，假设有一笔交易，其中分片M上的账户A希望发送100个币到分片N上的账户B（图2），则步骤如下：

1. 在分片M上发送一笔交易，该交易（a）在账户A中扣除100个币，并且（b）创建一个收据。收据是一个并不直接保存在状态中的对象，但收据生成这一事实可以通过默克尔证明来验证。

2. 等待第1笔交易被打包（有时候还需要等待交易被最终化，具体要求取决于具体的系统）。

3. 在分片N上发送一笔交易，该交易包含来自步骤1的收据的默克尔证明。这笔交易也会检查分片N的状态，以确保收据未被使用。如果已被使用，那么它将在账户B中增加100个币，并将收据已被使用这一事实保存在状态中。

4. 步骤3中的交易也可以选择保存收据，然后用来在分片M中执行进一步操作。这取决于原始操作是否成功。

在更复杂的分片形式中，在某些场景下，交易可能会影响多个分片，并且可以从多个分片的状态中同步请求数据。

▌不同类型的应用该怎么适应分片区块链？

有些应用完全不需要跨分片交互；多资产区块链和包含各种不需要互操作性的应用的区块链就是最简单的案例。如果应用确实需要彼此通信，假如能够实现异步交互，那么这一挑战将会简单得多。也就是说，我们希望交互可以以这么一种形式完成：分片A上的应用生成一个收据，然后在分片B上的交易消费这一收据并基于此收据来执行某些操作，此后还有可能向分片A发送一条包含特定响应的回调信息。搭建这一模式十分简单，并且将

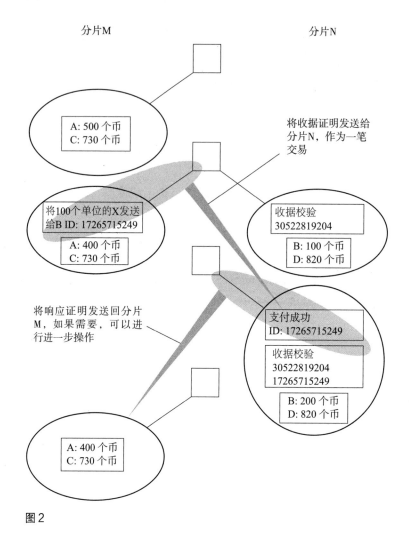

图2

其整合进高级程序语言中也不难。

然而，需要注意的是，比起可用于分片内通信的机制，用于异步跨分片通信的协议内置机制可能会有所不同，并且功能较弱。某些当前用于不可扩展区块链中的功能在可扩展区块链中只能用于分片内通信[1]。

■ 什么是"火车和旅馆"问题?

安德鲁·米勒（Andrew Miller）曾经举过这么一个例子：假设一个用户想要购买一张火车票并预订一家旅馆，用户想要确保这个操作是原子的，即要么火车票和旅馆都预定成功，要么都不成功。如果火车票和酒店预订应用都在同一个分片上，那么实现这个需求很容易：创建一笔试图同时预定火车票和旅馆的交易，除非两者都预订成功，否则抛出异常并回滚所有内容。然而，如果两者分别在不同的分片上，那么这实现起来就没那么简单了。即使不考虑加密经济和去中心化的问题，这实质上也是原子数据库事务[2]的问题。

---

① 如果一条不可扩展的区块链升级为可扩展的区块链，那么笔者建议：让旧链的状态成为新链中的单个分片。

② https://en.wikipedia.org/wiki/Atomicity_(database_systems)

在只有异步消息的情况下，最简单的解决方案是先预订火车，再预订旅馆。一旦两个预订都成功，则进行确认。预订机制将在一定期限内阻止其他人进行预订操作（或者至少会确保有足够的位置，以满足所有的预订需求）。然而，这意味着这种机制依赖于额外的安全假设，即来自某个分片的跨分片消息可以在某个固定的时期内被包含在另外的分片中。

如果使用跨分片同步交易，那么问题会更加简单。但创建一个可以跨分片原子同步交易的分片解决方案的挑战是不可忽视的。如果单个应用的使用量超过 $O(c)$，那么该应用需要存在于多条区块链中。这种做法的可行性取决于应用自身的具体情况。有些应用（如货币）很容易并行化，而另外一些应用（如某类市场设计）则无法并行化，并且只能按序处理。

我们知道，分片区块链有一些属性是不可能实现的。阿姆达尔定律[1]表明，在任何应用存在不可并行化组件的情况下，一旦并行化相对容易获得，那么不可并行化组件很快就会成为瓶颈。在以太坊这样的通用计算平台中，我们很容易举出不可并行化计算的例子，如一个追踪内部变量 x 的合约，该合约在接收到一笔交易以后将变量 x 设置为 `sha3(x,tx_data)`。没有分片方案可以给这种形式的应用提供超过 $O(c)$ 的性能。因此，随着时间的推移，分片区块链协议将会越来越擅长处理越来越多样化的应用类型和应用交互。但在规模超过 $O(c)$ 时，整体分片架构至少会在某一方面落后于单分片架构。

▌ 我们正在运行的安全模型有哪些？

评估区块链设计安全性的竞争模型有以下几类：

·诚实的大多数（或诚实的绝对多数）：假设存在一个验证者集合，并且这些验证者中至少有 1/2（或 1/3 或 1/4）被一名攻击者所控制，而其余的验证者则诚实地遵循协议。

·不协调的大多数：假设从博弈论的角度来看，所有验证者都是理性的（除了攻击者，他的目标是以某种方式使网络崩溃），但是他们当中能够协调行动的人不超过一定比例（通常在 1/4 和 1/2 之间）。

·协调选择：假定所有验证者都由同一个参与者控制，或者完全有能力在他们之间协调经济上最优的选择。我们可以探讨验证者联手产生不良结果的成本（或利润）。

·攻击者行贿模型：我们采用不协调的大多数模型，而不是让攻击者成为参与者之一。攻击者处于协议之外，并且有能力贿赂任何参与者来改变他们的行为。我们假设攻击者拥有一定的预算——他们愿意支付的最高金额。我们可以讨论他们的成本，即他们最终为破坏协议均衡所支付的金额。

在比特币中，修复了埃亚尔和瑟尔提出的自私挖矿问题[2]的工作量证明，在诚实的大多数假设下足以抵抗高达 1/2 的"拜占庭"，并在不协调的大多数假设下抵抗高达 1/4 的"拜占庭"。谢林币[3]在诚实的大多数和不协调的大多数假设下都能抵抗高达 1/2 的"拜占庭"，但在协调选择模型中，攻击成本仅为 ε（即略大于零）；而在攻击者行贿模型中，由于 $P + \varepsilon$ 攻击[4]的存在，其需要留出 $P + \varepsilon$ 预算，同时花费 ε 成本。

① https://en.wikipedia.org/wiki/Amdahl's_law

② https://arxiv.org/abs/1311.0243

③ https://blog.ethereum.org/2014/03/28/schellingcoin-a-minimal-trust-universal-data-feed/

④ https://blog.ethereum.org/2015/01/28/p-epsilon-attack/

还有混合模型。例如，即使是在协调选择模型和攻击者行贿模型中，通常也会做出一个诚实的少数派假设，即一定比例（可能是1%～15%）的验证者会无视经济激励并采取利他行为。我们还可以讨论由50%～99%的验证者所组成的联盟试图扰乱协议或伤害其他验证者的情况。比如，在工作量证明中，一个占据51%算力的联盟可以通过拒绝包含其他矿工所产出的区块来使自己的收入翻倍。

诚实的大多数模型可以说是非常不切实际的，并且已经被众多事实证伪——不妨看看比特币的SPV挖矿分叉[①]这一实际的例子。这个例子证明了很多问题：例如，一个诚实的大多数模型意味着诚实的矿工愿意通过销毁自有资金来惩罚攻击者，而不协调的大多数假设可能更符合现实。这里面还可以取一个折中的模型，即大多数节点都是诚实的，但他们会有一个预算：如果亏损太严重，那么节点将会下线。

攻击者行贿模型在某些情况下被批评为不切实际的对抗行为，尽管其倡导者认为：如果一个协议在设计时以攻击者行贿模型为核心，那么它应该能够大幅降低共识的成本。因为网络即使遭受了51%攻击，其依然能够从中恢复。我们将会使用不协调的大多数和攻击者行贿模型来对分片进行评估。

▌ 我们该如何解决在不协调的大多数模型中的单分片接管攻击？

简单来说，我们可以采用随机抽样。每个分片都会被分配一定数量的排序者（如150个），并且在每个分片上批准区块的排序者都是从该分片的样本中选取的。样本可以中等频次（如每12小时一次）或最高频次（即没有真正独立的抽样过程，在每一次创建区块时，每个分片的排序者都需要从全局池中随机选出）进行重新改组。

应用随机抽样的结果是，在一个诚实/不协调的大多数模型中，即使在任意给定的时间内，每一个分片上只有少数节点验证和创建区块。但比起每一个节点都需要验证和创建区块的模型，其安全级别并没有被大幅削弱。原因很简单，就是一个统计学问题：假设在全局集合中存在一个占比为2/3的诚实的绝对多数，如果样本的大小是150，那么抽样结果满足诚实的大多数假设的概率为99.999%；假设在全局集合中存在一个占比为3/4的诚实的绝对多数，那么这个概率将会提高到99.999999998%[②]。

因此，至少在诚实/不协调的大多数情况下，我们可以得到：

·去中心化[每个节点只存储$O(c)$数据，因为它是一个与$O(c)$个分片相关的轻客户端，所以它只存储$O(1) \times O(c) = O(c)$区块头数据，以及$O(c)$对应于当前分配给它的一个或多个分片的完整状态和近期历史的数据]；

·可扩展性[在有$O(c)$个分片的情况中，每个分片有$O(c)$容量，并且最大容量为$n = O(c^2)$]；

·安全性[攻击者至少需要控制占比为1/3的$O(n)$规模的验证池中的验证者，以便接管网络]。

在赞菲尔模型中（或者说，在"适应性非常非常好的对手"模型中），事情就没那么简单了，我们后续会谈到这个话题。请注意，由于抽样方案本身的缺陷，安全阈值确实从1/2

---

① https://www.reddit.com/r/Bitcoin/comments/3c305f/if_you_are_using_any_wallet_other_than_bitcoin/csrsrf9/

② https://en.wikipedia.org/wiki/Binomial_distribution

降低到了1/3，但在获得100甚至1000倍可扩展性以及不损失去中心化的前提下，这仍然是一个极低的安全性损耗。

■ **在工作量证明和权益证明中，你怎么执行抽样操作？**

在权益证明中，这很简单。因为我们已经有一个活跃的验证者集合，并且这个集合在状态中一直被跟踪。我们可以直接从这个集合中进行抽样：要么运行协议内置的算法，并为每个分片选择150个验证者；要么每一个验证者独立地运行一个算法，该算法使用一个共同的随机源来（可证实地）确定他们在特定时间内所负责的分片。需要注意的是，抽样分配这一操作必须是强制性的。验证者不能选择自己想要去哪个分片。如果验证者可以选择，那么拥有小部分权益的攻击者就有可能集中他们的权益到同一个分片上，并对该分片发起攻击，从而消除系统的安全性。

在工作量证明中，执行抽样比较困难，就像直接工作量证明方案一样，我们不能阻止矿工将工作量应用于某一特定的分片。我们有可能使用工作量证明的文件访问证明形式[1]来将个人矿工锁定到单独的分片内，但是很难确保矿工不会快速下载或生成可用于其他分片的数据，并因此避开这种机制。最有名的方案是使用一种由多明尼克·威廉姆斯（Dominic Williams）发明的"拼图塔"技术。在该方案中，矿工首先需要在一条共同链上进行工作量证明，然后将这些矿工导入类似于权益证明的验证者池中。紧接着，再对验证者池进行抽样，就像在权益证明中一样。

我们可以采用一种折中的方案：矿工可以花费大量的[$O(c)$规模]工作量来创建一个新的密码学身份。然后这个在工作量证明解决方案中的精确值会决定该矿工应该在哪一个分片上创建下一个区块。紧接着，矿工可以花费$O(1)$规模的工作量在该分片上创建一个区块，然后对应的工作量证明解决方案中的值决定了他们接下来应该在哪一个分片上进行搭建，以此类推[2]。需要注意的是，这些方法都在赋予工作量证明某种形式的状态，这种状态是十分必要的。

■ **怎样权衡抽样频率的高低？**

抽样频率只影响协议安全防御适应性对手的方式。比如，你认为适应性攻击（如不诚实的验证者发现彼此是同一个样本的一部分，并且相互串谋）可能会在6小时内发生，但不会更早，那么你可以将抽样时间设置为4小时而不是12小时。在这个例子中，我们希望抽样频率越高越好。

在每一次创建区块时都进行一次抽样的主要挑战是，重新改组会导致非常高的开销。具体而言，验证某个分片上的区块需要知道该分片的状态。因此，每次验证者被重新改组时，验证者都需要下载他们所在的新分片的完整状态。这种做法需要强大的状态规模控制政策（即从经济层面上确保状态规模不会增长过大，无论是通过删除旧账户、限制创建新账户的比率，还是两者结合），以及相当长的重新改组时间，以便达到更佳效果。

当前，Parity客户端可以在大约3分钟内以压缩同步的形式下载和验证完整的以太坊

---

① https://www.microsoft.com/en-us/research/publication/permacoin-repurposing-bitcoin-work-for-data-preservation/

② 为了确保安全，我们还必须满足进一步的条件。尤其是，工作量证明不能被外包，以防止攻击者有权利决定哪些身份的矿工可以在哪些特定的分片中挖矿。

状态快照。如果我们每秒的交易数增加20倍，以弥补不断增加的使用量（10 tx/s，而不是 0.5 tx/s）（假设未来的状态规模控制政策和在长期使用中所积累的"灰尘"大致抵消了），那么将得到约60分钟的状态同步时间。这表明，12~24小时的同步周期是安全的。

要克服这个难题，有两种可能的途径。

▌ 我们是否可以强制用户端保留更多状态，以便交易可以在无需验证者保存所有状态数据的情况下被验证？

请参阅 https://ethresear.ch/t/the-stateless-client-concept/172。

这里面的技术往往涉及要求用户存储状态数据，并为他们所发送的每一笔交易提供默克尔证明（图3）。一笔交易将随同一个正确执行的默克尔证明（或见证者）一起发送。并且，这个证明将允许一个只有状态根的节点去计算新的状态根。这一正确执行证明将由树中的对象的子集构成，我们需要遍历这些子集以访问和验证该笔交易必须验证的状态信息。因为默克尔证明的规模为 $O(\log n)$，所以访问恒定数量对象的交易证明的规模也是 $O(\log n)$。

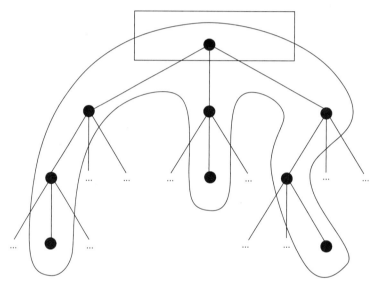

图3　在默克尔树中的对象的子集，其需要在访问多个状态对象的交易的默克尔证明中提供

如果我们以纯粹形式来实施这个方案，那么会存在两个缺陷。首先，这种做法引入了 $O(\log n)$ 开销。尽管有人会说 $O(\log n)$ 开销并没有那么糟糕，因为该方案确保了验证者总是可以简单地将状态数据存储在内存中，因此它永远不需要处理访问硬盘的开销[1]。其次，如果交易所访问的地址是静态的，那么这一方案将会很容易实施。但是，如果交易所访问的地址是动态的（即交易执行的代码形式类似于 `read(f(read(x)))`，特定状态所读取的地址取决于其他状态读取的执行结果），那么实施起来将会十分困难。在这种情况下，交易发送者所认为的交易将在发送时读取的地址可能会与交易被打包在区块中时实际读取的地址大不相同。因此，在这种情况下，默克尔证明可能并不能满足需要[2]。

---

[1] 近来的以太坊拒绝服务攻击证明：硬盘访问是区块链可扩展性的主要瓶颈。

[2] 你可能会问：为什么验证者不能实时获取默克尔证明？因为这么做意味着往返过程只需要100~1000毫秒，而在这么短的时间内执行如此复杂的交易实在让人望而却步。

这一问题可以通过访问列表（即一个由账户和存储树的子集所构成的列表）来解决，该列表静态地指定交易可以访问哪些数据。因此，当矿工收到一笔附有见证者的交易时，他们可以确定，该见证者已经包含了这笔交易可能访问或修改的所有数据。

■ 我们可以将数据与执行分开，以便从快速改组的数据验证中获得安全性，同时避免改组负责状态执行的节点产生开销吗？

可以。我们可以创建一个协议，在该协议中，将验证者分成两类角色：排序者和执行者。排序者负责构建一条由排序规则组成的链，并验证排序规则中的数据是否可用，但不需要验证任何与状态相关的内容（如尝试发送 ETH 的人是否有足够的资金）。执行者取得由排序规则组成的链条，然后按序执行排序规则中的交易，并计算出相应的状态。如果排序规则中所包含的任意交易无效，那么执行者只需要简单地跳过它。如此一来，验证可用性的验证者就能够当即重新改组，并且执行者一直留在一个分片上。

未来会有一个轻客户端协议，该协议允许轻客户端根据执行者签署的声明来确定具体的状态，但该协议不是简单的大多数投票共识。相反，该协议是一种与 Truebit 存在相似之处的交互式博弈。在该协议中，如果轻客户端对于某些排序规则存在很大的分歧，那么它们只需执行特定或者某一部分的排序规则。因此，即使在分片中有 90% 的执行者都腐败了，轻客户端依然可以获得正确的状态视图，从而使得网络在执行者改组频率极低甚至执行者永久驻留于特定分片的情况下更加安全。

■ 随机抽样里面的随机性是如何产生的？

首先，我们需要明确，即使随机数的产生是高度可利用的，这对于协议来说也不是一个致命的缺陷。更确切地说，它仅仅意味着协议中存在一个中等偏高的中心化激励。其原因在于，随机性所选取的样本数量相当大，因此利用者很难让随机性偏差超过一定数量。

如上所述，最简单的展示方法就是使用二项式分布[①]。在大小为 N 的样本中，如果我们希望避免攻击者贿赂超过 50% 的样本，并且攻击者所拥有的权益占全局权益池的 p，那么攻击者能够在一个回合中获得大多数支持的概率是：

$$\sum_{k=\frac{N}{2}}^{N} p^k (1-p)^{N-k} \binom{N}{k}$$

图 4 说明了在实践中，N 和 p 的不同取值所对应的概率。

因此，对于 $N \geqslant 150$，任何给定的随机种子抽选出有利于攻击者的样本的可能性确实非常小[②][③]。这就意味着从随机性安全的角度来看，攻击者需要在选择随机值顺序上拥有非常

[①] https://en.wikipedia.org/wiki/Binomial_distribution

[②] 一种混合解决方案是将小样本在正常情况的效率与大样本更强的健壮性相结合，即多层抽样方案：在 50 个需要达成 80% 一致性才能向前推进的节点之间达成共识，只有共识失败后才回到要求 250 个节点达成共识的过程。在阈值为 80%，且 $N=50$ 的情况下，即使面对 $p=0.4$ 的攻击者的攻击，也只有 8.92×10^{-9} 的失败率。因此，在诚实或不协调的大多数模型下，这根本不会损害安全性。

[③] 这一概率仅针对单个分片。然而，随机种子将对 $O(c)$ 个分片造成影响，并且攻击者可能会接管其中任意一个分片。如果我们想同时查看这 $O(c)$ 个分片，那么会有两种情况。首先，如果粉碎过程受到计算限制，那么这一事实将不会对运算结果有所影响。因为即使现在每一轮攻击成功的机会都是 $O(c)$，光是核查成功因素就需要花费 $O(c)$ 倍的工作量。其次，如果粉碎过程受到经济层面限制，那么这确实需要更高的安全系数（将 N 提高 10 到 20 就足够了）——尽管对于以获取利润为目的的攻击者，他们的目标就是在任何情况下尽可能提高自身在所有分片的参与度。因此，我们已经在考虑这个问题。

	$N = 50$	$N = 100$	$N = 150$	$N = 250$
$p = 0.4$	0.0978	0.0271	0.0082	0.0009
$p = 0.33$	0.0108	0.0004	1.83×10^{-5}	3.98×10^{-8}
$p = 0.25$	0.0001	6.63×10^{-8}	4.11×10^{-11}	1.81×10^{-17}
$p = 0.2$	2.09×10^{-6}	2.14×10^{-11}	2.50×10^{-16}	3.96×10^{-26}

图 4

大的自由度，从而彻底破坏抽样过程。大多数权益证明随机性的漏洞并不允许攻击者简单地挑选种子。在最坏的情况下，这些漏洞可能会给予攻击者多次机会从众多伪随机生成的选项中选出最有利于自己的种子。如果你对此表示非常担忧，那么你可以简单地将 N 设置成一个更大的值，并且在计算随机性的过程中添加适当困难的密钥产生函数。这样，攻击者将需要花费超过 2100 个计算步骤来找到使随机性产生足够偏差的方案。

现在，我们不妨考虑一种攻击风险，即攻击者出于获取更多利润而非接管的目的来影响随机性产生一定的偏差。例如，假设有一个算法，该算法从某个非常大的集合中伪随机地挑选出 1000 个验证者（每个验证者获得 1 美元的奖励），而攻击者拥有 10% 的权益。因此，攻击者平均的诚实收益为 100 美元，并且攻击者可以通过花费 1 美元的成本来操纵随机性，令其"重新掷骰子"（攻击者可以无限次地执行此操作）。

考虑到中心极限定理[1]，样本数量的标准偏差以及基于数学上的其他已知结果[2]，N 个随机样本的最大期望值略低于 $M + S \times \text{sqrt}(2 \times \log N)$，其中 M 是平均值，S 是标准差。因此，操纵随机性和有效地重掷骰子（即增加 N）的奖励急剧下降。举个例子，如果你不重掷骰子，那么你期望的奖励是 100 美元；如果你重掷 1 次，那么奖励是 105.5 美元；如果重掷 2 次，则是 108.5 美元；如果重掷 3 次，则是 110.3 美元；如果重掷 4 次，则是 111.6 美元；如果重掷 5 次，则是 112.6 美元；如果重掷 6 次，则是 113.5 美元。因此，在尝试 5 次之后，这个过程就不值得再次尝试。所以，如果一个被经济利益所驱使的攻击者占有 10% 的权益，那么他会（挥霍地）花费 5 美元以获得 13 美元的额外收入，最终净盈余为 8 美元。

然而，这种逻辑假设的是单轮重掷骰子的成本是极度昂贵的。许多旧版的权益证明算法都存在权益粉碎漏洞，即重掷骰子仅仅意味着在某个用户的本地计算机上进行计算。在分片场景中，带有这类漏洞的算法必然是不可接受的。较新的算法（参见《权益证明问答》[3]中的"验证者挑选"部分）具有一个特性，那就是验证者只能通过在区块创建过程中自愿放弃自己的点数来重掷骰子，这意味着放弃奖励和交易费用。要减轻边缘经济动机攻击对样本选择的影响，最好的方法是找到提高成本的途径。伊多·本托夫[4]设计了一种多数

① https://en.wikipedia.org/wiki/Central_limit_theorem

② https://math.stackexchange.com/questions/89030/expectation-of-the-maximum-of-gaussian-random-variables

③ https://github.com/ethereum/wiki/wiki/Proof-of-Stake-FAQ

④ https://arxiv.org/pdf/1406.5694.pdf

位方法，该方法通过 N 轮投票将成本提高了 sqrt N 倍。我们希望在以太坊紫皮书的分片算法中使用这种方案。

另一种随机数生成方法是多明尼克·威廉姆斯研究得最深入且大力提倡的确定性阈值签名方案。该方案可确保随机数生成不会被少数派联盟所利用。确定性阈值签名方案的策略是，使用确定性阈值签名[①]来生成用于挑选样本的随机种子。确定性阈值签名具有一种属性，即不管某个给定的参与者集合中的哪一位参与者向算法提供其数据，只要至少有 2/3 的参与者是诚实的，那么这个值一定相同。这种方法显然在经济层面上是不可利用的，同时也能够完全抵御各种形式的权益粉碎，但是它有几个弱点。

1. 这种方法依赖于更复杂的密码学（具体来说就是椭圆曲线和配对）。其他方法仅仅依赖于基于常见的哈希算法的随机预言机假设。

2. 当许多验证者离线时，这种方法将会失效。公有区块链想要达成的目标是，哪怕在网络中很大一部分节点同时消失的情况下，只要剩余节点中的大多数都是诚实的，那么它依旧可以存活。关于这一点，确定性阈值签名方案无法提供相同的属性。

3. 在赞菲尔模型中，一旦超过 2/3 的验证者相互串谋，那么这个网络将会是不安全的。我们在《权益证明问答》中描述过的其他方法仍然会使得操纵随机性的成本变得十分昂贵，因为来自所有验证者的数据都被混合进种子内，操纵者想要获得成功，要么把所有人都串通起来，要么彻底排除其他验证者。

有人可能会说，确定性阈值签名方法在一致性较好的情况下效果更好，而其他方法在可用性较好的情况下效用更佳。

■ 在攻击者行贿或者协调选择模型中，采用随机抽样方案的分片会面临什么问题？

在攻击者行贿或者协调选择模型中，验证者被随机抽样选出这一事实并不重要：不管样本是什么，攻击者都可以要么贿赂绝大多数样本去做攻击者想要做的事情，要么直接控制大多数样本，并且可以花费极低的[精确地说，是 $O(c)$]成本来指挥样本执行任意动作。

在这一方面，攻击者完全有能力对该样本发起 51% 攻击。由于存在跨分片蔓延的风险，这种威胁将被进一步放大。如果攻击者破坏了分片的状态，那么攻击者就可以开始向其他分片发送无限量的资金，并执行其他跨分片恶作剧。总而言之，攻击者行贿或者协调选择模型的安全性，并不比简单地创造 $O(c)$ 个山寨币好多少。

■ 我们该如何改进？

基本上，需要全面解决欺诈检测问题。

一个针对这个问题的解决方案是使用质疑–响应机制。质疑–响应机制通常依赖于一个升级原则：如果至少有 k 个验证者签署声明（以保证金为背书）认为事实 X（如"在 54 号分片内的排序规则 # 17293 是有效的"）是真的，那么事实 X 就被认为是真的。然而，在上述过程发生以后，网络中会存在一个质疑时期：在这个时期内，$2k$ 个验证者可以签署声明，认为事实 X 是错的。如果发生这种情况，那么 $4k$ 个验证者可以签署一个声明，说明前一个声明实际上是真的。依此类推，直到其中一方放弃或者大多数验证者签署了声明。此时，每个

---

① https://eprint.iacr.org/2002/081.pdf

验证者和客户端都会自行检查X是否为真。如果X被裁定为是真的，那么所有提出这种声明的验证者都会得到奖励，而每个提出错误声明的验证者都将受到惩罚，反之亦然。

在这个机制中，你可以证明恶意参与者所失去的资金数额与被他们强迫查看特定数据的参与者的数量成比例。强迫所有用户去查看数据需要大量的验证者签署错误的声明，并且这份声明可以作为惩罚的依据。因此，强迫所有用户去查看一段数据的成本是$O(n)$。这也防止了质疑–响应机制被用作拒绝服务向量。

■ **什么是数据可用性问题？我们该如何使用纠删码来解决它？**

请参阅：

https://github.com/ethereum/research/wiki/A-note-on-data-availability-and-erasure-coding

■ **我们可以通过某种奇特的密码学累加器方案来消除解决数据可用性的需要吗？**

不行。假设有一个方案，该方案中存在一个表示状态的对象S（S可能是一个哈希）以及由个人用户所持有的辅助信息（见证者），该信息能够证明现有状态对象的存在（例如，S是一个默克尔根，见证者是分支，尽管其他诸如RSA累加器的结构确实存在）。该方案中还存在用于广播特定数据的更新协议，并且该数据通过改变S来改变状态的内容，还有可能改变见证者。

假设在该状态下，某个用户拥有关于某个包含N个对象的集合的见证者，并且这些对象中有M个被更新。在接收到更新信息后，用户可以检查这N个对象的新状态，从而得到是哪M个对象被更新。因此，更新信息本身至少编码了约$M \times \log N$个位的信息。因此，为了实现这M笔交易的效果，每个用户都需要接收的更新信息的规模必须是$O(M)$[①]。

■ **所以这意味着我们实际上可以创建可扩展的分片区块链，其中发生不良事件的成本与整个验证者集合的大小成比例？**

这里面有一个微不足道的攻击，即攻击者总是可以通过销毁$O(c)$资金来暂时降低某个分片的质量：通过发送带有高额交易费用的交易来制造垃圾，从而迫使合法用户以更高价格进入分片。这种攻击是不可避免的。你可以用灵活的燃料限制来补偿这一缺陷，甚至可以尝试应用基于使用情况来自动重新分配节点到分片的透明分片方案。但是，如果某个特定的应用是不可并行的，那么由于阿姆达尔定律的存在，你将无能为力。可以说，这里所发生的攻击（温馨提示：它只适用于赞菲尔模型，而不是诚实/不协调的大多数）并没有比垃圾交易攻击严重多少。因此，我们已经达到了单个分片安全性的已知极限，继续深究下去是没有价值的。

■ **我们不妨倒退一点点。如果使用瞬时改组方案，还需要这种复杂度吗？瞬时改组的基本意思不就是每个分片直接从全局验证者池中选出验证者，所以它的运行机制就像区块链一样？因此，分片实际上不会引入任何新的复杂度，对吗？**

有点这个意思。首先，值得注意的是，在工作量证明和简单的权益证明中，即使没有

[①] 感谢贾斯汀·德雷克（Justin Drake）给予加密累加器的启发（https://ethresear.ch/t/accumulators-scalability-of-utxo-blockchains-and-data-availability/176），以及这篇论文给出了次线性批处理的不可能性这一论点：https://eprint.iacr.org/2009/612.pdf。

分片，其在攻击者行贿模型中都具有非常低的安全性。一个区块只有在经过 $O(n)$ 时间后，才能在经济层面上被真正地最终化（就好像只有几个区块过去了，然后替换链条的经济成本仅仅是在这个区块之前进行双重花费的成本）。Casper通过增加最终化机制解决了这个问题，因此其经济安全边际立即提升到最大值。在一条分片链中，如果我们想要获得经济最终化，那么需要提出一系列推理以解释为什么某个验证者愿意在一条完全基于随机样本的链上做出这么一个强有力的声明。因为当验证者本身被说服攻击者行贿和协调选择模型可能是真实的时候，随机样本很有可能已经腐败了。

▌你提到了透明分片，这到底是什么东西?

基本上，我们并不直接向开发者暴露"分片"的概念，也不会永久地将状态对象分配给特定的分片。相反，该协议内置有一个不断进行的负载均衡过程，该过程可以在分片间转移对象。如果分片变得太大或者消耗太多燃料了，那么它可以分成两半；如果两个分片后变得太小了，并且经常彼此交互，那么它们可以合并在一起；如果所有分片都太小了，那么可以删除某个分片，并将其内容移动到其他分片内。

想象一下：特朗普意识到人们经常在纽约和伦敦之间旅行，但是中间隔了一个海洋，于是他拿起剪刀，剪掉海洋，并把美国东海岸和西欧粘在一起，把大西洋放在南极隔壁——大致意思就是这样。

▌这种方法有哪些优点和缺点?

·开发者不再需要考虑分片；

·分片可以根据燃料价格的变化进行手动调整，而不是依靠市场机制来使某些分片中的燃料价格高于其他分片；

·不再有可靠共置的概念——如果两个合约被放进同一个分片中以便相互交互，分片变化可能最终会把它们分开；

·更高的协议复杂度。

我们可以通过引入"序域"概念来缓解共置问题。其中，合约可以指定它们存在于相同的序域中。在这种情况下，合约之间的同步通信始终是可以实现的。在这一模型中，一个分片可以被看作是一个包含被一起验证的序域的集合。并且，如果协议确定这么做是有效的，那么序域可以在分片之间重新平衡。

▌同步跨分片消息的工作原理是什么?

如果你将交易历史视为已经完成结算，并且只是试图计算状态转换函数，那么这个过程将会变得更加容易。具体实现的方法有很多，其中有一个相当简单的方法，我们可以将其描述如下：

·一笔交易可以指定一个该交易在里面操作的分片集合；

·为了使交易有效，这笔交易在所有分片内被打包的区块高度必须相同；

·区块中的交易必须依照各自的哈希顺序进行放置（这确保了规范的执行顺序）。

如果分片 X 上的某个客户端看到一笔带有分片 (X, Y) 的交易，那么它将请求获得分片 Y 中的默克尔证明来验证（a）分片 Y 上存在这笔交易；（b）对于交易需要访问的那些数据位，分片 Y 上的前置状态是什么。然后，执行这笔交易并提交执行结果。需要注意的是，如果在每个区块中有很多交易都有许多不同的区块配对，那么这个过程可能会非常低效。由于这个原因，最佳的方法可能是要求区块来指定姐妹分片。如此一来，每个区块级别的计算便可以更有效地执行。这是这一方案运作的基础，大家可以想出更加复杂的设计。然而，在进行新的设计时，我们需要确保低成本的拒绝服务攻击不能任意拖慢状态计算——这一点非常重要。

▌那么，半异步消息呢？

弗拉德·赞菲尔创建了一种方案，通过该方案，异步消息仍然可以解决"火车和旅馆"问题。其原理如下。状态记录了最近被执行的所有操作，以及一张关于任何给定操作（包括跨分片操作）触发了哪些操作的图表。如果操作被还原，则创建一个收据用以回滚该操作对其他分片所产生的任何影响。这些回滚可能还会进一步触发与其自身相关的回滚，依此类推。也就是说，如果有人使系统发生偏差，从而令回滚消息的传播速度为其他类型消息的两倍，那么一个在 K 轮内完成执行的复杂的跨分片交易将能够在另一个 K 轮内完全回滚。

这个方案引入的开销还没有得到充分的研究。最坏的情况可能是存在触发二次执行的漏洞。显然，如果交易间的影响更加孤立，那么这种机制的开销会更低。或许我们可以通过更有利的燃料成本规则来激励执行操作孤立进行。总而言之，这个关于高级分片的研究十分有前景。

▌什么是担保跨分片调用？

在分片中存在的一个挑战：当调用指令被发出时，默认情况下协议不会提供硬性保障，即保证由该调用指令所创建的任何异步操作都将在特定的时限内完成——哪怕没有时限也行，保证完成即可。而现实中，却是由某一参与方在目的地分片中发送一笔触发收据的交易。对于许多应用，这没有什么问题。但在某些情况下，由于下述几个原因，问题可能会变得比较棘手。

1. 没有任何明确的激励措施鼓励某一参与方去触发特定的收据。如果某一笔交易的发送同时给多方带来了好处，那么将会发生公地悲剧效应，即各方都尝试等待更长的时间直到其他参与方发送交易。或者简单地认为，对于他们个人，发送这笔交易不值这么高的交易费用。

2. 跨分片的燃料价格可能会波动，并且在某些情况下，执行某一操作的前半部分会迫使用户坚持到底，但用户可能不得不以更高的燃料价格继续跟进。这种波动可能会因 DoS 攻击和相关的恶意破坏形式而加剧。

3. 有些应用依赖于跨分片消息的时延上限（如"火车和旅馆"案例）。由于缺乏硬性保证，这些应用不得不设置低效的宽安全边际。

我们可以尝试设计这么一个系统：在某个分片中生成的异步消息，在经过一定数量的区块以后自动触发目标分片中的结果。然而，这需要每个分片上的每一个客户端在计算状态转换函数的过程中主动检查所有其他分片，这种做法可能会导致极低的效率。最有名的折中方式是，当处于高度 `height_a` 的分片 A 的收据被包含在高度为 `height_b` 的分片 B 中时，如果区块高度间的差异超过 MAX_HEIGHT，那么分片 B 内所有从区块高度 `height_` a+MAX_HEIGHT+1到height_b-1负责创建区块的验证者都将受到惩罚，并且罚款会以指数形式递增。这些罚款中的一部分将会给予最终包含该区块的验证者作为奖励。这种方法不仅能让状态转换功能保持简单，同时还能强劲激励正确的行为。

▋ 等等，如果攻击者同时从每一个分片向分片X发送一个跨分片调用呢？那么从数学的角度来讲，是不是就不能及时包含所有这些调用？

对，这确实是个问题。我提议的解决方案是这样的：为了执行一次从分片A到分片B的跨分片调用，调用者必须预先购买冻结的分片B燃料（这个过程通过在分片B中的一笔交易完成，并记录在分片B中）。冻结的分片B燃料不仅具有滞期费率，而且扣减速度非常快：一旦预订成功，在每个区块时间内，其将失去$1/k$的剩余效能。随后，分片A上的交易可以将冻结的分片B燃料及其创建的收据一起发送，并且可以在分片B上免费使用。分片B内的区块专门为这些交易分配额外的燃料空间。需要注意的是，由于滞期规则的存在，特定分片在任意时候最多可以获得价值$GAS\_LIMIT \times k$的冻结燃料，并且这些燃料在k个区块时间内就可以到账（事实上，由于滞期规则的存在，实际到账的速度会更快；但考虑到网络中可能存在恶意的验证者，我们还是让时间宽松一些）。假如故意不包含收据的验证者太多，那么可以不让验证者尽可能用收据把收据空间填满，而是让他们从最旧的收据开始填充，从而让惩罚更加公平。

在这一预购机制下，想要执行跨分片操作的用户需要预先购买与操作将要执行的分片相关的燃料，同时多购买一些燃料以应对滞期费用。如果该操作将创建一个收据，并触发某个在B分片中消耗10万燃料的操作，那么用户需要预先购买$100000 \times e$（即271818）关于分片B的冻结燃料。同理，如果该操作将在分片C中花费10万燃料（即两层间接调用），那么用户需要预先购买$100000 \times e^2$（即738906）关于分片C的冻结燃料。注意，一旦购买成功，并且用户开始主要操作，那么用户就可以确信自身将不再收到价格市场的变化影响——除非验证者自愿接受不包含收据的惩罚，并损失大量资金。

▋ 冻结燃料？这听起来很有意思。感觉不仅可以用于跨分片操作，还可以用于可靠的分片内调度

确实。你可以购买分片A内的冻结的分片A燃料，并从分片A向其自身发送一个担保跨分片调用。然而，这个方案只支持在很短的时间间隔内进行调度，并且调度的时限无法精确到区块，它只能保证在一定期限内发生。

▋ 是不是不管在分片内还是跨分片，担保调度都有助于抵御试图审查交易的大多数串谋？

是的。如果用户因为相互勾结的验证者正在过滤交易并且不接受任何包含该交易的区块而无法获得这笔交易，那么用户可以发送一系列消息来触发一系列担保调度消息。其中，最后一条调度消息在EVM内重构这笔交易并进行执行。如果不彻底关闭担保调度功能，并且大幅限制整个协议，那么阻止这类规避技术实际上是不可能的。因此，恶意的验证者无法轻易达成目的。

▋ 分片区块链可以更好地处理网络分区问题吗？

本文所描述的方案不包含对非分片区块链的改进。事实上，每个分片最终都会在分区

两侧各有一些节点。有人（如来自IPFS的胡安·贝内特[1]）提出我们应该构建可扩展的网络：网络可根据需要分裂成分片，从而在网络分区的情况下尽可能地继续运行。但这一方案的实现同样存在着巨大的加密经济学挑战。

其中一个主要的挑战是，如果我们想要基于地理位置来进行分片，以使地理网络分区对分片内一致性的影响达到最小（副作用是分片内时延非常低并且分片内的出块时间非常快），那么需要有一种方法让验证者选择他们所要参与的分片。这种做法是很危险的，因为它会导致在诚实/不协调的大多数模型中发生多种类型的攻击，同时在赞菲尔模型中发动攻击的成本更低，且破坏力更强。根据地理分区安全性来设计分片和通过随机抽样来提高分片效率是两件完全不同的事情。

其次，我们还需要更多地思考如何去组织应用。在上述分片区块链中，一个可能的模型是让每个应用都固定在特定的分片上（至少对于小规模应用是这样）。但是，如果我们想要应用本身具有分区抵抗性，那么这意味着所有应用在某种程度上都需要具备跨分片特性。

要解决这个问题，一种可能的途径是创建一个同时提供两种分片的平台：一些分片是执行随机抽样过程的高安全性全局分片，而其他分片则是安全性低一些的本地分片，这些分片可能具有超快出块时间和更便宜的交易费用等属性。安全性非常低的分片甚至可以用于数据发布和消息传递。

▋ 如果我们想要推动扩展容量超过$O(c^2)$，那么会面临什么样的独特挑战？

有几个考虑因素。首先，我们需要将算法从双层算法转换为可堆叠的n层算法。这是可以实现的，但是会很复杂。其次，n/c（即网络的总计算负载与单个节点的容量之间的比率）的值恰好接近于两个常数：首先，如果我们以区块为单位进行测量，那么这个常数是几个小时的时间跨度，这是一个可以接受的最大安全确认时间；其次是奖励和保证金之间的比率（早期计算表明，Casper的保证金大小为32 ETH，区块奖励为0.05 ETH）。根据后者，可以进一步推论：如果某个分片上的奖励和罚款升级到与验证者的保证金大小一模一样，那么持续攻击分片的成本将会是$O(n)$。

高于c^2可能会进一步削弱系统所能提供的安全保障类别，并允许攻击者以中等成本长时间地攻击某个分片——尽管我们仍有可能阻止无效状态被最终敲定，并防止最终敲定的状态被回滚[除非攻击者愿意花费$O(n)$成本]。然而，这种方案的回报十分可观：一条超二次分片区块链可以用作几乎所有去中心化应用的通用工具，并且它还可以通过收取交易费用来减免额外的使用成本。

如果你想要进一步了解分片、可扩展性及其相关的研究，请参阅：

https://github.com/ethereum/wiki/wiki/R&D

---

[1] https://www.youtube.com/watch?v=cU-n_m-snxQ

ZK-STARK（Ⅲ）：攻坚

（2018 年 7 月 21 日）

编者按

> 本文是ZK-STARK系列文章的第Ⅲ部分，将介绍在实际中实现STARK的途径与效果，并使用Python语言进行实现。

特别感谢以利·本·萨森（Eli Ben-Sasson）一如既往地提供帮助；也特别感谢梁志诚（Chih-Cheng Liang）和贾斯汀·德雷克（Justin Drake）的审阅。

作为本系列的第Ⅰ部分[1]和第Ⅱ部分[2]的后续内容，本文将介绍在实际中实现STARK的途径与效果，并使用Python语言进行实现。STARK（可扩展的透明知识参数）是一种用于构建关于 $f(x) = y$ 的证明的技术。其中，f 可能需要很长时间来计算，但该证明可以非常快速地得到验证。STARK是双重可扩展的：对于带有 t 步的计算，其需要大约 $O(t \times \log t)$ 步来生成证明，这可能是最优的；并且，其需要 $\sim O(\log^2 t)$ 步来进行验证。在这种方式中，哪怕 t 的值很大，只要在一定范围内，那么计算过程也比原始计算要快得多。STARK同样拥有可进行隐私保护的零知识属性。尽管我们将这一属性应用到本用例中，但是创建可验证的延迟函数并不需要这个属性，所以不需要担心。

首先，以下是关于本文的免责声明：

· 本文的代码未经过全面审核，生产用例的可靠性无法保证；

· 这些代码远非最理想的实现（它们都是用Python编写的，你还想怎样）；

· 考虑到特定应用的效率原因，STARK在现实生活中（即在以利等人的生产实现中实现）倾向于使用二进制域，而不是素域。然而，他们确实在他们的著作中强调，基于素域的方法对于本文描述的STARK也是合理并且可行的。

· 不存在实现STARK的唯一正确道路。它是一种广泛的密码学和数学结构，针对不同应用具有不同的最佳设置。此外，关于减少证明者和验证者复杂度并提高可靠性的研究仍在继续。

· 本文绝对希望你已经了解模运算和素域的工作原理，并熟悉多项式、插值和求值的概念。否则，请回到本系列的第Ⅱ部分[3]，以及之前关于二次方程式算术编程的文章[4]。

现在，我们进入正题。

MIMC

以下是我们将要实现的STARK函数：

---

[1] https://vitalik.ca/general/2017/11/09/starks_part_1.html

[2] https://vitalik.ca/general/2017/11/22/starks_part_2.html

[3] https://vitalik.ca/general/2017/11/22/starks_part_2.html

[4] https://medium.com/@VitalikButerin/quadratic-arithmetic-programs-from-zero-to-hero-f6d558cea649

```
def mimc(inp,steps,round_constants):
  start_time=time.time()
  for i in range(steps-1):
    inp=(inp**3+round_constants[i%len(round_constants)])%modulus
  print("MIMC computed in%.4f sec"%(time.time()-start_time))
  return inp
```

我们之所以选择MIMC[1]作为例子，是因为它既易于理解，同时足够有趣，并且在现实生活中有实在的用处。该函数可被看作下图的形式：

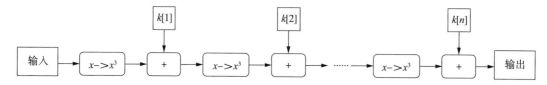

注意：在许多关于MIMC的讨论中，你通常会看到人们使用的是"XOR"而不是"+"。这是因为MIMC通常在二进制域上完成，而二进制域的加运算就是XOR。在这里，我们主要围绕素域进行。

在本例中，循环常量是一个相对较小的列表（只包含64项），列表中的数据不断循环：在$k[64]$之后循环回到$k[1]$。

正如我们在这里所做的那样，具有非常多轮次的MIMC作为可验证的延迟函数是非常有用的——这是一种难以计算的函数，尤其是无法并行计算，但验证过程相对容易。MIMC本身在某种程度上实现了零知识属性，因为MIMC可以向后计算（从其相应的输出中恢复输入）。但向后计算需要的计算时间比向前计算多100倍（并且两种方向的计算时间都无法通过并行化来显著减少）。因此，你可以将向后计算函数视为计算不可并行化工作量证明的行为，并将前向计算函数计算视为验证它的过程（图1）。

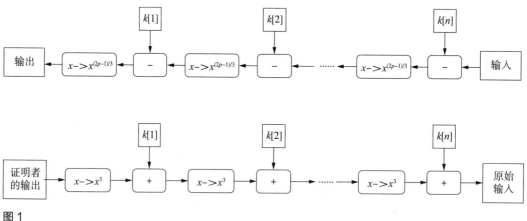

图1

我们可以由$x -> x^{(2p-1)/3}$得出$x -> x^3$的倒数。根据费马小定理[2]，这是正确的。费马小定理尽管"小"，但毫无疑问，它对数学的重要性要大于更著名的"费马最后定理"。

---

[1] https://eprint.iacr.org/2016/492.pdf

[2] https://en.wikipedia.org/wiki/Fermat's_little_theorem

　　我们在这里尝试实现的是，通过使用STARK使验证更有效——相对于验证者必须自己在前向运行MIMC，证明者在完成后向计算后，将计算前向计算的STARK，并且验证者只需简单地验证STARK。我们希望计算STARK的开销能够小于前向运行MIMC的速度相对于后向的速度差异，因此证明者的时间仍将由最初的后向计算而不是（高度可并行化的）STARK计算主导。无论原始计算的耗时多长，STARK的验证都可以相对较快（在Python实现中为 $0.05 \sim 0.3s$ ）。

　　所有计算均以 $2^{256} - 351 \times 2^{32} + 1$ 为模。之所以使用这个素域模数，是因为它是 2^{256} 以内最大的素数，它的乘法组包含一个 2^{32} 阶亚组（也就是说，存在数字 g，使得 g 的连续幂模这个素数之后能够在 2^{32} 个循环以后回到1），其形式为 $6k + 5$。第一个属性是必要的，它确保FFT和FRI算法的有效版本可以发挥作用。第二个属性确保MIMC实际上可以向后计算（参见上述 $x \to x^{(2p-1)/3}$ 的使用）。

素域运算

　　首先构建一个可进行素域运算以及在素域上进行多项式运算的方便的类[1]。初始的细节如下：

```
class PrimeField():
  def __init__(self,modulus):
    #快速素性检验
    assert pow(2,modulus,modulus)==2
    self.modulus=modulus

  def add(self,x,y):
    return (x+y) % self.modulus

  def sub(self,x,y):
    return (x-y) % self.modulus

  def mul(self,x,y):
    return (x*y) % self.modulus
```

用于计算模逆的扩展欧几里得算法[2]（相当于在素域中计算 $1/x$）：

```
#使用扩展的欧几里得算法进行模逆计算
def inv(self,a):
  if a==0:
    return 0
  lm,hm=1,0
  low,high=a % self.modulus,self.modulus
  while low>1:
    r=high//low
    nm,new=hm-lm*r,high-low*r
    lm,low,hm,high=nm,new,lm,low
```

① https://github.com/ethereum/research/blob/master/mimc_stark/poly_utils.py

② https://en.wikipedia.org/wiki/Extended_Euclidean_algorithm

```
    return lm % self.modulus
```

上述算法的开销相对较大。所幸，在需要进行众多模逆计算的特殊情况中，有一个简单的数学技巧可以帮助我们计算多个逆——我们称之为"蒙哥马利批量求逆"[①]（图2）

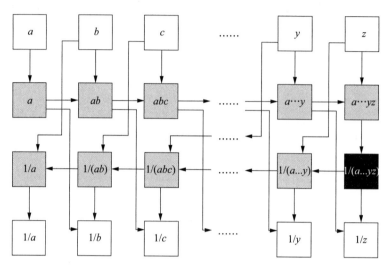

图2　使用蒙哥马利批量求逆来计算模逆，其输入为顶行，输出为底行，乘法门为灰色块，黑色块是唯一的模逆

下述代码实现了这个算法，并附有一些略微丑陋的特殊情况逻辑。如果我们正在求逆的集合中包含0，那么它会将这些0的逆设置为0并继续前进。

```
def multi_inv(self,values):
  partials=[1]
  for i in range(len(values)):
    partials.append(self.mul(partials[-1],values[i]or 1))
  inv=self.inv(partials[-1])
  outputs=[0]*len(values)
  for i in range(len(values),0,-1):
    outputs[i-1]=self.mul(partials[i-1],inv) if values[i-1] else 0
    inv=self.mul(inv,values[i-1]or 1)
  return outputs
```

当我们开始处理多项式的求值集合划分时，这种批量求逆算法非常重要。

现在，继续进行多项式运算。我们将多项式视为一个数组，其中元素i是第i次项，如$x^3 + 2x + 1$变为[1, 2, 0, 1]。以下是对某一点上的多项式求值的运算：

```
#对某一点上的多项式求值
def eval_poly_at(self,p,x):
  y=0
  power_of_x=1
  for i,p_coeff in enumerate(p):
    y+=power_of_x*p_coeff
```

① https://books.google.com/books?id=kGu4lTznRdgC&pg=PA54&lpg=PA54&dq=montgomery+batch+inversion&-source=bl&ots=tPJcPPOrCe&sig=Z3p_6YYwYloRU-f1K-nnv2D8lGw&hl=en&sa=X&ved=0ahUKEwjO8sumgJjcAhUD-d6wKHWGNA9cQ6AEIRDAE#v=onepage&q= montgomery batch inversion&f=false

```
    power_of_x=(power_of_x*x) % self.modulus
  return y % self.modulus
```

思考：如果模数为31，那么 f.eval_poly_at([4,5,6],2) 的输出是多少？

答案是 $6 \times 2^2 + 5 \times 2 + 4 = 38$，38 % 31 = 7。

还有对多项式进行加、减、乘、除的代码，教科书上一般冗长地称之为加法、减法、乘法、除法。有一个很重要的内容是拉格朗日插值，它将一组 x 和 y 坐标作为输入，并返回通过所有这些点的最小多项式（你可以将其视为多项式求值的逆）：

```
#构建一个在所有指定x坐标处返回0的多项式
def zpoly(self,xs):
  root=[1]
  for x in xs:
    root.insert(0,0)
    for j in range(len(root)-1):
      root[j]-=root[j+1]*x
  return[x % self.modulus for x in root]


def lagrange_interp(self,xs,ys):
  #生成主分子多项式，如(x-x1)*(x-x2)*…*(x-xn)
  root=self.zpoly(xs)

  #生成每个值对应的分子多项式，如当x=x2时，
  #通过用主分子多项式除以对应的x坐标
  # 得到(x-x1)*(x-x3)*…*(x-xn)
  nums=[self.div_polys(root,[-x,1]) for x in xs]

  #通过求出在每个x处的分子多项式来生成分母
  denoms=[self.eval_poly_at(nums[i],xs[i]) for i in range
(len(xs))]
  invdenoms=self.multi_inv(denoms)

  #生成输出多项式，即每个值对应的分子的总和
  # 多项式重新调整为具有正确的y值
  b=[0 for y in ys]
  for i in range(len(xs)):
    yslice=self.mul(ys[i],invdenoms[i])
    for j in range(len(ys)):
      if nums[i][j]and ys[i]:
        b[j]+=nums[i][j]*yslice
  return [x % self.modulus for x in b]
```

相关数学说明请参阅本文关于 M 取 N 的部分[①]。需要注意的是，我们还有特殊情况方法 lagrange_interp_4 和 lagrange_interp_2 来加速次数小于2的拉格朗日插值和次数小于4的多项式运算。

[①] https://blog.ethereum.org/2014/08/16/secret-sharing-erasure-coding-guide-aspiring-dropbox-decentralizer/

快速傅里叶变换

如果你仔细阅读上述算法，你可能会注意到拉格朗日插值和多点求值（求在N个点处次数小于N的多项式的值）都需要执行耗费二次时间。举个例子，1000个点的拉格朗日插值需要数百万步才能执行，100万个点的拉格朗日插值则需要几万亿步。这种超低效率的状况是不可接受的。因此，我们将使用更有效的算法，即快速傅里叶变换。

FFT仅需要$O(n \times \log n)$时间（1000个点需要约10000步，100万个点需要约2000万步），但它的范围更受限制：其x坐标必须是满足$N = 2^k$阶的单位根[①]的完整集合。也就是说，如果有N个点，则x坐标必须是某个p的连续幂$1, p, p^2, p^3, \cdots$其中，$p^N = 1$。该算法只需要一个小参数调整就可以令人惊讶地用于多点求值或插值运算。

> ■ **思考：找出模337为1的16次单位根，且该单位根的8次幂模337不为1**

答案是59, 146, 30, 297, 278, 191, 307, 40。

你可以通过诸如[`print(x) for x in range(337) if pow(x,16,337)==1 and pow(x,8,337)!=1`]的操作来得到上述答案列表。当然，也有适用于更大模数的更智能的方法：首先，通过查找满足`pow(x,336//2,337)!=1`（这些答案很容易找到，其中一个答案是5）的值`x`来识别单个模337为1的原始根（不是完美的正方形），然后取它的（336/16）次幂。

以下是算法实现[②]（该实现略微简化）：

```
def fft(vals,modulus,root_of_unity):
  if len(vals)==1:
    return vals
  L=fft(vals[::2],modulus,pow(root_of_unity,2,modulus))
  R=fft(vals[1::2],modulus,pow(root_of_unity,2,modulus))
  o=[0 for i in vals]
  for i,(x,y) in enumerate(zip(L,R)):
    y_times_root=y*pow(root_of_unity,i,modulus)
    o[i]=(x+y_times_root) % modulus
    o[i+len(L)]=(x-y_times_root) % modulus
  return o

def inv_fft(vals,modulus,root_of_unity):
  f=PrimeField(modulus)
  # Inverse FFT
  invlen=f.inv(len(vals))
  return [(x*invlen) % modulus for x in
    fft(vals,modulus,f.inv(root_of_unity))]
```

你可以尝试键入几个输入，并检查它是否会在你使用`eval_poly_at`时，给出你期望得到的答案。例如：

[①] https://en.wikipedia.org/wiki/Root_of_unity

[②] https://github.com/ethereum/research/blob/master/mimc_stark/fft.py

```
>>>fft.fft([3,1,4,1,5,9,2,6],337,85,inv=True)
[46,169,29,149,126,262,140,93]
>>>f=poly_utils.PrimeField(337)
>>>[f.eval_poly_at([46,169,29,149,126,262,140,93],f.exp(85,i))
for i in range(8)]
[3,1,4,1,5,9,2,6]
```

傅里叶变换将 [x[0],…,x[n-1]] 作为输入，其目标是输出 x[0]+x[1]+…
+x[n-1] 作为第一个元素，x[0]+x[1]*2+…+x[n-1]*w**(n-1) 作为第二个元素，等
等。快速傅里叶变换通过将数据分成两半，并在这两半数据上进行 FFT，然后将结果黏合
在一起的方式来实现。

图 3 是信息在 FFT 计算中的路径图表。注意 FFT 如何基于数据的两半内容进行两次
FFT 复制，并进行黏合步骤，然后依此类推直到你得到一个元素。

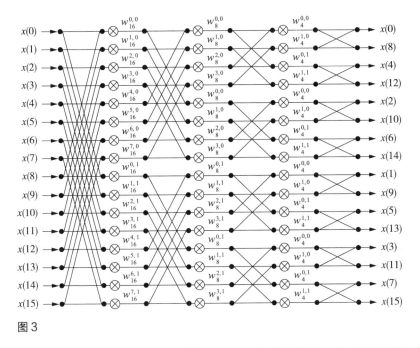

图 3

一般而言，想要更直观地了解 FFT 工作原理以及多项式数学，我推荐这篇文章：

web.cecs.pdx.edu/~maier/cs584/Lectures/lect07b-11-MG.pdf

关于 DFT 与 FFT 的一些更具体细节，我觉得这篇文章的思路[1]还不错。但是请注意，
大多数关于傅里叶变换的文献都只谈到实数和复数的傅里叶变换，并没有涉及素域。如果
你发现这部分内容实在太难了，并且也不想去理解它，那就把它当成某种诡异的巫术——
它之所以有用，是因为你运行了几次代码并证明这玩意儿确实有用——这样你心里就舒服
多了。

---

[1] https://dsp.stackexchange.com/questions/41558/what-are-some-of-the-differences-between-dft-and-fft-that-make-fft-so-fast?rq=1

■ 感谢上帝，今天是FRI（Fast Reed-Solomon Interactive Oracle Proofs of Proximity，快速里所码接近性交互预言证明）日

提醒：现在可能是审阅和重读《STARK（Ⅱ）：核心证明》）[1]的好时机。

现在，我们来探讨创建低次证明的代码[2]。首先回顾一下，低次证明是一个概率性证明，即给定值集合中占足够高百分比（如80%）的部分表示某一特定多项式的值。其中，该多项式的次数远低于给定值的数量。直观上，只需将其视为一个"我们声称代表多项式的某个默克尔根确实代表了某个多项式，当然，其中可能会有一些误差"的证明。作为输入，我们有

- 一个我们声称是低次多项式的值的集合；
- 单位根，被求值多项式的x坐标是该单位根的连续幂；
- 一个使得我们证明多项式的次数严格小于N的值；
- 模数。

我们采用递归的方法，有两种情况。首先，如果次数足够低，只需提供完整的值列表作为证明，这是基本情况。对基本情况的验证十分简单：进行FFT或拉格朗日插值或其他对表示这些值的多项式插值，并验证其次数小于N的方法。否则，如果次数高于某个设定的最小值，我们将进行第Ⅱ部分最后[3]介绍的垂线-对角线技巧。

首先将值放入默克尔树中，并使用默克尔根来选择伪随机x坐标（`special_x`），然后计算列：

```
#计算x坐标的集合
xs=get_power_cycle(root_of_unity,modulus)

column=[]
for i in range(len(xs)//4):
  x_poly=f.lagrange_interp_4(
    [xs[i+len(xs)*j//4] for j in range(4)],
    [values[i+len(values)*j//4]for j in range(4)],
    )
    column.append(f.eval_poly_at(x_poly,special_x))
)
```

这短短几行代码包含了很多内容。其宽泛的想法是将多项式$P(x)$重新演绎为多项式$Q(x, y)$，其中$P(x) = Q(x, x^4)$。如果P的次数小于N，那么$P'(y) = Q(\text{special\_x}, y)$的次数将小于$N/4$。由于不想浪费精力以系数形式来实际计算$Q$（这需要一个相对难受且繁杂的FFT），我们改为使用另一种技巧。对于任何给定的x^4形式的值，它有4个对应的x值：x、模数$-x$以及x乘以-1的两个模平方根。所以我们已经有4个关乎$Q(?, x^4)$的值，可以用它来插值多项式$R(x) = Q(x, x^4)$，并据此计算$R(\text{special\_x}) = Q(\text{special\_x}, x^4) = P'(x^4)$。$X^4$有$N/4$个可能的值，这种方法使得我们可以轻松计算所有这些值。

图4来自本系列第Ⅱ部分。记住这张图表对理解本文很有帮助。

---

[1] https://vitalik.ca/general/2017/11/22/starks_part_2.html

[2] https://github.com/ethereum/research/blob/master/mimc_stark/fri.py

[3] https://vitalik.ca/general/2017/11/22/starks_part_2.html

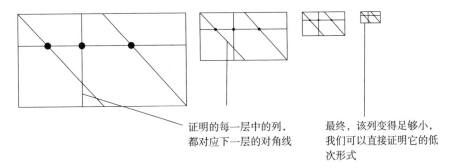

证明的每一层中的列，都对应下一层的对角线

最终，该列变得足够小，我们可以直接证明它的低次形式

图 4

我们的证明包含来自 x^4（使用该列的默克尔根作为种子）形式的值列表的有限次（如 40）随机查询。对于每个查询，提供 $Q(?, x^4)$ 的 5 个值的默克尔分支：

```
m2=merkelize(column)

#伪随机选择y索引用于采样
#(m2[1]是该列的默克尔根)
ys=get_pseudorandom_indices(m2[1],len(column),40)

# 为多项式和列中的值计算默克尔分支
branches=[]
for y in ys:
  branches.append([mk_branch(m2,y)]+
    [mk_branch(m,y+(len(xs)//4)*j)for j in range(4)])
```

验证者的工作是验证这 5 个值实际上是否位于小于 4 的相同次数多项式上。据此，我们递归并在列上执行 FRI，验证该列的次数是否小于 $N/4$。这就是 FRI 的全部内容。

作为一项思考题练习，你可以尝试创建拥有错误的多项式求值的低次证明，并看看有多少错误可以被忽略并得到验证者的通过（提示：你需要修改 `prove_low_degree` 函数。在默认证明设置中，即使一个错误也会爆炸并导致验证失败）。

STARK

提醒：现在可能是审阅和重读本系列第Ⅰ部分[1]的好时机。

现在，我们得到将所有这些部分组合在一起的实质成果：`def mk_mimc_proof(inp,steps,round_constants)`[2]，它生成运行 MIMC 函数的执行结果的证明，其中给定的输入为步骤数。首先，是一些 `assert` 函数：

```
assert steps<=2**32//扩展因子
assert is_a_power_of_2(steps)and is_a_power_of_2(len(round_
constants))
  assert len(round_constants)<steps
```

扩展因子是我们将拉伸计算轨迹（执行 MIMC 函数的中间值的集合）的程度。我们需

① https://vitalik.ca/general/2017/11/09/starks_part_1.html

② https://github.com/ethereum/research/blob/master/mimc_stark/mimc_stark.py

大黑点为 g_1 的幂，小点为 g_2 的幂，大灰点为1。你可以将连续的单位根看作一个按这种方式排列的圆圈。我们沿着 g_1 的幂放置计算轨迹，然后扩展它来计算在中间值处（即 g_2 的幂）的相同多项式的值

图5

要步数乘以扩展因子最多为 2^{32}，因为当 $k > 32$ 时，我们没有 2^k 次的单位根。

第一个计算是生成计算轨迹，即计算的所有中间值，从输入一直到输出。

```
#生成计算轨迹
computational_trace=[inp]
for i in range(steps-1):
    computational_trace.
append((computational_trace[-
1]**3+round_constants[i % len(round_
constants)]) % modulus)
    output=computational_trace[-1]
```

然后，将计算轨迹（图5）转换为多项式，在单位根 $g(g^{\text{steps}} = 1)$ 的连续幂的轨迹上放下连续值，然后对更大的集合——即单位根 g_2 的连续幂，其中 $g_2^{\text{steps} \times 8} = 1(g_2^8 = g)$——的多项式求值。

```
computational_trace_polynomial=inv_fft(computational_trace,modulus,
    subroot)
p_evaluations=fft(computational_trace_polynomial,modulus,root_of_
    unity)
```

我们可以将 MIMC 的循环常量转换为多项式。因为这些循环常量循环的周期非常短（在测试中，大约为64步），结果证明它们形成了一个64次多项式，可以相当容易地计算它的表达式及其扩展：

```
skips2=steps//len(round_constants)
constants_mini_polynomial=fft(round_constants,modulus,f.
    exp(subroot,skips2),inv=True)
constants_polynomial=[0 if i % skips2 else constants_mini_
    polynomial[i//skips2] for i in range(steps)]
constants_mini_extension=fft(constants_mini_polynomial,modulus,f.
    exp(root_of_unity,skips2))
```

假设有8192个执行步骤和64个循环常量。以下是我们正在做的事情：进行 FFT 将循环常量作为 g_1^{128} 的函数来计算。然后，我们在常量之间添加0，使其成为 g_1 本身的函数。因为 g_1^{128} 每64步循环一次，我们也知道 g_1 的函数，只需计算512个扩展步骤，因为扩展也是每512步重复一次。

我们现在——正如在本系列第 I 部分的斐波那契例子中那样——计算 $C[P(x)]$，但这一次是 $C[P(x), P(g_1 \times x), K(x)]$：

```
#创建组合多项式使得
#C(P(x),P(g1*x),K(x))=P(g1*x)-P(x)**3-K(x)
c_of_p_evaluations=[(p_evaluations[(i+extension_factor)
                    %precision]-f.exp(p_evaluations[i],3)-
                    constants_mini_extension[i % len(constants_
                    mini_extension)])% modulus for i in
                    range(precision)]
print('Computed C(P,K) polynomial')
```

请注意，这里不再使用系数形式的多项式，而是根据高次单位根的连续幂来对多项式进行求值。

c_of_p 要满足 $Q(x) = C[P(x), P(g_1 \times x), K(x)] = P(g_1 \times x) - P(x)^3 - K(x)$。我们希望，对于正在放置计算轨迹的每个 x（除了最后一步，因为在最后一步之后没有步骤），轨迹中的下一个值等于轨迹中的前一个值的立方，再加上循环常量。与第Ⅰ部分中的斐波那契示例不同，在该例子中，如果一个计算步骤在坐标 k 处，则下一步在坐标 $k + 1$ 处。而在这里，我们沿着低次单位根（g_1）的连续幂放下计算轨迹。如果一个计算步骤位于 $x = g_1 i$，则下一步位于 $g_{1(i+1)} = g_1 i \times g_1 = x \times g_1$。因此，对于低阶单位根（$g_1$）的每一个幂（除了最后一个），都希望它满足 $P(x \times g_1) = P(x)^3 + K(x)$，或者 $P(x \times g_1) - P(x)^3 - K(x) = Q(x) = 0$。因此，$Q(x)$ 将在低次单位根 g 的所有（除了最后一个）连续幂上等于 0。

有一个代数定理证明：如果 $Q(x)$ 在所有这些 x 坐标处都等于 0，那么它是在所有这些 x 坐标上等于 0 的最小多项式的倍数：$Z(x) = (x - x\_1)(x - x\_2)\cdots(x - x\_n)$。由于证明 $Q(x)$ 在我们想要检查的每个坐标上都等于 0 十分困难（验证这样的证明比运行原始计算需要耗费更长的时间），因此，我们使用间接方法来（概率地）证明 $Q(x)$ 是 $Z(x)$ 的倍数。该怎么做？当然是通过提供商 $D(x) = Q(x)/Z(x)$ 并使用 FRI 来证明它是一个实际的多项式而不是一个分数。

我们选择低次单位根和高次单位根的特定排列（而不是沿着高次单位根的前几个幂放置计算轨迹），因为事实证明，计算 $Z(x)$（在除了最后一个点之外的计算轨迹上的所有点处值为零的多项式）。并且除以 $Z(x)$ 十分简单：Z 的表达式是两项的一部分。

```
#计算 D(x)=Q(x)/Z(x)
#Z(x)=(x^steps-1)/(x-x_atlast_step)
z_num_evaluations=[xs[(i*steps) % precision]-1 for i in range
(precision)]
z_num_inv=f.multi_inv(z_num_evaluations)
z_den_evaluations=[xs[i]-last_step_position for i in range
(precision)]
d_evaluations=[cp*zd*zni % modulus for cp,zd,zni in zip(c_of_p_
evaluations,z_den_evaluations,z_num_inv)]
print('Computed D polynomial')
```

请注意，我们直接以求值形式计算 Z 的分子和分母，然后用批量模逆的方法将除以 Z 转换为乘法（*zd*zni），随后通过 $Z(X)$ 的逆来逐点乘以 $Q(x)$ 的值。请注意，对于低次单位根的幂，除了最后一个（即沿着作为原始计算轨迹的一部分的低次扩展部分），有 $Z(x) = 0$。所以，这个包含它的逆的计算会中断。虽然我们能通过简单地修改随机检查和 FRI 算法使其不在那些点上采样的方式来堵塞这些漏洞，但这仍然是一件十分不幸的事情。因此，计算错误的事实永远不重要。

因为 $Z(x)$ 可以如此简洁地表达，我们得到另一个好处：验证者可以非常快速地计算任何特定 x 的 $Z(x)$，而无需任何预计算。我们可以接受证明者必须处理大小等于步数的多项式，但不想让验证者做同样的事情，因为我们希望验证过程足够简洁（即超快速，同时证明尽可能小）。

在几个随机选择的点上概率地检查 $D(x) \times Z(x) = Q(x)$ 允许我们验证转换约束——即每

个计算步骤是前一步的有效结果。但我们也想验证边界约束——即计算的输入和输出与证明者所说的相同。只要求证明者提供 $P(1)$、$D(1)$、$P(\text{last\_step})$ 和 $D(\text{last\_step})$（其中，`last_step` 或 $g^{\text{steps}-1}$ 是对应计算中最后一步的坐标）的值是很脆弱的，因为没有证明表明这些值与其余数据处在同一多项式上。所以我们使用类似的多项式除法技巧：

```
#计算((1,input),(x_atlast_step,output))的插值
interpolant=f.lagrange_interp_2([1,last_step_position],[inp,output])
i_evaluations=[f.eval_poly_at(interpolant,x)for x in xs]

zeropoly2=f.mul_polys([-1,1],[-last_step_position,1])
inv_z2_evaluations=f.multi_inv([f.eval_poly_at(quotient,x)for x
in xs])

#B=(P-I)/Z2
b_evaluations=[((p-i)*invq)% modulus for p,i,invq in zip
(p_evaluations,i_evaluations,inv_z2_evaluations)]
print('Computed B polynomial')
```

论证如下。证明者想要证明 $P(1) = \text{input}$ 以及 $P(\text{last\_step}) = \text{output}$。如果我们将 $I(x)$ 作为插值——$I(x)$ 是穿过点 $(1, \text{input})$ 和 $(\text{last\_step}, \text{output})$ 的线——则 $P(x) - I(x)$ 在这两点处将等于 0（图 6）。因此，这足以证明 $P(x) - I(x)$ 是 $(x-1)(x-\text{last\_step})$ 的倍数，我们通过……提供商来实现这一点！

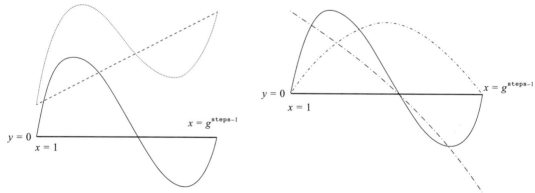

…… 计算轨迹多项式 P。---- 插值 I（注意插值是如何构造的，其在 x = 1 处等于输入（应该是计算轨迹的第一步），在 x = gsteps⁻¹ 处等于输出（应该是计算轨迹的最后一步）。—— $P-I$。---·- 在 x = 1 和 x = gsteps⁻¹（即 Z_2）处等于 0 的最小多项式。—·— $(P-I) / Z_2$

图 6

■ 思考：若要证明第 703 步之后计算轨迹中的值等于 8018284612598740，你该如何修改上述算法来执行此操作？

答案是将 $I(x)$ 设置为 $(1, \text{input})$, $(g^{703}, 8018284612598740)$, $(\text{last\_step}, \text{output})$ 的插值，并通过提供商 $B(x) = [(P(x) - I(x))] / [(x-1)(x-g^{703})(x-\text{last\_step})]$ 来创建证明。

现在，我们将 P、D 和 B 的默克尔根组合在一起。

```
#计算它们的默克尔根
mtree=merkelize([pval.to_bytes(32,'big')+
        dval.to_bytes(32,'big')+
        bval.to_bytes(32,'big')for
        pval,dval,bval in zip(p_evaluations,d_evaluations,b_
        evaluations)])
print('Computed hash root')
```

现在，我们需要证明 P、D 和 B 实际上都是多项式，并且多项式的次数都是正确的最大次数。但是 FRI 证明很大且成本高昂，我们不希望有 3 个 FRI 证明。因此，计算 P、D 和 B 的伪随机线性组合（使用 P、D 和 B 的默克尔根作为种子），并对此进行 FRI 证明：

```
k1=int.from_bytes(blake(mtree[1]+b'\x01'),'big')
k2=int.from_bytes(blake(mtree[1]+b'\x02'),'big')
k3=int.from_bytes(blake(mtree[1]+b'\x03'),'big')
k4=int.from_bytes(blake(mtree[1]+b'\x04'),'big')

#计算线性组合。我们甚至不打算对它进行计算。
#以系数形式，我们只是计算估值。
root_of_unity_to_the_steps=f.exp(root_of_unity,steps)
powers=[1]
for i in range(1,precision):
  powers.append(powers[-1]*root_of_unity_to_the_steps % modulus)

l_evaluations=[(d_evaluations[i]+
        p_evaluations[i]*k1+p_evaluations[i]*k2*powers[i]+
        b_evaluations[i]*k3+b_evaluations[i]*powers[i]*k4)
        % modulus for i in range(precision)]
```

除非 3 个多项式都具有正确的低次数，否则它们的随机选择线性组合几乎不可能具有正确的低次（你必须非常幸运地消去这些项），所以这是充分的。

我们想证明 D 的次数小于 2steps，而 P 和 B 的次数小于 steps，所以实际上构建了 P、$P \times x^{steps}$、B、B^{steps} 和 D 的随机线性组合，并检查该组合的次数小于 2steps。

现在，我们对所有多项式进行抽查。生成一些随机索引，并提供在这些索引处求值的多项式的默克尔分支：

```
#在伪随机坐标处对默克尔树进行抽查
excluding
#'扩展因子'的倍数
branches=[]
samples=spot_check_security_factor
positions=get_pseudorandom_indices(l_mtree[1],precision,samples,
                    exclude_multiples_of=extension_factor)
for pos in positions:
  branches.append(mk_branch(mtree,pos))
  branches.append(mk_branch(mtree,(pos+skips) % precision))
  branches.append(mk_branch(l_mtree,pos))
print('Computed %d spot checks' % samples)
```

get_pseudorandom_indices 函数返回 [0, …, precision-1] 范围内的一些随机索引，exclude_multiples_of 参数告诉它不要给出特定参数（此处为扩展因子）

的倍数的值。这可以确保我们不会沿着原始计算轨迹进行采样，否则可能会得到错误的答案。

证明（约25万到50万字节）由一组默克尔根、经过抽查的分支以及随机线性组合的低次证明组成：

```
o=[mtree[1],
  l_mtree[1],
  branches,
  prove_low_degree(l_evaluations,root_of_unity,steps*2,
  modulus,exclude_multiples_of=extension_factor)]
```

在实践中，证明的最大部分是默克尔分支和FRI证明（它可能包含更多分支）。这是验证者的实质成果：

```
for i,pos in enumerate(positions):
  x=f.exp(G2,pos)
  x_to_the_steps=f.exp(x,steps)
  mbranch1=verify_branch(m_root,pos,branches[i*3])
  mbranch2=verify_branch(m_root,(pos+skips)%precision,
  branches[i*3+1])
  l_of_x=verify_branch(l_root,pos,branches[i*3+2],output_
  as_int=True)

  p_of_x=int.from_bytes(mbranch1[:32],'big')
  p_of_g1x=int.from_bytes(mbranch2[:32],'big')
  d_of_x=int.from_bytes(mbranch1[32:64],'big')
  b_of_x=int.from_bytes(mbranch1[64:],'big')

  zvalue=f.div(f.exp(x,steps)-1,
          x-last_step_position)
  k_of_x=f.eval_poly_at(constants_mini_polynomial,f.exp(x,skips2))

  #检查转换约束Q(x)=Z(x)*D(x)
  assert(p_of_g1x-p_of_x**3-k_of_x-zvalue*d_of_x)%
  modulus==0
  #Check boundary constraints B(x)*Z2(x)+I(x)=P(x)
  interpolant=f.lagrange_interp_2([1,last_step_position],
  [inp,output])
  zeropoly2=f.mul_polys([-1,1],[-last_step_position,1])
  assert(p_of_x-b_of_x*f.eval_poly_at(zeropoly2,x)-
    f.eval_poly_at(interpolant,x))% modulus==0

  #检查线性组合的正确性
  assert(l_of_x-d_of_x-
    k1*p_of_x-k2*p_of_x*x_to_the_steps-
    k3*b_of_x-k4*b_of_x*x_to_the_steps)% modulus==0
```

在证明者提供默克尔证明的每个位置，验证者检查默克尔证明，并检查 $C[P(x), P(g_1 \times x), K(x)] = Z(x) \times D(x)$ 和 $B(x) \times Z_2(x) + I(x) = P(x)$（提醒：对于不在原始计算轨迹上的 x，$Z(x)$ 不会为0，因此 $C[P(x), P(g_1 \times x), K(x)]$ 可能不会为0）。验证者还检查线性组合是否正确，并调用 verify_low_degree_proof(l_root,root_of_unity,fri_ proof,steps*2,modulus,exclude_multiples_of=extension_factor）来验证FRI证明。我们完成了！

好吧，我们没有全部完成。证明对跨多项式检查和FRI所需的抽查次数的可靠性分析是非常棘手的。但这就是代码的全部内容——如果你不打算进行更疯狂的优化。运行上述代码时，我们将得到一个300～400倍的STARK证明开销（例如，一个需要0.2秒的MIMC计算需要60秒来证明）。这表明使用一台四核机器计算前向MIMC计算上的STARK实际上可以比后向计算MIMC更快。也就是说，这些都是在Python中相对低效的实现，并且在适当优化的实现中，证明与运行时间比可能是不同的。此外，值得指出的是，MIMC的STARK证明开销非常低，因为MIMC几乎完全是可算术化的——它的数学形式非常简单。对于包含较少算术明晰运算（如检查数字是否大于或小于另一个数字）的"平均"计算，其开销可能会更高，为10000～50000倍。

99% 容错共识指南

（2018 年 8 月 7 日）

编者按

> 本文是维塔利克基于莱斯利·兰伯特"拜占庭将军问题"所提出的适用于去中心化网络的容错算法的介绍。

特别感谢埃明·冈·瑟尔（Emin Gun Sirer）的审阅。

在很长一段时间里，我们一直认为在同步网络中，50% 容错共识是可以实现的。所谓同步网络，是指其中任一诚实节点广播的消息都能保证在某个已知时间段内被所有其他诚实节点接收（如果攻击者的占比超过 50%，那么他们可以执行 51% 攻击，这是此类算法的通病）。很长时间内，我们一直认为如果你想放宽同步假设，并提出一个在异步条件下保证安全性的算法，那么其最大可实现的容错率将下降为 33%（PBFT、Casper FFG 等都属于这个类别）。但是你是否知道，如果你添加更多的假设（具体来说，你需要观察者的存在，即不积极参与共识过程，但关心最终输出、同时积极观察共识，而不仅仅是在事后下载其输出的用户），你可以将容错率一直提高到 99%？

事实上，在很久以前就有人发现了这一结论。莱斯利·兰伯特（Leslie Lamport）于 1982 年发表的著名论文"拜占庭将军问题"对此算法进行了描述。以下是我尝试以简化形式来对该算法进行描述与重构。

假设存在 N 个共识参与节点，并且每个人都提前同意这些节点的身份（取决于具体场景，它们可能是从可信方当中挑选出来的；或者，如果需要更高的去中心化程度，那么可以使用工作量证明或者权益证明方案进行挑选）。我们将这些节点标记为 $0, \cdots, N - 1$。此外，我们假设网络延迟加上时钟差异的界限为 D（如 8 秒）。每个节点都能够在时间 T 发布一个值（恶意节点当然可以提前或晚于 T 来提议这些值）。所有节点等待 $(N - 1) \times D$ 秒，同时运行以下过程。我们不妨将 $x : i$ 定义为"由节点 i 签名的值 x"，将 $x : i : j$ 定义为"由 i 和 j 同时签署的值 x"，以此类推。在第一阶段发布的提案的形式为 $v : i$，其中 v、i 代表特定的值及节点 i，同时包含提出该提案的节点的签名。

如果验证者 i 收到消息 $v : i [1]: \cdots : i[k]$，其中 $i[1], \cdots, i[k]$ 是已经（按序）签署消息的索引列表（只有 v 本身时，$k = 0$，而 $v : i$ 为 $k = 1$），然后验证者将会检查（a）时间是否小于 $T + k \times D$，以及（b）他们是否还没有一条看到包含 v 的有效消息。如果两个检查全部通过，他们将发布 $v : i[1] : \cdots : i[k] : i$。

在 $T + (N - 1) \times D$ 时，节点停止监听。这时，我们可以保证所有诚实节点都能够有效地看到同一组值（图 1）。

如果这个问题需要节点从中选择一个值，那么它们可以使用 choice 函数从它们看到的值中选出一个（如采用具有最小哈希的值），然后节点可以就此值达成一致。

现在，我们来探讨一下为什么这种方式能够奏效。需要证明的是，如果一个诚实的节点已经（有效地）看到某个特定的值，那么其他诚实的节点也看到了这个值（如果我们证

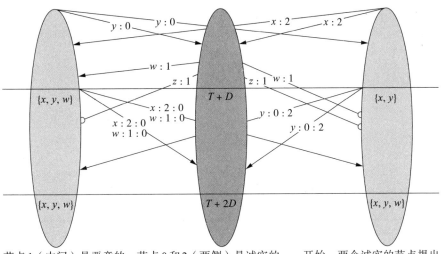

节点1（中间）是恶意的，节点0和2（两侧）是诚实的。一开始，两个诚实的节点提出它们的提案y和x，其后攻击者提案w和z。w按时到达节点0但未到达节点2，并且z没有按时到达这两个节点。在时间$T + D$，节点0和2重新广播所有它们已经看到但尚未广播的值，并在其上加入自己的签名（节点0签署了x和w，节点2签署了y）。两个诚实的节点都看到$\{x, y, w\}$

图1

明了这一点，那么我们知道所有诚实的节点都看到了相同的一组值。所以，如果所有诚实节点都运行相同的choice函数，它们会选择相同的值）。假设任一诚实节点接收到一条它们认为有效的消息$v : i[1] : \cdots : i[k]$（即这条消息在时间$T + k \times D$之前到达）；x是一个其他诚实节点的索引；x要么是$\{i[1], \cdots, i[k]\}$的一部分，要么不是。

1. 在第一种情况下（如对于这条消息，$x = i[j]$），我们知道诚实节点x已经广播了这条消息，并且它们这样做是为了响应它们在时间$T + (j - 1) \times D$之前收到的带有$j - 1$个签名的消息，因此它们在那时广播它们的消息。所以，在时间$T + j \times D$之前，所有诚实节点必然已经接收到该消息。

2. 在第二种情况下，由于诚实节点在时间$T + k \times D$之前看到消息，那么它们将广播附有它们签名的消息，并保证每个人（包括x）在时间$T + (k + 1)$之前看到这条信息。

请注意，这一算法使用添加自己签名这一行为作为消息超时的碰撞，并且这种能力可以保证如果一个诚实的节点按时看到消息，它们可以确保其他人同样按时看到消息，因为准时的定义通过增加每一个签名的网络延迟得到增强。

在一个节点诚实的情况下，我们是否可以保证被动观察者（即只关注结果而不参与共识的节点）也可以看到结果，即使要求他们一直在观察整个过程？随着这一方案的编写，里面存在一个问题。假设某个指挥者和k个（恶意的）验证者的子集捏造一条消息$v : i [1] : \cdots : i[k]$，并在时间$T + k \times D$之前将其直接广播给某些受害者。受害者认为这条消息是准时的，但是当他们重新广播这条信息时，这条信息只在时间$T + k \times D$之后到达所有诚实的共识参与节点，因此所有诚实的共识参与节点都将拒绝这条信息。

但我们可以填补这个漏洞。我们要求D是网络延迟加上时钟差异的2倍。然后，对观察者实行不同的超时标准：观察者在时间$T + (k - 0.5) \times D$之前接受$v : i[1] : \cdots : i[k]$。现在，假设观察者看到一条消息接受它。他们将能够在时间$T + k \times D$之前将其广播到某个诚实的节点，并且诚实节点将发出附有其签名的消息，该消息将在时间 $T + (k + 0.5) \times D$ 之前到达所有其他观察者。其中，$T + (k + 0.5) \times D$ 是信息附有 $k + 1$ 个签名的超时时限。

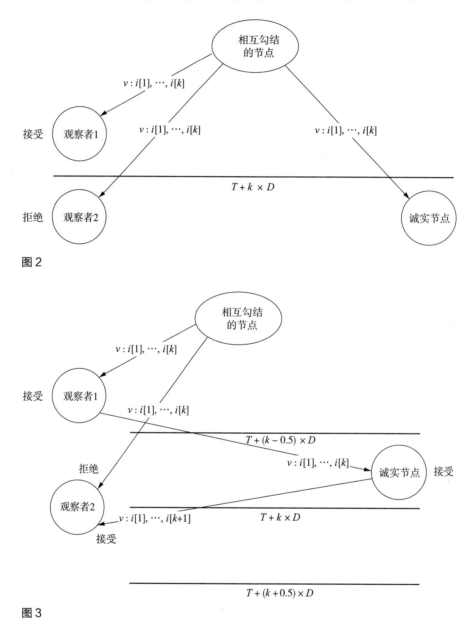

图 2

图 3

与其他共识算法整合

理论上，上述内容可以用于独立的共识算法，甚至可以用于运行权益证明区块链。共识的第 $N + 1$ 轮验证者集合本身可以在共识的第 N 轮中决定（例如，每轮共识也可以接受抵押和提现交易，这些交易是否被接受以及是否被正确地签署将影响验证者是否能够进入下一轮）。这里面还需要添加的主要附加成分是决定谁能成为区块提议者的机制（例如，每轮可以有一个指定的提议者）。这个共识算法还可以被修改为用于工作量证明区块链，如允许参与共识的节点通过在签名的同时基于其公钥发布工作量证明解决方案来实时声明自己。

但是，这一方案过于依赖同步假设。我们希望能够在不需要超过33%或者50%容错率的情况下摆脱这一依赖。有一种方法可以实现这一目标。假设我们有其他共识算法（如PBFT、Casper FFG、基于链的PoS），其输出可以被偶尔在线的观察者看到（称之为阈值依赖型共识算法。与之相反，上述算法称为延迟依赖型共识算法）。假设阈值依赖型共识算法以不断地将新区块最终敲定到链上的模式运行（即每个敲定值指向某个先前的敲定值，以该敲定值为父值。如果存在一系列指针A->⋯->B，我们称A为B的后代）。

我们可以将延迟依赖型算法整合到这个结构中，让总是在线的观察者能够在检查点上获得一种强大的最终性，其容错率达到95%（你可以通过增加更多验证者以及将该过程的时间延长以使其无限接近100%）。

每一次当时间达到4096秒的倍数时，我们将运行延迟依赖型算法，选择512个随机节点参与到算法当中。一个有效的提案是由阈值依赖型算法最终敲定的值组成任意有效链。如果某个节点在时间 $T + k \times D$（D 为8秒）之前看到某个附有 k 个签名的敲定值，那么他将把这条链接纳进其已知链的集合中，并在这个值后面签名，然后重新广播出去。观察者的阈值跟原来一样，依旧是 $T + (k - 0.5) \times D$。

最后，choice 函数的用法很简单：

· 如果某个敲定值不是已经在上一轮达成一致的敲定值的后代，那么其将被忽略；

· 忽略无效的敲定值；

· 如果要在两个有效的敲定值之间进行选择，则选择哈希值较小的敲定值。

如果有5%的验证者是诚实的，那么512个随机选择的节点都不诚实的概率只有大约1万亿分之一。因此，只要网络延迟加上时钟差异小于 $D/2$，上述算法就能发挥作用。即使阈值依赖型算法的容错遭到破坏，导致多个冲突的敲定值出现，也不会造成影响。

如果阈值依赖型共识算法的容错范围（通常为50%或67%节点是诚实的），那么阈值依赖型共识算法要么不再最终化任何新的检查点，要么最终化彼此兼容的新检查点（例如，一系列检查点，其中每个检查点指向前一个作为父项）。因此，即使网络延迟超过 $D/2$（或者甚至为 D），从而导致参与延迟依赖型算法的节点也不同意它们所接收的值，它们所接收的值仍然会被保证是同一条链的一部分，这实际上等同于节点同意这些值。一旦在未来的轮次里延迟恢复正常，那么延迟依赖型共识也将恢复同步。

如果阈值依赖型和延迟依赖型共识算法的假设同时（或在连续轮次中）遭到破坏，则这个算法将会崩溃。例如，假设在某一轮中，阈值依赖型共识最终敲定 $Z -> Y -> X$，并且延迟依赖型共识对 Y 和 X 的排序有争议。此外，在下一轮中，阈值依赖型共识最终敲定 W 为 X 的后代，而 X 不是 Y 的后代；在延迟依赖型共识中，认同 Y 的节点不会接受 W，但是认同 X 的节点会接受 W。然而，这是不可避免的。拜占庭容错理论已经昭示了，超过 1/3 的容错对于在同步状况下保证安全性的共识来说是不可能实现的。同理，在同步状况下，假设观察者离线也不可能实现超过 1/2 容错。

并行化 Lamport 99% 容错共识

（2018 年 9 月 6 日）

编者按

> 本文是维塔利克基于 99% 容错算法的重构，进一步拓展出可并行化算法的思路。

如果我们想要实现 95% 的容错，那么为了达到 2^{-40}（大约 1 万亿分之一）的失败率，需要有足够的随机抽样节点，同时有 2^{-40} 的概率导致这些节点都是攻击者，这需要 $\log 2^{-40} \div \log 0.95 \approx 540$ 个节点。这意味着如果我们想要在 δ 网络延迟中存活，则每个参与者的扩展周期将需要是 2δ，因此整个算法需要花费 1080δ 时间来运行。鉴于网络延迟假设本身必须非常保守，这是非常不理想的。

我们可以改进这个算法，在 n 轮运行中得到 $1 - O(1)/n$ 的容错。假设我们选择了一大组节点（接近无限大），并将它们全部安排到 n 的子集中，其中每个子集并行运行共识。如果攻击者控制了不大于 $1 - \ln 2/n$ 的份额，那么其完全控制任意给定集合的概率小于 $1/2$。每个用户可以接受共识的输出作为各个共识过程的模态（即最频繁的）结果。因此，攻击者需要破坏超过 $1/2$ 的集合，而当集合的数量接近无穷大时，这种可能性接近于零。

更具体地说，假设有 700 个集合并行运行，我们的目标是实现 $1 - 1/n$ 的容错。那么攻击者有 $1/e$ 的可能会完全控制任一给定的集合。攻击者控制多数集合的概率是约为 $2^{-40.36}$。如果我们将容错放宽到 $1 - 2/n$，那么攻击者完全控制任意给定集合的概率只有 $1/e^2$，这时只需要 68 个集合就足够了。同理，实现 $1 - 3/n$ 容错只需要 32 个集合。

CBC Casper 教程

（2018 年 12 月 5 日）

编者按
***

　　Casper作为以太坊版本的PoS，也是以太坊2.0最关键的共识底层，一直被外界广泛关注。Casper的实现共有两个版本，一个是由维塔利克主导的FFG版本，另一个是由弗拉德·赞菲尔主导的CBC版本。本文是维塔利克自2018年8月自推特连发75条推文以后又一关于Casper的细致探讨。我们不妨看一看维塔利克眼中的CBC Casper。

　　特别感谢弗拉德·赞菲尔（Vlad Zamfir）、阿迪蒂亚·雅斯冈卡（Aditya Asgaonkar）、雅明·索莱曼尼（Ameen Soleimani）和王鲸澜（Jinglan Wang）的审阅。

　　为了帮助更多人理解另一版本的Casper（弗拉德·赞菲尔提出的CBC Casper[①]），尤其是最适合区块链协议的实例化，我想我会亲自撰写一份解释，从一个不那么抽象并且更接近具体用法的角度进行阐述。我们欢迎大家积极探讨。

　　CBC Casper的设计基础非常全面，也非常抽象，并且其几乎对任何数据结构都能达成共识——你可以使用CBC来决定你到底该选择0还是选择1；你也可以在CBC上运行一条简单的区块相接的链，或者2^{92}维超立方体缠结DAG，以及它们之间的几乎任何东西。

　　但为了简单起见，我们首先将注意力集中在一个具体的案例上，即一个简单的基于链的结构。假设有一个由N个验证者组成的固定的验证者集合（即传说中的"押注节点"。还假设每个节点都押注相同数量的币，对于不满足这一假设的情形，我们可以通过给一些节点分配多个验证者ID来进行模拟）。我们把时间分解为长度为10秒的时隙，并且验证者k可以在k、$N+k$、$2N+k$等时隙中创建区块。每个区块指向一个特定的父区块。显然，如果想要让流程变得更加简单，我们只需采用这种结构，在其上实施最长链规则，并一直调用（图1）。

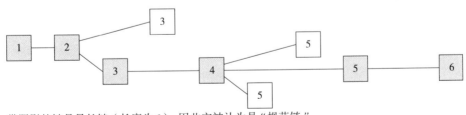

带阴影的链是最长链（长度为6），因此它被认为是"规范链"

图1

　　然而，在这里，我们更关心如何增加最终化：即某个区块能够在链上得到极其稳固的认可，以至于这一区块无法被其他竞争区块所取代，除非有数量极其庞大（如占比1/4）的

***
① 更多关于 CBC Casper 的内容可参阅以下链接：
https://www.youtube.com/watch?v=GNGbd_RbrzE
https://github.com/ethereum/cbc-casper/wiki/FAQ
https://github.com/cbc-casper/cbc-casper-paper

验证者作出某些独特的可归因的错误行为（如以某种明显且可被密码学验证为恶意的行为行事）。如果很大一部分验证者确实采取恶意行动来回滚区块，那么这一恶意行为的证据将被提交到链，从而罚没这些验证者的全部保证金。如此一来，回滚已被最终化的结果的成本将会变得非常昂贵（想想，白花花的几亿美金）。

LMD GHOST

这一部分的内容不妨徐徐展开。首先，我们替换了分叉选择规则（在众多选项中决定哪条链是规范链的规则，即哪条链应为用户所关注）。我们不再选用简单的最长链规则，而是改用由最新消息驱动的GHOST。为了说明LMD GHOST的工作原理，我们将修改上述例子。为了使其更加具体，不妨假设验证者集合的大小为5，并将其中每一位验证者分别标记为A、B、C、D、E。由此，验证者A在第0个和第5个时隙生成区块，验证者B在第1个和第6个时隙生成区块，依此类推。评估LMD GHOST分叉选择规则的客户端只关注由每一个验证者签署的最新（即最高时隙）消息（即区块），如图2所示。

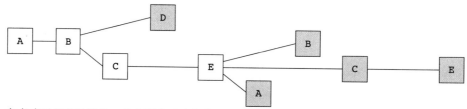

灰色表示最新的消息，从左到右时隙依次递增（例如，最左端的A区块位于第0个时隙，依此类推）

图2

现在，我们仅使用这些消息作为贪婪的最重观察子树（GHOST）的分叉选择规则的源数据：从创世区块开始，每次都要进行一次分叉选择，选择拥有更多最新消息支持的区块的子树的一侧（即更多最新消息支持该区块或者该区块的其中一个后代），并继续执行直到到达没有子代的区块。我们可以为每个区块计算支持其自身或者它其中一个后代的最新消息的子集，如图3所示。

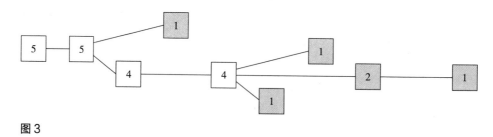

图3

现在，为了计算头部，我们从头开始，然后在每一个分叉选择更高的数字：首先，选择底下的链——比起上面这条只有1条最新消息支持的单一区块链条，底下的链有4条支持自己的最新消息——然后在下一个分叉支持中间的链。最终的结果与最长链相同。事实上，在一个运行良好（即孤儿率很低）的网络中，大多数时候LMD GHOST和最长链规则都会给出完全相同的答案。但在更极端的情形中，就不一定是这样了。例如，我们不妨考虑下述这条链，其发生了三区块分叉，如图4所示。

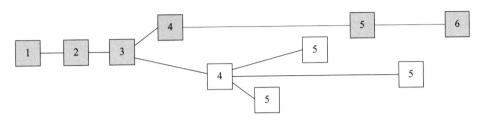

图4

依据链的长度为区块赋予权重。如果我们遵循最长链规则，那么由于顶链更长，所以顶链获胜（图5）。

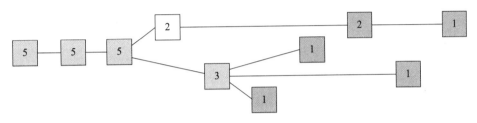

图5

依照支持该链的最新消息的数量，并使用GHOST规则对区块赋予权重（最新消息来自图中用深灰色标示的验证者）。底链当前获得更多验证者的支持。因此，如果我们遵循LMD GHOST规则，那么底链将获胜，尽管暂不清楚这3个区块谁处于优先状态。

LMD GHOST方法在某些情形中具有过人的优势，它可以更好地在高延迟条件下提取信息。如果两个验证者分别创建出一个共享同一个父代的区块，那么实际上它们可以被认为是对父区块表示共同支持，即使它们同时也在为自己竞争选票。最长链规则无法捕捉到这种细微的差别，而基于GHOST的规则可以。

检测最终化

LMD GHOST方法还有另外一个很棒的特性：它的黏性很大。例如，假设在两轮投票中，4/5的验证者都投票给同一条链（我们假设这5个验证者中的验证者B没有进行投票，此刻B正在发起攻击），如图6所示。

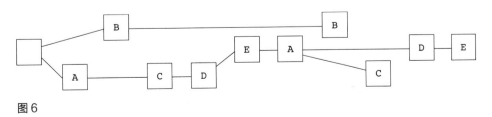

图6

　　如果想要成为规范链，顶链需要做什么？已经有4个验证者基于E的第一个区块来构建新的区块，并且这4个验证者都确认了E在LMD分叉选择中拥有最高的权重。仅仅通过查看这条链的结构，就可以知道，验证者必须在不同时间内至少看到某些消息。以下是我们所获知的这4个验证者的视图，如图7所示。

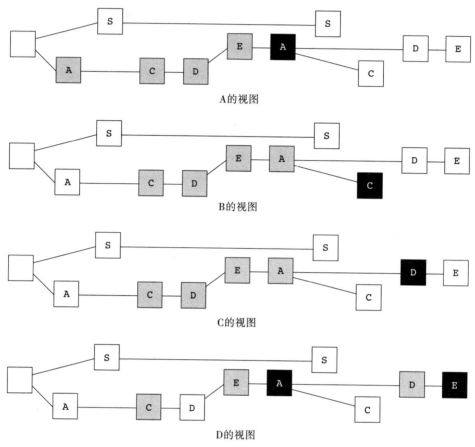

黑色表示每个验证者生成的区块，灰色表示我们知道的他们从其他验证者处看到的最新消息

图7

　　需要注意的是，这4个验证者都可以看到B的其中一个甚至两个区块，而D和E可以看到C的第二个区块，因此他们把这而不是C的第一个区块作为视图中的最新消息。然而，我们无法通过链的结构本身来证明他们确实是这么做的。所幸的是，正如我们将在下面看到的，这种模糊状况对于我们无关紧要。

　　A的视图包含支持底链的4条最新消息，而没有支持B的区块的消息。因此，在（我们模拟的）A的眼中，支持底链的权重至少为4∶1。C、D和E的视图描绘了类似的情形，即均有4条支持底链的最新消息。因此，这4个验证者都无法轻易改变主意，除非另外2个验证者首先改变他们的想法，将得分改为2∶3，从而支持B的区块。

　　请注意，我们对验证者的视图的模拟是过时的。例如，他并不知情D和E已经看到C最新的区块。然而，这并不会改变顶链和底链对决的计算结果。因为我们可以非常普遍地认为，任何验证者的新消息都会与其之前的消息具有相同的意见，除非另外两个验证者已经先切换了队列（图8）。

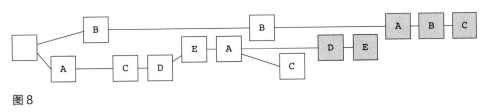

图8

最小可行攻击。A和C非法切换队列，改为支持B的区块（可能因此受到惩罚）。这一行为最终导致顶链和底链成3∶2，这时D和E就可以合法切换队列了。

由于LMD GHOST之类的分叉选择规则在这一方面的黏性很大，并且客户端可以检测到分叉选择规则何时黏在特定的区块上，因此我们可以使用这种方法作为实现异步安全共识的方式。

安全性预言机

事实上，检测链条黏在某个区块上的所有可能情况（在CBC术语中，这一区块"已被确定"或者"是安全的"）是非常困难的，但可以提出一套启发式方法（安全性预言机）来帮助我们检测可能会发生这种情况的案例。其中最简单的是团预言机（Clique Oracle）。如果存在一个验证者子集 V，该子集在支持某个区块B的总验证者集合中占比为 p（$p >$ 1/2），并且在下一轮中，使区块通过引用其在第一轮中的选择依旧支持B，那么我们可以推理如下。

经过两轮的消息传递，我们知道该子集 V 都支持B，知道B得到大量支持。因此，除非有足够数量的其他验证者率先切换，否则他们都不能合法地进行切换。对于击败B的竞争者B'，B'可以合法拥有的支持最多为 $1 - p$（每个验证者都不属于团的一部分）但为了赢得LMD GHOST分叉选择，其支持率需要达到1/2。所以，至少需要有 $1/2 - (1 - p) = p - 1/2$ 的验证者非法切换队列，以实现LMD GHOST规则支持B'的目的。

作为一个具体案例，请注意 $p = 3/4$ 团预言机提供了1/4级别的安全性，并且只要有3/4的节点在线，我们就可以生成（在正常情况中）满足团的区块集合。因此，从BFT的角度来看，就活性和安全性而言，使用两轮团预言机可以达到的容错阈值为1/4。

这种达成共识的方法有很多优势。首先，短期链选择算法和最终化算法这两个组件并没有被笨拙地组合在一起（这也是Casper FFG的一大缺憾）。相反，它们都是同一个连贯整体的一部分。其次，由于安全性检测是在客户端一侧进行的，因此我们无需在协议中选择任何阈值。客户端可以自行决定什么级别的安全性足以将区块视为最终确定。

进一步探讨

CBC可以通过多种方式来进一步扩展。首先，人们可以提出其他安全性预言机，比如更高轮次的团预言机可以达到1/3的容错能力。其次，我们可以添加验证者轮换机制。最简单的方法就是每次 $q = 3/4$ 团预言机得到满足时，就改变验证者集合的一小部分。我们也可以使用其他方案。最后，不一定拘泥于链式结构，我们可以查看增加每单位时间消息密度的结构，如Serenity信标链的证明结构（图9）。

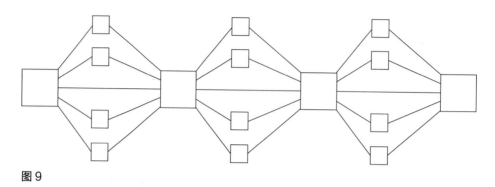

图9

在这一情形中，将证明与区块分开是值得的。区块是使底层DAG增长的对象，而证明则有助于分叉选择规则。在Serenity信标链规范[1]中，每个区块可能有成百上千个与之对应的证明。但是，无论你采用哪种方式，CBC Casper的核心逻辑都是一样的。

为了使CBC Casper的安全性满足加密经济效益，我们需要增加有效性和削减条件。首先，我们将从有效性规则开始。区块包含父区块和它所知道的一组证明，这些证明还不是链的一部分（类似于当前以太坊PoW链中的叔区块）。为了使区块生效，区块的父代必须是执行LMD GHOST分叉选择规则的结果，并且这一结果必须依据被包含在包括该区块的特定链中的信息来进行计算（图10）。

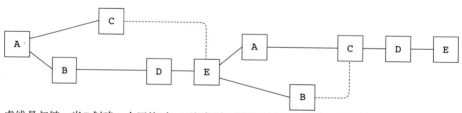

虚线是叔链：当E创建一个区块时，E注意到C还不是链的一部分，因此其包含对C的引用

图10

现在我们可以只用一个削减条件来保证CBC Casper的安全性：你不能同时做两个证明 M1 和 M2，除非 M1 在 M2 证明的链中或 M2 在 M1 证明的链中（图11）。

有效性和削减条件相对容易描述，尽管实际实现中需要检查哈希链，并执行满足共识的分叉选择规则，因此它不像接收两条消息并检查这些消息所提交的数字之间的不等式那么简单（这是Casper FFG中 NO_SURROUND 和 NO_DBL_VOTE 削减条件[2]的做法）。

CBC Casper的活性叠加了基础链算法的活性（如果它是每个时隙出一个区块，那么它

① https://github.com/ethereum/eth2.0-specs

② https://ethresear.ch/t/beacon-chain-casper-ffg-rpj-mini-spec/2760

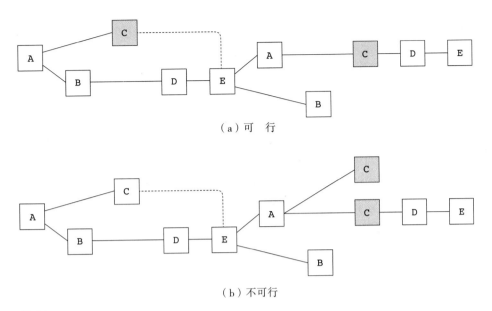

（a）可　行

（b）不可行

图 11

将依赖于所有节点将在时隙 $N+1$ 开始之前看到在时隙 N 中所产生的所有内容这一同步假设）。这种方法不存在网络卡死的状况。在任何情形下，我们都可以对新区块进行最终化，即使网络中存在攻击者和/或网络延迟高于底层链算法的阈值。

假设在某个时刻 T，网络获得安宁并再次满足同步假设。然后，每个验证者都会对同一条链的视图趋于一致，并且拥有同一个头部 H。从那里开始，验证者将签署支持 H 或 H 后代的消息，并且链条将顺利发展，最终满足团预言机，即 H 被最终敲定（图 12，图 13）。

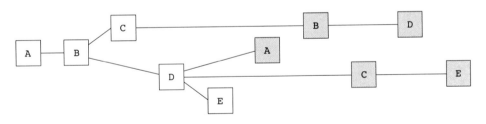

图 12　高延迟导致网络混乱

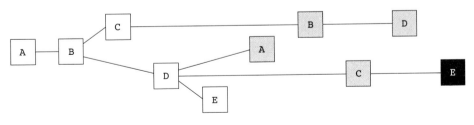

图 13

网络延迟消退，大多数验证者在执行分叉选择时看到所有相同的区块，或者至少足够数量的区块以到达同一个头部，并基于该头部进行后续搭建，以进一步加强自身在分叉选择规则中的优势（图 14）。

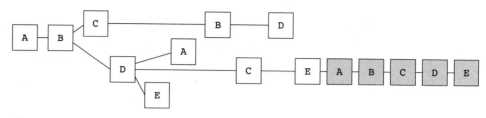

图 14

链条以低延迟方式和平地发展。很快，团预言机就会被满足。

到此为止。在具体实施方面，CBC可能比FFG要复杂得多，但就推理协议的能力及其提供的属性而言，它确实十分简单。